兩周基層地域性居民組織研究

吕全义 著

图书在版编目(CIP)数据

两周基层地域性居民组织研究 / 吕全义著. —上海：上海古籍出版社，2021.3
ISBN 978-7-5325-9899-1

Ⅰ.①两… Ⅱ.①吕… Ⅲ.①中国历史—研究—中国—周代 Ⅳ.①K224.07

中国版本图书馆 CIP 数据核字(2021)第 042359 号

两周基层地域性居民组织研究

吕全义　著

上海古籍出版社出版发行

（上海瑞金二路 272 号　邮政编码 200020）

（1）网址：www.guji.com.cn

（2）E-mail：guji1@guji.com.cn

（3）易文网网址：www.ewen.co

启东市人民印刷有限公司印刷

开本 700×1000　1/16　印张 30　插页 2　字数 459,000

2021 年 3 月第 1 版　2021 年 3 月第 1 次印刷

ISBN 978-7-5325-9899-1

K·2970　定价：128.00 元

如有质量问题，请与承印公司联系

序　一

吕全义博士的这部著作是在其博士学位论文的基础上，经过几年的增补、修订完成的。此书对西周至战国时期基层地域性居民组织发展、变化的情况做了逐时段的系统研究，其成果有助于深化对两周国家结构形式演变的认识。

所谓两周国家结构形式之演变，实际上即由尚属中国早期国家的西周封建形态向后世长期延续的郡县制形态的过渡。这种演变在中国历史上是一种社会转型性质的变化，其研究价值的重要自不待言。

在国家结构形式的诸要素中，社会群体、社区是其中非常重要的两个要素。两周时期基层地域性居民组织与以上两个要素皆有密切的关系。从地域性居民组织的滋生、发展及其与国家、官府之间的互动，可以看到社会结构的演变在基层社会的反映，同时也看到国家、官府的行政区划管理制度伴随着地域性居民组织的发展而不断调整的过程，看到春秋以后列国地域性居民组织如何渐渐成为集权政治施行的社会基础。

对于这个课题，以往已有学者做过研究，但是因为研究资料并不充足，与研究其他先秦时期的历史问题一样，涉及基层社会的材料更是较为缺乏，且相当零散，所以此前的研究较为宏观，从总体上看线条尚较粗犷。而且，即使面对有限的资料，研究者在理解上也存在不少差异，对有些具体问题看法很不一致。所以，对以往被使用过的各种资料在诸家研究基础上做更深入的考证、辨析，得出较为贴切的看法，仍是很有必要的，而且如果能从大家熟视无睹的材料中钩沉出有用的信息，当然更好。此外，近年来新出土文献中有益于此研究的不少，多可以丰富我们对以往讨论过的许多问题的认识，甚至弥补一些研究的空白点。鉴于上述情况，全义所做的此项研究还是有较高学术意义的。

具体而言，本书在以下几方面所做的工作，我以为应予以肯定：

首先，勾勒出自西周至战国基层地域性居民组织的发展阶段及其特点。可以表述为，西周时期是基层地域性居民组织的出现与初步形成阶段，春秋时期是其普及与多样化发展阶段，战国时期则是地域性居民组织功能的强化阶段。线索较清晰，大致抓住了基层地域性居民组织的阶段性发展特征。

西周时期的“里”是否基层地域性居民组织，学界并未形成统一的认识，仍有学者否定之。本书对有关西周金文与传世文献做了相当详尽的分析与论证，探讨了当时基层地域性居民组织出现的原因、形态、设置方式与规模等，在研究的深度上超出了前人。

春秋时段，本书主要抓住了基层地域性居民组织“系统化”形成这一特点，证明“乡”出现于春秋，并着重考察了“乡”辖“里”制的形成与该系统的行政功能，同时对这时出现于列国的多种基层地域性居民组织，如晋、楚的“州”及齐国的“书社”等作了探讨，有较多独立见解。

对于战国时段，囿于现有资料在国别上的不平衡，研究只能偏重于几个国家，但鉴于当时社会结构发展水平的大致平衡，这几个国家的材料应该还是可以约略反映出当时基层地域性居民组织状况的。所用资料除少量传世文献外，在很大程度上依赖于简牍、陶文、玺印与封泥等，作者在前人研究的基础上，对这些资料进行了更为细致的考证。其中对包山楚简中所见“州”“里”“邑”“丘”及葛陵简中“遂”等基层地域性居民组织的性质、规模、层属关系等，对以往诸家的研究结果大多有所修订。此外，综合考古发掘资料分析齐陶文内涵，探讨齐国制陶工匠之来源，以及对列国乡里实行什伍制的考察，亦是做得较深刻的。

《周礼》一书，在研究中如何处理，是治先秦史学者都会遇到的问题，其所述典制虽未必可以作为某一特定历史时段的实录，但又当有所本，尤可作为治东周史的参考。本书将对《周礼》资料的分析放到全书末尾，也是一种处理方法，即将《周礼》所言基层地域性居民组织之系统与社会功能等，作为对前面所考察的两周基层地域性居民组织状况的参考与补充。

在本书尚处于原始状态，即博士论文的写作中，我即与全义讨论过，此题目并不好做，做起来很费力，但既然这个题目还是可以做细致、做深入的，如果通过这次工作能对于深化先秦史学中这一极有意义的题目的研究起到一些作用，那也是值得的。现在本书即将付梓，我想，当初设定的目标也许可以大致达到了。当然，书中存在的各种疏误与不足肯定会有，需要作者注意倾听学界的批评，作为提高自己学术水平难得的机会。

如果说就这个题目的写作，在现有资料基础上，还有什么可以再作进一步思考的问题，我所想到的问题之一，就是需要从宏观的角度，考虑一下促进两周地域性居民组织的发展都有哪些重要因素，特别是如果能从理论的高度对此做阐释，则将更有助于加深对本书所讨论的问题与其史学意义的理解。

朱鳳瀚

2019 年 12 月 20 日

序　二

吕全义博士把即将付梓的书稿寄给我，恳请我为其作序。作者曾在福建师大从我攻读硕士学位，后又考入北京大学历史系，师从我国著名的先秦史研究大家朱凤瀚先生攻读博士学位。在朱先生的悉心指导下，他不仅圆满地完成了学业，而且学问精进，做出了不小的成绩。

一

望着作者寄来的厚厚的博士学位论文修改稿，禁不住浮想联翩。那是2007年“教师节”前夕，我的所有硕士研究生一起到我家里来拜访。十几个学生中，有一个我全然不认识。我不由地问：“你是谁的学生？”他说：“我也是您的学生呀。”我正诧异间，同学们都笑了，原来他是当年新入学的研究生。我告诉他按学校惯例在入学第一学期结束的时候导师和学生进行双向选择，现在还不到选导师的时候。他坚持说：“我就是要做您的学生！”此后他又多次向我表达了这一愿望，最终在学期结束时确定我作为其研习先秦史的指导老师。

作者是我招收的硕士生中年龄最大的一个，但其读书的劲头丝毫不逊于任何一个年轻的同学。比如，作者因入学前参加过多年工作而领取的津贴稍高一点，但也仅有不到三百元而已，显然依靠如此津贴维持在福州正常的学习和生活是比较困难的。若凭其多年的高中历史教学经验，完全可以找一家高考辅导班兼职赚取一些生活费，但其安贫乐道，时间抓得非常紧，几乎全身心地投入到学习当中。再如，我的一些学生曾跟我讲：作者在福州读书期间连蜚声中外的三坊七巷都没去过。我想这大概是由于他年龄较大，读书的紧迫感更强所致吧！

作者也是当年课下和我联系比较多的学生之一。记得“如何打下坚实的研究基础”是我俩最初讨论的话题之一。为了打好基础，他在攻读硕士学位期间不仅修满本院开设的规定课程，还旁听了本院硕士研究生的隋唐史专题课，除此以外还去文学院旁听了为硕士研究生开设的音韵学、文字学、训诂学、文献学和版本目录学。以上这些课程的学习有些是接受了我的建议，有些是他自己在研究的过程中认识到非常必要而主动挤时间去旁听的。这些课程大多是相当专门而艰深的，短期内难以达到较高造诣，但他为了拓宽知识面，夯实基础，用力之勤，用功之深，由此可见一斑。正是在此基础上，他的硕士学位论文《臣辰盉铭文研究》这种现在一般的研究生避之唯恐不及的青铜器铭文研究，在答辩时获得了答辩委员的广泛好评。

作者当年留给我的以上若干印象似可概括为：一心向学、迎难而上。可能正是因为对学术如此执着，其在福建师大毕业后选择北京大学进一步深造。

二

作者在博士学位论文基础上修订的书稿，对两周时期基层地域性居民组织的产生、多样化发展和功能强化的研究不仅有助于对其本身有一个更为完整和比较清晰的认识，而且有助于了解先秦时期国家的形成、发展和演变，也有益于理解分封制向郡县制转变的动因和条件，对我们把握先秦国家的结构形式也是不可回避的重要课题，因此其选题的重要性是不言而喻的。关于这一问题也早为研究者所关注。由于研究条件的限制，以往的研究成果虽不乏颇有建树者，但从总体上对两周基层地域性居民组织进行贯通性研究的专著还不多见。

纵观作者本书的研究成果，有两个方面给我留下了深刻的印象：

其一，以“两周基层地域性居民组织”为对象进行考察时，碰到的第一个难点应该是史料问题，也正是由于史料的相对零散、贫乏和缺如，影响了贯通性研究成果的出现。好在近年来可观的考古资料的出土，使该问题有所改观。作者大量运用了出土古文字材料：从甲骨刻辞到两周金文、战国秦汉简帛、封泥和玺印等等，对涉及论题的史料进行了全面的搜集、整理、索隐和钩沉，所付出的艰辛努力是可想而知的。《周礼》作为先秦史研究的文献资料是可取的，但在对《周礼》的具体使用上需要慎重。作者正是谨慎地使用《周礼》文献资料中所反映的周代地域性居民组织状况的史料，特别是对相关资料与考古资料相参照进行时代考察，即以“二重证据法”进行研究，从而极大地丰富了我们对两周基层地域性居民组织的认识，这是应该充分肯定的。

其二，关于地域性居民组织出现于先秦的什么时代，学界持有不同的看法。作者以西周前期的宜侯夨簋为突破口，收集铭文所有的拓本和照片，与西周前中期可靠的“生”字字形加以比较，赞同铭文“易(赐)才(在)宜王人□□七”之后一字是“里”的观点，是令人信服的。考据不仅为本书奠定了坚实的基础，也为学界大多数学者主张西周的“里”属于居民社会组织的判断提供了有力支撑。在此基础上，作者对西周时期“里”的命名、职官以及“里”的其他基本形态(布局、族属、演变、规模和结构)进行了考察，尤其提出西周晚期“里”下有若干数字“邑”的主张也是应当值得肯定的。

作者对春秋时期的基层地域性居民组织的考察，侧重在普及和多样化特征上。重点论证了春秋时期的乡和里的地域设置、乡和里的关系及其社会功能。此外，作者还对春秋时期“邑”的层级化、多样性及其在春秋时期的发展和演变予以考察，对春秋时期的基层地域性居民组织之“州”的特殊性予以考察；对春秋时期“书社”的性质及其演变的考察也有一定新意。

作者对战国时期包山楚简中涉及的居民组织，在学者已有的研究基础上予以进一步的分类和新的解读，利用出土材料主张楚国州下有“里”；并主张楚国之州并非都设置在都城和别都附近，对楚国居民组织的社会生活也进行了深入探讨。对楚国之外列国之基层地域性居民组织及其中居民的社会生活也尽可能利用出土资料进行梳理，其中不乏新的见解。尤其是利用齐陶文和云梦睡虎地、里耶等秦简考察齐国和秦国之“里”和“乡”的基本情况，进一步丰富和细化了学界对战国时期基层地域性居民组织的认识。

作者运用了“二重证据法”，以两周基层地域性居民组织为研究对象，视野宏阔，架构清晰，材料翔实。本书写作的逻辑性较强，能够提出独到的见解并进行合理的论证。对问题的论证做到了“持之有据，言之成理”，实事求是，论断审慎。难能可贵的是作者不仅在微观研究上取得了不少成果，而且准确地概括了两周时期不同阶段基层地域性居民组织的阶段性特征，即西周时期基层地域性居民组织的出现，春秋时期基层地域性居民组织的普及和多样性发展，战国时期基层地域性居民组织功能的强化这样三个历史阶段，并且还展现了三个不同发展阶段的内在联系性，给人以启迪。

总之，作者的书稿《两周基层地域性居民组织研究》选题十分重要，作者围绕这个选题的辛勤耕耘和取得的成果，是有目共睹的。

但“两周基层地域性居民组织研究”又是一个重大课题，涉及的问题非常多，如恩格斯在《家庭私有制和国家的起源》中明确提出国家产生的两个重要标志：“国家和旧的氏族组织不同的地方，第一点就是它按地区来划分它的国民”，“第二个不同点，是公共权力的设立”。这里的“按地区来划分它的国民”，就是本书所探讨的地域性居民组织。显然，恩格斯将其视为国家形成的必备条件之一。那么，中国何以在地域性居民组织出现以前便出现了国家，进入了文明社会？或者说，中国国家形成的路径，与希腊、罗马等国家的形成有什么不同？研究中国国家形成的自身发展道路，已引起学者们的很大关注。这一问题的深入探讨，必将使中国历史文化研究走向深入。提出此问题，供作者与读者共勉。

本书出版后，必定会受到学界的关注，衷心希望作者能够虚心听取各方意见，加以修改，臻于美善。并祝愿作者在今后的研究中取得更大成就！

巴新生

2020 年 1 月于福建福州牡丹园

目　　录

绪　论

一

里、乡等基层地域性居民组织作为我国古代社会地方政治制度的有机组成部分，在漫长的历史演进中发挥了积极的作用，诚如顾炎武于《日知录·乡亭之职》中指出："夫惟于一乡之中，官之备而法之详，然后天下之治若网之在纲，有条而不紊。……则天下之治，始于里胥，终于天子，其灼然者矣。"[①]顾氏之说揭示了里、乡等基层地域性居民组织的有条不紊是更高层级的国家机构正常运转的一个必要前提。顾氏之说大致可以代表古人对这类居民组织在中国古代社会的稳定与发展过程中产生重要作用的一个颇为允当的评判。

里、乡等基层地域性居民组织产生于先秦时期。先秦的这种政治制度，对秦汉乃至以后我国的基层行政制度产生了相当深远而广泛的影响。因此，研究中国古代的政治制度，从源头追溯先秦时期基层地域性居民组织的历史是一项十分重要的学术课题。但是以往学者对先秦政治制度的研究恰呈现出一个突出现象，即较多地着墨于包括县级以上行政机构的研究，而对本书即将研究的非常重要的里、乡等基层地域性居民组织的研究相对薄弱。当然，应该肯定的是，自20世纪70年代末以来，对里、乡等基层地域性居民组织的研究取得了一定进展。此得益于以下两个契机：一是中国社会史研究的蓬勃兴起；二是这一时期出土了许多古文字材料。学界结合这些新出现的材料，并运用社会史理论对先秦时期基层地域性居民组织进行了全新而卓有成效的研究，发表了不少论文，取得了一些成果，但对其起源、布局、规模、结构、系统、城乡

---

① （清）顾炎武著，（清）黄汝成集释：《日知录集释》（外七种），上海：上海古籍出版社，1985年，第619～621页。

差异以及社会功能等诸多问题仍看法不一，或研究不够深入，或对一些问题还比较模糊。总而言之，对先秦基层地域性居民组织的研究虽有进展，但在整体上仍未改变相对薄弱的格局，这与先秦时期基层地域性居民组织的重要地位形成了鲜明的反差。

这种研究现状，直接影响到对建立在其上的先秦时期郡、县乃至中央官僚机构的研究的深入；从考镜源流的角度讲，还影响到对秦汉乃至秦汉以降中国古代政治制度的研究。因此，将先秦基层地域性居民组织的研究课题继续推向深入，是一项具有非常重要学术意义的工作。

二

古人对先秦时期基层地域性居民组织的研究，始终局限于经学的藩篱。最早的相关探讨，可以溯源到汉代。从汉代至清代的经学家在对先秦典籍作注释时，对其中的基层地域性居民组织作了相应的辨析，成就卓著。

而近代意义上的学术研究，则始于 20 世纪 30 年代。下面从两个方面，对 20 世纪 30 年代以来学者的研究工作作一番梳理和评判。

（一）对中国古代基层地域性居民组织的通论性研究

20 世纪 30 年代至 40 年代末，当时的国民政府倡导乡村自治，厉行保甲制度。鉴于当时的政治环境，学界开始出现对古代社会基层制度的研究。这一时期，作通论性研究的论著有闻钧天的《中国保甲制度》、[①]江士杰的《里甲制度考略》[②]和罗志渊的《中国地方行政制度》[③]等。以上著作，对先秦基层地域性居民组织作了扼要的追溯。

直至 20 世纪 90 年代，又有三部通论性著作相继问世。田昌五、臧知非先生的《周秦社会结构研究》将传世文献与出土文献相结合，对西周时期的“里”和“乡”、“春秋时期乡里组织和户籍制度的变化”和“战国时代什伍乡里组织的

① 闻钧天：《中国保甲制度》，上海：商务印书馆，1936 年。
② 江士杰：《里甲制度考略》，重庆：商务印书馆，1943 年。
③ 罗志渊：《中国地方行政制度》，南京：独立出版社，1943 年。

普遍化和政权化”进行了颇有意义的探索；[①]赵秀玲与仝晰纲先生在自己的著作中均扼要地论述了先秦时期基层地域性居民组织“乡”和“里”。[②]

以上诸位学者的研究，均将先秦里、乡等基层地域性居民组织置于整个中国古代社会或某一历史长时段基层地域性居民组织的宏观视野之中考察。这不仅有助于了解先秦时期的里、乡等基层地域性居民组织对后世中国社会的影响，还可知道与后世中国社会此类组织特征的不同之处。但从先秦史研究角度看，上述通论性著作存在一些明显的不足。田昌五、臧知非二位先生的《周秦社会结构研究》对商代没有关注，对两周的讨论不够深入。赵秀玲的《中国乡里制度》一书从政治学的角度对乡、里制度进行研究，[③]正如已有学者所指出：该书对出土文献资料关注不够，对所征引涉及先秦史事的古籍材料多未作深入的考辨；[④]论述偏重宏观而微观不足。[⑤] 仝晰纲先生的《中国古代乡里制度研究》尽管对出土文献如西周金文和云梦秦简中的材料有所采用，但利用不够充分，比如对已刊布近十年的包山楚简即未加利用。

(二) 对先秦基层地域性居民组织的专题性研究

与上述通论性质的论著不同，很多研究先秦史的学者，对先秦时期基层地域性居民组织的各个方面作了不同角度与不同程度的专题研究。

1. 关于先秦时期“里”的开拓性研究

对于“里”的起源问题，以往学者彼此之间存在较大分歧，主要有商代、西

---

① 田昌五、臧知非：《周秦社会结构研究》，西安：西北大学出版社，1996年。

② 赵秀玲：《中国乡里制度》，北京：社会科学文献出版社，1998年；仝晰纲：《中国古代乡里制度研究》，济南：山东人民出版社，1999年。

③ 白钢说：“作者从政治学的角度，博观约取，删繁就简，重点梳理乡里制度的组织形式从乡官制到职役制的演变规律。”见氏著《博观约取 辞旨质实——评〈中国乡里制度〉》，《社会科学管理与评论》1999年第1期，第55页。

④ 余清良说：“对于铭文、简牍等考古资料丝毫没有涉及，相反却使用了可信性受到质疑的《周礼正义》《文献通考》等史书中的资料，并且对这些资料没有进行任何考订。”见氏著《中国乡里制度研究的路径——读〈中国乡里制度〉》，《史学月刊》2002年第8期，第23页。

⑤ 马宁说：“作者试图从宏观角度去整体把握乡里制度的发展及特点，此书对乡里制度的微观研究的忽视也是难免的。其实，乡里制度本身是一个相当复杂的研究领域，学术界目前对乡里制度的研究，不管是宏观还是微观上都是不够的，仍需要历史学界同仁继续努力，任重而道远。”见氏著《〈中国乡里制度〉评述》，《农业考古》2012年第3期，第375页。

周初和春秋起源说三种。

以徐中舒、裘锡圭二位先生为代表的商代起源说的主要根据是《尚书·酒诰》，其论著有徐先生的《试论周代田制及其社会性质——并批判胡适井田辨观点和方法的错误》（《四川大学学报》1955 年第 2 期）、《论西周是封建制社会——兼论殷代社会性质》（《历史研究》1957 年第 5 期），裘先生的《关于商代的宗族组织与贵族和平民两个阶级的初步研究》（《文史》第 17 辑）。林沄先生亦主张商代有超血缘的地域性组织“里”，其立论除了依据《尚书·酒诰》和《逸周书·商誓》外，还根据殷墟西区墓地的考古资料和殷墟所见族氏铭文予以肯定性的推测。①

西周初起源说以李玄伯、王毓铨和朱凤瀚等先生为代表。李先生在 20 世纪 40 年代认为，周初统治者设置了地域组织“里”。② 1954 年王先生撰文用不太肯定的语气认为“里”是西周最基本的行政单位。③ 1987 年，朱先生撰文认同“里”作为地域性居民组织创始于西周初。④

春秋起源说的代表人物主要有徐喜辰等。徐先生认为：春秋以前也有“里”等组织；西周时期的“里”等组织主要分散在“野”中；西周的“里”和春秋战国时期作为地方行政机构的“里”有着本质区别；春秋时期的“里”发生本质变化的标志是“书社”出现之后。⑤ 徐先生的观点可以概括为：西周的“里”是地域组织，到了春秋“书社”出现以后，“里”演变为地域性行政组织。徐先生后来又在白寿彝先生总主编的《中国通史》中说：“在春秋时期的文献中已经出现了邻、里、乡、党的单位，乡下有党，里下有邻，但乡与里的关系，不甚清楚。”⑥徐先生将春秋时期的乡、里看作居民组织单位，未再强调居民组织的行政性。

对于商代起源说所根据的《尚书·酒诰》，已有学者指出：《酒诰》叙述的

① 林沄：《“百姓”古义新解——兼论中国早期国家的社会基础》，《吉林大学社会科学学报》2005 年第 4 期。
② 李玄伯（李宗侗）：《中国古代社会新研》，上海：开明书店，1948 年，第 205 页。
③ 王毓铨：《汉代“亭”与“乡”“里”不同性质不同行政系统说——“十里一亭……十亭一乡”辨正》，《历史研究》1954 年第 2 期，第 132 页。
④ 朱凤瀚：《先秦时代的“里”——关于先秦基层地域组织之发展》，中国先秦史学会秘书处编：《先秦史研究》，昆明：云南民族出版社，1987 年。
⑤ 徐喜辰：《论国野、乡里与郡县的出现》，《社会科学战线》1987 年第 3 期，第 133 页。
⑥ 白寿彝总主编：《中国通史》（第三卷上古时代上），上海：上海人民出版社，1994 年，第 790 页。

是商末的事，但使用的语言是西周人的语言。故商代起源说存在的缺陷在于未对《酒诰》材料的时代属性予以考辨。商代起源说难以成立的另一个证据是殷墟甲骨文和商代金文中迄今未发现"里"字。主张周初出现"里"的学者，主要根据时代属于西周早期的青铜器令方彝和宜侯夨簋铭文。主张春秋时期才出现基层地域性居民组织"里"的学者，则对西周早、中和晚期青铜器铭文中"里君""里"和"里人"之性质与内涵有着不同的解读。究竟基层地域性居民组织"里"产生于何时，仍需进一步探究。

关于周初基层地域性居民组织"里"产生的原因，李玄伯先生认为是为控制殷顽民的反抗而创设。李先生的观点在当时那个时代颇为新颖且有创造性，但随着新材料的出现，这种看法便需要补充和修正。尽管杜正胜、朱凤瀚、陈絜等先生对此问题的研究有所推进，[①]但因为学界对宜侯夨簋等西周铜器相关铭文的释读存有分歧，故对于"里"产生的原因仍有探讨之余地。

无论《尚书》《逸周书》等西周文献，还是西周金文中都有"里"字，但是对于西周"里"的性质，即"里"是否为基层地域性居民组织，学界却有着不同的观点。最近，沈长云、李秀亮二位先生撰文认为，"里"在西周为一片土地，同时"里"也是长度单位，而"里君"是土地管理者。[②] 这样认识"里"的话，西周时期的"里"字即与基层地域性居民组织无关了。如此看来，对"里"的性质、"里君"和"里人"的内涵仍有重新辨析的必要。

主张西周即已出现基层地域性居民组织"里"的学者根据西周金文得出"里"是成周、苏城内的居民小区，在城外亦有居民区"里"。[③] 关于"分布"还有另外一层含义，即除上述地区外其他地区有没有？由于大家对西周青铜器铭文的解释存在分歧，此问题仍有继续探讨的空间。

朱凤瀚先生还对春秋和战国时期的"里"进行了剖析，认为基层地域性居民组织"里"在春秋属于成长期，在战国属于成熟期。春秋时期的"里"具有行政、军事、生产三位一体的特点，还具有共同体和自治性质。进入战国时期，

---

① 参杜正胜《编户齐民——传统政治社会结构之形成》（台北：联经出版事业公司，1990年）、朱凤瀚《先秦时代的"里"——关于先秦基层地域组织之发展》、陈絜《血缘组织地缘化与地缘组织血族化——关于周代基层组织与基层社会的几点看法》（《社会科学战线》2009年第1期）。

② 沈长云、李秀亮：《西周时期"里"的性质》，《历史研究》2011年第4期。

③ 杜正胜：《编户齐民——传统政治社会结构之形成》，第103、106页。

“里”在上述春秋时期所具有的特点和性质均不存在。

2. 关于“乡”

有学者认为1975年陕西岐山县董家村铜器窖藏出土的裘卫盉和五祀卫鼎二器铭文中的“卿”有可能是地域性行政区划“乡”。① 不过，学界对此有不同看法。例如杜正胜认为“根据今日所见的西周史料，尚无任何关于乡里之‘乡’的痕迹”，并下结论说“西周无乡，春秋始有乡”。② “乡”作为基层地域性居民组织是如何起源的？起源于何时何地？基层地域性居民组织“乡”出现以后与同样是基层地域性居民组织的“里”是什么关系？关于这些问题，目前大家的看法还不统一。

对于先秦“乡”之组织管理者乡官的研究，有徐杰令先生的《试论先秦乡官制度》和与王彦辉先生合撰的《论东周秦汉时代的乡官》。上述两篇文章对于东周秦汉时期乡官的设置、乡官的选任、乡官的基本职能、乡官的演变和对其管理等方面作了对今天的研究工作极富启迪的探讨。③

3. 对春秋战国时期齐国与楚国基层地域性居民组织的区域研究

高明先生在《从临淄陶文看鄙里制陶业》中对战国时期齐国和制陶业有关的基层地域性居民组织进行了研究。④ 李零先生的《中国古代居民组织的两大类型及其不同来源——春秋战国时期齐国居民组织试析》一文，⑤充分利用传世文献中的相关材料，对春秋战国时期齐国居民组织的基本结构、特点进行了分析，进而推演出对我国早期居民组织的一般认识。朱凤瀚先生撰有《春秋战国时期齐国行政组织与居民状况的变化》一文，利用传世文献的相关资料和对出土材料研究的已有成果，对齐国春秋时期管仲改革后到战国时期的行政组织和居民身份的变化进行了深入的研究。⑥

近年新出土的楚简、秦简、汉简、陶文、封泥和玺印等材料，为研究战国时

① 张亚初、刘雨：《西周金文官制研究》，北京：中华书局，1986年，第142页。

② 杜正胜：《编户齐民——传统政治社会结构之形成》，第115、118页。

③ 徐杰令：《试论先秦乡官制度》，《求是学刊》2000年第2期；王彦辉、徐杰令：《论东周秦汉时代的乡官》，《史学集刊》2001年第3期。

④ 高明：《高明论著选集》，北京：科学出版社，2001年。

⑤ 李零：《待兔轩文存・读史卷》，桂林：广西师范大学出版社，2011年。

⑥ 朱凤瀚：《春秋战国时期齐国行政组织与居民状况的变化》，《管子学刊》编辑部：《管子与齐文化》，北京：北京经济学院出版社，1990年。

期列国基层地域性居民组织带来了新的契机。首先,对楚简中的基层地域性居民组织进行研究。其代表性论文有罗运环的《论包山简中的楚国州制》、[①]《释包山楚简宼敔宫三字及相关制度》,[②]陈伟的《包山楚简所见邑、里、州的初步研究》,[③]陈絜的《包山简“州加公”、“州里公”身份述论》、[④]《再论包山楚简“州”的性质与归属》[⑤],王准的《包山楚简所见楚邑新探》,[⑥]韩国学者朴俸柱的《战国楚的地方统治体制——关于“‘县邑’支配体制”的试论之一部分》[⑦]等。此外,邴尚白的《葛陵楚简研究》、[⑧]宋华强的《新蔡葛陵楚简初探》[⑨]和朱晓雪的《包山楚简综述》,[⑩]辟专章专节吸收学界已有成果对楚国基层地域性居民组织进行了研究和讨论。通过以上研究,对传世文献中未见而楚简中出现的基层地域性居民组织进行了深入的探讨,取得了丰硕的成果。陈伟先生率先将包山楚简中的各种地域性居民组织的材料整理出来,为学界的讨论奠定基础。日本学者藤田胜久结合郭店简《缁衣》率先提出包山和葛陵楚简中的“宼”即“国”字,得到普遍赞同。[⑪] 王准将包山楚简中的邑分为五类,进行了细致入微的解析。对楚国基层地域性居民组织研究中争议较大的,在于包山楚简中“州加公”和“州里公”的地位和“州”的性质。

---

① 罗运环:《论包山简中的楚国州制》,《江汉考古》1991 年第 3 期。

② 罗运环:《释包山楚简宼敔宫三字及相关制度》,《简帛研究》(二〇〇二、二〇〇三),桂林:广西师范大学出版社,2005 年。

③ 陈伟:《包山楚简所见邑、里、州的初步研究》,《武汉大学学报》1995 年第 1 期。按:此论文后收入作者的《包山楚简初探》(武汉:武汉大学出版社,1996 年)第三章“地缘政治系统”,并增加了“县和郡”和“封邑”两节内容。

④ 陈絜:《包山简“州加公”、“州里公”身份述论》,刘泽华、罗宗强主编:《中国思想与社会研究》(第 2 辑),北京:中国社会科学出版社,2009 年。

⑤ 陈絜:《再论包山楚简“州”的性质与归属》,南开大学历史学院、北京大学历史系、中国社科院历史所编:《中国古代社会高层论坛文集:纪念郑天挺先生诞辰一百一十周年》,北京:中华书局,2011 年。

⑥ 王准:《包山楚简所见楚邑新探》,《中国史研究》2013 年第 1 期;《包山楚简所见楚国“里”的社会生活》,《中国社会经济史研究》2011 年第 2 期;《包山楚简所见里中职官研究》,《历史教学》2011 年第 6 期。

⑦ [韩] 朴俸柱:《战国楚的地方统治体制——关于“‘县邑’支配体制”的试论之一部分》,《简帛研究》(二〇〇二、二〇〇三)。

⑧ 邴尚白:《葛陵楚简研究》,台北:台湾大学出版中心,2009 年。

⑨ 宋华强:《新蔡葛陵楚简初探》,武汉:武汉大学出版社,2010 年。

⑩ 朱晓雪:《包山楚简综述》,福州:福建人民出版社,2013 年。

⑪ [日] 藤田胜久:《包山楚简所见战国楚县与封邑》,《中国出土资料研究》第 3 号,1999 年。

其次，对楚简中基层地域性居民组织中的官吏和居民生活进行研究。其代表性论文有王准的《包山楚简所见楚国“里”的社会生活》《包山楚简所见里中职官研究》，陈絜的《竹简所见楚国居民里居形态初探》[①]。

此外，还有根据里耶秦简研究楚地的户籍制度，如陈絜的《里耶“户籍简”与战国末期的基层社会》，[②]张荣强的《湖南里耶所出“秦代迁陵县南阳里户版”研究》[③]等。

上述论著，主要致力于摸清新材料中的基层地域性居民组织、各基层地域性居民组织的功能和内部的异姓杂居情况、各级地域组织的官吏和基层地域组织的户籍制度。而对春秋战国时期楚国乃至进入秦的楚国区域的基层地域性居民组织的历史演变、各阶段的异同，以及与战国时期其他地域的异同比较的研究还不够。

4. 关于先秦时期血缘与地缘的关系

血缘和地缘的关系问题，是马克思主义经典作家判断国家起源的一个重要标尺。这种观点自然也得到中国学者的响应。朱凤瀚先生认为西周的“里”是建立在血缘关系基础之上的地缘组织。西周比商代更加开放，除王族及世代通婚之亲族聚居外，还与被征服民族杂居共处。[④] 田昌五和臧知非认为地缘组织代替血缘组织的过程不是刀砍斧削，在一定的历史时期，二者不仅同时存在，而且互为依存。[⑤] 赵世超先生认为西周是血缘与地缘并存，[⑥]到战国时期血缘关系才完全被地缘关系所取代。[⑦] 陈絜先生认为西周既存在血族组织的地缘化，同时还存在地缘组织的血族化。[⑧] 以上学者的研究非常富有启发性，从基层地域性居民组织发展的角度来研究血缘和地缘的关系，对于了解中国国家形成的过程具有非常重要的意义。

---

① 陈絜：《竹简所见楚国居民里居形态初探》，《徐州工程学院学报》（社会科学版）2013 年第 2 期。

② 陈絜：《里耶“户籍简”与战国末期的基层社会》，《历史研究》2009 年第 5 期。

③ 张荣强：《湖南里耶所出“秦代迁陵县南阳里户版”研究》，《北京师范大学学报》（社会科学版）2008 年第 4 期。

④ 朱凤瀚：《商周家族形态研究》（增订本），天津：天津古籍出版社，2004 年。

⑤ 田昌五、臧知非：《周秦社会结构研究》，第 59 页。

⑥ 赵世超：《西周政治关系、地缘关系与血缘关系并存现象剖析》，《河南大学学报》1988 年第 4 期。

⑦ 赵世超、李曦：《论战国时期地域关系的发展》，《陕西师大学报》1990 年第1 期。

⑧ 陈絜：《血族组织地缘化与地缘组织血族化——关于周代基层组织与基层社会的几点看法》，《社会科学战线》2009 年第 1 期。

5. 对《周礼》所见地方官制的研究

(1) 关于《周礼》乡遂制度的研究

《周礼》记载西周实行国野、乡遂制度。该制度在西周时期王畿及封国内或者春秋列国区域内是否存在过，以往学者存在大相径庭的两种观点。

从郑玄遍注六经下迄晚清学者孙诒让撰写《周礼正义》，大多学者认为乡遂制度在西周时期曾经存在过。杨宽先生也主张西周存在《周礼》所描述的乡遂制度："乡遂制度，是西周春秋间社会结构的重要特征之一。"①不过，杨先生认为《周礼》"虽是春秋、战国间的著作，其所述的制度已非西周时代的本来面目，夹杂有许多拼凑和理想的部分，但是其中所记的乡遂制度，基本上还保存着西周春秋时代的特点"②。

与上述观点相左，认为西周时期并不存在《周礼》中的乡遂制度。代表性论著有于省吾先生的《关于〈论西周金文中"六自""八自"和乡遂制度的关系〉一文的意见》、③晁福林先生的《先秦社会形态研究》、④史建群先生的《〈周礼〉乡遂组织探源》，⑤以及张荣明先生的《〈周礼〉国野、乡遂组织模式探原》。⑥ 以上诸位学者对杨宽先生提出的"乡遂制度说"予以反驳。于先生认为西周只有国野之分，到春秋才由国野发展出乡遂制度，但最典型的是管仲相齐后的齐国。在张荣明先生文中，国野乡遂制度在西周是不存在的。在史建群先生文中，春秋战国时期也不存在乡遂制度，乡遂制属于政治家以春秋后期出现的步兵编制为素地规划的治国蓝图。

(2) 关于《周礼》的成书时代和产生的地域，学界有不同的看法，主要有以下几种：

从刘歆、郑玄、贾公彦、朱熹到孙诒让等学者大多认为《周礼》为周公所作。

---

① 杨宽：《西周史》，上海：上海人民出版社，2003 年，第 395 页。

② 同上注。按：除杨宽先生外，祝中熹《乡遂制度与周代社会性质》、田昌五和臧知非《周秦社会结构研究》、仝晰纲《中国古代乡里制度研究》等都认为我国西周时期确实存在《周礼》中描述的乡遂制度。

③ 于省吾：《关于〈论西周金文中"六自""八自"和乡遂制度的关系〉一文的意见》，《考古》1965 年第 3 期。

④ 晁福林：《先秦社会形态研究》，北京：北京师范大学出版社，2003 年。

⑤ 史建群：《〈周礼〉乡遂组织探源》，《郑州大学学报》1986 年第 2 期。

⑥ 张荣明：《〈周礼〉国野、乡遂组织模式探原》，《史学月刊》1998 年第 3 期。

日本学者林泰辅认为此书作于西周末的厉王、宣王、幽王时代。蒙文通先生认为,《周礼》"虽未必即周公之书,然必为西周主要制度,而非东迁以下之治"。刘起釪先生认为:"《周礼》一书所载官制材料,都不出春秋之世周、鲁、卫、郑四国官制范围,没有受战国官制影响。"东汉何休始持战国说,从者包括张禹、包咸、季本、崔述、皮锡瑞、钱穆、郭沫若、范文澜和杨向奎等。今人沈长云和李晶二位先生主张《周礼》成书于春秋战国之际。[①] 还有些学者认为《周礼》作于周秦之际,持此说的学者如毛奇龄等。陈连庆先生认为,"《周礼》的制作年代的上限,不早于商鞅变法","它的下限也不会晚于河间献王在位之时","《周礼》成书年代的最大可能,是在秦始皇帝之世"。还有刘歆伪造说,此说为北宋胡安国、胡宏父子首倡。宋代洪迈、清末廖平、康有为、钱玄同、杜国庠、徐复观和侯家驹等均支持此说。彭林先生则持汉初说。[②]

顾颉刚先生在《"周公制礼"的传说和〈周官〉一书的出现》中说:"《周官》我敢断定是齐国人所作,但今本《周官》是否即是齐国的原本,我却不敢断定。"[③]顾颉刚先生的意思是《周礼》由齐国人所作,但作成以后到出现今本《周礼》之间,还有后人添加改造。顾先生将《周礼》与《管子》比较后得出:"由此可以猜测它出于齐国以及别国的法家,跟周公和儒家根本不生关系。它上面可以联系到齐宣王立稷下之学、燕昭王为郭隗筑黄金台、秦孝公尊显商鞅等等战国时代的史事,下面则可以联系到王莽的托古改制。因为这书不成于一人,也不作于一时,所以其中的制度常有牴牾和不可信的成分。"[④]杨向奎先生在《周礼内容的分析及其制作时代》一文中亦认为《周礼》可能是战国中叶左右齐国的书。郭沫若先生认为《周礼》一书,"盖赵人荀卿子之弟子所为"。

(3) 关于对《周礼》官制的认识

郭沫若在《周官质疑》中列举二十例西周到春秋时期金文中的官职,为

---

① 沈长云、李晶:《春秋官制与〈周礼〉比较研究——〈周礼〉成书年代再探讨》,《历史研究》2004 年第 6 期。

② 本段的撰写参考了彭林《〈周礼〉主体思想与成书年代研究》(增订版),北京:中国人民大学出版社,2009 年,第 3～6 页。

③ 顾颉刚:《"周公制礼"的传说和〈周官〉一书的出现》,《文史》第 6 辑,第 36 页。

④ 同上注,第 38 页。

《周礼》所无，故认为《周礼》所记并非西周的官制。张亚初、刘雨则认为"《周礼》在主要内容上，与西周铭文所反映的西周官制，颇多一致或相近的地方"。[①] 李零在《西周金文中的职官系统》中说："尽管从方法上讲，晚期的书可以有早期的内容（而且可以是不同时期的积淀和混融），但是以系统核系统，还是应当承认西周金文的官制与《周礼》中的官制差异是很大的。虽然后者按天地四时分配六官与早期的两寮划分仍有联系，在一定程度上可以反映许多职官的相互联系，但就总体而言，还是应当承认《周礼》代表的已是一种后期的系统。"[②]

综上所述，前贤和时贤对先秦基层地域性居民组织的研究作出了应予充分肯定的贡献，总括为如下几方面：

1. 对先秦时期基层地域性居民组织大的发展脉络做了必要的勾勒。

2. 对传世文献和出土文献中涉及先秦基层地域性居民组织的材料进行了梳理、辨析、断代和考证。

3. 结合社会史理论初步揭示了先秦基层地域性居民组织的结构、功能、规模及其演变情况。

在尊重前贤和时贤研究成果的同时，也发现以往的研究存在明显的局限，大而化之，可归纳为如下五点：

1. 出土材料与传世文献结合不够。已有研究成果中只用传世文献分析或者只用出土材料分析者居多，将传世文献和出土古文字资料结合来说明问题的深度不够。

2. 对基层地域性居民组织在春秋时期的层级化、系统化研究不够深入。

3. 对战国时期列国基层地域性居民组织的异同的比较研究尚未开展。

4. 对楚简中基层地域性居民组织的多系统性和复杂性的产生原因探究不够。

5. 对先秦时期基层地域性居民组织发展演变研究的通贯性和细致性不够。

---

① 张亚初、刘雨：《西周金文官制研究·前言》，第 3 页。

② 李零：《待兔轩文存·读史卷》，第 139 页。

三

本书拟运用传世文献与古文字资料相结合的方法，在充分吸收前人和并世学者研究成果的基础上，进一步探讨里、乡等基层地域性居民组织出现的时代、原因和地域分布；探析两周时期各阶段基层地域性居民组织的结构、规模与功能；试图阐明两周时期里、乡等基层地域性居民组织的系统化过程以及随着中央集权制的建立，郡县制之下基层地域性居民组织功能的强化；探讨不同历史阶段与不同地域基层地域性居民组织的异同以及随着两周社会的演变，基层地域性居民组织如何由区域性向统一性发展。本书通过研究两周基层地域性居民组织的产生、发展和强化，旨在深化对我国先秦时期国家形态的发展过程的认识。

本书在章节结构上，设计思路如下：

第一部分，在辨析商晚期的地域概念是否为地域性居民组织的基础上，讨论西周时期“里”的性质。“里”的性质明确后，考察西周“里”的基本形态。最后考察西周的部分数字“邑”的性质。

第二部分，在辨析西周金文中的“卿”是否为地域性居民组织“乡”的基础上，考察春秋时期的乡、里、邑、州、书社，讨论如何看待《齐语》《小匡》记载的管仲改革中的基层地域性居民组织的差异。

第三部分，首先考察战国时期楚国、齐国、秦国和三晋的基层地域性居民组织的情况，然后考察战国时期的什伍制和户籍制。

第四部分，考察两周基层地域性居民组织在《周礼》中的投影和沉淀，考察《周礼》所记载的乡、州并非脱离实际的臆造。考察《周礼》中的什伍制和户籍制，以及《周礼》中基层地域性居民组织的官吏的产生途径和对官吏的监察制度。

四

本书在论述两周时期基层地域性居民组织的出现和发展演变中使用到几个概念，在此对他们的内涵和外延予以界定。

1. 聚落

《汉书·沟洫志》载：“或久无害，稍筑室宅，遂成聚落。”聚落是指自然形成的居民聚居点。聚落居民可能是纯血缘性的，也有可能处于杂居状态。但在规模上，在国家政治生活中不属于一级地域性居民组织。

2. 地域概念

但凡一个地理名称，都是具有一定面积的一块土地。在这块土地上，如没有人类定居，则属于荒野。如果有人类定居，则可以确定为聚落。聚落的居住者可能是一个血缘性的居民组织，也可能是非血缘性的杂居状态。本书提到的地理名称如果被指称属于“地域概念”时，表明该地理名称在性质上不属于地域性居民组织。

3. 血缘组织

远古时期人类的聚落是一定时空的存在，并在长期的自然演变过程中形成某种秩序，这种秩序当然是为了聚落的稳定和发展而建立的。这种秩序大致是少从长，晚辈从长辈。在母系社会阶段，则女性在聚落的社会生活中居于支配地位。演变到父系社会，则是男性居于支配地位。父系家长制社会演变到宗法社会阶段，除了晚辈从长辈，还有嫡长子居于主导地位，小宗从属于大宗的规则。这种聚落的成员之间有着直系和旁系的亲属关系，保持着或亲或疏的血缘关系。这种居民组织属于血缘性居民组织，简称血缘组织。

4. 地域性居民组织

与血缘性居民组织相对立而出现的是地域性居民组织。地域性居民组织主要是根据地域来设置，不考虑居民的血缘关系。但是像《逸周书·大聚》所提到的“兴弹相庸”之“弹”这种民间结社不在本书讨论的范围。[①] 本书讨论的是由政府来设置的地域性居民组织，并由政府任命、委派官吏进行管理。进入春秋战国时期，本书所讨论的基层地域性居民组织，指的是设置在郡、县之下的地域性居民组织，例如“里”“乡”“州”和“邑”等。

五

关于本书写作体例，需作两点说明。

---

① 按：此即类同俞伟超讨论的汉代的单、僤和弹，详参俞伟超《中国古代公社组织的考察》一书第三章《中国古代公社组织的考察——论先秦两汉的“单—僤—弹”》，北京：文物出版社，1988年。

首先，本书插入的所有图片均经过了按比例放大、缩小和剪辑处理，读者均可按图片下方之来源说明作进一步考察。

其次，本书在引述学者的成果时均使用学者的姓名，但个别学者使用的或是字或是号或是笔名。这种现象主要有以下三位学者：一是章炳麟，号太炎；二是李宗侗，字玄伯；三是李学勤先生，曾用笔名“晏琬”和“周瑗”。众所周知，这些现象是历史形成的。除章太炎为海内外所熟知而毋庸出注外，本书在正文中引述李玄伯和晏琬（周瑗）二位先生的意见时均在脚注中加括号予以说明。

第一章　西周时期基层地域性居民组织的出现及其基本形态

殷商甲骨文和金文中有一些地域概念，有的学者认为是地域性居民组织，有的学者并不赞同。商代究竟有无地域性居民组织？本章第一节对此问题予以考察，藉以确定本书研究的地域性居民组织出现于什么时代。在西周时期的文献和出土的西周青铜器铭文中可见有“里”字和含有“里”字的职官，比较明确的有“里君”“里尹”。关于西周“里”的性质，自20世纪30年代以来，有许多学者认为其属于地域性居民组织。最近有学者撰文加以否定。本章第二节即拟对西周“里”的性质作进一步甄别。在明确西周“里”的性质的基础上，本章第三、四、五节讨论西周“里”的基本形态，包括“里”的命名、职官及其地位演变、族属、布局、规模和结构。第六节则对西周部分数字“邑”的性质、职官及其规模予以探究。

第一节　商后期是否存在地域性居民组织探讨

殷墟甲骨刻辞的发现，使我国有文字可考的历史追溯到商代后期。从殷墟卜辞与商代金文资料可知，家族组织在商后期的社会生活中起着重要作用，此已为学界所熟悉。但是，对于在商后期的商人社会中有无地域性居民组织存在，目前学界则有不同的看法。本节即对此问题予以讨论。

一、晚商甲金文所见诸地域概念试析

商代后期已有一些地域概念，如殷墟卜辞与商代金文中有“邑”[①]“奠”

---

① 本书着眼于较低层级的“邑”，不讨论“天邑商”“唐邑”一类的“邑”。

“州”“鄙”“丘”和“单”。下面甄别这些地域概念是否已经成为地域性居民组织。

（一）殷墟卜辞和商代金文所见之“邑”

宋镇豪等先生根据规模与性质将商代之邑分为四类，即王邑、方国邑、臣属诸侯邑，以及这三类邑所领有的小邑等四大类。① 本书所要讨论的即是宋先生所划分的小邑，如同考古发现的山东平阴县朱家桥殷代聚落遗址大小的邑②和洹河流域的普通村邑。殷墟卜辞中有关于小邑的材料，兹引数则如下：

（1）取卅邑……彭龙。小告　　（《合》7073 正，典宾类）

（2）乎比臣沚㞢册卅邑　　（《合》707 正，宾组一类）

（3）……大方伐……啚(鄙)廿邑，庚□雨自南。　　（《合》6798，宾组三类）

（4）……其多兹……十邑……　　（《合》28098，无名组）

上引卜辞中的“卅邑”“廿邑”“十邑”之“邑”当属宋镇豪先生所划分的第四类邑。邑中居民称为邑人，例如：

（1）邑人震。　　（《乙》3093，宾组）

（2）王〔占曰〕：有来孽，邑人震。　　（《合》14211 反，宾一）

（3）癸酉卜，王贞：自今癸酉至于乙酉，邑人其见方抑，不其见方执。一月。　　（《合》799，宾组一类）

（4）贞：呼邑人出羊牛。　　（《合》9741 反，宾一）

学者对卜辞“邑”的性质认识的分歧主要集中在对“邑子”的释读上。“邑子”见于如下卜辞：

① 宋镇豪：《商代邑制所反映的社会性质》，《中国史研究》1994 年第 4 期，第 58、63～64 页。按：肖良琼主张四级或五级，参氏著《商代的都邑邦鄙》，《殷都学刊》1985 年增刊。杜勇主张四级，参见氏著《商朝政区蠡测》，《2004 年安阳殷商文明国际学术研讨会论文集》，北京：社会科学文献出版社，2004 年，第 201 页。陈朝云主张商代的聚落分为四级，参氏著《商代聚落体系及其社会功能研究》，北京：科学出版社，2006 年。王震中将商代的邑分为三个层级，参见氏著《商代都鄙邑落结构与商王的统治方式》，《中国社会科学》2007 年第 4 期；又见氏著《商代都邑》第七章，北京：中国社会科学出版社，2010 年。

② 中国科学院考古研究所山东发掘队：《山东平阴县朱家桥殷代遗址》，《考古》1961 年第 2 期；王震中：《商代都邑》，第 497～499 页；杨升南：《殷墟甲骨文中的邑和族》，《甲骨文商史丛考》，北京：线装书局，2007 年，第 159 页。

(1) 贞：叀邑子乎(呼)乡(飨)(酉)酒。　（《合》3280，宾组三类）
(2) 甲寅卜，贞：令左子暨邑子暨师般受禽□。十一月。　（《法》CFS16）
(3) 乙未，……㱿……牛十……邑子暨左子。　（《乙》8424）
(4) □巳卜，其刖四邦𠯑卢□，叀邑子示。　（《屯》2510）

宋镇豪先生认为以上卜辞中的“邑子”可分为两类：前三条卜辞所见“邑子”，当是其所在邑内的某一族氏之尹，同时又是商朝政权系统中基层行政单位的低级下吏。[①] 而第四条卜辞中的“邑子”不属于商朝政权系统，宋先生说：“此‘邑子’疑指受统于敌邦卢国的下邑之族尹，商王对卢国君主施刖刑时，邑子同样受到奴役之累。”[②]笔者认为以上卜辞中的“邑”为氏名，“邑子”为邑族之长，但非商政权基层行政单位的低级下吏。即通过“邑子”尚不能认定商代之“邑”属于地域性居民组织。

商代金文中亦有“邑”，目前所见如下：

邑鼎铭：“邑。”　（《近出》170）
邑祖辛父辛觯铭：“邑祖辛父辛云。”　（《集成》6463）
邑爵铭：“邑。”　（《集成》7588）
邑爵铭：“邑。”　（《集成》7589）
亚车邑瓿铭：“亚车丙邑。”　（《集成》9958）
新邑矛铭：“辛邑阦。”　（《集成》11486）

笔者认为以上商代青铜器铭文中的“邑”系族名。

小臣邑斝铭：“癸巳，王赐小臣邑贝十朋，用作母癸尊彝。”　（《集成》9249）

“小臣邑”之“邑”当是小臣的名字。可见，商代金文中的“邑”与聚落之“邑”无关。

根据对以上殷墟卜辞和商代金文中的“邑”的分析，商代后期的数字小邑属于聚落，但并非行政性居民组织。

(二) 殷墟卜辞中安置战败者和服属者之“奠”

殷墟卜辞中的“奠”字用作名词或动词。作名词的“奠”，有的用作地名，有

---

① 宋镇豪：《商代邑制所反映的社会性质》，《中国史研究》1994 年第 4 期，第 58 页。
② 同上注，第 59 页。

的用作人名。“奠”字作为地名的，例如：

贞：今日勿步于奠。　　　　　　　　　　　　　　(《合》7876，典宾类)

“奠”字作为人名的，例如：

贞：乎(呼)比奠取炋𡆥啚(鄙)三邑　　　　　　　　　　(《合》7074，典宾类)

“比奠”之“奠”，在卜辞中当用作人名。传世文献中“奠”常用作动词：《诗经・召南・采苹》云：“于以奠之，宗室牖下。”毛传：“奠，置也。宗室，大宗之庙也。大夫、士祭于宗庙，奠于牖下。”《说文》：“奠，置祭也。”《释名》：“丧祭曰奠。奠，停也。言停久也。”《广雅・释诂》四：“奠，置也。”可见“奠”作动词可分为两种用法：一种当“置祭”来讲，另一种当“安置”来讲。卜辞中作为动词的“奠”也存在如此两种用法。

作为“置祭”讲的卜辞如：

……奠𩰫，卯牢，王受又(有)佑。　　　　　　　　　　　　　(《屯》2983)

作为“安置”来讲的“奠”，在殷墟卜辞中有奠“危方”于某地(《合》7881、27999)，“奠望人并”(《合》4551)，奠“宄人于(洞?)”(《英》547 正)，奠羌于陕(《合》10084)，奠来方于某地，奠出方于某地(《合》28011)。裘锡圭先生在对殷墟卜辞中的“奠”加以考察后总结说：

> 商王往往将被商人战败的国族或其他臣服国族的一部或全部，奠置在他所控制的地区内。这种人便称为奠，奠置他们的地方也可以称为奠。奠的分布是分散的，并不存在一个围绕在商都四郊之外的称为奠的地带。被奠者一般居于鄙野，其居邑没有可资防守的城墙。被奠者内部一般似仍保持着原来的组织。他们要在被奠之地为商王耕作、畜牧，有时还要外出执行军事方面的任务，此外似乎还要满足商王对臣妾等的需求。①

裘先生的上述论断是正确的。在卜辞中，“奠”作动词除了上述安置被商人战败的国族或其他臣服的国族以外，还有商人贵族被奠置。② 在卜辞中此类称

① 裘锡圭：《说殷墟卜辞的“奠”——试论商人处置服属者的一种方法》，《裘锡圭学术文集》第五卷《古代历史、思想、民俗卷》，上海：复旦大学出版社，2012年，第188页。

② 除上引裘文提到外，另有朱凤瀚：《殷墟卜辞中“侯”的身份补证——兼论“侯”、“伯”之异同》，陈昭容主编：《古文字与古代史》(第4辑)，台北：中研究史语所，2015年，第5页。

作“奠”的地名，如：

……𡧊贞：我在[南][1]奠沝、𦕃……受年。(《合》9770，典宾类)

裘先生认为“沝”和“𦕃”也许就是两个在南奠的名称。[2] 还有一个例子：

师般以人于北奠𠂤(次)。

人于泞𠂤(次)。

于𠂤(次)。　　(《合》32277，与《合》32278属同文卜辞，历组)

《左传》庄公三年载：“凡师，一宿为舍，再宿为信，过信为次。”据此理解卜辞，师般派军队驻扎于北奠、泞和。裘先生指出“泞”和“”大概就是北奠的两个地名。[3] 故主张奠作为地域名称是有道理的。

总之，奠为商代安置被征服者和服属者，一般不打破原来的组织结构，异地安置其整族或某族的一部分。所安置之地称“奠”，是一种地域名称，非专有地名，更非地域性居民组织单位。

(三) 殷墟卜辞和商代金文之“州”

殷墟卜辞中有许多有“州”字的卜辞，例如：

(1) 乙酉，…以州…　　(《合》7973，典宾类)

(2) …州…敦　　(《合》7973，典宾类)

(3) …州…　　(《合》850，典宾类)

(4) …州…　　(《合》851，典宾类)

(5) …州…　　(《合》17577正，典宾类)

(6) …今丙…寻…州…隹…　　(《合》8103，宾组三类)

以上卜辞中之“州”，因卜辞残缺过甚，除了能够证明有“州”字外，很难对其性质作出分析。

(7) 贞：讯州妾循　　(《合》659，典宾类)

---

① 此字之释从裘锡圭(裘锡圭：《说殷墟卜辞的“奠”——试论商人处置服属者的一种方法》，《裘锡圭学术文集》第五卷《古代历史、思想、民俗卷》，第184页)。

② 同上注所引文，第184页。

③ 同上注。

“州妾”即州之妾，乃人名。“循”作动词。

(8) 乙酉卜，宾贞：州臣㞢往自㚔得　　（《合》849 正，典宾类）

(9) 贞：州臣得　　（《合》850，典宾类）

(10) 贞：州臣得　　（《合》850，典宾类）

(11) 贞：州臣不…得　　（《合》850，典宾类）

(12) 贞：州臣得　　（《合》851，典宾类）

以上卜辞之“州臣”当理解为州之臣，州似为氏名。“得”在以上卜辞中作动词，贞问州臣能否得到什么。“得”之对象因辞残，今已不可知。

(13) 州　　（州戈，《集成》10727，出土于安阳，旅顺博物馆）

“州戈”之“州”不是氏名，便是人名。

经过以上对殷墟卜辞和商代金文中“州”字的分析，可见目前还无法认定商代时期的“州”属于地域性居民组织。

（四）殷墟卜辞之“鄙”

殷墟卜辞有“鄙”字之前冠以氏名或人名的“鄙”称，有关的辞例，如：

(1) 庚戌卜，亘贞：王乎（呼）取我夹才（在）𡰥啚（鄙）若于 （按，中间一横为坼裂缝，此据千里路左侧对贞卜辞补足）王固（占）曰：…若

（《合》7075 正，典宾类）

(2) 庚戌卜，亘贞：王乎（呼）取我夹…𡰥啚（鄙）不若… 

（《合》7075 正，典宾类）

《说文》据《周礼》“五酇为鄙”来解释的“鄙”字显然与卜辞中的“鄙”不是一个意思。杜注《春秋》《左传》之“鄙”为“边邑”，不过此“边邑”是一个地域概念，此“边邑”内含有若干邑。据杜注，“鄙”即一国或某地区的边远地区。(1)之“才（在）𡰥鄙”即在𡰥边疆。(2)之卜辞在千里路之左侧，与(1)对贞。

(3) 贞：示兔啚（鄙）　　（《合》309 甲正，宾组三类）

(4) 勿示兔啚（鄙）　　（《合》309 乙正，宾组三类）

(3)(4)两条卜辞相互关联，(3)贞问在“兔鄙”祭祀，(4)是不要在“兔啚”祭祀。

(5) 癸巳卜，㱿贞：乎(呼)㝵取虎于敦啚　　　　(《合》11003，典宾类)

该条卜辞之"乎(呼)㝵取虎于敦啚"即呼名叫"㝵"的人在"敦"这个地方的边疆取虎。

(6) 中敦于义攸侯凵啚

戊戌贞：又(侑)敦于丬攸侯凵啚　　　　(《合》32982，历组二类)

"凵"当为"攸侯"的私名。"攸侯凵啚(鄙)"即"攸侯凵"属地的边疆。

(7) 癸卯卜，黄贞：旬无畎。才(在)正月，王来征人方，才(在)攸侯喜啚(鄙)永

(《合》36484，黄组)

"喜"为"攸侯"。"攸侯喜啚永"即攸侯喜属地边疆之永。卜辞中还有"商啚"(《英》2525)、"啚"(《合》7872，典宾类)"𥁕啚"(《合》7873，典宾类)，当亦指"啚(鄙)"前氏名之属地边疆。

可见，"×啚(鄙)"格式的卜辞辞例应该是指在"×"地边远地区，与基层地域性居民组织的设置无关。

卜辞中除了上述地名加"鄙"字的辞例外，尚有方位词加"鄙"字的辞例，主要见于以下卜辞：

(1) 癸巳卜，㱿贞：旬无囚。王固(占)曰：有求(咎)，其有来艰。迄至五日丁酉，允有来艰自西。沚戓告曰：土方征于我东鄙，𢦏二邑。吕方亦侵我西鄙田。

(《合》6057 正，典宾类)

(2) ……东鄙，𢦏二邑，王步自𩴁于𨞲司…夕豆。壬寅，王亦终夕囚。

(《合》6057 反，典宾类)

(3) 癸巳卜，永贞：旬无囚。……隹丁五日丁酉允有……于我东鄙…

(《合》6058 正，典宾类)

(4) 戓告曰：土方……侵我西鄙…　　　　(《合》6059，典宾类)

(5) ……东鄙……日辛丑夕豆…　　　　(《合》6060 反，典宾类)

《合》6057 正卜辞中的"沚"为氏名，[1]"我"为告者"沚戓"自称。

《春秋》《左传》有许多东西南北方位词加"鄙"字的辞例，据笔者统计，共

① 朱凤瀚：《商周家族形态研究》(增订本)，第 152 页。

58例。兹从《左传》分别摘引文例于下：

郑公子偃帅师御之，使东鄙覆诸鄤，败诸丘舆。（成公三年）

齐崔杼帅师伐我北鄙，以报孝伯之师也。（襄公二十五年）

取卫西鄙懿氏六十以与孙氏。（襄公二十六年）

公会吴子、邾子、郯子伐齐南鄙，师于鄎。（哀公十年）

以上四则材料分别指郑、鲁、卫和齐的边疆。除此以外，尚有指晋、邓、宋和周的边疆地区的例子，其中用于鲁国的现象居多。不过，亦偶有用来指称贵族采邑之边地。例如，《左传》襄公二十六年（前547）："（卫）孙林父以戚如晋。……卫人侵戚东鄙，孙氏愬于晋，晋戍茅氏。"杜注："茅氏，戚东鄙。""戚"本属卫孙林父的采邑，孙林父于当年春天卫国政争中失败后以戚邑投晋国。"戚东鄙"即孙林父之采邑"戚"东部边远地区。东鄙系地域概念，非居民组织。

卜辞中的"东鄙"和"西鄙"为"沚戓"领地的东、西部边疆，[①]因受到土方和𢀛方的侵伐而入告商王。上引《合》6059则可释为"戓"入告商王，其领地之西鄙受到土方的入侵。

在西周金文中亦有"×鄙"的辞例，录之于下以资比较：

恒簋盖铭：

王曰："恒！令（命）女（汝）䙗（更）萈克𤔲（司）直啚（鄙），易（赐）女（汝）䜌（銮）旗，用事。夙（夙）夕勿法（废）朕（朕）令（命）。"（《集成》4199、4200）

楚簋铭：

隹（惟）正月初吉丁亥，王各（格）于康宫，中（仲）匍（倗）父内（入）又（佑）楚立中廷，内史尹氏册命楚赤市（韨）、䜌（銮）旗，取遄（赒）五寽（锊），𤔲（司）𦬁啚（鄙）官（馆）、内师舟。（《集成》4246—4249）

"𤔲（司）直啚（鄙）"即令恒管理直地之边鄙。"𤔲（司）𦬁啚（鄙）官（馆）"即令楚管理𦬁地边鄙之馆舍。西周金文未见方位词加"鄙"的用法。《春秋》《左传》中

① 胡厚宣：《殷代封建制度考》，《甲骨学商史论丛初集》（外一种），石家庄：河北教育出版社，2002年，第66页。

方位词加“鄙”的辞例无一例与地域性居民行政组织有关系，故卜辞中的“东鄙”和“西鄙”也应该是指边疆地区而非地域性居民组织。

总而言之，卜辞中的“鄙”是表示边疆地域的称谓，“鄙”有若干邑。① 卜辞中的“鄙”与地域性居民组织无关。②

(五) 殷墟卜辞之“丘”

殷墟卜辞中有许多“丘”字，有些是人名，有些是地名。现在选取几条以“丘”字作为地名的卜辞，引录如下：

(1) …取竹刍于丘 (《合》108，宾组三类)

(2) 贞：刍…于丘。二告 (《合》140 正，典宾类)

此两条卜辞之“丘”为地名。

(3) 贞：朕刍于丘 (《合》152 正，典宾类)

(4) 贞：奠于丘 (《合》780，典宾类)

(5) 贞：奠于丘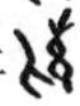 (《合》4248，典宾类)

“”与“”二字构形左右互换，当为一字。“丘”和“丘”应该是一地。“刍于丘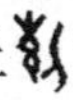”意即在丘之地牧放牲畜。“奠于丘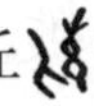”意即在丘进行祭祀。

(6) ……僕于兹丘 (《合》30272，无名组)

“兹丘”亦为地名。

(7) 己丑卜，㱿贞：㦰于丘商，四月。 (《合》776 正，宾组一类)

(8) 贞：勿㦰于丘商 (《合》776 正，宾组一类)

(9) 甲午卜，燎于丘商 (《合》7838，自宾间 A)

(10) ……方……人其丘商 (《合》7839，自宾间 A)

(11) ……贞：妇姘乎(呼)黍于丘商受… (《合》9529，典宾类)

① 杜正胜：《卜辞所见的城邦形态》，吴荣曾主编：《尽心集——张政烺先生八十庆寿论文集》，北京：中国社会科学出版社，1996 年，第 18 页。

② 不过有的学者提出鄙、奠是诸侯与国下一级行政区域。鄙、奠之下尚有邑，邑为最基层的居民单位。参见杜勇：《商朝政区蠡测》，《2004 年安阳殷商文明国际学术研讨会论文集》；肖良琼：《商代的都邑邦鄙》，《殷都学刊》1985 年增刊，第 339 页。

(12) 辛丑卜,𣪊贞：妇姘乎(呼)黍于丘商受……　　（《合》9530,典宾类）

(13) 壬子卜,𣪊䄅于丘商。　　（《合》9774 正,宾组一类）

(14) 勿䄅于丘商。　　（《合》9774 正,宾组一类）

以上(7)至(14)卜辞中的“丘商”亦为地名。

(15) ……宅丘,王……　　（《合》8387,宾组一类）

(16) ……宅丘,王……　　（《合》8487,典宾类）

“宅丘”当理解为宅居于丘。

(17) 贞：乎(呼)宅丘　　（《合》8119 正,宾组一类）

(18) 勿乎(呼)宅丘　　（《合》8119 反,宾组一类）

(17)和(18)正反两面贞问是否在“丘”修筑居邑。于此可见,殷人筑邑,多选择丘形高地,以避水患。

(19) 丁亥卜,庚卯雨才(在)京丘　　（《屯》2149）

(19)是丁亥这天占卜,庚卯这天京丘是否有雨。

(20) 戊戌……才(在)丘……　　（《合》875 正,典宾类）

(20)“丘”之后还有字,当系丘之名。惜因辞残,该丘之名已不可知。

(21) 壬午卜,行贞：今夕无𡆥。才(在)……才(在)丘雷卜
癸未卜,行贞：今夕无𡆥。才(在)正月才(在)丘雷卜　　（《合》24367,出组二类）

(21)两条卜辞系连续两天占卜同一件事——今夕无𡆥。地点在丘雷。

(22) 贞：乎(呼)取丘…不告黽　　（《合》5510 正,典宾类）

(23) 贞：乎(呼)……取丘……　　（《合》7059,典宾类）

(24) 贞：乎(呼)丘　　（《合》4733,自宾间 A）

(25) 丘其易(赐)　　（《合》8385,宾组一类）

(26) 丙戌卜……贞：令……衣丘　　（《合》8390,宾组一类）

(27) 乙酉卜,宾贞：勿衣乎(呼)比丘侜……　　（《合》8591,宾组一类）

(28) 不陟丘　　（《合》14792,宾组一类）

(29) ……翌其……丘　　（《合》8119 反,宾组一类）

(30) 丘……　　（《合》4734,典宾类）

(31) 前丘罗……　　(《合》4824,典宾类)

(32) ……丘处……　　(《合》8381,宾组三类)

(33) ……丘不…………　　(《合》8382,宾组三类)

(34) ……丘岁酌　　(《合》15476,宾组三类)

从(22)至(34)含有“丘”字的卜辞,残缺过甚,卜辞的意思很难把握。

顾颉刚、胡厚宣、高广仁、张怀通和董巧霞等学者都曾经对甲骨文中的“丘”进行论述,即商代居民有丘居的现象。[1] 甲骨文中有一条只存“小丘臣”(《合》5602,典宾类)三字的残辞,于省吾先生认为“即丘小臣的倒句。丘小臣是主管丘居的小臣。古代丘居以防外侵和水患,故甲骨文的地名每以丘某或某丘为言”。[2] 于先生点出了丘居之益处:一是干燥,夏季便于排泄雨水,免于洪灾;其次是便于军事上的防御。笔者曾实地考察山西南部的翼城县县城、汾城(清代太平县县城)、新绛县县城、绛县县城、陶寺遗址、倗伯墓地、霸伯墓地和晋侯墓地所在之周边地形,益信“丘”为商代聚落的主张。但于先生说有管理丘居的小臣,于卜辞仅此一见,且该卜辞残缺过甚,似乎还难以说明甲骨文中的丘为地域性居民组织。

(六) 商代之“方位词+单”

殷墟卜辞有“东单”“西单”“南单”和“北单”,例如:

(1) 叀东单用。　　(《合集》28115,无名组)

(2) ……东单工　　(《屯》4325)

(3) 庚辰,王卜,才(在),贞:今日其逆旅以执于东单,亡灾。　　(《续存》下917)

(4) 庚辰贞:翌癸未,西单田,受㞢(有)年。十三月。　　(《续存》下166,《合》9572,宾组三类)

(5) ……采烙云自北,西单雷。　　(《前编》7.26.3)

(6) 岳于南单。　　(《合集》34220,历组二类)

[1] 顾颉刚:《说丘》,《禹贡》1934年第1卷第4期;胡厚宣:《卜辞地名与古人居丘说》,《甲骨学商史论丛初集》(外一种);高广仁:《说“丘”——城的起源一议》,《考古与文物》1996年第3期;张怀通:《先秦时期的基层组织——丘》,《天津师大学报》2000年第1期;董巧霞:《先秦丘制考略》,《中国历史地理论丛》2009年第1期。

[2] 于省吾:《甲骨文字释林》,北京:中华书局,2009年,第332页。

(7) 己卯卜，于南单立岳雨。　（《屯》4362）

(8) ……南单……不吉　（《英》754）

(9) 庚辰卜，争贞：爰南单。　（《合》6473 正，典宾类）

(10) ……入从南单。　（《合集》28116，无名组）

(11) ……竹□北单　（《后编》上 13.5）

商代金文中亦有“南单”“北单”“西单”，但未见“东单”。[①] 胡厚宣先生认为卜辞中的东单、西单、南单和北单犹言东南西北郊野开阔的平坦田地。[②] 于省吾先生认为卜辞中的单和台双声，可通用。四单是以商邑为中心的四外远郊。[③] 丁山先生认为“由金文论之，北单，似为氏族之名，则西单、南单，谊当相同”；但是又说“亶、单音同字通，……西单、北单、南单，宜可读为西坛、北坛、南坛，正是《金縢》所谓‘三坛’。由是言之，南单，即是南台，《纪年》所谓‘南单之台’，在商代当如卜辞作南单”。[④] 可见丁山先生对于卜辞中“南单”等的看法有所游移。陈梦家先生认为卜辞中的南单、北单、西单和“西单田”之“西单”都是地名。[⑤] 俞伟超先生认为卜辞中的“单”属于公社组织。[⑥] 杜正胜先生不同意俞先生之说，认为卜辞中的单为族名。[⑦] 杜说甚确，俞伟超先生的看法在今天看来是不能成立的，仅具学术史意义。在 20 世纪 80 年代初，朱凤瀚先生说：

> 《水经·淇水注》记南单在朝歌，今淇县。《存》下 917[⑧] 王在地贞卜是否要在东单迎接回师的军旅与战俘，迎战俘实是逆牲以祭祖，可知东单亦距王都不远。盖东、西、南、北四单是安阳四方之邻近地。铜器铭文中的北单应是以地为氏。[⑨]

---

① “南单”见于《集成》7014、7191 和《二编》111 金文；“北单”见于《集成》388、389、390、1747、1748、1749、1750、3120、3239、3717、6188、7017、7195、8178、8806、8807、9389、9508、10047、11445、11446 和《二编》369、662 金文；“西单”见于《集成》2001、3243、3417、5156、6384、6396、7015、7016、6784、7192、7193、7194、8257、8258、8259、8808、9200 和《近出》740、《二编》763 金文。

② 胡厚宣：《殷代农作施肥说》，《历史研究》1955 年第 1 期，第 103 页；又见氏著《殷代农作施肥说补证》，《文物》1963 年第 5 期，第 27 页；又见氏著《再论殷代农作施肥问题》，《社会科学战线》1981 年第 1 期，第 104 页。

③ 于省吾：《释四单》，《甲骨文字释林》，第 151～154 页。

④ 丁山：《商周史料考证》，北京：中华书局，1988 年，第 174 页。

⑤ 陈梦家：《殷虚卜辞综述》，北京：中华书局，1988 年，第 268～269 页。

⑥ 俞伟超：《中国古代公社组织的考察——论先秦两汉的“单—僤—弹”》。

⑦ 杜正胜：《古代社会与国家》，台北：允晨文化实业股份有限公司，1992 年，第 955 页。

⑧ 胡厚宣编集：《甲骨续存》（下编），上海：群联出版社，1955 年，第 562 页。

⑨ 朱凤瀚：《商周青铜器铭文中的复合氏名》，《南开学报》1983 年第 3 期，第 59 页。

朱先生主张商代卜辞、金文之地名和氏名合二为一。《合》8303 正(典宾类)曰:"……贞今日……王步……"由此可知,《合》8303 反之卜辞亦属于王卜辞。由《合》8303 反之"[王]步于单"可知"单"是地名。卜辞东西南北之单应该也是地名,且极有可能其得名来自以商邑为中心的东西南北郊祭祀之坛。综合以上诸家之说,殷墟卜辞和商金文中的方位词加"单",既是氏名,同时也是地名。还没有证据说明商代的"单"为地域性居民组织。

可见,商代的"邑""奠""州""鄙""丘"和"单"在性质上还不是地域性居民组织。

二、关于传世文献中所谓商后期的"里"

传世文献中有属先秦时期但具体时代不太确定的含有"里"字的地名,比如"北里"。成书较晚的材料中提到商晚期有地名"羑里",但其材料的可信度不能确定。此外,从一些文献记载中的"里君"来看,似乎商代已经存在地域性居民组织"里"。下面试对这些问题加以讨论,以明确商代是否已经有地域性居民组织"里"。

(一)"北里""羑里"时代讨论

1. 北里

《史记·封禅书》载:

> 于是管仲睹桓公不可穷以辞,因设之以事,曰:"古之封禅,鄗上之黍,北里之禾,所以为盛。"

《汉书·郊祀志》有与上引《史记·封禅书》基本相同的文字。显然,《汉书》的编纂者沿袭了《史记》。《史记集解》和《汉书》应劭注均引汉末魏初学者苏林之说,认为"鄗上、北里皆地名也"。

《管子·封禅》亦载:

> (管仲)曰:"古之封禅,鄗上之黍,北里之禾,所以为盛。"

《管子》和《史记》《汉书》相比较而言,《管子》的成书时间略早,[①]但从以上材料

① 对《管子》的成书时代,各家分歧很大。胡寄窗主张成书于战国时期。参见胡寄窗:《试论〈管子·轻重篇〉的成书年代问题》,《中国经济问题》1981 年第 4、5 期。

中的“古之封禅”来确定究竟“古”到什么时候，即“北里”属于什么时代的地名，因史书记载相当模糊，目前尚无法确定。不过，《史记·殷本纪》的记载似能提供一些启示：

(帝纣)于是使师涓作新淫声，北里之舞，靡靡之乐。

《殷本纪》之“北里”显系乐歌之名，系纣王“使师涓作”。同样的史事尚载于《晏子春秋·谏上》：“(晏子)对曰：‘夫乐亡而礼从之，礼亡而政从之，政亡而国从之。国衰，臣惧君之逆政之行。有歌，纣作《北里》，幽、厉之声，顾夫淫以鄙而偕亡。君奚轻变夫故哉？’”商纣王时代是否真的制作了“北里”之歌舞，目前尚无比《史记》和《晏子春秋》更早的典籍和出土文字材料予以证实。“北里之舞”之“北里”缘何得名？不得而知。是否有一种可能，即乐歌“北里”之名来源于地名“北里”呢？如果是，说明商晚期有地名“北里”。那么“北里之禾”之“北里”可能与此“北里”是一地，是商晚期的地名。不过，这一切均系推测，尚无相关证据予以支撑。

2. 羑里

《左传》襄公三十一年载：“纣囚文王七年，诸侯皆从之囚，纣于是乎惧而归之。”关于周文王被囚之地有一种说法是在“夏台”。上博简《容成氏》46—47号简载：“受(纣)闻之，乃出文王于夏台之下而问焉，曰：‘九邦者其可来乎？’文王曰：‘可。’”[①]《史记·夏本纪》：“桀不务德而武伤百姓，百姓弗堪，乃召汤而囚之夏台，已而释之。”可见“夏台”即监狱。另一种说法是文王被囚于“羑里”。《史记·殷本纪》载：

百姓怨望而诸侯有畔者，于是纣乃重刑辟，有炮格之法。以西伯昌、九侯、鄂侯为三公。九侯有好女，入之纣。九侯女不憙淫，纣怒，杀之，而醢九侯。鄂侯争之强，辨之疾，并脯鄂侯。西伯昌闻之，窃叹。崇侯虎知之，以告纣，纣囚西伯羑里。

《集解》曰：“《地理志》曰河内汤阴有羑里城，西伯所居处。”

《正义》曰：“牖，一作‘羑’……羑城在相州汤阴县北九里，纣囚西伯城也。”

可见《史记·殷本纪》和《汉书·地理志》俱言周文王曾被囚于“羑里”。据《史

① 马承源主编：《上海博物馆藏战国楚竹简》(二)，上海：上海古籍出版社，2002年，第287页。

记正义》,“羑里”亦作“牖里”。“羑里”缘何得名?《水经注·荡水》曰:“羑水出荡阴西北韩大牛泉。《地理志》曰:‘县之西山,羑水所出也。羑水又东径韩附壁北,又东流径羑城北,故羑里也。’”①由《水经注》可知,“羑里”之得名可能源于其北有羑水。② 关于文王被纣王拘于“羑里”一事,《庄子·盗跖》载:

> 尧不慈,舜不孝,禹偏枯,汤放其主,武王伐纣,文王拘羑里。此六子者,世之所高也。

《庄子》当是记载此事最早的典籍。关于纣囚文王于羑里之事,除以上《史记》《庄子》外,其他典籍亦多有言之者。③ 对于《庄子》《史记》等文献所载商晚期之地名“羑里”,众所周知,这些典籍属于距离商代较远的战国时代乃至西汉成书的文献,在使用以上文献之材料来论证商代的制度时,其作为史料之价值有一定局限性,在目前还没有发现直接的同时代的材料加以印证的情况下,尚不敢贸然下结论说商代晚期已经存在地域概念羑里,④更难以认定“羑里”为地域性居民组织。

总之,从以上文献记载看,“北里”只能说是战国时期人认为的古地名,“北

---

① 陈桥驿:《水经注校证》,北京:中华书局,2007年,第244页。

② 臧守虎从《周易》坎卦出发,认为“羑里”最早的意思是“土牢之内”,将“里”似解为“里外”之“里”。参氏著:《“羑里”正诂》,《文献》1999年第4期。

③ 纣囚文王于“羑里”的材料尚见于:(1)《史记·周本纪》:“崇侯虎谮西伯于殷纣曰:‘西伯积善累德,诸侯皆向之,将不利于帝。’帝纣乃囚西伯于羑里。……西伯盖即位五十年。其囚羑里,盖益《易》之八卦为六十四卦。”(2)《史记·齐太公世家》:“周西伯拘羑里,散宜生、闳夭素知而招吕尚。吕尚亦曰‘吾闻西伯贤,又善养老,盍往焉’。三人者为西伯求美女奇物,献之于纣,以赎西伯。西伯得以出,反国。言吕尚所以事周虽异,然要之为文武师。周西伯昌之脱羑里归,与吕尚阴谋修德以倾商政,其事多兵权与奇计,故后世之言兵及周之阴权皆宗太公为本谋。”(3)今本《竹书纪年》:“(帝辛)二十三年,囚西伯于羑里。二十九年,释西伯,诸侯逆西伯,归于程。”(4)《韩非子·难二》:“使文王所以见恶于纣者,以其不得人心耶?则虽索人心以解恶可也。纣以其大得人心而恶之,己又轻地以收人心,是重见疑也。固其所以桎梏囚于羑里也。”(5)《吕氏春秋·首时》:“王季历困而死,文王苦之,有不忘羑里之丑,时未可也。”(6)《淮南子·道应训》:“屈商乃拘文王于羑里。”(7)《淮南子·氾论训》:“纣居于宣室,而不反其过,而悔不诛文王于羑里。”(8)《新书》卷七:“文王桎梏囚于羑里,七年而后得免。”(9)《说苑》:“昔者汤困于吕,文王困于羑里,秦穆公困于殽,齐桓困于长勺,句践困于会稽,晋文困于骊氏。”(10)《孔丛子·居卫》:“文王困于羑里作《周易》。”(11)《孔丛子·论书》:“周文王胥附奔辏先后御侮谓之四邻。以免乎羑里之害。”(12)《尚书大传》:“西伯既戡黎,纣囚之羑里。”(13)《战国策·赵三·秦围赵之邯郸》:“故拘之于牖里之车。”(14)《战国策·赵三·希写见建信君》:“昔者,文王之拘于牖里,而武王羁于玉门。”

④ 时兵认为殷墟卜辞中有“羑”这个地名,其地在殷都东部(时兵:《释殷墟卜辞中的“臬”字——兼论“羑里”》,《考古》2011年第6期,第88~90页)。

里”作为古地名最早于什么时候出现在目前是无法确定的，是否与“北里之舞”之“北里”有关，在目前也无法确定；“羑里”是战国时期人认为的商纣王时期存在的地域概念。

（二）《尚书·酒诰》之“里”时代讨论

“里”作为地域性居民组织起源于什么时代，学者间主要存在以下三种观点。一种观点可称之为“商代说”，以徐中舒、裘锡圭、林沄先生为代表。[①] 另一种观点可称之为“周初说”，以李宗侗、朱凤瀚先生为代表。[②] 还有一种观点可称之为“春秋说”。[③] 下面试结合学者的已有成果，对第一、二种观点加以讨论，对第三种观点的讨论将在本章第二节中进行。

第一、二种观点的分歧主要集中在对《尚书·酒诰》的解读上。兹将《酒诰》牵涉“里居”一词的相关段落摘引如下：

> 矧曰其敢崇饮？越在外服，侯、甸、男、卫、邦伯；越在内服，百僚、庶尹、惟亚、惟服、宗工，越百姓里居；罔敢湎于酒，不惟不敢亦不暇，惟助成王德显，越尹人祇辟。

较早认为《酒诰》“里居”之“居”为“君”之讹者当推学者罗振玉和王国维。[④] 其后，顾颉刚先生据令方彝铭之“里君”亦认为《酒诰》“里居”为“里君”之讹。[⑤] 总之，对于《酒诰》“里居”为“里君”之讹，今天的学界已经普遍接受。

徐中舒、裘锡圭和林沄先生主要根据《酒诰》主张商代即有地域性居民组织“里”。林沄先生认为：

---

① 徐中舒：《试论周代田制及其社会性质——并批判胡适井田辨观点和方法的错误》，《四川大学学报》1955年第2期（又见氏著：《论西周是封建制社会——兼论殷代社会性质》，《历史研究》1957年第5期）；裘锡圭：《关于商代的宗族组织与贵族和平民两个阶级的初步研究》，《文史》第17辑，1983年。

② 李玄伯（李宗侗）：《中国古代社会新研》；朱凤瀚：《商周家族形态研究》（增订本）（又见氏著《先秦时代的“里”——关于先秦基层地域组织之发展》）。

③ 沈长云、李秀亮：《西周时期“里”的性质》，《历史研究》2011年第4期。

④ 参罗振玉释史颂簋，收入《贞松堂集古遗文》卷三，参见《金文文献集成》第24册，北京：线装书局，2005年，第65页。吴其昌：《夨彝考释》，《燕京学报》1931年第9期，第1690页。

⑤ 顾颉刚：《畿服》，《史林杂识》（初编），北京，中华书局，1963年，第9页。按：顾氏《畿服》收入《浪口村随笔》时略有改动，但观点未变。参《浪口村随笔》，沈阳：辽宁教育出版社，1998年，第40页。

> 把众多不同姓的宗族按地域组成里，似乎并不是从西周才开始的。因为，前面引用的《逸周书·商誓》①和《尚书·酒诰》中都提到了早在成周建邑之前，商人中已有“百姓里君”，其中“百姓”应指不同姓的各宗族，特别是指其族长而言；“里君”应指地域组织“里”的首脑。②

林沄先生的主要理由是，《酒诰》和《商誓》是武王对殷遗发布的文告，当时尚未将一部分殷遗迁往成周，但在称述殷遗时使用了“百姓里君”，于是认为商代即已存在地域性居民组织“里”。对于《酒诰》中的“里君”，朱凤瀚先生却是这样认识的：

> 《酒诰》这段话是追述殷商的情况。由于这里提到“百姓里君”，故一些学者引用来说明商代已有“里”与“里君”之制。但众所周知，“百姓”一词非商人语言，特别是殷墟甲骨刻辞与商代金文中都没有见到“里”，更没有“里君(尹)”之称。当然，甲骨文未见，并不等于商代绝对不存在，只是在十多万片甲骨中都未见到“里”，仅据写定于后人之手的《酒诰》似还难以肯定商代即有“里”与“里尹”。或曰，即使“里”不是商人语言，商代是否已有了类似“里”的地域组织了呢？从现有的商代史料看，这点亦未能确知。③

朱先生认为《酒诰》所记之事是殷商时期的，但属于周人的追述，证据就是商人语言中没有“百姓”一词，“百姓”属于周人语言，故不能据《酒诰》之“百姓里君”认定商代已有居民组织“里”。平心而论，朱先生在 1987 年如此处理《酒诰》中的“百姓里居(君)”可谓慎重、严谨。即便是在此文发表近三十年后的今天，在所有已刊布的商周卜辞和商金文中仍未发现“百姓”和“里”的辞例。④所以，只根据周人语言追述而成的《酒诰》来认定商代已有地域性居民组织“里”，其证据并不坚确。

此外，林沄先生还根据殷墟西区的墓葬材料来论证商代已存在“里”一类

---

① 按，指《商誓》“及百官里居献民”之“里居”。

② 林沄：《“百姓”古义新解——兼论中国早期国家的社会基础》，《吉林大学社会科学学报》2005 年第 4 期，198 页；又见《林沄学术文集》(二)，北京：科学出版社，2009 年，第 275 页。

③ 朱凤瀚：《先秦时代的“里”——关于先秦基层地域组织之发展》，第 194～195 页。另见氏著：《商周家族形态研究》(增订本)，第 289 页注释[52]。

④ 周公庙甲骨尚未整理刊布，但据目前获得的信息是没有。参见北京大学考古文博学院网站主页 2009 年 3 月 18 日文章：《周公庙 2008 年度的发掘工作新收获》。

的地域组织。在殷墟西区墓地的发掘报告中，发掘报告整理者将整个墓地分为八个墓区，并认为反映了八个不同族“聚族而居”。① 林沄先生认为这种看法无法解释同一墓区有多种不同的族氏铭文的随葬器物出土的现象。② 林沄先生又根据学者韩建业将殷墟西区墓地每个墓区的墓葬进一步按分布情况分为若干分区，分区下又分若干墓组，墓组下又分若干墓群的研究成果③认为：

> 这样，每个分区内的葬俗比较一致，族徽铭文也基本上一个分区是一个。这样，每一个分区是一个宗族，比较讲得通了。而同一分区中不同墓组有的有同一族徽铭文，有的墓组则族徽各不相同，随葬器物组合也有所不同，所以每个墓组可能代表一个分族。而墓群则可能代表再低一级的家族。但这样就产生一个问题：原来分的八个墓区，代表什么呢？④

林沄先生最后根据陈絜先生的研究——殷墟地区居民不止子姓一姓⑤认为：

> 殷墟西区墓地葬的不是同一姓的各宗族。而像第三墓区那样可以分五个分区而有多种族徽的墓区，极有可能葬有不同姓的宗族。因此，墓区其实有可能就是按“里”来安排的。⑥

林沄先生检讨以往对殷墟西区墓地的研究，根据殷墟地区非子姓一姓的观点，又根据殷墟西区墓地的一些分区有多种族氏铭文的器物出土，认为八个墓区有可能是按“里”来安排的。关于林沄先生据殷墟西区墓地族氏铭文分布的情况而认为商代晚期已有“以地域组织整合不同姓的众多宗族之举”⑦的问题，笔者是这样认识的：一、其观点本身是推论；即便按林先生的推论——商代存在打破血缘宗族杂居的现象，但还不能将其作为商代有“里”这种地域性

---

① 朱凤瀚较早指出殷墟西区墓地的八个不同墓区就是八个不同的族墓地的说法不够确切，并提出将墓葬区划分为墓群进行研究的三个原则。参见氏著《商周家族形态研究》（增订本），第101～102页。

② 林沄：《“百姓”古义新解——兼论中国早期国家的社会基础》，《吉林大学社会科学学报》2005年第4期，198页；又见《林沄学术文集》（二），第275页。

③ 韩建业：《殷墟西区墓地分析》，《考古》1997年第1期。

④ 林沄：《“百姓”古义新解——兼论中国早期国家的社会基础》，《吉林大学社会科学学报》2005年第4期，198页；又见《林沄学术文集》（二），第275～276页。

⑤ 陈絜：《试论殷墟聚落居民的族系问题》，《南开学报》（哲学社会科学版）2002年第6期。

⑥ 林沄：《“百姓”古义新解——兼论中国早期国家的社会基础》，《吉林大学社会科学学报》2005年第4期，198页；又见《林沄学术文集》（二），第276页。

⑦ 同上注。

居民组织存在的直接证据。林先生之所以这样认识，是因为他先从文献《酒诰》《商誓》中认为商代已有“百姓”“里君”，然后根据殷墟西区墓葬第三分区中出土不同族氏铭文器物的现象，来推测不同姓的宗族居住在同一地域。二、殷墟西区墓葬出土器物可能是战争掠夺物；殷墟西区墓葬出土器物还可能是其他姓之姻戚的赗赠物。故笔者认为商代仍然实行聚族而居，不存在地域性居民组织。[①]

总之，通过以上分析、考辨，殷墟甲骨和殷金文中的“邑”“奠”“州”“鄙”“丘”和“单”还不是地域居民组织。文献中“北里”“羑里”还不能作为商代有含“里”字的地名的根据，更不能说明商代有地域性居民组织“里”。《尚书·酒诰》和《逸周书·商誓》中的“里君”还不能被认定其属于商代。

此外，还有两则与“里”有关的材料：

第一则：《逸周书·允文》载：“思静振胜，允文维纪。昭告周行，维旌所在。收武释贿，无迁厥里。”朱右曾注：“里，里居。”[②]讲的是武王克商之后收缴商人的兵器，散其财货，不改商人的里居。黄怀信先生定《允文》为春秋早期的篇章。[③] 张怀通先生认为是西周时期的篇章。[④] 如果赞同此材料确实反映商末周初的情况的话，是可以认定商代存在地域性居民组织“里”的。但是，这则材料很明显是最早成书于西周时期而非商代的直接材料。在未见到直接材料以前，为谨慎起见，不应据此材料认定商代晚期已经有地域性居民组织的存在。

第二则：《银雀山汉简·六韬》载：“行盘庚之正(政)，使人人里其里，田其田。”这则材料很明显是后代的追记，追记之时代最早可以追溯到战国时期，故也不得据此认为盘庚时代已经有地域性居民组织“里”存在。

总之，基于研究材料的局限，在目前无直接材料的情况下，将地域性居民

① 殷墟西区的墓葬盗掘现象严重，不太好据墓葬出土器物的族氏铭文来分析其属于非宗族墓地，尤其发掘报告划分的第八区一些墓内所出器铭多见“𢦏”，明显系族氏墓地。目前已经发掘的河南省罗山县蟒张乡后李村晚商墓地、山东滕州市官桥镇前掌大村晚商至西周早期墓地、山西灵石旌介村商代墓地、山东青州苏埠屯晚商墓地和河南荥阳市广武镇小胡村晚商墓地均可以证明商代晚期存在聚族而葬的族坟地习俗，似反映这些墓主人生前过着聚族而居的生活。

② (清) 朱右曾：《逸周书集训校释》，上海：商务印书馆，1937 年，第 15 页。

③ 黄怀信：《逸周书校补注译·前言》(修订本)，西安：三秦出版社，2006 年，第 63 页。

④ 张怀通：《〈逸周书〉新研》，北京：中华书局，2013 年，第 118 页。

组织“里”的出现定在西周是比较稳妥而符合实际情况的。故本书在探讨“里”的情况时将从西周开始。

第二节　西周时期“里”的性质

西周金文有数字加“里”字的词语，例如昭王时期的召圜器(《集成》10360)“事(使)赏毕土方五十里”。也有含“里”字的其他词语，例如令方彝(《集成》9901)和史颂簋(《集成》4230)之“里君”、鼬簋(《集成》4215)之“成周里人”、九年卫鼎(《集成》2831)之“林里”、十二年大簋盖(《集成》4299)之“趣睽里”和“大里”等。这些都为学界所熟知，只是对“里”的理解存在分歧。早在二十世纪三四十年代即有学者据令方彝、史颂簋铭文与传世文献认为西周初已有社会组织(本书使用“地域性居民组织”)“里”，其代表性学者有吴其昌、李宗侗先生。① 郭沫若和陈梦家等先生对西周“里”的看法却与此不尽相同。郭沫若先生认为里君“疑是都家公邑之长也”。② 陈梦家先生认为：“里君，旧释里宰，非；里君当为《左传》《国语》之司里，乃百工长也。……窃疑古代以百姓服工役居于城内里中，而司里、里尹、里君者其长耳，故举其官职曰百工，称其阶级为百姓也。”③陈先生虽然主张里君为百工之长，但认为成周城内有居民组织里，里中居民的身份为“服工役”者。1949 年以后，徐中舒、裘锡圭、张政烺、朱凤瀚、林沄和李零等先生均主张西周之“里”为居民组织。④ 张亚初和刘雨先生主张“里君”即《周礼》之“里宰”；⑤二位学者因重点考察的是西周金文中的官制，故没有明确指出西周“里”的性质，但是主张“里君”即《周礼》之“里宰”实质

① 吴其昌：《夨彝考释》，《燕京学报》1931 年第 9 期；李玄伯(宗侗)：《中国古代社会新研》。

② 郭沫若：《金文丛考》，北京：人民出版社，1954 年，第 88 页，自编页码第 77 页。另见《金文文献集成》第 25 册，第 367 页。

③ 陈梦家：《令彝新释》，《考古社刊》1936 年第 4 期。参见《金文文献集成》第 28 册，第 287 页。

④ 徐中舒：《试论周代田制及其社会性质——并批判胡适井田辨观点和方法的错误》，《四川大学学报》1955 年第 2 期；裘锡圭：《关于商代的宗族组织与贵族和平民两个阶级的初步研究》，《文史》第 17 辑；张政烺批注，朱凤瀚等整理：《张政烺批注〈两周金文辞大系考释〉》，北京：中华书局，2011 年；朱凤瀚：《商周家族形态研究》(增订本)；林沄：《“百姓”古义新解——兼论中国早期国家的社会基础》，《吉林大学社会科学学报》2005 年第 4 期，收入《林沄学术文集》(二)，第 275 页；李零：《西周金文中的土地制度》，收入氏著《待兔轩文存・读史卷》，第 103 页。

⑤ 张亚初、刘雨：《西周金文官制研究》，第 50 页。

上就等于认同西周金文之“里”为地域性居民组织。陈梦家先生在《西周铜器断代》中对三十年代所持观点有所变化，不再提“里君”为百工之长和其他学者将“里君”释为“里宰”是错误的，其曰：“‘里君’亦见于史颂簋‘……里君百姓……于成周’。《逸周书·尝麦篇》‘闾率里君’，《管子·小匡篇》‘择其贤民，使为里君’。《周语中》及《左传》襄九之‘司里’，《鲁语上》之‘里人’（注云里宰也），《礼记·杂记》之‘里尹’（注云闾胥里宰之属），可能皆是‘里君’之类。”[①]陈先生如此修正，实际上等于承认“里君”为地域性居民组织“里”之长。就目前而言，尽管一些学者对九年卫鼎铭“林里”之“里”还持有不同的意见，[②]大多数学者还认为召圜器（《集成》10360）之“里”表示距离，[③]但总体而言，学界逐渐达成共识：西周初期已出现了地域性居民组织“里”。

不过，《历史研究》2011年第4期刊登的《西周时期“里”的性质》一文（以下称之为《论里》）对西周“里”的性质持有不同意见，其主要观点如下：

> “里”在西周时期主要具有两个涵义：一是指一定面积的土地；一是作距离与长度单位。“里”之本义指一块较大面积的土地。西周时期的“里君”为周王朝管理土地的官吏的统称，而非基层居民组织单位“里”的长官的专称。[④]

其观点可以梳理为以下三点：第一，西周的“里”是指一定面积的土地；第二，西周的“里”是表示距离的长度单位；第三，西周的“里君”为周王朝管理土地的高级官吏的统称。总之，《论里》不同意西周时期的“里”为地域性居民组织，这样就将地域性居民组织“里”的出现推后到春秋时期了。由此看来，究竟西周之“里”是否为地域性居民组织，仍有进一步加以甄别的必要。

下面，笔者拟通过考证和梳理相关西周金文和传世文献，以澄清西周之“里”是否指一定面积的土地，“里君”是否为管理土地的高级官员的统称，并在此基础上加以明确西周“里”的性质。

为了达到上述考证目的，首先需要对宜侯夨簋（《集成》4320）铭文中的

---

① 陈梦家：《西周铜器断代》（上），北京：中华书局，2004年，第39页。

② 例如庞怀清等学者将“林里”解为“林地”。参见庞怀清、镇烽、忠如、志儒：《陕西省岐山县董家村西周铜器窖穴发掘简报》，《文物》1976年第5期，第33页。

③ 关于召圜器铭“里”之辨析，参本章第三节。

④ 例如，《论里》一文的作者即采纳了将此字隶定为“生”读为“姓”的意见（沈长云、李秀亮：《论西周时期“里”的性质》，《历史研究》2011年第4期，第4页）。

“”（字形截自《铭图》5373，下文以“A”替代）字究竟是“生”还是“里”予以辨别。辨别此字对于认识西周“里”的性质有何意义呢？若按照一些学者的意见，将该字隶定为“生”字，读为“姓”，[①]宜侯夨簋铭文自然就与本书所研究的地域性居民组织“里”的关系不是很大了。但也有许多学者主张该字应隶定为“里”，若如此，宜侯夨簋铭文“易（赐）才（在）宜王人□□又七里”就是西周已出现地域性居民组织“里”的非常有力的证据。鉴于宜侯夨簋铭文A字在西周地域性居民组织研究中的重要性，先来考辨此字。

一、宜侯夨簋铭“A”字辨正

图1－1 宜侯夨簋（《五省》图版一一）

现藏国家博物馆的康王世青铜器宜侯夨簋1954年出土于江苏省丹徒县大港镇烟墩山（今属镇江市丹徒区），系西周早期重器。[②] 器铭残存约119字。现将铭文在前人研究成果的基础上，按原行款隶定如下：

---

① 李秀亮等还专门写了一篇文章阐明此字当释“生”。参见李秀亮、张秋芳：《俎侯夨簋“赐在俎王人□又七生”考释平义》，《石家庄学院学报》2010年第5期。

② 大多数学者认为宜侯夨簋属于西周早期的周人器物，而马承源对宜侯夨簋出土之墓葬的时代和该器的时代提出质疑（马承源：《长江下游土墩墓出土青铜器研究》，收入氏著《中国青铜器研究》，上海：上海古籍出版社，2002年，第465、474页）。此外，朱凤瀚将包括宜侯夨簋出土在内的宁镇地区西周土墩墓所出青铜容器分为三类，并与皖南地区出土的青铜器进行比较，认为宜侯夨簋所属的类型属于非本地制造的周人器物（朱凤瀚：《中国青铜器综论》，上海：上海古籍出版社，2009年，第1494～1516页）。笔者以为器之造型、纹饰和铭文书写风格均可复古，但铭文内容复古的可能性不大，故本书从大多数学者的看法。

图 1－2　宜侯夨簋铭文拓本(《铭图》5373)

隹(惟)四月辰才(在)丁未,王省珷(武)王、

成王伐商图,祉省东或(国)图。

王立(莅)[1]于宜□□,南乡(向)。王令(命)

虞[2]侯夨曰:"鄠(迁)侯于宜。"易(赐)䰜

① 该字隶定有两种意见。唐兰、陈梦家、李学勤等释"卜"[唐兰:《宜侯夨簋考释》,《考古学报》1956 年第 2 期;另见氏著《西周青铜器铭文分代史征》,北京:中华书局,1986 年。陈梦家先释"卜",参《西周铜器断代》,《考古学报》第 9 册,北京:科学出版社,1955 年;后改释"立",见《西周铜器断代》(上),第 15 页。李学勤:《青铜器与古代史》,台北:联经出版事业股份有限公司,2005 年,第 257 页]。郭沫若、白川静、朱凤瀚等释"立"(郭沫若:《夨簋铭考释》,《考古学报》1956 年第 1 期。白川静:《金文通释》(卷一下),神户:白鹤美术馆,昭和四十一年(1966),第 553 页。朱凤瀚:《商周家族形态研究》(增订本),第 249 页),读为"莅"。本书采用后一种意见。

② 此字之释有三种意见:一为"虞",代表性学者为唐兰(《宜侯夨簋考释》,《考古学报》1956 年第 2 期);一为"虔",代表性学者为陈梦家[《西周铜器断代》(上)],一为"虎",代表性学者为白川静(《金文通释》卷一下)和朱凤瀚[《商周家族形态研究》(增订本)第 249 页]。

鬯一卣，商(赏)鬲(瓚)一□，彤(彤)弓一，矢(彤)矢百，

旅弓十，旅矢千。易(赐)土：厥川

三百□，厥[山](?)[1]百又□，厥宅邑卅

又五，[厥]□百又卅。易(赐)才(在)宜

王人□□又七A。易(赐)奠七白(伯)，

厥卢[千][2]又五十夫。易(赐)宜庶人

六百又□六夫，宜侯夨扬

王休，乍(作)虞公、父丁尊彝。

铭文大意是周王在四月丁未这天查看武王、成王伐商的地图，接着又查看东国地图，周王亲自到宜，命虞侯夨迁侯于宜，赏赐鬯酒、瓚和弓箭，并赐山川、邑和民人。宜侯夨颂扬周天子，铸虞公、父丁尊彝。

三十五邑的地理位置应在铭文所谓的“易(赐)土”之“土”，该“土”包括若干河流，可能还有若干座山。“宅”即辟为居住之处，义同何尊(《集成》6014)“宅于成周”和“宅兹中国”之“宅”。关于“奠七白(伯)”和“卢[千]又五十夫”，朱凤瀚先生说：“奠即卜辞所见奠地，可能在今郑州一带。奠七伯，是奠地地方官吏，当时地方官吏通称伯，……‘卢’之义在这里可能近于大盂鼎中的‘人鬲’，这里是指奠七伯所率属民。”[3]“庶人”亦见于道光初年出土于陕西眉县、现藏国家博物馆的康王世器大盂鼎(《集成》2837)铭“易(赐)女(汝)邦司四白(伯)，人鬲自驭至于庶人六百又五十又九夫”和裘卫盉(《集成》9456)铭“矩伯庶人取瑾璋于裘卫”。从山西绛县横水西周M2出土的肃卣铭中的“庶人”来看，其地位要比仆高。[4]

概而言之，赏赐给宜侯的民人有以下两大类：不属于宜地之民人和在宜地之民人。不属于宜地之民人即在奠由七伯管理之“卢”。据《左传》定公四年记载的周初授诸侯之民要迁离原居地来推测，“卢”被从“奠”迁到“宜”，在所

---

① 李零：《西周金文中的土地制度》，收入氏著《待兔轩文存·读史卷》，第103页。

② 此字之补释从朱凤瀚说，参见氏著《商周家族形态研究》(增订本)第249页。

③ 朱凤瀚：《商周家族形态研究》(增订本)，第252页。日本学者白川静亦释“奠”为“郑”。参见[日]白川静著，温天河、蔡哲茂译：《金文的世界——殷周社会史》，台北：联经出版事业公司，1989年。

④ 董珊：《山西绛县横水M2出土肃卣铭文初探》，《文物》2014年第1期。

"赐土"之上筑三十五邑予以安置。残字补为"千",又一夫即一家,暗合《齐语》"制鄙,三十家为邑"。此七伯所率之"卢"应分布于"宜"都城之外。[①] 原本在"宜"之民人包括"王人"和"庶人",这两种身份的民人通过康王的命令而成为宜侯管辖之居民。王人居于"宜"都城内,庶人居于城外,在田野中务农,为"王人"服农业劳役。[②]

其中铭文"在宜王人"有"□□又七 A"之"A"显然是王人的组织单位,于本书所论至关重要,故有必要对铭文第九行"A"字之隶定予以详细讨论。

迄今为止学界对该字之释读共有四种意见:陈梦家先生一开始将此字释为"牛",[③]其后改释为"里",[④]最后又改释为"生"。[⑤] 谭戒甫先生释"室"。[⑥] 目前学界主要存在两种意见:一种释"生(姓)",[⑦]一种释"里"。造成字隶定的分歧既有客观原因,亦有主观因素。客观上,器物本身锈蚀非常厉害,掘出后被人为打碎,[⑧]专家对器物修复时,在器外底部加了一个铅托,致使今天无法使用 X 光探伤技术来识读该残字。[⑨] 另外除锈工艺前后之照片和拓本清晰程度不一。比如《考古学报》第 9 册图版捌的效果就不太理想。此外,笔者所见有以下五种拓本和照片可以使用:第一种,《集成》原版、修订增补版和《江苏省出土文物选集》图 71[⑩] 使用同一个拓本,效果稍好一些,但不是很清晰;第二

---

① 陈絜将三十五邑理解为围绕在宜侯都城四周的、供宜地庶人(即当地从事农作的土著)居住的、作为基层聚落的农村小邑。参陈絜:《周代农村基层聚落初探——以西周金文资料为中心的考察》,朱凤瀚主编:《新出金文与西周历史》,上海:上海古籍出版社,2011 年,第 109 页。

② 朱凤瀚:《商周家族形态研究》(增订本),第 252 页。

③ 陈梦家:《宜侯夨簋和它的意义》,《文物参考资料》1955 年第 5 期,第 63 页。

④ 陈梦家:《西周铜器断代》,《考古学报》第 9 册,第 165 页。

⑤ 陈梦家:《西周铜器断代》(上),第 15 页。

⑥ 谭戒甫:《周初夨器铭文综合研究》,《武汉大学人文科学学报》1956 年第 1 期,第 191 页。

⑦ 例如,郭沫若:《夨簋铭考释》,《考古学报》1956 年第 1 期,第 7 页;唐兰:《宜侯夨簋考释》,《考古学报》1956 年第 2 期,第 79 页;岑仲勉:《"[illegible]侯夨簋"铭试释》,收入《两周社会制度问题》附录一,上海:新知识出版社,1956 年,第 162 页;刘启益:《西周夨国铜器的新发现与有关的历史地理问题》,《考古与文物》1982 年第 2 期,第 44 页;沈长云:《俎侯夨簋铭文与相关历史问题的重新考察》,《人文杂志》1993 年第 4 期;沈长云、李秀亮:《西周时期"里"的性质》,《历史研究》2011 年第 4 期。

⑧ 张敏:《宜侯夨簋轶事》,《东南文化》2000 年第 4 期。

⑨ 刘兰明、王景曙:《一觉三千年,醒来惊世人——国宝级文物宜侯夨簋出土 60 周年特别报导之一》,《镇江日报》2014 年 6 月 16 日。

⑩ 南京博物院、南京市文物保管委员会、江苏省文物管理委员会、江苏省博物馆合编:《江苏省出土文物选集》,北京:文物出版社,1963 年。

种，于省吾《录遗》167、[1]陈梦家《西周铜器断代》(下)第575页的拓本，与白川静《金文通释》系一个拓本，比《集成》清晰；第三种，《五省》图版一一更加清晰；[2]第四种，李学勤《青铜器与古代史》第254页、王玉哲《中华远古史》所附拓本[3]和吴镇烽《铭图》5373所选拓本最为清晰，应属于一个拓本。[4] 第五种，高清数码照片(参见下文图1－7)。鉴于上述几种拓本和照片的情况，笔者以为最好是《五省》《铭图》与高清数码照片结合使用。以往由于受到客观条件的限制，加上学者间的主观认识不一，造成对该字的释读不一。下面拟从字形、辞例、文义三个角度对该字之隶定予以细致考察。

西周金文中"里""生"二字字形存在明显区别。下面将西周金文(限于《集成》《近出》和《二编》)中有代表性的"里"字和西周早、中期金文中有代表性的"生"字剪截如下，以资比对分析。

先列"里"字(表1－1)。伯晨鼎(《集成》2816)铭之"里"虽读为"里"外之"里"，[5]但因字形可资比较，亦列于表中。

《说文》："里，居也。从田从土。"以上西周金文中的"里"字共十六例(不包括宜侯夨簋铭A字)，可以分为两种类型。Ⅰ类是"田"之下、所从"土"之从下至上的第二笔横画作点和短横画，西周早、中期的"里"均属此种类型，晚期大多数亦属此种类型，但已出现新的变化，即出现Ⅱ类。Ⅱ类"里"字下部竖画上的点画和短横画已变成一长长的横画，见于西周晚期的史颂簋铭，仅见三例。

① 于省吾编著：《商周金文录遗》，北京：中华书局，1993年，第43页。

② 五省出土重要文物展览筹备委员会编：《陕西、江苏、热河、安徽、山西五省出土重要文物展览图录》，北京：文物出版社，1958年。

③ 王玉哲：《中华远古史》，上海：上海人民出版社，2003年。

④ 以上宜侯夨簋铭文拓本的第三种和第四种可能是一个拓本经过反复扫描或复印后的面貌。以上拓本情况仅就笔者所见而言，周宝宏对此问题有更加全面的介绍。参周宝宏：《西周青铜重器铭文集释》，天津：天津古籍出版社，2007年，第63～65页。

⑤ 伯晨鼎(《集成》2816，西周中晚期)铭有"冟裣里幽"。该"里"字在铭文中的字形确为"里"，但在意思上却是用作"里外"之"里"[郭沫若：《两周金文辞大系考释》(中)，东京：文求堂书店，1935年，第77页]。西周金文中与之相近的辞例如下：(1) 吴方彝盖(《集成》9898)："虎冟(幂)、熏(纁)里。"(2) 番生簋(《集成》4326)："虎冟(幂)、熏(纁)里。"(3) 录伯𢦏簋盖(《集成》4302)："虎冟(幂)宲(朱)里。"(4) 牧簋(《集成》4343)："虎冟(幂)、熏(纁)里。"(5) 三年师兑簋(《集成》4318、4319)："虎冟(幂)、熏(纁)里。"(6) 毛公鼎(《集成》2841)："虎冟(幂)、熏里。"(7) 师克盨(《集成》4467、4468)："虎冟(幂)、熏(纁)裹。"(8) 寅簋(《集成》4469)："虎冟(幂)、熏(纁)裹。"比照以上辞例，伯晨鼎铭之"冟(幂)裣里幽"若按表示颜色和质地的词在前，则变成"裣冟(幂)幽里"，意即"裣"作面、"幽"作里的车饰。

表 1-1　西周金文中的"里"字与宜侯夨簋铭 A 字对照表

类型	统计	器　　名	字形	出　　处	时代
Ⅰ	1	宜侯夨簋		《五省》图版一一	康王
				《集成》4320	
				《铭图》5373	
	1	令方彝		《集成》9901.1	昭王
	1	召圜器		《集成》10360	昭王
	1	九年卫鼎		《集成》2831	共王
	1	十二年大簋		《集成》4298	晚期
	1	𪕶簋		《集成》4215.1	晚期
	1	伯晨鼎		《集成》2816	中晚期
	5	史颂簋（竖画上系点画）		《集成》4229.2、4230、4232.2、4233、4236.1、4236.2	晚期
	2	史颂簋（竖画上系短横画）		《集成》4229.1A、4229.1B（照片）、4231（系盖铭）	晚期
Ⅱ	3	史颂簋（竖画上系长横画）		《集成》4232.1、4234、4235.1、4235.2	晚期

史颂簋铭的"里"字字形，Ⅰ和Ⅱ型都存在，属于Ⅱ型的"里"字占史颂簋铭"里"字总数的三分之一，属于Ⅰ型的占三分之二。若假定西周早期的宜侯夨簋铭文之 **A** 字为"里"字的话，应归属上述Ⅰ型。

西周金文中的"生"字数量庞大，下面将西周早期至中期字形清晰的有代表性的"生"字分三类列出（表 1-2）。凡为摹本（不包括宋以来翻刻本）者不录；西周晚期的数量太多，考虑到篇幅问题和可比性不强亦不录。但需申明一点，不放入本书，并非因为这些字的字形对本书的结论有不利影响。

表 1－2 西周早、中期金文中的“生”字

类型	时代	字形	器 名	出 处	备 注
Ⅰ	早期		士上卣	《集成》5421.2	早期与此相类的见注①
	中期		康生豆	《集成》4685	中期与此相类的见注②
Ⅱ	早期		伊生簋	《集成》3631	早期与此相类的见注③
	中期		城虢遣生簋	《集成》3866	中期与此相类的见注④
Ⅲ	早期		西弗生甗	《集成》887	
			小姓卣	《近出》584	
	中期		庚季鼎	《集成》2781	
			史墙盘	《集成》10175	
			敔簋盖	《近出》483	1982 年周至县出土

Ⅰ类“生”字特点：最下一横画之上方的竖笔画上既无点也无横画。以下见于西周早期金文中的“生”字，虽然字之上半部竖画两侧的笔画比较特殊，但在竖画上均无点画或横画，故归入Ⅰ类（表 1－3）。

① 父乙簋（《集成》3862）；膉作父辛卣（《集成》5361.1、5361.2）；士上卣（《集成》5421.1）；士上盉《集成》9454）；作册觥卣（《集成》5432.1、5432.2）；生爵（《近出》790）。

② 伯姜鼎（《集成》2791）；蔡姞簋（《集成》4198）；獮簋（《二编》436）；辰在寅簋（《集成》3953）。痶盨（《集成》4462、4463）；周乎卣（《集成》5406.1、5406.2）。

③ 壴生鼎（《集成》2483，西周早期或中期）；葡盉（《近出》943，西周早期）；曩仲壶（器和盖，《近出》965）。

④ 公姞鬲（《集成》753）；尹姑鬲（《集成》754、755）；七年趞曹鼎（《集成》2783，共王）；十五年趞曹鼎（《集成》2784，共王）；师奎父鼎（《集成》2813）；雁（应）侯簋（《集成》4045）；簋（《集成》4098）；生史簋（《集成》4101）；肄簋（《集成》4192.1、4192.2）；蔺簋（《集成》4195.1 和《集成》4595.2）；遹簋（《集成》4207）；师遽簋盖（《集成》4214）；廿七年卫簋（《集成》4256.1、4256.2）；卯簋盖（《集成》4327）；臤尊（《集成》6008）；曩仲觯（《集成》6511）；义盉盖（《集成》9453）；丰卣（《集成》5403.1、5403.2）；免簠（《集成》4626）；番菊生壶（《集成》9705）；裘卫盉（《集成》9456）；齐生鲁方彝盖（《集成》9896）；格伯簋（《集成》4262、4262.2、4263、4264.1、4262.2、4265）；殷簋（《近出》487）；殷鼎（《二编》322）；亦簋（盖《二编》435、434）；达盨盖（《二编》455）。

表1-3　西周早期金文中特殊的“生”字

类　型	时　代	器　名	字　形	出　处
Ⅰ	前期	害鼎		《集成》2749
		方彝		《集成》9892.1
				《集成》9892.2
		作册大方鼎		《集成》2758
				《集成》2759
				《集成》2760

Ⅱ类“生”字之特点，最下一横画之上方的竖笔画上有点(有的属于短横画)。

Ⅲ类“生”字之特点，竖笔画上最下一横画之上不是点而是横画。

甲骨文中的“生”字均呈“”(《合集》249 正)形。迄今未见商代金文有“生”字。[①] 由此可见，西周金文中最下一横画上方的竖画上既无点画又无一横画的“生”字的构形来源于殷晚期甲骨刻辞。西周早期既出现Ⅱ类写法的“生”字，亦出现Ⅲ类写法的“生”字。Ⅲ类写法的“生”字在西周早期仅有两例，即西弗生甗(《集成》887)和小姓卣(《近出》584)，其中小姓卣之“生”字与其下之“女”字系合体字。而Ⅱ类写法在西周早期有五例，即伊生簋(《集成》3631)、壴生鼎(《集成》2483，西周早期或中期)、莆盉(《近出》943)、員仲壶(器铭：；盖铭：；《近出》965)。Ⅱ类比Ⅲ类的字例相对多一些，即Ⅲ类“生”字在西周早期比Ⅱ类“生”字更加少见。

结合上举西周各时期的“里”字和西周早、中期的“生”字，以及笔者搜集的各种比较清晰的宜侯夨簋铭文拓本和高清铭文照片，可得出以下五点认识：

第一，上所讨论的 A 字与西周早期“生”字相比，有一个显著特征，正如裘

---

① 王之女觚(《集成》9287)，有学者断为商代晚期器，也有断为西周早期的。对该器铭文第二字“”(《集成》9287.1)之释读学者之间有分歧。一释“生”，一释“屮”。参周宝宏：《商周金文考释四则》，《古文字研究》第28辑，2010年，第249～250页。

锡圭先生所分析："此字（按：指 A 字）上部两侧之笔颇长，且有明显弯度，而西周前期金文'生'字两侧斜笔大都既直又短，与此截然有别。"[①]该字与西周中期的"生"字相比，亦具有上述特征。

第二，从各拓本来看，A 不管隶定为什么字，其最下一横画上的竖画上是点而非横画。据此，凡是前揭Ⅱ类竖画上有点的"生"字，上半部竖画两侧之笔画均作斜向上状，而且如此构形的"生"字上半部斜向上的两画短而直，目前尚未发现一例作弯曲向上的，这是其典型特点。而宜侯夨簋铭 A 字上半部斜向上的两笔呈弯曲状。仅此一点即可否定此字隶定为"生"的意见。将簋铭高清照片（图 1－3）放大，仔细观察可见："田"下"土"字竖画中间右侧有凸出部分，左侧未见，或仍为锈所掩，右侧之凸出部分应看作从土之竖画上的圆点之右边部分。

图 1－3　宜侯夨簋铭文照片[②]

① 裘锡圭：《关于商代的宗族组织与贵族和平民两个阶级的初步研究》，原载《文史》1983 年第 17 辑；又见《裘锡圭学术文集》第五卷《古代历史、思想、民俗卷》，第 147 页注释 54。曹锦炎有类似看法，见氏著：《关于〈宜侯夨簋〉铭文的几点看法》，《东南文化》1990 年第 5 期，第 175 页。李学勤亦主张释"里"，见氏著：《青铜器与古代史》，第 259 页。

② 该照片系中国国家博物馆的田率先生慨然提供，特此致谢。

第三，仔细观察各种拓本，可以看到A字上部弯曲向上的两笔之内残存一横画，虽不甚清晰（此横画在《五省》图版一一中较清晰，见图1-5），但确实存在。再观察高清晰数码照片：上述横画在竖画右侧非常清晰，且此短横画之走向略向右上方，与位于此横画右边的前述弯曲向上的笔画相连，与上方坼裂后拼合所留之缝隙和下方之横画距离大致相等；此横画之宽度约为中间竖画的二分之一；但在与之相对称的竖画左侧未见横画，或仍为锈所掩。这是前揭所有的"生"字不存在的笔画。此横画应被视为"里"字所从"田"字内横画的残存。

第四，宜侯夨簋铭文拓本中的A字之上有铜器坼裂后留下的一道缝，表现在拓本上似乎有一横画，此坼裂之缝向左穿过了第十行的"夫"字，向右穿过了第八行的第二个"又"字的下部。这既应看作是拼合后的裂缝在椎拓时留在拓本上的痕迹，也应理解为"里"字最上面的一横，二者相吻合（拓本、照片局部剪截如图1-4、1-5、1-6）。但是，在宜侯夨簋铭文的第二种拓本中该字最上一横画在右上部并不存在（拓本局部剪截如图1-7）。

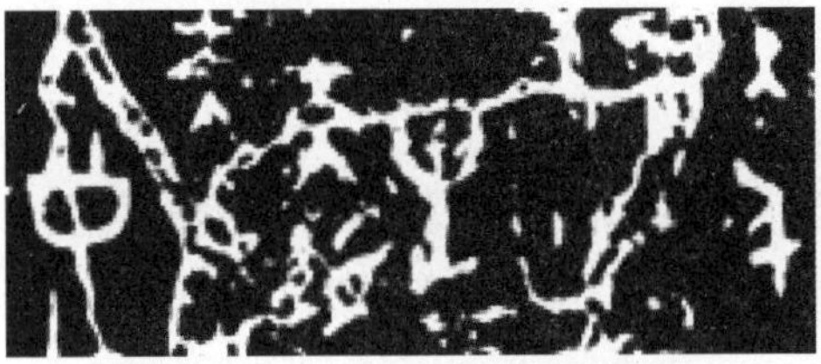

图1-4　拓本局部（《铭图》5373）

图1-5　器片局部（《五省》图版一一）

图1-6　照片局部

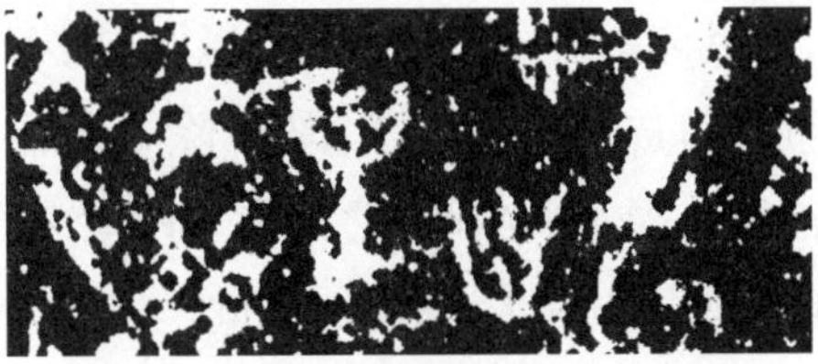

图1-7　拓本局部（《金文通释》卷一下第532页）

这可能是因该铜器拼合较为严密或者因该铜器底部凹凸不平所致。此种情况并不影响得出结论。而该字最上之坼裂痕迹，在《五省》图版一一（图1-5）和照片(图 1－6)中是十分清晰可见的。

第五，仔细观察照片还能发现：中间竖画的最上端向右弯曲，与右半部分最上面的横画连接，此横画下边缘因拆裂而残损，但仍然可见。此横画继续向右延伸，与前述弯曲向上的笔画相连接，与“田”字内右半部分的横画和中间的竖画形成圈状闭合。

综合上述对宜侯夨簋铭各种拓本和照片 A 字的观察、比较和分析，并与西周早、中期青铜器“生”字比较所形成的五点认识，A 字当隶定为“里”。

以上是从字形角度考虑，下面拟利用传世文献和西周金文中关于“生”和“里”二字的材料，从辞例角度看宜侯夨簋铭该字当释为何字。

金文中的“生”字一般读为“姓”。迄今所见商周卜辞、金文中，除“百生(姓)”成语外，[①]未见“生”字前为数字的辞例。不过，在传世先秦文献中有三例。

(1)《左传》襄公十年：“昔平王东迁，吾七姓从王。”(2)《左传》襄公十一年：“先王、先公，七姓、十二国之祖，明神殛之，俾失其民，队命亡氏，踣其国家。”“七姓”，据杨伯峻先生注，指的是参加亳盟的诸侯国共七姓：“晋、鲁、卫、曹、滕，姬姓；邾、小邾，曹姓；宋，子姓；齐，姜姓；莒，己姓；杞，姒姓；薛，任姓。”[②](3)《国语・晋语四》：“其同生而异姓者，四母之子别为十二姓。凡黄帝之子，二十五宗，其得姓者十四人，为十二姓。”

除以上三例外，《周礼・秋官・司约》贾疏引用了《左传》旧注解释《左传》定公四年之“殷民六族”说：“殷民，禄父之余民三十族、六姓也。”

若根据以上所引来自传世文献的材料，宜侯夨簋铭“七”后一字隶定为“生”读为“姓”也是说得过去的。

目前西周金文中可见“里”字前有数字的辞例，如召圜器(《集成》10360)“事(使)赏毕土方五十里”。除召圜器铭外，比较早的西周文献还有两例，即《诗经・周颂・噫嘻》之“终三十里”和《诗经・小雅・六月》之“于三十里”，前者属西周早期，后者为宣王世。据此，该字隶定为“里”也是可以的。

单就以上举出的正反两方面的辞例，还很难抉择此字究竟是该隶定为

---

① “百生”仅见于周初士上卣(《集成》5421)。将“百生”之“生”读为“姓”，已成学界共识。金文中其他的“生”字之释参见张亚初《两周铭文所见某生考》，《考古与文物》1983 年第 5 期。

② 杨伯峻：《春秋左传注》(修订本)，北京：中华书局，1990 年，第 990 页。

"里"字还是"生"字为好。但是既然以上使用旁证来说明问题时均采用类比的办法,那么,用西周金文辞例,即召圜器铭之"五十里"来类比显然要比使用传世的西周及其之后的文献类比更具有说服力。基于这样的认识,宜侯夨簋铭之A字隶定为"里"字较为稳妥。

下面拟再从该字在宜侯夨簋铭中的文义来考察究竟隶定为哪一个字合适。我们先将修补后的宜侯夨簋铭文拓本所呈现的形态结合传世文献资料来考察究竟隶定为"生"合适不合适。

铭文第九行"王人"和"又"之间的文字因器残破而不可知,但可以肯定是数字,论者均无异议。这个数字有多大,李学勤先生曾分析说:

> "王人"两字和下面"又"字之间,距离较大,相当两个字位置。当时文字通例,从二十到九十的数字都作合文,二十到四十只占一字位置,本铭"五十"也占一字位置。可能占两字位置的,只有六十到九十,否则就是更大的数字。由此可知,王人的里数很多,至少有六十七里。①

李先生因有此种认识,故作宜侯夨簋铭文释文时,便在"王人"与"又"之间使用省略号。李先生的意思是"王人"和"又"之间残缺几个字是存疑的,即最少有两个字,这两个字构成的数字至少是"六十"。

笔者在此借鉴李先生的分析,但将"里"更换为一些学者主张的"生(姓)",然后加以考察,看该字隶定为"生(姓)"是否能立得住脚。

首先与《左传》定公四年子鱼追述的周初分封的史实相比较。卫国的子鱼说周初曾分鲁公殷民六族:条氏、徐氏、萧氏、索氏、长勺氏、尾勺氏;分康叔殷民七族:陶氏、施氏、繁氏、锜氏、樊氏、饥氏、终葵氏;分唐叔怀姓九宗。子鱼的话外之音是说卫国的地位在周初就高于蔡国,用周初分封姬姓宗室成员时尚德不尚年,以反驳蔡国之苌弘提出的"蔡叔,康叔之兄也"。以上诸氏称是子鱼为争盟会中卫国的位次时与苌弘的对话中提及的,所言应该可信。众所周知,姓先于氏,姓的数量要少于氏;退一步讲,将以上《左传》定公四年的氏和宗均看作姓,则每一位受封者充其量得到不过七姓赏赐,而宜侯夨簋铭中的宜侯得到至少六十七姓的赏赐。再退一步讲,不按李学勤先生的分析,将"又"字之

① 李学勤:《宜侯夨簋与吴国》,《文物》1985年第7期,第14～15页。

前的残缺按一字计算，依金文辞例，那么至少是“十又七姓”。[①] 姑以十七姓衡之，也远远地超过了对鲁公、康叔和唐叔的赏赐。以西周礼制的常情论之，赏赐之厚薄与受赐者地位的高低以及与受赐者和赏赐者血缘关系之亲疏密切相关。据此推测，宜侯之地位当远远高出鲁公、康叔和唐叔。试想，地位超过鲁公、康叔和唐叔的宜侯为何在史籍中没有留下蛛丝马迹呢？这是令人非常诧异的事情。

其次，“百生”一词在西周金文和传世先秦文献中多见。“百”为虚数，即数量众多之意。[②] 上引先秦文献中最多的也就是十二姓。陈絜先生根据传世的先秦文献进行统计，当时的古姓大概在三十个左右，[③]宜侯在徙封时若获得至少十七姓的周人[④]（或者按有些学者认为的“王人”是商遗民[⑤]）则同样是难以想象的事情。

经过以上从字形、辞例和文义三个角度辨正，将讨论之字隶定为“生”，读为“姓”并不合适。宜侯夨簋自发现迄今已历六十多年，这期间大量的商周青铜器铭文和战国秦汉简帛重见天日，但仍未发现除“百”以外之数字加“生”字的辞例，前引数字加“姓”字的辞例均出自春秋及其后形成的传世文献，反映的是春秋时期及其后的人们对古史的认识，而非研究西周时期历史的第一手资料，以召圜器铭证宜侯夨簋铭最具有说服力，而且非常关键的一点是将该字隶定为“生”从字形上说不过去，故将该残字隶定为“里”更合乎迄今为止所见已刊商周金文之辞例，隶定为“里”，从目前来看，是比较稳妥的选择。那么“赐在宜王人□□又七里”足以说明居民组织“里”在西周早期已经出现。此“里”可理解为行政性居民组织或者军事性居民组织单位，或

① 郭沫若即认为“‘王人’下所缺一字当为十”（郭沫若：《夨簋铭考释》，《考古学报》1956 年第 1 期，第 8 页），唐兰赞同此说（唐兰：《宜侯夨簋考释》，收入《唐兰先生金文论集》，北京：紫禁城出版社，1995 年，第 67 页）。

② 陈絜：《周代农村基层聚落初探——以西周金文资料为中心的考察》，朱凤瀚主编：《新出金文与西周历史》，第 121 页。

③ 陈絜：《商周姓氏制度研究》，北京：商务印书馆，2007 年，第 40～41 页。

④ 裘锡圭、李学勤、朱凤瀚、曹锦炎等先生持此说（裘锡圭：《关于商代的宗族组织与贵族和平民两个阶级的初步研究》，《裘锡圭学术文集》(5)，第 147 页；李学勤：《宜侯夨簋与吴国》，《文物》1985 年第 7 期，第 14 页；朱凤瀚：《先秦时代的“里”——关于先秦基层地域组织之发展》，第 197 页；曹锦炎：《关于〈宜侯夨簋铭文〉的几点看法》，《东南文化》1990 年第 5 期，第 175 页）。

⑤ 郭沫若即持此说（郭沫若：《夨簋铭考释》，《考古学报》1956 年第 1 期，第 8 页）。

者二者兼而有之。

二、西周之"里"是否田之单位和"里君"是否田官考

经过对宜侯夨簋铭"七"后一字的辨析，确切证明"赐在宜王人□□又七里"之"里"在西周是居民组织的单位。但是否有其他关于西周的"里"的材料能够支撑《论里》一文认为的"里"在西周"是指一定面积的土地"，"里君"为西周王朝管理土地的官吏的统称呢？下面通过考察西周田的单位的用法和西周的田官，来回答此问题。

（一）西周"田"之单位

西周金文中用以描述田之大小、多少的辞例如下：

（1）王姜易（赐）旃田三于待。[①]　（旃鼎，《集成》2704）

（2）厥贮其舍田十田……其舍田三田。　（裘卫盉，《集成》9456）

（3）余舍女（汝）田五田……余审贮田五田……师履裘卫厉田四田。　（五祀卫鼎，《集成》2832）

（4）于舀用五田……乃或（又）即舀用田二……凡用即舀田七田。　（舀鼎，《集成》2838）

（5）厥贮卅田。　（格伯簋，《集成》4262、4263、4264、4265）

（6）易（赐）于乍（作）一田，易（赐）于一田，易（赐）于队一田，易（赐）于一田。　（卯簋盖，《集成》4327）

（7）易（赐）田于敜五十田，于早五十田。　（敔簋，《集成》4323）

（8）易（赐）女（汝）弓一、矢束、臣五家、田十田。　（不嬰簋，《集成》4328、4329）

（9）田于鄭卅田，于降廿田。　（卌二年逨鼎，《二编》328、329）

（10）复付鬲比田十又三邑。　（鬲比盨，《集成》4466）

---

① 结合大克鼎（《集成》2836）铭"赐汝田于埜，赐汝田于淖……赐汝田于康，赐汝田于匽，赐汝田于陴原（原），赐汝田于寒山"，旃鼎之"待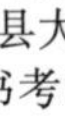"，应是地名［郭沫若释"待"后之字为"刈"，将"待"前之"于"读为"与"，见郭沫若：《关于眉县大鼎铭辞考释》，《文物》1972年第7期，第2页。此说得到朱德熙的赞同，参见氏著《长沙帛书考释（五篇）》，《朱德熙古文字论集》，北京：中华书局，1995年，第209页］，或者表示所赏之田的位置。参照卯簋（《集成》4327）铭，"于"所引出的地名有时置于"数字加田"之前。"于"加地名表田所处位置。即旃鼎"田三"之后当是省略了"田"字，抑或铸器时将此字漏铸。

以上所列金文辞例表明西周“田”之单位更多的是用“田”作单位，[①]而用“邑”作单位仅见鬲比盨铭一例。从上列金文材料来看，确实没有用“里”来表示土地的大小与多少的，换言之，“里”并非指称一定范围的土地。[②]

春秋时期，田仍以“邑”为单位进行计算。试举一例。《左传》隐公十一年：“王取邬、刘、蔿、邘之田于郑，而与郑人苏忿生之田：温、原、絺、樊、隰郕、欑茅、向、盟、州、陉、隤、怀。”杜注：“蔿、邘，郑二邑。”杜注：“凡十二邑，皆苏忿生之田。”以邑为单位来计算田之大小应该是从西周延续下来的一贯做法。

《论里》一文之所以主张西周金文中的“里”是指一定面积的土地，其主要的根据就是九年卫鼎（《集成》2831）铭之“林里”和十二年大簋盖（《集成》4298）铭“趞睽里”和“大里”。[③] 如果将“里”理解为具有一定面积的土地的话，为什么不用西周通常使用的“田”和“邑”作单位来描述土地的大小、多少而非用“里”呢？这是令人费解的。杨宽先生曾将西周周王赏赐臣下之土地分为两大类：一类叫“土”“采”“邑”“里”，另一类叫“田”（也有大贵族分赏臣下的）。并且说，“土”和“采”的范围大，可以包括若干“邑”和“里”，这类土地赏赐时是连同居民在内的；而分赏“田”时都不附带居民，偶或有连带“臣妾”的。[④] 杨先生的以上论述是正确的，西周时期的“里”既有居民也有田地。至少在西周，“里”还不得单纯理解为具有一定面积的土地。“里”当理解为是既拥有若干田之耕地，又有居民聚落的一块土地，如此的居民单位称之为“里”。故《论里》主张西周金文中的“里”是指一定面积的土地的观点，就目前之材料而言，缺乏有力的证据来支撑。

（二）西周田官考

下面再考察一下目前所见到的田官，以明确西周金文中的“里君”是否为田

---

① 商代寢鬳鼎铭文有“北田四品”（《集成》2710）。《说文》：“品，众庶也。”《广雅·释诂》：“品，式也。”于省吾采纳《广雅》之说，将“品”释为“种”（于省吾：《井侯簋考释》，原载《考古社刊》1936 年第 4 期，参见《金文文献集成》第 28 册，第 241 页；另见《双剑誃吉金文选》，北京：中华书局，1998 年，第 161 页）。西周金文有井侯簋“三品”（《集成》4241）和保卣“六品”（《集成》5415）可参考。

② 李零认为西周金文中还有“亩”“井”和“颂”系土地计量单位，但在西周金文中均一见。参氏著《西周金文中的土地制度》，收入氏著《待兔轩文存·读史卷》，第 120～122 页。按：李零还认为召圜器铭“五十里”之“里”亦属土地单位，本书持不同看法，辨析详见本章第三节。

③ 对九年卫鼎和十二年大簋盖铭文中“里”的分析，参看本章第三节。

④ 杨宽：《古史新探》，北京：中华书局，1965 年，第 76～77 页。

官。西周金文中可以见到的田官，如“田人”“佃”和“佃人”等，[①]见于以下金文材料：

司田人。（次卣，《集成》5405；次尊，《集成》5994）

扬，乍(作)司工，官司粮[②]田佃。（扬簋，《集成》4295）

司五邑佃人事。（柞钟，《集成》133）

王乎(呼)乍(作)册尹册令(命)柳：司六师牧、阳(场)、大□，司羲夷阳(场)、甸史(事)，赐女(汝)赤市……。（南宫柳鼎，《集成》2805）

陈梦家先生主张扬簋之“佃”即《周礼》“掌帅其属而耕耨王藉”之“甸师”。[③]《商周青铜器铭文选》的主张与此类似，“佃是掌田的官，即文献中的甸师和佃人”。[④] 这些看法可从。

传世文献中亦有关于田官的记载。《左传》成公十年记载晋景公病入膏肓，“六月丙午，晋侯欲麦，使甸人献麦，馈人为之”。关于“甸人”，杨伯峻先生注曰：

甸人，天子诸侯俱有此官。据《礼记·祭义》，诸侯有藉田百亩，甸人主管藉田，并供给野物。亦即《周礼·天官》之甸师。但《周礼·春官·大祝》及《仪礼》《燕礼》《大射仪》《公食大夫礼》《士丧礼》以及《礼记》《文王世子》《丧大记》以及《周语中》皆作甸人，可见本名甸人，《周礼》作者一时改为甸师。[⑤]

由杨先生之注可知“甸人”为主管藉田之官。《左传》昭公二十九年载：“后土为社；稷，田正也。”孔颖达疏：“正，长也。”可见“稷”亦属田官。《诗经·豳风·七月》载：“馌彼南亩，田畯至喜。”《毛传》：“田畯，田大夫也。”《周礼·春官·籥章》载：“击土鼓，以乐田畯。”可见《诗经》和《周礼》之“田畯”亦属田官或与农事有关的职官。应该承认，以上甸人、甸师、稷和田畯的层级是比较高的，不是属于天子就是属于诸侯。还应当说明的是，以上使用的文献材料虽非西周的直接材料，但

---

① 参见徐宗元：《金文中所见官名考》，《福建师范学院学报》1957年第2期，第9页；杨宽：《古史新探》，第223～224页；张亚初、刘雨：《西周金文官制研究》，第52页。但是笔者也注意到陈絜最近撰文认为金文中的“佃人”是“《诗经·甫田》等文献中所见的‘农人’，是与土地紧密相连的农业人口”。参见陈絜：《西周金文“佃人”身份考》，《华夏考古》2012年第1期。

② “粮”字之释参裘锡圭：《西周粮田考》，《裘锡圭学术文集》第五卷《古代历史、思想、民俗卷》，第193页。

③ 陈梦家：《西周铜器断代》(上)，第193页。

④ 上海博物馆商周青铜器铭文选编写组：《商周青铜器铭文选》(三)，北京：文物出版社，1986年，第184页。

⑤ 杨伯峻：《春秋左传注》(修订本)，第850页。

距西周不远，所反映的情况应当接近西周社会。前述西周金文中的田人、佃和佃人应当是层级比较低的田官，柞钟（《集成》133）铭文之“司五邑佃人”可证此点。

此外，目前涉及土地流转的青铜器，如裘卫盉（《集成》9456）、五祀卫鼎（《集成》2832）、九年卫鼎（《集成》2831）、永盂（《集成》10322）、格伯簋（《集成》4262—4265）、十二年大簋盖（《集成》4298）、散氏盘（《集成》10176）、吴虎鼎（《近出》364，西周晚期）、鬲比盨（《集成 4466》，厉王）、鬲攸比鼎（《集成》2818）、鬲比簋盖（《集成》4278 与 2818 同铭）和𩁹伯丰鼎（《铭图》2426）①共十二件（同铭铜器不计在内），却没有发现一件器物的铭文中说到田多少“里”的例子。同时，如果说“里君”是管理土地的官员的统称，为何在上列十二件涉及土地流转的铜器铭文中唯鬲比盨铭有“里尹”参与，②其他十件青铜器铭文中均不见“里君”或“里尹”的影子呢？

学者一般认为金文中的“里君”相当于《周礼》中的“里宰”，且迄今未见以往的学者认为《周礼》之“里宰”为田官的说法。故根据上列金文和传世文献中关于田官的材料来看，主张西周金文中的“里君”是管理土地的官吏应该是讲不通的，至少有失偏颇。

总之，本书考察的结果是西周金文在涉及田的大小、多少的时候，主要以“田”为单位，也偶有以“邑”为单位者，却未见有以“里”为单位的现象。此外，西周之“里君”属于地方官吏，亦非“田官”，在传世和出土文献中，称管理土地的官吏为“田人”“佃”和“佃人”等。

三、西周“里”的性质、起源及其意义

经过前面的考辨，西周时期“里”的性质目前看来具有单一性，无法对其进行多义项的解释，它属于地方居民组织，其性质还没有反面材料来推翻。下面重申西周时期“里”的性质，简略追溯其起源，并分析其在西周时期的出现对国家演变的意义。

（一）西周时期“里”的性质

在宜侯夨簋出土以前，许多学者已据西周时期的青铜器令方彝（《集成》

① 参李学勤：《论一篇记述西周土地转让的金文》，《故宫博物院院刊》2015 年第 5 期。
② 按：上举《论里》一文并未利用此器铭。

9901)、史颂簋(《集成》4215)、十二年大簋盖(《集成》4298、4299)铭文，以及记载西周史事的文献《尚书·酒诰》、《逸周书》之《商誓》《尝麦》诸篇中之“里君”，主张西周初期出现了地域性居民组织“里”。宜侯夨簋铭“易才宜王人□□又七里”之“里”显然是周王赏赐给宜侯的居民“王人”的组织单位，故宜侯夨簋铭之“里”字对宜侯夨簋出土之前学者主张西周初期已经出现地域性居民组织“里”的观点给予了进一步确证。此外，1975 年陕西岐山县京当乡董家村 1 号西周铜器窖藏出土的共王时期的九年卫鼎(《集成》2831)铭为西周时期“里”的性质增添了新的证据。因此，无论西周时期青铜器铭文之“里”还是传世西周时期文献中的“里”，无疑均属于地域性居民组织。

(二) 西周时期“里”的起源

既然西周初之“里”属于地域性居民组织无可争议，那么西周初期为什么会设置地域性居民组织“里”呢？对此李宗侗先生在 20 世纪 40 年代撰文说：

> 我颇疑心各国内部地域组织的开始在春秋以前。周公灭殷践奄以后新封各国统治者皆系周人，但被统治者仍系旧民，如鲁卫之殷民，晋之怀姓，以及其余各国想亦莫不如是。旧民的团组织若仍旧维持，其团结力不减，则统治者与被统治者对峙的状态始终不能少止。地域组织是打破团组织的最适当方法，聪明的周人岂有见不及此。他们必一面维持士大夫阶级的家族组织以加强周人的力量，另一方面施行民的地域组织以减弱殷人的团结。记载中春秋民间不见家族组织，或即这种政策的结果。《史颂敦》：友里君百姓。《酒诰》：越百姓里居。里居即里君，两者皆以里君与百姓对文。百姓者按照族姓之分类组织，族各有长；里君者按照乡里之分类组织，里各有君，即所谓里君。由是观之，地域组织至少始于周初，得此亦足证明矣。①

李先生的意思是：为了有效地统治殷遗民，西周在制度上的创新之一就是在殷遗民中设置地域组织“里”，与传统的族体制共同管理居民。② 徐中舒先生在 20 世纪 50 年代亦表达了相同的观点：“《酒诰》的百姓和里君，前者是

---

① 李玄伯(李宗侗)：《中国古代社会新研》，第 205 页。

② 陈絜对西周居民组织“里”的起源提出质疑，主要根据宜侯夨簋“赐在宜王人[十]又七生(里)”。参氏著：《血族组织地缘化与地缘组织血族化——关于周代基层组织与基层社会的几点看法》，《社会科学战线》2009 年第 1 期，第 118～119 页。

氏族长，是按氏族血缘编制的；后者是里长，是按地域编制的。”[①]这些认识对探讨“里”的起源都是非常宝贵的。

《说文》：“里，居也。从田从土。”许慎之说反映的应是“里”字的本义。迄今未见西周金文中有表示长度单位“里”的辞例。[②] 关于长度单位“里”的起源问题，应当是先出现地域性居民组织“里”，然后出现表示距离的“里”。这样的次序在世界上似具有普遍性。美洲印第安人计算距离常用多少睡，即从甲地到乙地，中间宿营了若干次，那么两地之间的距离称为若干睡。[③] 关于长度单位“里”的起源，詹鄞鑫先生有如下认识：

> “里”作为路程单位，来源于表示土地面积单位的“里”；面积单位的“里”又来源于乡里的“里”。[④]

詹先生的观点可从。大致先有居民组织“里”，然后出现从这个居民组织“里”到另外一个居民组织“里”之间的距离称为“一里”的观念和习俗。西周有无长度单位“里”目前还没有直接材料予以证明。

（三）西周时期出现地域性居民组织“里”的意义

商代实行聚族而居，血缘集团之居民的社会生活受血缘集团族体系的支配。“里”这种地域性居民组织在周初的出现，表明在认同和承认旧的血缘集团族组织的同时，又创设了一种新的机制，这种机制深入到血缘集团之内，并与原来血缘集团的族体制形成非单一的结构和运行模式，即国家权力在这些血缘性聚落中出现了。国家的意志，通过地域性居民组织的职官“里君”等，借重传统的族体制得以实现。目前还不敢一口咬定，这种新的行政机制一出现

---

① 徐中舒：《论西周是封建制社会——兼论殷代社会性质》，《历史研究》1957年第5期，第58页。

② 目前仅见战国中期的中山王䜆鼎（《集成》2840）铭中有“方数百里”一例。

③ For example: “At one time, Ten Sleep—a small village at the western base of the Big Horns—lay midway between two great Indian camps. In those days, the Indians measured distances by the number of sleeps and the halfway mark between those two camps was exactly ten sleeps.” See: Jim Doherty: *How the West Won US* (an American magazine: *National Wildlife*, the December-January 1976—1977 issue).

④ 詹鄞鑫：《近取诸身远取诸物——长度单位探源》，《华东师范大学学报》（哲学社会科学版）1994年第6期，第43页。

即已凌驾于传统的族体制之上。但随着时间的推移，新的行政体制逐渐凌驾于血缘组织之上。

血缘集团，依赖族体系维持其内部秩序；地域性居民组织“里”的出现，使“里”中居民开始围绕行政机制逐渐形成新的共同体。二者共存的过程中，基层社会居民生活的重心逐渐演变到围绕以基层政权为中心或者说由基层政权来主导，当然，血缘集团之族体制仍然存在，并且仍在主宰居民生活中的国家通过行政机制无法深入和管理到的某些方面。在此过程中，国家逐渐走向成熟。这个过程大致到战国时期完成。

第三节　西周时期“里”的基本形态

在确认了西周时期的“里”为地域性居民组织无可怀疑之后，拟考察一下西周时期“里”的基本形态。笔者将从以下几个方面对西周时期地域性居民组织“里”的基本形态加以考察：“里”的命名方式，“里”中官吏的名称、职能和地位变迁，“里”内居民族属，“里”的地域设置、“里”的规模和结构等。考虑到“里”的地域设置部分篇幅较大和涉及问题较多，专设第四节予以考察。此外，“里”的规模和结构问题甚为重要，故专设第五节予以考察。

一、西周时期“里”的命名方式

九年卫鼎和十二年大簋盖铭中的“里”名丰富了研究者对西周地域性居民组织“里”命名方式的认识。由于材料的缺乏，目前只见到三例，又可分为两类。

第一类，地名＋“里”

九年卫鼎(《集成》2831)铭文“乃舍裘卫林里。𠭰厥惟颜林”之“林里”，是地名加“里”字的表述方式，“林”字大概表明该“里”所坐落的地理环境特点。[①]

---

① 俞伟超认为“里”是里名，“林”指“颜林”，即“里”在颜林之中(俞伟超：《中国古代公社组织的考察——论先秦两汉的“单—僤—弹”》，第55页)。

第二类，人名+“里”

十二年大簋盖（《集成》4298）铭文的“趞睽里”，是人名加“里”字的表述方式，似乎该里为其所领有，属于贵族“趞睽”之采邑。周王命令趞睽将“趞睽里”给予“大”，被称为“大里”，也是人名加“里”字的命名方式。

另一例见于传世文献。《诗经・大雅・韩奕》：“韩侯取妻，汾王之甥，蹶父之子。韩侯迎止，于蹶之里。……蹶父孔武，靡国不到，为韩姞相攸，莫如韩乐。”《毛诗序》曰：“《韩奕》，尹吉甫美宣王也。”由此可知此诗反映的是宣王时期之事。毛传：“蹶父，卿士也。……里，邑也。”郑玄笺：“‘于蹶之里’，蹶父之里。”此“里”属于西周地域性居民组织。“蹶父之里”的结构类同十二年大簋铭的“趞睽里”和“大里”，这三者均是以受封者之名加“里”字的方式来称谓该“里”。

二、西周时期的“里”之官吏及其相关情况试探

目前可以识别的西周“里”中官吏均为一“里”之长。本部分将考察“里”中官吏的称谓。此外，整个西周时期，“里”中官吏的地位有变化，反映了西周地域性居民组织行政功能的加强，似可窥测传世文献《尚书・酒诰》和《逸周书・商誓》文本的流变。

（一）“里”之官吏称谓

目前所见西周金文和传世文献中关于西周的“里”之官吏有以下两种称谓。

1. 里君

西周早期的令方彝铭文、西周晚期的史颂簋铭文和《尚书・酒诰》《逸周书・商誓》《逸周书・尝麦》这些反映西周史事的文献中均有“里”的长官“里君”一词。《管子・小匡》学界公认成书较晚，亦有“里君”一词，即“里”之长官。[①]

---

① 关于《酒诰》和《商誓》二篇中的“里居”和“里居君子”当为“里君”的讹误或讹衍之文的提出者，参见本书第二章第七节“《齐语》和《小匡》同源异流”部分。

2. 司里

《国语·周语中》载：

> 其《时儆》曰："收而场功，偫而畚梮，营室之中，土功其始。火之初见，期于司里。"……周之《秩官》有之曰："敌国宾至，关尹以告，行理以节逆之，候人为导，卿出郊劳，门尹除门，宗祝执礼，司里授馆，司徒具徒，司空视涂，司寇诘奸，虞人入材，甸人积薪，火师监燎，水师监濯，膳宰致饔，廪人献饩，司马陈刍，工人展车。百官以物至，宾入如归，是故小大莫不怀爱。"

从"周之《秩官》"一语来看，《秩官》有可能是西周时期的文献。若如此，《秩官》所载制度就是西周的制度。从"司里"与"关尹""行理""候人""卿""门尹""宗祝""司徒""司空""司寇""虞人""甸人""火师""水师""膳宰""廪人""司马"和"工人"诸官职并列来看，"司里"必为官职。结合韦昭对《周语中》记载的陈国"司里不授馆"之"司里"的注释——"司里，里宰也，掌授客馆"，《秩官》之"司里"可以说明西周时期"里"的官吏亦可称"司里"。而《时儆》之时代则难以确定。但从编纂《国语》的古人先引《夏令》之语，再引《时儆》之语，最后引"周之《秩官》"之语来推测，《时儆》的时代亦大概不会晚于《秩官》，不过这个推测的前提是建立在假定古人叙事有先后的内在逻辑顺序的基础上。通过分析，上引《国语·周语中》的两个"司里"应是西周地域性居民组织"里"之长官的称谓。

(二) 西周"里君"地位变化及其原因试探

关于西周"里"的长官"里君"见于《尚书·酒诰》"越百姓里居(君)"、《逸周书·商誓》"及百官里居(君)献民。……予亦来休命尔百姓、里居(君)、君子"、令方彝铭"眔卿旋(事)寮、眔者(诸)尹、眔里君、眔百工、眔者(诸)灰(侯)"和史颂簋铭"令史颂復(省)穌(苏)瀰(姻)友、里君、百生"。以上《酒诰》《商誓》和史颂簋铭中的"百生(姓)"和"里君"是并列的，故"百姓"地位之明确有助于探讨与之并列的"里君"的地位。下面先来看看"百姓"之地位。

西周初的士上卣铭有"百生(姓)"一词，其铭曰：

> 隹(惟)王大龠于宗周，徣饔葊京年，在五月，既望辛酉，王令士上眔(暨)史寅廏于

成周，豊百生豚，眔（暨）赏卣鬯贝。用作父癸宝陾（尊）彝。臣辰册（《集成》5421.2）

朱凤瀚先生在分析该器铭中的"百生"时说：

"百生"即百姓，与殷墟卜辞中的"多生"意近，是指众多个家族的族长。[①]

后来朱凤瀚先生在考释香港私人收藏家收藏的卫簋（非《集成》4209—4212之卫簋）铭文时对金文中的"百生"作了更加细致的分析：

"百生"所指，在西周金文中似有大小之别。大者如兮甲盘所言"其唯我诸侯、百生"，其中的"百生"是指周人的多个世族，与"诸侯"并言，应即是多个世家大族之长，涵盖范围较大。而本铭（引者按：指卫簋铭）之"百生"，是獄或卫称其所属家族之族人，类似于善鼎"余其用各我宗子雩百生"（《集成》2820）、叔妣簋"用侃喜百生、朋友、众子妇"（《集成》4137）之"百生"，这种为自己亲属求福时所提及的"百生"，显然没有兮甲盘所讲到的那么宽泛。[②]

朱先生认为兮甲盘铭之"百生"为周人的世家大族之长，卫簋铭之"百生"是指卫所属家族之族人。裘锡圭先生对"百生"亦曾有同样的认识。[③] 林沄先生赞同将兮甲盘铭中与诸侯并列的"百生"解释为周人的多个世族，但又提出"百生"还包括了异姓世族。[④] 最后林先生得出以下结论："百姓"的本来意义，即"百官族姓"。[⑤] 总之，与"里君"并列的"百姓"当解为众家族之长为宜。

关于"里君"之地位，朱凤瀚先生认为，卜辞中的"百工"地位较低。[⑥] 根据这种认识，似乎令方彝中与"百工"并列的"里君"地位亦不甚高。而林沄先生却认为"里君"之地位比一般族长的地位高：

---

① 朱凤瀚：《商周家族形态研究》（增订本），第279页。

② 朱凤瀚：《卫簋与伯獄诸器》，《南开学报》（哲学社会科学版）2008年第6期，第6页。

③ 裘锡圭：《关于商代的宗族组织与贵族和平民两个阶级的初步研究》，参见《裘锡圭学术文集》第五卷《古代历史、思想、民俗卷》，第133～139页。

④ 林沄说："实际上，考虑到金文中的'百生'和'里君'并举（史颂簋，《集成》4232），又和'诸侯'并举（兮甲盘，《集成》10174），把'百姓'理解为各族族长，比理解为各族的全体族人显然要更为合理。特别是兮甲盘铭中说，兮甲是受王命治理'成周四方积，至于南淮夷'的，所以铭中提到的'我诸侯、百生'应该有很广的分布，恐怕是很难以王之亲属来涵盖的。其中的'百生'似乎不可避免地有很多是异姓宗族的族长。"（林沄：《"百姓"古义新解——兼论中国早期国家的社会基础》，《吉林大学社会科学学报》2005年第4期，第196页。）

⑤ 林沄：《"百姓"古义新解——兼论中国早期国家的社会基础》，第199页。

⑥ 朱凤瀚：《先秦时代的"里"——关于先秦基层地域组织之发展》，第195页。

从这种观点来看,《盘庚上》训戒的对象正是"里君",所以他们和"百姓"有别,比一般族长高一级。而要求他们"各长于厥居,勉出乃力,听予一人之作猷",表明他们实际是一个个居住区域的首长。①

为什么同样一个"里君",以上学者的分析结果却不同呢?笔者认为这种差异一方面是所据材料不同。朱凤瀚先生依据殷墟甲骨卜辞和令方彝铭,而林沄先生似主要依据《尚书》和《逸周书》的材料。另外这种解释上的差异似乎从"里君"之地位在西周的变迁可以得出合理的解释。李宗侗先生说:

《史颂敦》:友里君百姓。《酒诰》:越百姓里居。里居即里君,两者皆以里君与百姓对文。百姓者按照族姓之分类组织,族各有长;里君者按照乡里之分类组织,里各有君,即所谓里君。②

李先生所说的史颂敦今名史颂簋,他认为"里君"与"百姓"共同管理居民。朱凤瀚先生也说:

里君与百姓并提(引者按:指西周晚期的史颂簋铭),也反映出西周时期地域组织建立于血缘组织之上并与其在相当一段时间内共存的情况。③

朱凤瀚先生认为周初出现的地域组织与血缘组织在相当一段时间内共存是对的,但史颂簋是西周晚期的青铜器。西周初的材料《尚书·酒诰》和《逸周书·商誓》("里居"均看作"里君"之讹)中"百姓"和"里君"并提的现象很明显是"百姓"在前"里君"在后。按照中国的传统,"昔天子班贡,轻重以列。列尊贡重,周之制也",④即位次的先后反映官职的高低和血缘关系的亲疏。在文献中叙述各种职官时总是由高到低、由亲到疏。况且西周礼制甚严,等级分明,应该不会出现紊乱。"里君"在后"百姓"在前的顺序,反映了西周初期,地域性居民组织刚刚出现,其首脑"里君"地位尚不及"百姓"。这种情况也反映了周初周王朝对殷遗民的政策和统治策略。比如,《尚书·酒诰》:"厥或诰曰、群饮、汝勿佚。尽执拘以归于周、予其杀。又惟殷之迪、诸臣惟工、乃湎于酒、

① 林沄:《"百姓"古义新解——兼论中国早期国家的社会基础》,第198页。
② 李玄伯(李宗侗):《中国古代社会新研》,第205页。
③ 朱凤瀚:《先秦时代的"里"——关于先秦基层地域组织之发展》,第197页。
④ 《左传》昭公十三年子产之语。

勿庸杀之、姑惟教之。”殷遗民沉湎于酒，不是像周人那样“予其杀”，而是进行教育。殷遗民可以在周王朝作官，例如1976年陕西扶风庄白一号窖藏中的青铜器墙盘所反映的微史家族。在成周的殷遗民可以打仗，如殷八师；[①]还常常殷见殷遗民，如前引士上卣铭文。然而，经过长时间的渗透和攘夺，随着周王朝的统治坚如磐石，到西周晚期，从史颂簋铭“里君、百姓”的顺序来看——在铸造青铜器时是不可能随便摆放二者的位置的，“里君”的地位已经超越了“百姓”，凌驾于“百姓”之上。估计这种演变的完成在时间上比西周晚期要提前一些，只不过目前找不到比史颂簋铭更早的材料而已。从周初到周晚期，百姓和里君始终共存，并共同管理基层社会的居民。二者顺序的变化似反映了西周晚期对居民行政管理的强化，同时里君之职能也得到强化，地位得到提高。随着这种地缘化的加强，国家的行政权威也越来越凸显。

（三）《酒诰》和《商誓》文本在西周的流变

《酒诰》《商誓》虽追溯和记载商代、周初史事，但写定时间似乎较晚，或者说于西周晚期曾被改造过。理由是，令方彝铭文所反映的周初的情况是无可置疑的，通过令方彝铭文中的“里君”与“百工”并列，似反映“里君”之地位较低。而通过《酒诰》和《商誓》可知：“里君”尽管排在“百姓”之后，其地位甚高。西周晚期史颂簋铭之“里君”排在“百姓”之前，可证明西周晚期“里”的长官的地位确实甚高。以西周金文衡之，传世文献《酒诰》《商誓》可能经过了西周晚期人的改造，掺杂了西周晚期“里君”地位甚高的情况，但保存了周初“百姓”地位高于“里君”的真实情况。

三、西周时期的“里”内居民族属

西周“里”内居民的族属与“里”的行政功能密切相关，有必要做深入探讨。关于西周王朝对什么样的人设置“里”这种居民组织加以管理，试从以下三方面加以考察。

---

① 李学勤主张殷八师不是由殷人后裔组成，而是由周人组成。参见氏著《论西周金文的六师、八师》，《华夏考古》1987年第2期，第210页。

(一) 在成周殷遗民中设置“里”

传世文献和出土材料都记载了周公平定三监之乱后迁殷遗民于新营建的成周。例如《尚书·多士》载:“惟三月,周公初于新邑洛,用告商王士。王若曰:‘尔殷遗多士,……’”《逸周书·作雒》:“俘殷献民,迁于九毕。”黄怀信先生认为《作雒》作于西周但经过了春秋的加工和改写。[①] 孔晁注《作雒》:“献民,士大夫也。九毕,成周之地,近王化也。”[②]即迁殷遗民于成周。[③] 清华简《系年》亦载“周成王、周公既迁殷民于洛邑”(简 17)。[④] 建国以来洛阳地区考古发掘的许多殷人墓葬也证实了此点。[⑤] 西周金文中的殷八师即由迁居成周的殷人组成。[⑥] 西周王朝对成周之殷遗民通过什么组织办法来管理,在金文中可以找到相关的资料,如令方彝铭文:

> 隹(惟)十月月吉,癸未,明公朝至于成周,徃令舍三事令,眔卿旋(事)寮、眔者

---

① 黄怀信:《逸周书校补注译·前言》(修订本),第 63 页。

② (清)朱右曾:《逸周书集训校释》,第 77 页。

③ 参见彭裕商:《周初的殷代遗民》,《四川大学学报》2002 年第 6 期。

④ 清华大学出土文献研究与保护中心编,李学勤主编:《清华大学藏战国竹简》(贰),上海:中西书局,2011 年,第 144 页。

⑤ 参见郭宝钧、林寿晋:《一九五二年秋季洛阳东郊发掘报告》,《考古学报》1955 年第 9 册;河南省文化局文物工作队第二队:《洛阳的两个西周墓》,《考古通讯》1956 年第 1 期;傅永魁:《洛阳东郊西周墓发掘简报》,《考古》1959 年第 4 期;洛阳市文物工作队:《1975—1979 年洛阳北窑西周铸铜遗址的发掘》,《考古》1983 年第 5 期;洛阳市文物工作队:《洛阳东关五座西周墓的清理》,《中原文物》1984 年第 3 期;洛阳市文物工作队:《洛阳市东郊发现的两座西周墓》,《文物》1992 年第 3 期;张剑:《洛阳两周考古概述》,《洛阳考古四十年》,北京:科学出版社,1996 年;张剑、蔡运章:《洛阳东郊 13 号西周墓的发掘》,《文物》1998 年第 10 期;洛阳市文物工作队:《洛阳北窑西周墓》,北京:文物出版社,1999 年;洛阳市第二文物工作队:《洛阳五女冢西周早期墓葬发掘简报》,《文物》2000 年第 10 期;洛阳市文物工作队:《洛阳东车站两周墓发掘简报》,《文物》2003 年第 12 期;洛阳市文物工作队:《洛阳市启明西路西周墓发掘简报》,《考古与文物》(增刊,先秦考古),2004 年;洛阳市文物工作队:《洛阳市唐城花园 C3M417 西周墓发掘简报》,《文物》2004 年第 7 期;洛阳市文物工作队:《洛阳瀍河东岸西周墓的发掘》,《文物》2006 年第 3 期;洛阳市文物工作队:《河南洛阳市唐城花园西周墓葬的清理》,《考古》2007 年第 2 期;洛阳市文物工作队:《洛阳涧河东岸西周晚期墓》,《文物》2007 年第 9 期;洛阳市文物工作队:《洛阳老城北大街西周墓》,《文物》2010 年第 8 期。

⑥ 参见于省吾:《略论西周金文中的“六𠂤”和“八𠂤”及其屯田制》,《考古》1964 年第 3 期;杨宽:《论西周金文中“六𠂤”“八𠂤”和乡遂制度的关系》,《考古》1964 年第 8 期;于省吾:《关于〈论西周金文中“六𠂤”“八𠂤”和乡遂制度的关系〉一文的意见》,《考古》1965 年第 3 期;杨宽:《西周金文中“六𠂤”和“八𠂤”的性质》,《考古》1965 年第 10 期。

(诸)尹、眔里君、眔百工、眔者(诸)医(侯)：医(侯)、田(甸)、男，舍四方令，既咸令。
(《集成》9901)

从以上西周早期的令方彝铭文中的“里君”可以知道，成周城内有“里”的设置。成周城内多居住迁居之殷遗民，故学者认为周人在殷遗民中设置了“里”，对其进行管辖。《后汉书·申屠刚鲍永郅恽列传》：“帝大喜，赐(鲍)永洛阳上商里宅，固辞不受。”李贤注：“《东观记》曰：‘赐洛阳上商里宅。’陆机《洛阳记》曰：‘上商里在洛阳东北，本殷顽人所居，故曰上商里宅也。’”洛阳有里的设置还可以得到以下材料的佐证。《战国策·赵一·苏秦说李兑》载：“雒阳乘轩车(里)[①]苏秦，家贫亲老，无罢(疲)车驽马。”此即说明战国时期洛阳有乘轩里。此外，北魏人杨衒之的《洛阳伽蓝记》记载洛阳城内设置有许多“里”。这些后世文献中的“里”，应该是西周时期成周地区基层政治制度之遗存。

西周晚期的𩡧簋铭文曰：

唯正月，辰才(在)甲午，王曰：𩡧，命女(汝)𤔲(司)成周里人眔者(诸)医(侯)大亚，𬤞(讯)讼罚，取徵五寽(锊)，易(赐)女(汝)尸(夷)臣十家，用事。𩡧拜(拜)䭫(稽)首，对扬王休命，用乍(作)宝簋，其子子孙孙宝用。(《集成》4215)

“里人”一词多见，在西周以降一直到汉代的传世文献和出土古文字材料中均可找到。对𩡧簋铭之“里人”的解释学者之间是有分歧的。

一种意见认为“里人”即《周礼》之“里宰”，即属于“里”之职官。《国语·鲁语上》：“若罪也，则请纳禄与车服而违署，唯里人之所命次。”韦昭注：“里人，里宰也。有罪去位，则当受舍于里宰。”韦注显然是以《周礼》之“里宰”释《国语》之“里人”。据此，𩡧簋之“里人”即《周礼》之“里宰”或金文之“里君”。[②]

另一种意见认为“里人”为“里”中之人。[③] 包山楚简之“里人”即“里”中普

---

① 鲍彪本补曰：

一本“乘轩里”。既曰“乘轩车”，而下又云“无罢车驽马”，则此作“里”字为是。……(黄)丕烈案：《史记正义》引《策》云，“苏秦，洛阳轩里之人也”。则张守节所见本是“里”字，可证一本之善也[(汉)刘向集录：《战国策》，上海：上海古籍出版社，1985年，第604页]。

② 张亚初、刘雨：《西周金文官制研究》，第50页。

③ 朱凤瀚认为𩡧簋铭文中的“里人”有两种理解：一种是成周组织在“里”中的殷遗民；一种是“里君”之类“里长”。参见朱凤瀚：《先秦时代的“里”——关于先秦基层地域组织之发展》，第196页。

通居民。天星观一号战国楚墓竹简中的遣册铭文有“番(潘)之里人”,[1]潘即墓主邸[昜阝]君番(潘)勅,其下葬年代大约在公元前340年,“里人”即与墓主人潘勅同里之人。睡虎地秦简《封诊式》载:“即以甲封付某等,与里人更守之,侍(待)令。”(简11+12)睡虎地秦简《封诊式》又载:“某里典甲诣里人士五(伍)丙,告曰:‘疑厲(疠),来诣。’”(简52)又睡虎地秦简《封诊式》曰:“某里典甲曰:‘里人士五(伍)丙经死其室,不智(知)故,来告。’”(简63)以上《封诊式》中的三处“里人”均应释为“里”中居民。此种用法的“里人”一词多见于战国乃至汉代的传世文献。[2]

可见“里人”有两解。但具体到𩴾簋铭文中的“里人”当作何解呢?从𩴾簋铭文“成周里人眔者(诸)疾(侯)大亚”中“里人”与“诸侯大亚”并列来看,二者的性质应该相同。故明确“诸侯大亚”的含义有助于确定“成周里人”的性质。关于“诸侯大亚”,郭沫若先生说:

> 亚者,《尚书》《牧誓》及《立政》有“亚旅”,《酒诰》“越在内服,百僚庶尹,惟亚惟服”,《周颂·载芟》“侯主侯伯,侯亚侯旅”。据《诗》知“亚”与“旅”实二职,《书·梓材》“司徒、司马、司空、尹、旅”,亦谓尹与旅也。据《酒诰》知“亚”乃王官。为亚者不只一人,故卜辞有“多亚”(《后编》下三一·九)。𨘋彝亦有“多亚”(《贞》四·四七)。亚之为职实自殷代以来所旧有。此言“大亚”,知亚职亦有大有小,犹群右之有大右与小右也。[3]

可见,郭沫若先生是将诸侯大亚解释为官职的。据郭说,与“诸侯大亚”并列的“里人”也应当是官职,且属于周王朝设在成周的官职。白川静先生大致

---

① 湖北省荆州地区博物馆:《江陵天星观1号楚墓》,《考古学报》1982年第1期,第109页。

② 以下“里人”均属“里”中普通居民:

(1) 田子方侍坐于魏文侯,数称溪工。文侯曰:“溪工,子之师邪?”子方曰:“非也,无择之里人也;称道数当,故无择称之。”(《庄子·田子方》)按:魏文侯(前446—前396),战国前期人。田子方,字子方,名无择,魏国人。那么,田子方的同里之人溪工亦是魏国人。

(2) 南荣趎曰:“里人有病,里人问之,病者能言其病,然其病,病者犹未病也。若趎之闻大道,譬犹饮药以加病也。趎愿闻卫生之经而已矣。”(《庄子·庚桑楚》)

(3) 鼓用牲于社,皆壹以辛亥之日,书到,即起县社令长,若丞尉官长,各城邑社啬夫,里吏正里人皆出,至于社下,餔而罢(《春秋繁露·止雨》)。

(4) 宋人有酤酒者,为器甚洁清,置表甚长,而酒酸不售,问之里人其故,里人云:“公之狗猛,人挈器而入,且酤公酒,狗迎而噬之,此酒所以酸不售之故也。”(《说苑·政理》)

③ 郭沫若:《两周金文辞大系考释》(中),第89页。

赞同郭老之说。白川静说：

> 《诗经・载芟》是歌颂籍田祈求丰收祭祀的内容。稿本《诗经研究通论》篇第三章里指出，其参加祭祀的主要有"主"、"伯"、"亚"、"旅"、"疆"、"以"。"主"是指族长，"伯"指管理者，"疆"、"以"是受雇佣之人，指从事农耕者。"亚"、"旅"除了《酒诰・立政》里有所记载之外，《牧誓》里也记载"亚旅、师氏"，同"师"、"旅"并称。"亚"的起源可能正像殷周时期的"亚"字型款识所示，是执行诸侯祭祀仪式的祭祀阶级。殷陵的墓室里面也刻有其字形，想必和其名号有关联。"亚"职之人也对籍耕、军旅等事进行管理、干预。克殷之后，殷遗民被迁至成周，其中，也有地位很高，作为宗祝之官的大亚。①

白川静先生之所以如此理解"大亚"，主要建立在他对《诗经・周颂・载芟》作出了新的解释。下面回归到古代经学家对《载芟》"侯主侯伯，侯亚侯旅"的理解：

> 毛传："主，家长也。伯，长子也。亚，仲叔也。旅，子弟也。"孔疏："《坊记》云：'家无二主。'主是一家之尊，故知：'主，家长也。'主既家长，而别有伯，则伯是主之长子也。亚训次也，次于伯，故知仲叔也。不言季者，以季幼少，宜与诸子为类也。令旅中兼之。旅训众也。谓幼者之众，即季弟及伯仲叔之诸子，故云：'旅，子弟也。'"

从毛传和孔疏可以看出，"亚"被训为次于伯之仲叔也。诸侯之大亚宜训为某种身份的居民。朱凤瀚先生曰：

> 成周是殷遗民聚居地，䵼被王授予的职权中有管理成周里人一项。"里人"当是指组织在里中的殷遗民。……这段铭文(引者按：指䵼簋铭文)证明周人正是通过里来控制殷遗民的。日本学者白川静以为成周庶殷是以血缘氏族为单位配于邑里之中的，在这种里中设置了里君，他对殷遗民宗族组织与邑里组织的关系之看法是正确的。②

即"成周里人"系迁居成周之殷遗民，成周为西周中央王朝控制东方诸侯的一个大本营。"诸侯大亚"大概是次于出任地方诸侯的"伯"之仲叔，这些人留守在成周。那么，"成周里人"就是成周"里"中的普通居民，当即周初迁居成周殷遗民的后裔，这些人在西周中晚期早已融入周人当中。

---

① ［日］白川静：《金文通释》(卷三上)，京都：白鹤美术馆，昭和四十一年(1966)，第272页。
② 朱凤瀚：《先秦时代的"里"——关于先秦基层地域组织之发展》，第196页。

(二) 周人之“里”——宜侯夨簋“王人”辨

除了对迁居成周的殷遗民设置地域性居民组织“里”加以管理外，在周人聚落中亦设置了“里”。这可从宜侯夨簋铭文和《诗经·大雅·韩奕》得到证明。

宜侯夨簋铭“在宜王人□□又七”后一字为“里”，那么这些“里”中居民“王人”的族属应如何理解将是下面探究的问题。郭沫若先生认为：

> “王人”之在宜者当即殷王之人，原为贵族，故有姓，[①]今亦转化为奴，而成赐与之物。《尚书·君奭》“殷礼陟配天，多历年所，天惟纯佑，命则商(赏)实，百姓王人罔不秉德明恤”，此周初称殷代贵族为王人之证。入周后有天下既久，则“王人”之称，转为周王之人矣。[②]

郭老将宜侯夨簋铭“王人”解为“殷王之人”和“王人”“今已转化为奴”的看法，今已为大多数学者所放弃。例如，杨向奎先生反驳郭老“今已转化为奴”说：

> 但谓王人为奴，则未达一间，下有锡畎及庶人，不应重出“王人”为奴。而《春秋》僖公八年云：“春王正月，公会王人、齐侯、宋公、卫侯、许男、曹伯、陈世子款盟于洮。”以此结合《尚书·君奭》及此(引者按：指宜侯夨簋)铭文，则“王人”为西周春秋间之常见名词而不是奴称。孔颖达《左传》正义，于此疏云：“《公羊传》曰：‘王人微者，易为序乎诸侯之上，先王命也……’《释例》以为‘中士称名，下士称人’。此言王人，是天子之下士也。”士属于君子，乃贵族，士而可赐，可知已属没落贵族，一如赐鲁赐卫之殷民几族矣，但非奴。[③]

有许多学者认为“王人”不仅不是奴，而且应该是周人，有的还是周之贵族。例如，裘锡圭先生认为：“西周康昭时代的宜侯夨簋铭，记周王封宜侯时所赐人民，有‘在宜王人□又七里’一项，应指在宜地的周族人。”[④]黄盛璋先生

---

① 按：郭沫若认为宜侯夨簋铭“七”后一字为“生”，故有此论。

② 郭沫若：《夨簋铭考释》，《考古学报》1956年第1期，第8页。

③ 杨向奎：《“宜侯夨簋”释文商榷》，《文史哲》1987年第6期，第5页。

④ 裘锡圭：《关于商代的宗族组织与贵族和平民两个阶级的初步研究》，《裘锡圭学术文集》第五卷《古代历史、思想、民俗卷》，第146～147页。

说："王人既有姓，又仅有十七，必为周之贵族。"[①]黄先生虽主张"七"后一字应释为"生"，读为"姓"，不过，其将"王人"理解为周之贵族。再如，朱凤瀚先生在经过考证后认为："这里的'王人'应是原直属于周王的周人族属，不是异族人，他们在宜地也按里组织起来，以里计算，说明在周初里的设置大概不仅限于异族人。当然，这里的'王人'可能是已与周王血亲关系疏远了的亲族成员，由于已非近亲，宗法制的约束力已不够，所以也开始在他们中设立地域组织以加强控制。"[②]"在宜王人"应是迁来之宜侯镇守宜地乃至开疆拓土所依托的当地主要力量。从这个意义上来说，笔者赞同将"王人"理解为周人的观点。据此，西周时期在周人中也有地域性居民组织"里"的设置。

(三)"土方五十里"之"里"内居民族属

"土方"曾作为所谓异族的方名，多见于武丁时期的卜辞。西周时期的金文中亦有"土方"，但仅见于昭王世召圜器(《集成》10360)，其铭辞如下：

> 隹(唯)十又二月初吉丁卯，召启进事，奔徭(走)事皇辟君，休王自彀事(使)赏毕土方五十里，召弗敢(敢)黯(忘)王休异(翼)，用乍(作)歆宫旅彝。

关于铭文中的"赏毕土方五十里"，诸家说法存在分歧。郭沫若先生在1935年出版的《两周金文辞大系考释》中说：

> "赏毕土方五十里"句如平易读之极易解为赏以名毕之地、五十里见方，且可为旧说"子男五十里"之证明。然而地之名毕者乃文王陵墓所在，不应以之分封，而分封方若干里之制，于事实上亦属难能。疑此等旧说，实周末儒家误读与本铭类似之旧文献而产生者也。余意毕即召之名。如矢令彝之矢令或称矢或称令也。……故"赏毕土方五十里"乃谓赏毕以土方之邑里五十。[③]

于此可见郭老不赞同将"赏毕土方五十里"解释为赏给毕地方圆五十里的土地，而是理解为赏给毕卜辞中曾经记载的"土方"的五十个邑里。

在1957年出版的《两周金文辞大系图录考释》中，郭老对正文没有改动，

---

① 黄盛璋：《铜器铭文宜、虞、夨的地望及其与吴国的关系》，《考古学报》1983年第3期，第297页。
② 朱凤瀚：《先秦时代的"里"——关于先秦基层地域组织之发展》，第197页。
③ 郭沫若：《两周金文辞大系考释》(中)，第35页。

只增加了眉批和夹注。其眉批曰：

今于句读已改正，关于“休王”及“土方”等说解作废。“赏毕土方五十里”正为周初施行井田制之一佳证。①

夹注曰：

自此以下至下“邑里五十”全删。②

郭老所谓“自此以下”即含有本书前引1935年《两周金文辞大系考释》“赏毕土方五十里”的一大段。检郭老去世后出版的《郭沫若全集》第八卷《周代金文图录及释文》与1957年出版的《两周金文辞大系图录考释》，其中的召圜器部分完全相同。也就是说，直至郭老去世，观点未变。换句话说，1957年《两周金文辞大系图录考释》的出版，标志着郭老已经放弃1935年之说，改为赏给毕方圆五十里的土地的观点。

与郭老改变后的观点相同或相近者还有杨树达、陈梦家、唐兰和张政烺等先生。杨树达先生读为“赏毕土方五十里”。③ 即周王赏给召毕土这个地域方五十里的土地。从杨先生文后加注的时间“一九四七年四月十八日”和行文中提到郭老的《两周金文辞大系考释》来看，杨先生是熟悉郭老在1935年《两周金文辞大系考释》中的观点的。但杨先生于1956年病逝，未能目睹郭老1957年版《两周金文辞大系图录考释》观点的变化。陈梦家先生与杨树达先生的观点相同，认为是王赏给召毕土方五十里。④ 唐兰先生说：“召可能是毕国的同族，所以赏毕土。……方五十里等于二千五百个方里。”⑤显然，唐兰先生是将“土”和“方”断开来理解的，且将“方五十里”理解为今天数学中表达的五十里的平方。张政烺先生在《两周金文辞大系考释》批注中说：

仍宜平易读之。国境无不有东西南北四方者，自可称方，不必是正方形也。《孟

---

① 郭沫若：《两周金文辞大系图录考释》（第7册），北京：科学出版社，1957年，第94页。

② 同上注。

③ 杨树达：《积微居金文说》（增订本），北京：中华书局，1997年，第117页；又见：《杨树达文集·积微翁回忆录》，上海：上海古籍出版社，2006年，第255页。按，杨氏1947年4月18日日记曰：“跋《召卣》。文当以‘召启进’为句，‘事奔走’为句，‘事皇辟君’为句。‘毕土’当连读，与《大保簋》‘余土’、《亳鼎》‘杞土’、‘麇土’同。”

④ 陈梦家：《西周铜器断代》（上），第51～53页。

⑤ 唐兰：《论周昭王时代的青铜器铭刻》，《金文文献集成》第39册，第66页。

子》:“海内之地方千里者九,文王之囿方七十里者,寡人之囿方四十里,然而文王犹方百里起。”[1]

张政烺先生批注的《两周金文辞大系考释》属于1935年东京文求堂书店版本。从张政烺先生对该书的他处批注“五八年本(引者按:指《两周金文辞大系图录考释》)[2]自此至九四页下末行‘邑里五十’处全删去”可知,[3]张政烺先生是熟悉郭老在1957年出版的《两周金文辞大系图录考释》中关于召圜器铭观点的变化的。从“仍宜平易读之”,张先生是不赞同郭沫若先生《两周金文辞大系考释》将“土方”连读和将“里”理解为“邑里”的观点的,且将“方五十里”理解为:方圆五十里。

日本学者白川静看到了郭老前后变化的观点,也知道杨树达和陈梦家先生的观点,但提出和郭老20世纪30年代的观点基本相同的看法,主张将“毕”与“土方”分开,“土方”即殷卜辞中的“土方”,“里似乎是一种行政区的称谓”。其曰:

召被赏赐毕、土方五十里一事,或许暗示着南燕问题。南燕属于黄帝之后,姞姓,在卫辉附近建国,除此之外,别的详情不得而知。一般认为毕、土方之地,比南燕更靠近太行山一带,因此地理位置很近。另外,没有北燕召氏是姬姓的证据,因召族统治过匽一带,匽也被当作北燕的古称。那么可以认为南燕、北燕都曾经是召氏之国,特别是南燕,在成为殷王田猎之地前是召氏的旧领召,可以认定召氏恢复了旧领并建国。即使难以确定毕、土方五十里的赐土意味着南燕建国,但至少可以说本器铭是揭示南燕、北燕与召氏关系的一份有力材料。[4]

白川静先生将土方与西周的南燕和北燕联系起来。周有二燕,一为南燕。《左传》隐公五年:“四月,郑人侵卫牧,以报东门之役。卫人以燕师伐郑。郑祭足、原繁、泄驾以三军军其前,使曼伯与子元潜军军其后。燕人畏郑三军,而不虞制人。六月,郑二公子以制人败燕师于北制。”杜注“燕”为“南燕国”。《左

① 张政烺批注,朱凤瀚等整理:《张政烺批注〈两周金文辞大系考释〉》(上),第218页。
② 按:此书版权页提供的出版时间是1957年12月,而郭沫若在前言中写的是1958年。张政烺的根据当是郭沫若在该书前言中所提供的时间。
③ 张政烺批注,朱凤瀚等整理:《张政烺批注〈两周金文辞大系考释〉》(上),第216页。
④ [日]白川静:《金文通释》(卷一下),第483页。

传》庄公十九年："苏子奉子颓以奔卫。卫师、燕师伐周。"杜注："燕，南燕。"历史上有南北二燕之说：南燕在今河南汲县，姞姓，传说为黄帝之后；北燕，在今北京市房山区，姬姓，召公始封于此。[①]《左传》襄公二十九年："齐公孙虿、公孙灶放其大夫高止于北燕。"北京琉璃河燕国墓地 M52 出土有"匽侯"铭文的铜器，[②]印证了召公封地今北京房山区即北燕，召公为姬姓无疑。出自琉璃河燕国墓地的克罍(《近出》987)、克盉(《近出》942)铭有"令克侯于匽"。白川静先生认为"土方"靠近周代的北燕和南燕，后来，其观点在《金文的世界》中略有变化，似将"毕"和"土方"作为两个地区来对待，但仍坚持"里"为地域性居民组织："赐召以毕及土方五十里之地。里，邑里。"[③]

综上所述，"使赏毕土方五十里"有四种读法。一种如 1935 年郭沫若《两周金文辞大系考释》的读法，将"土方"看成殷墟卜辞中的"土方"，解为赏给召(毕即召之名)土方的五十个邑里。第二种，将"毕土"看作一个名词，解为周王赏给作器者召于毕土方圆五十里的土地。杨树达和陈梦家等先生持此看法。第三种，解为赏给毕五十里见方的土地。张政烺等先生持此看法。第四种，白川静认为是赏给召在毕和土方的五十个邑里，那么铭文"毕"和"土方"之间应该加顿号断开。

就目前来看，关于西周金文"里"的材料自 1954 年宜侯夨簋出土以来，只增加了 1975 年出土于陕西的共王世的九年卫鼎，即除了召圜器铭之里似乎可以被理解为长度距离单位之"里"外，目前没有见到"里"在西周表示长度单位的辞例。这意味着，只据召圜器铭中的"五十里"这个唯一的辞例来判断西周时期已经有表示距离的长度单位"里"是很危险的。笔者在本章第二节已经做了比较细致的基础性工作，即将目前所见西周金文中的"生"字和"里"字与宜侯夨簋(《集成》4320)铭文中的""字一一进行比对，得出该字应当隶定为"里"。"赐在宜王人□□又七里"之"里"在铭文中只能理解为在宜地之居民"王人"的单位，这个单位"里"只能理解为地域性居民行政性和军事性组织单位，绝不可能有别的理解。这可能就是前引白川静《金文的世界》中坚持"五十

① 程俊英：《诗经译注》，上海：上海古籍出版社，2004 年。
② 晏琬(李学勤)：《北京、辽宁出土青铜器与周初的燕》，《考古》1975 年第 5 期。
③ [日] 白川静著，温天河、蔡哲茂译：《金文的世界——殷周社会史》，第 61 页。

里”之“里”当释为邑里之里的原因所在。召圜器铭“赏毕土方五十里”之“里”字，其隶定没有任何人提出质疑。“赐在宜王人□□又七里”和“赏毕土方五十里”不仅辞例相近，而且二器之时代又相近，一为康昭世，一为昭王世，故二者可以互相支撑。从规模来看，一为“□□又七里”，若按李学勤先生的说法，至少“六十七里”；[①]一为“五十里”，大致相当，或者说悬殊不太大。故“五十里”之“里”为居民组织之“里”可以确定下来。不过，如此来理解“五十里”还有一个问题不容回避：“毕”“召”和“土方”三者该怎样理解？前引诸位学者的看法中，郭老认为“毕”即“召”之名。杨树达、陈梦家、张政烺三位先生认为是赏给召、毕土方圆五十里之土地。唐兰先生认为召可能是毕国的同族，所以赏毕土。毕国曾见于《左传》僖公二十四年：“富辰谏曰：‘……管、蔡、郕、霍、鲁、卫、毛、聃、郜、雍、曹、滕、毕、原、酆、郇，文之昭也。’”杜注：“毕国，在长安县西北。”“毕”以封地得氏。《史记·魏世家》：“（毕公）高封于毕，于是为毕姓。”毕公高为西周文武时期之重要将帅，参加了“西伯戡黎”和灭商行动。[②] 但不知昭王世召圜器铭“毕”之毕公为第几代。若将“毕”解为毕国，“土方”则是毕国之地。但鉴于金文中似未见地理概念大小相次的表述，故而一种处理办法就是如白川静《金文的世界》中的办法，将“毕”与“土方”理解为并列的两个地名。即赏给召毕和土方二地五十个居民组织“里”。另一种处理办法，将“毕”与“土方”隔开来读，即赏给毕五十个“土方”之“里”。笔者倾向于第二种读法，将“毕”看作国名，将“土方”看作生活在毕国的某一民族。

2004—2005 年发掘的山西省绛县横水倗氏墓地 M1 出土四件“倗伯乍（作）毕姬”铜器，其中鼎铭：“倗伯乍（作）毕姬宝旅鼎。”（《铭图》1821）簋铭：“倗伯作毕姬宝旅簋。”（《铭图》4499）“毕姬”属于父氏加父族之姓称谓，这显示西周中期姬姓毕国曾经嫁女于倗伯。关于倗氏器，传世的有倗仲鼎（《集成》2462，西周中期）：“倗仲作毕媿剩（媵）鼎，其万年宝用。”这是倗仲嫁女于毕的铁证。倗仲应属于媿姓。以上毕国和山西绛县倗氏贵族相互联姻的事实，也说明西周时期毕国的存在。召圜器铭可以理解为周王将毕国境内的土方五十

① 李学勤：《宜侯夨簋与吴国》，《文物》1985 年第 7 期，第 14～15 页。
② 陈颖飞：《清华简毕公高、毕桓与西周毕氏》，《中国国家博物馆馆刊》2012 年第 6 期。

个里赏赐于召。此与《左传》定公四年的封赏类似。

下面考察一下“土方”之族属。郭沫若先生认为：

> 土方乃卜辞中所常见之国名，其地望当在今山西北部。疑即夏后氏之古称。《商颂·长发》“洪水芒芒，禹敷下土方”，土方亦即此，旧失其解。①

郭老主张“土方”疑似夏后氏之古称。郭老在《甲骨文字研究·释臣宰》后附《土方考》，其文认为“土方乃殷人西北方之大敌”。其族属：

> 土方之疆域当在包头附近，而吕方更在其西。不嬰簋有“驭方玁狁”。《诗》言“城彼朔方”。朔、驭、土古音同部，当即同是一族，盖玁狁之一部落也。②

郭老采用的办法是根据卜辞中的干支，计算出前后两次边报的天数间隔，然后乘以每日行百里，据以推测出土方的大致位置。

郭老在《卜辞通纂》中考编号为第 513 片甲骨时，对土方之地理位置的看法与《甲骨文字研究》略有不同。郭老认为“土方”在山西北部，为玁狁部族无疑。③

概括起来，郭老主张土方的族属为玁狁部族。但郭老在《中国古代社会研究》附录九《夏禹的问题》却提出“所谓土方，即是夏民族”。④ 胡厚宣先生对“夏民族”说表示赞同，并予以进一步阐述。⑤ 朱芳圃先生提出豕韦为土方之别号，陶唐为土方之本号。其地即春秋时期之晋国。⑥ 方述鑫先生提出姬周族出于土方。⑦ 金岳先生发表《东胡源于土方考》，认为土方即后来的东胡。⑧ 从目前的材料来看，要确定土方属于什么民族，恐怕尚难以使人信服。这个问题似可以这样认识，土方非商民族，亦非周民族，是在武丁时期位于商北部的民族，经过繁衍发展，在周初仍然存在，但已经迁居“毕”地，与周人杂处。

---

① 郭沫若：《两周金文辞大系考释》(中)，第 35 页。

② 郭沫若：《甲骨文字研究·土方考》，《郭沫若全集》(第一卷)，北京：科学出版社，1982 年，第 78 页。

③ 郭沫若：《卜辞通纂》，《郭沫若全集》(第二卷)，北京：科学出版社，1983 年，第 440 页。

④ 郭沫若：《中国古代社会研究》，上海：上海联合书局，1930 年，第 352 页。

⑤ 胡厚宣：《甲骨文土方为夏民族考》，日知主编：《古代城邦史研究》，北京：人民出版社，1989 年。

⑥ 朱芳圃：《土方考》，《开封师院学报》1962 年第 2 期。

⑦ 方述鑫：《姬周族出于土方考》，陕西历史博物馆编：《西周史论文集》(上)，西安：陕西人民教育出版社，1993 年，第 345～359 页。

⑧ 金岳：《东胡源于土方考》，《民族研究》1987 年第 3 期，第 35～43 页。

总之，经过以上考察，居民组织“里”不仅在殷遗民中有，在周人中有，在非商民族之北方民族“土方”中亦予以设置。其中后两点认识可以补充李玄伯先生在20世纪40年代形成的“里”仅是为了管理迁居成周的殷遗民而设置的认识。①

第四节 西周时期“里”的地域设置

在进一步甄别了西周“里”的性质和论述了西周“里”的一些基本形态以后，本节拟利用西周金文和传世文献来考证和论述西周时期里的基本形态中的地域设置问题。

一、西周金文所见“里”的地域设置

目前所见西周金文中的“里”，主要设置于成周城内以及城外之成周畿内、宗周畿内，以及周原地区和畿外诸侯国。

(一) 成周城内

西周时期成周城内有“里”的设置，目前仅见于令方彝和𩰫簋铭文。

令方彝铭文：

> 隹(唯)十月月吉，癸未，明公朝至于成周，徃令舍三事令，眔卿旋(事)寮、眔者(诸)尹、眔里君、眔百工、眔者(诸)灰(侯)：灰(侯)、田(甸)、男，舍四方令，既咸令。
>
> (《集成》9901，昭王)②

铭文大意是明公受命到成周，向在成周的卿事寮、诸尹、里君、百工、诸侯发布命令。从成周有“里君”可知，成周设置了居民组织“里”。由“里君”为集合概念可以推定：成周城内设置了许多基层地域性居民组织“里”。

𩰫簋铭文：

---

① 参见本章第二节“西周‘里’的性质、起源及其意义”部分。

② 关于令方彝的断代，本书从唐兰说。参唐兰：《西周铜器断代中的“康宫”问题》，《考古学报》1962年第1期。

唯正月，辰才（在）甲午，王曰：𪓐，命女（汝）𤔲（司）成周里人眔者（诸）医（侯）大亚，𧦝（讯）讼罚，取徵五寽（锊），易（赐）女（汝）尸（夷）臣十家，用事。𪓐𢷎（拜）䭬（稽）首，对䚄（扬）王休命，用乍（作）宝簋，其子子孙孙宝用。（《集成》4215）

铭文大意是正月甲午这一天王令𪓐负责成周里人、诸侯大亚的司法案件，待遇是"取徵五寽"和赏夷臣十家。𪓐感谢周王的美差，铸器予以纪念。铭文"里人"与"诸侯大亚"并举，"里人"属于"里"中普通居民。

以上二器，一属西周早期，一属西周晚期，表明整个西周时期成周城内有"里"的设置。

《尚书·毕命》载：

王曰："呜呼！父师，今予祗命公以周公之事往哉！旌别淑慝，表厥宅里，彰善瘅恶，树之风声。……"

虽然《毕命》篇的真伪遭到学界的质疑，但既然上述西周早期的青铜器令方彝铭文能够证明昭王时期成周城内有地域性居民组织"里"的设置，那么《书序》所谓"康王命作册毕，分居里，成周郊，作《毕命》"也应该确有其事。另外，《逸周书·作雒》："俘殷献民，迁于九毕。""毕"字《玉海》引作"里"。[①] 如此，可以得出成周城内有地域性居民组织"里"的设置。

（二）成周畿内采邑——苏地

成周畿内有里的设置目前仅见于史颂簋铭文：

隹（惟）三年五月丁子（巳），王才（在）宗周，令史颂省苏姻友、里君、百生（姓），帅䢅（偶）盩于成周，休又（有）成事，苏宾（傧）章（璋）、马四匹、吉金，用乍（作）䵼（鬻）彝，颂其万年无强（疆），日遅（扬）天子覭（景）令（命），子子孙孙永宝用。（《集成》4232）

"苏"即《尚书·立政》"苏公司寇"之后裔。苏公司寇即苏忿生。苏地为其采邑，始封于武王。《通志·氏族略》："武王用苏忿生为司寇，邑于苏，子孙因以为氏，世居河内。""邑于苏"即以邑名为氏名。《左传》庄公十九年："初，王姚嬖于庄王，生子颓。子颓有宠，蒍国为之师。及惠王即位，取蒍国之圃以为囿。

---

① 转引自朱凤瀚《商周家族形态研究》（增订本），第274页。

边伯之宫近于王宫，王取之。王夺子禽祝跪与詹父田，而收膳夫之秩，故芳国、边伯、石速、詹父、子禽祝跪作乱，因苏氏。秋，五大夫奉子颓以伐王，不克，出奔温。苏子奉子颓以奔卫。"[①]杜注"苏氏"："周大夫，桓王夺其十二邑以与郑，自此以来遂不和。"杜注"温"："苏氏邑。"《左传》成公十一年载："昔周克商，使诸侯抚封，苏忿生以温为司寇，与檀伯达封于河。"可见温、苏为一地。《水经注·济水》载："济水于温城西北与故渎分，南径温县故城西，周畿内国，司寇苏忿生之邑也。"[②]郭沫若先生认为："《小雅·何人斯》《序》有苏公，《毛传》云'苏，畿内国名'。《左传》成十一年'苏忿生以温为司寇'，是苏国在温，其地即今河南温县，与洛阳相隔不远。"[③]杨伯峻先生注谓温"当在今河南省温县稍南三十里之地"。[④] 清代学者徐同柏、吴云等将今释为"姻"之字释为"泽"，认为"泽友里"为地名，"君犹尹也"。虽然释"泽"非是，但地名说要比一些同时代的学者释"里"为"理"为长。[⑤] 地名说启示了后来的学者将"里君"理解为地域性居民组织"里"之职官。由史颂簋铭可见，西周晚期成周畿内采邑(有的学者表述为畿内国，见上)苏地亦有居民组织"里"的设置，[⑥]并且由"里君"为集合概念推定：苏地不止设置了一个里。

(三) 宗周和周原地区

历史上，在宗周及其以西的今周原地区的墓葬和窖藏中发现了大量的西周有铭青铜器，其中一些青铜器的铭文中有"里"这种基层地域性居民组织的记载。下面以铭文中有基层地域性居民组织"里"的青铜器为主，结合该地区出土的其他青铜器铭文，试对该地区基层地域性居民组织"里"的地域设置予以考察。

---

① 按，"子禽祝跪"作一人看待。参杨伯峻：《春秋左传注》(修订本)，第212页。
② (北魏) 郦道元著，陈桥驿校证：《水经注校证》，第189页。
③ 郭沫若：《两周金文辞大系考释》(上)，第180页。
④ 杨伯峻：《春秋左传注》(修订本)，第27页。
⑤ 参(清) 徐同柏：《从古堂款识学》，《金文文献集成》第10册，第283页；(清) 吴云：《两罍轩彝器图释》，《金文文献集成》第8册，第82页；(清) 潘祖荫：《攀古楼彝器款识》，《金文文献集成》第7册，第568页。
⑥ 于薇认为西周之"温"非畿内封邑(《从王室与苏氏之争看周王朝的王畿问题》，《社会科学辑刊》2008年第2期，第152～153页)。其证据似不坚确，请读者参看西周晚期的史颂簋(《集成》4230)。

1. 九年卫鼎铭“里”的地域设置

共王时期的九年卫鼎铭文曰：

> 隹(惟)九年正月既死霸庚辰，王才(在)周驹宫，各庙，眉(眉)敫(敖)者肤卓吏(事)见于王。王大黹(致)。矩取省车：軙莽(贲)圅(鞃)、虎冟(幂)、希(𧴀)韋(韦)、画轉、㚒(鞭)、㡀(席)、𩊅、帛(白)䌹乘、金麃(镳)鋞(鋞)。舍矩姜帛三两。乃舍裘卫林里。䖒氒(厥)隹(惟)颜林，我舍颜陈大马两，舍颜始(姒)虞吝，舍颜有司𠭯(寿)商圝(貈、貉)裘、盠冟(幂)。矩乃眔(祭)粦(邻)令𠭯(寿)商眔(暨)啻(亿)曰：顜(讲)。履付裘卫林里。𠟭(则)乃成夆(封)四夆(封)，颜小子具(具)叀(惠)夆(封)，𠭯(寿)商䵼(劭)。舍盠冒梯𠬝(羝)皮二，𤰔(选)皮二，𡩜(业)舃俑(筩)皮二，朏帛(白)金一反(钣)，氒(厥)吴喜(鼓)皮二。舍(舍)(祭)虡冟(幂)、㲌(毬)莽(贲)、䩞圅(鞃)，东臣羔裘、颜下皮二。眔(逮)受：卫小子家，逆者(诸)其𩰫(剩)：卫臣虣朏。卫用乍(作)朕文考宝鼎。其万年永宝用。（《集成》2831）

此铭记矩[即裘卫盉(《集成》9456)之矩伯]从裘卫那里取了“省车”和一些车马饰物，裘卫还送给矩姜帛三两。作为补偿，矩将林里给予裘卫。裘卫送给颜和他的妻子一些礼品，还送给颜有司寿商一些礼品。然后记载对林里的踏勘和交付，裘卫对参加交接事宜的人员进行馈赠。卫铸鼎以为纪念。日本学者伊藤道治对于本铭中提及的让度林地一事认为：“矩分给卫的不单单是林，而是称为林𦥑里的里。如唐兰等所说，大概是因为这个里有林，就称为林𦥑里。原先的名是𦥑里，因为其林地重要，所以冠以林字。”[①]“林里”之“里”作为居民单位，[②]既有居民，亦有田地。每个“里”都有其边界四至，故给

---

① ［日］伊藤道治著，张长寿译：《裘卫诸器考——关于西周土地所有制形态的我见》(原载《东洋史研究》第三十七卷第一号，1978年)，中国社会科学院考古研究所编：《考古学参考资料》(5)，北京：文物出版社，1982年，第32页。

② 关于“林里”，李学勤根据晏琬在《考古》1975年第5期上发表的《北京、辽宁出土铜器与周初的燕》(晏琬系李学勤笔名，该文后收入李学勤《新出青铜器研究》，参见该书第46～53页)认为“林里”应释为“林𦥑里”，“𦥑里”即狐狸，当时是最华贵的毛皮原料(李学勤：《试论董家村青铜器群》，收入《新出青铜器研究》，北京：文物出版社，1990年，第103页。李学勤的观点后来改为“林孤里”，参见氏著《青铜器与古代史》，第355页。但最近李学勤又坚持“林狐狸”的观点，参见氏著《初识清华简》，上海：中西书局，2013年，第113页)。即矩给予裘卫的是林中狐狸的皮子。李学勤将“里”解成“狸”值得商榷。“狸”字见于西周中期的狸作父癸尊(《集成》5904)，不过，此“狸”用作人名。另外，九年卫鼎铭“履付裘卫林里”之“履”是“踏勘”“度量”(李学勤：《青铜器与古代史》，第357页)的意思，在其他涉及土地交易的五祀卫鼎(《集成》2832)、大簋(《集成》4298)、散氏盘(《集成》10176)、格伯簋(《集成4264》)和永盂(《集成》10322)中，“履”也是这个用法(接下页)

予裘卫时要予以踏勘，标识地界。这篇铭文让人难以理解的是矩与颜的关系。伊藤道治先生认为，虽然矩伯是林□里的主人，但颜氏实际上是代表矩伯来管理林□里的官僚机构，林□里的转移也意味着对该地的管理机构从矩伯之手转移到裘卫家族。因此，裘卫给予颜、颜的家人及其有司的礼物并非对土地交易的支付，而是象征颜家与土地新主人裘卫之间关系的建立。[①] 伊藤先生的说法不失为一种合理的解释。九年卫鼎于 1975 年 2 月出土于陕西省岐山县京当乡董家村西约 150 米的一处西周青铜器窖藏，北纬 34°29′14.3″，东经 107°51′17.7″。[②] 这是具有明确出土地点的青铜器。九年卫鼎出土地正好在周原，铭文中提到的驹宫，一般也认为其位于周原。这说明周原在西周时期确实有基层地域性居民组织“里”的设置。

2. 十二年大簋铭“里”的地域设置

十二年大簋盖铭文：

> 隹(惟)十又二年三月既生霸丁亥，王才(在)盨侲宫，王乎(呼)吴师召大，易(赐)趞睽里，王令膳夫豖曰趞睽曰：余既易(赐)大乃里。睽宾(傧)豖章(璋)、帛束。睽令豖曰：天子，余弗叡(敢)歚(吝)。豖以睽履大易(赐)里。大宾(傧)觏(介)章(璋)、马㒳(两)，宾(傧)睽觏(介)章(璋)、帛束，大捧(拜)䭫(稽)首，叡(敢)对覨(扬)天子不(丕)显休，用乍(作)朕(朕)皇考剌(烈)白(伯)隮(尊)簋，其子子孙孙永宝用。
>
> (《集成》4298)

对此铭文，孙诒让有很好的解释。[③] 该铭文记述了周王将原属趞睽之居

(接上页)(裘锡圭：《西周铜器铭文中的“履”》，收入《裘锡圭学术文集》第三卷《金文及其他古文字卷》)。在“履”字意思确定的前提下，将“□里”释为动物“狐狸”在逻辑上似难讲得通。有学者已指出“舍裘卫林□里……履付裘卫林□里”之“林□里”即为被称之“林□”的居民组织“里”(赵光贤认为：“《大簋》记周王以睽的里赏赐给大，疑即以大为里君。赐里当与赐田不同，赐某人田，此田即归某人所占有；赐某人里，此人只有此里的管辖权，此里的土地并不归此人所有。”参赵光贤：《从裘卫诸器铭看西周的土地交易》，《北京师范大学学报》1979 年第 6 期，第 20～21 页。唐兰也认为“里”是居民组织，参《用青铜器铭文来研究西周史》，《唐兰先生金文论集》，第 495 页)。笔者又见到李学勤在《西周金文中的土地转让》(原刊于《光明日报》1983 年 11 月 30 日，后收入《李学勤集——追溯·考据·古文明》，黑龙江教育出版社，1989 年，第 201 页)一文加括号补充说“‘里’为居邑，证明九年卫鼎的‘林孤里’并不是里”(收入《新出青铜器研究》时将此补充删去)。由此看来，李学勤认为九年卫鼎“林□里”并非居民组织“里”，但认为先秦时期的“里”为居邑。

① [日] 伊藤道治：《中国古代王朝的形成》，东京：创文社，1975 年，第 165～166 页。

② 曹玮主编：《周原出土青铜器》，成都：巴蜀书社，2005 年。

③ (清) 孙诒让：《古籀拾遗(附：政和礼器文字考)》，《金文文献集成》第 10 册，第 244～245 页。

民组织“里”转让给大。[①] 周天子令膳夫豖向趞睽宣达天子之命：我已经赐给大你的里。趞睽接受天子的命令，向膳夫豖赠送了玉璋和帛束。趞睽对豖说，对于周天子，我不敢吝啬。膳夫豖与趞睽一起踏勘了赐给大的里。大赠送膳夫豖一件玉璋和两匹马，同时赠送给趞睽玉璋和帛束。大感谢周天子，铸器纪念“朕皇考烈伯”。

十二年大簋铭有“王在糦侲宫”，大鼎铭亦有“王在糦侲宫”。大鼎铭曰：

> 隹（惟）十又五年三月既霸丁亥，王才（在）糦侲宫。大以氒（厥）友守，王卿（飨）醴。王乎（呼）膳大（夫）騣（騻）召大以氒（厥）友入攼（捍）。王召徒（走）马雁（应）令取谿鷳（犅）卅二匹易（赐）大。大㨃（拜）䭫（稽）首，对扬天子不（丕）显休，用乍（作）朕（朕）剌（烈）考己伯盂鼎，大其子子孙孙万年永宝用。　　（《集成》2806、2807、2808）

大鼎铭记载周天子赏赐给大三十二匹马。吴闿生、郭沫若等认为十二年大簋之“大”与大鼎之“大”当系一人。[②]

十二年大簋和大鼎二器铭记载的事情均发生在西周晚期，虽不能准确定位该事情发生的地域，但从王在糦侲宫和近臣膳夫豖和騻受天子令赐给大里和马匹，“趞睽里”或者“大里”的所在地域当在宗周或者周原地区。

3. 鬲比盨铭“里”的地域设置

鬲比盨铭文：

> 隹（惟）王二十又五年七月既望□□，［王在］永师田宫。令小臣成友逆［里尹□］、内史无䫷（忌）、大（太）史旟。　　（《集成》4466）

鬲比盨是西周晚期厉王世器。铭文大意是周厉王赏赐宠臣鬲比十三邑的田。这十三邑的田原属贵族章和复，与十二年大簋盖铭文的情况类似，即将原属某贵族的田转赐他人。周厉王在永师田宫令小臣成友迎接里尹□、内史无䫷（忌）和太史旟，让这三位中央官员主持十三邑的土地流转。鬲比盨的确切出土地今已不可知，但从铭文内容可以大致推断这十三邑之田距离周厉王的

---

① ［美］Edward L. Shaughnessy, *Sources of Western Zhou History: Inscribed Bronze Vessels* (Berkeley: University of California Press, 1991), pp.278 - 280.

② 吴闿生（号北江）说转引自于省吾《双剑誃吉金文选（附录）》，《金文文献集成》第 25 册，第 36 页；郭沫若：《两周金文辞大系图录考释》，《金文文献集成》第 21 册，第 441 页。

驻跸地“永师田宫”并不远，即其所载史事应当发生在“永师田宫”一带。关于鬲比盨之出土地，王国维在《鬲从簋跋》中借助西周青铜器铭文中的一些人物系联推测说：

> 此簋与浭阳端氏所藏鬲攸从鼎铭中并有“皇祖丁公皇考叀公”语，自是一人所作。……散氏盘称䣄㸓从为克（盘作𢦏）之有司，而此鼎簋第十行亦有“善夫克”语，又足知此器出土之地去克鼎、散盘相近矣。①

以上文字出自《王国维遗书》。此文之作距今将及百年，故需要略作说明和疏通：“浭阳”，今河北“丰润”之别称；“端氏”指古文字学家端方。王氏提到的“䣄㸓从”在散氏盘（《集成》10176）铭第十三行下端，原铭文为“㸓从䣄”；王氏在文中之所以改作“䣄㸓从”，是因为王氏认为散氏盘铭“‘㸓从䣄’疑‘䣄㸓从’之倒”。② 王氏文中之“此鼎簋”即其所谓之“鬲从簋”，今名鬲比盨（《集成》4466），与上引王文段首之“此簋”所指系同一器，故王文“此鼎簋”似衍一“鼎”字。衍一“鼎”字是否为王氏身后主持整理其遗书者所致？检《澂秋馆吉金图》“鬲比簋”（今名鬲比盨）王氏“乙丑（1925）季夏”之题跋，③原文如此，即《王国维遗书》整理者按照原文照录，唯一的改动是王氏“题跋”原文为今简体字“从”，整理者整理为繁体字“从”，现在大多数学者将该字隶定为“比”。散氏盘铭第十三行被王氏认为是“𢦏（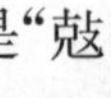）”之字，今释为㝵（襄），故应将王氏把鬲比盨铭之善夫克与散氏盘铭之所谓“克”系联的说法予以放弃。不过，散氏盘铭中的“㸓从䣄”（今释“攸比鬲”）是可以与鬲比盨铭之“鬲比”和鬲攸比鼎（《集成》2818，王氏称“鬲攸从鼎”，现藏日本兵库县黑川古文化研究所）铭之“鬲攸比”系联。另外，王氏将鬲比盨铭之善夫克与大克鼎铭之善夫克的系联应当予以肯定；④王氏认为鬲比盨和鬲攸比鼎系同一人所作也是正确的。

散氏盘（《集成》10176）传乾隆初年出土于陕西凤翔，被断为西周晚期器。王氏文中之“克鼎”指大克鼎（《集成》2836），于光绪十六年（1890）出自陕西扶

① 王国维：《王国维遗书·观堂别集卷二》（第4册），上海：上海古籍出版社（据商务印书馆1940年版影印），1983年。

② 王国维：《观堂古今文考释五种》，《金文文献集成》第24册，第509页。

③ （清）陈承裘藏器，孙壮编次：《澂秋馆吉金图》，《金文文献集成》第19册，第320页。

④ 郭沫若主张大克鼎系厉王世（郭沫若：《两周金文辞大系图录考释》，《金文文献集成》第21册，第459页），与鬲比盨时代相同。

风县法门镇任家村西周铜器窖藏,[①]今被定为西周中期后段(孝王)。与大克鼎同一窖藏出土之小克鼎(《集成》2796)铭亦有膳夫克,小克鼎被定为西周晚期。鬲攸比鼎与鬲比盨系同一时代同一人所作器。

散氏之聚居地除了上述凤翔外,在扶风亦有。根据是1960年扶风召陈村发现西周铜器窖藏,出土青铜器三十九件,重要者有散伯车父鼎、簋和壶,均同铭,时代属西周中期偏晚。[②] 结合上述王国维在《鬲从簋跋》中的说法,鬲比盨之出土地应与凤翔和扶风相近,在扶风的可能性较大。不管是凤翔还是扶风,均在周原。

由参与土地流转的中央官员"里尹"可以推测在周原地区应该设置了基层地域性居民组织"里"。更为详尽的论证请参阅本章第五节。

从以上九年卫鼎、十二年大簋、鬲比盨铭文可知宗周及周原地区应当有基层地域性居民组织"里"的设置。

(四) 侯国"宜"地

西周时期,诸侯国设置基层地域性居民组织"里"仅见于康王时期的宜侯夨簋铭文:

> 隹(惟)四月辰才(在)丁未,[王]省珷(武)王、成王伐商图,征省东或(国)图。王立(莅)于宜□□,南乡(向)。王令(命)虞侯夨曰:鄹(迁)侯于宜,……易(赐)才(在)宜王人□□又七里。 (《集成》4230)

铭文大意是说康王某年四月丁未日,康王查看武王、成王伐商的地图,遂又查看东国地图。王莅临宜,命虞侯夨徙于宜,并对夨进行赏赐,[③]其中赏夨"在宜王人□□又七里"。"在宜王人□□又七里"表明被赏赐给宜侯前宜地即有地域性居民组织"里",这"□□又七里"的王人被赏赐给宜侯后,说明宜侯之封地存在地域性居民组织"里"。那么宜在什么地方?

铭文第四行首字残泐,残存部分系"虍"字头,各家均无异议。"虍"字头下

---

① 罗振玉:《贞松堂集古遗文》,《金文文献集成》第24册,第66～67页。
② 史言:《扶风庄白大队出土的一批西周铜器》,《文物》1972年第6期。
③ 本书对宜侯夨簋铭文的理解采纳了杨向奎的观点。参杨向奎:《"宜侯夨簋"释文商榷》,《文史哲》1987年第6期。

之部分残损难识。一般将此字隶定为“虞”。张亚初先生隶定为“虎”，并认为“虎”“宜”均在陕西凤翔一带。[1] 有学者将该字隶定为“虔”。[2] 本书信从“虞”的意见。学者一般认为宜侯夨簋铭文反映的是周初对诸侯的徙封，即周王将虞侯徙封宜地作宜侯，将在宜地之王人赐与徙封后的宜侯。“虞”与“宜”相距必不太远。唐兰、刘启益、杨向奎、李学勤等先生均主张宜的地望在器物出土地丹徒一带。[3] 黄盛璋先生主张宜地在今天河南省的宜阳县，[4]曹定云先生赞同此种意见。[5] 朱凤瀚先生曾将包括宜侯夨簋出土在内的宁镇地区西周土墩墓所出青铜容器分为三类，并与皖南地区出土的青铜器进行比较，认为宜侯夨簋所属的类型属于非本地制造的周人器物。[6] 这意味着，宜侯夨簋是从周人统治的中原地区携带而来。这样的话，宜地在哪里需要重新思考。[7] 总之，宜侯夨簋铭文能够说明在畿外诸侯统辖地区有基层地域性居民组织“里”的设置。

(五) 召圜器铭“里”的地域设置

关于召圜器铭“赏毕土方五十里”在本章第三节已对其族属做过讨论，下面考察一下“土方”在何地，以便于确定“土方五十里”的大致地域设置。

关于涉及“土方”的卜辞系武丁时期的宾组卜辞，选取几例如下。[8]

(1) 癸巳卜，㱿贞：旬无𡆥。王固曰：有求(咎)，其有来艰。气(迄)至五日丁酉，允有来艰自西。沚戓告曰：“土方征于我东鄙，𢦏二邑。𢀛方亦侵我西鄙田…”

(《合》6057 正，典宾类)

(2) 王固曰：有求(咎)，其有来艰。气(迄)至九日辛卯，允有来艰自北。蚁妻告

① 张亚初：《西周铭文所见某生考》，《考古与文物》1983 年第 5 期。
② 谭戒甫：《周初夨器铭文综合研究》，《武汉大学人文科学学报》1956 年第 1 期，第 191 页。
③ 参见唐兰：《宜侯夨簋考释》，《考古学报》1956 年第 2 期；刘启益：《周夨国铜器的新发现与有关历史地理问题》，《考古与文物》1982 年第 2 期；杨向奎：《“宜侯夨簋”释文商榷》，《文史哲》1987 年第 6 期；李学勤：《青铜器与古代史》，第 253～263 页。
④ 黄盛璋：《铜器铭文宜、虞、夨的地望及其与吴国的关系》，《考古学报》1983 年第 3 期。
⑤ 曹定云：《古文“夏”字再考——兼论夏夨、宜侯夨、乍册夨为一人》，北京大学考古文博学院编：《考古学研究(五)——庆祝邹衡先生七十五寿辰暨从事考古研究五十年论文集》，北京：科学出版社，2003 年。
⑥ 朱凤瀚：《中国青铜器综论》，第 1494～1516 页。
⑦ 近有学者主张“宜”在今山东。参陈絜、刘洋：《宜侯吴簋与宜地地望》，《中原文物》2018 年第3 期。
⑧ 关于土方的卜辞，胡厚宣搜集甚是完备。参见胡厚宣：《甲骨文土方为夏民族考》，收入日知主编：《古代城邦史研究》，第 345～351 页。

曰："土方侵我田十人…"　　（《合》6057 反，典宾类）

(3) 戓告曰：土方……侵我西鄙…　　（《合》6059，典宾类）

(4) 癸巳卜…艰，气(迄)至…戓告曰："土…𢀛方亦…"　　（《合》6060 正，典宾类）

郭沫若先生认为：

土方乃卜辞中所常见之国名，其地望当在今山西北部。疑即夏后氏之古称。《商颂·长发》"洪水茫茫，禹敷下土方"，土方亦即此，旧失其解。[①]

郭老主张"土方"在山西北部。其在《甲骨文字研究·释臣宰》后附《土方考》，认为"土方乃殷人西北方之大敌"。其具体位置："土方之疆域当在包头附近。"[②]其在《卜辞通纂》中考编号为第 513 片甲骨时对土方之地理位置的看法与《甲骨文字研究》略有不同。郭老认为"土方"在山西北部。[③] 概括起来，郭老主张土方在今山西北部或者更北的内蒙包头一带。

白川静先生将"土方"与"北燕"和"南燕"联系起来，主张在商的北方。[④]朱凤瀚先生亦主张卜辞中的土方在商王国北面：

由卜辞言土方，方(即方方)入侵商王国边域为"自北来艰"，可知土方、方方的武装力量当时主要活动区域在商王都以北。土方既攻击位处商王国北土之今太行山东麓滹沱河流域之蚁地，同时又攻击在晋东南清、浊河流域之沚氏的"东鄙田"，则土方当时的武装力量主要活动区域，有可能在今冀西、晋东北之太行山脉东西两麓。[⑤]

根据其主要活动区域在今冀西和晋东北太行山脉东西两麓，则其居住地应在此范围不远的今山西和河北一带。武丁以后的卜辞中不见土方的影子，可能是在武丁的打击下，迁徙到更远的地方。

从以上西周金文和文献所见之"里"可知，西周有城内之里，目前所知仅在

---

① 郭沫若：《两周金文辞大系考释》(中)，第 35 页。

② 郭沫若：《甲骨文字研究·土方考》，《郭沫若全集》(第一卷)，第 78 页。

③ 郭沫若：《卜辞通纂》，《郭沫若全集》(第二卷)，第 440 页。

④ [日] 白川静：《金文通释》(卷一下)，第 483 页。

⑤ 朱凤瀚：《由殷墟出土北方式青铜器看商人与北方族群的联系》，《考古学报》2013 年第 1 期，第 5 页。按：朱先生在其他文章中也表达了同样的观点，参朱凤瀚：《武丁时期商王国北部与西北部之边患与政治地理——再读有关边患的武丁大版牛胛骨卜辞》，《中国国家博物馆馆藏文物研究丛书·甲骨卷》，上海：上海古籍出版社，2007 年，第 281 页。

成周和成周畿内之苏两城内，城外之里大致出现在成周、宗周及周原地区。宜侯夨簋“才(在)宜王人□□又七里”反映在宜侯之封地“宜”有基层地域性居民组织“里”。商晚期活动于今山西、河北一带的北方民族“土方”在周初已经徙居“毕”，其居民亦有基层地域性居民组织“里”的设置。

二、《诗经》西周篇所见部分“里”的性质和地域设置

前面通过反映西周宗周地区及周原地区史事的九年卫鼎、十二年大簋和鬲比盨铭文似可证明宗周畿内和今周原地区有居民组织“里”的设置。传世文献《诗经》西周篇章中有许多是反映该地区的，其中《噫嘻》和《六月》两篇中的“三十里”之“里”传统认为前者表示面积、后者表示距离的长度单位。《噫嘻》属于西周早期，《六月》属于宣王时期。《噫嘻》“三十里”之“里”已有学者新解为居民组织“邑里”之“里”。《六月》“三十里”之“里”释为长度距离单位似可商榷。此外，还有反映宣王时代的《韩奕》中的“于蹶之里”之“里”，显然为地域性居民组织。下面先来考察《韩奕》之“里”的地域设置，然后考察《噫嘻》和《六月》之“三十里”之“里”的性质和地域设置。

(一) 蹶父之“里”的地域设置

宣王时期的《大雅·韩奕》载：“韩侯取妻，汾王之甥，蹶父之子。韩侯迎止，于蹶之里。……蹶父孔武，靡国不到。为韩姞相攸，莫如韩乐。”《毛传》：“姞，蹶父姓也。”说明蹶父属于姞姓。《左传》襄公二十九年载晋司马女叔侯曰：“虞、虢、焦、滑、霍、杨、韩、魏，皆姬姓也，晋是以大。若非侵小，将何所取？”可见韩侯属于姬姓。姬姓韩侯娶姞姓蹶父的女儿为妻，韩侯亲迎于蹶父之里。《毛传》：“里，邑也。”说明蹶父居于里中。西周宣王时韩侯的封地在今山西芮城，[①]那么蹶父之“里”位于何地？此问题无法直接解决，下面通过类比的方式来确定其大致位置。

《毛传》：“蹶父，卿士也。”西周时期有些卿士级别的贵族生活在周原。

① 关于《韩奕》中的韩侯之封地在哪里，有诸多说法。本书采用其中一说。参见许倬云：《西周史》(增补二版)，北京：生活·读书·新知三联书店，2012 年，第 170 页。

函皇父鼎："圅(函)皇父乍(作)琱(周)孏(妘)隮(尊)兔鼎，子子孙孙其永宝用。"(《集成》2548)郭沫若先生认为函皇父即《诗经·小雅·十月之交》的"皇父卿士"。[①] 函皇父鼎1933年出土于扶风县法门镇上康家村一铜器窖藏。从该器的出土地点来看，卿士皇父应当居住于周原。

《国语·周语上》："厉王说荣夷公，芮良夫曰：'王室将其卑乎！夫荣夷公好专利而不知大难。……荣公若用，周必败！'既，荣公为卿士，诸侯不享，王流于彘。"《史记·周本纪》载："厉王不听，卒以荣公为卿士，用事。"韩巍先生考定荣氏家族的采邑分布在成周附近，但又根据卯簋盖(《集成》4327，西周中期)铭文说：

> 荣伯命其家族卯"死司莽宫莽人"，说明在莽地有荣氏的宫室和属民。……我们认为莽地应在丰镐一带，距周都不远。荣伯既在王朝担任要职，为政务需要，必须在周都附近居住。他在莽地建有宫室，拥有为其服务的仆役，也是很自然的。[②]

据此，被幽王任用为卿士的荣夷公可能居住在镐京附近。

《史记·周本纪》载："幽王以虢石父为卿，用事，国人皆怨。"岐山董家村窖藏厉王世公臣簋铭："虢仲令(命)公臣：'司朕百工，易女马乘、钟五、金，用事。'公臣拜稽首，敢扬天尹不显休，用作尊簋。"(《集成》4184、4185、4186、4187)宋人著录的西周中期的瘨鼎铭：

> 隹(唯)三年四月庚午，王才(在)丰，王乎(呼)虢吊(叔)召瘨，易(赐)驹两，拲(拜)䭫(稽)，用乍(作)皇且(祖)文考盂鼎，瘨万年永宝用。(《集成》2742)

庄白一号窖藏的西周中期的三年瘨壶铭文：

> 隹(唯)三年九月丁子(巳)，王才(在)奠(郑)卿(飨)醴，乎(呼)虢吊(叔)召瘨，易(赐)羔俎；己丑，王才(在)句陵卿(飨)逆酉(酒)，乎(呼)师(寿)召瘨，易(赐)彘俎，拲(拜)䭫(稽)首，敢(敢)对䍜(扬)天子休，用乍(作)皇且(祖)文考尊壶，瘨其万年永宝。(《集成》9726、9727)

---

① 郭沫若：《两周金文辞大系考释》(中)，第113页。陈梦家并不赞同此种意见，参陈梦家：《西周铜器断代》(上)，第252页。

② 韩巍：《西周金文世族研究》，北京大学中国语言文学系2007年博士学位论文，第115页。

瘨鼎铭之“瘨”当与微史家族之“瘨”系同一人。三年瘨壶窖藏于今扶风，即周原一带，则幽王世的卿士虢石父家族可能居住于宗周。

参考皇父、荣夷公和虢石父可能的居住地，卿士蹶父之“里”当在宗周畿内。

再以春秋初郑国武公、庄公与虢国虢公均为周平王的卿士来看，郑国都城在今河南新郑市洧水与溱水交汇处，虢国都城在今三门峡市区北面的上村岭附近，二地距离洛阳基本在170公里的范围内，西周的卿士蹶父居地距离宗周镐京应该也不会超过这个距离。

(二)“终三十里”之“里”的性质及其地域设置

“终三十里”出自《诗经·周颂·噫嘻》：

> 噫嘻成王，既昭假尔。率时农夫，播厥百谷。骏发尔私，终三十里。亦服尔耕，十千维耦。

关于“终三十里”之“里”，以往解为长度单位。为了探究此“里”的含义，下文首先疏通全诗大意，然后谈对“三十里”之“里”的新的理解，并考证“三十里”的地域设置。

关于此诗，在20世纪50年代有比较热烈的讨论。[①] 成王当理解为谥称。[②] 三个“尔”应理解为指称同一对象，即从事耕作的“农夫”。[③] 关于“骏发尔私”之“私”，颇有争议。有学者将“私”释为“耜”，[④]晁福林先生认为不可

---

① 例如，憩之：《关于周颂噫嘻篇的解释》，《光明日报》1956年7月22日；郭沫若：《读了“关于周颂噫嘻篇的解释”》，《光明日报》1956年8月12日；江逢僧：《关于周颂噫嘻篇解释的我见》，《人文科学》1957年第1期；梁园东：《关于〈诗经〉“噫嘻”篇的解释问题——周代史料解释问题之一》，《山西师范学院学报》1957年第1期（后收入姚奠中、梁归智选编：《梁园东史学论集》，太原：山西人民出版社，1991年）；胡毓寰：《从诗经噫嘻篇的一些词义说到西周社会性质》，《学术月刊》1957年第10期；孙作云：《读噫嘻（附论〈臣工〉）》，《诗经与周代社会研究》，北京：中华书局，1966年。

② 首先认为“成王”指周成王者为北宋欧阳修（李白：《〈诗经·周颂·噫嘻〉主旨辨正》，《诗经研究丛刊》2011年第2期第296页）和王质（参孙作云《诗经与周代社会研究》第171页）。按照“成王”属于谥称的观点，《噫嘻》一篇应是康王时期的作品。参冯时在2015年6月25日于北京大学“西周金文与青铜器”研讨班的演讲《西周金文的宗庙与谥法》。

③ 姚奠中、梁归智选编：《梁园东史学论集》，第311页；《诗经研究丛刊》2011年第2期，第296页。

④ 孙作云：《诗经与周代社会研究》，第183页。

通，理由是“私”上古为心母脂部字，“耜”上古为邪母之部字，韵部相差太远，无法通假。[①] 晁先生的意见是对的，即便是采用清代学者孔广森的韵部通转说，韵部在阴声韵里隔着幽、宵、侯、鱼、支，相距太远，故“私”“耜”通假说难以成立。“骏发尔私”之“私”，《毛传》云：“民田也。”梁园东先生赞同《毛传》的观点，并予以深入分析。[②] 本书从梁园东先生说，“私”即指诗中“农夫”之田。周天子有自己的直辖领地，其田即公田。不过公田在实际耕作中，还得划分给农夫，便于耕作、田间管理和收获，故又称“私”。虽名曰“私”，但土地所有权和劳动产品并非农夫所有。

关于“骏发尔私”之“发”，《吕氏春秋·音律》云：“无发大事。”高诱注：“发，起。”《左传》昭公二十六年云：“王起师于滑。”杜注：“起，发也。”故“骏发尔私”之“发”即翻土。

“率时”之“率”当从梁园东先生之释，解为“遵循”。[③] 为何要遵循呢？因为此农时为周天子所授。从农夫的角度来说，“率时”即“以时”。因各种农作物都有自己的生长期，若播种不以时，过迟可能遇上霜冻熟不了，过早则赶不上雨水，可能导致谷粒不饱满。古代农作物穜与稑的播种期和收获期不一致就很能说明这个问题。“亦服尔耕，十千维耦”反映的是田中农夫从事耕作的繁忙而壮观的景象。[④] “耕”和“耦”应理解为翻土和播种的工具，不过前者用为名词，后者用作动词。关于“终”，郑玄笺：“使民疾耕发其私田，竟三十里者，一部一吏主之。”可见郑玄训“终”为“竟”。全诗翻译成今天的话，就是：“伟大的成王举行籍田礼，已向神灵昭告了你们的勤劳、恭敬，以时劳作的农夫们，可以播种百谷了。精神饱满地翻掘你们的田，一共三十个里。还要整治你们的农具，相互协作把田种。”整首诗是从负责监督、劝导的田官角度和口气来展开的。

---

① 晁福林：《“骏发尔私”新解》，《社会科学战线》编辑部：《中国古代史论丛》(1981 年第 3 辑)，福州：福建人民出版社，1982 年，第 350 页。关于之、脂、支三部字的通假情况，读者还可参考王辉编著：《古文字通假字典·自序》，北京：中华书局，2008 年，第 4～5 页。

② 梁园东：《关于〈诗经〉“噫嘻”篇的解释问题——周代史料解释问题之一》，《山西师范学院学报》1957 年第 1 期；又见《梁园东史学论集》，第 312～313 页。

③ 姚奠中、梁归智选编：《梁园东史学论集》，第 310 页。

④ 许倬云说：“‘十千维耦’一语，也不必胶柱鼓瑟，解释为万人的确数。”参氏著：《西周史》(增补二版)，第 247 页。

关于“终三十里”，传统均以郑笺结合《周礼·遂人》“凡治野：夫间有遂，[①]遂上有径；十夫有沟，沟上有畛；百夫有洫，洫上有涂；千夫有浍，浍上有道；万夫有川，川上有路”认为“万夫之地方三十三里少半里也”。孔疏：“言三十里者，举其成数。”即将“里”看成长度单位。而晁福林先生较早认为“里”并非表长度的“里”，而是表示居民单位的邑里的“里”。[②] 此说提出以后，有学者表示赞同，[③]也有学者提出相同的观点。[④] 晁先生之新解可从。“终三十里”即共有三十个里的农夫在私田上从事耕作。

在承认“终三十里”之“里”为居民组织单位之后，下面接着探讨《噫嘻》“三十里”之地理分布问题。

《噫嘻》篇与籍田和籍田礼有关，首倡此说者可溯源至清代学者陈奂。陈奂云：

> 诗言藉田也。藉田在郊。天子藉田千亩。……《周语》：“宣王不藉千亩。”虢文公述古者藉田之制云：“王耕一发（墢）班三之，庶人终于千亩。”韦注“王耕一发（墢）”：“一耜之发（墢）也。耜广五寸，二耜为耦。一耦之发（墢），广尺深尺。”三之下各三，其上也，王一发（墢），公三、卿九、大夫二十七也。“终”，尽耕之也。高（诱）注《吕览》同。“三十里”、“十千耦”，犹千亩也。“终三十里”，犹“终于千亩”也。《（毛）传》云“大发（墢）私田，各极其望”实依《周语》庶人尽耕为说。《月令》言“天子躬耕帝藉”即在祈谷之后，与《诗序》“祈谷上帝”亦正合。天子乡遂无公田而亦藉民力。[⑤]

籍田制度在西周时期是否真实存在？由西周早期的令鼎铭“王大耤（藉）农于諆田”（《集成》2803）和西周晚期的𢦏簋盖铭“𢦏，令（命）女（汝）乍（作）司土（徒），官司耤（藉）田”（《集成》4255）可证西周确有藉（籍）田存在，并且周天子要举行藉（籍）田礼。传世文献中关于周天子举行“籍田礼”的记载出自上引

① 按：《毛诗正义》郑笺引《周礼·遂人》，在“野”下“夫”上增“田”字。（清）阮元校勘：《十三经注疏》(2)，第725页。

② 晁福林：《“骏发尔私”新解》，《社会科学战线》编辑部：《中国古代史论丛》（1981年第3辑），第353页。

③ 李修松：《周代里社初论》，《安徽师大学报》1986年第1期，第48页。

④ 高光晶：《“骏发尔私”新解》，《湖南师范大学社会科学学报》1998年第4期，第107页。

⑤ （清）陈奂：《诗经毛氏传疏》（下）第二十七卷，北京：中国书店，1984年。

材料中陈奂提到的《国语·周语上》和《礼记·月令》。[①] 另《毛诗序》云："《载芟》，春籍田而祈社稷也。"春秋鲁国有籍田见于后代追述，如《汉书·五行志》："《春秋》桓公十四年'八月壬申，御廪灾'。……刘歆以为御廪，公所亲耕籍田以奉粢盛也，弃法度亡礼之应也。"[②]西汉亦有籍田和籍田礼，如汉文帝"感（贾）谊言，始开籍田，躬耕以劝百姓"，[③]可说明西汉皇帝仍举行籍田礼。最近江西南昌附近的海昏侯墓出土两件西汉时期的青铜器，铭文中有"昌邑籍田"四字，说明西汉侯国亦存在籍田，应该举行籍田礼仪。以上这些出土的不同时代的古文字材料和传世文献材料，足以证明先秦时期是存在籍田的。籍田礼本身有授天下之民以"农时"的功能。春天气候还不稳定，每年开始农耕的节气大致不变，但每年从哪天开始是有差异的。这就是为什么周天子要举行籍田礼以授农时的原因之一。

"三十里"的居民组织应该分布在典籍记载的周天子举行"籍田礼"之地"千亩"一带，即使不在"千亩"之地，亦距离"千亩"不会太远。因而欲探讨《噫嘻》"三十里"的地理分布，必须借助周宣王"不籍千亩"的材料弄清楚"千亩"的地理位置。

关于"千亩"，一说为天子籍田的数量为千亩，一说为地名。"千亩"作为地名又有两说，一在宗周近郊，一在今山西。在今山西之"千亩"的地理位置，前人又存在两说，一说在今山西介休县南，一说在山西岳阳县（今临汾市安泽县）北九十里。千亩之战有两次，一次为宣王三十九年，另一次为穆侯十年。这些观点主要见于《左传》《国语》《史记》《后汉书》，以及宋代以前学者对这些典籍

---

① 《国语·周语上》载：

> 及籍，后稷监之，膳夫、农正陈籍礼，太史赞王，王敬从之。王耕一墢，班三之，庶人终于千亩。其后稷省功，太史监之。司徒省民，大师监之。毕，宰夫陈飨，膳宰监之。膳夫赞王，王歆太牢，班尝之，庶人终食。是日也，瞽帅音官以省风土，稷则徧诫百姓，纪农协功，曰："阴阳分布，震雷出滞。"土不备垦，辟在司寇。乃命其旅曰："徇。"农师一之，农正再之，后稷三之，司空四之，司徒五之，太保六之，太师七之，太史八之，宗伯九之，王则大徇。

《礼记·月令》载：

> 是月（孟春）也，天子乃以元日祈谷于上帝。乃择元辰，天子亲载耒耜，措之于参保介之御间，帅三公、九卿、诸侯、大夫躬耕帝籍。天子三推，三公五推，卿、诸侯九推。反，执爵于大寝，三公、九卿、诸侯、大夫皆御，命曰劳酒。

② 参见《汉书·五行志》。杜注："御廪，公所亲耕以奉粢盛之仓也。"

③ 参见《汉书·食货志上》，第1130页。

的注疏。

第一,《左传》桓公二年载:“晋穆侯之夫人姜氏以条之役生大子,命之曰仇。其弟以千亩之战生,命之曰成师。”

杜注:“西河介休县南有地名千亩。”据杜注,“千亩之战”的地点在今山西介休县南。

第二,《国语·周语上》载:“宣王即位,不籍千亩。……三十九年,战于千亩,王师败绩于姜氏之戎。”

关于“不籍千亩”,韦昭注:“籍,借也,借民力以为之。天子田千亩,诸侯百亩,自厉王之流,籍田礼废,宣王即位,不复遵古也。”①关于“战于千亩”,《诗·祈父》疏引孔晁云:“宣王不耕籍田,神怒民困,为戎所伐,战于近郊。”②

第三,《史记·周本纪》载:“宣王不修籍于千亩……三十九年,战于千亩,王师败绩于姜氏之戎。”

《正义》应劭云:“古者天子耕籍田千亩,为天下先。”《正义》引(唐李泰)《括地志》云:“千亩原在晋州岳阳县北九十里也。”《索隐》:“地名也,在西河介休县。”

关于“千亩”的材料在《史记》之《晋世家》《赵世家》和《十二诸侯年表》尚有,因与本书论证关系不大,恕不一一征引。

第四,《后汉书·郡国志》太原郡“介休”下司马彪自注:“有界山,绵上聚,千亩聚。”

第五,《今本竹书纪年》:“三十九年,王师伐姜戎,战于千亩,王师败逋。”

对于“千亩”之地,清以来的学者进行了深入考辨。现将有代表性的观点征引如下:

杨伯峻先生采纳清齐召南《春秋左传注疏考证》的观点,③认为:

---

① 徐元诰撰,王树民、沈长云点校:《国语集解》(修订本),北京:中华书局,2002年,第15页。

② 同上注,第21页。

③ 清齐召南的观点如下:

> 按《史记》《晋世家》及《年表》,“穆侯七年伐条,生太子仇”,周宣王之二十三年也。穆侯十年伐千亩有功,生少子,名曰成师,宣王之二十六年也,与王师败绩于千亩事本不同。依《周本纪》“宣王三十九年,战于千亩”距晋穆侯战千亩时又隔十三年,且晋战而捷,故以“成师”名子。若王师败绩,晋安得言有功乎?《疏》文不据《晋世家》而据《周本纪》,误牵王室后事为晋国前事,谬矣![(清)齐召南:《春秋左传注疏考证》,(清)阮元编:《清经解》(第2册第三百一十二卷),上海:上海书店,1988年,第542页。]

> 千亩之地有二，千亩战役亦有二。一为周地，战役在周宣王之三十九年，《国语·周语》所谓"宣王即位，不籍千亩。三十九年战于千亩，王师败绩于姜氏之戎"者是也。一为晋地，当在今山西省安泽县北九十里。杜注以千亩在今之介休县，恐不确。战役在周宣王之二十六年，《晋世家》所谓"十年，伐千亩，有功，生少子，名曰成师"者是也。此役前于周宣王之役十三年，且晋战而胜，与周宣王之战而败者不同，故不可不辨。①

蒙文通先生在引述了《国语·周语上》关于"千亩"的材料后说："是明以千亩之战，即不籍之千亩，此礼言天子千亩诸侯百亩者也。奈何说者纷纷，以晋州岳阳河西（引者按：当为"西河"）介休解之乎？"②此外，蒙先生还主张《史记》将时间搞错了，即"战于千亩"为宣公三十九年事，不存在穆侯十年之伐千亩。换句话说，穆侯十年千亩之战即宣王三十九年之战。③

钱穆在《西周戎祸考》下认为："千亩之役王师失利而晋军则有功。"④显然钱穆先生将宣王三十九年千亩之战与穆侯十年千亩之战看作一次战役的两个局部。钱氏在《史记地名考》中又说："《元和志》：'千亩原在晋州岳阳县北九十里，周回四十里。'《正义》之说得之。介休非当时周、晋兵力所及。岳阳故城，今安泽县东。"⑤可见钱穆先生主张"千亩"之地在岳阳故城。

裘锡圭先生在讨论山西曲沃北赵晋侯墓地出土铜器铭文时认为《史记》的记载可能有误，不同意杨伯峻先生说，而同意钱穆说，即宣王战于千亩和穆侯十年伐千亩两次战役可能为同一次战役。⑥

李家浩先生释《玺汇》349为"千亩左军"，并将该玺断为战国时期魏国。李家浩先生赞同裘锡圭先生的意见，认为千亩之战只有一次，《史记》将时间记错了。即只有宣王三十九年的千亩之战，其地在今山西介休南。⑦

清代以来到当代学者争论的焦点是千亩之战究竟有几次，实质上是如何看待《史记》时间记载的问题。

---

① 杨伯峻：《春秋左传注》（修订本），第92页。
② 蒙文通：《古族甄微》（《蒙文通文集》第二卷），成都：巴蜀书社，1993年，第59页。
③ 同上注，第60页。
④ 钱穆：《西周戎祸考》（下），《禹贡》1935年第二卷第12期。
⑤ 钱穆：《史记地名考》，北京：商务印书馆，2001年，第502页。
⑥ 裘锡圭：《关于晋侯铜器铭文的几个问题》，《传统文化与现代化》1994年第2期，第37～38页。
⑦ 李家浩：《战国官印考释两篇》，收入《著名中年语言学家自选集·李家浩卷》，合肥：安徽教育出版社，2002年。

新近公布的清华简《系年》有一条和“籍田”有关的材料，似可以对“千亩”的探讨更进一步。清华简《系年》第一章载：“昔周武王监观商王之不龏（恭）上帝，禋祀不寅，乃乍（作）帝籍，以登祀上帝天神，名之曰（简1）千亩（简2），……洹（宣）（简3）王是始弃帝籍弗田。立三十又九年，戎乃大败周师于千亩（简4）。”[①]“乃作帝籍”之“籍”即“籍田”，此籍田被称为“千亩”，作帝籍之目的是为了“登祀上帝天神”。结合《周语》“宣王即位，不籍千亩”来看，周天子“籍千亩”应为西周宣王之前周天子遵循的祖制，其渊源似可追溯到西周初期武王时期。宣王时期之“千亩”与武王时期之“千亩”当属一地，而且可以确定《周语》宣王“不籍千亩”之“千亩”与“战于千亩”之“千亩”为一地，均为地名。[②] 回头看蒙文通先生的论断，其认为“千亩之战”之“千亩”即不籍之“千亩”的认识是对的，但沿袭自韦注之“此礼言天子千亩诸侯百亩”则有误。此外，蒙先生不赞同将《周语》之“千亩”之地定在山西是正确的。

综括以上诸家之言可以得出：一、“千亩”正如古人所云有两地：一地为孔晁说之周天子之近郊。另一地在山西，战国时期魏国的玺印“千亩左军”对山西说是一个有力证据。山西说又分岳阳说和介休说两种。二、据清华简《系年》，《周语》两个“千亩”均为地名。且“千亩”之地名在西周初期即已存在。三、“千亩之战”只有一次。

周宣王“不籍千亩”之“千亩”在周天子近郊。关于天子“籍田”的方位，古代的经学家存有两说。一说在南郊。《礼记·祭统》：“是故天子亲耕于南郊，以共齐盛。……诸侯耕于东郊，亦以共齐盛。”另一说在东郊。《白虎通·耕桑》云：“耕于东郊何？东方少阳，农事始起。……故《曾子问》曰：‘天子耕东田而三反之。’”《公羊传》桓公十四年何休注：“天子亲耕，东田千亩，诸侯百亩。”

以上两种观点，“南郊说”比较合理。孔颖达疏：“天子太阳，故南也；诸侯少阳，故东也。”[③]宋代学者陈祥道《礼书》云：“然则天子为藉千亩于南郊，正阳之位也。冕而朱纮，则朱者，正阳之色也。诸侯为藉百亩于东郊，少阳之位也。

---

① 清华大学出土文献研究与保护中心编，李学勤主编：《清华大学藏战国竹简》（贰），第136页。

② 按，笔者与宁镇疆的观点不同。参宁镇疆：《周代“籍礼”补议——兼说商代无“籍田”及“籍礼”》，《中国史研究》2016年第1期。

③ 《礼记·祭统》，（清）阮元校勘：《十三经注疏》（5），第831页。

冕而青纮，则青者，少阳之色也。”[①]孔疏、宋代陈祥道说与孔晁注相一致。天子之籍田应在南郊。那么，西周举行“籍田礼”之千亩之地当在宗周镐京南郊。从就近原则来说，《噫嘻》之居民组织“三十里”应分布在畿内镐京南郊一带。

(三)《六月》“于三十里”之“里”的性质及地域设置

“于三十里”出自《诗经·小雅·六月》：

> 六月栖栖，戎车既饬。四牡骙骙，载是常服。玁狁孔炽，我是用急。王于出征，以匡王国。比物四骊，闲之维则。维此六月，既成我服。我服既成，于三十里。王于出征，以佐天子。

按《毛诗序》的观点，《六月》是描述宣王时玁狁寇边，西周王朝备战、北伐、凯旋和宴享的场面。郑玄笺《六月》第一个“王于出征”之“于”云：“于，曰。”郑玄笺第二个“王于出征”云：“王曰令女(汝)出征。”可见“于三十里”之“于”可训为“曰”，“曰”的发出者是周天子。关于“三十里”，毛传：“师行三十里。”郑玄笺：“王既成我戎服，将遣之戒之曰：日行三十里，可以舍息。”孔疏：“师行三十里耳。毛传：‘师行三十里。’《正义》曰：‘此述宣王之征是师行之事，美事明得礼，故诸军法皆以三十里为限。《汉书·律历志》计武王之行亦准此也。’”即郑玄和孔颖达均将“三十里”解为师日行三十里。《五经正义》还将“三十里”与武王灭商的行程结合起来考察。《汉书·律历志》载武王伐商之行程曰：“癸巳武王始发。丙午还师。戊午度于孟津。孟津去周九百里，师行三十里，故三十一日而度。”以上即传统一概解“于三十里”为讨伐玁狁的军队一天行军三十里的根据。这恐怕都是按照兵法操典日行一舍来解释的，如宋代朱熹曾说：“三十里，一舍也。古者吉行日五十里，师行日三十里。”[②]西周金文中有两条材料涉及从宗周到成周日程的准确记载。下面便通过考察西周金文中记载西周的大臣和军队自宗周抵达成周所费时日的两则材料，参考后世唐朝从长安到洛阳的里程，并结合学者对古代长度单位复原研究取得的成果进行推算，藉以验证西周时期军队作战行军是否日行三十里。

---

① (宋)陈祥道：《礼书》，景印文渊阁《四库全书》(第130册)，台北：商务印书馆，1986年，第172页。
② (宋)朱熹：《诗集传》，北京：中华书局，2011年，第151页。

第一，令方彝(《集成》9901)记载了周公子明保从宗周到成周的干支，其铭曰：

佳八月，辰才甲申，王令周公子明保，尹三事四方，受(授)卿事寮。丁亥，令夨告于周公宫。公令出同卿事寮。佳十月月吉癸未，明公朝(早)至于成周。

从八月丁亥至十月癸未，按干支表推算，共57天。① 考之节气，秋季多雨，路上花费57天当与道路泥泞有关。

第二，晋侯苏编钟(《近出》35)铭文：②

佳王卅又三年，王亲遹省东国、南国。正月既生霸戊午，王步自宗周。二月既望癸卯，王入格成周。③

周厉王正月戊午“步自宗周”到二月癸卯“入格成周”历时46天。④ 晋侯苏编钟铭所述周厉王统兵打仗与令方彝铭中周公子明保去成周二者的性质不同。军情紧急，兵贵神速，故周厉王所用时间比周公子明保行程少11天。

下面参照唐代长安与洛阳两地之间的距离，推算一下周公子明保和周厉王平均一天行多少公里。唐代杜佑《通典》第一百七十七卷“河南府”下载：

东至荥阳郡二百七十里。南至临汝郡一百八十里。西至陕郡三百三十里。北至高平郡二百八十里。东南到颍川郡三百二十里。西南到弘农郡四百六十五里。西北到绛郡五百里。东北到河内郡百四十里。去西京八百五十里。⑤

由《通典》可知，洛阳至长安的距离是850唐里。又，陈寅恪先生在《唐代政治史述论稿》中详考贞观十八年(644)唐太宗东征高丽的行程，其中说：

---

① 谭戒甫认为“历五十六日至癸未”，殆未计癸未日(谭戒甫：《周初夨器铭文综合研究》，《武汉大学人文科学学报》1956年第1期，第185页)。陈梦家云：“此铭以八月甲申王令明保，后三日丁亥告于周公宫，至十月癸未至于成周，相隔二月。”[陈梦家：《西周铜器断代》(上)，第38页]陈梦家从甲申日算起。总之不论如何计算，对结论没有太大影响。

② 晋侯苏钟出土于山西省曲沃县曲村镇北赵村晋侯墓地8号墓。共十六件，前十四件系盗掘，现藏上海博物馆，末两件系考古发掘，现藏山西省考古所。本书所引铭文契刻于第一件钟钲部。

③ 学者认为“癸卯”有错。参彭裕商：《西周青铜器年代综合研究》，成都：巴蜀书社，2003年，第19页。

④ 关于晋侯苏钟铭“佳王三十三年”之“王”有穆王、宣王和厉王三说，详参蔡鸿江：《晋系青铜器研究》，新北市：花木兰文化出版社，2011年，第338～339页。

⑤ (唐)杜佑：《通典》，北京：中华书局，1988年，第4651页。

冬十月(大尽)甲寅(十四日)车驾行幸洛阳(寅恪案：在今河南洛阳县。《通典》壹柒柒州郡典河南府洛州去西京八百五十里)。十一月(大尽)壬申(初二日)至洛阳。[①]

据陈寅恪先生考证可知，唐太宗远征高丽时车驾历时 19 日方从长安抵达洛阳，行程 850 唐里。[②]《穀梁传》宣公十五年："古者三百步为里。"《说文》："六尺为步。"洛阳金村战国尺等于 0.231 米，[③]一秦尺相当于 0.231 米(商鞅量尺)，[④]六尺为 1.38 米。一里等于 1.38 米乘以 300 步，得 414 米。姑依一里 414 米计算，一舍三十里约合今天 12.42 公里。一唐里 360 步，一步五尺，唐一尺等于 29.5 厘米，即一唐里约等于 531 米。唐代的里有大有小，531 米为大里，小里即 442.5 米。[⑤] 长安与洛阳之间以唐代 850 唐里为准。如以大里计算，粗略平均一下，唐太宗每日行军约今天的 23.76 公里。以晋侯苏编钟铭周厉王 46 天计算，平均每天行军则不足 9.8 公里。唐太宗"冬十月"从长安出发，雨季已过，气候凉爽宜人，每日军行约 24 公里。以令方彝周公子明保 57 天计算，日行约 8 公里。如按唐小里等于今 442.5 米计算，唐太宗日行约 19.8 公里，周厉王日行 8.2 公里，周公子明保日行约 6.6 公里。故无论依据上述三例中的哪一例，无论依据唐代的大里或者小里，都得不出日行三十里(约合 12.42 公里)的结论。当然，若西周确已出现长度单位"里"，西周的"三十里"等于今天多少公里已经很难精确推算了。《逸周书・世俘》虽有武王自宗周出发的干支癸巳，但没有渡孟津的干支。伪《尚书・武成》所记的武王从宗周出发的干支癸巳和"既戊午，师逾孟津"，与前引《汉书・律历志》记载的周武王自宗周出发和渡孟津的干支相合。武王于孟津渡河的干支日又见上博简《容成氏》简 50—51："武王于是乎作，为革车千乘，带甲万人，戊午之日，涉于孟津，至于共、縢之间，

① 陈寅恪：《唐代政治史述论稿》，上海：上海古籍出版社，1982 年，第 141 页。

② 从长安到洛阳，过函谷关分南北两线，南线经今宜阳到洛阳，北线经今三门峡、义马、新安到洛阳。今从西安到洛阳通常走北线，普通铁路 387 公里，高铁 368 公里，国道公路 401 公里。考虑到古人征服自然的能力，比如今列车由隧道过函谷关，这在唐代是不可能的，南线比北线平坦但略远，850 唐里应为南线。

③ 国家计量总局主编：《中国古代度量衡图集》，北京：文物出版社，1984 年。

④ 陈梦家：《战国度量衡略说》，原载《考古》1964 年第 6 期，参见《金文文献集成》第 37 册，第 621 页。

⑤ 陈梦家：《亩制与里制》，《考古》1966 年第 1 期。

三军大范。”[①]由出土的战国楚简《容成氏》篇可知，上述《武成》与《汉书·律历志》记载的武王渡孟津的干支是可靠的。据此推算，武王癸巳自宗周出发，戊午渡过孟津，历时30天，行程900里，可以得出日行30里。但这应当是秦代以降二地的里程，绝非西周的里程。从今天的洛阳王城公园到黄河古渡口孟津（其旧址在二十世纪七十年代末修建的洛阳黄河大桥一带）之间在今50市里开外，加唐代长安到洛阳的850唐里，即长安到孟津渡口足有唐900里。所以以东汉学者修《汉书·律历志》时代的里程来说，武王师行三十里是没有问题的，但以此来解释西周时期写定的《六月》中的“三十里”亦是指师行三十里则是一种误解。因为若将“三十里”之“里”看作长度单位的话，此“里”亦属于西周的长度单位，绝非东汉的长度单位。汉代的里要比西周的里大，这是人所共知的。

下面请再看与《六月》反映的宣王世最近的多友鼎铭文提供的每日师行距离，验证师行三十里是否符合实际。

多友鼎（《集成》2835）铭文反映周厉王时期讨伐玁狁的战事，[②]与《六月》反映的宣王时代最为接近，反映的事情的性质又相同，故利用多友鼎铭文中的时间和战斗发生地之间的距离可以推算一天行军多少公里，这对于周代军队是否一天行军三十里最具有说服力。兹将多友鼎铭文集诸家之释征引如下：

> 唯十月，用严（玁）狁放兴，广伐京师，告追于王，命武公：“遣乃元士，羞追于京师。”武公命多友率公车，羞追于京师。癸未，戎伐笋（郇），衣孚（俘），多友西追。甲申之脤（晨）搏于郲，多友有折首执讯：凡以公车折首二百又□又五人，执讯廿又三人，孚（俘）戎车百乘一十又七乘，衣（卒）复笋（郇）人孚（俘）。或（又）搏于龏，折首卅又六人，执讯二人，孚（俘）车十乘，从至。追搏于世，多友或有折首执讯，乃逞追，至于杨冢，公车折首百又十又五人，执讯三人。唯孚（俘）车不克，以焚，唯马驱尽，复夺京师之孚（俘）。……丁酉，武公才（在）献宫，乃命向父召多友，乃延于献宫。

多友鼎铭文记载的是周厉王时期的某年十月，玁狁首先入侵西周的“京

---

① 马承源主编：《上海博物馆藏战国楚竹书（二）》，第289～290页。

② 多友鼎之断代有厉王和宣王两说，本书从厉王说。参李学勤：《论多友鼎的时代及意义》，氏著：《新出青铜器研究》。

师”。面对玁狁的进攻，周王令武公进兵追击，武公又令多友率公车出击入侵京师之玁狁。玁狁于癸未日伐周的筍地，并俘获了筍地居民，多友率军向西追击。次日，即甲申之晨，多友率领的周师与玁狁在𨚕地激战，周师颇有斩获，并解救了一部分先前被俘获的筍地居民。接着又在龏和世两地与玁狁发生战斗，都取得了胜利。又远追至杨冢，彻底击溃了玁狁，夺回了玁狁在京师俘获的周人。多友向武公献俘。武公向周王献俘。丁酉，武公赏赐多友。

本铭涉及“癸未”“甲申”和“丁酉”三个干支日，都应属于十月。[①] 学者根据“多友西追”等信息一般倾向于认为铭文涉及的“京师”“筍”“龏”“𨚕”“世”“杨冢”六个地名就在镐京以西和今甘肃的固原一带。[②] 下面即利用李峰先生的研究，根据铭文中涉及战斗发生地之间的距离，推算出当时军队的行程，藉以说明当时每日军行三十里是不可信的。京师即豳地，距离筍25公里，彬县距离𨚕4.5公里。李峰先生没有说京师与彬县之间的距离，但据其所绘制的多友鼎铭文记载的战争图（图1-8）目测，二地之间在10公里左右。多友鼎铭文显示，玁狁军队占领京师后东进，于癸未日进攻周人的筍地。可能玁狁军队俘获筍地的百姓后撤退到𨚕，于次日早晨在𨚕地与追来的多友军展开战斗，一部分在筍地被玁狁俘获的居民得到解救。

玁狁军队从筍撤退到𨚕，一天之间行军大约40公里。相应地，多友率领的军队追击玁狁，一天的行军也不会低于40公里。此后在龏、世和杨冢发生战斗，均是玁狁撤退，多友追击。李峰先生据多友鼎铭文分析道：

> 第一场搏斗于甲申日在彬县的漆地展开，战场离周都仅大约120公里。随后，大概在同一个月的丁酉日，多友在周都献俘。由于第二个战场龚可能坐落在泾川地区，离漆地大约有70公里，很明显，多友在13天中行进了至少260公里，平均每天走20公里。照这种速度，多友仅花了六天便从周都抵至第一个战场。由于龚地之战后，多友在返回周都前又打了两场仗，故实际上从周都到第一个战场漆，多友用了比六天远为少的时间。[③]

---

① 李学勤：《论多友鼎的时代及意义》，氏著：《新出青铜器研究》，第128页。

② 黄盛璋认为六地均在今山西境内。参黄盛璋：《多友鼎的历史与地理问题》，《考古与文物》编辑部：《考古与文物丛刊》第二号《古文字论集》，1983年，第12～20页。

③ 李峰著，徐峰译，汤惠生校：《西周的灭亡——中国早期国家的地理和政治危机》，上海：上海古籍出版社，2007年，第217页。

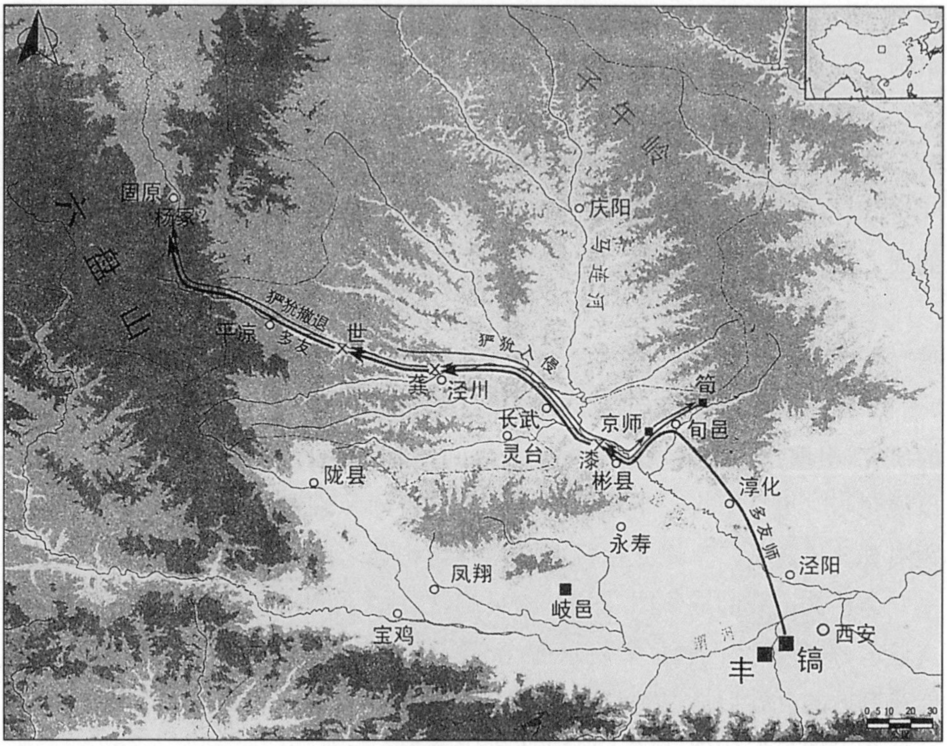

图 1－8　多友鼎铭文中记载的战争形势图①

以李峰先生上述分析中每天行走 20 公里来计算。众所周知，周代每里究竟是多少虽不可知，但从战国时期洛阳金村尺和秦商鞅尺一尺等于今 23.1 厘米来推测，周里是远远小于今天的市里的。这也足以说明周代军队行军不会是每天 30 周里。

《战国策》有两条材料提供古人每天的行程。《战国策・赵一・苏秦说李兑》："雒阳乘轩车(里)苏秦，……负书担橐……足重茧，日百而舍。"《战国策・宋卫・公输般为楚设机》："公输般为楚设机，将以攻宋。墨子闻之，百舍重茧，往见公输般。"鲍彪注"日百而舍"为"日行百里乃就舍"。"百舍"的意思同"日百而舍"。当然，《战国策》关于苏秦的材料极言其辛苦之状，关于公输般的材料亦极言其心急火燎赶路之状，故均以百里描述。这说明二者皆属极端情形，

---

① 该图采自李峰著，徐峰译，汤惠生校：《西周的灭亡——中国早期国家的地理和政治危机》，第 188 页。

正常情况一天行汉代的八十里是没有问题的。话题回到军队行军打仗，大概军队到达宿营地后要修筑营垒，行军途中又要负重，又不能冒进，所以规则是日行三十里。但实际情况应该不会如此。

《张家山汉简·二年律令·徭律》："事委输、传送，重车、重负日行五十里，空车七十里，徒行八十里(简412)。"据此记载，以汉里为准，军队日行当不止三十里。《徭律》作为制度，必与实际不相上下。

因此，"里"并非长度距离单位，而是宣王征发三十个居民组织"里"的士卒去讨伐玁狁。

关于《六月》"于三十里"之"三十里"的地域设置，从《六月》"玁狁孔炽，我是用急"和"玁狁匪茹，整居焦获，侵镐及方，至于泾阳"等诗句所反映的玁狁兵临城下的危急态势，周王室征调的军队当不会来自辽远之地，也就是说此"三十里"的士卒当就近自宗周一带征调。因而《六月》中的"三十里"应分布在宗周附近。

"三十里"之"里"既属居民组织单位，亦为军事组织单位。《周礼·夏官司马》载：

> 凡制军，万有二千五百人为军。王六军，大国三军，次国二军，小国一军。军将皆命卿。二千有五百人为师，师帅皆中大夫。五百人为旅，旅帅皆下大夫。百人为卒，卒长皆上士。二十五人为两，两司马皆中士。五人为伍，伍皆有长。

《周礼》之军制可能部分地反映了西周的军制。根据上引《周礼》的记载，周天子有六军，从理论上讲，六军一共有三十个师，共七万五千人。与六军对应的是《周礼》的六乡。西周金文所见的"西六师"，似是三十个师中的六个师出征，[①]即每乡选派一个师参战，而非倾六乡所有军队。这三十个师可能与《诗经》之《噫嘻》和《六月》中的"三十里"的居民组织有一种对应关系。在《六月》中，鉴于"玁狁孔炽"，很可能三十个里的军队全部出动。如此系联也不是没有一点根据，请看来自《管子·小匡》中的一段材料："(桓)公曰：'为之奈何？'管子对曰：'作内政而寓军令焉。为高子之里，为国子之里，为公里。三分齐国，以为三军。择其贤民，使为里君。乡有行伍卒长，则其制令，且以田猎，因以赏罚，则百姓通于军事矣。'"管仲提出的三分齐国为高子之里、国子之里和公里，择其贤民，使为里君。每个里一军，《小匡》中的一军为一万人。《小

---

① 丁进：《周礼考论——周礼与中国文学》，上海：上海人民出版社，2008年，第74页。

匡》之“里君”能够统帅万人之军，地位肯定是非常显赫的。这样的“里君”与《小匡》“十轨为里，里有司”和“十轨为里，故五十人为小戎，里有司率之”之“里有司”显然有天壤之别。假如拿《管子·小匡》中的这个“里君”与《国语·齐语》比较的话，也同样与《齐语》“国”中之“里有司”完全不是一个概念。所以，关于“里君”的这段话在《管子·小匡》一文中显得非常突兀。据时代明确的西周令方彝(《集成》9901)和史颂簋(《集成》4235)铭文中的“里君”，《小匡》的“里君”来源似甚早；可能《小匡》这段话正保留了西周时期的军制。按上引《小匡》分三个里，一里一军，一军万人来计算，宗周地区三十个里就有三十万军队，而非据《周礼》所说的王六军，共七万五千人的规模。《小匡》和《齐语》的一军10 000人与《周礼·地官·小司徒》《周礼·夏官司马》之一军 12 500 人差别不是太大。《周礼》《国语·齐语》和《管子·小匡》的军制，可能正承袭或部分反映了西周时期之军制。

据以上所论，宗周畿内不但有“里”的设置，而且分布相当广泛。读者对此结论可能不太相信。王学理先生在《亭里陶文的解读与秦都咸阳的行政区划》和《咸阳帝都记》中，[①]根据秦代陶文找到咸阳渭水北部地区大致有四十五个里(个别里不排除设置在渭水以南地区)。尽管用秦代的情况与西周类比在研究方法上犯有极端低级的错误，但既然根据西周金文和《韩奕》证明西周宗周畿内及今周原地区有里的设置，那就必定不会是少数。若比照康王时期的宜侯夨簋铭文中周王赏赐夨在宜地的王人尚达到“□□又七里”(至少十七里)，宗周畿内一定不会比这个数字小。所以有理由相信，西周时期宗周畿内和今天周原地区广泛分布着基层地域性居民组织“里”。

第五节　西周时期“里”的规模和结构试探

既然地域性居民组织“里”在西周的存在无可怀疑，那么西周时期地域性居民组织“里”的规模有多大便成为需要进一步考察的问题。另外，学界对于

---

① 王学理：《亭里陶文的解读与秦都咸阳的行政区划》，《古文字研究》(第 14 辑)，北京：中华书局，1986 年；《咸阳帝都记》，西安：三秦出版社，1999 年，第 293～301 页。

"里"之下是否有其他地域性居民组织也不是很清楚。对于第一个问题，在上一节探讨《诗经》西周篇章中的一些"里"的性质时略有涉及。不过，目前对于该问题似乎只有时代无法明确的传世文献而无出土资料可资说明。本节拟利用北京故宫博物院收藏的西周晚期厉王世的青铜器鬲比盨(《集成》4466，图1-9)残铭中被新释出的含有"里"字的材料，并结合其他材料，对西周史研究中存在的上述两个问题加以探讨，希望对相关问题能够获得进一步的认识。

图1-9　鬲比盨铭拓本(《集成》4466)

一、对鬲比盨若干磨蚀铭文释读的认识

兹先将鬲比[1]盨(《集成》4466)铭文之释文引录如下：

---

① 清代学者何绍基较早据"鬲攸比鼎"同形字指出此字当释为"比"。(清) 何绍基：《东洲草堂金石跋》卷二(节录)，《金文文献集成》第16册，第357页。

隹(惟)王廿又五年七月[辰][才](在)□□,[王]才(在)永师田宫。令(命)小臣成友逆里[尹]□、内史无諆(忌)、大史旟。曰:章氒(厥)𥃝夫叏[①]鬲比田,其邑旃、𢓊(邻)、䍐,𩁹(复)友(贿)鬲比其田,其邑𩁹(复)歃、言二挹(邑),畀鬲比。𩁹(复)氒(厥)小宫叏鬲比田,其邑彶眔句商儿眔雠。弋[②]𩁹(复)限余(舍)鬲比田,其邑兢(竞)、楙(槌)、甲三邑,州、泸二邑。凡𩁹(复)友(贿)𩁹(复)友鬲比日(田[③])十又三邑。氒(厥)右(佑)鬲比,善夫克。鬲比乍(作)朕皇且(祖)丁公、文考叀(惠)公盨,其子子孙孙永宝用。

铭文第二行下端"逆"下有若干字因磨蚀过甚而难以释读。1999 年出版的《故宫青铜器》(以下简称《故宫》)较早将"逆"下之若干字补释为"[里尹□]"。[④] 但就笔者所见,此种补释除《铭图》和《故宫青铜器馆》外,[⑤]未见其他涉及鬲比盨铭文的论著对这一成果加以采用。这似乎说明《故宫》的该成果未能引起学界大多数学者的足够重视。有鉴于此,下面首先考察以往学者对"逆"下一字隶定的认识,间下己意,并谈谈笔者对《故宫》一书对"逆"下若干磨蚀铭文所作释文的理解。

铭文第二行"逆"下一字截取如右:""。郭沫若先生虽未对该字予以隶定,却将该字摹写为""。[⑥] 由此可知,郭氏认为该字系左右结构。按郭氏摹写之字形,该字之整个左半部分和右半部分的最下端已残。对于该字,吴闿生先生释"嗹",[⑦]陈梦家先生释"哩"。[⑧] 吴、陈二氏所释之字在目前面世的金文中未见。仔细辨认,该字所从田字下竖画上有一横画,郭氏已将其摹出。竖画向下穿过了田字之下的横画,尚存一小截,说明竖画下边还有笔画,是什么笔画今已看不到(若采用 X 光探伤技术,或许可以看到)。在罗福颐先生对

① 裘锡圭:《释"叏"》,收入《裘锡圭学术文集》第三卷《金文及其他古文字卷》。
② 按,郭沫若将"句商儿"作为一邑处理,将"弋"下属,以符合下文"十又三邑"(参氏著《两周金文辞大系》,东京:文求堂书店,1932 年,第 131～132 页)。吴闿生、裘锡圭与郭氏同(参吴闿生:《吉金文录》,香港:万有图书公司,1968 年,第 250 页;裘锡圭:《释"叏"》)。
③ 吴闿生说"日即田字,又见曶鼎(按,见《集成》2838 铭文第 24 行第 7 字)",已成学界共识。参氏著《吉金文录》,第 250 页。
④ 故宫博物院编:《故宫青铜器》,北京:紫禁城出版社,1999 年,第 206 页。
⑤ 吴镇烽:《商周青铜器铭文暨图像集成》(第 12 册),上海:上海古籍出版社,2012 年,第 464 页;故宫博物院编:《故宫青铜器馆》,第 85 页。
⑥ 郭沫若:《两周金文辞大系考释》(中),第 99 页。
⑦ 吴闿生:《吉金文录》,第 249 页。
⑧ 陈梦家:《西周铜器断代》(上),第 267 页。

鬲比盨铭的摹本(图 1－10)中,竖画向上穿过了田字。对照《集成》(初版和修订增补版)提供的拓本来看,这显然是误摹。不过,罗氏认为该字非左右结构而是独体字的认识却是难能可贵的。此字亦非仅见字。下面将西周晚期史颂簋铭与此字字形相同之“里”字(史颂簋有数器,器、盖同铭,其中的若干器铭和仅存的一只盖盖铭之“里”所从“土”之竖画上属于点画和短横画者不录)予以截取并绘制成表(表 1－4),以便与鬲比盨铭该字相互比对。

图 1－10　罗福颐摹本鬲比盨铭第二行下端局部①

表 1－4　鬲比盨铭“”与史颂簋铭若干“里”字对比表

器　名	字　形	出　处	时　代
鬲比盨		《集成》4466	西周晚期
史颂簋		《集成》4232.1	西周晚期
史颂簋		《集成》4234	西周晚期
史颂簋		《集成》4235.1	西周晚期
史颂簋		《集成》4235.2	西周晚期

通过与表 1－4 所呈现的史颂簋铭“里”字字形比对,鬲比盨铭该字确应隶定为“里”字无疑。②

“里”下一字较“里”字磨蚀更甚,但其字左侧较长的一竖画尚可识别,竖画顶端还有一横画,竖画没有穿过此横画。《故宫》释此字为“尹”。

《故宫》将“里尹”二字加中括号,按学界作青铜器铭释文之惯例,加中括号当理解为中括号之内的“里尹”两字系补释。又在中括号之内的“里尹”二字之后加一“□”,此“□”当理解为“里尹”之名。该“□”所代表之残泐字大概是《故

① 罗振玉:《贞松堂集古遗文》,刘庆柱、段志洪、冯时主编:《金文文献集成》第 24 册,第 137 页。

② 按,笔者曾在北京大学出土文献研究所持《集成》(修订增补本)4466 号鬲比盨铭拓本向到访的中国社会科学院考古研究所研究员冯时先生当面请益,冯先生亦肯定此字是“里”字。谨致谢忱!

宫》作者根据铭文中小臣成友迎接的位于铭文第三行的“内史”和“大史”职官后分别有具体的人名“无忌”和“旟”跟随，于是推定“里尹”之后应有一字，即“里尹”之名，故在写释文时在“里尹”之后加“□”予以体现。

鬲比盨现藏北京故宫博物院，《故宫》一书的作者在前人的基础上加中括号如此释文，一定目验过原器，故本书遵从《故宫》的释读意见。

二、从鬲比盨试探西周“里”的规模和结构

在目前关于西周“里”的史料比较匮乏和学界对西周“里”的性质的认识存在分歧的背景下，由《故宫》新释出的铭辞“里尹□”视之，鬲比盨对于探讨西周时期和“里”相关的一些问题，比如西周时期“里”的规模和结构，尤为珍贵。

鬲比盨铭文开端记载周厉王在永师田宫，则铭文所载史事的发生地应该在其附近一带。而关于该器出土之地理位置如本章第四节所考证，大致可以定在周原地区的今凤翔、扶风一带，扶风的可能性较大。

（一）西周王畿“邑”与“田”之关系

鬲比盨铭文记载周厉王派小臣成友迎接里尹□、内史无忌和大史旟，主持周厉王赐给鬲比若干邑田的流转，佑者为膳夫克。周厉王赏赐给鬲比如下十三个邑的田：㫃、絘（邻）、䍐、䣙、言、伋、句商儿、雔、䪺（竞）、楙（槌）、甲、州和泸。这十三邑之田由两位贵族付给。具体来说，“章”先付鬲比三邑，又付二邑，“复”先付鬲比三邑，又付五邑，凡十三邑。关于西周时期的数字“邑”，众所周知，其内是有一定数量之居民的。那么周王转赐给鬲比十三邑之田的时候是否包括邑中之居民？关于西周王畿之“邑”和“田”的关系，朱凤瀚先生认为：

> 西周世族受赐后占有的土地，应该分成两部分，一小部分是本家族居处所在，用以营造宫室宗庙，安置族人与侍从。大部分即是农田所在，其间应有作为附庸的农人居住之若干小邑。此两部分有可能是集中的，即以贵族家族居邑为中心，农人小邑散居四周，但亦有可能是不相连的。如岐山董家村出土的五祀卫鼎，……。裘卫此块田地既可以在其他贵族田地中插花存在，则必不会是在其居处周围，此虽一特例，然由此已可窥见当时贵族田地可不与居邑相连接而散布于他处之事实。

朱先生随后分析了大克鼎（《集成》2836）、鬲比盨、五祀卫鼎（《集成》2832）

和卯簋(《集成》4327)铭文中土地流转的情况,并得出:

当时的农田与邑关系密切。可以想见,这些农田当是以采邑为中心,分布于其周围。农田所以要围绕邑,是因为耕作农田的农人即居于这些邑中,这些农人应即前文提到的贵族封土上的附庸,即附于土田之农业生产者。当王或贵族赏赐下级贵族言"易田于某(邑)"时,即等于是说将这些邑与其周围的田全部赐予之。因此可以推知,在这种情况下,虽然铭文没有直言赐予耕作者,但实际上在赐田邑时已将邑中的耕作者包括在内,一起作为赏赐物了,而类如鬲从(引者按,本书释"比")盨所反映的那种贵族之间田邑所有权之转让,势必连邑中的耕作者也一并转让了。[①]

据朱先生以上所论西周畿内田和邑的关系,则鬲比得到的赏赐不仅是十三邑之田,还包括原耕种十三邑田之农人,这些农人即分散居住于这十三个邑。

(二)"里尹"和"十三邑"之关系

1."里尹"系西周王朝中央职官

鬲比盨铭之职官"里尹"不见于其他出土古文字材料,只有传世文献《礼记》有关于"里尹"的记载,且仅一见。《礼记·杂记下》载:

姑姊妹,其夫死,而夫党无兄弟,使夫之族人主丧。妻之党,虽亲弗主。夫若无族矣,则前后家,东西家,无有,则里尹主之。或曰:主之而附于夫之党。

对于《杂记下》之"里尹",郑玄注:"里尹,闾胥里宰之属。《王度记》曰:'百户为里,里一尹,其禄如庶人在官者。'"显然,郑玄根据的是战国时期齐国的淳于髡所著的今已失传的《王度记》来解释《杂记下》之"里尹"的。无论是《杂记下》之"里尹"还是郑注所引《王度记》之"里一尹"之"尹",均同《周礼·地官》之"里宰",都属于基层地域性居民组织职官。根据鬲比盨铭文中紧随"里尹"之后的"内史"和"大史"属于西周青铜器铭文和传世先秦文献习见之西周王朝中央职官来看,[②]位于二者之前的"里尹"亦属王朝中央职官无疑,并且地位要高于内史和大史,与《杂记下》之"里尹"迥异。

---

① 朱凤瀚:《商周家族形态研究》(增订本),第322、323页。
② 郑智豪:《西周史官制度研究》,河北师范大学历史文化学院硕士学位论文,2013年。

2.“里尹”和“里君”与“里”和十三“邑”关系试探

本章第三节探讨了西周青铜器铭文中地域性居民组织“里”之职官为“里君”，为论述方便计，兹再将主要观点撮述如下。由西周早期令方彝(《集成》9901)铭之“里君”和晚期𪓐簋(《集成》4215)铭之“里人”，可知西周时期的居民组织“里”设置于成周。由西周晚期史颂簋(《集成》4232—4230)铭之“里君”，可知在成周畿内采邑“苏”亦有居民组织“里”的设置。由九年卫鼎(《集成》2831，1975年出土于陕西岐山县京当乡董家村)铭之“林里”，似可说明西周之“里”还分布在岐周地区。根据《诗经·大雅·韩奕》“蹶父之里”，在宗周畿内亦有“里”的设置，十二年大簋盖(《集成》4299)铭之“大里”虽然不太好确定其具体位置，但基本上可以确定其不在宗周即在周原。既然宗周畿内有地域性居民组织“里”的设置，其职官称谓亦应该就是令方彝和史颂簋铭所反映的成周及成周畿内“里”之职官“里君”。

既然宗周畿内地域性居民组织之职官亦为“里君”，那么试进一步思考西周王朝中央职官“里尹”与宗周和周原地区地域性居民组织“里”的职官“里君”有无关系？若有，是什么关系？“里”与本章下一节，即第六节所论述之居民组织“邑”又是什么关系？下面试加以探讨。

在关于土地流转的西周青铜器中，张亚初和刘雨二位先生认为散氏盘(《集成》10176)铭中属于“散有司”之“宰德父”当即散氏的一名邑宰，[1]李学勤先生对此表示赞同；[2]日本学者伊藤道治认为九年卫鼎铭中的颜氏实际上是代表矩伯来管理林里的官僚机构。[3] 关于西周贵族的土地流转涉及采邑制。笔者以为，西周畿内贵族居邑之外的采邑可能大致分为两部分：世袭的采邑，周王赏赐的但又可以随时转赐其他贵族的采邑。世袭的采邑类似《左传》所谓之“宗邑”，与贵族居邑不在一地，似由邑宰来管理，正如前述学者所认为的散氏盘铭之宰德父即邑宰。后者应该被随时收回，否则就不太好理解以下事实：十二年大簋盖铭中周王将贵族“趞睽”之里赐给贵族“大”；鬲比盨铭

① 张亚初、刘雨：《西周金文官制研究》，第85页。

② 李学勤：《读〈周礼正义·天官〉笔记》，氏著：《文物中的古文明》，北京：商务印书馆，2008年，第15页。

③ ［日］伊藤道治：《中国古代王朝的形成》，第165～166页。

中周王将“章”“复”二位贵族的十三邑之田赏给鬲比。这两件史事当即对《公羊传》襄公十五年东汉何休注所谓采邑制度下采邑主只取税收而无土地所有权和治民之行政权的最好诠释。[①] 此种畿内贵族的采邑殆由里君管理，九年卫鼎铭之颜氏即很有可能担任林里的“里君”；此种采邑应距离贵族之居邑比较遥远。上述两种采邑内又包括若干小邑，即数字“邑”，每个小邑由“邑人”直接管理，在周王所赏赐的并且可转赐其他贵族的采邑中的每一个小邑之管理者“邑人”当由周王亲自委派（详参本章第六节）。

基于上述构拟，可以对鬲比盨铭所涉及的十三邑形成如下认识：“章”两次付给鬲比共五邑，但贵族“章”绝对不会仅有五邑田和农人；同样，“复”分两次付给鬲比共八邑，但贵族“复”也绝对不会仅有八邑田和农人。鬲比盨铭涉及的十三个邑的田和农人可能由若干基层地域性居民组织“里”所辖。如此理解，对于铭文中“章”先付鬲比三邑，又付二邑，“复”先付给鬲比三邑，又付五邑，就好理解了。“章”先付的三邑可能属于一个里，后付的二邑可能属于另外一个里。而且这两个里绝不会分别只辖三邑、二邑。同理，“复”先后付与鬲比的三邑和五邑亦然。[②] 估计鬲比盨铭中的十三邑之田至少牵涉四个“里”，所以中央职官“里尹”才会出面加以主持。否则，就会像其他涉及土地流转的青铜器铭文一样，不见中央职官“里尹”的记载。似有可能，西周王朝中央职官“里尹”是宗周和周原地区直接管理周王赏赐给贵族的并且可以转赐的采邑“里”之所有“里君”的上司。这样认识，也好理解令方彝和史颂簋乃至《尚书·酒诰》《逸周书》中《商誓》和《尝麦》两篇之“里君”均系集合概念。除此以外，宜侯夨簋铭赐宜侯“在宜王人□□又七里”的“里”之职官应当也有“里君”，那么“□□又七”个“里君”亦支持西周有不止一位“里君”的认识。就目前的材料而言，鬲比盨铭“里尹□”系职官称谓“里尹”加具体人名的表述，即

① 《春秋公羊传注疏》，（清）阮元校勘：《十三经注疏》(7)，第253页。

② 李峰先生在其大作中论述西周时期“里”和“邑”的关系时亦有类似看法，兹引述如下：“在国家管理的地域，里的行政结构建立在邑的基础之上，里可能由一个特定区域内的多个邑所组成。‘里君’在周中央政府和很多小的地方社会集团之间起到了重要的调解作用。另一方面，西周中央政府任命有关官员全权负责一些乡村地区，即可能管理几个里。”（李峰著，吴敏娜等译：《西周的政体——中国早期的官僚制度和国家》，北京：生活·读书·新知三联书店，2010年，第191页。）

中央职官“里尹”只有一人。

另外，史颂簋铭之“史”有学者释为“内史”。[①] 据此，史颂簋铭可理解为：西周晚期的内史名颂者被周王派往成周，于成周居留期间召见了在苏邑之姻友、里君、百姓。此器铭说明成周畿内采邑之所有里君上受中央内史的节制。而鬲比盨铭记载的是周厉王坐镇永师田宫，委派小臣成友迎接里尹□、内史无忌和大史旟主持若干邑田在宗周畿内贵族之间的流转。即鬲比盨以及其他反映宗周畿内史事的青铜器铭文虽未能证明宗周畿内贵族采邑“里”之职官为“里君”，但据记载西周晚期成周畿内史事的史颂簋铭，宗周畿内贵族采邑之“里”亦应有里君之设置。据西周早期的令方彝提到集合概念“里君”，西周早期亦应该在中央王朝设置了其上司“里尹”。上文推论应非毫无根据之臆测。除非，宗周畿内和成周畿内相关之政治制度迥然有别。

3. 如何认识宜侯夨簋铭之“里”和“邑”？

上文主要据鬲比盨铭提出西周晚期地域性居民组织“里”之下有若干数字小邑。那么西周早期的宜侯夨簋铭文既有居民组织“里”，又提到三十五个邑的小邑，二者有无关系，应当给予说明。

宜侯夨簋铭文于此不再重复征引，请参本章第二节。“厥宅邑卅又五”所在的地理区域应位于铭文所谓“易(赐)土”之“土”，该“土”包括若干河流和可能还有若干座山。综观铭文，赏赐给宜侯的民人有两类：不属于宜地之民人和在宜地之民人。不属于宜地之民人即在“奠(郑)”由七伯管理之“卢”，在被赐给宜侯以后，随徙封之宜侯迁至宜地，被安置在宜都城以外上述所赐山川地区新建立的三十五个邑。在宜地之民人则包括“王人”和“庶人”，王人位于都城内，庶人位于都城之郊。铭文对宜地两种民人之数量作如此精准的描述，说明在宜地还有其他若干王人和庶人属于与宜侯并立之集团，即宜地不止宜侯一股周王封赐的周人势力。

宜侯夨簋铭之“里”属于在宜王人的居民组织单位，故铭中之“里”和“宅邑卅又五”之间没有隶属关系。[②]

---

① (清)徐同柏：《从古堂款识学》，《金文文献集成》第10册，第283页。

② 周王所赐宜侯之封土应在“宜”都城以外之四周。对于“宅邑卅又五”内之居民，学者有不同的看法。参陈絜《周代农村基层聚落初探——以西周金文资料为中心的考察》，朱凤瀚主编：《新出金文与西周历史》，第109页。鉴于分封制和徙封制尚有许多具体情况不明，此问题仍有待于进一步探讨。

“在宜王人”之“里”下是否有更低一级的居民组织“邑”，目前没有材料可以说明，即畿外诸侯控制的地区有“里”的设置，但还不清楚其下有无数字“邑”。

三、本节小结

从鬲比盨来看，宗周畿内贵族“章”和“复”各自拥有若干个“里”之若干“邑”田和农人。相应地，在“章”和“复”的共十三邑之田被厉王转赐给宠臣“鬲比”以后，鬲比便拥有若干“里”之田。当然，鬲比并不完全拥有这若干“里”之田，拥有的只是若干“里”之若干“邑”田。如此，周王转赐给贵族鬲比的十三邑田应非连成一片。此可概见西周采邑制下，贵族之间的采邑呈犬牙交错、你中有我、我中有你，甚至是“飞地”的格局。①

推而广之，整个西周时期周王所赏赐的且可以转赐其他畿内贵族的采邑有地域性居民组织“里”的设置，每个“里”下辖若干数字邑。里有“里君”，里辖之小邑由邑人加以管理。畿内贵族采邑之所有“里君”还上受中央王朝职官“里尹”节制。

第六节　西周时期部分数字“邑”的性质

本章第一节考察了甲骨文中的“邑人”和“邑子”，认定商代的数字邑不是行政性居民组织。西周青铜器铭文中屡见“邑人”，学界对此多有探讨。本节拟在以往学者研究的基础上——部分“邑人”确为职官——进一步讨论，以确定西周时期的一些“邑”确实为基层地域性居民组织，并进一步考察西周时期

---

① 对于此问题，再补充说明如下：过去大多数学者之所以坚持将召圜器（《集成》10360）铭“事（使）赏毕土方五十里”理解为赏给作器者召毕地方圆五十里的土地，主要原因是对既然是毕之地，怎么又将其中一部分赏给召，毕属姬姓，但其地怎么还有仅见于晚商武丁时期甲骨刻辞之北方族群“土方”，不能理解。事实上周原发掘已显示周原在西周时期曾生活着迁来的商人，如扶风庄白一号窖藏之西周铜器显示微氏家族即属于商遗民；从山西绛县横水倗伯墓地和翼城县大河口霸伯墓地均距西周晋侯墓地不及百里，可见在诸侯国内亦存在不同族群你中有我、我中有你的错杂状态。春秋时期洛阳附近生活着被秦、晋强制迁来的陆浑戎，不仅《左传》有载，且为最近伊川徐阳墓地考古发掘所证实。以上西周和春秋之史事大致可以说明西周畿内贵族之采邑呈犬牙交错，甚至不同族群亦错杂其中的格局。畿外各诸侯国之间亦大致如此。

"邑人"和作邑者之职责、俸禄和册命,然后考察"邑"的规模。

一、西周金文中所见"邑人"之性质

西周时期的金文中常见"邑人"一词,见于以下八篇金文(表1-5)。

表1-5　西周金文所见"邑人"统计表

序号	器　名	相关铭文	时　代	著　录
1	师晨鼎	疋师俗司邑人	中期	《集成》2817
2	师瘨簋盖	令女官司邑人	共王	《集成》4283
3	询簋	令女啻官司邑人	中期	《集成》4321
4	师酉簋	司乃且啻官邑人	中期	《集成》4289
5	裘卫盉	司工邑人服	共王	《集成》9456
6	五祀卫鼎	司土邑人趞	共王	《集成》2832
7	永盂	邑人奎父、毕人师同	中期	《集成》10322
8	此簋	旅邑人膳夫	宣王	《集成》4303

学界对上表中"邑人"的性质多有探讨。杨宽先生20世纪60年代在分析了师酉簋和询簋中的"邑人"之后说:

> "邑人"亦当为官名,乃乡邑的长官。乡邑的长官称"邑人",犹如齐称乡长官为"乡良人",《礼记·乡饮酒义》称乡大夫为"乡人"。①

杨宽先生又结合师瘨簋铭之"邑人"认为:

> 这里"邑人"与"师氏"同为师瘨所职掌。"师氏"是师旅的长官,同时又是乡邑的长官,因为当时即抽调京师近郊乡邑公民编制而成。同样的,"邑人"这个乡邑的长官,同时又是师旅的长官。所以"邑人"可以成为"师氏"所属的主要官员,地位在"虎臣"之上。同时,"邑人"与"师氏"可以同为某些高级军事长官所属的主要官员。②

杨先生如此分析,即是将行政制度与军事制度结合在一起。张亚初、刘雨

① 杨宽:《古史新探》,第156页。
② 同上注。

二位先生在《西周金文官制研究》一书中将西周金文中的“邑人”分为两类：一类即上述杨宽先生所据以分析的三件青铜器铭中的邑人；[①]另一类是裘卫器铭之“邑人”，因为其前冠以司土(徒)、司工(空)职官名，故“邑人”可能是城邑之人，似不宜释为职官名。[②]

李零先生不赞同将“邑人”当作官职看待。李先生说：

从五祀卫鼎和卫盉看，所谓“司徒邑人趙”、“司工邑人服”，私名之上已有表示官爵的“司土”、“司工”，“司土”、“司工”下面的“邑人”显然是表示居民的里籍。这是以官爵在前，里籍在后的例子。而永盂提到“酉司徒函父”、“周人司工眉”、“邑人奎父”、“毕人师同”，则把里籍置前，官爵放后，其中“邑人”也是与“酉”、“周人”、“毕人”类似，只不过后者还标出了具体的邑名。同样，“奠人”与“邑人”(引者按：指师晨鼎中的“奠人”和“邑人”)对称，也应是表示居民身份。[③]

李学勤先生在讨论扶风庄白一号窖藏青铜器铭文时则提出，“此”组器中的“邑人膳夫”是邑宰之类的职官。[④] 日本学者白川静与李学勤先生的观点类似。[⑤] 日本学者松井嘉德把“此”组器中的“邑人”看作“膳夫”的限定语，理解作“管辖‘邑’人的膳夫”，也就是把其中的“邑”字视为地名。[⑥] 台湾杜正胜先生认为：

以上各器(引者按：“各器”系指师酉簋、师瘨簋、询簋、师晨鼎和此鼎)邑人分别与虎臣、师氏、膳夫并称，当是农庄的管理者，类似《周礼·遂大夫》的“为邑者”。[⑦]

裘锡圭先生认为师晨鼎中的“邑人”当指居于城邑的周族人或管理他们的官吏。[⑧]

---

① 按：杨宽的该观点又见氏著《论西周金文中的“六自”“八自”和乡遂制度的关系》，《考古》1964 年第 8 期，第 416 页。

② 张亚初、刘雨：《西周金文官制研究》，第 52～53 页。

③ 李零：《西周金文中的职官系统》，氏著《待兔轩文存·读史卷》，2011 年，第 138 页。

④ 周瑗(李学勤)：《矩伯、裘卫两家族的消长与周礼的崩坏——试论董家青铜器群》，《文物》1976 年第 6 期，第 49 页；又见李学勤：《新出青铜器研究》，第 104 页。

⑤ [日] 白川静：《金文通释》49 辑《补遗篇》，《金文文献集成》第 45 册，第 346 页。

⑥ [日] 松井嘉德：《西周郑(奠)考》，载《日本中青年学者论中国史·上古秦汉卷》，上海：上海古籍出版社，1995 年，第 66～67 页。

⑦ 杜正胜：《编户齐民——传统政治社会结构之形成》，第 211 页。

⑧ 裘锡圭：《说殷墟卜辞的“奠”——试论商人处置服属者的一种方法》，原载 1993 年《历史语言研究所集刊》六十四本三分；又见《裘锡圭学术文集》第五卷《古代历史、思想、民俗类》，第 189 页。

田昌五、臧知非二位先生认为：

这里的“邑人”(引者按：指师瘨簋盖、师酉簋和师晨鼎铭之“邑人”)与“里人”同意，指一邑之长。①

陈絜先生在以上诸家分析的基础上，对前举八篇金文中“邑人”的性质进行了甄别并重新予以分类，他认为永盂铭文中的“邑人”，可能是指“邑”族之人，也可以理解为“为邑者”“邑有司”之类的官称，故暂未将其归类。他将其他七篇金文中的“邑人”分为三类：第一类即裘卫盉、五祀卫鼎铭文中的“邑人”，可能就是殷商时期便已存在的“邑”族之人的后裔。第二类包括师晨鼎、师酉簋和询簋铭文中的“邑人”，殆指某城邑之中的居民。第三类包括师瘨簋及“此”组器铭中的“邑人”，他们或相当于杜正胜所说的“为邑者”及《国语·齐语》中的“邑有司”。② 陈絜先生重点对第三类“邑人”进行分析并得出如下结论：

受“旅此”与“师瘨”等中下级贵族统辖的“邑人”，估计就是一种等级为士甚至属于“庶人在官”的基层管理人员罢了，其地位不应该被过高估计。杜正胜先生视之为《周礼·遂大夫》中的“为邑者”，窃以为完全可信。……若“里君”可以称“里人”之说不误，则与之相对应的农村聚落“邑”之管理者，自然也可以称“邑人”。③

笔者赞同陈絜先生严格甄别“邑人”的作法和所得出的结论。结合康王时期的宜侯夨簋(《集成》4320)铭文有“宅邑三十又五”，似可说明西周时期的一些“邑”确为基层地域性居民组织单位。除以上八篇金文外，其他材料中还有两个“邑”字，可确定为职官，相当于“邑人”。《逸周书·尝麦》载：

是月，士师乃命太宗序于天时，祠大暑；乃命少宗祠风雨百享，士师用受其葳[职]，以为其资。邑乃命百姓遂享于家，无卑(俾)民疾，供百享归祭，闾帅里君[用受其职]，以为之资。野宰乃命家邑县都祠于太祠及风雨也，宰用受其职，以为之资。采

① 田昌五、臧知非：《周秦社会结构研究》，第55页。
② 陈絜：《周代农村基层聚落初探——以西周金文资料为中心的考察》，朱凤瀚主编：《新出金文与西周历史》，第148～151页。
③ 同上注，第154页。

君乃命内御丰穑享祠，为施，大夫[用受其职]，以为[之]资。①

本段引自《尝麦》篇结尾部分，讲的是刑书的推行，涉及的职官共有十六个，即士师、大宗、少宗，邑、百姓、里君，野宰、家、邑、县、都、宰，采君、内御、丰穑、大夫。本书主要关注“邑乃命百姓岁享于家”中的“邑”字。此“邑”属于名词，其后跟动词“命”，故此“邑”应当是一个官职。但似未见到商和两周时代有“邑”属于职官的例证。② 恰好 2005 年山西绛县横水 M2 出土了一件大约西周偏早的青铜器肃卣，其铭中之“邑”似作为职官。肃卣盖内铭文(图 1-11)按原行款隶释如下：

图 1-11　肃卣盖内铭文拓片③

① 李学勤：《〈尝麦〉篇研究》，氏著《古文献丛论》，北京：中国人民大学出版社，2010 年，第 73 页。
② 张怀通：《〈逸周书〉新研》，第 149、160 页。
③ 该拓片采自董珊《山西绛县横水 M2 出土肃卣铭文初探》，《文物》2014 年第 1 期，第 51 页。

白(伯)氏易(赐)(肃)仆六家。曰：
“自择于庶人。”今Ж(厥)仆
我兴，邑竞(强)谏，钼(咸)芟隶
昔(籍)。大宫请王，卑(俾)叔、
再父、攸父复付肃，曰：
“非令。”曰：“乃兄僭鼻(畀)女(汝)，害
义。敢再令赏女(汝)？”肃有(佑)王
于东征，付肃于成周。

该铭文大意是，伯氏赐给肃仆六家，只是赐给肃的仆六家需要肃自择于庶人。肃从庶人中举选六家为仆，结果遭到“邑”激烈谏诤，“邑”反对肃将六家庶人降为仆。伯氏和肃所在的大宗的族长向周王请示，以使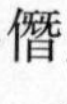叔、再父、攸父付给肃仆六家。周王认为不能下达此命令，并说：“你的兄弟僭越职权赐给你六家仆的事不合道义，岂敢下令赏赐给你？”后因肃佐王东征，建立了功勋，故周王在成周交给了肃奴仆。[①] 董珊先生认为“邑”指“邑人”，并认为：“为此事强谏的邑人，应包括但不局限于邑中的庶人。”[②]张怀通先生不同意董先生的意见，认为“邑”属于职官，但非一个集体，而是一个个人。[③] 张先生之说可从。肃卣铭之“邑”与前引《尝麦》中之“邑”可以相互印证，说明西周有职官“邑”。此“邑”相当于一些金文(师瘨簋、此簋)中的职官“邑人”。

二、邑人的俸禄、职责及其册命

在金文中，“邑人”如何产生的直接材料不存在，但在承认西周有基层地域性居民组织“邑”，“邑”有管理者“邑人”，金文中的作邑者即“邑人”的基础上，是可以来探究“邑人”的俸禄、职责及其册命的。

---

① 对本铭文的研究参见：董珊：《山西绛县横水 M2 出土肃卣铭文初探》，《文物》2014 年第 1 期；李建生：《绛县横水 M2 倗伯墓铜卣铭文研究》，复旦大学出土文献与古文字研究中心网站 2014 年 4 月 12 日；王宁：《山西绛县横水 M2 出土肃卣铭文简释》，武汉大学简帛研究中心简帛网 2014 年 4 月 21 日；李学勤：《绛县横水二号墓卣铭释读》，《晋阳学刊》2014 年第 4 期，第 144～145 页；唐洪志：《肃卣拾遗》，复旦大学出土文献与古文字研究中心网站 2014 年 12 月 14 日。

② 董珊：《山西绛县横水 M2 出土肃卣铭文初探》，《文物》2014 年第 1 期，第 51、53 页。

③ 张怀通：《肃卣之“邑”与〈尝麦〉年代》，参见 2015 年 10 月中旬在山西师范大学召开的“第二届晋学与区域文化国际学术研讨会暨荀学与诸子学论坛”会议论文集。

西周时期的羚簋铭文：

隹(惟)正月初吉丁丑昧
爽，王才(在)成周，各大室。
祭叔右(佑)羚即立，[立]中廷。
乍(作)册尹册令(命)羚，易(赐)䜌(銮)。
令(命)邑于奠(郑)，讯讼，取遄(徵)
五寽(锊)[①]。羚对扬王休，用
乍(作)朕文且(祖)丰中(仲)宝
簋，世孙子其永宝用。　　　　(《二编》433)

铭文大意是某王某年正月丁丑晨，王在成周大室册命羚，佑者为祭叔。赏赐羚銮，并命令羚在郑地作邑，可以审理案件，获得五锊的薪俸。羚因此铸器以作纪念。𣪕甗铭文亦有"邑于奠"，有了羚簋铭文作参照，大家对𣪕甗铭文为伪作的怀疑也就冰释了。[②] 𣪕甗铭文：

隹(惟)三月初吉
戊寅，王才(在)宗周，
王易(赐)𣪕赤
市、幽黄，用[事]，
邑于奠(郑)，[讯讼]
有粦，取遄(徵)十
寽(锊)。𣪕对扬王休。
子孙永宝。　　　　(《小校》3・98・1)[③]

铭文大意是，某王某年三月戊寅，王在宗周赏赐𣪕赤市、幽黄，并命令其作邑于郑，对邻居的案件有审理权，薪俸为十锊。𣪕因此铸器纪念。[④] 朱凤瀚先生认为作邑者治理所作之邑，并认为"取遄(徵)五寽(锊)"和"取征十锊"是周

---

① 日本学者松丸道雄主张释此字为"鬲"，参松丸道雄著，曹玮译：《西周时代的重量单位》，曹玮：《周原遗址与西周铜器研究》，北京：科学出版社，2004年。

② 《集成》没有收录该器。

③ 本释文参考了陈絜的意见，参见陈絜：《周代农村基层聚落初探——以西周金文资料为中心的考察》，朱凤瀚主编：《新出金文与西周历史》，第138页。

④ 关于羚簋、𣪕甗二器铭文的理解，参考了朱凤瀚的《西周金文中的"取徵"与相关诸问题》，陈昭容主编：《古文字与古代史》(第1辑)，台北：中研究史语所，2007年。

王给予受册命者的俸禄。[1] 笔者认为作邑者既然是邑的管理者，那么相当于前述金文中的职官“邑人”。上引柃簋和毂甗铭文中的作邑者均经过周王的正式册命，说明周王对直辖区基层“邑”的控制是非常严格的。

三、西周基层地域性居民组织“邑”的规模

关于西周基层居民组织“邑”的规模有多大，即一邑大致有多少户人家，2003年刊布的青铜器季姬方尊（《二编》586，图1－12）铭似有助于对此问题的探讨。现参考学界对季姬方尊铭文的研究成果，按原行款将铭文隶释、标点如下：

图1－12　季姬方尊铭拓本（《二编》586）

---

① 朱凤瀚：《西周金文中的“取徵”与相关诸问题》，陈昭容主编：《古文字与古代史》（第1辑）。

隹(惟)八月初吉庚辰,君命(令)宰茀

易(赐)卲季姬畋(畋、佃)[1]臣于空桑,

氒(厥)师夫曰丁,目(以)氒(厥)友廿又五家。

新易(赐)氒(厥)田。目(以)姬生马十又五

匹,牛六十又九叙,羊三百又八十

又五叙,禾二廪。其对扬王

母休,用乍(作)宝尊彝,其万年

子孙永宝用。

学者一致主张季姬方尊属于西周穆王器。因铭文第四行的“生”字之释对通篇铭文的把握至关重要,笔者对此字诸家之释总觉不够顺畅,所以有必要对其加以深入探讨。就笔者所见,以往诸家对铭文第四行第六字“生”有如下三种意见:[2]

第一种,“生”通作“牲”。

第二种,“生”指的是活的马、牛、羊,且以西周早期中方鼎(《集成》2751、2752)铭文中的“生凤”为证据。

第三种,将“生”与“马”连读,释“生马”为未经调训之马。

笔者对“生”字之释依前列诸家观点的顺序试辨析如下:

关于第一种说法,尽管论者据马王堆帛书《周易》卒(萃)卦“用大生”在通行本作“用大牲”,以及《经典释文》释《论语·乡党》“君赐生”之“生”为“牲”,主张季

---

① 李家浩认为从田从又之字为“畮”的异体字,参李家浩:《战国官印考释两篇》,《著名中年语言学家自选集·李家浩卷》,第142页。

② 见于以下论著:蔡运章、张应桥:《季姬方尊铭文及其重要价值》,《文物》2003年第9期;李学勤:《季姬方尊研究》,《中国史研究》2003年第4期;董珊:《季姬方尊补释》,《周秦文明学术研讨会论文集》,2003年10月,宝鸡;董珊:《季姬方尊补释》,《战国题铭与工官制度研究——附论新见铜器和简帛》,北京大学考古文博学院博士后研究工作报告,2004年;李家浩:《季姬方尊铭文补释》,《黄盛璋先生八秩华诞纪念文集》,北京:中国教育文化出版社,2005年;严志斌:《季姬方尊补释》,《中国历史文物》2005年第6期;涂白奎:《〈季姬方尊〉铭文释读补正》,《考古与文物》2006年第4期;韦心滢:《季姬方尊再探》,《中原文物》2010年第3期;陈絜:《周代农村基层聚落初探——以西周金文资料为中心的考察》,朱凤瀚主编:《新出金文与西周历史》;袁金平:《季姬方尊铭“畮”字及相关问题考论》,《中国文字学会第六届学术年会论文集》,2011年7月,张家口,后刊于《江汉考古》2018年第2期;林沄:《季姬方尊铭文试释》,中国考古学会、沈阳市文物考古研究所编:《庆祝宿白先生九十华诞文集》,北京:科学出版社,2012年;余淼淼:《季姬方尊“”字补释》,华东师范大学语言文字工作委员会编:《中国文字研究》(第18辑),2013年;王晖:《季姬尊铭与西周兵民基层组织初探》,《人文杂志》2014年第9期。

姬方尊铭文之“生”当释“牲”，但笔者认为：一是“生”字后边的马、牛、羊本身就是“牲”，不需要特别指明。当时是否出现了类似今天的表达，例如“奖励水果：梨三斤，苹果二斤，橘子五斤”，即“牲”属于一般概念，包含后边的具体概念马、牛、羊，是一个值得考虑的语言现象。二是即使出现了这种语言现象，“牲”字从句法上虽然能够统摄马、牛、羊，但统领不了马、牛、羊之后的赏赐物“禾二廪”。

关于第二种说法，笔者认为恐不合金文辞例，因金文从来不说赏赐的马、牛、羊是死是活。另外，中方鼎之凤是观赏性鸟类，与马、牛、羊之功能不相侔，故不可据彼推此。

关于第三种说法，笔者认为：一是论者所用材料的时代过于靠后；二是据杨倞注《荀子·臣道篇》之“朴马”为“未调习之马”，即未经调教之马称“朴马”而非“生马”。故此说似亦不可从。

认真观察图1-12铭文拓片，发现第四行第五字“以”与第六字“生”之间的字距甚大。此空隙之大，与铭文其他行字与字之间的空隙迥异，与整篇铭文的布局不相称，即整篇铭文只有此处二字之间的距离超大。这种现象在已刊金文拓本中实属罕见。笔者尝试将季姬方尊铭文中的一些字剪截后置于该空隙，确实可容纳一字。但需要指出的是并非所有字都可容纳。于是，笔者推测可能是原器该部位本有一字，但锈蚀过甚，做拓本时未留下任何字迹。笔者就此问题于2015年4月16日请教曾经目验原器的蔡运章先生，其回复如下：“季姬方尊第四行第五、六字间的空间确实较大，但据当时目验原物，此处锈迹平整，没有发现有字的痕迹。这个看法，仅供参考！”笔者后来看到图1-13季姬方尊铭的照片，确信蔡先生的看法，此处确实无字。但通过季姬方尊铭照片可以更加清晰地看到“以”与“生”之间的字距确实迥异于铭文中的其他字距，此处应该是漏铸或者省略一字。故笔者主张在作释文时应将此处铭文处理为“以□生”。关于“以□生”之“以”，《诗经·召南·江有汜》“之子归，不我以”郑笺“以”为“犹与也”，据此，“以□生”之“以”可释为“与”。“以□生”之“□生”相当于张亚初先生在《西周铭文所见某生考》中划分的第一类“某生”。比照张亚初先生所划分的第一类“某生”，[①]此“生”当释为“甥”。如何理解“甥”？《诗

① 张亚初：《西周铭文所见某生考》，《考古与文物》1983年第5期。

图 1－13　季姬方尊铭照片(《通鉴》11811b)

经·大雅·崧高》:“王遣申伯,……往近王舅,南土是保。……不显申伯,王之元舅,文武是宪。”《崧高》记载了周宣王迁封其舅于今南阳作申伯。《诗经·大雅·韩奕》:“韩侯取妻,汾王之甥,蹶父之子。韩侯迎止,于蹶之里。百两彭彭,八鸾锵锵,不显其光,诸娣从之,祁祁如云。”《韩奕》记载的是韩侯娶“汾王”之外甥女,诸娣陪嫁。韩姞之“韩”是夫族之氏。据《崧高》和《韩奕》,西周时期存在“舅”和“甥”这两个词,《崧高》之“甥”指宣王,《韩奕》之“甥”指韩侯之妻,即汾王(出奔彘之厉王)之外甥女。《左传》庄公六年载:“楚文王伐申,过邓。邓祁侯曰:‘吾甥也。’止而享之。骓甥、聃甥、养甥请杀楚子,邓侯弗许。三甥曰:‘亡邓国者,必此人也。若不早图,后君噬齐。其及图之乎?图之,此为时矣。’”杜注“吾甥也”曰:“姊妹之子曰甥。”杜注“骓甥、聃甥、养甥”曰:“皆邓甥仕于舅氏也。”《史记·十二诸侯年表》载:“邓甥曰,楚可取。”杜注当本于《史记》。《国语·晋语》载:“黄帝之子二十五人,其同姓者二人而已,唯青阳与夷彭皆为纪姓。青阳,方雷氏之甥也。夷彭,彤鱼氏之甥也。”韦昭注:“姊妹之子曰甥。”据上引杜注和韦注,铭文之“甥”是㫃季姬之子,穆王之甥。因此“以□生”当补作“以[姬]生”,“君”当解为“昭王之后”,季姬生母。“以[姬]生”之前的铭文讲赐给小女儿㫃季姬臣、师、二十五家和田。田属于新赐,可见此前亦曾赏赐过田。“以[姬]生”之后的铭文讲的是赐给“[姬]生(甥)”马、牛、羊和禾。㫃为季姬丈夫之族姓。通篇铭文大意为:母亲“君”令宰茀予以赏赐,既赏女儿季姬,又赏外孙。外孙是对“君”而言。“[姬]生(甥)”之“甥”是对穆王而言。作器者为季姬,故“对扬王母休”。据上引《韩奕》,㫃季姬方尊铭“以(与)[姬]生(甥)”之“甥”或男性或女性,均有可能。

假定赐给㫃季姬的二十五家在“空桑”,正好属于某一个完整之“邑”,或在赐给㫃季姬后组成一个“邑”,则可据此考察西周基层居民组织“邑”之规模。若按《周礼·地官·遂人》“五家为邻,五邻为里”,则正好赏给㫃季姬一里之人。不过《周礼》此制很大程度上反映的是战国时期的情况。[1] 若按《国语·齐语》鄙中三十家为一邑之制,此二十五家更接近春秋时期齐国鄙中一邑的规模。

据最早研究㫃季姬方尊铭文的蔡运章、张应桥之《季姬方尊铭文及其重要价值》,传㫃季姬方尊 1946 年出土于洛阳老城东北的北窑西周贵族墓地。据其出土背景,赏赐给㫃季姬的二十五家似可以反映成周地区基层居民组织“邑”之规模。

小　结

现将本章要点概括如下:

一、迄今尚无可靠的材料证实商代已有地域性居民组织的存在。从字

① 参见本书第四章第二节,里耶秦简有一个里凡二十七户,另外有六十一户的一个邑设置了两个里。

形、辞例、文义三个角度考辨得出：诸多学者曾将西周前期的宜侯夨簋(《集成》4320)铭“易才宜王人□□又七”后一字隶定为“里”的主张是稳妥的。宜侯夨簋铭是“里”在西周确为地域性居民组织单位的一个有力证据，“里”在西周为地域性居民组织的性质至少目前无法被否定。西周一般使用“田”，也有偶尔使用“邑”作单位来衡量田地的大小和多少的，未见使用“里”作单位来衡量田地的大小和多少。西周之田官可考见的有“田人”“佃”和“佃人”，未见使用“里君”作田官的。所以，西周之“里”既非表示一定面积的一块田地，“里君”亦非田官之统称。

大多数学者将召圜器铭之“五十里”之“里”定性为长度距离单位。但此种用法在西周金文中仅一见，所以如此判断很危险。迄今没有材料证明西周已经出现表示距离的长度单位“里”。宜侯夨簋铭“赐在宜王人□□又七里”与召圜器铭“事(使)赏毕土方五十里”辞例相近，时代相近，故“五十里”之“里”应被视为地域性居民组织，“毕”指毕国，“土方”表族属。

西周之里名有两种称谓方式，一种是里所在的地名加“里”字，一种是人名加“里”字。人名加里，表明该里属于“里”前缀之人所有。里的职官有“里君”和“司里”；若据西周金文，目前只有“里君”一职。

西周的“里”是为了管理迁居成周的殷遗民而设，同时在周人中亦予以设置。武丁时期商代北方民族土方之后裔在西周早期亦设置了居民组织“里”。

西周时期，成周城内有里的设置，西周晚期金文中的“成周里人”即系周初迁居成周城内的殷遗民的后裔。成周畿内之采邑苏地亦有里的设置。西周金文中的“里君”属于基层地域性居民组织“里”之职官的称谓。诸侯国宜地周人有地域性居民组织“里”。宗周畿内和周原地区广泛分布着地域性居民组织“里”。在毕地之“土方”民族中亦设置了地域性居民组织“里”。西周金文之“里君”属集合名词，说明上述有“里”的地理区域设置不止一个“里”。

二、鬲比盨(《集成》4466)铭“里尹□”系西周王朝中央职官。“里尹”当是管理铭文中流转的十三邑之田和耕种这些田之农人所属的若干个里的里君上属的西周王朝中央职官。这似反映西周晚期在周王所颁赐的非永久性世袭的贵族采邑中已出现一里下辖若干小邑(即数字邑)的现象。铭文中十三邑之田当分布于野，似反映在野中亦设置了地域性居民组织“里”。

三、西周早晚期“里君”和“百姓”排列顺序的变化，应该反映了二者地位的变迁，即最晚到西周晚期“里君”之地位超过了“百姓”。这一方面似乎反映了地域性居民组织的官吏，其地位已经凌驾于编制到地域性居民组织中的血缘家族的家族长“百姓”之上。另一方面，令方彝(《集成》9901)之“里君”地位似甚低，而《尚书·酒诰》《逸周书·商誓》、史颂簋(《集成》4232)铭之“里君”地位甚高，似说明记载周初史事的文献《酒诰》和《商誓》最迟在西周晚期被改造过。

四、从整个西周的赏赐铭文来看，初期赏赐许多个里，而中期顶多赏赐一个“里”，晚期赏赐若干邑之田及其附着之居民，且中晚期赏赐之田总是呈现出在贵族之间流转的“拆东墙补西墙”现象。这种现象说明周天子直接控制的土地捉襟见肘，周王与贵族和贵族与贵族之间的矛盾在激化。从西周内部来讲，此点可能是西周走向灭亡的一个经济和政治因素。

五、西周时期师瘨簋(《集成》4283)及“此”组器(《集成》4303—4310，2821—2823)铭文中的“邑人”可以确定为职官。因而，西周的一些“邑”可以判定为基层居民组织。“邑人”之任命由周王控制，且有一定俸禄。“邑人”参与土地流转。季姬方尊(《二编》586)铭文中的“二十五家”大致反映成周地区一个邑的规模大小。

六、《诗经·韩奕》“蹶父之里”和《噫嘻》《六月》“三十里”之“里”，均应理解为基层地域性居民组织单位，反映宗周畿内广泛分布着基层地域性居民组织“里”。

第二章　春秋时期基层地域性居民组织的普及和多样化

随着西周近三百年的发展，人口自然增长，城邑的规模扩大，城邑的数量也在增加。[①] 这种变化必然导致基层地域性居民组织的繁缛，即层级趋于繁化。经过西周末社会的剧烈变动，平王东迁，周天子的地位和权威一落千丈，列国政治在一定程度上挣脱了西周时期礼制的羁绊和束缚，基层地域性居民组织的设置在列国得到普及，并在西周“里”“邑”的基础上出现了多样化的发展。《国语·齐语》记载了齐国国与鄙两套地域性居民组织系统，这两套系统中均有超过两个层级的基层地域性居民组织。其中国系统中有“乡”。齐国之外，一些国家也出现了基层地域性居民组织之“乡”。“州”作为特殊的基层地域性居民组织在春秋已经出现，还出现了基本上只在春秋时期存在的居民组织“书社”。春秋中期以后，国君为加强中央集权，县、郡地方行政区划得到发展。春秋中期以后设置的县和郡等行政区划是在基层地域性居民组织之上建立的。县和郡发展的另一面是乡和里等基层地域性居民组织的地位跌落和控制被加强。总之，春秋时期的基层地域性居民组织呈现出普及化、系统化、层级化和多样化的格局。

关于春秋时期列国的基层地域性居民组织，本章选取了以下七个问题进行研究。

第一，地域性居民组织“乡”于先秦时期何时出现？对于学界所认为的西周有“乡”存在的材料予以辨析，以确定“乡”出现的时代。

---

① 参见许倬云《西周史》“西周城邑分布图”和“春秋城邑分布图”[许倬云：《西周史》(增补二版)，第312页]。

第二,对列国的“乡”“里”基层地域性居民组织的地域设置和关系予以考察。

第三,在此基础上,对“乡”“里”基层地域性居民组织在社会生活中的功能、乡里官吏,以及乡里官吏对居民的管理,国君对基层地域性居民组织之乡的官吏的管理等问题进行探讨。

第四,在前人研究的基础上,更深入地探究春秋时期的“州”是一种怎样的地域性居民组织。对于“州”的特殊性,在对战国时期楚国包山楚简中“州”的材料的感性认识的基础上,对春秋时期所设“州”的功能、目的和居民的身份、“州”之规模、居民是否可以出任官吏及“州”的历史演变予以探讨。

第五,以《春秋》《左传》之杜注为中心,弄清春秋时期各种称谓的“邑”的性质、层级和“邑”在国家政治结构中的地位及其在春秋时期的发展演变。

第六,对只在春秋时期存在的居民组织“书社”的历史地位进行探讨。从历史发展的宏观角度对“书社”的出现和消失进行分析。

第七,对于记载齐国基层地域性居民组织设置颇详的《国语·齐语》和《管子·小匡》之间的差异予以探讨。

第一节　先秦时期居民组织“乡”出现的时代考

关于“乡”这种基层地域性居民组织出现于先秦时期的哪个阶段,学界有不同的看法。一些学者主张出现于西周,其主要根据是1975年出土于陕西的裘卫盉、五祀卫鼎铭文和传世文献《尚书》《诗经》中的一些有“乡”字的材料。[①] 当然也有一些学者主张裘卫盉和五祀卫鼎铭文中的“卿”字当别解。对此问题,本书拟重加检讨。首先讨论西周时期的裘卫盉和五祀卫鼎铭文中的疑似“乡”的材料,然后辨析传世文献中的疑似西周有“乡”存出的材料。

兹先将西周时期的裘卫盉和五祀卫鼎铭文录出,并疏通铭文文意,然后主

① 裘卫盉、五祀卫鼎铭之字严格隶定应为“卿”。

要讨论两篇铭文中涉及“卿”字的材料。

先看裘卫盉铭文：

> 隹(惟)三年三月既生霸壬寅，王爯旗于丰。矩白(伯)庶人取堇(觐)章(璋)于裘卫，才八十朋，氒(厥)贮[①]，其舍田十田。矩或(又)取赤虎网(两)、麀奉(韨)网(两)，奉(贲)韐一，才廿朋，其舍田三田。裘卫乃彘告于白(伯)邑父、焚(荣)白(伯)、定白(伯)、琼白(伯)、单白(伯)，白(伯)邑父、焚(荣)白(伯)、定白(伯)、琼白(伯)、单白(伯)乃令三有司：司土(徒)散(微)邑、司马单旟(旟)、司工(空)邑人服(服)，罘(逮)受(授)田。燹(豳)趙、卫小子鞣逆者(诸)其卿。卫用乍(作)朕(朕)文考惠孟宝般(盘)，卫其万年永宝用。(《集成》9456，共王三年[②])

《说文》：“爯，并举也，从爪，冓省。”据此，“爯”可释为“举”。共王在丰举行建旗大典，应属大事纪年。本铭记载矩伯和裘卫之间以物易物。[③] 矩伯分两次从裘卫处取得觐璋和赤虎两、麀奉(韨)两、奉(贲)韐一，各相当于八十朋和二十朋。唐兰先生认为“才”和“裁”古书常通用，“裁”有量度决断的意思。此处用为作价。[④] 唐钰明先生认为“才”是“初始”之义；[⑤]笔者认为，在“才”与“今”前后照应的铭文中，唐说可通，但将这种解释放在裘卫盉铭却讲不通。李学勤先生初释“才”为“财”，[⑥]但后来将“才”读为“直(值)”，认为“才”系“直

---

① 李学勤、裘锡圭和彭裕商等认为该字应释为“贾”(李学勤：《鲁方彝与西周商贾》，收入《李学勤集——追溯·考据·古文明》；李学勤：《重新估价中国古代文明》《兮甲盘与驹父盨论西周末年周朝与淮夷的关系》，收入氏著《新出青铜器研究》，北京：文物出版社，1990 年；裘锡圭：《释“贾”》，收入《裘锡圭学术文集》第三卷《金文及其他古文字卷》；彭裕商：《西周金文中的“贾”》，《考古》2003 年第 2 期)，且得到多数学者的赞同。

② 关于裘卫盉、五祀卫鼎、九年卫鼎之断代，学者意见不一，有主张懿王时器(李学勤：《试论董家村青铜器群》，《文物》1976 年第 6 期)，有主张夷王时器(彭裕商：《董家村裘卫四器年代新探》，《古文字研究》第 22 辑，北京：中华书局，2000 年)，有主张穆王时器[戚桂宴：《董家村西周卫器断代》，《山西大学学报(哲学社会科学版)》1980 年第 3 期]；本书从发掘简报的意见，参庞怀清、镇烽、忠如、志儒：《陕西省岐山县董家村西周铜器窖穴发掘简报》，《文物》1976 年第 5 期。

③ 王玉哲认为卫盉铭文反映的是矩伯不向裘卫履行贡纳义务而引起的诉讼。参见王玉哲：《西周金文中的“贮”和土地关系》，《南开学报》(哲学社会科学版)1983 年第 3 期。

④ 唐兰：《陕西省岐山县董家村新出西周重要铜器铭辞的译文和注释》，《文物》1976 年第 5 期；又见唐兰：《西周青铜器铭文分代史征》，第 460 页。马承源亦持有此种看法，参见上海博物馆商周青铜器铭文选编写组：《商周青铜器铭文选》(三)，第 127 页。

⑤ 唐钰明：《异文在释读铜器铭文中的作用》，《中山大学学报》1996 年第 3 期；后收入《著名中年语言学家自选集·唐钰明卷》，合肥：安徽教育出版社，2002 年。

⑥ 周瑗(李学勤)：《矩伯、裘卫两家族的消长与周礼的崩坏——试论董家青铜器群》，《文物》1976 年第 6 期。

(值)”前身。[①] 陈世辉和汤余惠先生亦认为：“才，通值。”[②]这种意见是对的。理由如下：“才”，从母之部字。“值”，定母职部字。二字韵部阴入对转，定母系舌头音，从母系齿头音，比较接近，二字从音韵角度来讲可以通假。但是金文中为何不用“值”而用“才”？殷墟卜辞有“直”字(《合集》5828、21534、21535等，见《类纂》第206页)，西周中期的恒簋盖(《集成》4199、4200)铭也有“直”字，但西周金文无“值”字。这说明当时还未出现“值”字，遂用“才”替代。秦汉时期已用“直”表示“值”。例如里耶秦简8－1743＋8－2015背有“臧(赃)直百卌”，[③]“直”即“值”。睡虎地简《法律答问》：“士五(伍)甲盗，以得时直臧(赃)，臧(赃)直过六百六十，吏弗直，其狱鞫乃直臧(赃)，臧(赃)直百一十，以论耐，问甲及吏可(何)论？”(简33)《张家山汉简・奏谳书》“律，盗臧(赃)直过六百六十钱，黥为城旦”(简72＋73)仍然用“直”为“值”。《战国策・赵一・秦王谓公子他》：“冯亭……使人请赵王曰：‘……今有城市之邑七十，愿拜内之于王，唯王才之。’”鲍本：“‘才’，‘财’、‘裁’同。”[④]鲍说非是。此处不是让赵王来做裁断，而是权衡、估量的意思，即权衡一下怎样做合算，权衡距裁断和做决定尚有一定距离。笔者主张凡金文中“才”加若干“朋”辞例之“才”均应释为“直(值)”，意即估值、估价。《说文》：“贮，积也。”“贮”有累积加高的意思。“其”为指称代词，指“矩伯”。“乎贮，其舍田十田”的意思是：这觐璋，矩伯最多给十田。据铭文中的二十朋舍田三田为标准计算，八十朋当舍十二田，而定八十朋舍十田，这就是“贮”的意思，八十朋最高相当于十田。铭文显示矩伯的身份和地位要远高于裘卫，[⑤]尽管是以物易物的经济行为，但中国古代社会的伦理色彩较浓厚，讲究人情伦理。比如九年卫鼎(《集成》2831)铭文提到矩伯从裘卫处取了车及车饰后，裘卫赠送矩伯的夫人矩姜帛三两。另外，一般买方都说最高出多少钱，卖方都说最低多少钱愿意卖。交易双方在讨价还价时，卖方总是

---

① 李学勤：《说“兹”与“才”》，《古文字研究》(第24辑)，北京：中华书局，2002年，第170～171页。
② 陈世辉、汤余惠：《古文字学概要》，福州：福建人民出版社，2011年，第212页。
③ 陈伟主编：《里耶秦简牍校释》(第一卷)，武汉：武汉大学出版社，2012年，第385页。
④ (汉)刘向集录：《战国策》，第618页。
⑤ 日本学者伊藤道治认为本铭文的“取”字表示地位高者从地位低者取得某物，即矩伯之地位高于裘卫。参伊藤道治：《裘卫诸器考——关于西周土地所有制形态之我见》，《考古学参考资料》(5)，第30页；又见《金文文献集成》第40册，第351页。

希望买方往上加钱，买方总是希望卖方往下降钱。所以铭文“贮”字用得非常合情合理。铭文记载的这两桩交易，矩伯一方派其庶人，而裘卫一方报告了执政大臣，由执政大臣命三有司完成。表明双方交易的郑重与公正。豳趞、卫小子𧾧，逆者其卿。裘卫为纪念此事，铸此盉。

再看五祀卫鼎铭文：

> 隹（惟）正月初吉庚戌，卫以邦君厉告于井（邢）白（伯）、白（伯）邑父、定白（伯）、琼白（伯）、白（伯）俗父曰，厉曰：“余执龏（共）王恤（恤）工（功），于卲（昭）大室东逆荧（营）二川。”（厉）曰：“余舍（舍）女（汝）田五田。”正乃嗞（讯）厉曰：“女（汝）贮田不（否）？”厉乃许曰：“余寍（审）贮田五田。”井（邢）白（伯）、白（伯）邑父、定白（伯）、琼白（伯）、白（伯）俗父乃顜（讲）。吏（使）厉誓。乃令三有司：司土（徒）邑人趞、司马頞人邦、司工（空）隧（附）矩、内史友寺刍，帅履（履）裘卫厉田四田。乃舍寓于氒（厥）邑：氒（厥）逆（朔）强（疆）眔（逮）厉田、氒（厥）东强（疆）眔（逮）散田，氒（厥）南强（疆）眔（逮）散田，眔政父田，氒（厥）西强（疆）眔（逮）厉田。邦君厉眔（逮）付裘卫田，厉吊（叔）子夙（夙）、厉有司申季、庆癸、燹（豳）麀（表）、荆（荆）人敢（敢）、井（邢）人偈犀，卫小子逆[①][者]（诸）[②]其卿，䞘（媵）。卫用乍（作）朕（朕）文考宝鼎。卫其万年永宝用。隹（惟）王五祀。（《集成》2832）

铭文大意是，共王五年，裘卫因邦君厉与己之事向井伯等几位执政大臣报告说：邦君厉说他因“执共王恤工，于卲大室东逆荧（营）二川”，将给我（裘卫）五田。执政之长乃问邦君厉说：“你加田不？”邦君厉乃允诺说：“我考虑至多五田。”几位执政议定此事。使邦君厉发誓。诸执政乃令三有司和内史踏勘邦君厉给裘卫的四田，划定了田的四至疆界。邦君厉交付了裘卫田，卫小子“逆诸其卿，䞘（媵）”。裘卫铸鼎纪念此事，祈求万年永宝。

以上二器铭文之“豳趞、卫小子𧾧，逆者其卿”和“厉吊（叔）子夙（夙）、厉有司申季、庆癸、燹（豳）麀（表）、荆（荆）人敢（敢）、井（邢）人偈犀、卫小子逆诸其卿”是本书要重点讨论的问题，核心是“卿”字该如何解释。众所周知，现代汉语中的“卿”“乡”（“鄉”是繁体）、“飨”（“饗”是繁体）和“方向”之“向”（“嚮”是繁

---

① “子”下一字残，本书从马承源的观点。参见上海博物馆商周青铜器铭文选编写组：《商周青铜器铭文选》（三），第132页。

② 日本学者白川静补“其”上一字为“者”，并认为“者其”为“卫小子”之名。参白川静：《金文通释》（卷六），京都：白鹤美术馆，1980年，第261页。

体）在西周古文字材料中均写作“卿”字。现将笔者所见学界对以上二器铭中“卿”字理解的三种观点辨析如下。

第一种观点是李学勤先生提出来的。李先生认为：

> 裘卫和矩伯之间的交易的手续也是这样，矩伯方面“罘授田”即参加交付土地仪式的代表是燹趞，由裘卫的下属辂“逆者（书）其乡（向）”，记录土地的四至。①

很明显，李先生是将“卿”解为“向”。同样是涉及土地流转的西周晚期鬲比盨（《集成》4466）铭文有“令小臣成友逆里尹□、内史无𩵦（忌）、太史旟”，其中的“逆”当“迎”讲，把“逆”的这个意思放到李先生的“逆书其向”中似较费解。另外，五祀卫鼎铭文有内史友寺刍参与土地转移，“书其向”应是内史的事，且五祀卫鼎铭文已经详明四田之疆界了，何必再书其方向呢？故李先生此说似可商榷。西周金文中有伯父鼎铭文（《集成》2487）“伯父作旅贞（鼎），用卿王逆舟（造）吏（使）人”和簋（《集成》3731）、仲爯簋（《集成》3747）、伯者父簋（《集成》3748）铭文之“用卿王逆造事（使）”。李学勤先生将“逆”训“反”，“造”训“至”，“逆造”意即往返，是指人而言，即王的使者，②“用卿（飨）王逆造吏（使）”即因此宴飨为王往来奔走的官员。李先生如此解释“逆造”是正确的，但将李先生对“逆”的此种解释放在裘卫盉和五祀卫鼎铭中似亦难通达无碍。

第二种观点，张亚初、刘雨两位先生认为：

> 裘卫盉裘卫鼎有“逆诸其乡”四字（裘卫鼎漏掉逆字）。其乡字似应理解为乡遂之乡。言裘卫之下属三有司及卫小子将矩伯等人的田产契约迎至其乡，此即《周礼》乡大夫之乡。③

可见张亚初和刘雨两位先生是将“逆诸其卿”之“卿”理解为《周礼》乡遂之“乡”。《周礼》一般认为成书于战国时期，其所载乡遂制度是否在西周实行过，尚无直接的证据。故用裘卫盉、裘卫鼎铭之“卿”与《周礼》相互印证是有问题的。此外，按照张、刘两位先生的解释，将矩伯等人的田产契约迎至其乡，但铭

---

①　李学勤：《试论董家村青铜器群》，氏著《新出青铜器研究》，第101页。

②　李学勤：《释“出入”和“逆造”——金文释例之一》，苏州市传统文化研究会：《传统文化研究》（第16辑），北京：群言出版社，2008年，第32～34页。按：杨树达亦认为“逆造谓逆造之人”，参见杨树达撰，中国社会科学院考古研究所编辑：《积微居金文说》（增订本），第135页。

③　张亚初、刘雨：《西周金文官制研究》，第142页。

文末说迎至其乡后有何举动。如此解释,使“逆诸其卿”成为无交代和无意义的语句。故其说不妥。

第三种观点首先由唐兰先生提出。唐先生说是“迎接的人举行宴会”,[①]很明显,是将“卿”解为宴飨之“飨”。李零先生的意见亦是将这两篇铭文中的“卿”读为“飨”。[②] 夏含夷先生在解释裘卫鼎铭时使用动词“feast”,亦将“卿”释为宴飨。[③] 伊藤道治亦将二器铭中之“卿”释为“飨宴”。[④]

综上所析,以上二器铭之“卿”当从第三种观点为妥,将其释作“飨宴”,将“逆”释为“迎”,即迎接参与土地流转一事的相关官员宴飨,以示答谢。“媵”,义为送,即宴飨以后,又向参与土地流转的官员赠送礼物。[⑤]

根据对以上两篇金文中的“卿”字用法的辨析,说明至少目前还没有西周金文材料可证明西周有基层地域性居民组织“乡”的存在。

接下来,再对传世文献中疑似西周有“乡”存在的材料予以辨析。

首先,《尚书·费誓》有“鲁人三郊三遂”,孔颖达疏:“三郊,谓三乡也。盖使三乡之民分在四郊之内,三遂之民分在四郊之外。乡近于郊,故以郊言之。”论者据此说西周已有了居民组织“乡”。然而西周鲁有“乡”毕竟是汉以后唐代学者孔颖达的看法,实难凭信。

其次,关于《诗经》中的“乡”字。《诗经·采芑》:“薄言采芑,于彼新田,于此中乡。”《采芑》为周宣王时诗。毛传:“乡,所也。”郑笺:“中乡,美地名。”即此“乡”并非地域居民组织“乡里”之“乡”。《诗经·殷武》:“维女荆楚,居国南乡。”关于《殷武》篇及其所在的《商颂》,《左传》和《国语》认为是商诗,汉初今文三家诗认为是春秋宋襄公时代之诗。晚出的古文毛诗认为是商诗,其时代从东汉以来一直争论不休。[⑥] 不管《殷武》产生于什么时代,学者对“乡”主要有

---

① 唐兰:《陕西省岐山县董家村新出西周重要铜器铭辞的译文和注释》,《文物》1976 年第 5 期,第 55 页。

② 李零:《西周金文中的土地制度》,收入氏著《待兔轩文存·读史卷》,第 111 页。

③ [美] Edward L. Shaughnessy, *The Cambridge History of Ancient China: From the origins of Civilization to 221 B.C.*(New York: Cambridge University Press, 1999), p.327.

④ [日] 伊藤道治著,张长寿译:《裘卫诸器考——关于西周土地所有制形态的我见》,《金文文献集成》第 40 册,第 351 页。

⑤ 唐兰:《陕西省岐山县董家村新出西周重要铜器铭辞的译文和注释》,《文物》1976 年第 5 期,第 56 页。

⑥ 陈桐生:《〈诗经·商颂〉研究的百年巨变》,《文史知识》1999 年第 3 期。

两种解释：一种如毛传："乡，所也。"另一种如郑笺："维女楚国，近在荆州之域，居中国之南方，而背叛乎？"这说明不可据《殷武》来讨论西周有无"乡"的问题。

这意味着目前见到的传世文献中也没有直接证据证明西周有"乡"这种地域性居民组织的存在。

总之，目前尚无直接材料能够证明西周时期已经有地域性居民组织"乡"的存在。有鉴于此，本书从春秋时期开始论述地域性居民组织"乡"。

第二节 春秋时期的乡里地域设置及其关系试探

西周早期已出现地域性居民组织"里"，到晚期似已出现一"里"辖若干邑的情况。进入春秋时期，在"里"继续发展的同时，出现了新的地域性居民组织"乡"。本节拟对春秋时期的地域性居民组织乡、里的地域设置予以考察。所谓"地域设置"，主要是指将"乡"和"里"规划在诸侯国的什么政治地理区域。在此基础上，试对春秋时期的乡、里关系加以探讨。

一、春秋时期乡、里的地域设置

关于春秋时期[考虑到制度具有一定的稳定性，本节使用的个别材料在时间上属于鲁哀公十八年(前 477)之后的在位时期]列国地域性居民组织"乡"与"里"的设置，目前能够见到材料的只有宋、郑、鲁、陈、齐、卫、楚、秦、晋、曹十个国家，但这十个国家的材料也多寡不均，有的既有乡又有里，比如宋、郑、鲁、陈、齐、楚六国；有的只有里，比如上列六国以外的其余四国。除了传世文献材料之外，还有零星古文字材料。

(一) 在都城内设置"里"

目前，所见宋国、郑国、齐国、鲁国材料能够说明春秋时期诸侯国都城内设置了地域性居民组织"里"。

宋国都城内设置之里可考者有南里、新里和公里。南里见于《春秋》昭公二十一年：

宋华亥、向宁、华定自陈入于宋南里以叛。

杜注："南里，宋城内里名。"由杜注可知宋都城内有"南里"居民组织的设置。①

宋国都城内之"新里"和"公里"见于《左传》昭公二十一年：

遂败华氏于新里。翟偻新居于新里，既战，说甲于公而归。华妵居于公里，亦如之。

杜注"新里"曰："华氏所取邑。"此则材料的大意是：齐国戍守宋国的乌枝鸣打败华氏，夺回"新里"。居住于新里的翟偻新，在双方交战时站在宋元公一边。居住于"公里"的华妵也站在宋元公一边。

郑国都城内之里可考者有中分里和东里。"中分"见于《左传》襄公九年：

楚子伐郑。子驷将及楚平……公子罢戎入盟，同盟于中分。

杜注："中分，郑城中里名。"由杜注可知，郑都城内有中分里。东里见于《论语·宪问》：

为命，裨谌草创之，世叔讨论之，行人子羽修饰之，东里子产润色之。

邢昺疏："东里，郑城中里名。子产居东里，因以为号。"据宋代邢昺之疏，说明郑国都城内还有东里。

关于齐国都城临淄城内之里，据《左传》记载的先后顺序，先来看"士孙之里"。《左传》襄公二十五年：

崔氏侧庄公于北郭。丁亥，葬诸士孙之里。四翣，不跸，下车七乘，不以兵甲。

杜注："侧，瘗埋之，不殡于庙。"有学者认为"侧"有"隐伏"之义。② 笔者认

① 关于宋都城内之"南里"还见于以下五条材料(前四条均出自《左传》昭公二十一年，第五条出自《春秋》昭公二十二年)：(1) 华氏居卢门，以南里叛。(2) 盍及其劳且未定也，伐诸！若入[杨伯峻注："入谓入南里。"见氏著《春秋左传注》(修订本)第1427页]而固，则华氏众矣，悔无及也。(3) 大败华氏，围诸南里。(4) (华貙)使华登如楚乞师，华貙以车十五乘、徒七十人犯师而出，食于睢上，哭而送之，乃复入(杜注："入南里。")。(5) 宋华亥、向宁、华定自宋南里出奔楚(杜注："言自南里，别从国去。")。

② 许子滨：《〈左传〉所记齐庄公葬礼考释》，氏著《〈春秋〉〈左传〉礼制研究》，上海：上海古籍出版社，2012年，第559～560页。

为倒不如将"侧"据音近通假为"厝"更容易理解一些,"厝"有停柩待葬之义。关于"士孙之里",杜注:"士孙,人姓,因名里。"清代学者惠士奇认为士孙是墓中之室,墓大夫所居处。[①] "葬诸士孙之里"即葬齐庄公于士孙之里,未入兆域。齐庄公的墓地"士孙之里"的位置在何处?据考古勘探,"在(齐)故城的大城内发现两处墓地。一处在大城的东北部河崖头村下及村西一带,另一处在大城南部刘家寨、邵院村南,南墙东门以里大道两侧"。[②] 曲英杰先生认为"士孙之里""似当邻近于北郭城",[③]即在临淄城内的东北部(图 2-1)。葬齐庄公于"士孙之里"反映当时"里"的一些形态,即"里"不仅有居民区,还有公共荒野之地承担墓地功能。

下面看临淄城内之鱼里。《左传》襄公二十八年:

> 庆氏之马善惊,士皆释甲、束马,而饮酒,且观优,至于鱼里。

杜注:"鱼里,里名。优在鱼里,就观之。"《左传》襄公二十八年:"陈氏、鲍氏之圉人为优。"杜注:"优,俳也。""观优"类似今天的观戏。关于"鱼里"的具体方位,清代学者顾栋高认为"鱼里当近在宫门之外"。[④] 据此可知,临淄城内宫门之外有"鱼里"。

再看临淄城内之庄里和岳里。《左传》襄公二十八年:

> 庆封归,遇告乱者。丁亥,伐西门,弗克。还伐北门,克之。入,伐内宫,弗克。反,陈于岳,请战,弗许,遂来奔。

杜注:"岳,里名。"顾栋高赞同杜注,并曰:"在宫门之外,北门之内。合庄与岳,即《孟子》所谓'庄岳之间'也。"[⑤]顾栋高所说的"庄岳之间"见于《孟子·滕文公下》:"孟子谓戴不胜曰:'子欲子之王之善与?我明告子:有楚大夫于此,欲其子之齐语也,则使齐人傅诸,使楚人傅诸?'曰:'使齐人傅之。'曰:'一齐人傅之,众楚人咻之,虽日挞而求其齐也,不可得矣。引而置之庄、岳之间数

---

① (清)阮元编:《清经解》第 2 册,第 67 页。
② 群力:《临淄齐国故城勘探纪要》,《文物》1972 年第 5 期,第 51～52 页。
③ 曲英杰:《〈春秋〉经传有关齐都临淄城的记述》,《管子学刊》1996 年第 2 期,第 52 页。
④ (清)顾栋高辑,吴树平、李解民点校:《春秋大事表》,北京:中华书局,1993 年,第 737 页。
⑤ 同上注。

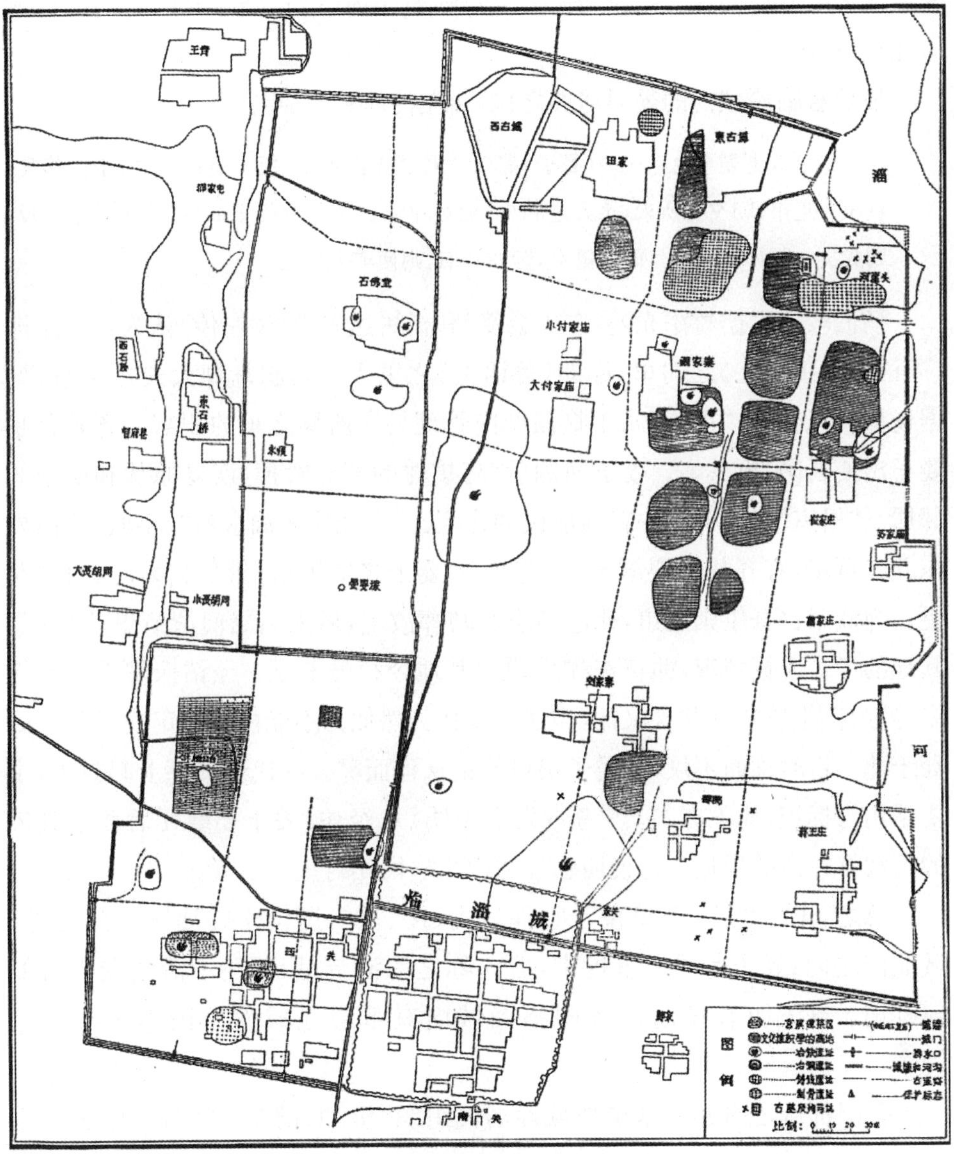

图 2－1　临淄齐国故城钻探实测图①

① 群力：《临淄齐国故城勘探纪要》，《文物》1972 年第 5 期，第 46 页。

年，虽日挞而求其楚，亦不可得矣。’”赵岐注：“庄、岳，齐街里名也。”[①]曲英杰先生认为“岳里”当在“庄”之北。[②] 说明临淄城内宫门之外，北门之内的区域有庄里、岳里。

最后看临淄城内的晏婴居葬之里。《左传》昭公三年：

> 景公欲更晏子之宅……（晏子）辞曰：“君之先臣容焉，臣不足以嗣之，于臣侈矣。且小人近市，朝夕得所求，小人之利也，敢烦里旅？”……及晏子如晋，公更其宅。反，则成矣。既拜，乃毁之，而为里室，皆如其旧，则使宅人反之。

杨伯峻先生据竹添光鸿《左氏会笺》和杨树达先生《读左传》认为：“里旅即《周语中》《鲁语上》之司里，亦即《鲁语上》之里人。其职掌卿大夫之家宅。”[③]据杨伯峻先生注，“里旅”属于临淄城内管理晏子所居之里的职官。齐景公趁晏子出使晋国，更其宅。晏子回国后，将扩建的部分毁掉，恢复原状和原来的邻居。“里室”当解为里中普通居民的住宅。《水经注・淄水》：“（小城）北门外东北二百步，有齐相晏婴冢宅。《左传》：晏子之宅近市，景公欲易之，而婴弗更。为戒曰：‘吾生则近市，死岂易志。’乃葬故宅，后人名之曰清节里。”[④]关于其地的考古发掘情况，曲英杰先生说：“其地今存晏婴冢。经钻探发现其封土未经夯打，土质杂乱并含汉瓦，当建于汉代。然似并不能由此否定晏子死后即葬于此。古时墓而不坟，且晏子很可能是从俭而葬。汉代于其墓上起封土，主要是用为标识，故不夯筑。”[⑤]考古发掘说明《水经注》关于晏婴死后葬于其宅的记载有一定的根据。这说明临淄城内之居民实行里居。

总之，士孙之里、鱼里位于临淄城内；庄、岳二里位于临淄城宫门之外，城北门之内；晏子所居之里近市，后人称之为清节里，但还不清楚在当时如何称谓。这表明春秋时期齐国临淄城内有基层地域性居民组织“里”的设置。

鲁国都城之内亦有基层地域性居民组织“里”的设置。《左传》昭公二十

---

① （清）焦循撰，沈文倬点校：《孟子正义》，北京：中华书局，1987年，第438～439页。
② 曲英杰：《〈春秋〉经传有关齐都临淄城的记述》，《管子学刊》1996年第2期，第51页。
③ 杨伯峻：《春秋左传注》（修订本），第1238页。
④ （北魏）郦道元著，陈桥驿校证：《水经注校证》，第627页。
⑤ 曲英杰：《〈春秋〉经传有关齐都临淄城的记述》，《管子学刊》1996年第2期，第51页。

五年：

> (臧会)计于季氏，臧氏使五人以戈楯伏诸桐汝之间，(臧)会出，逐之，反奔，执诸季氏中门之外。

杜注："送计簿于季氏。"杜又注："桐汝，里名。"杨伯峻先生注："闾，里门也。"[①]结合上引昭公二十五年文字的背景和杜、杨二家之注，这段文字叙述的是：臧会因为说从兄臧昭伯的坏话等原因而与其交恶，并遭其追杀，遂投靠庇护自己的鲁国执政季平子，作了郈邑的贾正。得知臧会因办理上计事到了季平子家，臧昭伯遂派五人执戈楯埋伏于桐汝里之里门，准备袭杀臧会。臧会从季平子家出来，遭到刺客的追逐，便转身向季平子家跑，在季平子家中门之外被抓。由这段记载可以推知，桐汝里之里门距离季平子家不会太远。从当时的执政季平子居于桐汝里来看，鲁国都城内有居民组织"里"的设置。

以上宋国、郑国、齐国和鲁国四个国家都城内有"里"的设置，并由此推测，春秋时期列国都城内应该都有"里"的设置。

(二) 在都城之郊设"里"

郑国、齐国和卫国的材料能够说明春秋时期都城之郊也设置了基层地域性居民组织"里"。

郑国都城外之里可考者有南里。《左传》宣公三年：

> (郑)文公报郑子之妃曰陈妫，生子华、子臧。子臧得罪而出。诱子华而杀之南里，使盗杀子臧于陈、宋之间。

这段材料讲述的是：郑文公娶了他叔父的妃子陈妫，育子华、子臧二子。子臧出奔宋国，被杀于陈、宋之间。子华被杀于南里。此"南里"即《左传》襄公二十六年"十二月乙酉，(楚军)入(郑国)南里，堕其城"和《左传》哀公二十七年"悼之四年，晋荀瑶帅师围郑，未至，郑驷弘曰：'智伯(按：即荀瑶)愎而好胜，早下之，则可行也。'乃先保南里以待之。知伯入南里，门于桔柣之门"之"南

---

① 杨伯峻：《春秋左传注》(修订本)，第1468页。

里”。杜注《左传》哀公二十七年之“南里”曰：“南里在城外。”由杜注可知以上三处郑国之“南里”位于郑都城之外，[1]其方位定在郊比较合理。

齐国临淄城东门外有阴里。《管子·轻重丁》：

桓公曰：“寡人欲西朝天子，而贺献不足，为此有数乎？”管子对曰：“请以令城阴里，使其墙三重而门九袭。因使玉人刻石而为璧，尺者万泉，八寸者八千，七寸者七千，珪中四千，瑗中五百。”……石璧流而之天下，天下财物流而之齐，故国八岁而无籍。阴里之谋也。

管子请桓公下令于阴里筑城。关于“阴里”之位置，清代学者张佩纶云：

《水经·淄水注》“又东北径荡阴里西，水东有冢，一基三坟，东西八十步，是烈士公孙接、田开疆、古冶子之坟也。晏子恶其勇而无礼，投桃以毙之，死葬阳里”，即此也。赵一清云：“‘阳里’亦作‘阴阳里’。《寰宇记》引《郡国志》临淄县东有阴阳里，是也。《御览》引作‘荡阴里’。诸葛亮《梁父吟》‘步出齐东门，遥望荡阴里’，《乐府解题》作‘追望阴阳里’。”佩纶案：“阴里”即荡阴里。三士葬其阳，故曰“阳里”。此城筑其阴，故曰“阴里”。合言之则曰“阴阳里”，不得谓三士坟在阴阳里也。[2]

据以上学者的考证，临淄城东门外有阴里。考古勘探发现临淄大城东城墙有一门，[3]既是“遥望”，此“阴里”必不在东门之城垣附近。

(三) 在都城之外的城邑设“里”

春秋时期，除了在一些国家的都城内和郊能够找到“里”的设置外，还可以在其他地区找到“里”的踪迹，齐、卫和楚三国的材料能够说明此点。

《左传》襄公十八年载：

冬十月，会于鲁济，寻溴梁之言，同伐齐。齐侯御诸平阴，堑防门而守之广里。

---

① 关于该“南里”的位置，许倬云分析道：“住宅区有南里，处于桔柣之门外面，是以知伯伐郑入南里门于桔柣之门，当是附郭的新扩区？……这个城市有三层城门，城外却仍有南里，最可能是由于城市的膨胀，必须一次又一次的加筑外城圈，使城外的人口也获得适当的保护。”（许倬云：《周代都市的发展与商业的发达》，台北：中研究史语所集刊第48本第2分，1977年，第317页）许倬云构拟了一重城门来迎合《左传》记载的南里在桔柣之门外。

② 黎翔凤撰，梁运华整理：《管子校注》，第1472页。

③ 群力：《临淄齐国故城勘探纪要》，第47页。

这则材料的大意是：冬十月，鲁襄公和攻打齐国的各诸侯国国君在鲁国的济水边相会，重温溴梁的盟誓，一起伐齐。齐灵公在平阴抵御。关于“广里”，有两种意见。杜注：“平阴城，在济北卢县东北。其城南有防，防有门。于门外作堑，横行广一里。”即将“广里”解为在防门外挖掘宽度约一里的壕沟。另一种意见认为是地名，《水经注·济水》引京相璠云：

平阴，齐地名，在济北庐县故城西南十里。平阴城南有长城，东至海，西至济，河道所由，名防门，去平阴三里。齐侯堑防门，即此也。其水引济，故渎尚存。今防门北有光里，齐人言广，音与光同。即《春秋》所谓守之广里者也。[1]

显然，西晋学者京相璠认为“广里”为地名。那么《左传》原文当读为：“堑防门，而守之广里。”[2]笔者赞同京相璠的看法，主要理由是齐灵公通过挖掘宽一里的堑壕来防守恐与实际不符。此材料说明，都城临淄以外的平阴城郊设置了居民组织“里”。[3]

卫国非都城之地亦有“里”的设置。《左传》哀公二十五年载：

夏五月庚辰，卫侯出奔宋。……五日，（祝史挥）乃馆诸外里。遂有宠，使如越请师。

杜注：“外里，公所在。”即“外里”为当时流亡之卫侯所在。杨伯峻先生注曰：“今以城钽在滑县，则外里亦然。”[4]可见，外里在今滑县。最新考古发掘表明春秋时期卫都城帝丘在今濮阳市濮阳县东南五星乡高城村南的高城遗址，[5]说明外里亦不在都城帝丘之郊外。

《国语·齐语》：

桓公曰：“吾欲西伐，何主？”管子对曰：“以卫为主。反其侵地台、原姑与漆里[6]，使海于有蔽，渠弭于有渚，环山于有牢。”

---

① （北魏）郦道元著，陈桥驿校证：《水经注校证》，第208页。

② 杨伯峻：《春秋左传注》（修订本），第1037页。

③ 此外，春秋时期的齐国还有“高马里”（《集成》11156）和“辛城里”（《集成》1154、1155），只不过暂时不好确指这两个里分布于何种区域。附记于此，待考。

④ 杨伯峻：《春秋左传注》（修订本），第1727页。

⑤ 曲昌荣：《河南濮阳发现春秋卫国都城》，《人民日报》2006年6月7日。

⑥ 《管子·小匡》作“柒”。

此则材料至少说明卫国还有漆里，且不在都城。总之，卫国的外里和漆里均不在都城及其城郊。

楚国非都城之地亦有里的设置。《左传》昭公十三年载：

> (楚灵)王沿夏，将欲入鄢。芋尹无宇之子申亥曰："吾父再奸王命，王弗诛，惠孰大焉？君不可忍，惠不可弃，吾其从王。"乃求王，遇诸棘闱以归。

对于"棘"，杜注："棘，里名。闱，门也。孔晁云：'棘，楚邑；闱，巷门。'"

根据以上齐、卫和楚三国的材料，可知春秋时期在非都城之地亦有里的设置。

(四) 在都城或城郊设"乡"

根据目前所见到的传世文献，春秋时期的宋、郑、齐、鲁、楚、陈均有"乡"的设置，但能够明确其具体地理规划的仅有宋国和郑国。

宋都城内设有四个乡。《左传》襄公九年，宋国都城发生了火灾，"乐喜为司城以为政，[①]使伯氏司里……二师令四乡正敬享"。关于"四乡正"，杨伯峻先生注曰："盖宋都有四乡，每乡一乡正，即乡大夫。"[②]这说明宋国都城设置有四个乡。宋国可考知的具体的乡名见于《礼记·檀弓下》，《五经正义》引《世本》："倾生东乡克，克生西乡士曹，曹生子罕喜。"[③]从宋国司城子罕(乐喜)的父名"西乡士曹"和祖父名"东乡克"似可说明宋国有地域性居民组织东乡和西乡。这二乡应该在宋国都城内。

郑国之"乡"见于《左传》襄公三十一年：

> 郑人游于乡校，以论执政。然明谓子产曰："毁乡校何如？"

杜注"乡校"曰："乡之学校。"类似的记载又见于《孔子家语》。[④] 从该则材

---

① 关于司城乐喜，据《左传》桓公六年(前706)"宋以武公废司空"、《礼记·檀弓下》郑玄注"宋以武公讳，司空为司城。子罕，戴公子乐甫术之后乐喜也"[《礼记·檀弓下》，(清)阮元校勘：《十三经注疏》(5)，第198页]和《战国策·东周·周文君免士工师藉》"子罕释相为司空"可知，宋国避武公讳，将司空改称司城，乐喜即子罕。

② 杨伯峻：《春秋左传注》(修订本)，第963页。

③ 《礼记·檀弓下》，(清)阮元校勘：《十三经注疏》(5)，第198页。

④ 《孔子家语·正论解》载："郑有乡校，乡校之士，非论执政。鬷明欲毁乡校。"

料之“乡校”一词说明春秋时期的郑国有“乡”的设置。郑国之乡校似设在都城内或者城郊。

二、春秋时期的乡里关系试探

据目前所能见到的材料，春秋时期有的国家在同一时期既有“乡”又有“里”，比如陈国；在一些国家的同一地理区域内既有“乡”又有“里”，比如宋国都城。那么春秋时期的两个基层地域性居民组织“乡”与“里”之间有没有关系？若有，又是什么关系呢？下面对此问题试作探究。

先来看齐国的情况。《国语·齐语》有“发闻于乡里者”和“不长悌于乡里者”的记载，“乡”与“里”连言，似“乡”辖“里”之证据。另外，在《国语·齐语》中管仲规划的“国”系统的居民组织“乡”虽非直接辖“里”，但“乡”为高于“里”的基层地域性居民组织和军事组织。据此可以得出齐国以乡统里的认识。那么，是否齐国一乡下辖若干里呢？根据《国语·齐语》，情况确实如此。《国语·齐语》载“国”内的居民组织设置为：“十轨为里，里有司；四里为连，连为之长；十连为乡，乡有良人焉。”据此计算，一乡辖四十个里。《说苑·奉使篇》载晏子云：“齐之临淄三百闾，张袂成帷，挥汗成雨。”据《淮南子·修务训》高诱注“闾”即“里”，则“三百闾”即三百个里。这说明春秋齐临淄城内设置了很多里，[①]故而在春秋时齐国都城内应该是一乡辖若干里的。

关于春秋时期的齐国已经出现以乡辖里的行政制度之事，还可以得到出土文字材料的证明。孙敬明先生在齐陶文的分期断代中，将Ⅰ型和Ⅱ型均归属于春秋晚期，其中Ⅰ型豆类齐陶器形的特征为：“平口、深盘、细高柄、喇叭口形足、印文戳记多作方或长方形，以阴文为主，阳文少见；阳文多为单字。陶文多由玺印按压于豆柄上部，倒正无别，纵横互见。每柄一印。”孙先生还举了其中如下三例：[②]

(1) 塙闾檀里曰雷　　　　(《陶汇》3.422)

---

① “三百闾”当是约数。按《国语·齐语》“国”内工商之乡六，士乡十五，凡二十一乡。每乡四十个里，共八百四十个里，与《说苑》差别很大。

② 孙敬明：《齐国陶文分期刍议》，《古文字研究》(第19辑)，北京：中华书局，1992年，第324、325、330页。

（2）塙间樝里曰淖（潮）　　　　　　　　　　　　　　　　　　（《陶汇》3.418，3.419）

（3）塙间樝里曰臧　　　　　　　　　　　　　　　　　　　　　（《陶汇》3.420，3.421）

高明先生认为“塙间”亦属乡名。[1] 据此，春秋晚期的齐国存在以乡统辖里的制度。当然这种结论是建立在一些学者，包括高明先生在内，认为“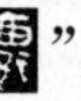”当释为“乡”的基础之上。众所周知，各家对齐陶文中的“”字释读尚有分歧。本书赞同此字释“乡”的观点，故附记于此。

概括言之，根据《国语·齐语》的记载和春秋晚期的齐陶文材料，最早在齐桓公时期，最迟在春秋晚期，齐国存在以乡辖里和一乡辖若干里的制度。

春秋时期的齐国如此，其他国家的情况如何呢？《国语·楚语》载观射夫对楚昭王说：“于是乎合其州乡朋友婚姻，比尔兄弟亲戚。”《史记·老子韩非列传》说老子是“楚苦县厉乡曲仁里人”。根据这两条材料，似乎已经可以得出春秋时期的楚国不仅有乡的设置，而且还存在以乡辖里的地方行政制度。不过，这些材料属于晚出，有可能反映的是春秋之后的制度。战国时期楚国有“乡”仅见于《鹖冠子·王鈇》“十伍为里……四里为扁……十扁为乡”。据此可以认定战国时期楚国以乡辖里。可是，在迄今出土的大量战国楚文字资料中未见楚国有“乡”一级基层地域性居民组织，即地下出土的古文字材料尚不能与传世文献互证。据此，是否就能说明战国时期的楚国不存在乡呢？假如战国时期楚国不存在“乡”的设置，又考虑到楚国自春秋至战国基层地域性居民组织虽有演变但不会有太大变化，那么是否就能说明楚国春秋时期也不存在“乡”的设置呢？关于春秋时期楚国有无乡的问题，笔者的认识如下：

《左传》哀公十六年（前479）载：“夏四月己丑，孔丘卒。”孔丘之卒已到了春秋晚期。老子与孔子大致生活于同一时代。《史记·老子韩非列传》之“楚苦县厉乡曲仁里人”不仅提供了春秋时期楚国有乡的证据，而且还提供了楚国之乡设置在哪里的线索。《史记索隐》认为：“苦县本属陈，春秋时楚灭陈，而苦又属楚，故云楚苦县。”据《索隐》，春秋之陈国即有苦县。将《左传》宣公十一年（周定王九年，前598）楚国自陈国“乡取一人焉以归”和《国语·周语中》周定王（前606—前586）的使者单襄公路过陈国时遭遇“司里不授馆”的款待二者

[1] 高明：《从临淄陶文看衢里制陶业》，《高明论著选集》，第260～261页。

合观，可以说明陈国同时期既有乡又有里的设置。一百多年后，鲁哀公十七年（前478）"楚公孙朝帅师灭陈"。陈被楚灭后，原陈国疆域内旧有的地方行政制度可能未按照楚国的模式加以改造而保留下来。但是为何迄今在郭店简、包山简、葛陵简、上博简、清华简等在楚地发现的战国竹简中未发现楚国有"乡"的存在呢？在时代上，上述战国楚简均属于公元前450年之后的材料。在地域上，可能春秋时期的楚国本土并无"乡"的设置，但春秋时期楚灭四十余国，[①]可能在新扩张地区原封不动地接收了被灭亡国的基层地域性居民组织"乡"（例如前面提到的陈国，且陈国不止被楚灭一次），从而楚国也有了"乡"的设置。而目前已出土之战国楚简并不属于反映这些新扩张地区的材料，故不见楚国有"乡"的影子。如此认识，则说明传世文献《史记·老子韩非列传》《国语·楚语》《鹖冠子·王鈇》等记载的春秋、战国时期楚国有"乡"的设置是符合实际情况的，也与战国楚简未发现楚国有"乡"的设置的情况不相牴牾。

春秋时期楚国乡的存在目前能够考知的仅限于旧陈国地域，即《史记·老子韩非列传》关于老子籍贯的材料虽晚出但可信，可以证明春秋中期陈国存在以乡辖里的制度，也可以证明春秋晚期楚国灭掉陈国后因继承陈国的制度而出现以乡辖里的制度。

春秋时期除了以上齐国、陈国和楚国存在以乡辖里的制度外，《墨子·尚同》篇有从小到大且存在包含被包含关系的地域概念材料，似亦能说明春秋时期已经出现了以乡统辖里的制度。《墨子·尚同上》载：

> 是故里长者，里之仁人也。里长发政里之百姓，言曰："闻善而不善，必以告其乡长。乡长之所是必皆是之，乡长之所非必皆非之。去若不善言，学乡长之善言；去若不善行，学乡长之善行。"则乡何说以乱哉？察乡之所治者，何也？乡长唯能壹同乡之义，是以乡治也。乡长者，乡之仁人也。乡长发政乡之百姓，言曰："闻善而不善者，必以告国君。国君之所是必皆是之，国君之所非必皆非之。去若不善言，学国君之善言；去若不善行，学国君之善行。"则国何说以乱哉？察国之所以治者，何也？国君唯能壹同国之义，是以国治也。国君者，国之仁人也。国君发政国之百姓，言曰："闻善而不善，必以告天子。天子之所是皆是之，天子之所非皆非之。去若不善言，学天子

---

① 清人顾栋高（《春秋大事表·春秋列国爵姓及存灭表》，第563～608页）和今人何浩（《楚灭国研究》，武汉：武汉出版社，1989年）分别认为楚灭44和48国。

之善言;去若不善行,学天子之善行。"则天下何说以乱哉? 察天下之所以治者,何也? 天子唯能壹同天下之义,是以天下治也。

抽绎其主要意思,可以简化为,从里(里长)、乡(乡长)、国(国君)到天下(天子),层层扩大,让百姓均向上一级地域组织的长官学习,则里治、乡治、国治、天下治。在《墨子·尚同中》也可以找到墨子使用里、乡、国、天下四个自小至大按序排列的概念,此不赘引。墨子是春秋战国之际人,[①]《尚同上》《尚同中》二篇均系墨子所作,[②]故来自此二篇的材料似亦能证明春秋时期以乡辖里的制度已经出现。只不过根据《墨子》所言,无法进一步知道这是哪一国的制度。《墨子》不言具体哪一国,似可说明这是春秋列国的普遍情况。

据此推断,春秋时期既有"乡"又有"里"的国家,比如宋国、郑国、鲁国,也应该存在以乡统里、一乡辖若干里的地方基层行政制度。不过,需要指出的是,前面提到的关于一些国家"乡"和"里"的材料除了《史记·老子韩非列传》之"厉乡"和"曲仁里"具有明确而直接的上下隶属关系以外,其他的乡则不一定和各国材料中提到的里具有上下隶属关系。此外,每一国内部和列国之间,实际上应该也存在着乡与乡、里与里规模的大小和一乡辖"里"的多少之别。

春秋时期一些国家在都城内外既设置基层地域性居民在组织"里"又设置"乡",从而形成以"乡"辖"里"、一"乡"辖若干"里"的基层行政制度雏形。就目前的材料而言,这种制度以陈国为代表,在春秋中期应该已经出现。这种制度的创设,奠定了此后战国时期一些国家乃至战国以降中国古代社会基层地域性居民组织的主流——"乡里"两级制的雏形。

第三节　春秋时期乡里之职官、职能、规模和功能

在上一节探讨春秋时期列国乡、里地域设置及乡、里关系的基础上,本节拟讨论春秋时期乡与里的功能、规模、乡里官吏称谓及其职能和政府对基层地

① (清)孙诒让撰,孙启治点校:《墨子间诂·点校说明》,北京:中华书局,2009 年。
② (清)孙诒让撰,孙启治点校:《墨子间诂·自序》。

域性居民组织官吏的考核。

一、春秋时期乡、里之官吏及其职能

西周时期“里”的长官有“里君”和“司里”称谓，春秋时期里的长官所见有“里有司”等一些称谓。西周时期里的长官有参与土地流转的现象，春秋时期看不到这方面的记载，但春秋时期里的长官的职能在典籍中有更加详细的记载。春秋时期新出现的“乡”的长官既可以称乡长，又可以称乡正、良人、乡师，其职能分为行政和军事两个方面。行政方面要向国君举荐辖区内的人才和举告坏人，遇有火灾要举行祭祀。在军事方面，要统帅军队。下面根据所见材料论述之。

（一）“乡”之官吏称谓及其职能

春秋时期的“乡官”称谓有“乡正”，见于有关宋国的材料；还有“乡长”“良人”和“乡师”，见于有关齐国的材料。

前引《左传》襄公九年宋国的材料中，“乡”之长称“乡正”。在宋都城遭遇火灾后，二师令乡之长官敬享以禳除火灾。这是在遭遇火灾后的职司，在平时肯定有别的职责，只是今天已看不到这方面的记载，无法作出明确的描述。

齐国的“乡”之长称“乡长”。《国语·齐语》中有涉及齐国乡长部分职责的材料：

> 正月之朝，乡长复事。君亲问焉，曰：“于子之乡，有居处好学，慈孝于父母，聪慧质仁，发闻于乡里者，有则以告。有而不以告，谓之蔽明，其罪五。”有司已于事而竣。桓公又问焉，曰：“于子之乡，有拳勇股肱之力秀出于众者，有则以告。有而不以告，谓之蔽贤，其罪五。”有司已于事而竣。桓公又问焉，曰：“于子之乡，有不慈孝于父母，不长悌于乡里，骄躁淫暴，不用上令者，有则以告。有而不以告，谓之下比，其罪五。”有司已于事而竣。

以上可以概括为乡长负责推荐本乡“居处好学，慈孝于父母，聪慧质仁，发闻于乡里者”和“拳勇股肱之力秀出者”于国君，对于“不慈孝于父母，不长悌于乡里，骄躁淫暴，不用上令者”要举告于国君。“复事”即请示和汇报工作之意，乡长在正月要直接向国君请示汇报本乡工作。若乡长犯有“蔽明”“蔽贤”和

“下比”三类罪，要被治罪，根据罪行之性质和轻重，每类罪名又分为五种，此即对乡长之施政进行考核和督察。国君通过这种措施牢牢掌控地方的乡政权。各乡乡长在这种体制下，只有按国君的意图办事，估计办事不力的乡长，轻则治罪，重则撤职。目前还不清楚乡长人选如何产生，即是否由国君来任命，但根据《国语》的记载，国君可以治乡长的罪。目前所见材料，不见春秋时期国君对“里”之长有何要求，大概国君只垂直管理到乡一级，收提纲挈领之效。

齐国“乡”的长官除了上述的“乡长”外还有“良人”，见于《国语・齐语》，兹引述如下：

> 管子于是制国：……十连为乡，乡有良人焉。以为军令：……十连为乡，故二千人为旅，乡良人帅之。

“良人”既是“国”中“乡”的行政长官，也是“乡”中军队的统帅。此外，齐国“乡”之长官还有“乡师”，见于《管子・立政》：

> 凡孝悌、忠信、贤良、儁材，若在长家子弟、臣妾、属役、宾客，则什伍以复于游宗，游宗以复于里尉，里尉以复于州长，州长以计于乡师，乡师以著于士师。凡过党，其在家属，及于长家；其在长家，及于什伍之长；其在什伍之长，及于游宗；其在游宗，及于里尉；其在里尉，及于州长；其在州长，及于乡师；其在乡师，及于士师。三月一复，六月一计，十二月一著。

大意是：凡孝悌、忠信、贤良和俊才，如果出在富室之子弟、[1]臣妾、仆役和宾客，那么，就要逐级由什、伍长上报游宗，游宗上报里尉，里尉上报州长，州长再汇总上报于乡师，乡师最后登记报于士师。凡责罚与犯罪有牵连的人，问题出在家属的，应连带及于富室家长；出在富室的，应连带什长、伍长；出在什长、伍长的，连带游宗；出在游宗的，连带里尉；出在里尉的，连带州长；出在州长的，连带乡师；出在乡师的，要连带士师。每三个月一上报，六个月一汇总，十二个月来一次登记举报。即乡师对人才有举荐之责，乡师之下有责罚和犯罪的，乡师要连带受过。

---

① 朱凤瀚说：“长家，实指大户人家”，即《列子・杨朱》所言“里之富室”。见氏著：《先秦时代的“里”——关于先秦基层地域组织之发展》，第 207 页；另见《商周家族形态研究》（增订本），第 565 页。

（二）“里”之官吏称谓及其职能

春秋时期“里”的长官可称“司里”“里旅”“里人”和“里有司”等。春秋时期“里”的长官称“司里”者见于以下材料：

《国语·周语中》：

> 定王使单襄公聘于宋，遂假道于陈以聘于楚。……司里不受馆，国无寄寓，县无施舍，民将筑台于夏氏。

韦注：“司里，里宰也，掌授客馆。”此为陈国之“里”的长官称“司里”的唯一材料。[①] 其职责之一即国宾至，为宾客安排馆舍。

《国语·鲁语上》：

> 公欲弛郈敬子之宅，亦如之。对曰：“先臣惠伯以命于司里，尝、禘、蒸、享之所致君胙者，有数矣。”

“公”指鲁文公（前626—前609）。鲁文公想毁鲁大夫郈敬子的住宅以扩展王宫，却打着让郈敬子易地会住得更宽敞的旗号。鲁文公此举遭到郈敬子的拒绝，理由是司里安排先臣惠伯居于此好几代了。

韦注：“言先臣惠伯受命于司里，居此宅也。”清代学者胡匡衷[②]曰：“司里为司空之属，故又掌授民居。”[③]可见司里的职责之一是掌授民居。

《左传》中，从文字层面来看，亦有“司里”。下面来考察《左传》中的“司里”该如何理解。《左传》襄公九年：

> 宋灾，乐喜（字子罕）为司城以为政，使伯氏司里。火所未至，彻小屋，涂大屋，陈畚、挶；具绠、缶，备水器；量轻重，蓄水潦，积土涂；巡丈城，缮守备，表火道。

杜注：“伯氏，宋大夫。司里，里宰。”[④]按照杜注，“使伯氏司里”之“伯氏”

---

① 《国语·周语中》载：“其《时儆》曰：‘收而场功，偫而畚梮，营室之中，土功其始，火之初现，期于司里。’”韦注：“司里，里宰。”但是，《时儆》的形成时代，反映何地的制度，目前均无法确定。姑附于此。

② （清）胡匡衷（1728—1801），安徽绩溪人，尤精三礼。

③ 见杨伯峻：《春秋左传注》（修订本），第163页。

④ 按：上海古籍出版社1988年版《春秋经传集解》此处杜注有误，本条杜注出自《春秋左传正义》，（清）阮元校勘：《十三经注疏》（6），第522页。

后边便缺了第二个谓语。清俞樾认为:“杜注‘司’字,衍文也。本云:‘伯氏,宋大夫。里,里宰。’盖以‘里宰’释‘里’字,非以‘里宰’释‘司里’二字也。”[①]就目前所知,“里宰”来自《周礼》。按俞樾说,“里”即“里宰”。那么,伯氏为大夫,绝不可能去担任都城内基层地域性居民组织“里”之长,而是司宋都城内众“里宰”之官。杨伯峻先生也不赞同杜注将“司里”解为官名,认为“司里非官名。里即里巷,城内居民点。司里者,管辖城内街巷。”[②]杨伯峻先生将里解为里巷,即宋都城发生火灾后,子罕派大夫伯氏负责城内里巷防火事宜。总之,杜注之“司里,里宰”和下面提到的《国语·周语》“司里”之韦注“里宰”虽然一致,但只能《左传》自《左传》、《国语》自《国语》来理解,否则正如上面所分析的,依杜注理解《左传》“司里”,则句子变得不通。“彻小屋,涂大屋,陈畚、挶;具、绠缶,备水器;量轻重,蓄水潦,积土涂;巡丈城,缮守备,表火道”,即大夫伯氏领导诸里宰在火灾出现后组织里中百姓所完成之事。

春秋时期里的长官亦称“里旅”。《左传》昭公三年:“且小人近市,朝夕得所求,小人之利也,敢烦里旅?”杨树达云:“‘里旅’乃职司之名,与《周官》‘里宰’‘闾师’相类。杜训‘旅’为‘众’,非也。”[③]杨伯峻承其说,进一步认为:“里旅即《周语中》《鲁语上》之司里,亦即《鲁语上》之里人。”[④]

春秋“里”之长官亦可称“里人”,见于以下材料:

《国语·鲁语上》:

> 若罪也,则请纳禄与车服而违署,唯里人之所命次。

韦注:“里人,里宰也。”“里人”与前文所引《国语·鲁语上》之“司里”结合,孟文子的故事中的“臣立先君之署”使用的是“里人”,而下文郈敬子故事当中“先臣惠伯以命于司里”使用的是“司里”,郈敬子是惠伯的玄孙,而“先君”一词表明鲁大夫公孙敖是孟文子的父亲,由此可以得出,“司里”和“里人”按韦昭注,均应释为“里宰”。据西周金文,“里人”最早见于西周晚期的𩰫簋(《集成》

---

① (清)俞樾:《茶香室经说》卷十四,光绪十四年(1888)刻本。参见氏著《春在堂全书》第7册,南京:凤凰出版社,2010年,第181页。
② 杨伯峻:《春秋左传注》(修订本),第961页。
③ 杨树达:《杨树达文集·积微翁回忆录》,第116页。
④ 杨伯峻:《春秋左传注》(修订本),第1238页。

4215)，而“司里”见于西周(《国语·周语中》)和春秋时期。因此《国语·鲁语上》在记载孟文子和郈敬子的故事前后相距不到一百字的文字中，既使用“里人”又使用“司里”，这是个值得研究的问题。

《晏子春秋·问上》：

> 宋人有沽酒者，为器甚清洁，置表甚长，而酒酸不售。问之里人其故，里人云：“公之狗猛，人挈器而入，且沽公酒，狗迎而噬之，此酒所以酸而不售也。”

据韦昭注“里人”是“里”中长官，等同于“司里”。

里的官吏还有“里有司”，见于《国语·齐语》：

> 管子于是制国：五家为轨，轨为之长；十轨为里，里有司；四里为连，连为之长；十连为乡，乡有良人焉。以为军令：五家为轨，故五人为伍，轨长帅之；十轨为里，故五十人为小戎，里有司帅之；四里为连，故二百人为卒，连长帅之；十连为乡，故二千人为旅，乡良人帅之；五乡一帅，故万人为一军，五乡之帅帅之。三军，故有中军之鼓，有国子之鼓，有高子之鼓。

《齐语》中的“里有司”属于“国”系统一里之行政长官，也是一里军队的长官。

里之职官尚有“里尉”，见于《管子·立政》：“分州以为十里，里为之尉。……审闾闬，慎筦键。筦藏于里尉，置闾有司，以时开闭。闾有司观出入者，以复于里尉。凡出入不时，衣服不中，圈属群徒不顺于常者，闾有司见之，复无时。”其职能至少有掌管里门之筦钥，随时受理闾(里)有司的报告，掌握出入里门的居民情况。

春秋时期“里”之职官称谓似还有“里尹”。《礼记·杂记下》：

> 姑姊妹，其夫死，而夫党无兄弟，使夫之族人主丧。妻之党，虽亲弗主。夫若无族矣，则前后家，东西家，无有，则里尹主之。或曰：主之而附于夫之党。

按照郑玄注，其中之“里尹”系基层地域性居民组织“里”之职官。不过受材料所限，里之职官“里尹”的使用时代则难确定，需要略加辨析该材料的形成时代和该材料所记载的时代。《礼记》编成于汉代，其中《缁衣》又新见于战国中晚期之际形成的郭店楚简和上海博物馆藏楚简。这使得《礼记》整体的形成时代需要往前提，至少可以提到战国中晚期之际，即《杂记下》篇极有可能最晚形成于战国中晚期之际。但目前已出土的战国秦汉古文字材料却不见有地方职官“里尹”的记载，基层地域性居民组织职官“里尹”应当出现得更早。目前惟西周厉王世鬲比盨(《集成》4466)铭文有中央职官“里尹”(参见本书第一章第五节)，此中央职官亦仅此一见。根据这极其有限的材料似可推测《杂记下》之“里尹”系西周中央职官跌落至地方基层地域性居民组织职官的残存，而随着时代变迁其在中央职官系统已销声匿迹。此种剧变，据厉王世鬲比盨推断，当不太可能发生于西周，大致可以定在春秋及战国早中期。这意味着《杂记下》之“里尹”很可能是春秋时期基层地域性居民组织“里”的职官。据《杂记下》，里尹的职能之一就是负责主持本里既无族亦无邻居之死者的葬礼，或依托死者之党来主持其葬礼。此职能是在特定时刻予以体现，平时应有其他职能，否则在特定时刻难以高效组织本里之人力和物力为特别之死者举行葬礼。

总之，司里、里人掌授民居，为他国使节安排馆舍。里尉掌管里门的钥匙。里有司负责监督里中居民的行为。发生火灾，里的长官要组织里中居民应对。里尹的一项职能是负责主持本里既无族亦无邻居之死者的葬礼。

(三)“里”之官吏的产生及其上司

《墨子·尚同上》：“是故里长者，里之仁人也。”《管子·小匡》：“择其贤民，使为里君。”可见里之长官来自贤民。《公羊传》宣公十五年何休注：“选其耆老有高德者，名曰父老。其有辩(办)护伉健者为里正。皆受倍田，得乘马，父老此(比)三老孝弟官属，里正比庶人在官[之]吏。”选里中办护伉健者作里正。享有一定的特权，即受倍田，可以乘马。综合言之，里的长官是里中“仁人”“贤民”和里中“办护伉健者”。

《左传》襄公九年记载宋国都城发生火灾，司城乐喜使伯氏司里，表明在宋都城内里之长听命于大夫伯氏或受其节制，但这应该是临时性的。

《国语·鲁语上》鲁国的孟文子和郈敬子拒绝鲁文公迁宅的作法，所言之理由——住宅为司里所授——使鲁文公亦奈何不得！“掌授民居”是司里的职责之一，而司里又是司空的属吏，故鲁文公直接让孟文子和郈敬子迁宅，在行政渠道上行不通。郈敬子“请从司徒以班徙次”，韦昭注：“司徒掌里宰之政，比夫家众寡之官也。敬子自以有罪，君欲黜之，故请从司徒徙里舍也。”①“司徒掌里宰之政”，即在行政上，司里听命于司徒。

总之，都城里宰从掌里中居宅的角度讲，属于司空的属吏，但从行政角度来看，受司徒节制。

二、春秋时期乡、里之规模

春秋时期乡与里的规模在《国语·齐语》和《管子》有明确的记载。

《国语·齐语》：

> 管子于是制国：五家为轨，轨为之长；十轨为里，里有司；四里为连，连为之长；十连为乡，乡有良人焉。以为军令：五家为轨，故五人为伍，轨长帅之；十轨为里，故五十人为小戎，里有司帅之；四里为连，故二百人为卒，连长帅之；十连为乡，故二千人为旅，乡良人帅之；五乡一帅，故万人为一军，五乡之帅帅之。三军，故有中军之鼓，有国子之鼓，有高子之鼓。

在齐国“国”中，一里之规模为五十家，一乡之规模为二千家。“国”中的军事编制单位是一里五十人，一乡二千人。

《国语·齐语》：

> 管子对曰：“制鄙，三十家为邑，邑有司；十邑为卒，卒有卒帅；十卒为乡，乡有乡帅；三乡为县，县有县帅；十县为属，属有大夫。五属，故立五大夫，使各治一属焉；立五正，使各听一属焉。是故正之政听属，牧政听县，下政听乡。”

在齐国“鄙”中，没有“里”的设置，一乡三千家，规模比国中之乡要大。

《管子·小匡》：

> 桓公曰：“参国奈何？”管子对曰：“制国以为二十一乡，商工之乡六，士农之乡十五。公帅十一乡，高子帅五乡，国子帅五乡，参国故为三军。公立三官之臣，市立三乡，工立三族，泽立三虞，山立三衡。制五家为轨，轨有长。十轨为里，里有司。四里为连，连有长。十连为乡，乡有良人。三乡一帅。”桓公曰：“五鄙奈何？”管子对曰：“制五家为轨，轨有长。六轨为邑，邑有司。十邑为率，率有长。十率为乡，乡有良人。三乡为属，属有帅。五属一大夫，武政听属，文政听乡，各保而听，毋有淫泆者。”

---

① 徐元诰撰，王树民、沈长云点校：《国语集解》(修订本)，第164页。

据《小匡》：齐国“国”中一里五十家，一乡二千家；齐国“鄙”中一乡三千家；“鄙”中无“里”，有“邑”，一“邑”三十家。这与《齐语》是一致的。《小匡》明确规定，鄙中之“邑”，军事上听从“属”，三乡为属，属有帅；行政上听乡，乡有良人负责。

综合《齐语》和《小匡》，齐国“国”中一“里”五十家，一乡二千家。在“鄙”中，无居民组织“里”的设置，一乡“三千家”。

以上是根据《齐语》和《小匡》来推算春秋时期齐国的乡和里的规模。《韩非子·十过》载：“曹人闻之，率其亲戚而保釐负羁之闾者七百余家，此礼之所用也。”此则材料与春秋时期晋国侵曹国时下令保护的釐负羁有关。《淮南子·修务训》高诱注释“闾”为“里”。[①] 按照高诱对“闾”的注释，可据“釐负羁之里者七百余家”推算曹国都城内釐负羁之“里”的规模。按照一家五口人计算，可得到一里大约接近四千人的概念。比照今天的我国农村，四千人的村落，规模也是相当大的一个行政村。当然，“七百余家”不完全是釐负羁宗族，还包括入釐负羁之间避难者。即便考虑到战争期间入釐负羁闾的避难者，釐负羁闾的规模和《国语》记载的齐国的里的规模相比较，还是有很大的差距。

三、春秋时期乡、里之功能

从《左传》襄公十五年记载的乡人向子罕献玉的故事可知，宋国“乡”内居民不得随意越“乡”，否则受到相应的惩处。

在有关郑国“乡”的材料中，“乡”中还设有发挥教化功能的“校”。“郑人”当指郑国之国人。在子产执政之初，国人经常集于乡校议论子产的政治举措，即议论国事。可见在子产执政初期，郑国的乡校似乎具有郑国舆论中心的功能。

西周之里为居民区，春秋仍如此。《诗经·将仲子》中的“仲子”居于郑国的某个里中，郑国的执政子产居东里，鲁国的季平子居于桐汝里；宋国的乐喜(子罕)、郑国的丰卷、齐国的晏子、曹国的釐负羁、鲁国的孟文子虽然不知居于

---

① 《淮南子·道应训》即为“釐负羁之里”。参刘文典撰，冯逸、乔华点校：《淮南鸿烈集解》，北京：中华书局，1989年，第393页。

何里，但可以确知皆居于里中。关于“里”的社会功能，最典型的材料莫如《左传》襄公九年：

> 九年春，宋灾，乐喜为司城以为政，使伯氏司里。火所未至，彻小屋，涂大屋，陈畚、挶；具绠、缶，备水器；量轻重，蓄水潦，积土涂；巡丈城，缮守备，表火道。

杨伯峻先生注：“里即里巷，城内居民点。司里者，管辖城内街巷。”[①]公元前564年，宋国都城发生火灾后，司城乐喜让伯氏司里，组织里中居民在火尚未延烧之处拆除小房屋，在大房屋的外表涂抹泥土，备好畚和挶等装运沙土的器具、汲水用的绳子和缶、盛水的器具，储水于水池，堆积沙土于路边，组织人员在城上巡逻，修缮守备，防止敌国趁火偷袭，并瞭望和观察火情，适时指引城内的人们标出火势蔓延的路径。通过宋国火灾发生后里巷的一些防火措施，可见城内基层居民组织“里”的一些功能，即通过“里”这种行政机制将里内人力、物力组织起来，应对灾害。《左传》该段主旨是为了展示子罕甚有才干，但从井井有条的举措中反映出城内里中居民平素应该在司里者[②]的率领下经常完成各种公共事务，以至于灾害突发，方能做到上下相随，得心应手。

下面是关于鲁国的材料，《论语·雍也》：

> 子华（公西赤）使于齐，冉子为其母请粟。子曰：“与之釜。”请益。曰：“与之庾。”冉子与之粟五秉。子曰：“赤之适齐也，乘肥马，衣轻裘。吾闻之也，君子周急不继富。”原思为之宰，与之粟九百，辞。子曰：“毋！以与尔邻里乡党乎！”

朱熹注：“言常禄不当辞，有余自可推之以周贫乏，盖邻、里、乡、党有相周之义。”[③]此为孔子倡导邻里乡党应该互相周济之意。这是民间邻里乡党共同体精神的一种表现。

《国语·鲁语下》载：

> 季康子欲以田赋，使冉有访诸仲尼。仲尼不对，私于冉有曰：“求来！女不闻乎？先王制土，籍田以力，而砥其远迩；赋里以入，而量其有无；任力以夫，而议其老幼。”

---

① 杨伯峻：《春秋左传注》（修订本），第961页。
② 此处对“司里”的解释从杨伯峻说。
③ （宋）朱熹：《四书章句集注》，北京：中华书局，2012年，第85页。

韦昭注:“里,廛也,谓商贾所居之区域也。”[①]“赋里以入”即以“里”为单位征赋。

《左传》昭公十二年载:“(南蒯)将适费,饮乡人酒。乡人或歌之曰:‘我有圃,生之杞乎!从我者子乎,去我者鄙乎,倍其邻者耻乎!已乎已乎!非吾党之士乎!’”南蒯将要赴自己管辖的采邑费,乡人为其饯行。反映了当时乡中的风俗习惯。

总之,乡在春秋时期属于一种基层地域性居民组织,居民已形成以乡为中心来组织自己生活的传统和习俗。乡中设有乡校,国人可于此聚会,议论政事。乡校乃民间议政场所。既是学校,亦具有教化乡民的功能。里在春秋时期仍为居民区,有水井、房屋住宅,也有巷、墙、园、道路等规划。遇到突发事件,通过里的官吏组织里中百姓这种行政机制予以应对。邻里乡党有相互周济宴飨的习俗。鲁国政府征收赋税,以里为单位。

第四节　春秋时期的“邑”的多样性

西周时期的里之下有数字邑一级居民组织的存在。进入春秋时期,属于基层地域性居民组织的“邑”仍然存在并且继续发展。春秋时期的邑的称谓呈现多样化。《公羊传》襄公十五年东汉何休注:“所谓采者,不得有其土地、人民,采取其租税耳。”此即从法理上讲采邑主对采邑居民无行政权,行政权在国君手中。所以本章的研究对象包括采邑内的基层居民组织的行政运作。研究春秋时期的邑,目前可用的材料主要是《春秋》和《左传》等,其次还有一些出土古文字材料。以往对《春秋》和《左传》之邑进行研究的成果主要体现在杜注中,本节即以杜注为主,辅以其他文献,对春秋时期的居民组织“邑”予以梳理和研究。关于出土材料中齐国𬍛镈铭中涉及的居民组织,本节亦加以探究。

一、《春秋》和《左传》之邑

《春秋》《左传》和杜注对春秋时期的邑有许多称谓,这集中反映了杜预那

① 徐元诰撰,王树民、沈长云点校:《国语集解》(修订本),第206页。

个时代及之前的学者对春秋时期居民组织邑的认识。比如"采邑"(采,亦作"寀";又作"埰",见《集韵》,去声)、"封邑""官邑""私邑""宗邑""下邑""外邑""本邑""别邑""朝宿之邑""汤沐邑""禄邑""边邑""鄙邑""旁邑""一乘之邑"和"四井之邑"等等,另外从杜注可知有一些"邑"与里、丘、州等同,有的"邑"还包含若干书社。本节研究的《春秋》《左传》之邑包括《春秋》《左传》本身明确记载的邑和杜预认定的邑。

(一) 采邑和直辖邑

春秋时期的采邑和直辖邑分为两类,一类分布在周王统治地区,另一类分布在诸侯列国。

1. 周王畿之采邑和直辖邑

西周实行采邑制。王畿内之采邑由周天子向贵族颁赐。进入春秋时期周天子继续实行采邑制,例如《左传》僖公二十四年:

> 初,甘昭公有宠于惠后,惠后将立之,未及而卒。……秋,颓叔、桃子奉大叔以狄师伐周,大败周师,获周公忌父、原伯、毛伯、富辰。

杜注:"甘昭公,王子带也,食邑于甘。"杜注:"原、毛皆采邑。"甘昭公是周惠王的儿子,其采邑在甘。原伯和毛伯采邑分别在原和毛。

周天子赏赐的一些贵族采邑内有若干小邑。例如《左传》隐公十一年:

> (周桓)王取鄔、刘、蒍、邘之田于郑,而与郑人苏忿生之田:温、原、絺、樊、隰郕、欑茅、向、盟、州、陉、隤、怀。

杜注:"(鄔、刘)二邑在河南缑氏县,西南有鄔聚,西北有刘亭。""蒍、邘,郑二邑。""苏忿生,周武王司寇苏公也。""凡十二邑,皆苏忿生之田。""苏氏叛王,十二邑王所不能有。"

苏忿生作为周武王的司寇在西周初期已被赐予成周畿内之地——温,作为其采邑。这已经得到西周晚期史颂簋铭的证明。上引《左传》之"鄔、刘"二邑属于谁?杜注没有解释。但从《左传》原文"王取鄔、刘、蒍、邘之田于郑"来看,此"鄔、刘"二邑同"蒍、邘"二邑,均属郑国。而温、原、絺、樊、隰郕、欑茅、向、盟、州、陉、隤、怀十二邑属于苏忿生之后代。春秋初,因为苏氏叛王,周天子不能控制苏氏之十二邑，从郑国那里取了四邑，而将苏氏之十二邑给予郑国作为从郑国取得四邑的交换。周王这么做，实际上是让郑国去对付畿内贵族苏氏。这种斗争持续到周惠王时代，《左传》庄公十九年：

> 初，王姚（杜注："庄王之妾也，姚姓。"）嬖于庄王，生子颓。子颓有宠，蔿国为之师。及惠王（杜注："周惠王，庄王孙。"）即位，取蔿国之圃以为囿。边伯之宫近于王宫，王取之。王夺子禽祝跪与詹父田，而收膳夫之秩，故蔿国、边伯、石速、詹父、子禽祝跪作乱，因苏氏。秋，五大夫奉子颓以伐王，不克，出奔温。苏子奉子颓以奔卫。

杜注："苏氏，周大夫。桓王夺其十二邑以与郑，自此以来遂不和。"又："温，苏氏邑。"周桓王夺苏氏十二邑见前引《左传》隐公十一年的材料，由此可知苏氏之采邑内至少包含有十二个小邑。可见，至春秋初期，苏氏后代在成周畿内发展为拥有许多小邑的贵族。而且即使到春秋初，从法理上来讲，采邑的予取在很大程度上仍由周天子来决定。正如《公羊传》襄公十五年何休注："所谓采者，不得有其土地、人民，采取其租税耳。"即采邑主只享有采邑之租税，不得拥有采邑之土地和人民。

除实行采邑制外，周王还拥有自己的直辖邑。在此举若干例如下表所示（表2-1）：

表2-1 《春秋》《左传》所见周王直辖邑

周王直辖邑	出处	杜注
酒泉	《左传》庄公二十一年	√
鄇	《左传》成公十一年	√
平畤	《左传》襄公三十年	√
颖	《左传》昭公九年	√
郊	《左传》昭公二十二年	√
	《春秋》昭公二十三年	√
要	《左传》昭公二十二年	√
饯	《左传》昭公二十二年	√
瑕	《左传》昭公二十四年	√

续　表

周王直辖邑	出　　处	杜　注
杏	《左传》昭公二十四年	√
莒	《左传》昭公二十六年	√
冯	《左传》定公六年	√
滑	《左传》定公六年	√
胥靡	《左传》定公六年	√
负黍	《左传》定公六年	√
狐人	《左传》定公六年	√
阙外	《左传》定公六年	√
仪栗	《左传》定公七年	√

以上表格中提到的酒泉、鄤、平畤、颖、郊、要、饯、扬、莒、瑕、杏、滑、胥靡、负黍、狐人、阙外和仪栗，均属于周王直辖邑。不过，周王的一些直辖邑是变动不居的，即其性质在动态变化之中。以"郊"为例，昭公二十二年还属于周邑，昭公二十三年为王子朝所占据。《左传》昭公二十三年：

二十三年春王正月壬寅朔，二师（杜注："二师，王师、晋师也。"）围郊。癸卯，郊、鄩溃。

杜注："郊、鄩二邑，皆子朝所得。"到了昭公二十六年郊邑则已成为子朝之采邑。《左传》昭公二十六年：

冬十月丙申，王起师于滑。辛丑，在郊，遂次于尸。

杜注："郊，子朝邑。"即至晚在昭公二十六年，周邑郊已变为王子朝之采邑，不再是周王的直辖邑了。这应该是对子朝事实占领"郊"邑的一种法理上的承认。

周王不仅将直辖邑赏赐给王室贵族，有时还将直辖邑赏赐给关系较近的同姓诸侯，比如庄公二十一年周惠王赏赐虢公之"酒泉"以及僖公二十五年周襄王赏赐晋文公"阳樊、温、原、欑茅之田"。被赏赐后，这些周王直辖邑即变成了诸侯之邑。有时，诸侯再赏赐大臣，就又变成诸侯国贵族之采邑了，比如晋国之温。

2. 春秋列国之采邑和直辖邑

春秋时期的各诸侯国亦实行采邑制。下面从齐国、晋国和卫国各举一例以说明之。

《春秋》庄公三十二年："春，城小穀。"杜注："小穀，齐邑。"此事又见于《左传》庄公三十二年："春，城小穀，为管仲也。"杜注："公感齐桓之德，故为管仲城私邑。"杜注认为是鲁庄公为管仲城小穀，实误也。《左传》昭公十一年楚申无宇曰："齐桓公城穀而寘管仲焉，至于今赖之。"《晏子春秋·外篇》齐景公谓晏子曰："昔吾先君桓公，予管仲狐与穀，其县十七，著之于帛，申之以策，通之诸侯，以为其子孙赏邑。"可见是齐桓公为管仲在小穀筑城。小穀即管仲私邑。"城小穀"即齐桓公在管仲之采邑小穀筑城。

《左传》僖公二十四年："（晋）文公妻赵衰，生原同、屏括、楼婴。"杜注："原、屏、楼，三子之邑。"据杜注，原、屏、楼分别是赵衰的儿子同、括、婴的食邑。又如《左传》文公十三年："晋侯使詹嘉处瑕，以守桃林之塞。"杜注："詹嘉，晋大夫，赐其瑕邑。"晋河外之邑"瑕"是大夫詹嘉的食邑。再如《春秋》文公元年："公孙敖会晋侯于戚。"杜注："戚，卫邑。"《左传》文公元年："五月辛酉朔，晋师围戚。六月戊戌，取之，获孙昭子。"杜注："昭子，卫大夫，食戚邑。"可见卫大夫孙昭子的采邑在戚。

能够说明春秋列国实行采邑制的例子较多，在此不一一列举。这说明采邑制在春秋时期不仅继续存在，还得以扩大化和普及化。若从此角度来说，春秋之邑可以分为采邑和非采邑。

当然采邑还可以变成公邑，即国君的直辖邑。这种情况包括三种类型：有些是国君强行将其收回，有些是被迫"致邑"，有些是采邑主主动将其归还公室，如《左传》襄公二十二年：

> 郑公孙黑肱有疾，归邑于公，召室老、宗人立段，而使黜官、薄祭。祭以特羊，殷以少牢，足以共祀，尽归其余邑。

诸侯国贵族采邑内亦有若干层级更低的邑。鲁国、郑国、卫国、齐国和宋国等均有实例。先来看鲁国，《春秋》襄公二十一年：

郲庶其以漆、闾丘来奔(鲁)。

杜注:“二邑在高平南平阳县,东北有戚乡,西北有显闾亭。以邑出为叛。适鲁而言来奔,内外之辞。”此事又见于《左传》襄公二十一年:

> 郲庶其以漆、闾丘来奔,季武子以公姑姊妻之,皆有赐于其从者。……(臧)武仲(对季武子)曰:“……庶其窃邑于郲以来,子以姬氏妻之,而与之邑。其从者皆有赐焉。”

杜注“而与之邑”曰:“使食漆、闾丘。”以上材料讲的是郲国的庶其以郲国二邑戚和闾丘叛投鲁国。鲁国的季武子使庶其食邑于漆和闾丘。即漆和闾丘属于庶其的采邑。可见庶其之采邑含有两个邑。又如《左传》昭公五年:

> 竖牛取东鄙三十邑以与南遗。昭子即位,朝其家众,曰:“竖牛祸叔孙氏,使乱大从,杀适(嫡)立庶,又披其邑,将以赦罪,罪莫大焉。必速杀之。”

杜注:“取叔孙氏邑。”此事发生在鲁国。竖牛取叔孙氏之三十邑,给予费邑邑宰南遗。“其邑”是就叔孙氏之采邑总称而言,与“三十邑”之“邑”含义不同。从“披其邑”可知,叔孙氏拥有不止三十个邑。此可说明鲁国叔孙氏的采邑内有许多小邑。

采邑主又将自己从国君那里得到的封邑拿出一些来赏赐给自己的家臣。《左传》襄公二十九年,鲁国季武子之属大夫公冶因为对季武子欺君的行为不满,故“致其邑于季氏,而终不入焉”,即退还季氏所与之邑,不入季氏家,也不再作季氏之臣。这则材料说明采邑主还会继续向下赏赐,形成更低一级的采邑主。

关于鲁国更低一级的采邑主的材料还可以从《左传》中找到一则。成公十七年:

> 初,鲍国去鲍氏而来为施孝叔臣。施氏卜宰,匡句须吉。施氏之宰有百室之邑。与匡句须邑,使为宰,以让鲍国而致邑焉。

这则材料说的是:齐鲍国到鲁国作了施孝叔的家臣。施氏占卜家宰的人选,结果是匡句须吉利。作施氏之家宰可得到百室之邑的赏赐,于是施氏给了匡句须一百家的采邑,让他做家宰。匡氏却将家宰一职让给鲍国,并且把采邑归还给施氏。这则材料说明鲁国的采邑主要拿出采邑一部分赏给自己的家宰，家宰便形成更低一级的采邑主。这则材料显示，更低一级采邑主家宰之采邑的规模为“百室之邑”。若按《齐语·国语》“制鄙，三十家为邑”的标准计算，“百室之邑”的规模大致相当于齐鄙三个邑。

再看郑国的情况。《左传》襄公二十六年：

> 郑伯赏入陈之功，三月甲寅朔，享子展，赐之先路三命之服，先八邑；赐子产次路再命之服，先六邑。子产辞邑，曰：“自上以下，降杀以两，礼也。臣之位在四，且子展之功也。臣不敢及赏礼，请辞邑。”公固予之，乃受三邑。

郑伯因襄公二十四年入陈之功赏赐子展、子产各八邑和六邑。子产辞三邑只受三邑。于此亦可见郑国赏赐有功贵族的采邑内不止一个邑。

再看卫国的情况。《左传》襄公二十七年：

> 公与免馀邑六十，辞曰：“唯卿备百邑，臣六十矣。下有上禄，乱也。臣弗敢闻。且宁子唯多邑，故死，臣惧死之速及也。”公固与之，受其半。以为少师。公使为卿，辞曰：“大叔仪不贰，能赞大事。君其命之!”乃使文子为卿。

卫献公赐公孙免馀六十邑。免馀推辞说卿可享百邑，臣有六十邑。处下位而享上禄，不合礼制，还举了宁喜因多邑而招来杀身之祸的例子为鉴。因为卫献公坚持要赏赐六十邑，免馀只好接受了赏赐的一半。卫献公又晋升免馀为卿，而他却推荐了大叔仪。此事亦可反映卫国贵族采邑内存在许多小邑的情况。另外卫献公赏赐的六十邑是属于国君直辖邑，赏赐给免馀后的三十邑则变成了免馀的采邑。

还有一个例子可以归到卫国。《左传》襄公二十六年：“（卫）孙林父以戚如晋。……卫人侵戚东鄙，孙氏愬于晋，晋戍茅氏。”杜注：“茅氏，戚东鄙。”卫孙林父食邑于“戚”，其于本年政争失败后以之属晋，故卫人侵戚邑。“戚东鄙”即孙林父之采邑“戚”东部边远地区，茅氏即戚东部边邑之一。于此可见，孙林父之采邑戚亦包括层级更低的地域性居民组织邑若干个。这个例子归属到晋国亦可，但戚地原属卫国且在地理上近卫，所以将其划归卫国。

再看齐国的情况。《左传》襄公二十八年：

> 崔氏之乱，丧群公子，故鉏在鲁，叔孙还在燕，贾在句渎之丘。及庆氏亡，皆召之，具其器用，而反其邑焉。与晏子邶殿其鄙六十，弗受。子尾曰：“富，人之所欲也。何

> 独弗欲?”对曰:“庆氏之邑足欲,故亡。吾邑不足欲也,益之以邶殿,乃足欲。足欲,亡无日矣。在外,不得宰吾一邑。不受邶殿,非恶富也,恐失富也。……”与北郭佐邑六十,受之。与子雅邑,辞多受少。与子尾邑,受而稍致之。

杜注:“邶殿,齐别都。以邶殿边鄙六十邑与晏婴。”晏婴辞而不受。与北郭佐邑六十。与子雅邑,辞多受少。与子尾邑,受而稍致之。所赏之邑均为齐景公直辖之邑。这些国君直辖邑赏赐给北郭佐、子雅、子尾后就变为三者之采邑。可见以上三者以及晏婴和晏婴提到的庆封之采邑内不止有一个邑。

《左传》昭公十年:

> (陈)桓子召子山,私具幄幕、器用、从者之衣屦,而返棘焉。子商亦如之,而反其邑。子周亦如之,而与之夫于。反子城、子公、公孙捷,而皆益其禄。凡公子、公孙之无禄者,私分之邑。国之贫约孤寡者,私与之粟。

杜注:“棘,子山故邑。”杜注:“子山、子商、子周,襄三十一年子尾所逐群公子。”昭公十年,陈桓子将子山、子商召回,复其故邑。关于子周,杜注:“子周本无邑,故更与之。”即子周被逐之前无封邑。那么将谁的“夫于”给予子周?杜注:“桓子以己邑分之。”即陈桓子未向景公请示,就将自己的邑——夫于拿出来分给子周。这说明陈桓子之邑下有更小的邑。

最后看宋国。《左传》襄公二十七年记载了宋国的左师请求宋公赏赐“免死之邑”,“公与之邑六十”,结果遭到子罕的阻挠,“左师辞邑”。这次赏赐未形成事实,否则左师之采邑会增加六十个邑。采邑内有若干小邑在当时的宋国是不奇怪的事情,这说明一定有成例可以援引。

上已言及,春秋时期列国国君手中控制着相当数量的邑,否则对卿大夫的赏赐就会像齐桓公“夺伯氏骈邑三百”[①]赏赐管仲那样“拆东墙垒西墙”了。此种现象在下面谈直辖邑之职官时还会谈到。除了通过赏赐途径外,有时国君的一些直辖邑会被专权之卿大夫公开攘夺。《左传》襄公二十九年,鲁国的季武子乘襄公在楚国参加楚康王的葬礼取得卞邑,即反映了国君直辖邑不通过正常的赏赐方式转为私邑的现象在春秋时期是存在的。公邑化为私邑,除了通过这种公开攘夺的方式外,还通过“三分公室”和“四分公室”等方式。《左

---

① 语出《论语·宪问》。

传》襄公十一年：

> 正月，作三军，三分公室而各有其一。三子各毁其乘。季氏使其乘之人，以其役邑入者无征，不入者倍征。孟氏使半为臣，若子若弟。叔孙氏使尽为臣，不然不舍。

关于这一段，朱凤瀚先生将"季氏使其乘之人以其役邑入者无征，不入者倍征"解释为：

> 季氏令其所属的原公室军乘编制内的人，凡以其役邑为单位应征者即不再征其军需，凡不应征者即加倍征取其军需。这是一种以惩罚为手段的强迫应征的政策。由昭公五年传所言"季氏尽征之"看，其结果可能当如杜预注所言："设利病，欲驱使入己，……民辟倍征，故尽属季氏。"①

"役邑"即"提供兵役之乡邑"。② 通过"三分公室"和昭公五年的"四分公室"，虽然不是将国君的直辖邑（公邑）直接变成三桓的私邑，但是三桓通过这种方式攘夺了国君在一些直辖邑中的部分权力，至少包括发展军事力量和军需征收的权力。尤其季氏世为鲁国上卿，虽名为三分公室、四分公室，实则借此机会假公济私，获利最大。至此，鲁君的直辖邑名存实亡。

（二）春秋时期诸"邑"之含义

《春秋》《左传》之"邑"名目繁多，有着较为复杂的含义，试分别释之于下。

1."邑"即诸侯国

"邑"指诸侯国又分为两类。先看第一类，《左传》桓公十一年载：

> 楚屈瑕将盟贰、轸。郧人军于蒲骚，将与随、绞、州、蓼伐楚师。莫敖患之。斗廉曰："郧人军其郊，必不诫。且日虞四邑之至也。君次于郊郢，以御四邑，我以锐师宵加于郧。郧有虞心而恃其城，莫有斗志。若败郧师，四邑必离。"

杜注："四邑：随、绞、州、蓼也。邑，亦国也。"据杜注，随、绞、州、蓼在当时是四个诸侯国，但在《左传》行文中则称之为"邑"。《说文解字》："邑，国也。"许慎对"邑"的注解符合春秋时期的情况。可见春秋时期有的"邑"指称诸侯国。

---

① 朱凤瀚：《关于春秋鲁三桓分公室的几个问题》，《历史教学》1984年第1期，第19页。
② 杨伯峻：《春秋左传注》（修订本），第987页。

第二类即“敝邑”。“敝邑”是说话者对自己国家的谦称。《左传》隐公五年：

宋人取邾田。邾人告于郑曰：“请君释憾于宋，鄙邑为道。”

敝邑即邾人在宋人面前对自己国家的谦称。《左传》成公二年：

六月壬申，师至于靡笄之下。齐侯使请战，曰：“子以君师辱于敝邑，不腆敝赋，诘朝请见。”对曰：“晋与鲁、卫，兄弟也，来告曰：‘大国朝夕释憾于敝邑之地。’寡君不忍，使群臣请于大国，无令舆师淹于君地。能进不能退，君无所辱命。”

第一个“敝邑”属齐国自称。杜注第二个“敝邑”：“鲁、卫自称。”再如《左传》襄公十九年：

季武子如晋拜师，晋侯享之。范宣子为政，赋《黍苗》。季武子兴，再拜稽首，曰：“小国之仰大国也，如百谷之仰膏雨焉。若常膏之，其天下辑睦，岂唯敝邑？”赋《六月》。

季武子所说的“敝邑”是对鲁国的自称、谦称。再如《左传》昭公十六年记载晋国韩起聘问郑国欲强买郑国商人的玉环，郑国执政子产对曰：

昔我先君桓公与商人皆出自周，……今吾子以好来辱，而谓敝邑强夺商人，是教敝邑背盟誓也，毋乃不可乎！

该材料中的“敝邑”是郑国子产对韩起说话时对自己国家的谦称。《春秋》《左传》中还有许多“敝邑”的例子，恕不一一列举。总之，《春秋》《左传》之“敝邑”往往是小国对大国的自称、谦称。以上材料说明，春秋时期的“邑”可以指诸侯国。这种“邑”与本书研究的基层地域性居民组织之“邑”不是一回事，应当剔除出去。

2. 采邑演变为县级行政区划

春秋时期的一些采邑，随着时间的推移，转变为县级行政区划。这种现象主要见于晋国。《左传》昭公五年：

薳启强曰：“……韩赋七邑，皆成县也。”

这则材料借楚国大宰薳启强之口，反映了当时晋国发生的一些变化，即晋国的一些采邑在春秋后期变成了县。这只是表明有这种现象存在，但另一个有关晋国之“州”的例子则比较具体。《左传》昭公三年，经韩宣子的请求，晋平公赏赐公孙段(伯石)州田，对州归属晋国后的历史作了一番回顾：

> 初，州县，栾豹之邑也。及栾氏亡，范宣子、赵文子、韩宣子皆欲之。文子曰：“温，吾县也。”二宣子曰：“自郤称以别，三传矣。晋之别县不唯州，谁获治之?”文子病之，乃舍之。二宣子曰：“吾不可以正议而自与也。”皆舍之。及文子为政，赵获曰：“可以取州矣。”文子曰：“退！二子之言，义也。违义，祸也。余不能治余县，又焉用州，其以徼祸也？君子曰：‘弗知实难。’知而弗从，祸莫大焉。有言州必死！”

杜注：“郤称，晋大夫，始受州。自是州与温别，至今传三家。”“州”最早本属温，作了郤称的采邑后从温独立出来。至栾豹拥有州，州已变成晋国之县。州三传之后，伯石受州县之田。这说明，春秋时期一些采邑已开始向县级行政区划转变。这种“邑”也不属于本书研究的基层地域性居民组织，亦应予剔除。

3.“某里”等同于“某邑”

《左传》中有的邑可以理解为“里”。《左传》襄公十五年载：“宋人或得玉，献诸子罕。……子罕寘诸其里，使玉人为之攻之，富而后使复其所。”由此可知，子罕居于里中。子罕所居之里亦可称邑，见于《左传》襄公十七年之杜注。《左传》襄公十七年：“宋皇国父为大宰，为平公筑台，妨于农收。子罕请俟农功之毕，公弗许。筑者讴曰：‘泽门之皙，实兴我役。邑中之黔，实慰我心。’”杜注“邑中之黔”曰：“子罕黑色而居邑中。”子罕作为司城居于都城内。据杜注，以上两则材料中“里”和“邑”似可通用。

宋国还有一则材料支持这种主张。《左传》昭公二十一年：“厨人濮以裳裹首，而荷以走，曰：‘得华登矣！’遂败华氏于新里。”杜注：“新里”曰：“华氏所取邑。”据杜注，新里也可以称邑。

郑国也有一则材料可支持此说。《左传》襄公二十六年：“十二月乙酉，入南里，堕其城。”杜注：“南里，郑邑。”此材料也说明春秋时期的一些“里”可与“邑”通称，可能通称的前提条件是这些“里”须位于都城之内。

4.“某州”等同于“某邑”

《春秋》《左传》载有“某州”的地域性居民组织，杜注认为一些“某州”的地域性居民组织即居民组织“邑”。以下齐、鲁和卫国的三则材料可说明此点。

第一例见于《春秋》昭公二十五年："九月己亥，公孙于齐，次于阳州，齐侯唁公于野井。"杜注："阳州，齐、鲁竟上邑。"阳州位于齐鲁边境，有时候属于齐国，有时候属于鲁国。

第二例见于《左传》哀公十一年："冬，卫大叔疾出奔宋。初，疾娶于宋子朝，其娣嬖。子朝出。孔文子使疾出其妻，而妻之。疾使侍人诱其初妻之娣寘于犁，而为之一宫，如二妻。文子怒，欲攻之。仲尼止之，遂夺其妻。或淫于外州，外州人夺之轩以献。"杜注："外州，卫邑。"

第三例见于《左传》哀公十七年："初，(卫庄)公登城以望，见戎州。"杜注："戎州，戎邑。"

以上三例似可说明春秋时期的一些"州"也可以称"邑"。

5. "某丘"等同于"某邑"

《春秋》《左传》中有许多称为"某丘"的地域概念。其中一些在《左传》和杜注中可以称之为邑，即属于地域性居民组织。这种属于地域性居民组织邑的丘又可以分为两类。一类是国君直辖邑，一类属于采邑。谨列表呈现如下(表2-2)：

表2-2　《春秋》《左传》杜注中等同于邑的丘名

属性	丘名	国别/采邑主	出　　处	杜　注
国君直辖邑	楚丘	卫	《春秋》僖公二年	√
	壶丘	陈	《左传》文公九年	√
	阳丘	楚	《左传》文公十六年	√
	渠丘	莒	《左传》成公八、九年	√
	幽丘	宋	《左传》成公十八年	√
	重丘	曹	《左传》襄公十七年	√
	戾丘	鲁	《左传》文公十五年	√
	泉丘	鲁	《左传》昭公十一年	√
	黍丘	曹	《左传》哀公七年	《左传》
	揖丘	曹	《左传》哀公七年	《左传》
	雍丘	宋	《左传》哀公九年	《左传》
	顷丘	宋郑之间	《左传》哀公十二年	√

续 表

属性	丘名	国别/采邑主	出　处	杜 注
采邑	闾丘	庶其（先邾后鲁）	《春秋》襄公二十一年	√
			《左传》襄公二十一年	√
	渠丘	齐大夫雍廪	《左传》昭公十一年	√
	丰丘	齐陈氏	《左传》哀公十四年	√

6. 采邑内有若干书社

《论语·宪问》："问管仲。（孔子）曰：'人也。夺伯氏骈邑三百，饭疏食，没齿无怨言。'"朱熹注："伯氏，齐大夫。骈邑，地名。……盖桓公夺伯氏之邑以与管仲……荀卿所谓'与之书社三百，而富人莫之敢拒'者，即此事也。"此即说明齐桓公时期，伯氏之采邑——骈邑内有三百书社。赏赐给管仲后，管仲之采邑内同样有三百书社。①

7. 朝宿之邑和汤沐之邑

《春秋》隐公八年：

> 三月，郑伯使宛来归祊。庚寅，我入祊。

杜注："宛，郑大夫。……祊，郑祀泰山之邑。"又："桓元年，乃卒易祊田，知此入祊，未肯受而有之。"

《左传》隐公八年：

> 郑伯请释泰山之祀而祀周公，以泰山之祊易许田。三月，郑伯使宛来归祊，不祀泰山也。

杜注：祊，郑国"助祭泰山汤沐之邑"。杜又注：许，"鲁国朝宿之邑"。

《春秋》桓公元年：

> 三月，公会郑伯于垂，郑伯以璧假许田。夏四月丁未，公及郑伯盟于越。

杜注："（桓）公以篡立而修好于郑，郑因而迎之，成礼于垂，终易二田，然后

① 有学者认为"骈邑三百"当解为"骈连在一起的多个邑聚"。参姚小鸥、王克家：《〈论语·宪问〉篇"骈邑三百"解》，《北方论丛》2008 年第 5 期，第 4～6 页。

结盟。垂，犬丘，卫地也。越，近垂，地名。郑求祀周公，鲁听受祊田，令郑废泰山之祀。知其非礼，故以璧假为文，时之所隐。”

《左传》桓公元年：“郑人请复祀周公，卒易祊田。公许之。三月，郑伯以璧假许田，为周公、祊故也。夏四月丁未，公及郑伯盟于越，结祊成也。盟曰：‘渝盟，无享国！’”最终，郑之汤沐之邑“祊”和鲁之朝宿之邑“许”互换。

《左传》定公四年：

子鱼曰：“……自武父以南及圃田之北竟，取于有阎之土以共王职；取于相土之东都以会王之东蒐。”

杜注：“有阎，卫所受朝宿邑，盖近京畿。”杜又注：“为汤沐邑，王东巡守，以助祭泰山。”

8. “一乘之邑”和“四井之邑”

《左传》襄公二十七年：

公与免馀邑六十，辞曰：“唯卿备百邑，臣六十矣。下有上禄，乱也。”

杜注：“此一乘之邑，非四井之邑。《论语》称‘十室’，又云‘千室’，明通称。”

《左传》孔疏：

《正义》曰：《司马法》“成方十里出革车一乘”。此一乘之邑，每邑方十里也。《论语》云“百乘之家”，大夫称家，邑有百乘，是“百乘”为采邑之极。此云唯卿备百邑，知所言邑者皆是一乘之邑，非四井之邑也。

《春秋》成公元年疏引《司马法》云：“六尺为步，步百为亩，亩百为夫，夫三为屋，屋三为井，四井为邑，四邑为丘，丘有戎马一匹，牛三头，是曰匹马丘牛。四丘为甸，甸六十四井，出长毂一乘，马四匹，牛十二头，甲士三人，步卒七十二人，戈循具，谓之乘马。”

此“一乘之邑”大概与军赋相结合。卫公赏免馀邑六十即赏六十乘之邑。

《左传》襄公二十六年：

郑伯赏入陈之功。三月甲寅朔，享子展，赐之先路三命之服，先八邑；赐子产次路再命之服，先六邑。子产辞邑，曰：“自上以下，降杀以两，礼也。臣之位在四，且子展之功也，臣不敢及赏礼，请辞邑。”公固予之。乃受三邑。

杜注：“先八邑，三十二井。”“上卿子展，次卿子西。十一年（郑）良宵见《经》，十九年乃立子产为卿，故位在四。”“赏礼，以礼见赏，谓六邑也。”又注“三邑”曰：“位次当受二邑，以公固与之，故受三邑。”

赏给子展八邑，共三十二井。那么赏给子产之三邑为十二井。据杜注，郑伯所赏赐之邑即四井之邑。

9. 宗邑

从传世文献来看，宗邑见于春秋时期的晋国、齐国和宋国。从出土古文字资料来看，亦见于战国时期的秦国。

首先来看晋国之宗邑。晋国之“宗邑”主要见于《左传》庄公二十八年：

> 骊姬嬖，欲立其子，赂外嬖梁五与东关嬖五，使言于（献）公曰：“曲沃，君之宗也；蒲与二屈，君之疆也；不可以无主。宗邑无主，则民不威；疆埸无主，则启戎心；戎之生心，民慢其政，国之患也。若使大子主曲沃，而重耳、夷吾主蒲与屈，则可以威民而惧戎，且旌君伐。”

杨伯峻先生注：“曲沃为桓叔之封。桓叔，晋献公之始祖，晋宗庙所在，故为宗邑。”[①]曲沃为国君晋献公之宗邑。

宋国之“宗邑”见于《左传》哀公十四年：

> 宋桓魋之宠害于公，公使夫人骤请享焉，而将讨之。未及，魋先谋公，请以鞌易薄。公曰：“不可。薄，宗邑也。”乃益鞌七邑，而请享公焉。

杜注：“鞌，向魋邑。薄，公邑。”宋国桓魋之宠为宋景公嫉恨，宋景公派母亲多次请桓魋以宴享，并准备讨伐桓魋。不久，桓魋先下手谋害宋景公，请求以自己的鞌邑换取宋景公的薄邑，宋景公曰：“不可以，薄邑是我的宗邑。”于是桓魋将七邑并入鞌，而请求宴享宋景公。杜注之“公邑”指宋景公之邑。“薄”即“亳”，汤都于此，故宋景公谓之“宗邑”。[②] 杜注“宗邑”曰“宗庙所在”。薄是宋景公宗庙所在之地，当然不能与桓魋交换了。

齐国之“宗邑”见于《左传》襄公二十七年：

---

① 杨伯峻：《春秋左传注》（修订本），第240页。

② 同上注，第1686页。

齐崔杼生成及强而寡，娶东郭姜，生明。东郭姜以孤入，曰棠无咎，与东郭偃相崔氏。崔成有疾而废之，而立明。成请老于崔，崔子许之，偃与无咎弗予，曰："崔，宗邑也，必在宗主。"成与强怒，将杀之。

杜注："（崔）成欲居崔邑以养老。"杜注："宗邑，宗庙所在。宗主，谓崔明。"崔成属于嫡长子，按宗法制应该是理所当然的宗主继承者，但是因为有疾（罪），[①]被废掉宗主继承者的资格，立东郭姜所生的儿子崔明为宗主。崔成想依赖宗邑养老，崔杼答应此事，但却遭到东郭偃和棠无咎的反对，引起内乱。崔邑既是崔氏之采邑，亦崔氏之宗邑，即宗庙所在地。

关于秦国之宗邑，仅见于战国时期的出土材料，即"秦封宗邑瓦书"：

四年，周天子使卿大夫辰来致文武之酢（胙）。冬十壹月辛酉，大良造庶长游出命曰："取杜才（在）酆邱到于潏水，以为右庶长歜宗邑。"乃为瓦书，卑（俾）司御不更顝封之，曰："子子孙孙以为宗邑。"顝以四年冬十壹月癸酉封之。自桑障之封以东，北到于桑匽（堰）之（正）封，一里廿辑。

大田佐敖童曰未，史曰初，卜蛰，史羈手，司御心，志是霾（埋）封。（背）[②]

瓦书之"四年"即秦惠文王四年，周显王三十五年，公元前 334 年。这一年正好周天子向秦国致文武胙。秦惠文王封右庶长歜宗邑，其地在杜自酆邱到潏水一带。此时已属秦孝公商鞅变法之后，瓦书之"一里廿辑"是封宗邑的同时附带赏赐的农人之居民组织和生产组织。"一里廿辑"反映歜之宗邑居民的规模。由战国时期瓦书之"宗邑"逆推，秦国春秋时期也应该存在宗邑。

由以上四则春秋战国时期关于宗邑的材料所呈现的情况来看，晋国和宋国之诸侯有宗邑，齐国和秦国之贵族或大臣亦有宗邑，且宗邑与居邑不在一地。

10. 禄邑

《左传》襄公二十六年：

孙林父以戚如晋。书曰"入于戚以叛"，罪孙氏也。臣之禄，君实有之。义则进，否则奉身而退，专禄以周旋，戮也。

---

① 章太炎：《春秋左传读》，《章太炎全集》（二），上海：上海人民出版社，1982 年，第 544～545 页。

② 郭子直：《战国秦封宗邑瓦书铭文新释》，《古文字研究》（第 14 辑），第 180 页。

卫宁喜弑卫君剽后，衎继卫侯。杜注："林父事剽而衎入，义可以退，唯以专邑自随为罪，故《传》发之。"杨伯峻先生释"专禄"曰："指孙林父以戚自随。"[①]"专禄"指孙林父之采邑"戚"。

《左传》昭公十六年：

> 子产怒曰："……立于朝而祀于家，有禄于国，有赋于军，丧、祭有职，受脤、归脤。其祭在庙，已有著位。在位数世，世守其业，而忘其所，侨焉得耻之？"

杜注"有禄于国"曰："受禄邑。"意思是朝臣皆从国君那里接受禄邑。可见春秋后期国君对大臣赏赐的邑带有俸禄的性质。郑国如此，卫国亦如此。"臣之禄，君实有之"道出国君赏赐的禄邑，暂时由受赏赐之臣享有，实际上所有权仍为国君所有。

11. 别邑

杜注还有一种体例，将一些邑称为"别邑"，见于以下材料。

《左传》隐公六年：

> 翼九宗五正顷父之子嘉父逆晋侯于随，纳诸鄂。晋人谓之鄂侯。

晋翼侯奔随之事发生于《左传》隐公五年："曲沃庄伯以郑人、邢人伐翼，王使尹氏、武氏助之。翼侯奔随。"晋大夫嘉父将晋侯迎回，安置在鄂。杜注："鄂，晋别邑。……前年(周)桓王立此侯之子于翼，故不得复入邑，别居鄂。"前年即隐公五年。《左传》隐公五年："曲沃叛王。秋，王命虢公伐曲沃，而立哀侯于翼。"杜注："春，翼侯奔随，故立其子光。"因翼侯之子光已于上年被立为侯，故从随返回之晋侯只能居于别邑鄂。鄂之故址位于今山西临汾市乡宁县县城。称之为别邑，意即非国君居住之都城邑，但是地位比一般之邑要高。

《左传》闵公二年：

> 卫之遗民男女七百有三十人，益之以共、滕之民为五千人。立戴公以庐于曹。

杜注："共及滕，卫别邑。"

《左传》僖公二十五年：

---

① 杨伯峻：《春秋左传注》(修订本)，第1113页。

> 秋，秦、晋伐鄀。楚斗克、屈御寇以申、息之师戍商密。

杜注："商密，鄀别邑。"

《春秋》成公九年：

> 楚人入郓。

"郓"亦见于《左传》成公九年，楚国自陈伐莒："庚申，莒溃。楚遂入郓。"杜注《春秋》成公九年之"郓"曰："莒别邑也。"

《左传》成公十一年：

> 晋郤至与周争鄇田，（周简）王命刘康公、单襄公讼诸晋。郤至曰："温，吾故也，故不敢失。"刘子、单子曰："昔周克商，使诸侯抚封，苏忿生以温为司寇，与檀伯达封于河。苏氏即狄，又不能于狄而奔卫。襄王劳文公而赐之温，狐氏、阳氏先处之，而后及子。若治其故，则王官之邑也，子安得之？"晋侯使郤至勿敢争。

苏氏叛周襄王之事发生在僖公十年，苏氏逃往卫国，其采邑自然要归还于周襄王。鄇不在隐公十一年周王给予郑的苏忿生之田十二邑当中。僖公二十五年，因晋文公有功，周襄王赏赐晋文公"阳樊、温、原、欑茅之田"。此四邑俱在隐公十一年的十二邑当中。温先是晋之狐溱和阳处父的食邑，然后属郤至。若追根究底，鄇是王官之邑。郤至作为晋国贵族，非王官，不得享有鄇田。杜注："鄇，温别邑。"大概温是苏忿生一开始的采邑，其他都是后来发展的，统名之温。具体来说，温又有若干邑。鄇作为温之别邑，应该是除了温本身以外众多小邑中相对重要的一个邑。对于郤至来说，依托温与周争鄇田，是为了扩大自己的采邑。

《左传》襄公六年：

> 十一月，齐侯灭莱，莱恃谋也。于郑子国之来聘也，四月，晏弱城东阳，而遂围莱。甲寅，堙之环城，傅于堞。及杞桓公卒之月，乙未，王湫帅师及正舆子、棠人军齐师，齐师大败之。丁未，入莱。莱共公浮柔奔棠。正舆子、王湫奔莒，莒人杀之。四月，陈无宇献莱宗器于襄宫。晏弱围棠，十一月丙辰而灭之。

杜注："棠，莱邑也。……三人帅别邑兵来解围。"杜注"三人"中的两人指的是王湫、正舆子，另一位"棠人"当指棠邑大夫。此三人率莱国别邑之军队与齐师对抗。

《春秋》昭公十二年：

> 十有二年春，齐高偃帅师纳北燕伯于阳。

北燕伯出奔见于昭公三年。《左传》昭公三年："燕简公多嬖宠，欲去诸大夫而立其宠人。冬，燕大夫比以杀公之外嬖。公惧，奔齐。书曰：'北燕伯款出奔齐。'罪之也。"杜注《春秋》昭公十二年曰："阳即唐，燕别邑。中山有唐县。不言于燕，未得国都。"则阳是燕别邑。

别邑亦对于国都而言，指的应该是非都城之邑，但此邑有陪都之地位。之所以称别邑，可能是此邑虽重要，但非宗庙所在。

12. 官邑

《左传》本文即有"官邑"之称，见于《左传》昭公十六年：

> 郑大旱，使屠击、祝款、竖柎有事于桑山。斩其木，不雨。子产曰："有事于山，蓺山林也；而斩其木，其罪大矣。"夺之官邑。

郑国遭遇旱灾，派屠击、祝款、竖柎祭祀桑山。将桑山的树木砍掉，没有求到雨。子产说："祭祀山神本应该养护山林，现在反而将山林砍伐，这些人的罪很大。"于是夺去了三人的官邑。在杜注亦有一则"官邑"的称谓，见于《左传》昭公二十年：

> 卫公孟絷狎齐豹，夺之司寇与鄄。有役则反之，无则取之。

杜注："公孟，灵公兄也。齐豹，齐恶之子，为卫司寇。"杜注："鄄，豹邑。"杜注："（公孟）絷足不良，故有役则以官邑还豹使行。"鄄即司寇齐豹之官邑。以上两则材料显示，官邑属于国家，赏赐给大臣作俸禄，即采邑，可以随时被收回。

13. 私邑

"私邑"见于《左传》哀公十六年："子木（楚太子建）暴虐于其私邑，邑人诉之。"杜预注《左传》使用了"私邑"这一概念。《左传》庄公三十二年："春，城小縠，为管仲也。"杜注："公感齐桓之德，故为管仲城私邑。"朱熹注《论语》亦采用了"私邑"概念。《论语·季氏》："今夫颛臾，固而近于费。"朱熹认为"费"为"季氏之私邑"。[①] 根据《左传》哀公十六年和上引杜预、朱熹之注，春秋时期的"私

---

① （宋）朱熹：《四书章句集注》，第171页。

邑”即指“采邑”，但应该不被收回，能传之子孙。

14. 下邑

杜注之“下邑”见于以下四条材料：

(1)《春秋》庄公二十八年：“冬，筑郿。”

(2)《左传》闵公二年：“卫之遗民男女七百有三十人，益之以共、滕之民为五千人，立戴公以庐于曹。”

(3)《左传》昭公二十年：“丙辰，卫侯在平寿。”

(4)《左传》哀公十七年：“宋皇瑗之子麇有友曰田丙，而夺其兄劖般邑以与之。劖般愠而行，告桓司马之臣子仪克。子仪克适宋。”

杜注以上四则材料(1)中之“郿”为鲁下邑，(2)中之“曹”为卫下邑，(3)中之“平寿”为卫下邑，(4)中之“子仪克”在下邑。杜注之“下邑”该如何理解？孔颖达疏杜注《春秋》庄公二十八年之“鲁下邑”云：“《正义》曰：‘国都为上，邑为下。’故云‘鲁下邑’。”可见，“下邑”是针对国都而言，即非国都之邑均可称为下邑。可见，称“下邑”是为了体现政治上的尊卑，犹如今天只有北京才能称首都。春秋时期的“下邑”非如后代按人口多少来区分的上、中、下之“下邑”。

15. “边邑”和“鄙邑”

杜注之“边邑”见于以下材料：

(1) 既而大叔命西鄙、北鄙贰于己。 (《左传》隐公元年。杜注：“鄙，郑边邑。”)

(2) 冬，齐人、宋人、陈人伐我西鄙。 (《春秋》庄公十九年。杜注：“鄙，边邑。”)

(3) 群公子皆鄙。唯二姬之子在绛。 (《左传》庄公二十八年。杜注：“鄙，边邑。”)

杜预将“鄙”注为“边邑”，而将具体的邑名注为“某鄙邑”，举例如下：

(1) 哀侯侵陉庭之田。 (《左传》桓公二年。杜注：“陉庭，翼南鄙邑。”)

(2) 冬，吴伐楚，入棘、栎、麻，以报朱方之役。

(《左传》昭公四年。杜注：“棘、栎、麻，皆楚东鄙邑。”)

(3) (齐景)公疾，使国惠子、高昭子立荼，寘群公子于莱。

(《左传》哀公五年。杜注：“莱，齐东鄙邑。”)

《左传》成公二年：“二年春，齐侯伐我北鄙，围龙。”杜注：“龙，鲁邑。”按前引桓公二年、昭公四年、哀公五年之杜注，龙当为鲁国北鄙邑。从杜注来看，

“鄙”属于一国地理区域的指称，以首都政治中心为坐标，有东鄙、西鄙、南鄙和北鄙。故“鄙”指的是一国的边疆地理区域。杜注“某鄙邑”说明某鄙之地理区域内包含若干邑。故杜注中的“边邑”属于集合名词，内含有若干邑。类似今天说沿海城市，是一个集合概念，但非行政区划。前引《左传》之文中，陉庭是翼南部边疆地区的一个邑，棘、栎、麻为楚国东部边疆地区的三个邑。莱是齐东部边疆地区的一个邑。

《左传》昭公十六年：“子产曰：‘……大国之求，无礼以斥之，何厌之有？吾且为鄙邑，则失位矣。’”杜注“吾且为鄙邑，则失位矣”：“不复成国。”杨伯峻先生曰：“‘为鄙邑’意谓为晋边鄙之县。”此为郑国子产拒绝晋韩宣子买商人玉环的请求的说辞。“鄙邑”意即满足了晋国的要求，则郑国会成为晋国边鄙之县。此“鄙邑”与前所言之边邑略异。

16. 本邑

杜注之“本邑”只见于下面一则材料。《左传》成公十五年：

> 楚将北师。子囊曰：“新与晋盟而背之，无乃不可乎？”子反曰：“敌利则进，何盟之有？”申叔时老矣，在申，闻之，曰：“子反必不免。”

杜注：“老归本邑。”申叔时之采邑即申。春秋时期，一般采邑主均居于都城，不在本邑。本邑指采邑。

17. 封邑

杜注之“封邑”见于以下材料。《左传》隐公五年：

> 曲沃庄伯以郑人、邢人伐翼，王使尹氏、武氏助之。翼侯奔随。

杜注：“曲沃，晋别封成师之邑。……庄伯，成师子也。翼，晋旧都。”“封”即赏赐，“别”当解为“另外”之义。由杜注可知成师除了曲沃之外还有其他的采邑。

《左传》昭公二十七年：

> 吴子欲因楚丧而伐之。使公子掩馀、公子烛庸帅师围潜，使延州来季子聘于上国，遂聘于晋，以观诸侯。

杜注：“季子本封延陵，后复封州来，故曰延州来。”吴国之季子先后有两个封邑，即延陵和州来。

《左传》昭公三十年：

> 吴子使徐人执掩馀，使钟吾人执烛庸，二公子奔楚。楚子大封而定其徙，使监马尹大心逆吴公子，使居养。

杜注："养，即所封之邑。"此楚国之封邑，已经在向封君封地转化。

前引《左传》十七年宋皇瑗的儿子麇，夺其兄酁般之邑与自己的朋友田丙。酁般之邑亦属于封邑性质。《左传》哀公十七年记载卫侯做梦后，"公亲筮之，胥弥赦占之，曰：'不害。'与之邑，寘之而逃，奔宋"，卫侯赏给胥弥赦之邑亦属封邑。

18. 外邑

《左传》文公十一年：

> 郕大子朱儒自安于夫钟，国人弗徇。

杜注："夫钟，郕邑。"《左传》文公十二年："十二年春，郕伯卒，郕人立君。大子以夫钟与郕邽来奔。"杜注"郕人立君"曰："大子自安于外邑故。"又："郕邽，亦邑。"即夫钟和郕邽均为郕之邑。郕太子来奔后，夫钟和郕邽成为鲁国的两个邑。所谓外邑，即不在都城。《左传》襄公九年："晋人不得志于郑，以诸侯复伐之。十二月癸亥，门其三门。闰月戊寅，济于阴阪，侵郑。"杜注："复侵郑外邑。"晋师先是攻打郑都城三面的城门，然后侵郑都城外之邑。显然"外"是针对都城政治中心而言。

19. 旁邑

"旁邑"见于《左传》昭公十年：

> 公与桓子莒之旁邑，辞。穆孟姬为之请高唐，陈氏始大。

杜注："莒，齐邑。"齐景公把莒旁边的邑赐给陈桓子，陈桓子辞。可见旁邑是以某一邑为参照系，根据毗邻关系来称谓。所参照之邑当是比较重要且众所周知者。

20. 故邑

"故邑"见于《左传》昭公十年杜注：

> (陈)桓子召子山，私具幄幕、器用、从者之衣屦，而返棘焉。子商亦如之，而反其邑。

杜注："棘，子山故邑。"杜注："子山、子商、子周，襄三十一年子尾所逐群公子。"可见，"棘"为子山被子尾于襄公三十一年驱逐出境前之封邑，因此杜预称之为"故邑"。即昭公十年，陈桓子将子山、子商召回，复其故邑。只是子商之故邑不知具体为何邑。

由上举《春秋》《左传》及杜注中对春秋时期"邑"的称谓，可见春秋时期的"邑"的性质比较复杂。但限于材料的缺乏，目前还无法进一步深入探讨这些称谓的"邑"的内部情况及其中一些"邑"相互之间究竟有何区别。

(三) 春秋时期"邑"之职官及其居民称谓

邑之职官根据邑之性质可分为两类。一类是周王畿和列国卿大夫采邑之职官，一类是周王和国君直辖邑之职官。

1. 采邑之职官

春秋时期采邑职官之首称"邑宰"。邑宰系采邑主家臣。《左传》庄公十二年孔疏："《正义》曰：'卿大夫采邑之长则谓之宰。'"就一般情况而言，孔疏是正确的，但有时采邑之长亦称"大夫"和"守"。下面将目前能够见到的春秋时期的邑宰列表如下(表 2 - 3)。

表 2 - 3　春秋时期的邑宰统计表

采　邑	邑　宰	出　处
鲁季氏费邑	南遗	《左传》襄公七年 昭公五年
	南蒯	《左传》昭公十二年
	公山不狃(子洩、公山弗扰)	《左传》定公五年、十二年，《论语・阳货》
	闵子骞	《论语・雍也》
	子羔	《论语・先进》①

① 以下材料与此不同：《史记・仲尼弟子列传》："子路使子羔为费郈宰。"《论衡・艺增篇》："子路使子羔为郈宰。"朝鲜平壤贞柏洞 364 号汉墓出土的《论语》简 38 为："[季]路使子羔为后宰。"参见：[日] 李成市、[韩] 尹龙九、[韩] 金庆浩：《平壤贞柏洞 364 号墓出土竹简〈论语〉》，中国文化遗产研究院编：《出土文献研究》(第 10 辑)，北京：中华书局，2011 年，第 194 页。

续　表

采　邑	邑　宰	出　处
鲁季氏费邑	仲弓(中弓)	《论语·子路》 《论语义疏》 上博简三①
鲁孟氏成邑	公敛处父	《左传》定公八年、十二年
	公孙宿	《左传》哀公十四年
	子皋	《礼记·檀弓下》
	公孙朝(大夫)	《左传》昭公二十六年
	谢息(守)	《左传》昭公七年杨伯峻注
鲁叔孙氏郈邑	公若	《左传》定公十年
莒父	子夏	《论语·子路》
卫孔悝之邑	子路	《左传》哀公十五年杜注

邑宰之下还有有司、司徒、马正、圉人、工师等属官的设置。

先看“有司”一职。《左传》哀公十四年：

> 初，孟孺子泄将圉马于成，成宰公孙宿不受，曰：“孟孙为成之病，不圉马焉。”孺子怒，袭成，从者不得入，乃反。成有司使，孺子鞭之。秋八月辛丑，孟懿子卒，成人奔丧，弗内；袒、免，哭于衢，听共，弗许；惧，不归。

孟孺子泄要在孟氏采邑成养马，成宰公孙宿不接受。孺子怒而袭成，无法攻入，只好返回。邑宰与孟孺子矛盾产生后，成有司朝见孟孺子的使人，遭到鞭笞，成人奔孟孺子父亲之丧者，不被接纳。“成有司”即成邑之职官有司。另外，《论语·子路》：“仲弓为季氏宰，问政。子曰：‘先有司，赦小过，举贤才。’”邢昺疏：“有司，属吏也。”朱熹注：“有司，众职也。宰兼众职，然事必先之于彼，而后考其成功，则己不劳而事毕举矣。……举而用之，则有司皆得其人而政益

① 上博简三载“季桓子使中(仲)弓为宰，中(仲)弓以告孔子(简一)”，孔子赞中(仲)弓“又(有)臣万人(简3)”之才。参见：马承源主编：《上海博物馆藏战国楚竹书(三)》，第264～265页。另按：定县中山怀王刘修墓出土竹简《论语》和朝鲜平壤贞柏洞364号汉墓出土竹简《论语》亦作“中弓”。

修矣。”[①]以上两则材料表明邑宰下面设有司之职。

邑宰拥有家臣若干人。《左传》昭公十四年：“南蒯之将叛也，盟费人。司徒老祁、虑癸伪废疾。”杜注：“二人，南蒯家臣。”司徒老祁和虑癸二人是费邑邑宰南蒯家臣。司徒为邑宰属吏。[②]

采邑邑宰下之职官马正和圉人见于《左传》定公十年：

> 武叔既定，使郈马正侯犯杀公若，不能。其(按：指侯犯)圉人曰：“吾以剑过朝，公若必曰：‘谁之剑也？’吾称子以告，必观之。吾伪固而授之末，则可杀也。”使如之。公若曰：“尔欲吴王我乎？”遂杀公若。

武叔让郈邑之马正侯犯杀邑宰公若，不能成功。马正侯犯之圉人出了个主意，才杀掉公若。此马正是郈邑之马正，圉人又是马正之属吏。公南亦曾作郈邑之马正，《左传》定公十年：“公南为马正，使公若为郈宰。”《左传》襄公二十三年还记载“季氏以公钼为马正，愠而不出”。看来鲁国各采邑均有马正一职。关于马正之职能，杨伯峻先生认为“即大夫家之司马，所以为大夫主其土地之军赋”。[③]

采邑邑宰下之职官工师亦见于《左传》定公十年：

> (郈邑马正)侯犯以郈叛，武叔、懿子围郈，弗克。秋，二子及齐师复围郈，弗克。叔孙谓郈工师驷赤曰：“郈非唯叔孙氏之忧，社稷之患也。将若之何？”。

杜注：“工师，掌工匠之官。”驷赤即郈邑掌工匠之官。

贵族从国君那里领受采邑，还有相应的信物和赏赐文书。《左传》哀公十四年记载宋国桓魋叛乱奔卫，其弟“司马牛致其邑与珪焉，而适齐”。杜注：“珪，守邑符信。”司马牛致其邑与珪，即司马牛将自己的采邑和守邑之符信交还给宋公，离开宋国出奔齐国。可见采邑贵族拥有采邑还要从国君那里取得符信——珪。《左传》襄公二十九年：“秋九月，齐公孙虿、公孙灶放其大夫高止于北燕。……为高氏之难故，高竖(按：高止之子)以卢叛。十月庚寅，闾丘婴帅师围卢。高竖曰：‘苟使高氏有后，请致邑。’齐人立敬仲(杜注：“高傒。”)之

---

① (宋)朱熹：《四书章句集注》，第142页。

② 关于“司徒”是否为官职和虑癸是否亦为司徒，前人有不同的看法。见杨伯峻《春秋左传注》(修订本)第1364页。

③ 杨伯峻：《春秋左传注》(修订本)，第1079页。

曾孙鄛，良敬仲也。十一月乙卯，高竖致卢而出奔晋。”“请致邑”，即将齐君所赐之采邑卢交还国君。此事虽未提到符信“珪”，但大致是有的。《左传》襄公二十七年载宋国的左师向戌因弭兵发起奔走之功向国君“请免死之邑”，“（宋平）公与之邑六十，以示子罕。子罕……削而投之”。杜注：“削赏左师之书。”由此看来，国君赏赐卿大夫邑时有相应的文书。

邑宰并不总在其所管理的采邑居住，也不从采邑内产生。《左传》昭公十二年载：“南蒯之将叛也，其乡人或知之，过之而叹，且言曰：‘恤恤乎，湫乎攸乎！深思而浅谋，迩身而远志，家臣而君图，有人矣哉！’……（南蒯）将适费，饮乡人酒。乡人或歌之曰：‘我有圃，生之杞乎！从我者子乎，去我者鄙乎，倍其邻者耻乎！已乎已乎！非吾党之士乎！’”这说明费邑之宰南蒯在据费城发动叛乱之前曾经回过自己的乡，其乡不在费邑，至少说明南蒯并非总在所管理之采邑，费邑之宰亦非出自费邑之人。

2. 直辖邑之职官

《左传》庄公十二年孔疏：“《正义》曰：‘……公邑之长则曰大夫。’”即周王或者诸侯国国君直辖邑之职官为邑大夫，下面将《左传》中所见到的邑大夫统计列表如下（表 2－4）：

表 2－4　《左传》所见直辖邑之邑大夫

序号	国别	邑名	邑大夫	材料来源	杜注
1	周	蔿邑	大夫成愆	《左传》襄公三十年	√
2	鲁	卞邑	大夫卞人	《左传》文公十五年	√
3		御邑	大夫御叔	《左传》襄公二十二年	√
4		郈邑	大夫鲂假	《左传》昭公二十五年	√
5	晋	邢邑	大夫申公巫臣	《左传》成公二年	√
6		木门	大夫（不知名）	《左传》襄公二十七年	√
7	齐	棠邑	大夫棠公	《左传》襄公二十五年	√
8	宋	萧邑	大夫萧叔大心	《左传》庄公十二年	√
9		厨邑	大夫濮	《左传》昭公二十一年	√

综上，计有周王之蔿邑大夫成愆，鲁卞邑大夫卞人、御邑大夫御叔、郈邑大夫鲂假，晋邢邑大夫申公巫臣、木门大夫，齐棠邑大夫棠公，宋萧邑大夫叔大心、厨邑大夫濮。[①] 以上邑大夫是周王和各诸侯国政府任命来管理某邑的职官，与邑宰带有私属性质不同。这些邑大夫所管理之邑大致等同于"县"。

邑大夫管理之邑属于周王或者诸侯国君直辖邑，故邑大夫与邑宰不同。《左传》成公二年记载楚国的申公巫臣奔晋，"晋人使为邢大夫"。杜注："邢，晋邑。"晋人使申公巫臣做邢邑大夫，即使其食采于邢邑。但邢邑大夫又是属于晋国地方政权之职官，受国君的直接管辖，同具有采邑主私属性质的邑宰有所区别。

邑之内除了邑大夫之外，还有贾正一职。《左传》昭公二十五年：

> 初，臧昭伯如晋，臧会（按：臧昭伯之从弟）窃其宝龟偻句，以卜，为信与僭，僭吉。臧氏老将如晋问，（臧）会请往。昭伯问家故，尽对。及内子与母弟叔孙，则不对。再三问，不对。（昭伯）归，及郊，（臧）会逆。问，又如初。至，次于外而察之，皆无之。执（臧会）而戮之，（臧会）逸，奔郈。郈鲂假使为贾正焉。计于季氏。

杜注："鲂假，郈邑大夫。"孔疏："郈在后为叔孙私邑，此时尚为公邑，故使贾正通计簿于季氏。"即昭公二十五年鲂假是鲁国国君直辖邑郈邑之大夫。臧会逃至郈邑，郈邑大夫鲂假让臧会做了郈邑贾正。臧会上"计于季氏"，差点被臧昭伯所派的人刺杀于桐汝之里门。杜注"贾正"曰："掌货物使有常价，若市吏。"可见邑中有贾正一职，掌管市场物价的稳定。杜注"计于季氏"曰："送计簿于季氏。"可见贾正还负责邑之上计中央的事宜。

3. 邑之居民称谓

不论采邑还是直辖邑，其中居民皆称为"邑人"。《左传》定公九年："齐侯执阳虎，将东之。阳虎愿东，乃囚诸西鄙。尽借邑人之车，锲其轴，麻约而归之。"此邑人为齐侯辖邑之居民。《左传》哀公十六年："子木（按：即楚太子建）暴虐于其私邑，邑人诉之。"此邑人为太子建采邑之居民。

---

① 《左传》襄公三十一年："（郑）子皮欲使尹何为邑。"杜注："为邑大夫。"杨伯峻注："尹何，子皮属臣。为邑，家邑之宰。"[《春秋左传注》（修订本），第1192页]"邑大夫"属于官邑之职官，邑宰是采邑主的属官。可以确定此处"邑"当职官解。以上两解之性质不同，本书对此暂不讨论。《逸周书・作雒》之"邑"和山西横水墓地出土之肃卣铭之"邑"作何解，参第一章第六节。

二、齐镈铭之"二百九十九邑"辨析

春秋中期的齐镈铭文记载齐侯赐鲍叔牙"二百九十九邑"。下文以齐镈铭文"二百九十九邑"为切入点，结合文献记载和出土古文字资料，在前人的研究基础上，考察春秋时期齐国基层社会地域性居民组织的设置。

春秋中期的齐国青铜器齐镈[①]铭曰：

> 隹(惟)王五月初吉丁亥，齐辟𩍇(鲍)吊(叔)之孙、遵(跻)中(仲)之子䶮(令)乍(作)子中(仲)姜宝镈。用𥛱(祈)医(侯)氏永命万年，䶮(令)保其身；用亯(享)用考(孝)于皇祖圣吊(叔)、皇(妣)圣姜，于皇祖又(有)成惠吊(叔)、皇妣(妣)又(有)成惠姜、皇考遵(跻)中(仲)、皇母；用𥛱(祈)𦓃(寿)老母(毋)死，俘(保)𠪚(吾)兄弟；用求丂(考)命弥生，𥳑𥳑(肃肃)义政，俘(保)𠪚(吾)子性(姓)。𩍇(鲍)吊(叔)又(有)成，𢖍(劳)于齐邦，医(侯)氏易(赐)之邑二百又九十又九邑𦥑(与)鄩(鄩)之民人都啚(鄙)。医(侯)氏从𢓊(告)之曰：枼(世)万至于辝(台)孙子，勿或俞(渝)改(改)。𩍇(鲍)子䶮(令)曰：余彌(弥)心畏誋(忌)。余四事是台(以)，余为大攻(工)，厄大事(史)、大逯(徒)、大(太)宰，事辝(台)可事，子子孙孙，永保用亯(享)。
>
> (《集成》271)

铭文大意为齐辟鲍叔牙的孙子、跻仲的儿子命令为其妻子仲姜作镈纪念。[②] 镈铭除了祈求保佑齐侯、自己及自己的先祖、兄弟子孙外，还追述了鲍氏先祖有功于齐并获得齐侯赏赐二百九十九邑与郭之民人都鄙。张政烺先生曾对郭沫若先生在《两周金文辞大系考释》齐镈铭的考释做了多次批注。从张先生原批注之字体、颜色看，下引与本书讨论相关的批注似分属十次。这十次批注之时间先后今已难考，现遵照原书之先天头，后地脚，先右后左的顺序将张先生批注引录如下，个别需要解释的地方以括注形式加入笔者按语予以

---

① 按：齐镈旧称"䶮镈"。对于齐镈的命名问题，张政烺曾指出："(齐镈铭)䶮字三见，其二半毁，与士父钟同。疑非作者名，器易主，故毁其名。"[参见：张政烺批注，朱凤瀚等整理：《张政烺批注〈两周金文辞大系考释〉》(中)，第463页。]张政烺称该器为"齐镈"[参见：张政烺：《周厉王胡簋释文》，《古文字研究》(第3辑)，北京：中华书局，1980年]。朱凤瀚赞同张政烺说[参见：朱凤瀚：《读张政烺批注〈两周金文辞大系考释〉》，张政烺批注，朱凤瀚等整理：《张政烺批注〈两周金文辞大系考释〉》(下)，第5、7页]。以上意见是正确的，本书从其说。

② 冯时：《春秋齐侯盂与䶮镈铭文对读》，四川联合大学历史系编：《徐中舒先生百年诞辰纪念文集》，成都：巴蜀书社，1998年。

说明：

(1) 此疑是封建制，而非奴隶制。观周初天子之赐臣鬲，亦无此豪举也。

(2) “民人都鄙”即洹子壶(按：今名“洹子孟姜壶”，见《集成》9729、9730)之“人民都邑”，与《周礼》习见之“都鄙”不同。

(3) 鄙＝邑。

(4)《周礼》亦如此。

(5) 王正儒(按：王懿荣字正儒)曰：同治庚午(按：1870年)四月山西荣河县(按：清代的荣河县与万泉县于1954年合并为万荣县)后土祠旁河岸圮出土。

(6)《王文敏公集》(按：王懿荣谥文敏)卷四《说齐子仲姜镈》(按：指齐镈)文甚好，无穿凿附处。

(7) 邑一百九十九。邑即《载师》之赏田(远郊)或公邑(甸)，而郣之民人都鄙即都鄙之采地。

(8)《说苑》14：“庄王从之，赐虞子采地三百，号曰‘国老’。”按，采地三百是三百邑。

(9) 齐邑很小，如管仲夺伯氏骈邑三百。

(10)《左》襄28，与晏子邶殿其鄙六十。①

综观上引张政烺先生的批注，可以窥见张先生倾向于将齐镈铭文和《周礼》联系起来解读。对此，朱凤瀚先生在《读张政烺批注〈两周金文辞大系考释〉》一文中评述道：

> 以上张先生就此镈(按：𬭚镈)铭文对郭老考释所作批注，作一整理，则其所述要旨似可以概括如下：齐侯赐与……的“邑”是直属于齐侯(公)的邑，相当于《周礼》远郊内六乡余地中的赏田，或远郊外六遂余地中甸内的公邑。而所赐之郣地的“民人都鄙”，即相当于《周礼》所云都鄙(卿大夫属地)中的采邑(或称采地)。这一看法，将铭文与《周礼》所述政治地理结构与土地制度相联系，起到了相互印证的作用。顾颉刚先生曾认为《周礼》与齐国制度有关，张先生对此镈铭的批注也有助于了解《周礼》成书的地域因素。②

齐侯赐鲍叔牙的二百九十九邑属于国君直辖邑，邑即《周礼·载师》远郊

① 张政烺批注，朱凤瀚等整理：《张政烺批注〈两周金文辞大系考释〉》(中)，第463页。
② 朱凤瀚：《读张政烺批注〈两周金文辞大系考释〉》，张政烺批注，朱凤瀚等整理：《张政烺批注〈两周金文辞大系考释〉》(下)，第7页。

内六乡余地中的赏田，或远郊外六遂余地中的公邑。“民人都鄙”即洹子孟姜壶铭的“人民都邑”。春秋晚期的洹子孟姜壶[①](《集成》9730，现藏上海博物馆)铭记载齐侯的女儿雷即洹子孟姜家有丧，齐侯自愿服丧，但这属于逾制之事，于是让太子乘驲赶赴王都，通过管理礼制的大宗伯向周天子请求允许其为女儿家的丧事服丧。周天子同意了齐侯的请求，并命齐太子乘传尽快返回，以便齐侯及时成服。齐侯感谢周天子的格外开恩，祭祀二天子、大无司、大司命、南宫子。接着：

> 齐医(侯)既遭(跻)洹子孟姜丧，其人民都邑堇(谨)窶(要)：“无用从(纵)尔大乐。”用鑄(铸)尔羞鈚(瓶)，用御天子之事，洹子孟姜用乞嘉(嘉)命，用旗賫(眉)耆(寿)，万年无强(疆)，用御尔事。

齐侯服丧，要求“人民都邑”不可纵乐。齐侯作壶，用御天子之事。关于“人民都邑”，[②]《左传》庄公二十八年(前666)之“凡邑有宗庙先君之主曰都，无曰邑。邑曰筑，都曰城”将“都”与“邑”做了明确的区分。根据宗法制“有百世不迁之宗，有五世则迁之宗”[③]的原则，似邑为新筑之城，都为老城。新邑无祖庙，祭祖势必要到都之祖庙。这便将都与邑通过宗法关系联系起来。大概《左传》中城于某地，要迁庙，邑于某地则不存在迁庙的现象。《左传》哀公十四年载：

> 宋桓魋之宠害于公，公使夫人骤请享焉，而将讨之。未及，魋先谋公，请以鞌易薄。公曰：“不可。薄，宗邑也。”乃益鞌七邑，而请享公焉，以日中为期，家备尽往。公知之，告皇野曰：“余长魋也，今将祸余，请即救。”

杜注：“鞌，向魋邑。薄，公邑。”“乃益鞌七邑，而请享公焉”的意思是桓魋把七个邑并入鞌地，请求设享礼答谢宋景公。增加邑的数量并设享礼答谢宋景公意味着桓魋进一步逼迫宋景公答应自己的要求——换邑。“薄”为宗邑，即宋景公祖先宗庙之所在。《左传》襄公二十七年(前546)载：

---

① 李学勤主张称齐侯壶，并主张其时代为春秋早期公元前694年。参见氏著《齐侯壶的年代与史事》，《中华文史论丛》2006年第2期。

② 对于铭文“人民都邑谨要”之“都邑谨要”，最近禤建聪提出了新的意见。参见：禤建聪：《洹子孟姜壶“人民聚邑僅窶”考》，《中国国家博物馆馆刊》2014年第11期。

③ 《礼记·大传》，(清)阮元校勘：《十三经注疏》(5)，第620页。

> 齐崔杼生成及强而寡，娶东郭姜，生明。东郭姜以孤入，曰棠无咎，与东郭偃相崔氏。崔成有疾而废之，而立明。成请老于崔，崔子许之，偃与无咎弗予，曰："崔，宗邑也，必在宗主。"

崔为崔氏的宗邑，即祖先宗庙所在地。崔成属于崔杼长子，却因有疾（罪）而被废掉继位人的资格。崔成请养老于宗邑，崔杼作为宗子同意了。但崔杼此举却遭到外戚东郭偃与庶子棠无咎的反对。棠无咎虽是庶出，但被立为崔杼的继承人。假如崔杼死后，棠无咎自然是崔氏之宗子了。可见宗子与宗邑应该合一，以确保宗子祭祀祖先的权力。宗子通过拥有宗邑，掌控祭祖权，藉以领导、控制、团结崔氏小宗。而且宗子与政权之君主也应该是合一的。使宗子拥有宗邑的作法是维护宗子在经济上的优势地位，也是确保不绝崔氏之祀的一项措施，并藉此来维护和发展本家族的利益和本宗的利益。此事反映了宗法制内部嫡庶之间以及与外戚之间的矛盾斗争。

齐镈铭却说"民人都鄙"。张政烺先生说"鄙"等于"邑"，杜预注《左传》之"鄙"为"边邑"，可见邑属于泛称。邑与都并列时，即按照《左传》庄公二十八年对"都"和"邑"的定义来理解。以"都"为参照系，周围散布着"邑"。"都"为"邑"之中心。《左传》襄公二十八年："与晏子邶殿其鄙六十，弗受。……与北郭佐邑六十，受之。与子雅邑，辞多受少。与子尾邑，受而稍致之。"该材料记载的是齐景公三年崔氏之乱后，景公对平乱有功者晏婴、北郭佐、子雅和子尾予以赏赐。杜注："邶殿，齐别都。以邶殿边鄙六十邑与晏婴。"据杜注，邶殿为齐别都，可见邶殿已有祖先宗庙。管仲改革实行"三国五鄙"，三国指齐桓公、国子、高子所在的城，鄙指城外的广大地区。"其鄙六十"即邶殿别都城外的六十个小邑。这六十个小邑无论在宗法上还是在政治上都应该是围绕邶殿为中心的。赏北郭佐六十邑，赏子雅和子尾若干邑，这些邑未言在何处，应该分布在都之外。按照李家浩先生的研究，春秋时期"县"与"鄙"意思接近，指城以外的广大地区。[①] 由《左传》昭公五年（前537）晋国"韩赋七邑，皆成县也"可知，邑可以演变为县。这个县指设立县级行政机构对邑予以管辖。《左传》昭公五年（前537）鲁国"竖牛取东鄙三十邑以与南遗"，东鄙当有参照系，即某城之东

---

① 李家浩：《先秦时期的"县"》，收入《著名中年语言学家自选集·李家浩卷》，2002年。

为东鄙。这里的城应该就是都城曲阜，这三十邑应该是都城曲阜以东接近边境地区的邑。而《左传》襄公二十六年（前547）“取卫西鄙懿氏六十以与孙氏”当是取卫国都城以西边境地区原属懿氏的六十个邑与孙氏。

齐镈铭之二百九十九邑应该是公邑，即国君直辖邑。与叔夷镈铭“余易（赐）女（汝）釐（莱）都膝（密）劐，其檐（县）二百”和春秋晚期的齐国青铜器庚壶（《集成》9733）铭“庚率二百邑”相联系，再根据《国语·齐语》三十家为一邑的记载，二百九十九邑，近九千家，每家平均按照六人计算，约五万多人，属于春秋时期齐国对有功之重臣的赏赐。大约相当于秦朝的一个万户的县。这是比较符合实际的。

银雀山汉简《守法守令等十三篇·守法》载：

> 大县二万家。中县、小县以万户之数制之。①

银雀山汉简《守法守令等十三篇·库法》载：

> 大县百里，中县七十里，小县五十里。大县二万家，中县万五千家，小县万家。②

银雀山汉简反映了战国时期齐国的一些情况，以此类比，九千家大约相当于战国时期齐国的一个小县的规模。

从前引张政烺先生的批注可知他主张齐镈铭赏赐鲍叔牙“二百九十九邑”之“二百”当隶定为“一百”。当然也有学者主张当隶定为“二百”。③《论语·宪问》：“问管仲。（孔子）曰：‘人也。夺伯氏骈邑三百，饭疏食，没齿无怨言。’”即齐桓公夺伯氏之三百邑赏赐管仲，伯氏终生无怨言。据《论语·宪问》，齐侯赏赐推荐管仲有功并与齐侯联姻之“齐辟”鲍叔牙三百个邑是完全很有可能的，即不算逾制。况且，齐镈铭赏赐鲍叔牙“二百九十九邑”与《论语·宪问》赐管仲骈邑三百、《说苑》赐虞子采地三百（张先生主张即“采地三百邑”）可以相互支撑。而且相比之下，赏赐给鲍叔牙的更为丰厚，另加郣之民人都鄙，即郣之百姓、城邑和土地。

---

① 银雀山汉墓竹简整理小组编：《银雀山汉墓竹简》（壹），北京：文物出版社，1985年，第127页。
② 同上注，第134页。
③ 比如《集成》即主张隶定为“二百”。

第五节　春秋时期的特殊性居民组织——“州”

“州”作为地域性居民组织的设置，本书第一章第一节已指出，商代是不存在的。是否出现于西周？井侯簋(《集成》4241)铭有“州人”一词，绝大多数学者认为铭文中的“州”为地名。[①] 仆麻卣[②](《近出》604，《铭图》13309)铭有“州子”一词，系人名。[③] 此外，中甗(《集成》949)、仲州簋(《集成》3447)、州簋(《二编》405)、师询簋(《集成》4342)、鬲比盨(《集成》4466)和散氏盘(《集成》10176)铭文均有“州”字，但不是人名就是地名，并非居民组织的称谓。所以就目前所见材料而言，西周时期尚无居民组织“州”的设置。故本书从春秋时期开始考察居民组织“州”的形态。

《左传》和《国语》有许多关于春秋时期“州”的记载，[④]其中部分“州”字，[⑤]自韦昭、杜预、孔颖达以来，均认为属于地域性居民组织。借助古代学者的注疏和前贤的研究，大家对春秋时期的居民组织“州”已有了一定的了解，如对一些“州”的性质，“州”的规模，“州”的区域设置，“州人”的地位和身份等。这已为学界所熟知。但限于古代学者注疏经典的体例和材料的不足征，且主要根据《周礼》来研究，故对春秋时期这种地域性居民组织的基本形态仍然缺乏足够的了解。

1987 年出土的包山楚简提供了大量关于战国时期楚国居民组织“州”的材料，使学界对战国时期楚国居民组织“州”的基本形态有了崭新的认识。依照常理，从春秋进入战国，地域性居民组织“州”的基本形态也有一些变化，但

---

① 唐兰：《西周青铜器铭文分代史征》，第 161～162 页；陈平：《邢侯簋再研究》，《三代文明研究》(一)，北京：科学出版社，1999 年，第 108 页。

② 《近出》将此器命名为“州子卣”是一个错误，最早正确命名的是朱凤瀚先生的文章《仆麻卣铭考释》。

③ 朱凤瀚：《仆麻卣铭考释》，《于省吾先生百年诞辰纪念文集》，长春：吉林大学出版社，1996 年；李学勤：《仆麻卣论说》，收入氏著《文物中的古文明》。

④ 按：《左传》中出现的和《尚书·禹贡》的“九州”相同的州名不在本书讨论范围。

⑤ 《左传》成公十三年载：“白狄及君同州，君之仇雠，而我之昏姻也。”杨伯峻注：“同州，同在《尚书·禹贡》之雍州。”[《春秋左传注》(修订本)，第 864 页]类似之地名因与本书讨论的基层居民组织不是一回事，不予考虑。

作为前后相沿的政治制度，又具有相对的稳定性。因而学界对战国时期楚国居民组织“州”的研究的推进，有利于本书对春秋时期的居民组织之“州”作进一步深入的研究。

“州”在春秋时期是特别的居民组织，对其特殊性学界尚缺乏足够的了解。同时，“州”又是春秋时期基层社会地域性居民组织的重要组成部分。正是基于这种考虑，本节拟在已有研究的基础上，对春秋时期晋国的“作州兵”、楚国的“夏州”作个案研究，并对列国疑似居民组织之“州”予以初步考察。

一、从“作州兵”考察晋国居民组织之“州”

关于春秋时期晋国的“州”，有两个含义。一个是“州县”之“州”，例如《左传》定公八年：“（宋）乐祁归，卒于大行。（晋）士鞅曰：‘宋必叛，不如止其尸以求成焉。’乃止诸州。”此“州”系春秋时期晋国所设之县级行政区划，不属于本书研究的对象。① 另一个是“作州兵”之“州”，韦昭等据《周礼》解为居民组织，且是基层社会的地域性居民组织。这种“州”属于本书研究的范畴。

（一）晋国“作州兵”之“州”的基本含义

目前所见到的晋国的居民组织“州”的材料十分有限。先秦文献中关于春秋晋国“作州兵”的材料只有两则，一则在《左传》僖公十五年，一则在《国语·晋语三》。这两处记载基本相同，《左传》僖公十五年：②

> 晋侯使郤乞告瑕吕饴甥，且召之。子金（按：瑕吕饴甥之字）教之（按：指郤乞）言曰：“朝国人而以君命赏。且告之曰：‘孤虽归，辱社稷矣，其卜贰圉也。’”众皆哭，晋于

---

① 参见《左传》昭公三年晋国范宣子、赵文子、韩宣子的对话。

② 《国语·晋语三》载：

> 公在秦三月，闻秦将成，乃使郤乞告吕甥。吕甥教之言，令国人于朝曰：“君使乞告二三子曰：‘秦将归寡人，寡人不足以辱社稷，二三子其改置以代圉也。’”且赏以悦众，众皆哭，焉作爰田。吕甥致众而告之曰：“吾君惭焉其亡之不恤，而群臣是忧，不亦惠乎？君犹在外，若何？”众曰：“何为而可？”吕甥曰：“以韩之病，兵甲尽矣。若征缮以辅孺子，以为君援，虽四邻之闻之也，丧君有君，群臣辑睦，兵甲益多，好我者劝，恶我者惧，庶有益乎！”众皆说，焉作州兵。［徐元诰撰，王树民、沈长云点校：《国语集解》（修订本），第313～314页。］

是乎作爰田。吕甥曰："君亡之不恤，而群臣是忧，惠之至也，将若君何？"众曰："何为而可？"对曰："征缮以辅孺子。诸侯闻之，丧君有君，群臣辑睦，甲兵益多。好我者劝，恶我者惧，庶有益乎！"众说，晋于是乎作州兵。①

此记载指出秦晋韩原之战后，晋国实施改革，措施之一即"作州兵"。下面就"作州兵"之有限材料来考察晋国的居民组织"州"。兹先将古今对"作州兵"的一些解释胪列如下，并作辨析。

韦昭注《国语》"作州兵"曰：

二千五百家为州，使州长各帅其属缮甲兵。②

杜注《左传》"作州兵"曰：

五党为州，州二千五百家也。因此又使州长各缮甲兵。

杜预对"作州兵"之注袭自韦昭注。③ 韦、杜认为二千五百家为一州，是据《周礼·大司徒》"五党为州"郑玄注"州，二千五百家"而来，即郑玄、韦昭、杜预根据《周礼》来解释"作州兵"之"州"。以上韦、杜将"作州兵"之"州"看作晋国的居民组织；韦、杜二氏还将"兵"释为"甲兵"，④"甲兵"即武器。《左传》孔颖达疏"作州兵"曰：

《周礼·乡大夫》："以岁时登其夫家之众寡，辨其可任者。"州长则否。今以州长管人既少，督察易精，故使州长治之。

孔颖达将"州"与"乡"类比，即赞同将"州"定性为居民组织。以上古代注家将"州"看作居民组织的认识得到了当今学者的赞同。例如，陈恩林先生在继承了蒙文通和徐中舒二位先生对"作州兵"的认识⑤后认为：

据此则可以断定"州"又是郊外六遂中的一个特定地区的名称。……晋国的"作

---

① 杨伯峻：《春秋左传注》(修订本)，第360～363页。

② 徐元诰撰，王树民、沈长云点校：《国语集解》(修订本)，第314页。

③ (清)刘文淇：《春秋左氏传旧注疏证》，北京：科学出版社，1959年，第324页。

④ 清人刘文淇认为："《传》之称兵，皆兵器之属，不作兵卒解。"参《春秋左氏传旧注疏证》第324页。

⑤ 蒙文通说："作州兵就是取消只限三郊才能当兵的规定，扩大及于三遂。"(蒙文通：《孔子与今文学》，收入《蒙文通文集》)徐中舒说："州，野人所居，其居民本来不服兵役。作州兵，在他们分得终身使用的土地的新情况下，使他们也服兵役。"(徐中舒：《左传选》，北京：中华书局，1963年，第52页。)

州兵”其实就是征召与郊相毗邻的“州”内野人当兵。[①]

但以蒙、徐、陈三位先生为代表的观点与韦、杜之注仍有不同的地方，即认为“作州兵”之“兵”非“甲兵”，而是指“士卒”，且这个“士卒”来源于野人。将“作州兵”之“兵”解为“士卒”至少可以溯源到清代学者。清人洪亮吉即解“作州兵”之“兵”为士卒。洪氏说：

> 作州兵盖亦改易兵制，或使二千五百家略增兵额，故上云“甲兵遂多”，非仅修缮甲兵而已。[②]

洪亮吉的意思是晋“作州兵”属于改革兵制，不仅修缮甲兵，还要每州略微增加服兵役的人数。据洪氏所说，晋国在“作州兵”之前州人已服兵役。台湾学者杜正胜先生承洪氏“略增兵额”说，但认为增加兵额的对象是国人之余子，[③]而非州人。现在大多数学者认为：“作州兵”是改易兵制；“州”是居民组织，据《周礼》其规模为二千五百家；“兵”当士卒解。

自韦昭始，将晋国“作州兵”之“州”看作晋国的地域性居民组织是正确的。笔者又找到东汉经学家服虔的一条注释，认为春秋之晋国有居民组织“州”。《左传》昭公八年：

> 春，石言于晋魏榆。晋侯问于师旷曰：“石何故言？”

杜注：“魏榆，晋地。服(虔)云：‘魏，邑也。榆，州里名。’”据杜预注中引用的东汉经学家服虔的注释，春秋时期晋国之“邑”下有“州里”。“里”为居民组织，则与“里”连言之“州”亦属居民组织。服虔之说虽为晚出，但早于韦昭注，为春秋时期晋国有居民组织“州”又增添一条证据。

明确了“作州兵”之“州”的性质为晋国的地域性居民组织以后，“州兵”之兵源自可明了，即来自“州”中之州人。

(二) 晋国居民组织“州”的特殊性试探

接下来本书考察晋国“州”的特殊性。“州”属于国还是野，即晋国“州”的

---

① 陈恩林：《先秦军事制度研究》，长春：吉林文史出版社，1991 年，第 131～132 页。
② (清) 洪亮吉撰，李解民点校：《春秋左传诂》，北京：中华书局，1987 年。
③ 杜正胜：《编户齐民——传统政治社会结构之形成》，第 51 页。

地域设置;州人的身份如何。

《逸周书·作雒》有一条涉及“州”的材料,似可说明州人过着聚居的生活,也可说明“州”之特殊性:

凡工、贾、胥士、臣扑,州里俾无交为。①

学者考定《逸周书·作雒》很可能作于春秋时代的后期。② 在判断《逸周书·作雒》“州里俾无交为”现象的时代问题时,可从《论语》的记载得到一些启发,因为《论语》亦有“州里”连言的材料。《论语·卫灵公》:

(孔)子曰:“言忠信,行笃敬,虽蛮貊之邦行矣;言不忠信,行不笃敬,虽州里行乎哉?”

《史记·仲尼弟子列传》亦曾引用此语,惟因避讳“邦”为“国”。目前尚不能确指《论语》之“州里”属于哪一国,但根据“州里”与“蛮貊之邦”对言,孔子所言之“州里”应为孔子所生活的春秋后期中原地区列国的一般情况。据《论语·卫灵公》所言,《逸周书·作雒》最晚应出现于春秋后期。

再回头来看《作雒》。《作雒》“臣扑”之“扑”当作“仆”。③ 现将《作雒》该句重新标点如下:“凡工贾、胥士、臣仆、州里俾无交为。”意思是使手工业者和商人,胥和士,臣和仆,州和里不要往来。很明显,工、贾、胥、士、臣和仆均指当时社会生活中具有某种身份的人,而“里”和“州”却属于居民组织,故“州里俾无交为”应该理解为:使“州人”和“里人”不得交往。即“州里俾无交为”是针对“州人”而言,限制的对象是“州人”而非“里人”。这则材料似可说明春秋时期的“州”是一种予以特殊政策管理的居民组织。

《荀子·王制篇·序官》:

顺州里,定廛宅,养六畜,间树艺,劝教化,趋孝弟,以时顺修,使百姓顺命,安乐处乡,乡师之事也。

“顺州里”就是使州与里和顺,这是乡师的职责之一。看来,乡中州和里的关系

---

① 黄怀信:《逸周书校补注译》(修订本),第236页。
② 张怀通:《〈逸周书〉新研》,第275页。
③ 黄怀信:《逸周书校补注释》,第237页。

往往不和顺，常常需要乡师来调解以变得和顺。这是否也能嗅出一点“州”异于“里”的味道？

《管子·八观》：

> 入州里，观习俗，听民之所以化其上，而治乱之国可知也。州里不鬲，閭（里）闬不设，出入毋时，早晏不禁，则攘夺、窃盗、攻击、残贼之民毋自胜矣。

“州里不鬲”之“鬲”即“隔”字。“闬”即门。“州”“里”在空间上不隔离开和“里”不设门就会出乱子。这显然也是针对“州”而言。

以上所引《荀子》和《管子》均为战国时期的文献，固然不能反映春秋历史的真实，更不能反映晋国的情况。但通过以上两则材料，可以看到战国时期的州也是比较特殊的。《作雒》据考证成书于春秋末，也说明了春秋之“州”具有特殊性。

以往的研究者也注意到了晋国之“州”是特殊的居民组织，前引陈恩林先生之说即把“州”认定为郊外六遂中的一个特定地区的名称，“作州兵”就是征召与郊毗邻的“州”内野人当兵。这涉及州人的身份问题。关于“州人”的身份，清人已认为“州”是战争俘虏构成的特殊居民组织。[①] 金景芳先生认为野人的主要来源是战俘。[②] 据此，晋国“作州兵”的对象“州人”属于野人，其前身应当是晋国的战俘。晋国居民组织“州”的设置，似揭示晋国对外战争掠夺他国人力资源的实质。关于“作州兵”之“作”，早有学者指出其应解释为“始创”的意思，即晋国在“作州兵”之前是不让“州人”服兵役的，晋国“作州兵”的改革开创了州人服兵役的先河。[③] 即在晋国“作州兵”之前，州人没有当兵打仗的权力。“作州兵”即开始让州人持兵器上战场，以扩大晋国的军事力量，从而提高了州人的社会政治地位。何谓野？《尔雅·释地》曰：

> 邑外谓之郊，郊外谓之牧，牧外谓之野，野外谓之林，林外谓之垧。

“野”又是与“国”相对而言的概念。前辈学者金景芳先生对国、野之分布和相对性有独到的认识，兹引录如下：

---

① 清人刘文淇认为“夏州”人的身份是俘虏。参（清）刘文淇：《春秋左氏传旧注疏证》，第 676 页。
② 金景芳：《论中国奴隶社会的阶级和阶级斗争》，《中国社会科学》1980 年第 3 期，第 124 页。
③ 参见陈恩林：《先秦军事制度研究》，第 128 页。

古人把郊以内的地区叫做国，郊以外的地区叫做野。关于国这个概念，焦循说得好，“盖合天下言之，则每一封为一国，而就一国言之，则郊以内为国，外为野，就郊以内言之，又城内为国，城外为野。盖单举之则相统，并举之则各属也。”（《周礼正义》大宰疏引）国之所以具有这样多的含义，证明名词概念也不是静止的，它是随着历史的发展而发展的。国与野的对立，正是指郊以内为国、外为野而言。[①]

金先生的认识是正确的。晋国的“州”当设置在城邑之郊外，州中居民集中居住，便于管理。

（三）晋国“作州兵”的时代意义

春秋时期让野人当兵的标志性事件应是晋之“作州兵”。正是从晋国“作州兵”以后，鲁国“作丘甲”、郑国“作丘赋”，逐渐打破了国野之间的界限，国野制的一些区别逐渐消失。上引《逸周书·作雒》很可能就是针对这种州里相混、国野不分的现象而言的，但已难以遏止国野不分的发展趋势了。这主要是因为春秋时期战争的规模在不断扩大，战争越来越频繁，依靠传统的只有国人才能服兵役的制度已满足不了战争现实的需要。

晋国“作州兵”的改革当是受到秦国直接影响的结果。根据《左传》和《国语》的相关记载，秦晋韩原之战晋国之所以失败，其主要原因是秦军“斗士倍我”。[②] 而失败的直接原因是晋惠公不重用庆郑，不纳庆郑之谏，使庆郑心生怨恨；在晋惠公所乘战车陷入泥泞时，庆郑救援不力，导致晋惠公被俘，晋军失败。但关于秦国取胜的原因，《吕氏春秋·爱士》有如下一段记载：

昔者，秦缪公乘马而车为败，右服失而埜人取之。缪公自往求之，见埜人方将食之于岐山之阳。缪公叹曰：“食骏马之肉而不还饮酒，余恐其伤女也。”于是偏饮而去。处一年，为韩原之战，晋人已环缪公之车矣，晋梁由靡已扣缪公之左骖矣，晋惠公之右路石奋投而击缪公之甲，中之者已六札矣。埜人之尝食马肉于岐山之阳者三百有余人，毕力为缪公疾斗于车下，遂大克晋，反获惠公以归。

---

① 金景芳：《论中国奴隶社会的阶级和阶级斗争》，《中国社会科学》1980 年第 3 期，第 125 页。
② 《左传》僖公十五年晋韩简之语。

上引《爱士》关于秦晋韩原之战的细节，其他典籍亦有类似记载，兹不赘引。[①] 秦缪公即秦穆公。这段文字提供了《左传》和《国语》关于秦晋韩原之战记载中所没有的信息，即秦穆公在韩原之战中因为得到野人的拼死相助才未被晋军俘虏。这些野人并非秦军的一部分，只因平时受惠于秦穆公，故在危难时刻出手相助。据《爱士》，晋国让野人服兵役的改革措施似受到秦国野人参战的启发。晋国通过让野人服兵役以拓宽晋军兵源的作法，要比秦国野人自动参战走得更远，说明以往只允许国人服兵役的制度已无法适应春秋时期的这种战争现实了。晋国"作州兵"的改革正昭示了春秋时期社会发展变化的新的时代信息。

二、从"夏州"考察楚国"州"的形态

《左传》明确记载楚国曾经设置了夏州。本小节试对春秋时期楚国"夏州"的性质，政治功能，夏州人的身份，夏州的规模，夏州的层级，夏州的地理设置，夏州官吏的地位，夏州人的来源，州人是否可以出仕，以及州社、州序诸问题进行探讨。

（一）夏州之性质

《左传》宣公十一年载：

> 楚子为陈夏氏乱故，……遂入陈，杀夏征舒，轘诸栗门。因县陈。……（申叔时）曰："……今县陈，贪其富也。以讨召诸侯，而以贪归之，无乃不可乎？"……（楚子）乃复封陈。乡取一人焉以归，谓之夏州。

"楚子"即楚庄王（前 613—前 591）。上引《左传》材料的大意是，楚庄王借讨伐夏征舒之乱，出兵灭了陈，初拟将陈国设为楚国的一个县，旋又接受大夫

---

① 按：此故事尚见于《史记・晋世家》（《史记》，第 1653～1654 页）、《韩诗外传》[（汉）韩婴撰，许维遹校释：《韩诗外传集释》，北京：中华书局，1980 年，第 351～352 页]、《淮南子・氾论训》（《淮南鸿烈集解》，第 454 页）、《说苑・复恩》[（汉）刘向：《说苑》，景印文渊阁《四库全书》（第 696 册），台北：商务印书馆，1986 年，第 48 页]、《列女传・辩通传》[（汉）刘向编撰，（东晋）顾恺之画图：《古列女传》，上海：商务印书馆，1936 年，第 157 页]和《金楼子・说蕃篇》[（梁）萧绎撰，许逸民校笺：《金楼子校笺》，北京：中华书局，2011 年，第 581 页]等。

申叔时的建议，复封陈国，并从陈国每乡取一人迁楚，设立夏州。为了讨论“夏州”的基本形态，兹先征引经学家对“夏州”的注疏。

杜注“夏州”曰：“州，乡属，示讨夏氏所获也。”孔颖达疏：“谓之夏州者，讨夏氏乡取一人以归楚而成一州，故谓之夏州。”可见，杜预、孔颖达均将“夏州”之“州”作为居民组织看待。今人罗运环先生对孔疏评价道：

> 孔颖达的意思是，夏州的夏与楚庄王所讨伐的陈国夏氏有关，州为民户编制。此本杜预之说而发挥，较合情理，可备一说。是楚早在楚庄王时代已有作为民户编制的州。[①]

罗运环先生以上所论，是立足于已出土的包山楚简提供的信息对孔疏作出分析评价的。在战国包山简出土以后，“州”在楚国的春秋时期属于一级居民组织得到了比较有力的佐证。罗运环先生据夏州判定早在楚庄王时期楚国已有“州”居民组织的设置是非常正确的。将他国普通人迁到楚国设置“州”来集中居住，当是楚国有成例可循的作法。也就是说，此前即有“州”这样的居民组织的设置。春秋时期楚灭44国，[②]而灭而复封之国典型者即有陈、蔡二国，且被灭不止一次。据此可推测，春秋之楚国当拥有不止一个“州”。

(二) 夏州人的身份和夏州功能考

关于夏州人的身份和楚国设置夏州的功能，清人刘文淇云：“楚盖俘陈之民，乡各一人，于楚地别立夏州，以旌武功也。”[③]刘氏认为设立夏州的政治功能是“旌武功”，夏州人的身份为俘虏。杜预、孔颖达和刘文淇均认为是乡取一人归楚设置夏州，即夏州设在楚国。这些认识都是正确的。下面通过《左传》宣公十二年郑国被楚国打败后郑伯所说的对待战败国的三种处置方式，以把握夏州的性质。

> 郑伯肉袒牵羊以逆，曰：“孤不天，不能事君，使君怀怒以及敝邑，孤之罪也，敢不唯命是听？其俘诸江南，以实海滨，亦唯命；其翦以赐诸侯，使臣妾之，亦唯命。若惠

① 罗运环：《论包山简中的楚国州制》，《江汉考古》1991年第3期，第75页。
② (清)顾栋高：《春秋大事表·春秋列国爵姓及存灭表》，第563～608页。按：今人何浩认为楚灭48国。参氏著：《楚灭国研究》，第9页。
③ (清)刘文淇：《春秋左氏传旧注疏证》，第676页。

顾前好，徼福于厉、宣、桓、武，不泯其社稷，使改事君，夷于九县，君之惠也，孤之愿也，非所敢望也。敢布腹心，君实图之。”

杨宽先生对这一段材料有如下理解：

这里共提出了处理灭亡国家的三个方案，该是在这以前经常采用的。一个办法是全部俘虏去分赏给诸侯当奴隶，即所谓“使臣妾之”；一个办法是把征服的居民迁到需要充实的地方，加以奴役和剥削，即所谓的“以实海滨”；另一个最轻的处理办法是原封不动，保存原来的居住和生产组织情况，就地加以奴役和剥削，即所谓“使改事君”。①

杨宽先生因为认定西周为奴隶社会，故其思维尽可能将俘虏之处理往奴隶的方向靠。这是时代的烙印，本书不拟深究。杨先生使用“征服的居民”之称，而许倬云先生使用“战败国的人口”之称。② 根据《左传》的记载，郑国和陈国虽然都是楚国的战败国，但情况略有不同。郑国战败后，双方讲和，郑子良出质于楚。而此前一年楚灭陈后先拟设县，旋又复封陈，使陈变为楚的附庸，将陈国的一部分人迁往楚国集中定居。夏州人的身份是俘虏吗？似乎用“俘虏”一词来表述欠准确。用杨宽先生的“征服的居民”似乎也不太准确，因为楚在入陈前“谓陈人无动，将讨于少西氏”，此语尽管可以看作楚国为灭陈而实施的统一战线和分化瓦解陈国的政治策略，但《左传》确实没有记载楚军曾杀戮除了夏征舒以外的其他陈国人。《左传》成公二年的记载似有助于理解夏州人的身份以及夏州设立的功能：

冬，楚师侵卫，遂侵我师于蜀。使臧孙往。辞曰：“楚远而久，固将退矣。无功而受名，臣不敢。”楚侵及阳桥，孟孙请往赂之以执斲、执箴、织纴，皆百人，公衡为质，以请盟。楚人许平。

楚侵鲁，鲁国为求和，贿赂楚国木工、刺绣工和纺绩工各一百人，且以公衡作人质。这三百有技艺的鲁人，名义上是贿赂，实质上是楚国对鲁国人力资源的掠夺。《左传》襄公二年：

---

① 杨宽：《古史新探》，第 81 页。

② 许倬云：《中国古代社会史论——春秋战国时期的社会流动》，桂林：广西师范大学出版社，2006 年，第 71 页。

> 齐侯伐莱，莱人使正舆子赂夙沙卫以索马牛，皆百匹，齐师乃还。

齐灵公伐莱国，莱人派大夫正舆子贿赂齐人夙沙卫精选的马一百匹，牛一百头，齐军于是还师。这反映了齐国对莱国财产的掠夺。《左传》定公八年：

> 公（按：指卫侯）曰："又有患焉，谓寡人'必以而子与大夫之子为质'。"大夫曰："苟有益也，公子则往，群臣之子敢不皆负羁绁以从？"将行，王孙贾曰："苟卫国有难，工商未尝不为患，使皆行而后可。"公以告大夫，乃皆将行之。行有日，公朝国人，使（王孙）贾问焉，曰："若卫叛晋，晋五伐我，病何如矣？"皆曰："五伐我，犹可以能战。"（王孙）贾曰："然则如叛之，病而后质焉，何迟之有？"乃叛晋。

这一段涉及卫国和晋国的关系。卫国国君在鄟泽盟会的时候，受辱于晋国的涉佗、成何。在晋国压迫之下，卫国国君为了激起国内工商业者的仇恨，便让王孙贾散布舆论说晋国要卫国的工商业者去晋国当人质，结果卫国国人表示坚决支持国君叛晋。虽然《左传》没有记载晋国是否真这么作了，但这则材料说明当时这种事情极有可能发生，否则卫国工商业者将不会听信王孙贾的鼓动。这反映了春秋时期大国对小国人力资源掠夺的现象是存在的。《左传》哀公九年：

> 郑武子賸之嬖许瑕求邑，无以与之。请外取，许之，故围宋雍丘。宋皇瑗围郑师，每日迁舍，垒合。郑师哭。子姚（杜注："武子賸也。"）救之，大败。二月甲戌，宋取郑师于雍丘，使有能者无死，以郏张与郑罗归。

杜注"使有能者无死"曰："惜其能也。"注"郏张与郑罗"曰："郑之有能者。"此材料显示宋人不杀郑师中之有才能者，并且将郑师中出类拔萃的郏张和郑罗二人带回宋国。《左传》虽未记载将二人带回后如何处置，但可以推测一定是让二人为宋国效力。春秋中叶齐灵公（前581—前554年在位）时的齐器叔夷镈（《集成》285）铭文记齐灭莱后齐灵公赐叔夷"釐（莱）都脨（密）劳，其棔（县）二百，余命女（汝）嗣（司）辝（台、以）釐（莱）匋（造）或（铁[1]）徒四千，……余易（汝）女（汝）马、车、戎兵，釐（莱）僕（仆）二百[2]又五十家"。《春秋》《左传》襄公

① 此从张政烺释。参见张政烺批注，朱凤瀚等整理：《张政烺批注〈两周金文辞大系考释〉》（中），第449页。

② 本书隶定为"二百"，有的学者隶定为"三百"。

六年均记载“齐侯灭莱”，与此铭之记载相合。对于叔夷镈铭，郭沫若先生解释道：

> 盖于是役叔夷最有功，故齐侯以莱邑赐之，并以莱之遗民三百五十家为其臣仆也。古者国灭，则人民沦为奴隶，本器足证春秋中叶以后，奴隶制度犹俨然存在也。①

对于郭老所谓春秋时期为奴隶制社会的问题，本书不作讨论。“县二百”即縢（密）膂城以外的二百个邑。“造铁徒四千”，可以理解为冶铁业工人。“莱仆二百五十家”，可理解为臣仆二百五十家。叔夷镈铭文反映了齐国打败莱国后，将莱之土地和劳动力赏赐给叔夷。这显然也是齐国对莱劳动力资源的掠夺。

从以上五则材料可知，春秋时期存在的掠夺他国的土地、牲畜和人力资源——工商业者、有才能之士和臣仆——乃是战争的副产品之一。因此，将前述许倬云先生的观点运用到“夏州”可能更贴切一些，不过得略作改动方符合夏州的情况，即战败国陈国的部分人口被迁往战胜国楚国集中居住，这些被迁者似乎带有人质的色彩。睡虎地简《秦律杂抄》：“寇降，以为隶臣。”（简 38）以此类比，“州人”的地位不会很高。此外，这些人应该被看作战争中掠夺的人力资源。把掠夺回来的这些陈国人单独设立一个州，是为了便于管理。

（三）夏州之规模试探

杜预注认为州是乡所属的一级居民组织。那么其规模如何？陈絜先生对此曾有论述：

> 以“夏州”为称的聚落之规模，自然也不可能过大。按诸史实，春秋中期的陈国，国势已甚为弱小，其疆域不过一县之大，尽管当时“县”可能是研究者所主张的“大县制”，其所统辖的家户之数当然也会比后来郡县分级隶属制下的万户为多，但所谓的设置于县级政府之下的行政区划“乡”，其数量毕竟有限，故由“乡取一人”而建置的、仅具象征意义的“夏州”，其大小规模自然据以得见。如此说来，这一与平复陈国贵族

---

① 郭沫若：《两周金文辞大系考释》（下），第 114 页。

夏征舒之乱有关的、具有彰显正义性质的夏州，与当时“邑”、“里”之类的基层聚落及社区未必具有本质性的差别，起码在规模上不可能相去过远。①

从楚第一次灭陈之公元前598年这个时间点来分析，这种看法是正确的。笔者还想补充一点，以进一步理解夏州的规模。“乡取一人”的陈国人之“一人”，应是成年人，或是指一户之主。如是，则不可能只有其本人迁居楚国，必定会有家人相随。但既定每乡“一人”，则必非将其族人一起迁往楚国。《左传》昭公十三年的记载大致可以说明此点：

楚公子比、公子黑肱、公子弃疾、蔓成然、蔡朝吴帅陈、蔡、不羹、许、叶之师，因四族之徒，以入楚。

楚灵王在乾谿遇难，几位公子在后方发动叛乱。对于“四族”，杜注：“薳氏、许围、蔡洧、蔓成然。”据杜注，四族之徒即薳氏、许围、蔡洧和蔓成然四人所属之族徒。此四人中许围属于人质。《左传》昭公十三年载楚灵王“迁许而质许围”，杜注：“围，许大夫。”按《左传》的记载，所有人质均离开本国，迁居于对方国家。许围也不例外地居于楚国。那么，据“因四族之徒，以入楚”可以说明许围之族徒并不随同作为人质之许围迁往楚国。夏州人的地位与许围比起来，自然要低得多。《左传》虽未明言“乡取一人”之“人”的地位如何，但显然其地位要比《左传》记载的人质如王子、诸侯、诸侯妻子、诸侯太子、诸侯公子、卿大夫及卿大夫子弟等的地位要低得多。② 因此，连家人一起算在内，夏州之规模确实不会太大。

若从动态的、历史演变的角度看，从公元前598年楚设夏州到春秋末，至少经历了一百多年，夏州的规模能够演变到多大？到战国晚期，比如说到包山楚简随葬的年代，前后历时约两个半世纪，规模会发展到多大？遗憾的是迄今为止尚未发现战国楚简中对“夏州”的记载，只有《史记》有对战国时期的“夏州”的记载。《史记·苏秦列传》：

---

① 陈絜：《再论包山楚简“州”的性质与归属》，南开大学历史学院、北京大学历史系、中国社科院历史所编：《中国古代社会高层论坛文集：纪念郑天挺先生诞辰一百一十周年》，第263页。

② 关于春秋时期人质的身份，参见孙瑞：《试论春秋时期的人质》，《史学集刊》1996年第1期，第15页。

(苏秦)乃西南说楚威王曰:"楚,天下之强国也。王,天下之贤王也。西有黔中、巫郡,东有夏州、海阳,南有洞庭、苍梧,北有陉塞、郇阳,地方五千余里,带甲百万,车千乘,骑万匹,粟支十年。"

楚威王于公元前339年到公元前329年在位。关于"东有夏州",集解云:"徐广曰:'楚考烈王元年,秦取夏州。'(裴)骃案:《左传》'楚庄王伐陈,乡取一人焉以归,谓之夏州'。"楚考烈王元年系公元前262年。据苏秦之语和徐广注,战国末期,楚国仍有"夏州"。据裴骃的案语,《史记》之"夏州"即由《左传》宣公十一年之"夏州"发展而来。从上引《史记》中与"夏州"并列的地名"黔中""巫""洞庭""苍梧"为秦郡名来看,[①]"夏州"行政区划之层级应不会低于县级。故前后两个夏州之规模肯定不同。

苏秦生活于战国中期。"夏州"从公元前598年设立一直存在到战国中期,假定其间没有经历瘟疫,也没有经历兵燹,随着其居民人口的自然增长,夏州会不会升级为较高层级的居民组织?其下会不会出现较低层级的居民组织?《逸周书·作雒》:"凡工贾、胥士、臣扑(仆),州里俾无交为。"从"州"字置于"里"字前来看,是否可以认为"州"之层级高于"里"呢?参照"州里"二者之前的"工"与"贾"、"胥"与"士"、"臣"与"仆"之先后排列顺序可知,"州"(《广韵》:平声)、"里"(《广韵》:上声)二字之词序当与汉字声调有关,正如古人省称司马迁和班固二人为"班(《广韵》:平声)马(《广韵》:上声)"而非按时代先后称"马班"一样。[②]即从《逸周书·作雒》之材料还看不出州、里二者之层级高低。下面再看其他能够说明春秋时期情况的"州里"连言材料。《论语·卫灵公》载:

子张问行。(孔)子曰:"言忠信,行笃敬,虽蛮貊之邦行矣;言不忠信,行不笃敬,虽州里行乎哉?"

此材料反映的州里制度还不能确定属于哪一国,但借孔子之口说出,说明其时代约当春秋晚期。此"州里"连言很可能说明"州"之下有"里"。[③]春秋时

---

① 参王伟《秦玺印封泥职官地理研究》第五章第一节,北京:中国社会科学出版社,2014年。

② 参周祖谟:《汉语骈列的词语和四声》,《周祖谟语言文史论集》,北京:学苑出版社,2004年,第33～43页。

③ 据前引东汉服虔对《左传》昭公八年"魏榆"之注"榆,州里也",州、里也有可能属于同级。另外,关于战国时期"州"之下存在较低层级的居民组织详参本书第三章的相关论述。

期楚国设立的州的行政区划上升为较高的层级是有可能的。除了上引《史记》之“夏州”外，包山简114号：“州莫嚣疥、州司马庚为州贷郕异之黄金七益（镒）以翟（籴）穜。迄期不赛金。”包山简114号之“州”为楚国县一级行政区划。

综合以上材料，可以推测，“州”级基层居民组织随着时代的推移是有可能升级为更高层级的行政区划和衍生出低一层级的行政区划的。

“夏州”设立时之规模既然不大，那么是否如杜预所说夏州为乡属？杜预之注本于《周礼·地官·大司徒》“五党为州，使之相赒。五州为乡，使之相宾”。目前能够支持春秋时期的楚国设置了“乡”的材料有两条。第一条即《国语·楚语下》所载观射父对楚昭王说：“于是乎合其州乡朋友婚姻，比尔兄弟亲戚。”第二条见于《史记·老子韩非列传》：“老子者，楚苦县厉乡曲仁里人也。”能够支持战国时期楚国有乡的材料为出自战国时期楚国人之手的《鹖冠子》。[①]《鹖冠子·王鈇》：“其制邑理都，使矔习者五家为伍，伍为之长；十伍为里，里置有司；四里为扁，扁为之长；十扁为乡，乡置师；五乡为县，县有啬夫制焉；十县为郡，有大夫守焉。”[②]可见，杜预所认为的春秋时期楚国的乡为州之上属基层居民组织的看法除《周礼》外暂时还没有其他材料予以支持。反而从上引《国语·楚语》“州乡”连言看，楚国之乡似有可能是属于州之下的地域组织。总之，“夏州”在春秋时期的上属和下辖还不甚清楚，杜预说夏州上属乡，还需要新的材料来证明。[③]

（四）夏州之位置及州之官吏和州人之政治地位试析

关于夏州的地理位置，清人江永认为：“夏州盖在北岸江、汉合流之间，

① 《鹖冠子》旧多以为伪书而弃置不用。当今学者因马王堆三号汉墓出土的西汉早期《老子》乙本卷前佚书有很多与《鹖冠子》相同或相近的语句，遂认为此书不伪。其时代不会晚于秦代，系楚人作品。参见：唐兰：《马王堆出土〈老子〉乙本卷前古佚书的研究——兼论其与汉初儒法斗争的关系》，《考古学报》1975年第1期；李学勤：《马王堆帛书与〈鹖冠子〉》，《江汉考古》1983年第2期；裘锡圭：《啬夫初探》，《裘锡圭学术文集》第五卷《古代历史、思想、民俗卷》，第46页。

② 黄怀信：《鹖冠子汇校集注》，北京：中华书局，2004年，第178～180页。

③ 《银雀山汉墓竹简》（壹）之《田法》有“五十家而为里，十里而为州，十乡［州］而为州［乡］”，似乎支持“州上属乡”的观点。因学界一般认为《田法》反映战国时期齐国的情况，若用来支持春秋的观点，持谨慎态度为宜。注于此备考。

其后汉水遂有夏名。"[①]杨伯峻先生据《清一统志》认为夏州盖在今湖北省武汉市之汉阳北。虽然楚庄王时期的郢都尚难以确指,但可以肯定距离江永所说的夏州非常遥远。这与从包山楚简获得的认识——大多数州布局在郢都周围,个别在漾陵和下蔡县——是有区别的。[②] 此差异,可能反映了从春秋到战国楚国州的布局的历史变化。夏州之布局用国野的观念来衡量,按照传统的说法,野人主要是俘虏,那么夏州当布局在楚国某一个城邑之野。

州之官吏的地位和职能如何?因为州是将一类特别的人聚在一起,当然会予以特殊的政策约束管理。因其特别,故管理者之级别比正常的里和乡的官吏之行政级别要高,这就是包山楚简"州加公"为什么称公,即可能实际规模为"里"或"乡",但官吏之级别要高至公,相当于楚国县一级行政区划首脑的级别。包山楚简司法简提供的信息显示,州之内出现的司法纠纷都由级别高到中央的主管司法的左尹过问,这可以说明其行政级别较高。

《周礼·地官》载"州"之职官州长的职能之一便是"以岁时祭祀州社"。此可说明州内有社,由州长组织州人举行社祀活动。州长的另外一个职能是"以礼会民而射于州序",即州长在州序主持州人举行的射礼。不过,《周礼》关于"州长"职能的记载是否反映春秋时期的情况目前尚难以断定。

另外,夏州人迁居楚国之前的身份如何?包山简有"庐人之州"(简 84),《考工记》载庐人擅长制造兵器。故州人很有可能是拥有手工业技术之人。[③]《左传》宣公十一年记载楚庄王通过设立夏州,掠夺陈国的人力资源,加强楚国的国力。同时,削弱了陈国,使陈国服服帖帖地臣服、附庸于自己。

州人是否可以作官?对于此问题,目前没有直接的证据。《左传》哀公十七年楚国太师子穀说:"观丁父,鄀俘也,武王以为军率,是以克州、蓼,服随、唐,大启群蛮。彭仲爽,申俘也,文王以为令尹,实县申、息,朝陈、蔡,封畛于汝。唯其任也,何贱之有?"观丁父和彭仲爽一个为鄀俘,一个为申俘,分别被

---

① (清) 江永:《春秋地理考实》,景印文渊阁《四库全书》(第 181 册),台北:商务印书馆,1986 年,第 283 页。

② 具体论证参见本书第三章第二节。

③ 参本章对晋国"作州兵"的分析和本书第三章对包山楚简相关内容的分析。

楚武王和楚文王重用，一个为军率，一个为令尹。二人非楚国俘虏，[①]与夏州人系来自楚国的战败国陈国有别，不过得到楚王的重用是事实。

包山简128正、126、127和128反构成的一组简记载中央司法官左尹命令漾陵之邑大夫察州里人墬鏞与其父墬年同室与否。漾陵地方官报告说墬鏞与父亲不同室，而与在郢作官的叔叔墬必同室。根据墬必的哥哥墬年属于州里人，[②]那么墬必也应当是州人身份。于此可见战国时期楚国的州人可以出仕为官。据此逆推，春秋时期楚国的州人也可能有资格出仕为官。那么出仕有无条件呢？即自身有才干便可出仕，还是得立有军功？

《左传》哀公二年载晋郑铁之战前赵简子誓曰：

> 克敌者，上大夫受县，下大夫受郡，士田十万，庶人工商遂，人臣隶圉免。[③]

杜注"遂"为"得遂进仕。"杨伯峻先生引《左传》襄公九年楚子囊论晋云"其庶人力于农穑，商工皂隶不知迁业"以证"庶人工商"皆不得仕进。赵简子的话是说只要立有战功，则庶人工商都可以作官。前文指出，州人有手工业者。可见在春秋末的晋国，州人立有军功便可以作官。综合以上分析，州人只要拥有才干，立有军功，似乎便可以出仕为官为吏。是否各国均如此，尚不得而知。

据前引《周礼》的材料，州人可以参加州社的祭祀活动，还可以在州序参加州长主持的射礼。但《周礼》的这些记载是否反映了春秋时期的真实情况则难以坐实。

三、《春秋》《左传》中的其他"州"试析

除了前面讨论的晋国"作州兵"之"州"和楚国之"夏州"以外，《春秋》《左传》尚有一些含有"州"字的地名，其中的一些"州"当为地域性居民组织的称谓。下面对这些含有"州"的地名予以初步分析。

---

① 有学者认为观丁父与彭仲爽均系楚国俘虏，拙作理解为都国俘虏和申国俘虏。参见：沈玉成：《左传译文》，北京：中华书局，1981年，第588页；李宗侗(字玄伯)：《春秋左传今注今译》，台北：商务印书馆，1984年，第1494页；拙作：《申俘彭仲爽和春秋初楚灭申、治申方略》，《天水师范学院学报》2014年第6期。

② 战国时期楚国州之下有里，这种"里人"身份亦属州人。详见本书第三章有关论述。

③ 《逸周书・作雒》："国西土为方千里，分以百县。县有四郡，郡有□鄙。"张怀通认为《作雒》很可能制作于春秋时代的后期(张怀通：《〈逸周书〉新研》，第275页)。据此，春秋之晋国以县辖郡是可能的。

(一) 卫国的“戎州”和“外州”

卫国有地名“戎州”。《左传》哀公十七年：

> 十一月，卫侯自鄄入，般师出。初，(卫庄)公登城以望，见戎州。问之，以告。公曰：“我，姬姓也，何戎之有焉?”翦之。……戎州人攻之，大子疾、公子青踰从公，戎州人杀之。公入于戎州己氏。

《吕氏春秋·慎小》亦载此事。[①] 杨伯峻先生《春秋左传注》说：

> 高诱《注》谓“戎州，戎之邑也”。杜注同。下文且云“见己氏之妻发美”，不论登城或登台，皆不得见他邑人之发，故江永《〈春秋地理〉考实》谓“卫之城外有己氏人居之，谓之戎州”；沈钦韩《地名补注》又谓“州者，是其州党之名”，皆合情理。[②]

可以看出，前人是将“戎州”作为居民组织对待的。卫国之“戎州”，距离都城帝丘[③]当不远，尽管杨伯峻先生说卫庄公不论登城或登台是不可能望见他邑人之发的。此外，卫国尚有“外州”。

《左传》哀公十一年：

> 或淫于外州，外州人夺之轩以献。

杜预和杨伯峻先生均认为“外州”属于卫邑，但是无法确指属于何地。从《左传》哀公二十六年鲁国联合越国、宋国“师侵外州，大获”来看，“外州”在卫国都城帝丘附近的可能性不大，可能在其边境地区。

(二) 齐国的“阳州”“平州”和“舒州”

《春秋》《左传》还有“阳州”(《公羊传》作“杨州”)，先属鲁国，后归齐国，主要见于以下材料：

《左传》襄公三十一年：

---

① 《吕氏春秋·慎小》载：

> 卫庄公立，欲逐石圃，登台以望，见戎州而问之曰：“是何为者也?”侍者曰：“戎州也。”庄公曰：“我姬姓也，戎人安敢居国?”使夺之宅，残其州。晋人适攻卫，戎州人因与石圃杀庄公，立公子起。

② 杨伯峻：《春秋左传注》(修订本)，第1710页。

③ 其地在今河南省濮阳市境内。

齐子尾害闾丘婴，欲杀之，使帅师以伐阳州。

鲁昭公二十五年：

九月己亥，公孙于齐，次于阳州。(《春秋》)

己亥，公孙于齐，次于阳州。……书曰"公孙于齐，次于阳州。齐侯唁公于野井"，礼也。(《左传》)

《左传》定公八年：

八年春王正月，公侵齐，门于阳州。士皆坐列，曰："颜高之弓六钧。"皆取而传观之。阳州人出，颜高夺人弱弓，籍丘子鉏击之，与一人俱毙。……阳州之役获焉，名之曰阳州。

杨伯峻先生认为，阳州在今山东东平县北境，位于鲁、齐边境。襄公三十一年尚属鲁国，昭公二十五年和定公八年的记载中阳州已归属于齐国。①

齐国还有平州和舒州。平州见于《春秋》和《左传》的宣公元年：

公会齐侯于平州。　(《春秋》)

会于平州，以定公位。　(《左传》)

杜注："平州，齐地。在泰山牟县西。"杨伯峻先生据杜注认为其在今山东省莱芜县西。②

舒州见于《春秋》《左传》哀公十四年：

夏四月，齐陈恒执其君，寘于舒州。……齐人弑其君壬于舒州。　(《春秋》)

庚辰，陈恒执公于舒州。……甲午，齐陈恒弑其君壬于舒州。　(《左传》)

杨伯峻先生注："舒州，《鲁世家》作'俆州'，亦作'徐州'。江永《(春秋地理)考实》谓舒州在今河北廊坊地区大城县界，此齐之极北，与燕界者也。此说有理。"③可见，齐之舒州在齐燕边境地区。

(三) 瓜州和九州

《左传》中还有地名"瓜州"。

---

① 杨伯峻：《春秋左传注》(修订本)，第1184页。
② 同上注，第646页。
③ 同上注，第1680～1681页。

《左传》襄公十四年：

(范宣子)曰："来！姜戎氏！昔秦人迫逐乃祖吾离于瓜州，乃祖吾离被苫盖、蒙荆棘以来归我先君，我先君惠公有不腆之田，与女剖分而食之。"

《左传》昭公九年：

故允姓之奸居于瓜州。

杜注："瓜州地在今燉煌。"顾颉刚先生认为在今秦岭之南坡和北坡。[①] 顾先生从音韵学的角度主张"瓜州"之名同于"九州"。"九州之戎"见于《左传》昭公二十二年：

冬十月丁巳，晋籍谈、荀跞帅九州之戎及焦、瑕、温、原之师，以纳王于王城。

《左传》哀公四年：

士蔑乃致九州之戎，将裂田以与蛮子而城之，且将为之卜。

杜注"九州之戎"为："九州戎，陆浑戎，(昭公)十七年灭，属晋。州，乡属也，五州为乡。"可见，杜预将"九州"之"州"作为居民组织对待。

以上见于《春秋》和《左传》的春秋时期的"戎州""外州""阳州""平州""瓜州""九州"，还有前已谈到的晋国的"州县"，大概与楚"夏州"和晋"作州兵"之"州"相类同，可以看作一类居民组织，但晋国之"州县"属于县一级行政区划。"戎州"可以确定在卫国都城附近，其他的均距离都城较远。

第六节　春秋时期"书社"的性质及历史地位

关于"书社"，春秋之前罕有文献记载，[②]多见于春秋时期的齐国，当然其

① 顾颉刚：《瓜州》，《史林杂识》(初编)，第52～53页。

② 记载西周及西周之前有"书社"的材料见于《商君书·赏刑》：

> 汤与桀战于鸣条之野，武王与纣战于牧野之中，大破九军，卒裂土封诸侯，士卒坐陈者里有书社，车休息不乘，从马华山之阳，从牛于农泽，从之老而不收。此汤、武之赏也。故曰：赞茅、岐周之粟，以赏天下之人，不人得一升；以其钱赏天下之人，不人得一钱。故曰：百里之君而封侯，其臣大其旧，自士卒坐陈者里有书社，赏之所加宽于牛马者，何也？

与此基本相同的记载还见于《吕氏春秋·慎大览》和《管子·版法》。这三篇都指出武王灭商后对立有战功的士卒赏以"书社"。对于以上三篇材料中的"书社"，承认其有，因成书时代甚晚，材料显然不过硬；承认其无，又是对传世典籍的否认，故本书对西周乃至西周之前有无"书社"暂不讨论。

他一些国家也存在，进入战国时期则似乎已经消失。对“书社”的研究，有助于了解春秋时期基层地域性居民组织的复杂性。本书在前人研究的基础上，进一步探讨书社的性质、规模，书社在居民社会生活中所扮演的功能及其历史地位。

一、春秋时期“书社”的性质及其社会功能

本书拟先弄清春秋时期哪些国家存在书社，然后在此基础上，试对春秋时期的书社予以分类，并探究书社在整个春秋时期的演变，最后考察春秋时期的书社的性质及其社会功能。

(一) 春秋时期有关“书社”的材料

春秋时期的“书社”，主要见于齐国、卫国、吴国、越国和楚国，下面将诸国“书社”的有关材料列表（表 2－5），并明确材料中诸国“书社”的时代归属。

表 2－5　传世文献所见春秋时期的“书社”

国别	相关材料	出处	时代
齐	因与卫地，自济以西，禚、媚、杏以南，书社五百。	《左传》哀公十五年	齐景公
	自莒疆以西，请致千社……失鲁而以千社为臣。	《左传》昭公二十五年	齐景公
	景公予鲁地，山阴数百社，使晏子致之。	《晏子春秋·内篇杂上》	齐景公
	景公禄晏子以平阴与槁邑，反市者十一社。	《晏子春秋·内篇杂下》	齐景公
	与之书社三百，而富人莫之敢距也。	《荀子·仲尼篇》	齐桓公
	昔吾先君桓公以书社五百封管仲，不辞而受，子辞之何也？	《晏子春秋·内篇杂下》	齐桓公
	公子开方以书社七百下卫矣。	《管子·小称》	齐桓公
	卫公子启方以书社四十下卫。	《吕氏春秋·知接》	齐桓公

续　表

国别	相关材料	出　　处	时代
卫	公子开方以书社七百投奔卫国后，卫国亦有书社	见上列齐国最后两条	卫文公
吴越	请以故吴之地阴江之浦书社三百以封夫子。	《吕氏春秋·高义》	春秋末
楚	昭王将以书社地七百里封孔子……虽累千社，夫子不利也。	《史记·孔子世家》	楚昭王
	楚昭王召孔子，将使执政，而封以书社七百。	《说苑》	楚昭王
	乃使文君追墨子，以书社五里封之，不受而去。	余知古《渚宫旧事》	楚惠王

以上有关春秋时期书社的部分材料有三点需要作出说明：

第一，关于齐国“书社”的材料根据其作为史料的可信度先后列举，而非按其时代先后排序。

第二，关于齐景公要送给鲁昭公莒国边疆以西的“千社”，是根据杜注“二十五家为社。千社，二万五千家，欲以给公”来确定为“书社”的。据此类推，《晏子春秋》两条材料中的若干社亦当理解为“书社”。

第三，孙诒让《墨子间诂》载：

> 余知古《渚宫旧事》二云：“墨子至郢，献书惠王，王受而读之……鲁阳文君言于王曰：‘墨子，北方贤圣人，君王不见，又不为礼，毋乃失士！’乃使文君追墨子，以书社五里封之，不受而去。”此与《文选注》所引合，必是此篇佚文。①

孙诒让认为上引唐代余知古《渚宫旧事》中的文字为《墨子·贵义》佚文。楚惠王派鲁阳文君追墨子，欲以书社五里封之，墨子辞不受而去。考楚惠王于前488年至前432年在位，那么此事之发生似已进入战国初期。据此段文字并结合《史记·孔子世家》和《说苑》关于楚国“书社”的记载，可以得出：春秋末战国初，楚国存在“书社”。

① （清）孙诒让撰，孙启治点校：《墨子间诂》，第440页。

(二) 春秋时期“书社”的类型及其反映的时代变化

前述春秋时期诸国有关“书社”的材料似不能同一而论，根据其所属的时代早晚及其在国家政治生活中的不同属性，似可划分为以下三类。

第一类：齐景公四十七年将“自济以西，禚、媚、杏以南”的五百书社划给卫国，这意味着不仅将五百社的百姓，还包括五百社百姓所赖以生存的土地给予了卫国。用“书社”为单位而不用基层地域性居民组织如“里”等为单位，即划给的是百姓和土地，而这些社所属的基层地域性居民组织的行政机构并不随之归属卫国。齐景公三十一年说要送给鲁昭公的莒疆以西千社亦可归入此类。

第二类：齐桓公赏赐给管仲后的若干书社成为管仲的采邑，管仲并不具有其采邑的行政管理权，只是食采邑之税。公子开方投靠卫国的若干书社和齐景公赏赐晏婴的若干书社亦可归入此类。

第三类：越王封墨子书社三百、楚昭王封孔子书社地七百里和楚惠王封墨子书社五里之“书社”均属封君之封地。

从以上春秋时期的三类书社似可看出“书社”在春秋时期的变化情况。春秋早期赏赐有功之臣若干书社，即为采邑。春秋晚期赏赐的若干“书社”有的已成为封君的封地，反映了时代的新变化。民间宗教色彩浓厚的“书社”和基层地域性居民组织“里”掺杂在一起表述，表明“书社”和“里”的不一致性，即不是一里一社。这就说明有些基层地域性居民组织“里”没有相应的社，可能和其他的“里”共一社。“书社五里”和“书社地七百里”的表述意在强调赏赐的是有书社的若干个“里”。

(三) 春秋时期“书社”的性质、规模和功能刍议

春秋时期的“书社”常常作为国君的赏赐物及其量词来使用，但与《左传》记载的国君赏赐大臣若干邑又显然是有区别的。应该如何认识“书社”呢？下面来讨论“书社”的性质。兹先将以往各家对于书社的注解按时代先后列表如下(表 2－6)：

表 2－6　关于以往学者对“书社”之注释分类统计表

序号	代　表	主　　张	出　　处	分类
1	服　虔	书，籍也。	裴骃《史记集解》	
2	高　诱	社，二十五家也。	《吕氏春秋》《知接》《高义》高注	Ⅰ
3	杜　预	二十五家为一社，籍书而致之。	《左传》哀公十五年杜注	Ⅰ
4	尹知章	古者群居二十五家则共置社，谓以社数书于策。	《管子·小称》尹注	Ⅰ
5	司马贞	古者二十五家为里，里则各立社，则书社者，书其社之人名于籍。盖以七百里书社之人封孔子也，故下冉求云“虽累千社而夫子不利”是也。	《史记索隐》	Ⅰ
6	杨　倞	书社，谓以社之户口书于版图。《周礼》：“二十五家为社。”	《荀子·仲尼篇》杨注	Ⅰ
7	金　鹗	书社亦当是一甸之社，社有长，民生齿即书名于社之长，故谓之书社。凡言书社几百者，皆谓几百户也。①	金鹗《求古录里说》卷九《社稷考》	Ⅱ
8	泷川资言	盖书社，书名于里社之籍也，犹曰居民也。书社十，即十户，书社百，即百户。②	《史记会注考证》注“楚昭王将封孔子”	Ⅱ
9	竹添光鸿	凡言书社几百者，皆几百户也。③	《左氏会笺》哀公十五年	Ⅱ

① （清）金鹗：《求古录里说·社稷考》，《续修四库全书》编委会编：《续修四库全书》（第 110 册），上海：上海古籍出版社，2002 年，第 337 页。

② ［日］泷川资言著，［日］水泽利忠校补：《史记会注考证》（附校补），上海：上海古籍出版社，1986 年。

③ ［日］竹添光鸿：《左氏会笺》，成都：巴蜀书社，2008 年。

续　表

序号	代　表	主　　张	出　　处	分类
10	贝冢茂树	书社即里社。①	《贝冢茂树著作集》第二卷	Ⅰ
11	席静涵	七百是指家户之数而言。②	《先秦社祀之研究》	Ⅱ

根据前人的注解和考辨,对"书社"可以得出如下认识:"书社"之"书"与户籍登记有关,即将国君直辖地之社中居民登录籍簿,否则国君无法赏赐他人。同时在国君赏赐的采邑内亦有书社,对此种采邑,国君可以予取予夺,此种采邑在法理上属于国君。社在登录社中居民时可能以户为单位而不是以人头为单位来登录。将社中居民登录簿籍,一方面便于社祀活动,另一方面便于政府通过社控制所辖居民,防止人口流动、迁徙。当然统计人口是以社为主导来展开和进行的,故名"书社"。

关于书社的规模,前人显然有两种观点。一种认为一社二十五家,一种认为一社一户。笔者以为,二十五家为一社的观点较为合理。可以将"书社"看作居民组织单位,书社的数量是从社的角度来计算人口和土地的多寡。以社为单位,即不将书社所属基层地域性居民的行政组织一并移交给被赏者,所赏的只是社内所属居民创造的财富。

"书社"之称谓与"社"有很大关系。春秋时期的社祀活动不得其详,战国时期社的活动往往须在行政主导下进行,姑以春秋以降的情况类比。《韩非子·外储说右下》:"秦昭王有病,百姓里买牛而家为王祷。"

另一说为:"秦襄王病,百姓为之祷;病愈,杀牛塞祷。郎中阎遏、公孙衍出见之,曰:'非社腊之时也,奚自杀牛而祠社?'……王因使人问之,何里为之,訾其里正与伍老屯二甲。"综合《韩非子·外储说右下》记载的两说,可得出秦王生病,里中百姓买牛而家家为秦王祈祷,秦王病愈,里中百姓杀牛塞祷。因非

① [日]贝冢茂树:《中国古代的社会制度·书社》,《贝冢茂树著作集》第二卷,东京:中央公论社,1977年。
② 席涵静:《先秦社祀之研究》,台北:众望文化事业有限公司,1992年,第69页。

常祀，即未得政府许可，故里正与伍老皆[①]被罚二甲。汉代成书、后人辑录的《春秋繁露》之《求雨》和《止雨》二篇也反映了里中社祀活动是在政府主导下进行的。试想，秦“百姓里买牛”之钱从哪里来？当来自里中百姓，且按户或人头来摊派和负担是最公平合理的办法。摊钱的前提条件是必须掌握社中居民的数量，或者以户为单位，或者以人头为单位。我们推测，大概是以户为单位。这样就比较好理解“书社”了。

前人大多按《周礼》“二十五家一里”注二十五家为一社。童书业先生认为“二十五家未必尽是定数”，[②]可谓通达之见。不仅二十五家为一里过于拘泥，且按照《周礼》“二十五家为一里”主张二十五家为一社似乎也不符合实际情况。包山简舒庆命案简中，左尹以王命指出在司法审判中“同社、同里、同官不可证”（简 138 号反），说明战国时期的楚国，同社之居民未必同里。反之，从理论上推测，同里之居民未必同社，即一个里不一定设有一个社。据此，前人一里一社的说法受到挑战。包山简中里与社不能一一对应的情况或许对于理解春秋时期的“书社”有所帮助，即以往学者将“书社”等同于“里社”是不妥的。有的里正好一个社，也就是一个书社，有的则不尽然。

书社和里又是什么关系呢？

先来看当今我国农村的一个案例。笔者出生之乡每年农历三月初三有庙会戏。如若夏季遇到持续干旱，还会有祈雨戏。每年唱戏期间，全乡各行政村之会首，其另外一个身份是村党支部书记（有的书记还兼村长），负责唱戏的各项俗务和摊派所需要的开支，而祭祀神灵则由专门懂各种仪轨的人来完成。20 世纪 80 年代，在娱神之戏还没有结束前，会首（即村党支部书记）会挨家挨户按人头起钱。[③] 按理说，举办庙会和唱戏祈雨本属于社祀的范畴，即有着传统宗教信仰色彩的民间行为，但又通过基层居民组织——村的行政、党政系统

---

① “屯”字，采朱德熙之说，释为“纯”“皆”。参见朱德熙：《说“屯（纯）、镇、衠”》，收入《朱德熙文集》（第五卷），北京：北京大学出版社，2010 年。

② 童书业：《春秋左传研究》，上海：上海人民出版社，1980 年，第 187 页。

③ 据《汉书·食货志上》“今一夫挟五口，治田百亩，岁收亩一石半，为粟百五十石，除十一之税十五石，余百三十五石。食，人月一石半，五人终岁为粟九十石，余有四十五石。石三十，为钱千三百五十，除社闾尝新春秋之祠，用钱三百，余千五十”来看，战国时期魏国“社闾尝新春秋之祠”之费用似是按户来摊。

的官员组织和参与。所以，若说举办庙会、唱戏祈雨是官方行为，不合适；但若说其为纯粹的民间行为，亦不合适。比较恰当的定位应该是以民间为主，但其中含有基层机构的行政因素。

以上介绍的当代现实生活中的情况与前面所引《韩非子·外储说右下》记载的两千多年前战国时期秦国的社祀活动何其相似！由此，笔者推想春秋时期的书社是从社祀的角度来称谓，社带有浓厚的民间宗教色彩，里无疑是从行政的角度而言，二者性质是不一样的。应该将书社和里作为两个不同性质且不能对等的概念来对待。但是社祀活动又与基层地域性居民组织存在一定的重叠交织的关系。正如上引战国时期秦国的社祀，如果不是在政府规定或传统习惯的社祀时节进行社祀的，主持社祀的基层地域性居民组织之官员里正与伍老均要受到行政处罚。

众所周知，战国时期已经有了严格的行政户籍制度，而春秋时期的户籍和人口大概还主要归社的领袖来掌控。社的领袖和基层地域性居民组织官吏是否合二为一？即一套人马、双重身份，目前尚未可知。但从国君赏赐有功之臣书社若干，说明社的活动与政权是有一定关系的。社的出现比地域性居民行政组织的出现要早，所以从赏赐某人书社若干来看，只能说“里”等基层地域性居民行政组织对居民的管理还没有完全摆脱社的框架。

由“书社”可见春秋时期政府对居民的控制方式。《左传》襄公十五年“小人怀璧，不可以越乡”，“小人”当是献玉者在子罕面前的自称，“怀璧，不可以越乡”反映了宋国对百姓的控制，即携带玉璧离开本乡到他乡是触犯宋国法律的行为。还有《国语·齐语》中管仲提出令士、工、商和农“群萃而州处”，使四民“少而习焉，其心安焉，不见异物而迁焉”，还特别指出对农“相地而衰征，则民不移”，这些都反映了春秋时期的统治者在想方设法防止民众迁徙。由宋国和齐国的情况，可窥见春秋时期其他各国的情况大概莫不如此。以上这些材料表明，政府是通过基层地域性居民组织来控制人口的。书社应该是通过社祀活动来控制居民。凡居民被登记于社之籍簿即意味着其属于社中一员，即等于承认其在社中的地位。这也可能透露出有些人口不在社中。这些人口可能属于以下几种情况。一是流动人口。如《左传》哀公十五年鲁成宰公孙宿以成叛于齐后，在齐国可能成为不属于任何一个社之人；流亡他国的贵族，比如在吴国的楚伍子胥，流亡在外十九年的晋公子重耳，投奔晋国的楚申叔时，等等；还有那些出质于他国的人质，周游列国的孔子及其所帅弟子，在外地和他国经商的商人，战争之俘虏。二是盗贼。如《左传》记载“鲁多盗”（襄公二十一年），晋“盗寇充斥”“盗贼公行”（襄公三十一年），“郑国多盗，取人于萑苻之泽”（昭公二十年）。以上这些人恐怕都不在书社之内。不在书社的话，可能被排斥在当地的社祀活动之外，可能也不被邀请参加社祀活动后的宴飨，即不能参加一些围绕着社的活动的社交往来，在新的迁居地即不具有相应的地位，不能融入当地以社为中心的共同体当中。

二、“书社”在战国时期消失的原因试探

“书社”在有关战国时期的文献记载中未再被提及，很可能在战国时期已消失。果如是，则其原因何在呢？

可能与材料的不足征有关，即历史上本有却现在看到的材料缺乏这方面的记载。另外一种理解，可能是春秋时期里内居民的户籍掌握在社，里中一些事务尚在社的框架下运作。进入战国时期以后，随着里、社功能的进一步分离，户籍逐渐转移到里的行政官吏之手，以便于国家通过基层地域性居民组织“里”的体制和框架严格控制居民，征发徭役、兵役及征收赋税等。里、社功能的分离当是政府对基层地域性居民组织行政控制强化的一种表现。随着这种行政控制的逐步强化，书社功能逐渐弱化，以至于一些功能消失了。即进入战国时期，社的祭祀功能仍然保留，但掌控户籍的功能已被里中官吏攘夺。

以上所论，并非凭空想象，从前人的论著中可以找到蛛丝马迹。唐代司马贞《史记索隐》对楚昭王将赏孔子七百里书社一事并未致疑。顾颉刚先生却提出质疑：“按孔子一生未至楚，书社亦不能以里计，崔述于《洙泗考信录》辨之，是也。予前作《春秋时代的县》（《禹贡》七卷六期），亦尝考核及之。今乃悟此为齐国特有之地方制度，非他国所同然。”[①]并指出“书社地七百里”之“地”和“里”均为衍文。[②] 顾先生显然认为楚国没有“书社”，只有齐国才有。楚国有没有“书社”？在其他传世文献和出土古文字资料中确实没有见到。以上所列

---

① 顾颉刚：《浪口村随笔》，第 48 页。

② 顾颉刚：《春秋时代的县》，《顾颉刚全集 · 顾颉刚古史论文集》卷五，北京：中华书局，2011 年，第 256 页。

书社的材料，涉及春秋齐国者居多，难怪顾先生说这是齐国独有的地方制度。但是在目前见到的齐系古文字材料中，亦未见到“书社”的影子，尤其是反映临淄陶工居民组织的齐陶文也没有见到有关“书社”的蛛丝马迹。这可能是因为“书社”与陶工社会生活的组织和管理无关。应该承认，楚国是有书社的。可能正是因为书社对于司马迁自己所处的时代，已经是一种消失久远的制度，所以将“书社七百”转述为“书社地七百里”，予以解释，以便让当时人和后人明了何谓“书社”。在《战国策》中还有一条材料，似与书社有关。《战国策・秦二・陉山之事》：“秦王使公子他之赵，谓赵王曰：‘齐与大国救魏而倍约，不可信恃，大国不义，以告弊邑，而赐之二社之地，以奉祭祀。’”秦王指秦昭王（前 306—前 251）。赵赠秦“二社之地”虽不加“书”字，但仍以“社”为单位来计量土地的多寡。这可以看作是由“书社”管理户籍和土地向以“里”一类基层地域性居民组织为主导管控户籍和土地转变的残痕。

第七节 《齐语》《小匡》之居民组织差异试析

目前所见对春秋时期列国地方政治、军事制度记载的史料当中最为翔实的莫过于齐国的管仲改革。记载管仲改革的文献又主要集中于《国语・齐语》和《管子・小匡》。但是上述两篇对管仲改革的记载互有出入，这在客观上提出一个问题：这两篇是什么关系？对此问题，古今学者多有探讨，并提出种种意见加以解释。本书主要着眼于《齐语》和《小匡》中的基层地域性居民组织，从以下角度试作分析：第一，比对《齐语》和《小匡》的不同。第二，从文献角度，探究《小匡》和《齐语》的传承问题。第三，如何看待《小匡》与《齐语》的一些差异。第四，探究《齐语》和《小匡》的史料价值。

一、《齐语》和《小匡》记载的差异

管仲为齐桓公称霸规划了国、鄙两套系统。

关于“国”，《国语・齐语》：

> 管子于是制国以为二十一乡：工商之乡六，士乡十五，公帅五乡焉，国子帅五乡

焉,高子帅五乡焉。参国起案,以为三官,臣立三宰,工立三族,市立三乡,泽立三虞,山立五衡。

关于“鄙”,《国语·齐语》:

管子对曰:“制鄙,三十家为邑,邑有司;十邑为卒,卒有卒帅;十卒为乡,乡有乡帅;三乡为县,县有县帅;十县为属,属有大夫。五属,故立五大夫,使各治一属焉;立五正,使各听一属焉。”

“国”与“鄙”之间有着明显的差异。《国语》韦昭注:“国,国都城郭之域也,唯士、工、商而已,农不在焉。”在“士乡十五”之下,韦昭注:“此士,军士也。十五乡合三万人,是为三军。农野处而不昵,不在都邑之数,则下所云‘五鄙’是也。”韦昭的观点可概括为士、工、商在国,农在鄙。朱凤瀚先生认为管仲的改革仅在国君直辖区:

《国语·齐语》中所记齐国在管仲主持下所进行的改革措施仅实施于国君直辖区。在当时卿大夫对各自采邑区仍有实际占有权的情况下,管仲的改革尚不会推广至卿大夫采邑区。管仲将国君直辖区分为国、鄙两部分。①

这种看法是对的。管仲改革规定在鄙之农人不服兵役,唯有“士乡”十五之“士”服兵役。韦注“工、商之乡六”曰:“二者不从戎役。”管仲对“士”所在的十五乡另设一套组织,即《齐语》所载:

管子于是制国:五家为轨,轨为之长;十轨为里,里有司;四里为连,连为之长;十连为乡,乡有良人焉。以为军令:五家为轨,故五人为伍,轨长帅之;十轨为里,故五十人为小戎,里有司帅之;四里为连,故二百人为卒,连长帅之;十连为乡,故二千人为旅,乡良人帅之;五乡一帅,故万人为一军,五乡之帅帅之。三军,故有中军之鼓,有国子之鼓,有高子之鼓。

以上轨—里—连—乡由低级到高级的居民组织同时也是军事组织。

在《国语·齐语》中,管仲的“制国”与“制鄙”是分开的,而《小匡》则将两者放在一起:

---

① 朱凤瀚:《春秋战国时期齐国行政组织与居民状况的变化》,《管子学刊》编辑部:《管子与齐文化》,第453页。

桓公曰："参国奈何？"管子对曰："制国以为二十一乡，商工之乡六，士农之乡十五。公帅十一乡，高子帅五乡，国子帅五乡，参国故为三军。公立三官之臣，市立三乡，工立三族，泽立三虞，山立三衡。制五家为轨，轨有长。十轨为里，里有司。四里为连，连有长。十连为乡，乡有良人。三乡一帅。"桓公曰："五鄙奈何？"管子对曰："制五家为轨，轨有长。六轨为邑，邑有司。十邑为率，率有长。十率为乡，乡有良人。三乡为属，属有帅。五属一大夫，武政听属，文政听乡，各保而听，毋有淫泆者。"

于是乎管子乃制五家以为轨，轨为之长。十轨为里，里有司。四里为连，连为之长。十连为乡，乡有良人。以为军令。是故五家为轨，五人为伍，轨长帅之。十轨为里，故五十人为小戎，里有司率之。四里为连，故二百人为卒，连长率之。十连为乡，故二千人为旅，乡良人率之。五乡一师，故万人一军，五乡之师率之。

顾颉刚先生认为《小匡》之"里有司"本当作"里有'里有司'"；"三乡一帅"依下文当为"五乡一师"。[①] 顾先生之说可从。在"国"中，《齐语》之"士乡"在《小匡》中为"士农之乡"。这样，《小匡》之"农"也在服兵役之列。《齐语》为"工商之乡六"，而《小匡》为"商工之乡六"。《齐语》未言"工商之乡六"归谁管辖，而《小匡》云"公帅十一乡"，显然是"士乡五"加"商工之乡六"为"十一乡"。

上引《管子·小匡》"五鄙"中"十邑为率"之"率"在《国语·齐语》中为"卒"。李零先生据《国语·齐语》认为《小匡》此处存在讹误。[②] 此外，《齐语》"鄙"系统内"乡"与"属"之间的地域组织为"县"，而《小匡》中根本没有"县"级行政规划的影子。

这是《齐语》和《小匡》二者之间的一些区别。

二、《齐语》和《小匡》同源异流

有学者认为《国语》成书早于《管子》，进一步说，即同样记载齐国管仲改革的《管子·小匡》是在《国语·齐语》的基础上改造而来的。但是笔者认为，《齐语》和《小匡》是同源异流。下面试阐述之。

《齐语》有"里有司"职官，《小匡》有"里君"无"里有司"。对此差异，有些论

① 顾颉刚：《"周公制礼"的传说和〈周官〉一书的出现》，《文史》1979年第6辑，第18页。
② 李零：《中国古代居民组织的两大类型及其不同来源》，《李零自选集》，桂林：广西师范大学出版社，1998年，第150页。

著认为《小匡》之“里君”是误抄《国语·齐语》中的“里有司”所致。[①] 但是，这种怀疑并没有版本上的证据。

传世文献中，关于“里君”的材料有两则。其一，《逸周书·尝麦》：“供百享归祭，闾率、里君以为之资。”《尝麦》最近已被学者考定为西周史料。[②] 其二，《管子·小匡》载管子对曰：“作内政而寓军令焉。为高子之里，为国子之里，为公里。三分齐国，以为三军。择其贤民，使为里君。乡有行伍卒长，则其制令，且以田猎，因以赏罚，则百姓通于军事矣。”《小匡》这一段在整篇中显得非常突兀。将《小匡》之“里君”改成《国语》之“里有司”仍然讲不通，因《小匡》该段之“里君”与《齐语》之“里有司”级别不相侔。《管子》成书情况诚然复杂，但即便是抄写讹误也得有个根据，“里君”作为职官，不能无中生有，不能仅据《国语·齐语》中的“里有司”就认定《小匡》之“里君”可能存在讹误。金文中唯有令方彝和史颂簋铭有“里君”一词。西周早期的令方彝（《集成》9901）1920年代才出土，西周晚期的史颂簋有许多件，其中一件（《集成》4235）最早著录于乾隆二十年（1755）成书的《西清古鉴》。[③]《尚书》在西汉以降迄至清亡一直居于经的地位，故直到1920年代后半期，罗振玉和王国维才较早指出《酒诰》之“里居”可能为“里君”之讹。[④]《逸周书》非经，1930年代初郭沫若先生提出《逸周书·商誓》之“里居”为“里君”之讹。[⑤] 到1980年代裘锡圭先生始疑《商誓》之“里居君子”是“里君”的讹衍之文。[⑥] 而现存最早的《管子》是宋本，[⑦]其《小匡》篇已

---

① 沈长云、李秀亮：《西周时期“里”的性质》，《历史研究》2011年第4期，第12页。

② 李学勤认为《尝麦》是西周的作品。参李学勤：《尝麦——周初法律制度的重要文献》，《李学勤说先秦》，上海：上海科学技术文献出版社，2009年。

③ 《西清古鉴》第三卷和第二十七卷，参见《金文文献集成》第3册第148～149页；《金文文献集成》第4册第108～109页。

④ 罗、王二氏的观点参见王国维的学生吴其昌所著《矢彝考释》：

> 先师王先生曰：“史颂敦云：‘双（友）里君百生（姓）。’‘里君百姓’，恐为古之成语，或即用《尚书》之语，亦未可知。则此‘里居’，或当作‘里君’。”罗（引者按：指罗振玉）《释本》之云：“里君，《酒诰》作里居，字之讹也。”按：先师说，罗先生说，皆是也。（吴其昌：《矢彝考释》，《燕京学报》1931年第9期，第1690页。）

⑤ 郭沫若先生说：

> 今案《逸周书·商誓篇》“及太史比（友字之讹）小史昔（䀇字之讹。䀇，古友字）及百官里居献民”，“里居”亦“里君”之讹也。（郭沫若：《金文丛考》，第88页。）

⑥ 裘锡圭：《关于商代的宗族组织与贵族和平民两个阶级的初步研究》，原载《文史》1983年第17辑，又见《裘锡圭学术文集》第五卷《古代历史、思想、民俗卷》，第137页。

⑦ 见黎翔凤撰，梁运华整理的《管子校注·序论》。

有“里君”。以上事实说明宋人不可能据令方彝和史颂簋之“里君”来改《小匡》,也不可能因据《酒诰》《商誓》误抄而出现《小匡》中的“里君”。要说误抄,也只能在宋代以前误,要误也只能据《尝麦》误。令人奇怪的是,为何不误为古代士子耳熟能详的《周礼》之“里宰”和《礼记》之“里尹”或者其他先秦典籍中“里”的长官称谓,而非要误为地位非经、非子书的《逸周书·尝麦》中的“里君”。若据令方彝和史颂簋铭之“里君”来看,《小匡》中的“里君”实不误。笔者认为《小匡》虽成书时代较晚,但其“里君”之来源必是西周传承下来的材料,即与《齐语》使用的材料来源不一。因此还不能简单地说《齐语》与《小匡》孰前孰后,《小匡》和《齐语》当均出于同一个古时的底本,两者是分别辗转传抄的两种传抄本。[①] 不过,从齐国社会的士农工商四个阶层在二书中的排列顺序之差异,可能《小匡》在战国晚期或汉初被改造过。《齐语》的顺序是士、工、商和农,而《小匡》为士、农、工和商,后者正与“重本抑末”的政治思想相吻合,所以说今天见到的《小匡》里边或许有西汉初期人的思想,或者战国末期秦国商鞅变法的思想。那么,《小匡》的成书就可能在战国晚期、汉代初期,或者说被这一时期的学者加工改造过,但材料并非完全来自《齐语》。

三、《小匡》反映管仲改革之后的变革

《齐语》存在国鄙之别,但在《小匡》中国鄙之别已经消失。如何看待《齐语》和《小匡》的这个区别呢？以往学者认为《小匡》是在《国语》的基础上改造而来;《小匡》的改造者已经不清楚自西周以来的国野之别(在《齐语》中体现为国鄙之别)。笔者认为,《小匡》所反映出来的“国”“鄙”之间的区别消失,即主要体现在“农”阶层可以服兵役。这并非像古代学者说的让“农”进了城,而是春秋时期齐国在旧体制不适应新形势以后的变革举措。整个春秋时期,不单是齐国,晋国有僖公十五年(前 645)“作州兵”,对于“作州兵”,现在大家的认识基本趋于一致,即让野人当兵。此外,还有成公元年(前 590)鲁国“作丘甲”、昭公四年(前 538)“郑子产作丘赋”,齐国作为春秋大国,自难免于外。但这些国家的变革均比管仲改革要晚,因此笔者认为《小匡》中不区分国鄙和

---

① 胡家聪:《管子新探》,北京:中国社会科学出版社,2003 年,第 273 页。

“农”阶层可以服兵役的现象，可以看作是齐国顺应这股潮流的表现，但在时间上比《齐语》记载的管仲改革要晚，定在公元前六世纪比较稳妥。如此认识，就使得一些学者据《齐语》认为国野制的打破在战国时期的看法，[①]提前到了春秋中晚期。当然，这个过程是渐进的，列国由于发展的不平衡，可能有早晚之别。《齐语》和《小匡》的一些区别正反映了春秋时期齐国的这种变化。

四、《齐语》《小匡》的史料价值

《齐语》和《小匡》的许多记载是可信赖的，比如三军。《齐语》有“三军，故有中军之鼓，有国子之鼓，有高子之鼓”，《小匡》有“公帅十一乡，高子帅五乡，国子帅五乡。参国，故为三军”，二者基本相吻合，这说明齐国有三军，中军属桓公，另两军分属国子和高子，这与《左传》里记载的周王、诸侯联军和郑国军队均为三军相一致。《左传》桓公五年载“（周）王以诸侯伐郑”，周王与诸侯联军编制的具体情况如下：

> 王为中军；虢公林父将右军，蔡人、卫人属焉；周公黑肩将左军，陈人属焉。

与周王、诸侯联军对阵的郑国一方如何布阵？

> 曼伯为右拒，祭仲足为左拒，原繁、高渠弥以中军奉公，为鱼丽之陈。

可见周王、诸侯联军和郑国军队之构成均为三军，中军均为各自的精锐。《齐语》和《小匡》关于齐国三军的记载也与《左传》记载的晋军和楚军之三军的构成基本一致，中军为王族，系精锐，左右两军为卿大夫的武装。《左传》成公十六年：

> 伯州犁以（晋厉）公卒告王（按：楚共王）。苗贲皇在晋侯之侧，亦以（楚共）王卒告。皆曰：“国士在，且厚，不可当也。”苗贲皇言于晋侯曰：“楚之良，在其中军王族而已。请分良以击其左右，而三军萃于王卒，必大败之。”……栾（按，栾书，将中军）、范（按：士燮，佐中军）以其族夹公（按：晋厉公）行。

关于晋楚鄢陵之役中楚军的情况在《左传》襄公二十六年（前547）中蔡人声子向楚令尹子木的讲话中亦提到过，此不赘引。这说明《齐语》《小匡》所反映的

---

① 李学勤：《〈齐语〉与〈小匡〉》，收入《李学勤集——追溯·考据·古文明》，第223页。

齐国军队的构成符合春秋时期的通常情况。此外,《齐语》和《小匡》关于齐国三军的记载也可以与春秋晚期齐景公二年的齐器庚壶[①](《集成》9733)铭文“齐三军围釐”和齐器叔夷镈(《集成》285)铭文“余命女(汝)政于朕(朕)三匍(军)”“數(勠)龢三匍(军)徒遞”之“三军”相印证,足以说明其史料价值不容怀疑。

此外,《齐语》的记载可与春秋时期齐国的青铜器铭文互相启发,比如“县”的问题。叔夷镈(又称叔尸镈、叔尸钟,《集成》285)铭文中有“余易(赐)女(汝)釐(莱)都膝(密)劑其棓(县)三百”,[②]而《齐语》载:

> 桓公曰:“定民之居若何?”管子对曰:“制鄙,三十家为邑,邑有司;十邑为卒,卒有卒帅;十卒为乡,乡有乡帅;三乡为县,县有县帅;十县为属,属有大夫。”

根据上引《齐语》的记载,一县共九千家。那么,若将叔夷镈铭“县三百”理解为三百个县,则三百个县共有二百七十万家。平均一家按五口计算,共一千三百五十万人。这显然与春秋时期齐国的人口总数不相调适,即数字太大。这也说明叔夷镈铭之“县”并非春秋郡县之“县”。郭沫若先生认为叔夷镈铭文之“膝(密)劑”当是“莱都”之子邑,[③]其说可从。叔夷镈铭“余易(赐)女(汝)釐(莱)都膝(密)劑其棓(县)三百”之语言结构类同《左传》襄公二十八年“与晏子邶殿其鄙六十”。杜注:“邶殿,齐别都。以邶殿边鄙六十邑与晏婴。”李家浩先生认为叔夷镈铭文之“县”属于“县鄙之县”,即膝(密)劑城四周的地区,并将叔夷镈铭文“余易(赐)女(汝)釐(莱)都膝(密)劑其棓(县)二百”理解为余赐汝莱都膝(密)劑的县中之邑二百个,[④]此说可从。按上引《齐语》“三十家为邑”,则三百邑共有九千家。三百邑的赏赐是比较丰厚的,也比较符合实际。春秋齐国的金文叔夷镈铭文与《国语·齐语》的互相印证,可见《齐语》的史料价值之高。不过《齐语》《小匡》的一些记载,比如居民组织和军事组织系统化的问题,目前尚未完全得到其他材料的证实。但不能就此否定《齐语》《小匡》的史料价

① 李家浩:《庚壶铭文及其年代》,《古文字研究》(第19辑)。

② 《集成》285系摹本,“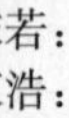”字之隶定有两说,一说为“三百”之合文,一说为“二百”合文,本书采用前一说。

③ 郭沫若:《两周金文辞大系考释》(下),第114～115页

④ 李家浩:《先秦文字中的“县”》,《著名中年语言学家自选集·李家浩卷》。

值，毕竟今天研究春秋时期的地域性居民组织，《齐语》《小匡》的记载都是最翔实且有系统的重要凭借。

小　结

本章要点归纳如下：

一、经过考察，迄今为止，没有确切材料能够证明西周时期设置了基层地域性居民组织“乡”。“乡”出现于春秋时期。

二、对春秋时期列国乡和里的材料予以比较全面的梳理后，情况如下：宋、郑、鲁、陈、齐、楚六国既有乡又有里的设置；卫、秦、晋、曹四国只见到里的设置。春秋时期都城之内设置了“里”，都城之郊亦设置了“里”。此外，都城以外的城邑亦有“里”的设置。乡的设置仅见于齐国、郑国之都城或城郊。

春秋时期齐国、陈国和楚国已经出现了以乡统里、一乡辖若干里的地方行政制度。乡和里在地方政治、社会生活中具有积极的功能，比如应对灾害的发生。里为居民区的功能分外显明。乡有乡校，似为民间议政场所。乡的长官有乡正、乡长、良人、乡师。乡正职责之一是遇火灾要祭享神灵以祓除灾害。良人和乡师掌管军队，乡长负责向国君举荐本乡之人才和举告有不良行为之人。乡长若不称职，要被国君治罪。这似乎表明对基层地域性居民组织官吏的考核和惩罚机制已经建立。这有利于加强君权。里的长官在春秋时期有里有司、司里、里旅、里人、里尹和里尉等称谓。里有司负责监视里中居民的行为。司里负责里中居宅的分配和安排外国到访使节的馆舍，司里是司徒和司空的下级官吏。里尹的一项职能即主持本里既无族亦无邻居者之葬礼。齐国“国”中一里五十家，一乡二千家；“鄙”中一乡“三千家”。

三、春秋时期之“邑”呈现繁化的格局。周王畿内贵族采邑拥有若干小邑，周王有时拿贵族之采邑与诸侯国之邑进行交换。周王亦有直辖邑，有时将直辖邑赏赐给同姓诸侯国，诸侯国之国君再继续赏赐给有功之臣。有时周王之直辖邑会被一些贵族攘夺。诸侯列国卿、大夫采邑之内亦含有若干层级较低的邑。列国国君亦有直辖邑，一些直辖邑逐渐被专权之卿攘夺。

春秋时期的“邑”内涵复杂。有的邑指诸侯国，有的邑在春秋后期转化为县级行政区划，有的邑指朝宿之邑、汤沐之邑、一乘之邑和四井之邑，有的邑等同于里，有的邑等同于丘，有的邑等同于州，有的采邑内有若干书社，有的邑属于宗庙所在地，有的邑属于官员的俸禄之邑，有的邑针对都城或者自身的重要地位被称为别邑、下邑。王官之邑是由周王赏赐。诸侯国之官邑由诸侯国之国君赏赐。官邑一旦赏赐给贵族、大臣，即成为贵族和大臣的私邑。但从法理上来说，所有权仍然属于赏赐者，受赏赐者只能享有采邑的税收。有些邑根据地理位置被称为边邑和鄙邑。此外，还有本邑、封邑、外邑之别。采邑职官之首为邑宰，邑宰之下还有有司、司徒、马正、圉人、工师等职官。邑宰还拥有家臣。邑宰人选非出自采邑，也并不总是居住在采邑。采邑主从国君那里领有采邑时还有相应的符信。诸侯直辖邑之职官有邑大夫和贾正。

四、春秋时期晋国、楚国、卫国有基层地域性居民组织“州”，其他的“州”名只能推测可能属于基层地域性居民组织。晋国“州县”之“州”属于县级行政区划，但推测可能是由基层地域性居民组织“州”发展而来。卫国的“戎州”距离卫都帝丘较近，而外州大概位于边境。阳州不论属鲁还是属齐，总之位于鲁齐边境地区。“州人”，据楚国之“夏州”可以确定为来源于对外战争中的掠夺之人，随着时间的推移，逐渐融入所居住国，成为所居住国的一分子。“州”之规模类若里、邑。随着时间演变，夏州在战国晚期，层级比宣公十一年设立时要高，至少为县级。据《逸周书·作雒》中“州”和“里”分立，说明二者性质不同，但有打破的现象存在，否则“州、里无交”一语就变成了无的放矢。“州”分布于野，晋“作州兵”即征召在野之州人服兵役。据战国时期包山简一些州的材料所透露的信息，州人一般为手工业者，比照包山简，春秋时期的州人也应该与此相同。果如是，则体现了通过战争对他国人力资源掠夺的实质。州人之所以被集中居住，有便于监视和管理的意图存在。依照韦昭和杜预等古注，“州”之上属为乡，但在有着较为丰富的关于“州”的材料的战国包山楚简中，找不到相关的证据。“州人”似乎可以出仕。州人有自己的社和序。

五、“书社”主要存在于春秋时期的齐国，之前似不存在，战国时期似已消失。“书社”属于基层地域性居民组织，得名与居民的统计和社祀活动有很大关系。“书社”应为国君直辖区的居民组织，但在采邑中亦存在。书社和里社并不对等，书社若干并非若干户百姓，每一个书社由若干户百姓构成。书社通过一些社祀活动的方式来凝聚居民,并主宰社中之民的精神世界。赏书社若干作为采邑,即赏赐并不包括治民之行政权,采邑主只食采邑的税收。春秋晚期赏赐书社若干里的性质已经变成封君之封地了。

六、《齐语》和《小匡》的区别,可能反映了《小匡》是管仲改革之后的改革,开始让农民服兵役,与春秋时期其他国家的措施类似。《齐语》和《小匡》共有一个祖本,是同源异流,不存在《小匡》是在《齐语》的基础上改编的情况,《小匡》之"里君"来源更早。《小匡》士农工商的顺序不同于《齐语》,反映了重农抑商的思想,可能说明其在战国晚期或西汉初期被改造过。《齐语》和《小匡》均指出齐国实行三军的军事编制,与春秋时期的列国相同,且与春秋时期齐国的金文相一致,足见其史料价值之高。《齐语》《小匡》记载齐国一邑三十家,可与出土春秋齐国金文互相启发,从理论上分析,是比较符合春秋时期齐国的实际情况的,也比较符合《银雀山汉简》对齐国的相关记载。所以,《齐语》和《小匡》中记载的管仲改革的措施应该曾经实施过,但真实情况可能不像文献记载的那么整齐和严密。应该说《齐语》和《小匡》的记载基本反映了管仲改革的精神。

第三章　战国时期基层地域性居民组织功能的强化(上)

顾炎武在《日知录》中指出，春秋时期讲究周礼，尊重周王，注重祭祀，讲究宗姓氏族，列国盟会时常常赋《诗》，各国王室有丧事均要赴告，被告之国要赗赠；王室嫁女，同姓之国要媵女陪嫁；进入战国时期，春秋时期的礼制不再讲究。[①]

经过“田氏代齐”和“三家分晋”，逐渐形成了齐、楚、燕、韩、赵、魏、秦七国并立争雄的格局。列国为了扩大版图和争夺人口，兼并战争连绵不断，战争规模愈演愈烈，正如《孟子·离娄上》所描述的“争地以战，杀人盈野；争城以战，杀人盈城”。战争以杀人为目标。在这种兼并战争的背景下，各国为了立于不败之地，纷纷进行改革。改革内容之一就是强化基层居民组织的功能，将基层社会的居民严格控制起来，引入战争轨道。

战国时期，旧的等级关系瓦解，没有军功不再成为贵族。《战国策·赵四·赵太后新用事》载秦攻赵，赵向齐求援，齐答应出兵，但前提是长安君出质于齐。赵太后心有不舍，于是左师公登门游说赵太后：

> 左师公曰：“今三世以前，至于赵之为赵，赵主之子孙侯者，其继有在者乎？”曰：“无有。”曰：“微独赵，诸侯有在者乎？”曰：“老妇不闻也。”“此其近者祸及身，远者及其子孙。岂人主之子孙则必不善哉？位尊而无功，奉厚而无劳，而挟重器多也。今媪尊长安君之位，而封之以膏腴之地，多予之重器，而不及今令有功于国。一旦山陵崩，长安君何以自托于赵？”

左师公的意思是长安君虽名分上是储君，但没有为国立功，亦难继君位。

① 参看杨宽：《战国史·绪论》，上海：上海人民出版社，2003年，第4页。

文中还提到三世以前赵王(依鲍本)之子孙为侯者今已非侯。《史记·商君列传》载商鞅变法规定:"宗室非有军功,论,不得为属籍。"[①]意思是宗室贵族若无军功则不再属于宗室贵族。赵国、秦国若此,其他列国亦当存在这种变化。这昭示了时代变动的信息,反映了旧的世卿世禄制在走向瓦解。

战国时期,社会各阶层非常活跃。原来由官府控制的文化下移,开办私学的风气很盛,培养的人才可在各国自由流动。各国君主为了获得人才而礼贤下士,使得游说国君成为入仕的一条途径。在政治制度上推行俸禄制和官员年终上计制,国君可以选拔和任用适合自己需要的人才充任官吏,治国理政。通过诸多措施,中央高度集权、君权得到强化的空前局面得以形成。

与这种大的历史背景相适应,战国时期的基层地域性居民组织具有了新的时代特点,不仅建立起一些新的制度,比如什伍制和户籍制等,加强了对基层地域性居民组织的居民的控制,同时对基层地域性居民组织的官吏的管理也有所加强。

春秋末,楚国首先出现了封君制。[②] 进入战国时期,封君制度得到极大发展。在封君制发展演变的同时,基层地域性居民组织获得继续发展。成书于战国时期的传世文献中常常可以见到"乡里""邑里""州里""丘里"等连言的现象。这说明战国时期存在着乡、里、邑、州、丘等基层居民组织。生活于春秋战国之际的墨子在《尚同上》规划的官僚体系,由低到高,依次为里长→乡长→正长→诸侯国君→三公→天子。[③] 墨子的设计中最低的两个层级是里和乡。在商鞅变法之后,秦国及其扩张地区推行郡县制之下的乡里制,这是传世文献和出土材料已经证明了的。《文子·上义》:

> 兵之来也,以废不义而授有德也,有敢逆天道,乱民之贼者,身死族灭,以家听者禄以家,以里听者赏以里,以乡听者封以乡,以县听者侯其县。

---

① 该引文断句参考了朱绍侯的意见。参朱绍侯:《关于〈史记·商君列传〉中两条律文句读商榷》,《中原文化研究》2013年第1期,第38页。

② 《左传》哀公十八年(前477)载:"楚公孙宁、吴由于、薳固败巴师于鄾,故封子国于析。"析君是见于史书记载的楚国第一位封君。曾侯乙墓出土析君戟(《集成》11214,1978年出土于湖北随州擂鼓墩曾侯乙墓,战国前期,湖北省博物馆)之铭文"析君墨肩之造戟",虽然学者认为析君戟铭文之"析君"可能为第二代析君,但证实了《左传》记载的可靠性。

③ (清)孙诒让撰,孙启治点校:《墨子间诂》,第76页。

在确定1973年河北定县八角廊汉墓发现的汉简和现存的《文子》八篇相同之后，学界认为传世文献《文子》系先秦古书无疑。上引《文子》提到“家”“里”“乡”和“县”，毫无疑问，“里”和“乡”是基层地域性居民组织，“乡”之上还有“县”。

在郡县制之下实行乡里制，是战国时期最基本的地方基层行政制度。

《墨子·尚贤中》：

故可使治国者，使治国；可使长官者，使长官；可使治邑者，使治邑。凡所使治国家、官府、邑里，此皆国之贤者也。

墨子在此提出可使治国者治国，可使长官者长官，可使治邑者治邑，这显然是主张对于贤者量才录用。其中提到“邑里”，说明邑也是战国时期的地域性居民组织。

《荀子·王制篇》：

顺州里，定廛宅。

《荀子·礼论篇》：

修士之丧动一乡，属朋友；庶人之丧合族党，动州里。

以上两则材料说明战国时期仍有“州”一级居民组织。

《庄子·则阳》：

少知问于大公调曰：“何为丘里之言？”大公调曰：“丘里者，……此之谓丘里之言。”

【疏】“古者十家为丘，二十家为里。乡闾丘里，风俗不同，故假问答以辩之也。”【释文】“丘里之言”李云：“四井为邑，四邑为丘，五家为邻，五邻为里。古者邻里井邑，土风不同，犹今乡曲各自有方俗，而物不齐同。”①

这说明，“丘”也是一级基层地域居民组织。

总之，战国时期，除了有乡、里之外，还有“邑”“州”和“丘”等基层地域性居民组织的存在。

考虑到本书战国部分的篇幅过大和各部分内容之间的逻辑关系，故将战国时期分为三章，即本书的第三、第四和第五章。战国部分（上），即本书第三

① （清）郭庆藩撰，王孝鱼点校：《庄子集释》，北京：中华书局，2012年，第901页。

章，以战国时期的楚国为主，包括三节：第一节对战国时期楚系文字资料中的邑、里重新分类，对丘和遂的性质予以探讨；第二节在已有研究成果的基础上，对包山楚简中的州重新分类，并对其上属和下辖及其特殊性进行研究；第三节对战国时期楚国基层居民组织的社会生活予以研究。战国部分(中)，即本书第四章，分为三节，主要对齐国、秦国和三晋出土文字资料中的基层居民组织予以研究。战国部分(下)，即本书第五章，分为两节，主要探讨战国时期的什伍制、户籍制的基本情况和社会功能。

第一节　楚国基层居民组织之邑、里、丘和述(遂)

包山简中可见到许多邑名，这些邑属于楚国基层地域性居民组织。楚简中还有大量的关于里、丘和述(遂)的材料。关于里的材料主要见于包山简，丘虽亦偶见于包山简，但多见于葛陵简，遂主要见于葛陵简。学者之间对战国时期楚国的邑和里的分类还存在分歧，对丘和遂的性质的认识还比较模糊。这一方面是学者对材料的解读不同，另一方面是材料太简略和残缺过甚，比如葛陵简，导致研究者难以作出准确把握。本节拟参考学界对楚简中所见邑和里的已有研究成果，对二者进一步分类，以期深入认识战国时期楚国之邑和里设置的复杂性，并对楚简中的丘和述的性质予以探讨。

一、包山简所见“邑”之分类

按照以往学者的说法，包山简所见的邑名中超过半数以上，其前面有前缀，而且这些前缀纷繁多样。所以，为了深入认识包山简中所见到的楚国之邑，一些学者按照邑名前有无前缀及前缀的类别将这些邑进行分类。下面先回顾既往学者的分类办法，在此基础上，再根据笔者的理解，对包山简所见之邑予以进一步分类。

(一) 包山简所见“邑”之分类回顾

自包山简刊布以来，黄盛璋先生等五位学者曾对包山简所见楚邑做过很好的分类研究，现按照这些成果发表的先后顺序作一简要回顾。

黄盛璋先生在讨论包山简“邑”与“宫”之区别和用法时，将楚国的邑划分为四类：甲，作为行政区划县下之邑；乙，邑人之邑；丙，封君之邑；丁，其他单名之邑。[①] 可简称为四分法。

陈伟先生根据包山简“邑”名前有无前缀成分将“邑”粗略分为两类。一类只记邑名本身，一类则在邑名之前缀联地名和官爵名。同时，陈伟先生还认为，有的邑名一时还不好断定为哪一类。其中有的或可归入后一类，但在邑名与前缀成分的区分上还缺少把握。还有些邑名本无前缀成分，依据简文，可以试为添加。[②] 陈先生的分类，可简称为二分法。

韩国学者朴倖柱将包山简所属邑分为四类：甲，某官之邑；乙，某爵之邑；丙，某人之邑；丁；一般诸邑。虽亦分为四类，但与黄盛璋先生的四分法分类标准不同。[③]

熊贤品先生将包山简中的邑分为两大类：“×（地名）之邑”，“×（人名、官名）之邑”。第一类包括：“路”下之邑，“竁”和“敔”下之邑，“敚”下之邑。第二类包括：封君之邑，官员之邑，夫人之邑。[④] 熊氏实际上是六分法。

王准先生最近发表了一篇专门研究包山简所见邑的分类文章，将包山简所见之“邑”分为五类：甲，直属于县的邑；乙，直属于某人的邑；丙，直属于某机构的邑；丁，直属于其他行政组织（路、竁、敔）的邑；戊，未系以前缀、直呼其名的邑。[⑤] 此可称为五分法。

以上五位学者的分类各不相同，黄、朴、熊、王四位研究者与陈伟先生的主要区别是对陈伟先生所谓的带有前缀成分的“邑”予以进一步细分，但四家进一步细分的标准则不同。

---

① 黄盛璋：《包山楚简中若干重要制度发复与争论未决诸关键词解难、决疑》，《湖南考古辑刊》第6集，1994年，第198页。

② 陈伟：《包山楚简所见邑、里、州的初步研究》，《武汉大学学报》1995年第1期，第91页。另见陈伟：《包山楚简初探》，第70页。

③ [韩] 朴倖柱：《战国楚的地方统治体制——关于“‘县邑’支配体制”的试论之一部分》，《简帛研究》（二〇〇二、二〇〇三），第19页。

④ 熊贤品：《〈包山楚简〉所见战国晚期楚国社会制度研究》，河南大学2011年硕士学位论文，第11～15页。按：熊贤品将“宫”亦划归“邑”之下。

⑤ 王准：《包山楚简所见楚邑新探》，《中国史研究》2013年第1期，第16～18页。

(二) 包山简所见邑之十种类型

在借鉴上述学者分类指导思想的基础上，为了深化对楚国基层居民组织邑的认识，将包山简所见邑重新分为以下十类：

第一类，县辖之邑(包括尹和公之属邑)。

(1) 敾尹之鄗邑公　　(包山简 28 号)
(2) 郄(鄢)之鸣鬣邑人　　(包山简 95 号)
(3) 审昜叵盘邑人　　(包山简 97 号)
(4) 邔阳之牢中兽竹邑人宋赑　　(包山简 150 号)
(5) 钦兽邻邑公奸　　(包山简 183 号)
(6) 郄(鄢)坪邑　　(包山简 188 号)

第二类，"鄗""宬"和部分"或"既然是封君之封地，[①]那么将其所属邑与封君之"邑"当归为一类为宜，称之为封君封国辖邑(包括封国与封君领有之邑)。

(7) 鄓宬(国)之少桃邑　　(包山简 10 号)
(8) 彭[②]君司败史善受期，丙辰之日不察长陵邑之死　　(包山简 54 号)
(9) 章宬(国)鄐邑　　(包山简 77 号)
(10) 鄱昜君之蒹陴邑人紫讼兼陵君之陈泉邑人遊塙　　(包山简 86 号)
(11) 邧(郧)宬(国)蹔邑　　(包山简 151 号)

第三类，路辖之邑。

(12) 鄵逄(路)区(沤)湶邑[③]　　(包山简 3 号)
(13) 鼍逄(路)斨邑　　(包山简 88 号)

第四类，无前缀之邑。

(14) 上临邑公临佗，下临邑公临得受期　　(包山简 79 号)

---

① 笔者如此主张。限于本书研究主旨，不做详细论证。
② 吴良宝：《试说包山简中的"彭"地》，《简帛》(第 3 辑)，上海：上海古籍出版社，2008 年。
③ 有学者释"湶"为"源"，似不妥。散氏盘(《集成》10176)即有此字。结合反映春秋时期的《诗经·陈风·东门之池》之"东门之池"可以"沤麻""沤纻""沤菅"与睡虎地秦简、里耶秦简和马王堆帛书记载的"麻"和"臬"屡见不鲜，说明楚战国时期必有麻一类农作物的种植和加工。沤麻需用泉水，故"区湶邑"似释为"沤泉邑"为宜；"泉""湶"无别。

(15) 郄邑　　(包山简 163 号)

(16) 郼邑　　(包山简 164 号)

(17) 湛母邑人屈𧸘……鄬逿邑人……郱邑人　　(包山简 169 号)

(18) 鄻邑人　　(包山简 171 号)

(19) 鄜邑人　　(包山简 174 号)

(20) 鄗邑人　　(包山简 175 号)[①]

(21) 新咅埜邑人　　(包山简 181+182 号)

(22) 某溪邑人　　(包山简 182 号)

(23) 笶邑人　　(包山简 185 号)

(24) 上鄍邑人周乔　　(包山简 188 号)

(25) 鄗邑人　　(包山简 190 号)

(26) 鄟邑人　　(包山简 193 号)

第五类，个人之邑。

(27) 圣夫人之鄗邑人䛐　　(包山简 179 号)

第六类，某机构(不属于一级行政区划)之邑。

(28) 司丰之𧷫邑人桯甲　　(包山简 124 号)

第七类，属于某地区之邑(目前不太好确定其是否属于某级行政区划)。

(29) 郑(滕)敓之郲邑人　　(包山简 100 号)

第八类，封国之下有县，县之下有邑。

(30) 敢𡪞东敔卲戊之笶邑　　(包山简 124 号)

第九类，县下之封国所辖之邑。

(31) 鄹之㙺里人湘痌讼罗之庑𡪞之坔者邑人郢女　　(包山简 83 号)

第十类，封国之下有县，县之下又有封君之邑。

(32) 鄝𡪞礌敔郹君之泉邑人黄钦　　(包山简 143 号)

---

① 按：各家对简 175“鄗邑”二字的释读有分歧，故而有学者认为其并非邑名(朱晓雪：《包山楚简综述》，第 760 页)，本书姑从《包山楚简》之释。

(三) 包山简所见邑之分类说明及考证

下文对以上笔者如此分类的理由作一简要说明,对部分邑名作简要考证。

简 28 之斆尹属于斆县之尹,故鄗邑属于县辖之邑。

简 95 有"郚(鄢)之鸣𠨰(狐)邑",显然,"鸣狐邑"之前缀"鄢"决定着"鸣狐邑"的归类。"鄢"又见于包山简 19、66、155、157、49、81 和 188 号。简 19 和 66 显示鄢地有职官"正娄"。简 155 提到"鄢"地有"少司城""大司城"和"左司马"职官。简 157 正反提到鄢地有职官"宧大夫""少宰尹"和"工尹"。简 49 还提到鄢地有"乔差"和"左乔尹"职官。简 81 提到鄢地有"兵甲执事人宧司马"职官。简 188 提到鄢地有"执事人",不过此"执事人"与简 81 之"执事人"并非同一人。一些学者综合这些信息将包山简之"鄢"看作是县一级行政区划。[①] 赵平安先生认为包山简之"宧"应当隶定为"宛",读为"县",[②]那么上面提到的简 157 之"宧大夫"即"县大夫",简 81 之"兵甲执事人宧司马"即"兵甲执事人县司马",这为研究者将"鄢"判定为县级行政区划提供了文字学上的有力证据。既然鄢属于楚国的县级行政区划,那么简 95 之"鸣狐邑"自然应归入县辖之邑。此外,简 188 之"坪邑",亦属于鄢县之辖邑。

简 97"叵盘邑"前缀有"审(中)昜"。简 71 有"审(中)昜[③]司败",吴良宝先生认为"审(中)昜"属于县级行政区划。[④] 那么,叵盘邑属审(中)昜县辖之邑。

关于简 150 之"邳阳之牢中兽竹邑",以往学者认为"牢中"属于邳阳之下的官署。[⑤] 此说似可商榷。刘信芳先生说:

> 曾侯乙简 152 有"中兽尹",牢中兽应是中兽尹的属员。"牢",畜圈,简 157 有"牢

---

① 陈伟:《包山楚简初探》,第 97～98 页。吴良宝:《战国楚简地名辑证》,武汉:武汉大学出版社,2010 年,第 162 页。按:日高认为是"郡"级行政区划(日高:《包山楚简所反映的楚县和楚郡》,北京大学 1998 年硕士学位论文,第 17～18 和 37 页)。

② 赵平安:《战国文字中的"宛"及其相关问题研究》,《新出简帛与古文字古文献研究》,北京:商务印书馆,2009 年,第 143～154 页。里耶简出土以后,此字释"县"似得到证明;参刘乐贤《里耶简中的"迁陵公"及相关问题》,《古文字研究》(第 30 辑),北京:中华书局,2014 年。

③ 湖南省桃源县三元村一号楚墓出土铜鼎铭文中有"中昜",参见刘信芳:《包山楚简解诂》,台北:艺文印书馆,2003 年,第 70 页。

④ 吴良宝:《战国楚简地名辑证》,第 165 页。

⑤ 王准:《包山楚简所见楚邑新探》,《中国史研究》2013 年第 1 期,第 17 页。

中”，为“牢中兽”之省。[1]

刘信芳先生认为“牢”是“畜圈”。受此启发，笔者产生了与刘先生相异的看法。“牢”当解为《左传》襄公九年“蓄水潦”之“潦”。杨伯峻先生注：“潦音老，又音牢，积水。蓄水潦者，备汲取也。”[2]《诗经·召南·采苹》：“于彼行潦。”“牢”与“潦”音同可以通假。水潦即今所谓水池或水塘。“邛阳之牢”当理解为陂池。据曾侯乙简152之“中兽尹”，包山简150之“邛阳之牢中兽竹邑”在语气上当从“牢”后断开，“中兽”为县名，“竹邑”为“中兽”所属之邑，“邛阳之牢”表地理位置。如此理解，“竹邑”应当归属于县辖之邑。

关于简183之“欿兽邻邑”，王准先生将其划入“未系以前缀、直呼其名的邑”之下，[3]恐未妥当。王准先生如此处理，很明显是将“欿兽邻”看作邑名。考察一下包山简，甚少见邑名用三个字的，一般是单字或者两个字的，但也偶有三个字的，例如简102有“上新都”，“上”表方位，且“上新都”是针对简102“上新都”之后的“新都”而言的；再如简181＋182之“新邑埜邑”，虽然战国楚简中迄今未见“邑埜邑”，但根据地名产生的一般规律，可以推测“新邑埜邑”是针对“邑埜邑”而言。有鉴于此，再根据简150之“中兽竹邑”类推，简183之“欿兽”亦为县级行政单位。那么“邻邑”当归入县辖之邑。

简10和简77之邑属于封国辖邑。简54之长陵邑当属封君彭君所属之邑。简151“邳寍瞀邑”之“瞀邑”归入封君辖邑。简86之邑属于封君辖邑。[4]

---

① 刘信芳：《包山楚简解诂》，第154页。

② 杨伯峻：《春秋左传注》（修订本），第962页。

③ 王准：《包山楚简所见楚邑新探》，《中国史研究》2013年第1期，第18页。

④ 按：包山简132号之“坦尻”，陈伟认为：“‘坦尻’或犹‘亶居’，指原址、旧居之意。”（《包山楚简初探》，第111页）鲁鑫认为：“‘坦’字似可读为‘廛’。……释作房宅、居址之意。”（氏著：《包山楚简州、里问题研究概述》，《中原文物》2008年第2期，第101～102页）陈絜赞同鲁鑫之说。参见陈絜：《再论包山楚简“州”的性质与归属》，南开大学历史学院、北京大学历史系、中国社科院历史所编：《中国古代社会高层论坛文集：纪念郑天挺先生诞辰一百一十周年》，第268～269页。刘乐贤在谈到包山简90号的“旦”字时说：“旦当读为亶。《尔雅·释诂》：‘亶，信也’，‘亶，诚也’。”随后又说：“（包山简）第23号简的敀字，也应读为亶。”[刘乐贤：《楚文字杂释（七则）》，香港中文大学中国文化研究所、中国语言及文学系编辑：《第三届国际中国古文字学研讨会论文集》，香港：问学社有限公司，1997年，第626页]此说可从。按：需要指出的是简86“鄗昜君之蒹陲邑人紫讼羕陵君之陈泉邑人遊塙”应在“塙”前断开，“塙”字下属，即陈泉邑人是“遊”，而非“遊塙”。“塙”为表示肯定或加强语气予以判断的副词。顺便补充一点，包山简中有的司法简有“旦塙”（简21、27、32、37、76）或“塙”（简、171、176、192）或“旦”（简83、88、90、96、97、102、132），均为加强语气的副词，可译为切实、肯定。（转下页）

简3、88之邑属于路辖邑类型。①

简79、163、164、169、171、174、175、181+182(新𨚕埜邑)、182(某溪邑)、185、188(指“上郢邑”)、190、193中之邑属于无前缀之邑。笔者推测应属于正常的县辖邑,故简文未予特别注明。在这里,仍按传统说法将此类邑单独划为一类。

简179之鄗邑属于圣(声)夫人个人之邑。

关于简124“司丰之𡊄邑人”之“司丰”,目前有三种观点:第一种,周凤五先生认为“司丰”即“司醴”,职司酿酒。② 第二种,刘信芳先生认为“司丰”即“司礼”,职司略与《周礼·秋官》之“司仪”同。③ 第三种是“司丰”即“司俸”,司

(接上页)此外,《墨子·号令》“敌人但至”之“但”亦当如此解释。朱凤瀚先生对此问题亦有探讨(朱凤瀚:《琱生簋与琱生尊的综合考释》,朱凤瀚主编:《新出金文与西周历史》,第74页)。

① 包山楚简除包山简3号和88号出现与“邑”有关的“路”外,还有以下路名:兕逄公角戠之(包山简18号)、羕逄公(包山简41号)、郯逄公(包山简81、82号)、兕逄公角(包山简86号)、郱逄公(包山简94号)、白逄公(包山简150号)、郯逄尹(包山简128、141、143、179号)、鄗逄尹(包山简143号)、珞尹郛(包山简167号)、夏逄史(包山简159号)。被学者隶定为“逄”的字在简文中写作“”,从辵从各。裘锡圭和李家浩认为,辵旁足旁古或通用,所以“逄”即为“路”的异体字。(裘锡圭、李家浩:《曾侯乙墓竹简释文与考释》,《曾侯乙墓》,北京:文物出版社,1989年,第520页)此点为包山简121号之“弃之于大逄(路)”所验证。刘信芳认为逄“疑是楚国的行政建制名”(刘信芳:《包山楚简解诂》,第11页),此说可从。但路在楚国属于什么层级的行政区划?王准认为路公不是县以下属官(按:陈絜认为路是介于县和邑之间的行政组织。参见氏著《试论葛陵楚简“丘”的性质与规模》,《中国社会历史评论》第十二卷,天津:天津古籍出版社,2011年,第11页),并认为路直属于中央。(王准:《包山楚简所见楚邑新探》,《中国史研究》2013年第1期,第21～22页)这种看法无疑是正确的。不过,准确地讲,“路”在司法方面直属于中央左尹。吴良宝对于包山简中的“路”是这样认识的:

> 从“夏路以左,不足以备秦”(《史记·越王勾践世家》)这句话推测,包山简文中的这些“路公”肯定不是县公。尽管通过系联其他楚文字资料或《左传》等史书记载可以确定“白”“郱”“鄀”“鄗”“郯”“阳”“羕”等为楚县名(“夏”“贏”还无法确定),暂时还不便于将“路”之前的“某某”地名直接视为楚县名。(吴良宝:《战国楚简地名辑证》,第158页)

吴良宝的看法也是正确的。“路”确实不能等同于“县”。从包山楚简“路”的材料可以看到,“路”下有基层居民组织“邑”,“路”有官职“公”“尹”“史”,且有八例位于包山司法简末尾,属于司法审判署名。结合路尹或路公参与司法案件审理这一信息,可以认定“路”与“县”同一层级。究竟“路”与“县”之间有何区别?从《史记·越王勾践世家》之“夏路以左,不足以备秦”来看,“路”应设置在边疆地区。从简159号的内容来看“逄史……为告于少帀(师)”,“逄史”应为“少师”之属官,“逄史”当与军事有关。联系《左传》的相关记载,名为“史”的职官均与军事有关。可能“路”为边疆军事重镇,与寻常的行政县在功能方面有别。

② 周凤五:《包山楚简〈集箸〉〈集箸言〉析论》,《中国文字》(新21期),台北:艺文印书馆,1996年,第43页。

③ 刘信芳:《包山楚简解诂》,第34页。

掌俸禄。① 不管哪一种观点正确,大家均认同“司丰”为某一官僚机构,故“𡍮邑”应属于某一机构之邑,应归入第六类。但不可否认的是“𡍮邑”前之机构并不是一级行政区划。

简 100“郗(滕)敓之䣜邑人走仿登(邓)成讼走仿部,以其敓淥汸与泽之故”②之“䣜邑”,王准先生将其划分在“直属于其他行政组织(路、䆳、敔)的邑”之下,并说:“至于敓,在包山简中仅出现两次,只能推测是某种行政组织的名称。”③“敓”,另见简 149:“陵让尹塙以杨虎敛关金于郙敓。”按照王准先生的分类标准,将简 100 之“䣜邑”划在“直属于其他行政组织(路、䆳、敔)的邑”内似有失体例。将简 100 与简 149 两个带有“敓”字的词并观,陈伟等著的《楚地出土战国楚简[十四种]》一书中的意见更加稳妥,即把“郗(滕)敓”和“郙敓”看作地名。④ 故将简 100 之“䣜邑”应归属于第七类。

简 124 之“敢䆳东敔卲戊之笑邑”之“邑”属于国下有县,县下有县公之邑。

简 83 属于罗县内有封君之封地庑䆳,庑䆳之下有圣者邑。

简 143 之“泉邑”属于封国之下有县,县下又有封君之邑类型。

此外,还有传统上认为是邑名,实际上并不是的,这主要涉及包山简 155、149 和 153 三支简。试讨论如下:

简 155“五连之邑”,一般据《国语·齐语》“五家为轨,轨为之长;十轨为里。里有司;四里为连。连为之长”认为“征五连之邑于葬王士”。⑤ 如此理解,则楚最基层之邑是有大小之别的。邑之大小以连为单位来计算。实际上“连”还可以有另外一种理解即“连”为“连接”之意。这样,“五连之邑”即五个相邻接之邑。五个邑是邑与邑之间相连接,还是五个邑与茔地相连接?其次简 155 是征地还是征邑人,也可以商榷。“征五连之邑于葬王士”可以理解为征五连之邑作为茔地以葬王士,或者理解为征五连之邑的邑人担负葬王士的

---

① 陈伟等著:《楚地出土战国简册[十四种]》,北京:经济科学出版社,2009 年,第 22 页注[8]。

② 包山简 100 之释文参照《楚地出土战国简册[十四种]》。“部”属人名,“部”后一字原简极不清晰,又无红外线照片,姑且截图呈现。(陈伟等著:《楚地出土战国简册[十四种]》,第 38 页)

③ 王准:《包山楚简所见楚邑新探》,《中国史研究》2013 年第 1 期,第 18 页。

④ 陈伟等著:《楚地出土战国简册[十四种]》,第 45 页注[52]和第 72 页注[108]。按,其是地名还是行政区划名称,该书著者仍不很肯定。

⑤ 刘信芳:《包山楚简解诂》,第 161～162 页。

劳役。从上文有“宅”字,可大致推知是征茔地。故“连”解为“连接”比较合适。如此,从“五连之邑”只能得出鄗地有许多邑的信息。因此,在统计邑名时自应将“五连之邑”剔除。

包山简 149、153 号和邑有关的材料如下:

> 新昜一邑,霝地一邑、厉一邑、鄍一邑、房一邑、俈槠一邑、新俈一邑。
>
> (包山简149 号)
>
> 笑一邑,郯一邑,并一邑,郜一邑,余为一邑,郼一邑,凡之六邑。(包山简 153 号)

包山简 149 号和 153 号中传统上认定“一邑”二字之前均为邑名。实际上这是一种误解。“一邑”是指“一邑”之前的地域概念当中的一个邑。可能是这些地方的一个邑直属于新大厩这一机构,不过新大厩不是一级行政区划。以往认定简 153“一邑”之前为邑名,可能是因为其他简有同名“笑邑”存在,所以认为 153 号简之“笑”指的是“笑邑”。以此类推,简 153 其他“一邑”之前的地理概念亦属于邑名。其实,应当理解为在“笑”地的邑的其中一个。这暗示着在“笑”地有不止一个邑。二简的其他地名同此。包山简 3+4 的相关信息可以为此认识提供旁证。包山简 3+4 之“鹽族郲一夫、瘔一夫,凥(处)于鄁逄区(沤)湶(泉)邑,凡君子二夫”之“鹽族郲”的结构类同简 10 之“瘳族涧”。因为“郲”已被证明为“国”,当属于封君之封地。因此,颇疑“涧”就是行政区划之“县”字。“涧”上古属见母元部,[①]“县”上古属匣母元部,[②]见母和匣母均属喉音,故二字从语音上来说通假是没有问题的。[③] 瘔为地名,与其前的“鹽族郲”

① 郭锡良:《汉字古音手册》(增订本),北京:商务印书馆,2011 年,第 324 页。

② 同上注,第 333 页。

③ 笔者认为简 10 之“涧”似有可能读为“县”,二字上古音均为元部字。此种认识受到以下论著之启迪良多:(1) 李家浩:《先秦文字中的“县”》,《文史》1987 年第 28 辑;又收入《著名中年语言学家自选集·李家浩卷》。(2) 李零先生认为包山简 10 号之“还”,“疑应读为县”。参见李零:《包山楚简研究(文书类)》,中国古文字研究会第九届学术讨论会论文,南京,1992 年;又收入《王玉哲先生八十寿辰纪念文集》,天津:南开大学出版社,1994 年,第 90 页;又收入《李零自选集》,第 135 页。(3) 赵平安:《战国文字中的“宛”及其相关问题研究——以与县有关的资料为中心》,香港中文大学中国语言及文学系编辑:《第四届国际中国古文字学研讨会论文集》,香港,2003 年;又收入:《新出简帛与古文字古文献研究》,北京:商务印书馆,2009 年。(4) 郝士宏:《“睘”应读为“县”》,《文物》2006 年第 11 期。(5) 马楠:《清华简第一册补释》,《中国史研究》2011 年第 1 期。(6) 袁金平:《利用清华简〈系年〉校正〈国语〉韦注一例》,《社会科学战线》2011 年第 12 期。(7) 鲁鑫:《新发现的几则有关楚县的战国文字资料》,武汉大学简帛研究中心简帛网,2013 年 9 月18 日。

地位相同,其行政区划之层级当同"鹽族鄬"。"鹽族鄬"和"瘥"肯定不止一夫。简 149 和简 153 某某一邑的结构与"鹽族鄬一夫"的语法结构一样,似可说明大家以前认为简 149 和简 153"一邑"二字之前均为邑名的说法有误。[①]

(四) 包山简所见"邑"之重新分类的意义

在已往学者对包山简所见"邑"分类的基础上,本书将其分为十类。这种做法并非为了标新立异,而是为了深刻认识楚国基层地域性居民组织的属性的复杂性。在包山简所见"邑"的分类研究中化繁为简的做法有利于更清晰地把握楚国基层地域性居民组织"邑"的属性,但是,只有细致的研究,才可能认识到战国时期楚国"邑"的复杂性的一面。不管怎样,战国时期列国纷争的局面走向统一是当时大家都可以预测得到的,但究竟由哪一国来完成这一历史使命,到何时才能完成,有着诸多不确定因素。战国时期统一的历史使命毕竟是由秦国来完成的。历史学家在追溯其原因所在时,无不把商鞅变法使秦国主要实行郡县制之下的乡里制度作为因素之一。在和秦国比较时,可以发现,楚国的基层地域性居民组织"邑"的领有者相当复杂。这种制度上的设置可能是为了互相制衡,加强对基层社会的控制,加强中央集权。秦国在趋简,楚国却在趋繁。这可能是秦国能够统一中国、楚国却被秦国灭亡的因素之一。

战国时期楚国之其他基层地域性居民组织如"里"和"州"等的属性的复杂类同"邑",对他们进一步分类研究的意义下文不再重复。

二、楚系文字所见之居民组织"里"

战国楚简中基层地域性居民组织除了上面探讨的邑以外,还有"里"。虽然本书将"里"的探讨确定在所有楚系文字资料当中,但重点是包山简中的里。包山简中之里的材料使学术界第一次从最原始的材料当中了解到战国时期楚

① 如此理解,就有一个问题出现了:既然"笑"地包含不止一个邑,"笑"属于什么级别的行政区划?是否据其他包山简提供的"县""国"和"路"之下有"邑"存在的事实认定包山简 149 和 153 号简中的地名也是楚国的"县"或"国"或"路"呢?关于"笑"属于什么级别的行政区划尚有待深入探讨。

国“里”的设置的复杂性,其复杂程度远远超过通过传世典籍对里的设置的了解。正因为其复杂,所以对其分类就显得尤为重要,也只有对其予以比较切合当时历史实际的科学的分类,才有可能对其作出正确的解读和认识。因为笔者主张包山楚简中的“州”辖“里”,此即本书对里的分类与其他学者分类最大的不同点。换句话说,笔者对“里”的分类工作是建立在对“州”研究的基础之上的。笔者对战国时期楚国“州”的研究详见本章第二节,而本小节拟在已有学者研究的基础上,根据“里”名之前的前缀类别对楚简中的“里”重新分类,并进而探讨“州人”和“里人”的区别。

(一) 楚简中所见“里”的分类

关于包山简中的基层居民组织“里”,已有学者进行了很好的分类,下面首先对其作一扼要回顾,然后在以往学者研究的基础上予以进一步分类。

鲁鑫先生将包山简之“里”分为三类:第一类里名的构辞方式为“某地之某里”,亦有省略其中的“之”字,作“某地某里”的。第二类里名的构辞方式主要是“某人之里”,或作“某人之某里”。第三类里名的构辞方式为“某里”。[①] 鲁鑫先生主要依据简文中“里”字的前缀词来分类。朴俸柱先生将包山楚简中的“里”分为两类,一类是县辖之“里”,一类是“啚”下之“里”。[②] 刘信芳先生认为:简文中凡是某县某地之里,均为国家行政基层单位,而凡是某君某人之里,则是封地、食邑居民的居住区。[③] 可见,刘先生主要根据“里”的性质分类。

事实上,包山简中的里按其性质还可以分得更为细致。在以上三位学者分类的基础上,吸收他们分类的指导思想,笔者将包山简的“里”分为以下五类:

第一类,“县”直辖之“里”:

(1) 邻之㯒里人　　　　(包山简 23 号)

---

① 鲁鑫:《包山楚简州、里问题研究缀述》,《中原文物》2008 年第 2 期,第 100~101 页。

② [韩] 朴俸柱:《战国楚的地方统治体制——关于“‘县邑’支配体制”的试论之一部分》,《简帛研究》(二〇〇二、二〇〇三),第 16 页。

③ 刘信芳:《包山楚简解诂》,第 37 页。

(2) 鄗之已里人青辛 (包山简31号)
(3) 安陆之下隋里人屈犬 (包山简62号)
(4) 罗之壦里人湘痾 (包山简83号)
(5) 下鄰敔里人 (包山简120号)
(6) 下鄰东邗里人 (包山简121号)
(7) 下鄰荑里人 [包山简121号。荑里貣(贷)玺①,当属下蔡县]
(8) 坪昜之枸里人文适 (包山简97号)
(9) 邳昜之酷里人 (包山简150号,193+194号②)
(10) 蒹陵之戲里人石緟 (包山简150号)
(11) 緐丘之南里人龚怺、龚酉……緐丘之南里 (包山简90号)
(12) [龚]酉以甘匿之岁为偒(隶)于鄗,居□里③ (包山简90号)
(13) 鄵之市里人箮痂④ (包山简63号)
(14) 宛⑤陈午之里人蓝 (包山简92号)
(15) 登赊(令)尹之里人 (包山简92号)
(16) 南昜里人鼍缓、李臧 (包山简96号)
(17) 夜基之里人鄴坠 (包山简168号)
(18) 凥(居、处)郢里 (包山简7号)

第二类,上属于县之“州”所辖之“里”(主要见于下蔡和漾陵两县):

(1) 下蔡山昜里人 (包山简121号)
(2) 下蔡关里人 (包山简121号)
(3) 漾陵之州里人 (包山简126号)
(4) 羕(漾)陵州里人 (包山简128号)

第三类,在司法上直属中央的“州”所辖之“里”:

包山简中的一些“州”在司法上直属中央左尹,但在财政上和行政上还不

① 韩自强、韩朝:《安徽阜阳出土的楚国官玺》,《古文字研究》(第22辑),第178页。
② 包山简193+194号本为“正昜邵奚”,据包山简150号补。参陈伟:《包山楚简初探》,第79页。
③ 包山简20号有“鄗司败”;简47号作“鄗司败”,另有“顮宦大夫”;因此将“鄗”定为县。“□里”上属“鄗”县。
④ 整理小组释为“鄵市之里人箮痂”,陈伟指出当释为“鄵之市里人箮痂”。包山简184号“鄵之箮痂”当为“鄵之市里人箮痂”之省,可支持陈伟说,本书从之。参陈伟:《包山楚简初探》,第78~79页。
⑤ 陈伟认为“宛”属高于“县”的行政区划“郡”,参氏著:《包山楚简中的宛郡》,《武汉大学学报》1998年第6期。

能有明确的结论。该类型又根据其前缀,分为以下四种:

(1) 由封君监管:

① 邸昜君之州里公 (包山简 27、32 号)

② 鄗君新州里公 (包山简 180 号)

③ 阴侯之东宫之里 (包山简 132 号)

(2) 由官员监管:

① 霝里子之州加公××,里公×× (包山简 42 号)

② 邵司马之州加公李×,里公隋得 (包山简 22、24、30 号)

③ 期思公之州里公 (包山简 163 号)

④ 让大令珊之州加公××、里公×× (包山简 74 号)

⑤ 福昜宰尹之州里公娄毛 (包山简 37 号)

⑥ 秦大夫怡之州里公周× (包山简 141 号)

(3) 特定地域的居民区:

王西州里公 (包山简 184、191 号)

(4) 典型的普通人质聚居区:

应族州里公黄固 (包山简 191 号)

第四类,楚封君平夜君城封地内之"里":

(1) ☐里☐ (葛陵简甲三 416)

(2) ☐二畀,未智(知)亓(其)(伋/攸)里之算。 (葛陵简甲三 352)

(3) ☐里二豬、三冢。亓(其)国悽三袿(社),上☐ (葛陵简甲三 285)

(4) ☐之里害(割)以豚(豭)☐ (葛陵简甲三 228)

(5) 中萻竽我之里一冢。☐ (葛陵简甲三 179)

(6) ☐□里一豢;駍(驭)里一豢☐ (葛陵简甲三 77)

(7) ☐□之里一豢。郚里一豬。王☐ (葛陵简乙三 23)

(8) ☐夜之里一豢。☐ (葛陵简零 91)

(9) 缰子之里一豢。☐ (葛陵简甲二 27)

(10) 宾之命,命里人祷☐ (葛陵简甲三 262)

(11) ☐里人☐ (葛陵简零 596)

(12) ⧄里人祷⧄　　(葛陵简零524＋零44)
(13) 箮里⧄　　(葛陵简零539)
(14) ⧄里⧄　　(葛陵简零455)
(15) 檗(楷)里⧄　　(葛陵简零529)
(16) ⧄。檗(楷)里一⧄　　(葛陵简甲三74)
(17) 大檗(楷)里人祷⧄　　(葛陵简零11)
(18) 郊里人⧄　　(葛陵简零403)
(19) 中杨里人⧄　　(葛陵简零30)
(20) 杨里人祷⧄　　(葛陵简零72)
(21) 鄱室之里人祷⧄　　(葛陵简乙三54)
(22) ⧄里人祷于亓(其)袿(社)⧄　　(葛陵简零168)
(23) ⧄里人祷于亓(其)袿(社)一⧄　　(葛陵简零88)
(24) (堵?)里人祷于亓(其)[社]⧄　　(葛陵简零116)
(25) 梠里人祷于亓(其)袿(社)一豬。　　(葛陵简乙四88＋甲三394)

第五类,待考之"里":

(1) 安昌里玺　　(《古玺汇编》0178)
(2) 楮里之玺　　(《古玺汇编》0181)
(3) 訽里往(唯)玺　　(0724《玺订》)
(4) 郛里之玺　　(《分域研究》)
(5) 乐城里玺　　(《分域研究》)
(6) 郭公里玺　　(《分域研究》)
(7) □里之玺　　(《分域研究》)
(8) "番之里人"所在之里　　(天星观一号楚墓)①

(二)"里人"与"州人"之别

"里人"是指寻常县直辖"里"中居民。"州人"指楚国特别基层地域组织"州"中居民。当然"州"辖之"里"中居民的身份仍是"州人"。"里人"和"州人"之性质有别,主要不同点是"州人"之原初身份是来源于楚国对外战争中掳掠

① 荆州地区博物馆:《江陵天星观1号楚墓》,《考古学报》1982年第1期,第109页。

的他国人。《左传》宣公十一年之“夏州”可以支持这一观点。因此“里人”之地位应该高于“州人”。此外,下面的材料似乎也可说明此点:

《逸周书·作雒》:

凡工贾、胥士、臣扑、州里俾无交为。

《荀子·王制·序官》:

顺州里,定廛宅,养六畜,间树艺,劝教化,趋孝弟,以时顺修,使百姓顺命,安乐处乡,乡师之事也。

《管子·八观》:

入州里,观习俗,听民之所以化其上,而治乱之国可知也。州里不鬲(隔),闾(里)闬不设,出入毋时,早晏不禁,则攘夺、窃盗、攻击、残贼之民毋自胜矣。

从以上文献中的“州里俾无交为”“顺州里”(使州与里和顺)和“州里不鬲(隔)”似乎可以看出州与里是有区别的。州里之间的差别在哪里?应该是与其身份不同有关系。西汉前期的《张家山汉简·户律》:“隶臣妾、城旦舂、鬼薪白粲家室居民里中者,以亡论之。”(简307)睡虎地秦简反映,在编伍时爵位不同者不会编入一个伍;例如《法律问答》曰:“大夫寡,当伍及人不当?不当。”(简156)可见,至少到大夫级爵位的家庭,也要编入“伍”,而相邻大夫不足五家时,不与他人合编。①

总之,里人和州人是有区别的,里人之政治地位应该高于州人。对州人施以特别的政策似说明该点。

三、战国时期楚简中的“丘”

春秋时期有许多以“丘”字结尾的地名,再有鲁国的“作丘甲”和郑国的“作丘赋”等,这都是大家熟悉的。胡厚宣先生曾将春秋时期的丘名搜罗殆尽,但对其性质的界定却比较模糊。② 随着葛陵楚简的问世,遽然出现了很多关于战国时期楚国的“丘”的材料,不过学界迄今对其定性还不是很清晰。大家也

---

① 罗开玉:《秦国“什伍”、“伍人”考——读云梦秦简札记》,《四川大学学报》1981年第2期,第85页。
② 胡厚宣:《卜辞地名与古人居丘说》,《甲骨学商史论丛初集》(外一种)。

都注意到了长沙走马楼吴简中有诸多丘名，许多学者已对其做了深入的研究。这些工作为界定葛陵楚简中“丘”的性质无疑是有莫大的借鉴作用的。在此背景下，笔者尝试对楚国的“丘”进行考察。

(一) 楚简中关于丘的材料及其分类

1. 包山简所见丘名

(1) 高丘、下丘　　(包山简 238、241 号)
(2) 繁丘之南里人…繁丘…繁丘之南里…　　(包山简 90 号)
(3) 鄗丘　　(包山简 188 号)

2. 葛陵简所见丘名

第一类，称“某丘”：

(1) 甸尹宋之述，䣎于上𠷎(丧)丘▨　　(葛陵简甲三 400＋甲三 327－1)
(2) 𧃭(桑)丘
(葛陵简甲三 383＋甲三 357；葛陵简甲三 325－1；葛陵简甲 359＋甲三 358)
(3) ▨蔖一狱。䣎于𠷎(丧)丘、桐窠二秙▨　　(葛陵简甲三 325－1)
(4) 䔍丘一猎，䣎经寺一秙，祷一冢。▨　　(葛陵简甲三 390)
(5) 滜溪一猎，䣎于𧻖丘、某丘二▨　　(葛陵简甲三 403)
(6) 某丘一冢。▨　　(葛陵简甲三 367)
(7) 萎丘　　(葛陵简零 317)
(8) 堇丘　　(葛陵简乙四 94；葛陵简甲三 346－2、384)
(9) 苗丘　　(葛陵简甲三 418)
(10) 茅丘　　(葛陵简甲三 378)

第二类，单称“丘”：

▨以牛，丘以▨　　(葛陵简零 383)

第三类，称“某之丘”：

▨□于□之丘▨　　(葛陵简零 374)

(二) “丘”属于何种基层居民组织?

宋华强先生认为葛陵简中的“丘”分为两种，一种是自然地理形态的丘，为当时百姓祭祀的场所和祭祀的对象之一。另一种是居民组织单位。[①] 此种分类可从。不过，就楚国居民组织单位“丘”的整体情况而言，因为历史悠久，各地区发展的不平衡性，导致其行政层级有低有高，有的仅是自然聚落，有的相当于里，有的则相当于县。例如，鄂君启节铭“就繁昜，就高丘，就下蔡”之“繁昜”与“下蔡”已被研究者认定属于楚国县级行政区划，[②]那么与二者并列的“高丘”亦当为县级行政区划。同样，包山简中的“繁丘”(第 90 号)也已被学者认定为县一级行政区划。[③] 再如《庄子・则阳》：“少知问于大公调曰：‘何谓丘里之言?’大公调曰：‘丘里者，合十姓百名而以为风俗也，合异以为同，散同以为异。……比于大泽，百材皆度；观于大山，木石同坛，此之谓丘里之言。’”[④]对于此则材料中的“丘里”连言，朱凤瀚先生认为：“丘有可能是里上一级单位，犹如乡。”[⑤]此观点得到张怀通先生的赞同。[⑥] 该材料是否针对楚国而言，已不可考，目前姑且认为这种现象在楚国也是有可能存在的。[⑦]《孟子・尽心下》载孟子曰：“民为贵，社稷次之，君为轻。是故得乎丘民而为天子，得乎天子为诸侯，得乎诸侯为大夫。”[⑧]从“丘民”的称谓看，“丘”可作为基层居民组织来理解。鉴于“丘”的情况的复杂性，似秉持具体问题具体分析的原则来加以审视楚简中的丘名为宜。

葛陵简零 383 号简中的“丘”，贾连敏先生结合葛陵简甲三 264 说：“两枚简书风相同，应为一人书写。简文不具体言某邑、某丘，而是对‘邑’、‘丘’之类的地域用牲规格进行了规定。”[⑨]这说明“丘”同“邑”一样属于居民组织单位。但从葛陵简来看，未见丘所出之牺牲为“牛”的现象存在，也就是“丘”居民组织

① 宋华强：《新蔡葛陵楚简初探》，第 333 页。

② 吴良宝：《战国楚简地名辑证》，第 233～234 页和第 229～230 页。

③ 参见：陈伟：《包山楚简初探》，第 97 页；颜世铉：《包山楚简地名研究》，台湾大学中国文学研究所硕士学位论文，1997 年，第 200 页；吴良宝：《战国楚简地名辑证》，第 165 页。

④ (清)郭庆藩撰，王孝鱼点校：《庄子集释》，第 901～902 页。

⑤ 朱凤瀚：《先秦时期的“里”——关于先秦基层地域组织之发展》，第 205 页。

⑥ 张怀通：《先秦时期的基层组织——丘》，《天津师大学报》2000 年第 1 期，第 39 页。

⑦ 按：吴海燕对朱凤瀚和张怀通之说提出了反对意见，认为“丘”为“里”。笔者认为战国时期各国的地方行政区划非常复杂，应当有“丘”为“里”一级行政区划的情况存在，但不能据此否定有“丘”高于“里”层级的现象存在，否则无法理解楚国一些“丘”为县级行政区划的事实。吴说参见氏著：《“丘”非“乡”而为“里”辨》，《史学月刊》2003 年第 6 期。

⑧ (宋)朱熹：《四书章句集注》，第 375 页。

⑨ 贾连敏：《新蔡葛陵楚简中的祭祷文书》，《华夏考古》2004 年第 3 期，第 92～93 页。

所贡献之牲低于"牛",贡献的是各种猪。

葛陵简零374之丘,"之"字前残了丘名,"丘"字之后应残了某种猪的牺牲,"于"字之前应残去了动词"𨿅",动作的发出者因简残坏也变得不可知,简文应理解为某"述"割某种猪牲于某丘。

四、葛陵简所见"述"(遂)及其性质

传世文献中的"遂"属于居民组织,比如《管子》《周礼》等皆有记载。有学者主张西周的史密簋铭文即有这样的"遂",①这为本书的探讨启迪良多。葛陵简出土以后,大量关于楚国"述"遂的材料问世,再一次使人们感到,先秦时期基层政治制度的复杂性远远超过大家过去形成的认识。但是令人遗憾的是,葛陵简非常简略,又为大家对其性质的深入探讨带来很大的困难。笔者在已有研究的基础上试做考察,以期促进楚国基层居民组织的研究。

(一) 葛陵简中关于述"遂"的材料

(1) 奠(郑)见之述,𨿅于下彤、藁二豭,祷二冢。 (葛陵简甲三312)

(2) □譬=智=之述,𨿅于盬(酖)、取三豭,祷三冢。▨ (葛陵简甲三320)

(3) 𨚗(蘧)己之述,𨿅于濯、唇社二豭,祷二冢▨ (葛陵简甲三343-1)

(4) 𥝢羌之述,𨿅于上献,犬焚二豭▨ (葛陵简甲三343-2)

(5) 玄憙之述,𨿅于下窯(萦)、下姑留二豭,祷▨ (葛陵简甲三314)

(6) 司马叡之述,𨿅于𤞷宗、余疋二豭,祷二[冢]▨ (葛陵简甲三316)

(7) 司城均之述,𨿅于洛鄱二社二豭,祷▨ (葛陵简甲三349)

(8) 乔尹申之述,𨿅于郪昏、鄎思二豭▨ (葛陵简甲三310)

(9) 亳良之述,𨿅于鄒于二社二豭▨ (葛陵简甲三347-1)

(10) 黄宜日之述,𨿅于新邑龙郊▨ (葛陵简甲三315)

(11) 訇尹宋之述,𨿅于上粟丘▨ (葛陵简甲三400)

(12) 肥陵陈豬之述,𨿅▨ (葛陵简甲三175)

(13) 閒(閒)壆大宫果之述 (葛陵简甲三348)

---

① 张懋镕:《史密簋与西周乡遂制度——附论"周礼在齐"》,《文物》1991年第1期。

(14) 郲余穀之述,劂于温父、鶬,二☐ (葛陵简甲三 322)

(15) 屈九之述,劂于郚生槖,二☐ (葛陵简甲三 324)

(16) 墾无龙之述,劂于荃丘、弇二黏,祷二冢☐(甲三 346-2、384)

(17) ☐述☐ (葛陵简甲三 370)

(18) ☐述,劂于傒壆一☐ (葛陵简甲三 379)

(19) 郲昷之述,劂于讆虩一黏 (葛陵简甲三 398)

(20) ☐述,劂于汈林酅☐ (葛陵简甲三 402)

(二) 葛陵简所见"述"的讨论

关于断句,葛陵简整理者在"述"后断句。然而,宋华强先生提出:"如果不在'述'字读断,单纯从句法角度去观察有关'述'的辞例,把'某人之述'看成是'刉'、'祷'的主语可以说是很自然的。"[①]宋先生此说可从。

关于葛陵简"述"字,其系原整理者所释。陈絜先生主张"述"就是"术",根据古文字构形规律——义同则形旁可以替换,即作为义符的"辵"与"行"义同,自可互相代替。[②] 陈絜先生此种主张甚有见地。因为"述""术"上古俱系船母物部字,说"术"为"遂"至少比说"述"为"遂"有一个较强的论说支点,即"术"为"遂"在传世文献中有郑玄的看法可以支撑。《礼记·学记》:"古之教者,家有塾,党有庠,术有序,国有学。"郑玄注:"术,当为遂。声之误也。"

关于"述"的性质,大西克也先生认为:"新蔡简的'述'前面冠人名,全都以'某某之述'的形式出现,这种用法与包山楚简中的'州'完全一致。"[③]这是有道理的。根据陈絜先生论述"州"时得出的结论——其前缀与"州"体现管辖与被管辖的关系,[④]可以认为葛陵简之"述"为平夜君城封国内之居民组织。[⑤]

---

① 宋华强:《新蔡葛陵楚简初探》,第 328 页。

② 陈絜:《试论葛陵楚简"丘"的性质与规模》,《中国社会历史评论》第十二卷,第 11 页。

③ 大西克也:《试论新蔡楚简的"述(遂)"字》,《古文字研究》(第 26 辑),北京:中华书局,2006 年,第 271 页。按:大西克也主张"述"同"州"一样,指官员的俸邑。

④ 陈絜:《再论包山楚简"州"的性质与归属》,第 283 页。类若今天某一级政府诸官员除分管主抓某一部门工作进行垂直管理外,还对所辖行政区分片包干负责,既对责任区监管和督导以保证上级政策的落实,又便于明晰基层情况。

⑤ 宋华强认为"述"应该是一种身份标识名或职官名(宋华强:《新蔡葛陵楚简初探》,第 330 页)。此说似非。因为在一些简中"述"字前本身已有官职加人名,"述"再表示身份或职官,岂非叠床架屋?故此说站不住脚。

"述"之规模有多大?

《周礼·地官·遂人》载:"掌邦之野。……五家为邻,五邻为里,四里为酂,五酂为鄙,五鄙为县,五县为遂。"依《周礼》为准,野之居民组织由小到大为:家—邻—里—酂—鄙—县—遂。一遂共有 12 500 家。依战国时期的常规,封国大致与县的规模相同。一家按 5 人计算,一遂则有 6 万余人。葛陵简可以识别的就有不下 10 个遂,合共以 60 万人口计算,再加上与遂相对的乡和城内之人,即便在今天我国的行政区划中亦为大县!按秦代县以万户为率,亦不合秦制。也就是说不能用《周礼》之制来考察葛陵楚简中遂的规模。

接下来看看《管子》中的"术"。《管子·度地》:"百家为里,里十为术,术十为州,州十为都。"李家浩先生据《管子·立政》和 1972 年出土的山东银雀山汉简《田法》,将《管子·度地》篇校改为"百家为里,里十为州,州十为术(遂),术(遂)十为都"。[①] 其说已为大多数学者所引用。校改前,一术十里,共一千家。校改后,一术十州,共一万家。《管子》记载的是齐国的情况,恐与楚制也不合。尽管不合,总算从出土文献证明战国时期是有"遂"这种居民组织的,使得传世文献的可信度大大提高。但令人懊恼的是,地下与地上文献又不能彼此严丝合缝地相互佐证。这正是需要解决的问题。

以往学者将"遂"与《周礼》中的国野制和乡遂制联系起来的思路是可取的。但在将"遂"与文献中的某一具体的居民组织比照后出现方枘圆凿的情况下,再通过通假的办法认定"述"为"闾"是不可取的。《周礼》毕竟是整齐划一后的制度,无论与哪一国的制度都无法严丝合缝地对接。若将《周礼》之国野制和乡遂制从政治地理的角度审视则避免了一些对接的尴尬。平夜君城的封国据考古发掘资料是有一座城的,应以这座城为坐标,参照《周礼》对国野和乡遂的规定,葛陵楚简中的遂位于城外之野,有许多个遂,说明遂是类名,确实为一级居民组织,一遂中有若干丘。[②] 遂的规模不可能太大。平夜君城的封国充其量有 10 万人。

---

① 李家浩:《齐国文字中的"遂"》,《湖北大学学报》1992 年第 3 期,第 33～34 页。另见《著名中年语言学家自选集·李家浩卷》,第 44～46 页。

② 陈絜:《谈谈新蔡葛陵楚墓竹简中的"丘"》,四川大学历史文化学院编:《国际学术研讨会论文集:纪念徐中舒先生诞辰 110 周年》,成都:巴蜀书社,2010 年,246 页。

第二节　包山简所见“州”之性质讨论

本书第二章第五节已经探讨了春秋时期楚国设置的“夏州”。进入战国时期,楚国仍有居民组织“州”的设置。本节拟主要利用包山简提供的战国时期楚国的“州”的材料,在已有研究成果的基础上对“州”进一步分类,然后讨论其地域设置、在行政上的上属和下辖、州的特殊性,以及从一些“州”之称谓探讨这些“州”设置的历史背景和布局特点,最后讨论七组受期简中与州有关联的官吏姓名,以深刻理解包山简司法术语“阩门有败”的含义和及其中所反映的楚国基层制度。

一、包山简所见“州”之类型

关于包山简所见之“州”,已有学者作了深入而细致的研究。比如罗运环先生认为:“州是一种民户编制。凡州前冠以人名和官名的都是一种食税州。食税者没有土地占有权及民政、司法权力,属于封建官僚。”[①]罗先生认为包山简之州绝大部分是食税州;食税者只享有“州”土地的收益,不享有其他权力。刘信芳先生认为:“(包山)简文之州绝大多数是贵族封邑,……楚国之‘州’其属主有楚王、封君、大夫之别。”[②]刘先生认为绝大多数的州属于贵族封邑,近同于罗运环先生的“食税州”。刘先生还根据州之领有者不同,将州三分为楚王、封君和大夫之州。韩国学者朴俸柱将包山简之“州”分为四类:某官之州,某爵之州,某人之州和某族之州。[③] 王颖先生将包山简所见的“州加公”分为两类:一类是某人之州加公或某地之州加公,另一类是隶属于封君或某一政府机构的州加公。[④] 据此,似可认为王颖先生将“州”分为四类,即某人之州、某地之州、某封君之州和某政府机构之州。陈絜先生将包山简中的州进一步细分为五类:第一类是所谓的封君之州,也就是以某地封君为限定语的州;第

---

① 罗运环:《论包山简中的楚国州制》,《江汉考古》1991 年第 3 期,第 78 页。

② 刘信芳:《包山楚简解诂》,第 36 页。

③ [韩] 朴俸柱:《战国楚的地方统治体制——关于“‘县邑’支配体制”的试论之一部分》,《简帛研究》(二〇〇二、二〇〇三),第 21 页。

④ 王颖:《包山楚简词汇研究》,厦门:厦门大学出版社,2008 年,第 270~271 页。

二类为官吏之州，即以某官称或某官吏为限定语。第三类是系在官署名下之州；第四类是以个人名号作为限定语的州；第五类是将“喜（今释“彭”）人之州”“应族之州”“宣王之坻州”“王西州”“筬州”归为一类。① 本书在陈絜先生分类的基础上，进一步离析，分为八类：

第一类，封君之州：

(1) 邸阳君之州里公登（邓）䚄受期　（包山简27、32号）
(2) 鄦君之州加公石瘥　（包山简189号）
(3) 鄗君之耆州加公周適　（包山简68号）
(4) 新埜（野）君之州加公逾　（包山简172+173号）
(5) 鄗君新州里公　（包山简180号）
(6) 坪夜君之州加公畬鹿弡　（包山简181号）
(7) 菪君之[州]②加公宋年、娄适　（包山简164号）
(8) 坪陵君之佢新州加公　（包山简192号）

第二类，官吏之州：

(1) 邟司马豫之州加公李瑞、里公随得受期　（包山简22、24、30号）
(2) 右司马愋州加公番（潘）鲇　（包山简182号）
(3) 福阳剸（宰）尹之州里公娄毛受（期）　（包山简37号）
(4) 辻大敂（令）珊之州加公周遅、里公周瞉　（包山简74号）
(5) 秦大夫怡之州里公　（包山简141号）③
(6) 郹令之州加公苛昭　（包山简165、189号）
(7) 嚣酷尹之州加[公]　（包山简165号）
(8) 莫嚣之州加公五鄢　（包山简181号）
(9) 株昜莫嚣[寿君]④州加公张讙　（包山简189号）

① 陈絜：《再论包山楚简“州”的性质与归属》，南开大学历史学院、北京大学历史系，中国社科院历史所编：《中国古代社会高层论坛文集：纪念郑天挺先生诞辰一百一十周年》，第273～274页。

② 陈絜在谈到包山简164号时说：“综观相关文书及该简上下文内容，‘加公’之前似脱一‘州’字。”本书从陈先生说。见上注所引文，第273～274页。

③ 简141、142和144系“自伤”案组简。简文“州人”和“州巷”均属秦大夫怡之州。此处只录简141。

④ 简189只云“株昜莫嚣”，其氏名不知，但据包山简117号之“株昜莫嚣寿君”推断，简189号之“株昜莫嚣”亦当为“寿君”。本处据此补。

(10) 篁令州加公墨女　(包山简 190 号)
(11) 刹寤令之州[人][1]苛鲑　(包山简 166 号)
(12) 登(邓)公鷃之州人苛瘥、苛齸　(包山简 58 号)
(13) 期思公之州里公　(包山简 163 号)
(14) 鄰郢公之州加公娄逾、观蛋　(包山简 185 号)

第三类,缀以官署之名的州:

(1) 大臧之[州][2]　(包山简 182、72 号)
(2) 少臧之州人冶士石弝讼其州人冶士石臧　(包山简 80 号)
(3) 远(薳)乙讼司衣之州人苛鐯　(包山简 89 号)

第四类,某人之州:

(1) 卲(昭)无戠(害)之州人鼓蠽张恷　(包山简 95 号)
(2) 万敂(抚)之州加公许胜　(包山简 164 号)
(3) 登(邓)军之州人娄遘　(包山简 173 号)
(4) 大槠之州人黄子媚　(包山简 174 号)
(5) 竸(景)贾之州加公墨豧(豫)　(包山简 180 号)
(6) 卲上之州加公郻　(包山简 181 号)
(7) 霝(零)里子之州　(包山简 42、180 号)
(8) 杋劵之州人周庚　(包山简 183 号)
(9) 邗竸(景)之州加公邯秦　(包山简 189 号)

第五类,一般人质州:

(1) 彭[3]人之州加公黄监　(包山简 163+164 号)

---

[1] 按:简 166 系联在 183 之后,简 183 有"州人""沍昜人""郏人"和"埮人",故"刹寤令之州苛鲑"之"州"后当省去一"人"字。笔者据此补入。

[2] 按:"加公"前当省"州"字,因简 182 之简文在"大臧"之前有"州加公番(潘)觇"。且简 72 号有"大臧之州人"。本处据此补,而且将简 182 和 72 合为一条。

[3] 该字之释有两种意见:释为"喜"(刘彬徽、彭浩、胡雅丽、刘祖信:《包山二号楚墓简牍释文与考释》,湖北省荆沙铁路考古队:《包山楚墓》,北京:文物出版社,1991 年,第 29 页;陈伟:《包山楚简初探》,第 216 页;陈伟等著:《楚地出土战国简册[十四种]》,第 78 页;刘信芳:《包山楚简解诂》,第 169 页);释为"彭"[李守奎:《释包山楚简中的"彭"》,武汉大学简帛研究中心:《简帛》(第 1 辑),上海:上海古籍出版社,2006 年,第 25～31 页;朱晓雪:《包山楚简综述》,第 830 页]。本书采用后一种意见。

(2) 应族之州 (包山简 181、191 号)

(3) 肤人之州人陈僖讼圣(声)夫人之郘渐,郘未,胃(谓)杀其䙶(兄)、臣。 (包山简84 号)

第六类,守陵州:

宣王之垞州人 (包山简 58 号)

第七类,某特定地域之州:

(1) 游宫州加公舸 (包山简 190 号)

(2) 新游宫中酴之州加公弼麗 (包山简 35 号)

(3) 筭[①]州加公周蛋 (包山简 190 号)

(4) 王西州里公周謐 (包山简 184 号、191 号)[②]

第八类,县辖之州:

(1) 漾陵县辖州,亦可称之为漾陵县壆年所在之州。 (包山简 126、128 号)

(2) 下蔡县辖州,包括州加公範戌之州和州加公臧申之州。 (包山简 120—123 号)

下面对如上分类之思想和标准略作说明。

将楚国封君所属之州单列一类,将一些明确属于某县下辖之州归为一类。虽然登(邓)公䳅(包山简 58 号)、期思公(包山简 163 号)和郲郢公(包山简 185 号)可以确定为县公,但他们属下之"州"可能具有私属性质,故将其归属为"官吏之州"。将官署下辖之州归为一类,将普通人质州归为一类,将宣王之垞州单独归为一类。有些州是某个地域的州,将其归为一类。将不好确定担任何种官职、拥有何种爵位之某人之下的州归为一类。

需要特别指出的是,楚国可能存在一人领有两个"州"的现象。包山简 68 号有"鄗君之耆[③]州加公",简 180 有"鄗君新州里公"。陈伟先生曾对这两支简进行分析道:"耆指老,正与新相对。'耆州'、'新州'的称述,使人想到这种倖

① 按:刘信芳将"筭"认定为地名。参见刘信芳:《包山楚简解诂》,第 181 页。

② 简 190 为"王西州里公命謐"。刘信芳指出:"简 184'王西州里公周謐',命謐与周謐应是同一人,简文或有误。"(氏著:《包山楚简解诂》,第 182 页)笔者暂从其说,故在此将简 184 和 190 的两条材料归并为一条。

③ 该字据陈伟等著《楚地出土战国简册[十四种]》释文。朱晓雪将其隶定为"耆",释为"故",参见氏著《包山楚简综述》第 827 页。

邑一般一人一处,但有的可多至二处。”[①]“州”是否为封君之俸邑暂置不论,简68之“鄗君”和简180之“鄗君”目前似难证明是一个封君。不过,陈伟先生认为一人可能领有两个州的看法是有道理的。包山简有如下两条材料,似可说明一人领有两个州:

(1) 荇君之[州]加公宋年、娄适　(包山简164号)

(2) 瓤郢公之州加公娄逾、观蛋　(包山简185号)

“荇君之州”属于上述分类中的第一类封君之州,“瓤郢公之州”属于上述分类中的第二类官吏之州。包山简的这两条材料比较特殊,[②]试作讨论。第一种理解是州加公有正副职之别,第一位如宋年、娄逾是正职,第二位如娄适、观蛋是副职。如此理解,是否上引包山简164和185号的情况符合陈伟先生曾经提出的州加公和州里公均为州之官吏的观点呢?[③] 即简文中的娄适和观蛋被看作州里公。根据包山简中其他简文提供的信息,州加公氏名之后的人名前必缀以“州里公”或“里公”,但本书讨论的娄适和观蛋之前没有这样的前缀词,据此可以肯定娄适和观蛋不大可能是州里公。第二种解释是宋年、娄适二人均为荇君之州加公,娄逾、观蛋均为瓤郢公之州加公。这样理解,意味着荇君和瓤郢公各自拥有两个州。这两例某人拥有两个州的现象在包山简中是非常少见的。

关于县辖之州,指的是这些州在行政上隶属于某个县,但在司法上却是直属于中央。这种现象仅在漾陵县和下蔡县存在。

(1) 漾陵县辖州

漾陵县辖州,在以下两支简中得到反映:

子左尹命漾陵之宦大夫察州里人墬鍇之与其父墬年同室与不同室。(包山简126号)

漾陵之宦大夫、司败察羕陵之州里人墬鍇之不与其父墬年同室。(包山简128号)

楚国中央司法官员左尹命漾陵之宦(县)大夫调查漾陵之州里人墬鍇和他的父亲墬年是否同室,漾陵之宦(县)大夫和司败报告二者不同室。这两支简

---

① 陈伟:《包山楚简初探》,第92页。

② 还有简121号:“郙昜莫嚣臧献、舍羊”。究竟郙昜有两位莫嚣还是应该理解为其他,尚不能确定。

③ 陈伟:《包山楚简初探》,第91页。按:陈伟如此认识,主要是其主张“州”下无“里”。

说明漾陵县下辖州，该州可称为“漾陵县壡年所在之州”。

(2) 下蔡县辖州

包山简 120—123 号构成的一组简[①]亦说明下蔡县之下有州。为了更加清晰直观，将该组简所涉及人物之情况列表如下(表 3-1)：

表 3-1　包山简 120—123 号窃马杀人案人物表

<table>
<tr><th colspan="2">审判官</th><th rowspan="2">案发地</th><th rowspan="2">被害人</th><th rowspan="2">原告</th><th rowspan="2">被告</th><th rowspan="2">里名</th><th colspan="3">基层官员</th></tr>
<tr><th>职官</th><th>氏称</th><th>里公</th><th>加公</th><th>其他</th></tr>
<tr><td rowspan="2">昜成公</td><td rowspan="2">瞿罼</td><td rowspan="5">下蔡县
昜成国</td><td rowspan="4"></td><td rowspan="4"></td><td>郏倖</td><td>山阳</td><td>酓□</td><td>範戌</td><td></td></tr>
<tr><td>应女返</td><td>关</td><td>利坚</td><td>臧申</td><td></td></tr>
<tr><td>大渔尹</td><td>屈达</td><td>场贾</td><td>东邗</td><td>郏眚</td><td></td><td>士尹
紬慎</td></tr>
<tr><td rowspan="2">郫昜莫嚣</td><td>臧献</td><td>競不割</td><td>荑</td><td>吴掬</td><td></td><td>亚大夫
宛乘</td></tr>
<tr><td>酓羊</td><td>酓睪</td><td>酓猥</td><td></td><td>荨</td><td></td><td></td><td></td></tr>
</table>

按陈絜先生对包山简 164 号的处理意见——“加公”前省去了“州”字，那么酓□和利坚应分别是州加公範戌和州加公臧申之下的州里公。然而在传讯场贾和競不割二人到庭的简文中不见有加公的记载，因此笔者认为场贾和競不割二人所在的东邗里和荑里为下蔡县[②]所辖的基层行政区划“里”而非“州”下之“里”，二人所在的里之里公郏眚、吴掬也就不应当被看作是州里公。下蔡县所辖州一级基层居民组织的设置有州加公範戌管理之州和州加公臧申管理的州，即下蔡县设有两个州。

二、包山简所见“州”之地域设置

关于包山简中“州”的地域设置，陈伟先生有很好的论述。陈先生首先列举受期类简中涉及“州”的十支简，共七个州，从受期的第一个日期到第二个日

① 该组简文参见：刘信芳：《包山楚简解诂》，第 108 页。

② 包山简 163 号有“下蔡人競履”、182 号有“下蔡人毕会”。下蔡被判定为县，参见吴良宝《战国楚简地名辑证》第 162 页和第 229～230 页。

期,即某“州”接收到指令和执行指令的时间,因为这些指令大多需要到楚郢都左尹处理政事之衙门来完成,故两个干支之间的间隔大致反映的应该是各个州与楚郢都之间的距离远近。为说明问题,陈先生列表如下(表 3－2):

表 3－2 包山简与“州”有关的“受期简”两个日期间隔统计[①]

简号	受期人所在	受期日期	截止日期	间隔(天)
22	邔司马之州	八月己巳	辛未	2
24	同上	八月辛未	癸酉	2
30	同上	八月戊寅	辛巳	3
27	邸昜君之州	八月癸酉	乙亥	2
32	同上	八月戊寅	辛巳	3
35	新游宫中谕之州	八月癸未	乙酉	2
37	福阳宰尹之州	八月己丑	壬辰	3
42	霝里子之州	八月丙申	九月戊戌	2
68	鄗之耆州	十月辛巳	丙戌	5
74	让大令珊之州	十月癸巳	乙未	2

表中有六个“州”距离郢都不过二三日的路程,最多的即简 68 之“州”有五日之多。由此可知这些“州”距离楚都不会太远。

除此以外,陈先生还举了自伤类简 141—144 号简反映的案例,为了便于说明问题,先将简文引录如下:

> 东周之客许盈归胙于蔵郢之岁,爨月乙巳之日,秦大夫怠之州里公周瘢言于左尹与郑公赐、尹杰、正娄怯、正令翌、王私司败逿、少里乔与尹羿、郯路尹、发尹利。瘢言曰:甲晨(辰)之日,小人(141 号)之州人君夫人之敀怆之拘,一夫失,趣至州巷。小人将捕之,夫自伤。小人安(焉)守之以告。郄(秀)齐戠之。戥(列[②])蔡为李。(142 号)
>
> 臱(爨)月乙巳之日,鄝寍(国)磩敔郧君之泉邑人黄钦言于左尹与郑公赐、尹

① 此表格采自陈伟《包山楚简初探》,第 88 页。

② 此字之释读,从李零说。参见马承源主编:《上海博物馆藏战国楚竹书(二)》,第 108 页。

㠁、正娄恄、正令翌、王私司败逿、少里乔与尹羿、郯路尹、发尹利。钦言曰：郙路尹憍执小人于君夫人之敀怆，甲晨(辰)之(143 号简)日小人取怆之刀以解小人之桎，小人逃至州巷，州人将捕小人，小人信以刀自戕(伤)，州人焉以小人告。(144 号简)

以上两件互为关联的自伤类文书简，第一个日期均为甲辰之日，第二个均为乙巳之日，即甲辰之次日。案件于甲辰之日发生，次日即进行审理，这说明当时司法行政办事效率高的同时，也反映了发生案件的秦大夫息之“州”距离左尹之官衙甚近，即该州在首都郢附近，否则在当时的交通条件下是不会如此快捷高效的。

另有简 58 号所反映的两个州也能说明问题。因学者之间对 58 号简的归属有分歧，本书仿照陈伟先生的做法，予以单独讨论。

东周之客许盈归胙于蔵郢之岁，九月戊午之日，宣王之㝃州人苛瞏、登(邓)公边之州人苛瘥、苛醍以受宣王之㝃市之客苛适。执事人早暮救(求)，三受不以出，阩门又败。(58 号简)①

这两个州，一个是“宣王之㝃州”，另一个州尽管不知道州名，但可以表述为邓公边之州人苛瘥、苛醍所在之州。“㝃”字当从“乇”声，上古从“乇”之字大多为文部字，②许多学者将其释为《说文》“窀穸”之“窀”，③“窀”上古属于端母文部字，从音韵角度看，该说可从。《左传》襄公十三年(前 560)记载楚共王(前 590—前 560)病中为自己求谥号，“若以大夫之灵，获保首领以殁于地，唯是春秋窀穸之事、所以从先君于祢庙者，请为‘灵’若‘厉’”。杜注：“窀，厚也。穸，夜也。厚夜，犹长夜。春秋，谓祭祀。长夜，谓葬埋。”④据杜注，宣王之㝃即指楚宣王(前 369—前 340)的陵墓。西汉关中地区设有陵县是大家熟悉的，

① 朱晓雪《包山楚简综述》将其归入集箸类。包山楚简整理者，刘信芳之《包山楚简解诂》和陈伟等著《楚地出土战国简册[十四种]》将其归入受期类。陈伟《包山楚简初探》将其从受期类中剥离出来。

② 郭锡良：《汉字古音手册》(增订本)，第 386～391 页。

③ 参见以下学者论著：黄锡全：《〈包山楚简〉部分释文校释》，《湖北出土商周文字辑证》，武汉：武汉大学出版社，1992 年。林沄：《读包山楚简札记七则》，《江汉考古》1992 年第 4 期。何琳仪：《战国古文字典》，北京：中华书局，1998 年。刘信芳：《包山楚简解诂》，2003 年。李家浩：《谈清华战国竹简〈楚居〉的“夷宅”及其他——兼谈包山楚简的“㝃人”等》，《出土文献》(第 2 辑)，上海：中西书局，2011 年。

④ (晋)杜预：《春秋经传集解》，上海：上海古籍出版社，1988 年，第 898 页。

宣王之𡨥州当是在宣王之陵区设置的基层行政区划。那么宣王之𡨥州当距离楚国郢都甚近。“三受不以出，阱门又(有)败”当如陈伟先生的理解，指三人分别受期而不出，则受期者“阱门又败”，即接受处罚。① 再从“宣王之𡨥州人苛矍、登(邓)公边之州人苛瘥、苛䭇以受宣王之𡨥市之客苛适”来看，邓公边之州人苛瘥、苛䭇所在的州距离𡨥州不会太远，应该是毗邻。也就是说，邓公边之州人苛瘥、苛䭇所在的州距离楚国首都“蒧郢”也不会太远。对于上述十个州，陈伟先生认为：

> 以上论列的10个州皆位于楚都一带。这10州几乎占了包山简所见全部州数的1/4，相反的例证则无一发现。因而这些州的分布可能具有代表性，也就是说当时楚国的州大概皆位于首都一带。②

陈伟先生的这个结论已为大多数学者接受，笔者也深表赞同。本书只对陈先生之说补充一点：在陈先生提到的十个州之外，有一些州并不设置在楚都附近。

据包山简126、128和120—123简，至少在楚国漾陵县和下蔡县境内还有一些县辖州。漾陵，徐少华先生认为当在今安徽界首至太和县一带，处于淮河上游。③ 下蔡县，简文整理者认为在今安徽省凤台县，得到学者的赞同。④ 下蔡距离楚都陈(今淮阳)和寿春均很遥远，很难描述为都城周围，但距离楚都巨阳甚近。凤台距离陈甚远，而距离寿春较近。但是上述三个楚的都城都出现于秦将白起拔郢(前278年)以后，依据包山简的时代，漾陵和下蔡距离白起拔郢前的郢都今湖北荆州市的纪南城很遥远。

这说明，除了陈伟先生所说的十个州设置在楚都附近和周围以外，也有一些州设置在距离都城较远的县。

三、楚国“州”“里”之关系

包山简中既有居民组织“州”，又有居民组织“里”的材料，这种现象促使研

---

① 陈伟：《包山楚简初探》，第90页。
② 参上注所引书。
③ 徐少华：《荆楚历史地理与考古探研》，北京：商务印书馆，2010年，第221页。
④ 参上注所引书，第203页。

究者思考战国时期楚国之“州”和“里”在行政隶属上有无关系。关于楚国基层行政区划“州”之下有无“里”的问题，学者之间有不同的意见。包山简整理小组认为：

从简文可以看出，楚国县以下的基层单位有里、州。里有里公，负责全里的管理，接受里人的诉讼，当时最低一级行政组织。州在里之上，如“司马之州”下设有里。①

罗运环先生赞同此说，认为：

包山楚简中的州下辖里，这是很清楚的，但每里有多少户人家，每州有多少里，也就是说州有多大，却不清楚；州的上属也不明确。这些都是应该首先探讨的问题。②

刘信芳先生也认为“州”内有“里”：

由此可知“州”指整个封地，包括山林川泽等，而“里”则以“州”范围内的居住区为标志。③

以上引述的意见为代表，认为“州”下辖“里”。还有一种意见认为“州”与“里”所属行政体系并不相同。比如陈伟先生认为“州”与“里”互不隶属，④得到一些学者的赞同。⑤

两种意见，哪一种正确？诚然，仅从包山简还不能明确看出楚国基层居民组织“州”和“里”的关系。暂时离开包山简，考察一下郙驹壶(《二编》862，战国晚期，安徽省舒城县文物管理所)铭文。

铜器郙驹壶出土于1978年春今安徽省舒城县秦家桥乡杨店村、尹庄村北附近的M1、M2、M3之M2(属收缴品)，但其器形迄今未见公布。《舒城县秦家桥战国墓清理简报》(以下简称《简报》)只公布了M1出土的青铜壶器形(图

① 《包山二号楚墓简牍概述》，湖北省荆沙铁路考古队：《包山楚墓》，第11页。
② 罗运环：《论包山简中的楚国州制》，《江汉考古》1991年第3期，第75页。
③ 刘信芳：《包山楚简解诂》，第37页。
④ 陈伟：《包山楚简初探》，第90～91页。
⑤ 例如陈絜，参见氏著以下两篇文章，《包山简“州加公”、“州里公”身份述论》[刘泽华、罗宗强主编：《中国思想与社会研究》(第2辑)]和《再论包山楚简“州”的性质和归属》(南开大学历史学院、北京大学历史系、中国社科院历史所编：《中国古代社会高层论坛文集：纪念郑天挺先生诞辰一百一十周年》)。再如韩国的朴俸柱，从其论文中谈包山简“州”的时候只字不提“里”，朴氏应该和陈伟的主张相同。参见氏著《战国楚的地方统治体制——关于“‘县邑’支配体制”的试论之一部分》[《简帛研究》(二〇〇二、二〇〇三)]。

3-1A、3-1B),《简报》作者描述为:“口微侈,鼓腹,圈足略外撇,肩上有两个对称的铺首衔环,腹部有三道凹弦纹,颈部围以尖端向上的三角,内填雷纹,自肩部到圈足围以四条带状三角,内填雷纹。”并说 M2 出土之郙驹壶与 M1 出土的青铜壶器形相同。《简报》作者介绍郙驹壶“肩较宽平,素面,肩及腹部有凹弦纹三道。高 30.2、圈足高 4.8、腹径 21.4、口径 10.5、圈足径 13.7 厘米”,认为三座墓葬出土器物具有楚文化的特征,应是战国晚期楚国的遗物,并进一步判断这三座墓葬属于战国晚期墓葬。[①] 颈部倒刻铭文两处共 10 字,摹本见图 3-1C。

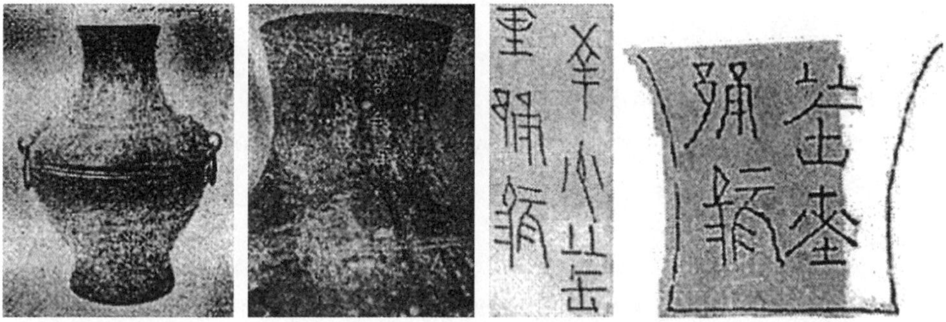

A　B　C

图 3-1　郙驹壶铭文[②]

郙驹壶铭文可释为“南州茌里郙驹,茌陵郙驹”。关于其时代,《简报》、崔恒升、《铭图》《二编》和邹芙都均定在战国晚期。对于铭文中的“州”和“里”,崔恒升先生和邹芙都先生均认为楚国之“州”下辖“里”。[③]

郙驹壶铭文属于战国晚期的材料,地域上今舒城在战国晚期属于楚国,可

---

① 舒城县文物管理所:《舒城县秦家桥战国墓清理简报》,《文物研究》(第 6 辑),合肥:黄山书社,1990 年。

② 郙驹壶首先刊布于舒城县文物管理所:《舒城县秦家桥战国墓清理简报》,《文物研究》(第 6 辑)。图 3-1A 和 B 截自《舒城县秦家桥战国墓清理简报》,图 3-1B 即 M2 之郙驹壶刻铭之颈部;图 3-1C 截自崔恒升《安徽出土金文订补》第 331 页和 332 页,原图系摹本。图 3-1C 左图首字“裘锡圭无释,陈秉新疑为华字”(以上参见崔恒升:《安徽出土金文订补》,合肥:黄山书社,1998 年,第 331～332 页),刘彬徽、刘长武释为“南”(参见刘彬徽、刘长武:《楚系金文汇编》,武汉:湖北教育出版社,2009 年,第 489 页),本书从后者之释。

③ 崔恒升:《安徽出土金文订补》,第 333 页;邹芙都:《楚系铭文综合研究》,成都:巴蜀书社,2007 年,第 235 页。

以确切说明战国晚期楚国之基层居民组织“州”下有“里”。

尽管本书主张“州下有里”，但并不是说包山简所有的州之下都有里，也并不是说包山简所有的“里”均上属于“州”。笔者经过考察，认为县和县直辖之里是一种正常的行政系统，这样的“里”与“州”属于两个行政系统，无任何行政上的隶属关系。此外，诚如前面已经证实，确实有的州之下有里，这种“州”可分为两大类：一类是县辖之州；一类州并不隶属于县，这样的州之下亦设置了里。后一类“州辖里”之州至少在本章前面所划分的以下几类中存在：封君之州、官吏之州、某人之州、一般人质州。

(一) 县辖“州”之下有“里”

下面对“州辖里”的情况予以考察。

“县辖之州”属于本书划分的第八类。包山简126和128号显示，漾陵县之下有州。为避免读者翻检之劳，将包山简126和128号简文再次征引如下：

> 子左尹命漾陵之宫大夫察州里人墬鏑之与其父墬年同室与不同室。（包山简126号）
>
> 漾陵之宫大夫、司败察羕陵之州里人墬鏑之不与其父墬年同室。　（包山简128号）

从“州里人”一词，说明漾陵县之下有州，州下有里存在。此外，从包山简126和128号的记载可知州一级行政区划在漾陵县应该数量甚少，否则中央政府的司法文书不会不指明墬氏父子是哪一州的。再者，州人之户籍可能也与普通民户不同，应该有专门的户籍簿，否则中央司法官左尹让漾陵县宫大夫报告墬鏑与其父墬年是一户还是分立两户，岂不是大海捞针？就目前所知，陈伟先生考知包山楚简有41个州，而陈絜先生考知有42个州，加上玺印等其他材料，所知的州接近50个，除陈伟先生考定其中10个州设置在楚都周围外，剩下的就算尚有40个，而楚国可考知的县和封国[①]都远远超过这个数目，也就是说，若干个县或封国才有一个“州”。这与笔者从包山简126和128号乃至从整个包山简获得的认识是基本一致的，也就是说楚国设置州是传统的做

① 据吴良宝研究，战国时期楚国封君共有63位（参《战国楚简地名辑证》第140页），楚县137，待考待定者37（参《战国楚简地名辑证》第288页）。

法,但不是一种普遍的制度。这可能是由州内居民的人质性质决定的,但又和地位高的人质不同,地位高的人质,一般出质居住在他国都城内。就州而言,有的设置在都城或别都附近,有的设置在距离都城遥远的县中。

包山简120—123号显示下蔡县所辖州之下有"里"的存在。包山简120—123号比较特殊,需要略加分析。原告畲猬和被害人畲睪从氏称角度来看应该是一个家族的人,故将被害人畲睪归之于荨里应该是比较稳妥的。原告、被害人与被告四人均属下蔡县人。按陈絜先生对包山简164号的处理意见,"加公"前省去了"州"字,那么畲□和利坚应分别是州加公範戌和臧申之下的州里公。然而在传讯被告场贾和競不割二人到庭的简文中不见有加公的记载,因此场贾和競不割二人所在的东邗里和萬里为县所辖的正常的基层居民组织里,二人所在里之里公郏眚、吴掬也就不应当被看作是州里公。换句话说,东邗里、萬里与山阳里、关里在性质上是有区别的,东邗里、萬里属于县直辖里,而山阳里、关里属于下蔡县所辖州下辖之里。谨将结论更加直观地呈现如下:

州里公畲□所管辖之山阳里(被告郏偻所在里)→州加公範戌之州→下蔡县

州里公利坚所管辖之关里(被告应女返所在里)→州加公臧申之州→下蔡县

从以上包山简126和128号以及120—123号简形成的一组简可知,楚国漾陵县和下蔡县都存在县辖州之下有里的现象,下蔡县一个县还下辖两个州,两个州之下分别有里:州加公範戌之州—州里公畲□—山阳里;州加公臧申之州—州里公利坚—关里。

(二)"州"下有"里"

下面,讨论包山楚简中的另外一些"州"和"里"的关系。首先来看包山简22、24和30三支受期简。兹将简文引录如下:

八月己巳之日,邵司马之州加公李瑞、里公隋得受期,辛未之日不察陈宔䜴之剔(伤)之古(故)以告,阩门又(有)败。 鄱(罗)恎 (简22号)

八月辛未之日,邵司马豫之州加公李逗、里公隋得受期,癸酉之日不察陈䜴之剔(伤),阩门又(有)败。 正鄱(罗)恎 (简24号)

八月戊寅之日，邵司马之州加公李偳、里公隋得受期，辛巳之日不察陈韹之剔(伤)以告，阩门又(有)败。（简30号）

上引简22、24、30构成的一组简中的隋得之官职是州里公，“州”字承前“州加公”之“州”而省略。“州加公”在前，“州里公”在后，显然前者的官职高于后者。邵司马之州和里有上下隶属关系。

下面再讨论包山简42中的州加公和州里公之关系。

八月丙申之日，霝里子之州加公文壬、里公苛諴受期，九月戊戌之日不察公孙虘之伛之死，阩门又(有)败。　　剅劲、剅䦆(猥)（包山简42号）

简42之“里公苛諴”亦承前“州加公”省略“州”字。霝里子之“州”和“里公”所管理之“里”应为上下层级关系。

类似的简还有74号，现引录如下：

十月癸巳之日，让大敂(令)珊之州加公周遅(毕)、里公周𪒠受期，乙未之日不将让御率嘉以廷，阩门又(有)败。　　王娄，逯（包山简74号）

简文的意思是十月癸巳日要求让大令珊之州加公周毕、里公周𪒠在第三天，即乙未日将让御率嘉带到官衙。“里公”亦当承前省略了“州”字。让大令显然是官职，其所属之州之下应有里的设置。

下面，再考察简27和32号中的“州”和“里”的关系：

八月癸酉之日，邸昜君之州里公登(邓)睸受期，乙亥之日不以死于其州者之察告，阩门又(有)败。　　正邸塙（简27）

八月戊寅之日，邸昜君之州里公登(邓)睸受期，辛巳之日不以所死于其州者之居凥(处)名族至(致)命，阩门又(有)败。　　邸塙戠之（简32）

简27和32记录的是同一件事，即要求邸昜君之州里公上报死于其州者的居处名族。邸昜君属于封君。陈伟先生根据“州里公”和“死于其州者”认为“州里公”“对本州事务负责，为一州之主事之人，显然是州中官吏”。[①] 简98、167、175、186均有邸昜君，却未见邸昜君所属之“州”和“里”的记录。就简27和32所记事情的性质而言，只是让州里公报告死于其州的人的住址、位置、氏名及其所

① 陈伟：《包山楚简初探》，第91页。

属家族,并非什么重要司法案件,所以未让州加公来参与,最基层的州里公即可胜任此事。或许此人即死于其里。故可得出,封君郘昜君之“州”下亦应有“里”。

另外,以下材料也可以说明州下有里。

应族之州人孙止　　（包山简 181 号）

应族州里公黄固　　（包山简 191 号）

“应族之州人孙止”,表明楚国有一个州叫“应族之州”。从“应族州里公”,可知应族州内有“里”存在。

(三) 一“州”似辖二“里”

在确定“州”下有“里”后,进一步考虑,一州辖几个里?仔细检索包山简,有两支简似乎能够回答此问题。包山简 184 号有“王西州里公周謐”,简 191 号有“王西州里公命謐”。两支简的简文均关涉“王西州里公”,但 184 号简之州里公是“周謐”,191 号简之州里公是“命謐”。因未见以“命”为氏称的材料,颇令人怀疑“命謐”为“周謐”之讹误。刘信芳先生在注释包山简 191 号时即认为:“简 184‘王西州里公周謐’,命謐与周謐应是同一人,简文或有误。”[①]因为 184 号和 191 号简提到周謐和命謐的信息非常简略,使得这个问题疑莫能定,故各家在严格按照原简隶定之后,便将刘先生的意见以注的方式予以呈现。[②]可见,大家倾向于“命謐”系“周謐”的讹误。现在换一个角度来思考这个问题。即将“周謐”与“命謐”看作两个人,便出现另外一种情况,即王西州有两个州里公。换言之,王西州下辖至少两个“里”。当然,还可能存在另一种可能性,即“周謐”和“命謐”二者担任王西州里公属前后相继的情况。下面试对这种可能性作简单分析。二支简均属所逗类,简 184 号提到“周謐”的时间是“东周之客许盈归胙于蒧郢之岁”[③]的八月壬辰日,“命謐”被记录在简 191 号的时间是十月戊寅日。[④] 考虑到未见八、九、十这三个月有闰月的记载,不计壬辰和戊寅两日,二日之间相隔四十五个干支日。在这四十五日当中,“周謐”可能因某种

---

① 刘信芳:《包山楚简解诂》,第 182 页。

② 陈伟等著:《楚地出土战国简册[十四种]》,第 90 页。

③ 在简 162 号,因为简 162、163、164、165、184、185 和 186 号按序编连为一组简。

④ “戊寅”在简 190 号。简序为 190 号加 191 号。

原因被撤职后由“命詤”担任王西州里公,或者“周詤”因某种原因死亡后由“命詤”接任。后一种可能性是存在的,但不大。如此看来,可能属于抄写讹误;也可能“周詤”与“命詤”系两人,且同时存在;还有一种可能,二者虽系两人,但属于前后任。以上几种分析都不能被否定。假如第二种可能性与历史实际相符合,那么就能说明一州之下有两个里的情况存在。

总之,楚国的“州”之下有“里”的设置。首先,以上所举五例中,27 和 32 号简属于第一类“封君之州”,22、24、30、74 号简之州属于本书划分的第二类“官吏之州”,42 号简之州属于第四类“某人之州”,181 和 191(应族之州)号简之州属于第五类“一般人质州”。其次,184 号和 191 号(王西州里公命詤)简之州属于本书划分的特殊地域之州,一州之下似有两个里。最后,126、128 号和 120—123 两组简中的漾陵县和下蔡县下辖之州之下设置了“里”,下蔡县下辖两个州,每个州之下都有里的设置。

四、楚简中“州”的性质讨论

包山楚简中所见的基层地域性居民组织“州”在楚国是一种特别的行政区划,其特殊性已为研究者所关注和探讨,并取得了一系列的研究成果,但对其特殊性的研究尚饶有剩义。笔者拟在前人研究的基础上,再作探究,以期深刻认识包山简中“州”的特殊性的内涵。

(一) 楚国基层特别行政区划

楚国的“州”为特殊的基层行政组织,学者已有所认识。例如罗运环先生认为:“州直接上属中央王朝,是一种特别的地方民户编制。”[①]罗先生认为“州”特殊在尽管是地方民户编制,却直属于中央政府。中央政府和“州”之间没有其他中间行政组织存在。而陈伟先生说:“如果说邑、里处于一般政区系统之中的话,州就应该是一种特殊的地域组织。”[②]陈伟先生认为州和邑里分属两个行政系统,同时还认为州“在司法管辖上直属于左尹官署”。[③] 陈伟先

① 罗运环:《论包山简中的楚国州制》,《江汉考古》1991 年第 3 期,第 76 页。
② 陈伟:《包山楚简初探》,第 92 页。
③ 同上注,第 91~92 页。

生的认识显然更精确一些,因为目前只能确定一些“州”在司法上直接受代表中央的左尹节制,在行政上还不能找到直属于中央的证据。陈絜先生对“州”特殊性的内涵在以往研究的基础上予以更深入的挖掘。陈絜先生虽也承认“州”的特殊性,但认为“州”是一种特殊形式的“里”,“州”之下无层级更低的居民组织,在行政上也直属王朝有司,是封君的朝宿之邑。[①] 上述学者的认识均有合理的地方,楚国的“州”的确是特殊的基层行政区划,总体来看与邑里确实分属两个行政系统,但在一些问题上笔者有不同的看法。楚国的州究竟特殊在什么地方?经过研究,获得以下认识:

1. 一些“州”布局在距离都城较远的县,例如漾陵县和下蔡县。下蔡县一个县下辖两个州,换句话说,一些“州”上属于县一级行政机构。

2. “州”在司法上直接上属中央王朝;在行政上,其前缀不同,就受不同的人和机构管理。个别封君和官吏似拥有两个州。在经济上,可能有的州属于手工业发达的地方。是否为食税州,尚需研究。

3. 从包山简 58“宣王之㝤州人”可见有的州设置在楚王陵墓区,与汉代设置陵县相似。据此推测,从春秋到战国,历代楚王有好多陵墓,或许就有许多守陵之州。

4. “州”原初为对外战争中的俘虏的聚落。在政治上以旌军功。在经济上,有些州人是手工业者,反映了楚国通过对外战争对他国人力资源的掠夺和利用。从《左传》宣公十一年(前 598)楚国设置“夏州”来看,“州”在春秋的楚国属于安置普通人质的行政区划。从夏州来看,其规模不会很大,但一些州从春秋到战国经过繁衍发展,规模可能很大。随着发展演变,来自某国的“州人”逐渐融入楚国社会。包山简不见“夏州”之名,但受夏州启示,可以找到“应族之州”,其当为应国的人质组成的州。根据《左传》,要么是使陈国复国而迁一部分陈人到楚国做人质,要么是迁许国而让大夫许围到楚国做人质,可以推测应族之州也应类若春秋时期的夏州。他国出质楚国的人质被集中起来,设置居民组织“州”,是为了便于管理。据此二州,并结合上述三点特别之处,“州”

---

① 陈絜:《再论包山楚简“州”的性质和归属》,南开大学历史学院、北京大学历史系、中国社科院历史所编:《中国古代社会高层论坛文集:纪念郑天挺先生诞辰一百一十周年》,第 283 页。

在原初意义上属于人质州。从历史的角度讲,从春秋到战国,随着楚国的迁都和政治上的动荡,有些州可能到战国时期已经消失,残余的州人可能融入楚国其他人群当中。假如笔者在本书第二章对春秋晋国“作州兵”的看法不误的话,楚国也可能让这些具有人质性质的州人当兵上战场,可能一部分人就做了战争的牺牲品。

5. 有的州之下设里,一州之下至少设置两个里。州人虽具有人质性质,但可以在楚国做官。[①]

(二) 楚“州加公”与“州里公”之特殊性

陈伟先生主张“州加公”和“州里公”均为“州”级官吏。王颖先生赞同陈伟先生的观点,并且将“州加公”分为两类：一类为“某人之州加公”或“某地州加公”,这种加公应为州中的官员。另一类加公隶属于封君或某一政府机构,如“荇君之加公宋末”“大臧之加公黄申”,他们的职能应与州加公相似,只是所属不同。[②] 关于“里公”,王颖先生亦赞同陈伟先生的意见,认为里公应是专门负责州的治安和司法的工作人员;里公的“里”并非指基层居民组织,“里”为“理”或“李”,看作州、里中司掌治安的官吏,应该是适宜的。[③]

二位学者得出如此看法,主要是因为他们认为州下无里。目前可知,州加公和州差均为州级官吏。州里公[④]为州下辖之基层居民组织里的长官。州人虽是普通人质,与《左传》记载的春秋时期的明确的人质如卿、大夫、诸侯之公子等相比较而言,地位要低,但极有可能是原居住地在经济和政治上有一定势力之人,同时还有可能是大的家族中宗法地位较高之人。州之长官称“加公”乃是为了提高州长官的地位,以示笼络,尽管州的实际规模可能很小。里之负责人称“州里公”也是同样的道理。一方面“里”是州辖里,另一方面称公,显示是里之首长。州、里之长类同楚简“邑”之长亦称公。

① 参见本章第三节二之(三)“父子同室与否”。

② 王颖:《包山楚简词汇研究》,第 270～271 页。

③ 同上注,第 271 页。

④ 里中官吏还有“士尹”和“亚□”,见于包山简 122 号。但“士尹、亚□”官员所在里之上不见州,疑是一般行政系统县直辖里中的官员。

陈絜先生认为州可能是官员的朝宿州,[①]可能基于以下两点考虑:一、州主要分布在都城周围;二、春秋、战国时期,县公和封君不常在任职所在地,往往居留在都城,一些“州”又在他们的名下。这些考虑是有道理的,但忽视了《左传》宣公十一年夏州的启示,再加上包山简有“彭人之州”“应族之州”和“庐人之州”,这三个州应该理解为一部分原彭国人、应国人和庐国人迁到楚国后楚政府设置的居民聚居区,故而笔者认定州原初为楚扩张过程中设置的人质州。这样理解也与夏州的性质相一致。宣王之𡍐州与汉代设置陵县的举措何其相似。州在原初设置时将普通人质集中居住,就是为了便于监管。可能西汉汉武帝设置十三州刺史代表中央监管地方侯国和郡县的举措仍保留了州的原初含义。陈絜先生实际上已经看出此点,只不过没有点破,如其所谓“贵族之州”“体现管辖与被管辖关系”。[②] 官员名下之州,均属其代表楚国中央政府对那些人质之州进行监管。

(三) 楚国州名来源试探

从包山简中一些“州”的称谓来看,似反映了这些州设置的历史渊源和地理位置。下面选取“宣王之坾州”“彭人之州”“应族之州”“肤(庐)人之州”“大臧之州”和“少臧之州”六个州名试作分析和探讨。

1. 宣王之坾州

包山简 58 号有“宣王之坾州”。宣王,即指楚宣王。此外,简 174 有“肃王坾人翏(廖)亚夫”。简 183+166 号有“愄(威)王坾人臧䨻”,简 166 又有“愄(威)王坾臧嘉”。学者将简 166 号编联在 183 号之后,此简序已成共识,故简 166 号之“愄(威)王坾臧嘉”当承前“愄(威)王坾人臧䨻”而省去了“坾人”之“人”。简 84 有“圣夫人之郘渐、郘未”,学者认为“圣夫人”即指楚声王的夫人。[③] 以上材料涉及四位楚王,兹按先后顺序排列如下:楚声王公元前 407 年

---

① 陈絜:《再论包山楚简“州”的性质和归属》,南开大学历史学院、北京大学历史系、中国社科院历史所编:《中国古代社会高层论坛文集:纪念郑天挺先生诞辰一百一十周年》,第 283 页。按:陈絜“朝宿之州”的提法似从杜预对《左传》定公四年“有阎”的注释“卫所受朝宿邑,盖近京畿”转化而来。

② 同上注所引书,第 283 页。

③ 参刘信芳:《包山楚简解诂》,第 81 页。

到公元前402年在位，位于简王之后、悼王之前；楚肃王公元前380年到公元前370年在位；楚宣王公元前369年到公元前340年在位；楚威王公元前339年到公元前329年在位。这四位楚王均在与包山二号楚墓墓主左尹昭㫊大约同一时代的楚怀王之前，声王、肃王、宣王和威王均属谥号，即以上四位楚王在简文书写之时均已故去。“𡍫”在简文中指陵墓是恰当的，说明“宣王之𡍫州”设在宣王陵墓区，或者说位于宣王陵墓附近，故此州以“宣王𡍫”来命名，其性质当为守陵、护陵之州。还可以根据就近原则推测，在宣王陵举行祭祀仪式和对陵区进行洒扫等项劳役中，该州之州人应当参与其事。

睡虎地秦简《法律答问》：

> 可(何)谓“甸人”？“甸人”守孝公、𤅊(献)公冢者殹(也)。（简190）

秦看守国君陵墓的人叫甸人。西汉陵县之居民大多从他处迁来。宣王之𡍫州可能是他国人往质于楚以后，楚政府在宣王之𡍫所在地区设置的居民组织。

2. 彭人之州

包山简163+164号有“彭人之州加公黄监”。“彭人之州”的得名当与彭国有关。1975年3月在南阳市西关发现的春秋早期楚国申公彭宇墓随葬的两件青铜壶，今藏南阳市博物馆，被命名为“彭伯壶”，其中一件铜壶去锈后，在残破的器盖口外壁发现铭文四行十五字，现隶写如下：

> 彭白(伯)自乍(作)醴壶，其子子孙孙永宝用之。[①]（《近出》964）

彭伯壶铭以确凿的证据说明历史上曾经有一个彭国。不过，其准确地理位置[②]和时代尚不甚清楚。

见于《左传》的彭氏人名有彭生、彭名和彭仲爽。[③] 包山简2号有彭围。[④] 包山简3号有“围”，在句中是动词“令”的宾语，属人名，且简2号和3号又前

---

① 尹俊敏：《〈南阳市西关出土一批春秋青铜器〉补记》，《华夏考古》1999年第3期，第44页。

② 参见谭其骧主编：《中国历史地图集》(第1册)，北京：中国地图出版社，1982年，第17～18页。

③ 彭生见于昭公四年，彭名见于宣公十二年、成公二年、成公十六年和襄公四年，彭仲爽见于哀公十七年。

④ 该字原释“喜”，今释“彭”，系采用李零和李守奎之说。参见李零：《包山楚简研究(文书类)》，《李零自选集》，第134页；李守奎：《释包山楚简中的“彭”》，《简帛》(第1辑)，第25～31页。

后连缀排序,故“围”当是前面2号简人名“彭围”之省。包山简133号有彭怿。包山简54、56、165和177号有“彭君”,系楚国封君;按楚国封君受封的一般规律,此封君一定是彭氏。葛陵简有彭定。① 上博简八《王居》有彭徒。② 南阳市1970年代以来发掘的彭氏贵族墓葬群所出青铜器器铭有彭宇、彭子寿、彭射、彭启和彭无所等彭氏人名。③ 彭人之州当即彭国人出质于楚后,楚国政府为其设置的居民组织。

3. 应族之州

“应族之州”见于以下两支简:

应族之州人孙止　（包山简181号）

应族州里公黄固　（包山简191号）

应族之州当与西周时期的应国有关。关于应国的地望,徐少华先生有很好的考证。④ 徐先生认为文献记载的应国都城在河南平顶山市滍水以北之滍阳镇,滍水今名沙河,原滍阳镇今已为白龟山水库淹没,但应国贵族墓地尚存在,而且已被发现,与文献记载应国地域相一致。应国墓地位于河南省平顶山市新华区薛庄镇北滍村西的一条南北走向的黄土岭上,该黄土岭名滍阳岭,南北长2 400米,东西宽100米,高出周围地面10米左右,南濒白龟山水库,西隔应河与伏牛山的余脉应山相望。⑤ 何浩先生认为“南阳盆地直到汝水以南的申、缯、应国故地,楚文王时就纳入了楚国的版图”。⑥ 马世之先生也有相同的看法:“大约在申、吕亡后不久,应即被楚翦灭。”⑦包山简121、122号都提到了下蔡县关里人应女返,其[州]里公为利坚,[州]加公为臧申,虽不清楚应女返

① 见于葛陵简甲三133,乙四46,甲三172+乙三19,乙三38,甲三204+零199,零108+甲三157,甲三168,甲二25,乙二30,甲三41,零270。

② 马承源主编:《上海博物馆藏战国楚竹书(八)》,上海:上海古籍出版社,2011年,第78页。

③ 张丹:《〈左传〉及楚简所见彭氏家族人物考》,《社会科学论坛》2011年第8期。

④ 《水经·滍水注》载:“滍水又东径鲁阳县故城南,……滍水东径应城南,故应乡也,应侯之国,《诗》所谓‘应侯顺德’者也。”并言附近有应山、应水。古滍水,即流经今鲁山县、平顶山市南、叶县北之沙河;……《大清一统志》引《旧志》曰:“今为滍阳镇,在宝丰县东南30里。”旧滍阳镇在今平顶山市以西,1959年修白龟山水库后为水所淹。(徐少华:《周代南土历史地理与文化》,武汉:武汉大学出版社,1994年,第211页)

⑤ 娄金山、王龙正:《应国墓地考古发掘综述》,《平顶山师专学报》2000年第1期,第61页。

⑥ 何浩:《楚灭国研究》,第165～166页。

⑦ 马世之:《应国铜器及相关问题》,《中原文物》1986年第1期,第62页。

所在之州的名称，但据其氏称，其本人或其祖先当来自原应国之地。

与《左传》宣公十一年楚设“夏州”类比，包山楚简的应族之州当是楚灭应国后，为了控制应国故地，让一部分应国人迁到楚国后设置的居民组织。

4. 肤人之州

“肤人之州”见于包山简84号：

> 肤人之州人陈僖讼圣(声)夫人之郛渐、郛未，胃(谓)杀其蜺(兄)、臣。

对于“肤”字，刘信芳先生说：

> 读为“卢”，字或作“庐”，古国名，春秋时已入楚。《尚书·牧誓》：“庸、蜀、羌、髳、微、卢、彭、濮人。”《史记·周本纪》作“纑”，《左传》桓公十三年：“楚屈瑕伐罗，……罗与卢戎两军之。”《(经典)释文》：“庐，如字，本或作卢。”《水经注·沔水》：“(沔水)又东过中庐县故城东。维水自房陵县维山东流注之。县即春秋庐戎之国也。”《春秋大事表》卷六：“南漳县东五十里有中庐镇，为庐戎国。一作卢。”①

刘信芳先生的说法可从。庐人之州当同《左传》宣公十一年之“夏州”，亦是作为楚的附庸或被楚灭亡后，迁到楚都附近的庐人，被楚国设置了庐人之州，对这部分庐人予以管理。另外，《考工记·庐人》：“庐人为庐器，戈柲六尺有六寸，殳长寻有四尺，车戟常，酋矛常有四尺，夷矛三寻。”据《考工记》，庐人可能擅长制作兵器。可能楚国灭庐国后，将一些拥有制作兵器专长的手工业者迁到楚国，为楚国服役。

前面讨论的彭人之州、应族之州和庐人之州的地方官吏和州人均非彭、应和卢氏称，而是其他的氏称，似体现了监管的意味。但是也可能反映了这些州经过长期的变迁，居民组织的称谓没变，而居民组织内部的原初居民已完全消失或迁徙他处的情况。

5. 大臧之州、少臧之州

“大臧之州”出自以下材料：

> 大臧之州人盗聏　(包山简72号)
>
> 大臧之[州]加公黄申　(包山简182号)

① 刘信芳：《包山楚简解诂》，第81页。

“少臧之州”见于包山简80号：

冬栾之月甲唇(辰)之日，少臧之州人冶[①]士石弫讼其州人冶士石膩。言胃(谓)伤其弟石耴。䍃既发芓，执勿失。　沤期戠之。　秀履为李。

大臧和少臧的材料应合观。学者认为大臧、少臧大致均为府库之官员，[②]此说大致不差。实际上简80提供了很好的启示。简80少臧之州人有冶士石弫和石膩，反映了少臧管理冶铸业。所以，大臧可能掌管与手工业有关的原料和成品。大臧、少臧之下均有州人，反映了劳动者来自他国，身份为他国出质于楚国的人质。这从一个侧面反映了楚国对他国人力资源的掠夺，其命名源自管理这些州人的官府或者官员的职官名称。

以上，笔者分析了六个州州名的可能来源。“宣王之坉州”当位于楚宣王陵墓附近，类若汉代之陵县。由简文“宣王之坉州”可推知其他已故楚王的陵墓附近亦有性质相类之州。“彭人之州”“应族之州”“肤人之州”的性质类同春秋楚庄王十六年(前598)冬对陈用兵后设立的“夏州”，当是楚国对外扩张过程中的副产品。“大臧之州”和“少臧之州”与楚国的冶金业有关。以上六个州的州人估计都来自楚国对外战争中掠夺的人力资源，借以削弱敌国，加强楚国的国力，并且带有人质的色彩，不仅仅是为了旌武功，也不能目之为纯粹的战俘。

五、中央司法机构对基层居民组织官吏的惩处

经过学者的探讨，包山简受期类简中的成语“阩门又(有)败”的意思已经基本明朗，即受期者若不按照中央司法机构的要求办理或者不能克期完成，则要受到惩处。下面通过七组简来说明“阩门有败”并非套语，即中央司法机构对不能完成任务的基层地域性居民组织的官吏是如何惩戒的，同时探究简文中涉及的楚国的基层地域性居民组织州、里设置的情况。

首先来看包山简22、24和30号构成的一组简中的受期者之一州加公的名字：

① 此字之释学者间存有分歧，参朱晓雪《包山楚简综述》第120～121页。本书从包山简整理者的意见。

② 诸家说法参见朱晓雪《包山楚简综述》第221页。

八月己巳之日，邵司马之州加公李瑞、里公隋得受期，辛未之日不察陈宔韹之剔(伤)之古(故)以告，阩门又(有)败。　　䣙(罗)恇　　(简22号)

八月辛未之日，邵司马豫之州加公李逗、里公隋得受期，癸酉之日不察陈韹之剔(伤)，阩门又(有)败。　　正䣙(罗)恇　　(简24号)

八月戊寅之日，邵司马之州加公李偳、里公隋得受期，辛巳之日不察陈韹之剔(伤)以告，阩门又(有)败。　　(简30号)

三支简重复同样一件事，即要求邵(郧)司马豫之州加公和里公将陈韹受伤的原因上报。命令的发出者当是左尹负责的中央司法机构。简22在己巳日发出，要求在辛未日上报。估计到了辛未日这一天，邵司马之州加公李瑞、里公隋得并未按要求将陈宔韹受伤的原因上报，故出现简24号的文书，即在简22号命令的截止日期辛未日再次发出命令，要求上报，截止日期是癸酉日。估计到癸酉日，李偳和隋得仍未完成任务，且一直拖到戊寅日仍未完成，故有简30号的文书下发，即在戊寅日要求李逗和隋得在辛巳之日上报。简22、24号发布命令之日期与截止日期中间只隔一天，而简30号的发布时间不仅从简24号的截止日癸酉延宕到戊寅，且截止要求时间放宽到辛巳日，中间隔己卯、庚辰两天。

学者一般认为22、24、30号简中的邵司马之州加公李瑞、李逗、李偳为一人，陈宔韹、陈韹、陈韹为一人。[①] 笔者一开始完全赞同这种观点，但是随着对包山简研读的深入，感觉这种认识似有重新检讨的必要。为了说明问题，将本组简与简27、32，简45、57，简31、50，简46、52、55、64，[②]简54、56，简20、47构成的六组简进行比较。

包山简27、32号构成的一组简与州里公有关。27号简的内容是：八月癸酉日邸昜君之州里公邓𫘤受期，要求其在八月乙亥日将死于其州者察告，两个日期之间隔甲戌日。简32号的内容是：八月戊寅之日邸昜君之州里公邓𫘤受期，要求其在八月辛巳之日将所死于其州者之居处名族致命。显然32号简文与27号简文要求办理的事情相比，虽为一件事，但变得更为具体、详细，应当是邸昜君之州里公邓𫘤接受简27号文书后照章办事，但所报告的情况不太

① 例如刘信芳和朱晓雪即认为简22、24和30中的州加公是一人。参见刘信芳：《包山楚简解诂》，第37页；朱晓雪：《包山楚简综述》，第824页。

② 简64号没有“阩门有败”四字，笔者推测是抄手抄写时漏抄了。

具体,不合要求,或者就没有克期完成任务,故有简 32 号文书的下发。在包山简中未再见到关于此事的文书,应该是邸昜君之州里公邓缨接到 32 号简所记载的文书后,按要求负责任地报告了相关情况。本书在此主要关注的是简 27 号之州里公邓赒和简 32 号之州里公邓缨是否同一个人。

简 45 和 57 号构成的一组简虽涉及司败,但亦堪与本组简比较。简 45 和 57 号重复的是同一件事:即要求司败将登(邓)胙送到官府。简 45 号之司败是周国,而简 57 号的司败是周惑,[①]二者是否为一人?

包山简除了以上 22、24、30,27、32[②] 和 45、57 三组简分别重复的是同一件事外,还有简 31 和 50 记载的也是同一件事。简 31 说的是,八月戊寅之日鄗司败蔡丙受期,要在己丑(二日之间隔十个干支日)之日将鄗之己里人青辛以廷。简 50 说的是,九月戊申之日,鄗少司败蔡丙受期,要求在己丑(两个日期中间隔四十个干支日)之日将鄗辛以廷。很明显,蔡丙在简 31 中八月份的官职是司败,到了简 50 中的九月份,变成了少司败。简 191 中亦有人名蔡丙,时间为十月己丑日。虽然 191 号简未言蔡丙在办理何事,但从"蔡丙"之前未缀有任何官衔来看,估计是什么官职都没了。人没变,官职在三支简中却从高到低,又从低到无。这只能有两种可能,一种是抄手在抄写文书时漏掉了,一种是蔡丙没完成简 31 和 50 中要求的任务,先是由司败降职为少司败,然后遭到撤职惩戒。

还有简 46、52、55、64 构成的一组简也可以做比较。为求简明,将此四支简中担任受期者司败的人名、受期日、截止日列表如下(表 3-3):

表 3-3　包山简 46、52、55、64 号时间统计

简　号	邲异之司败	受　期　日	截　止　日
46	番(潘)駈	九月甲辰	(九月)戊申
52	番(潘)豫	九月己酉	(九月)癸丑
55	番(潘)逗	九月癸丑	(九月)癸亥
64	番(潘)駈	十月乙亥	(十月)戊寅

---

① 有的学者将该字隶定为"惐"或"悳"。
② 包山 27、32 与其他两组略有不同,即简 32 比简 27 的要求具体化,但实质上也是一件事。

从上表可见，郯异之司败的人名若不从音韵的角度去系联的话，应该有三位：番（潘）䟃[①]、番（潘）豫和番（潘）逗。这种现象很有可能属于如下的理解：九月戊申日番（潘）䟃没完成任务被撤职，起用番（潘）豫作司败，结果到九月癸丑日仍未能完成任务，番（潘）豫也被撤职，令番（潘）逗做司败去完成，结果到九月癸亥日仍然未能完成，只好再起用第一次的受期者番（潘）䟃。如此分析是否与事实相吻合呢？只能说这种可能性是存在的。包山简54和56号可以提供这方面的一些信息。简54记载彭君之司败史善受期，简56记载彭君之司败远（薳）䋎受期，史善和远（薳）䋎可以确定属于两个人，两人被要求完成不同的任务，且简54的截止时间是九月丙辰日，即尚未到54号简规定的截止日，就在丙辰日之前的九月癸丑日又下发了简56的受期文书。这只能说明楚国封君彭君至少有两位司败。根据简54和56提供的信息，简46、52、55和64构成的一组简中的郯异可能有三个司败。但将两组简相比较，简46、52、55、64要完成的是同一件事，前者未完成所以才让后者继续完成，而简54和56号完成的是不同的任务。所以，上面对简46、52、55、64的分析应该是有道理的，否则"阩门又败"就成了公文中的套语，无实际意义了。

简20和47之间亦互有联系，对于认识上述问题可资参考。为讨论方便，先将这两支简的简文引录如下：

> 题（夏）柰之月乙丑之日，鄗司败李听受期，九月甲唇（辰）之日不贞周惃之奴以至（致）命，阩门又（有）败。　秀免　（简20号）
>
> 九月甲唇（辰）之日，䣜司败李听受期，十月辛巳之日不将䣜宫大夫㸒公遫（鲁）昃、繁易公穆痀与周惃之分督以廷，阩门又（有）败。　（简47号）

此二简简文显示，䣜司败李听受期两次。第一次在题（夏）柰月乙丑日，"不贞"之"贞"读为"正"，郑司农注《周礼》"凡民讼，以地比正之"之"正"为"断其讼"。[②] 简20所记事情的原委可能是周惃之奴告到左尹那里，左尹让周惃之奴所在的䣜县司败李听审理此案，并要求将审理结果上报中央。这是第一次

① 此人名还见于包山简167、175和186号，只不过不是郯异之司败，而是郘易君之人。
② 刘信芳：《包山楚简解诂》，第33页。

受期的任务。第二次受期在九月甲辰,乙丑和甲辰之间隔十四个干支日。第二次受期是命令鄗司败李听最晚在十月辛巳日前将“颢宧大夫㝺公遴(鲁)昊、繁易公穆痌与周惃之分督以廷”,即将这些人带到中央左尹负责的司法机构。两次的任务不同,第二次受期时李听的官职仍是司败,未发生变化,即未受到惩处,说明其将第一次受期的任务按时按要求完成了。这和前面讨论的几组简是不同的。这组简反衬出前面几组简中,凡受期者的官职前后发生变化和受期者发生变化的,命令又基本上是在重复同样一件事的,均为前一次受期者未完成任务而受到所谓“阩门又(有)败”的惩处。

回头再来看简 22、24 和 30 构成的一组简。简 22、24 和 30 要求办理的是同一件事,每次要求也一样,故而认为三次分别为三位州加公。试将情况的可能性构拟如下:到简 22 号的截止日期辛未日,州加公李瑞未按要求上报,于是将李瑞撤职,任命李逗为州加公,因而简 24 号之州加公就成了李逗。到简 24 号的截止日癸酉日,仍未按要求上报,于是又将李逗撤职,任命李偳为州加公。这便有了简 30 号的州加公李偳。包山简未见再提简 22、24、30 记载的事情,估计是李偳按要求上报了情况。三支简中的里公均为隋得,而州加公不同,可见主要责任人是州加公。

如果以上分析不误,这只能说明,“不”如何就“阩门又(有)败”并非虚的程序化公文套语,而是中央文书下发后,受期官员未能按规定的时间和要求完成中央司法机构下达的任务,就要受到降职或撤职惩罚。这种惩罚,体现了中央司法机构的权威性和严肃性。如此理解,简 45 和 57 之周国和周惑亦是两人,简 27 和 32 两支简之州里公邓嗄和邓緀亦是两人。简 22、24、30 构成的一组简反映了州加公负责基层居民组织州的司法工作,不能克期完成任务的,要被降职或撤职。另外,简 27 和 32 反映的州辖里之州里公的情况类同州加公。

若上述分析不误,则可以看出,相关人员换来换去,大多为同一氏称之人。这有可能说明州、里基层地域性居民组织的权力被某一家族所垄断。

从以上包山简中的几组受期类简,可以看出楚国中央司法机关有权决定基层地域性居民组织“州”的官吏的升降和任免。

第三节　楚国基层地域性居民组织对居民社会生活的统制

包山简提供了关于战国时期基层社会居民生活的丰富资料。本节首先从居民的杂居状态这个视角考察楚国基层社会血缘化和地缘化程度之一斑。其次,选取三个司法案例,考察楚国的社会风俗。最后,从社祀活动的角度考察基层社会的生活。

一、楚国基层居民及官吏杂居状态试析

本小节选取三个样本并进行分析,以考察楚国基层社会的杂居状态。当然,第一、二个是以鄢县和邸昜君之封国为考察范围,无法精准到以州、里和邑为范围,这是受材料局限而无可奈何的事情。第一个样本是国君直接控制的鄢县,从分析包山简中在该县活动的人名切入。当然,由于材料的性质,分析的结果带有一定局限性是不可避免的。第二个样本是关于楚国的一个封君邸昜君,其封国内的杂居状态,不过材料没有鄢县那么丰富,不是十分理想。但在楚封国或封君中,材料最多的还是邸昜君,因此选择邸昜君的封国作为分析的对象。第三个样本是一些州和里内居民的杂居状态。

(一) 从鄢县官民之氏称看楚国的杂居状态

先以郾(鄢)地为例。郾(鄢)属于县级行政区划,学者认为该县在楚别都鄢一带,位于今湖北宜城市以北约二十里的地方。[①] 包山简所见郾(鄢)地人名连同部分人之官职列举如下:

(1) 郾(鄢)正娄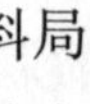(仆)虩受期,八月乙亥之日不将龚仓以廷　(包山简 19 号)

(2) 郾(鄢)正娄鄵(蔡)玄,壬辰之日不将登(邓)娢之子娭以廷　(包山简 66 号)

(3) 郾(鄢)乔差宋加受期,乙丑之日不将郾(鄢)左乔尹穆翚以廷　(包山简 49 号)

(4) 周赐之大夫璺义受期,己丑之日不将𤊵歫臺、𤊵腠以廷　(包山简 65 号)

① 郑威:《楚国封君研究》,武汉:湖北教育出版社,2012 年,第 59 页。

(5) 周赐讼郊(鄢)之兵甲执事人宫司马競(景)丁,以其政其田。 (包山简 81 号)
(6) 周惕之人腹 (包山简 163 号)①
(7) 郊(鄢)之鸣狐邑人某(梅)戁 (包山简 95 号)
(8) 郊(鄢)少司城龚颉//郊(鄢)左司马競(景)庆 (包山简 155 号)
(9) 郊(鄢)宫大夫命少宰尹郳詨//郊(鄢)攻尹屈惕 (包山简 157 号正)
(10) 郊(鄢)少宰尹郳詨 (包山简 157 号反)
(11) 郊(鄢)人桑覞 (包山简 167 号)
(12) 郊(鄢)人黄戊 (包山简 170 号)
(13) 郊(鄢)人𢓬弫余、瘳(廖)埜 (包山简 171 号)
(14) 郊(鄢)人𢓬媛 (包山简 174 号)
(15) 郊(鄢)人番(潘)羕 (包山简 176 号)
(16) 郊(鄢)执事人郙奠//郊(鄢)坪邑𢓬翠 (包山简 188 号)
(17) 郊(鄢)人醢憖 (包山简 194 号)

以上包山简文共涉及鄢县三十一人次。简 157 正只提到鄢地"宫大夫"职官名,没有呈现"宫大夫"的氏名,故其氏名不可知。简 157 正反之"郳詨",不仅氏称相同,且职官均为鄢少宰尹,又书于同一支简的正反面,因此两个"郳詨"可判定为同一个人。简 65 号之𢓬弫壷和简 171 号之𢓬弫余为一人。简 65 号之𢓬腹和简 163 号之腹为一人。简 65、81 之周赐和 163 号之周惕为一人。这也就意味着,除去宫大夫,三十一人次只有三十人有氏称,汰其重复,从鄢县二十五人的氏称中可以得到如下十九个氏称:景、屈、龚、番(潘)、登(鄧)、穆、周、壂(阳)、𢓬、郙、醢、瘳(廖)、桑、黄、某(梅)、宋、郳、鄵(蔡)、(仆②)。

需要说明以下三点:第一,由于材料的局限性,包山简这十九个氏称应该不是鄢县的所有氏称,究竟这十九个氏称在鄢县所有氏称中占多大比例,也不好估量。第二,这些氏称还可能包括不是鄢县人而在鄢县任职者,也难以剔除。第三,壂义、𢓬弫壷、𢓬腹几位属于周赐在鄢的封地上的人,一并算作鄢县人。

① 刘信芳认为周惕与周赐系一人,"是有私官'大夫'的楚国贵族";简 65 号周赐属下之𢓬弫壷在简 171 号为𢓬弫余,推知周赐之封地在郊。参刘信芳:《包山楚简解诂》,第 66 页。
② 刘信芳:《包山楚简解诂》,第 31 页。

鄝县之人名可以分为氏称前未冠职官者和冠有职官者两类。

氏称前未冠职官者有龚仓、邓姞、[邓]娭、鹽慭、㹹翆、㹹媛、㹹䟴余、㹹膢、番(潘)恙、瘳塦、黄戊、桑晛、某(梅)戁凡十三人,其中“㹹翆”可以确知为坪邑人,某(梅)戁可确知为鸣狐邑人,邓姞、[邓]娭为父子关系。这十三人当为普通居民。

氏称前冠职官“正娄”者有[illegible]虩、鄰玄二人。前冠“执事人”者二人,其中競(景)丁前冠“兵甲执事人宫司马”,“兵甲”当标明“执事人”之性质,“执事人”与“宫司马”当标明景丁一人身兼二职;包山简53号有“临昜之宫司马李㓸”,鄝这个地方也有“宫司马”,鄝应该与临昜的地位相同。包山简105之“鄝莫嚣步、左司马殹”、包山简116之“鄝莫嚣卲步、左司马旅殹”[①]和包山简114之“州莫嚣、州司马庚”[②]反映县级职官莫嚣位列司马、左司马之前,说明“宫司马”比同是地方职官的“莫嚣”官阶低。包山简119号有“昜陵司马达、右司马志”,结合上引包山简105和116号信息,可知楚地方职官有司马、左司马和右司马,官阶相次。学者将简188归属于“所詎之二”,[③]从简188本身及其所在的整组简,还无法知道鄝执事人郙奠办理何事。学者认为“执事人”为普通管事官员。[④] 包山简81号之“兵甲执事人宫司马”类若包山简120号之“下蔡敔执事人昜成公”,均为身兼二职。反观简188之郙奠,其氏名前只缀“执事人”,不兼有其他官职。再从鄝执事人宫司马氏景名丁者与楚国王室贵族景氏相合的情况看,此宫司马应属于鄝县重要军事长官。此外,鄝县左司马景庆和工尹屈惕

① 按:包山简116号之“鄝莫嚣卲步、左司马旅殹”与包山简105号之“鄝莫嚣步、左司马殹”的人物相同,区别在于简105省略了二人的氏称。

② 按:包山简114号之“州”为县级行政区划名称,非基层行政区划“州”。

③ 刘信芳:《包山楚简解诂》,第179页。

④ “执事人”亦见于包山简其他简,例如简120“下蔡敔执事人昜成公”,亦见于曾侯乙简1号。裘锡圭、李家浩对曾侯乙简的“执事人”这样认识:“‘执事人’,即办事的官吏。《书·盘庚下》:‘邦伯、师长、百执事之人,尚皆隐哉。’简文‘皐軞执事人’似是指管理人马甲胄和车马器的办事人员。”[裘锡圭、李家浩:《曾侯乙墓竹简释文与考释》,湖北省博物馆:《曾侯乙墓》(上册),第501页]虞同综合曾侯乙简和包山简的有关“执事人”的材料认为:“在战国楚简中,‘执事人’的地位与身份往往不高,至少不会是楚县县公这一级别的。比如,《新蔡》乙四126的‘西陵执事人’、《包山》第58号简的‘宣王坉市之客苛适、执事人早暮求适,《包山》第81号简的’郊(鄝)之兵甲执事人’、第188号简的‘郊(鄝)执事人’等。这些‘执事人’都是某一职事的掌管者。”(虞同:《说包山简中的“阳城公”》,武汉大学简帛研究中心简帛网2009年9月5日)可见,虞同与李家浩、裘锡圭二位先生的看法相一致。

也应同样属于楚国传统的贵族家族。根据目前的有限材料,未见鄢县有莫嚣和右司马职官,但比照战国楚县通常的职官设置,是应该有的。从简 157 号正鄢之“宫大夫”命鄢之“少宰尹”鄦詃,可知“少宰尹”是“宫大夫”的属官,官阶自然低于宫大夫。墬义为周赐在封地的大夫。除此以外,鄢县还有乔差、左乔尹、少司城官职。

局限于包山楚简,鄢县无“州”“里”和“丘”,亦无“国”“敔”,也不见“鄢公”和“鄢君”的影子,只见“鸣狐”和“坪”两个邑,这似乎说明鄢县是楚国设置的一个比较规范的国君直辖的县级行政区划。

(二) 楚邸昜君封地官民的杂居状态

下面再以楚封君邸昜君的材料进行分析,其材料见于以下九支简:

(1) 邸昜君之州里公登(邓)嬰　(包山简 27 号)
(2) 邸昜君之州里公登(邓)纓　(包山简 32 号)
(3) 邸昜君之人郘公番(潘)申　(包山简 98 号)
(4) 邸昜君之人陈贾　(包山简 162 号)
(5) 邸昜君之人臧塙　(包山简 163 号)
(6) 邸昜君之[人]某(梅)敓　(包山简 185 号)
(7) 邸昜君之人番(潘)軭　(包山简 167 号)
(8) 邸昜君之人番(潘)軭　(包山简 175 号)
(9) 邸昜君之人番(潘)軭　(包山简 186 号)①

邸昜君是楚国封君无疑,属于邸昜君的人有邓、潘、陈、臧和梅五个氏称,其杂居可见一斑。封君领有州和里。邸昜君之人有出任郘公的,可能是县公。另外,邸昜君之人番(潘)軭与郯异之司败同氏同名。郯异之司败见于以下三支简:

(1) 郯异之司败番(潘)軭　(包山简 46 号)
(2) 郯异之司败番(潘)�　(包山简 55 号)
(3) 郯异之司败番(潘)軭　(包山简 64 号)

① 笔者初步判定:167、175 和 186 号所载非一年之事。可能涉及简序的排定问题。

包山简 46、55 和 64 号记载的是同一年的事。二者是一人还是同氏同名的两人？两种情况均不能排除。若属一人，则邸昜君之人番(潘)趄出任郯异县的司败。番(潘)趄一人频繁地出现在六支简中，可谓公务繁忙，在政治生活中相当活跃。[①]

目前的材料还找不到同一个基层居民组织内有许多人名的材料加以说明杂居的程度。以上鄝县和封君邸昜君的材料只反映战国中晚期约公元前 323—前 317 年之间[②]楚国鄝县和邸昜君封地内居民杂居程度之一斑。

(三) 楚地之"州"和"州"辖之"里"内居民的杂居

以下一些材料还反映"州"与"州"辖之"里"中居民杂居的情况。

包山简 42 号记载讄里子之州加公文壬、里公苛譀受期，调查公孙軿之俹之死因。包山简 180 号有讄里子之州差许時。若州里连言，至少有四个氏称。析言之，讄里子之州下面的里则有苛和公孙二个氏称。

包山简 141—144 号记载的黄钦自伤案中，秦大夫怡之州有"州人"敀怆，而该州之下的"州里公"是周瘢，这就是说，秦大夫怡之州的居民中至少有敀、周两个氏称。似乎还能说明黄钦所在的泉邑在城外，州和州巷在城内。

包山简 37 号要求福昜宰尹之州里公娄毛在壬辰日将苛曆以廷。由此可知，在福昜宰尹之州下面的里中至少有苛、娄两个氏称。

二、基层政权对居民生活的统制

包山简中司法案例甚多，从一些案例中可以略窥楚国基层政权对州和州辖之里中居民的社会生活加强控制的一个侧面。现从包山楚简中撷取三个案例，借以说明楚国战国时期基层政权对居民生活的统制。

(一) 伤人案

关于伤人案的材料如下：

---

① 此处仍按大多数学者的意见，将"潘趄"和"潘逗"作为同一人来对待。

② 刘信芳：《战国楚历谱复原研究》，《考古》1997 年第 11 期；收入氏著《包山楚简解诂》附录。

冬察之月甲曆(辰)之日,少臧之州人冶[1]士石碇讼其州人冶士石腻。言胃(谓)伤其弟石耴。鼬既发竽,执勿失。　泟期戠之。　秀履为李。　(包山简80号)

由“讼其州人”,可知石碇和石腻同处一州。石碇和石耴又是兄弟,故三人必是同一州之人。三人同氏称,应为同一家族。因为石腻伤了他的弟弟,石碇将其告到官府。可以看出,同一家族的内部矛盾没有通过家族内部的宗法运行机制予以解决,而是诉诸官府,依赖司法途径讨回公道,维护自己的利益。该则材料正反映了战国晚期楚国的地域政治已凌驾于传统的血缘政治之上。另外,石碇和石腻均为少臧之州人,又均为冶士。《考工记・辀人》:“冶氏执上齐。”又:“冶氏为杀矢。”《周礼・夏官・司弓矢》:“杀矢、鍭氏用诸近射、田猎。”可知“杀矢”为有别于戈、戟的兵器。由郑玄注“少锡为上齐”可知,“冶氏”负责冶铸兵器的合金比例。包山简80号之“冶士”当为《周礼》之“冶氏”,职司铸造兵器“杀矢”和冶铸过程中的各种合金的比例。[2] 冶金业在当时是一个劳动力密集型的行业,[3]加之当时的手工业技术局限于家族内部父子、兄弟之间传习,据此可推测冶士石碇所在之州必有许多石氏的同一个家族的人从事冶金手工业。据《左传》宣公十一年楚国设立的“夏州”,此州之人当是他国具有手工业技术的人出质于楚而聚居一州,究竟是从他们开始还是从其祖辈开始出质居于楚,不得而知。总之,这一冶金手工业州的存在,一定程度上反映了楚国对他国人力资源掠夺的事实。

(二) 窃马杀人案

简120—123记录的是一桩窃马杀人案。郑倅被举告在下蔡盗马,然后卖到易成或(国)。为何不将赃物就地脱手呢?估计是怕被窃者的邻居认出赃物,导致事情败露。另外异地销赃,容易脱手。目前还不清楚楚国如何惩处盗马者,而秦汉时期对盗马的惩处是很重的。汉代桓宽编撰的《盐铁论・刑德》

---

① 此字之释学者间存有分歧,参朱晓雪《包山楚简综述》第120～121页。本书从包山简整理者的意见。

② 傅天佑:《兵器铭文中的“冶”非“工师”说》,《江汉考古》1984年第1期,第110页。

③ 春秋中叶叔夷镈[《集成》285,齐灵公(前581—前554)]铭文有“余命女(汝)嗣(司)辝(台、以)釐(莱)匋(造)或(铁)徒四千”可证此点。

有以下几句话:“商君刑弃灰于道,而秦民治。故盗马者死,盗牛者加(枷),所以重本而绝轻疾之资也。”①“弃”与“灰”本来是名词。“弃”是自豢养牲畜的圈、厩(包括茅坑)起出的粪便,往往堆积于道边和房屋山墙墙脚以充分发酵,在农耕时用作底肥。今山西农村百姓常说的“粪弃”即指此。“灰”是从灶膛及其正下方之灰坑掏出来的柴草或煤燃烧后的灰烬。“灰”亦被作为粪田之肥。“弃”与“灰”在句中用作动词。“刑弃、灰于道”,②即惩处将弃、灰堆积于道者。此句为与会之“大夫”引经据典,下一句句首用“故”,语气一转,讲当代——汉代对盗马和盗牛如何惩处。马匹在盐铁会议之前反击匈奴和“重本抑末”的大背景下属于重要物资,故对盗马者处以极刑。由此推测,在战争频仍的战国时期想必楚国对盗马者的惩处也不会轻到哪里。睡虎地简《封诊式》有一桩盗马案件:

> 爰书:市南街亭求盗才(在)某里曰甲缚诣男子丙,及马一匹,骓牝右剽;缇覆(复)衣,帛里莽缘领袖,及履,告曰:“丙盗此马、衣,今日见亭旁,而捕来诣。”
>
> (简 21+22)

男子丙盗窃牝马一匹,被人抓获。但遗憾的是没有留下对盗马者定什么罪的记录。在秦代,马贵重于牛。下面姑依睡虎地简《法律答问》的两例盗牛案来比附:

(1) 人臣甲谋遣人妾乙盗主牛,买(卖),把钱偕邦亡,出徼,得,论各可(何)殹(也)?当城旦黥之,各畀主。 (简 5)

(2) 甲盗牛,盗牛时高六尺。毄(系③)一岁,复丈,高六尺七寸,问甲可(何)论?当完城旦。 (简 6)

第一例是为人臣的甲唆使某人的妾乙盗卖其主人之牛,二人并且携钱出逃,在出境时被拿获。对二人的处罚是像城旦一样施以黥刑,然后交还各自的主人。第二例是某人甲因盗牛在一年后被抓,所盗之牛已由一年前的高六尺长到六尺七寸,对甲之处罚是应完城旦。以上两例盗牛案的处罚应该是比较

---

① 王利器:《盐铁论校注》(定本),北京:中华书局,1992 年,第 566 页。
② 类似说法尚见于《韩非子·内储说上》《史记·李斯列传》等。
③ 疑此字通假“期”。“期一岁”,即过了一整年。

重的。结合汉代对盗马者处以极刑、对盗牛者加重处罚和睡虎地秦简对盗牛者的处罚,自然容易理解包山简 120—123 号下文提到的郑俈不承认盗马一事了。

郑俈被捉到官府,却对窃马一事予以否认,但承认被害人系本人与其他三人所杀。官府于是传唤被检举人应女返、场贾、竸不割到廷,除此以外还传唤郑俈的家人,但所有被传唤之人所在的基层居民组织的官员却报告,传令到达之前,被传唤之人已经逃走。这使人不能不怀疑,一定是有官员走漏了传令或者干脆向被传唤者通风报信。最后,郑俈在羁押中病死,或许真是病死了,或许是有人串通看守杀人灭口。检举人死了,被检举人又盟誓,简文虽未涉及盟誓内容,估计其内容大概不外乎指天发誓未杀人。既然盟誓未杀人,为何检举人将杀人细节描述得有鼻子有眼?诸多疑点令人怀疑基层居民组织的官员有包庇和袒护其所辖州里居民的倾向。令人隐隐约约感觉到,地方基层居民组织的居民和他们的官吏之间有一个利益共同体存在。换言之,在中央集权的政治体制下,程度不同地存在着地方保护主义,使得县级地方政权的一些政令并不能彻底地贯彻到最基层。州里官员既代表县级政权管理州、里居民,但另一方面又偏袒、包庇所辖州里犯罪之居民,表现出州、里官吏在上级地方政府与基层居民之间的两面性。包山简 138 号反有左尹以王命告宛公"同社、同里、同官不可证",似折射出"里"这种居民共同体的存在。

此外,根据下蔡荨里人畬猬、郑俈所杀之人畬罣、山阳里的里公畬□和审理郑俈的郙易莫嚣畬羊四个人之氏称都是畬可知,四人当属于一个家族,畬氏在下蔡县应是一个比较大的家族,畬氏族人至少分布在下蔡县的荨里、山阳里和郙易县,[①]即不是聚居在一县一里。畬氏之人既有担任(州)里公的,还有担任郙易莫嚣的,在地方政治生活中拥有一定的势力。被杀的下蔡人畬罣很可能与原告畬猬都是荨里人,简文虽没有交待二者的关系,但可以想见,畬猬和畬罣二者要么是近支的族人关系,要么畬猬是畬氏家族的族长一类的人。尽管如此,畬氏可能在当地是一个大家族,但没有通过其他手段来复仇,而是通过政府司法渠道来维护畬罣个人及本家族利益。畬罣被害,牵动了与其同一

① "郙易"为县,参见吴良宝《战国楚简地名辑证》,第 190～191 页。

家族的酓猥、酓□和酓羊。这个案例反映了家族势力的存在，不过是通过向代表国家政权的昜成公举告的方式来维护家族的利益，显示战国中晚期之际楚国的社会生活中地域政治应已凌驾于家族血缘政治之上。

(三) 父子同室与否

先将相关简文节录如下：

> 胃(谓)："漾陵宫大夫、司败察漾陵之州里人墬鍴之不与其父墬年同室。"
>
> （包山简 128 号正）
>
> 子左尹命漾陵之宫大夫察州里人墬鍴之与其父墬年同室与不同室。……胃(谓)"墬鍴不与其父墬年同室，鍴居郢，与其季父鄀连嚣墬必同室。"（包山简 126＋127 号）

关于以上三支简所在的这一组是被称为"氏等"的文书，其简序已被确定为 128 正、126、127、128 反。[①] 从简文"漾陵之州里人墬鍴"可知，墬鍴属于县辖州、州又辖里的州人。

墬年之子墬鍴在郢都和季父墬必生活在一起。按常理，墬鍴本应该与其亲生父亲墬年住在原籍漾陵县，而事实上却是与季父住在京城。这该如何理解？墬鍴当是被过继给了季父。楚国当时确实有过继的现象，请看包山简如下一则材料：

> 九月戊申之日，宛人範绅讼範驳，以其夺其后。郘(旦)岳。罗军。（包山简93 号）

欲理解该支简，"后"字是关键。先看睡虎地秦简《法律答问》的一条材料：

> 士五(伍)甲毋(无)子，其弟子以为后，与同居，而擅杀之，当弃市。　　（简 71）

简文大意是，士伍甲因无子，于是以弟弟的儿子作后嗣，并且生活在一起，却擅自将其杀死，罪当弃市。这说明秦亦有过继现象。回头看 93 号包山简。从二人的氏称均为範，範绅和範驳是一个家族的可能性很大，因争夺后子告到官府。二人可能一为亲生之父，一为继嗣之父，过继之后反悔了，故而予以争夺。争执不下，一方将另一方告至官府。情况不大可能是二人皆无后嗣，一方去争夺另一方的继嗣。

---

① 刘信芳：《包山楚简解诂》，第 119 页；朱晓雪：《包山楚简综述》，第 839～840 页。

再回头看包山简“氏等”文书。漾陵县地方官出具的调查报告是墬鏞与季父墬必同室,据此可以推测,墬鏞出继给了季父。墬年与墬必是兄弟关系,墬年属于州人,则墬必亦属州人。从墬必之前缀鄯连嚣可知,州人是可以为官的。

三、楚国基层社会“里人”的社祀

楚简中有许多反映民间宗教祭祀活动的材料,其中葛陵楚简有“里”中居民在“社”中进行宗教祭祀活动的材料。下面拟借助葛陵简中的这些材料探讨战国时期楚国基层居民组织“里”在社祀活动中的用牲、里与社之关系、里社祭祀的时间和里社民间宗教祭祀活动与居民组织官员的关系。

兹从葛陵简摘引数则与里社有关的材料于下:

(1) ⍁里人祷于亓(其)袿(社)⍁　(葛陵简零 168)

(2) ⍁里人祷于亓(其)袿(社)一⍁　(葛陵简零 88)

(3) (堵?)里人祷于亓(其)[社]⍁。　(葛陵简零 116)

(4) 梠里人祷于亓(其)袿(社)一豬。　(葛陵简乙四 88+甲三 394)

(5) 香室之里人祷⍁　(葛陵简乙三 54)

依据上引前四例,乙三 54“祷”字后残断部分当有“于亓(其)袿(社)一豬”的文字。根据以上五则材料看,其内容反映的当是基层居民组织里中之里人祭社的活动。一里几个社?或者几个里共一社?请看下面的材料:

(6) ⍁里一豢;駍里一豢⍁　(葛陵简甲三 77)

(7) ⍁□之里一豢。郚里一豬。王⍁　(葛陵简乙三 23)

若将以上两条材料中的牺牲也理解为用于社祭之物的话,葛陵简存在至少二里一社的情况。有的里也可能是一里一社。包山简舒庆命案 138 号简背之“同社、同里……不可证”似可说明同里不一定同社,里与社并不一定完全重合。① 晏昌贵先生亦曾注意到这个问题,他说:“如果每里都有社,或一里置一社,则社与里重合,一里之人即是一社之人,同里之人即同社之人,当然不必作

① 谭黎明:《春秋战国时期楚国官制研究》,吉林大学 2006 年博士学位论文,第 123 页。

出‘同社、同里’不可证的规定。只有在社与里不同的场合，或者里的居民与社的居民有所不同时，这一规定才有效。”[①]这种分析甚有见地。[②] 里是行政组织，而社属于居民自发形成的具有宗教色彩的民间组织，可能数个里共一社的情况是存在的。另外，数个自然聚落共一社，数个自然聚落共一里，这两种情况可能都存在。里要根据居民的规模来设置，而社是长期以来依据地域形成的民间组织，和居民的数量没有关系。恐怕不存在一里有若干个社的情况，而是存在数个里一个社的情况。

葛陵简提到社祭之牺牲用猪。猪的类别有豢、豬。《说文解字》：“豢，以谷圈养豕也，从豕𢍏声。”可见“豢”指圈养之猪。豬从豕昔声，[③]《说文》无此字。《说文》有“豯”字，许慎说“从豕奚声”。昔字从母铎部，奚字匣母支部，鱼铎阴入对转，鱼支旁转，故“豯”与“豬”可通假。许慎说：“豯，生三月豚，腹奚奚皃也。”即刚出生的幼猪。综上所述，楚国用圈养之猪和刚出生的幼猪作为里社社祭的牺牲。

战国时期的秦国基层居民组织里的社祭用牲可以是牛。《韩非子・外储说右下》：

> 秦襄王病，百姓为之祷；病愈，杀牛塞祷。郎中阎遏、公孙衍出见之，曰：“非社腊之时也，奚自杀牛而祠社?”……王因使人问之，何里为之，訾其里正与伍老屯二甲。[④]

秦襄王病，百姓为之祷。秦襄王病愈，百姓杀牛赛祷。这两次活动俱在里社举行。用牛与楚国用猪是有区别的，用牛可能是因为《韩非子》记载的是“非社腊”之祠社。

---

① 晏昌贵：《巫鬼与淫祀——楚简所见方术宗教考》，武汉：武汉大学出版社，2010 年，第 334～335 页。

② 有的学者认为一里一社，里与社相统一。参罗运环：《古文字资料所见楚国官制研究》，氏著《出土文献与楚史研究》，北京：商务印书馆，2011 年，第 195～196 页。罗运环的文章首载于《楚文化研究论集》第 2 集，武汉：湖北人民出版社，1991 年。本书在此提到罗运环的观点仅具有学术史的意义。因为此文刊发时，葛陵楚简尚未出土。另外，杨华根据葛陵楚简认为：“此时楚地的基层社会组织是一里一社，里与社是基本合一的。”杨华使用“基本”一词，语气并非绝对。参氏著：《战国秦汉时期的里社与私社》，《古礼新研》，北京：商务印书馆，2012 年，第 371 页。又见《天津师范大学学报》2006 年第 1 期，第 22 页。

③ 今天我国山西省北部一些地方的方言仍这么叫。刚出生的生理性别为雄性的猪，被称为“豬猪”。“豬”当为记音字。

④ 本材料采用秦襄王说，另一说为秦昭王。二说参见(清) 王先慎撰，锺哲点校：《韩非子集解》，第 335～336 页。

里社祭祀活动应有相对固定的时间。上引葛陵楚简可能因为竹简残断，里社祭祀活动的时间无从知悉。《周礼・春官・肆师》:“社之日，莅卜来岁之稼。”贾疏曰:“祭社有二时，谓春祈秋报。”另《汉书・食货志上》:“李悝为魏文侯作尽地力之教，……除社闾尝新春秋之祠，用钱三百，余千五十。”从“春祈秋报”和“社闾尝新春秋之祠”大致可知先秦社祀于一年之春、秋共举行两次；[①]“用钱三百”，可知社里摊派钱用于社祀。上引《汉书》的材料反映的是战国时期魏国的情况，估计楚国亦大致如此。

葛陵简出自楚国平夜君城的墓葬，带有官文书的特点，故其所记里社祭祀活动应是在官方的主导下进行。从上引《韩非子》秦国的情况，楚国亦当如此。

小　　结

现将本章要点归纳如下：

一、本章将包山简中的“邑”分为十类，新认识如下：

简150“邘阳之牢中兽竹邑”之“牢”即池陂之意，“邘阳之牢”表地理方位，“中兽”属于县级行政区划，“竹邑”归属县辖邑类型。

简183“钬兽邻邑”之“钬兽”为县级行政单位。那么“邻邑”当归入县辖邑类型。

简100“郳(滕)敓郗邑人走仿登(邓)成讼走仿4部[redacted]，以其敓湶汸与泽之故”之“郳(滕)敓”和“郙敓”属于地名，则“郗邑”属于某地区之邑。

简124之“敢寃东敔卲戊之笑邑”之“邑”属于国下有县，县下有县公之邑。

简83属于罗县内有封君之封地庑寃，庑寃之下有圣者邑。

简143之“泉邑”属于封国之下有县，县下又有封君之邑类型。简155“五连之邑”即五个相连接之邑，非邑名。简149和153中传统上认定之邑实际上并不是邑名，而是指在此地的一个邑。

二、本章将楚系文字材料中所见的“里”分为五类。其主要理由如下：

① 关于社祀的时令有三说：一曰春秋二次；一曰仲春、秋和孟冬三次；一曰春夏秋冬四次。参魏建震《社祀的时令》，氏著：《先秦社祀研究》，北京：人民出版社，2008年，第218～220页；亦参席涵静：《先秦社祀之研究》，第185～188页。

包山简中的一些“里”属于县所辖之州之下的里，这种里内居民的身份仍是“州人”。“州里公”并非州加公的副职，而是州下辖之里一级基层地域性居民组织的职官。这一类里的设置见于漾陵县和下蔡县。还有一些里上属于州，州在司法上又上属于中央之左尹，而行政上的归属却比较复杂，其前缀有封君、具体官员、特定地域，还有如“夏州”那样标明其来源的，比如包山简191号“应族州里公”之“里”。如此分类，主要是能够看出楚国的“州”的动态发展，即“州”随着时代发展演变，出现层级化和系统化的发展趋势。这反映了“州”的发展的另一面。葛陵简中的“里”属于平夜君城封地之内的基层地域性居民组织。这部分“里”若从封君的角度来看，应归入第二大类中的封君之里。只因这些里虽属封君但其上并无“州”，所以单独划为一类。第五类，待定之里，因其来源复杂，目前很难将其归类。

三、葛陵简中的“丘”应该是一类基层地域性居民组织。目前对于平夜君城封地内的居民组织系统不明，使得“丘”的层级也不能明确，定性亦很困难。

四、葛陵简之“述(遂)”确是基层地域性居民组织，李家浩先生早从其他材料中研究得出齐国春秋、战国时期有居民组织“遂”。因为楚国长期进行对外战争，所灭之国的地域性居民组织大致基本原封不动纳入楚国，使得楚国的基层地域性居民组织的情况变得很复杂。楚国平夜君城封地之“遂”，和传世文献资料中的“遂”难以对等，这是目前困惑学者的地方。笔者主张，可以采用《周礼》国野乡遂的思想，但不能从形式上生搬硬套而求其规模上的一致。应该考虑“遂”相当于已见的居民组织中的哪一类。

五、本章将包山简中的“州”分为八类。包山简中的一些州设置在距离首都遥远的下蔡县和漾陵县。一些州之下设有里，一些县之下有州，有的县辖两个州，县所辖州之下亦有里的设置，可能存在一州辖二里的情况。州属于楚国特殊的基层地域性居民组织，在司法上直属于中央司法机构，在行政上则属于其前缀行政区划管理。州原初设置时，是为掠夺他国人力资源所设置的带有人质色彩的基层地域性居民组织，其渊源可追溯至春秋时期。一些州设在楚王陵区，似相当于后代的陵县。根据包山简受期类中的七组简，“阩门有败”并非虚语，而是对不按照中央司法机构的要求执行命令的和不能克期完成任务的受期者，予以惩戒。这一方面体现了中央对基层地域性居民组织职官的控制的严格,另一方面也体现了中央集权的加强。

六、从在鄢县活动的二十五人的人名归纳出如下十九个氏称:景、屈、龚、番(潘)、登(鄧)、穆、周、壂(阳)、𤋱、鄗、鹽、瘳(廖)、桑、黄、某(梅)、宋、郱、鄰(蔡)、仆,借此略窥楚国鄢县居民杂居之一斑。

楚国封君邸昜君之州里公登(邓)賏、登(邓)緩和邸昜君之人番(潘)申、陈贾、臧塙、某(梅)敓、番(潘)鴡七人共计五个氏称。邸昜君之人是否居住在封君封地,尚不能确定。与鄢县比较,多出陈和臧两个氏名。在其他州及其下辖之里中还有文、苛、公孙、许、娄、敀等氏称,共计二十七个氏称。可见楚国居民杂居的程度。

七、从包山简的一些司法案例中可见家族聚居的状态仍然存在,但地缘政治已经超越了血缘政治。

八、楚国有里社,社牲一般用猪。

第四章　战国时期基层地域性居民组织功能的强化(中)

前面的第三章考察了战国时期楚国的基层居民组织的情况。本章利用晚清以来著录的齐陶文资料考察齐陶文反映的陶工居民组织，利用出土的秦玺印、封泥和秦汉简牍考察秦国基层居民组织乡里的规模、职官和一些“邑里”之“邑”的层级，搜罗出土古文字材料和传世文献中关于三晋的基层居民组织的材料，并据以考察三晋基层居民组织的情况。

第一节　齐陶文所见基层地域性居民组织

自晚清陈介祺以降，齐陶文愈来愈受到学者的瞩目，出土陶文的陶器亦愈来愈多，著录陶文的书籍层出不穷。对齐陶文著录比较全面的有高明先生的《古陶文汇编》、王恩田先生的《陶文图录》和徐在国先生的《新出齐陶文图录》[①]齐陶文反映的内容较为丰富，其中涉及制陶手工业者的居民组织。本章综合田野考古调查资料、古文字学家对齐陶文释读的成果，并在已有研究成果的基础上，探究齐陶文所反映的居民组织，以深入了解战国时期齐国的基层地域性居民组织。

一、管仲改革对“工”的管理

《国语·齐语》反映了齐国在春秋时期对士、工、商和农四个社会阶层实行

---

① 高明编著：《古陶文汇编》，北京：中华书局，1990 年。王恩田编著：《陶文图录》，济南：齐鲁书社，2006 年。徐在国编著：《新出陶文图录》，北京：学苑出版社，2014 年。

四民分业定居的管理理念。对四民中的“工”,《国语·齐语》载:

> 令夫工,群萃而州处,审其四时,辨其功苦,权节其用,论比协材,旦暮从事,施于四方,以饬其子弟,相语以事,相示以巧,相陈以功。少而习焉,其心安焉,不见异物而迁焉。是故其父兄之教不肃而成,其子弟之学不劳而能,夫是故工之子恒为工。

《管子·小匡》亦有与上引《齐语》几乎相同的内容,仅个别文字有所差异,兹不赘录。从此段文字,至少可以看出以下两点:一、手工业者集中居住于某一区域。二、手工业者的技术是父子、兄弟相传,仅局限于家庭内部世代传习,故手工业者世世代代、祖祖辈辈从事某一种手工业。① 这就使得这些手工业者的产品在质量、造型和工艺等方面具有相对的稳定性。

《国语·齐语》又载:“管子于是制国以为二十一乡:工商之乡六,士乡十五。”韦昭注:“工、商各三也,二者不从戎役也。”据此可知,管仲在国中设立二十一乡,工商之乡占其中六个,其中工乡又占三个。此外,从事手工业者,不服兵役。不论《国语》还是《管子》,未见到在野中设置工乡的记载。《管子·小匡》在“制国以为二十一乡”后,有“公立三官之臣,市立三乡,工立三族,泽立三虞,山立三衡”。可见,齐国立“三族”来管理从事“工”者。“三族”当与前引韦昭注所说的设立三个工乡相应。韦昭注“国”曰:“国都城郭之域也。唯士、工、商而已,农不在也。”国指郊内,所居除士以外只有工、商。即临淄制陶手工业者应分布于“国”,属于“国人”范畴,不从事农业。②

概括言之,从《齐语》和《小匡》中可知,管仲改革将齐国的手工业者规划为三个乡,设置在“国”中,属于“国人”之一部分;设置三族来管理三个工乡;手工业者既不服兵役,也不从事农业;将手工业者“群萃而州处”;手工技术父兄传于子弟,世世代代恒为工。这是春秋时期的情况,战国时期齐国手工业的情况亦大致如此。

二、齐陶文的时代和陶窑场的分布

运用材料进行历史学研究的首要前提是明确所使用的材料的时代和地

---

① 《国语·齐语》和《管子·小匡》中对齐国手工业者的管理思想与《国语·周语上》“庶人工商,各守其业”、《左传》襄公九年(前 564)“商工皂隶,不知迁业”和昭公二十六年(前 516)“农不移、工贾不变”相一致。

② 李学勤:《〈齐语〉与〈小匡〉》,《管子》1987 年第 1 期,第 25 页。

域。通过研究和田野考古调查，学界业已明确齐陶文的相对时代和生产齐陶的窑场的位置。谨将齐陶文的时代及临淄附近的制陶窑址的布局撮述如下。

(一) 关于齐陶文的断代

孙敬明先生将齐国陶文分为四期。第一期为春秋晚期，从齐灵公元年（前581）到齐平公五年（前476）；第二期为战国早期，从齐宣公六年（前455）到齐康公元年（前404）；第三期为战国中期，从田齐太公元年（前404）到田齐宣王十九年（前302）；第四期为战国晚期，从田齐愍王元年（前301）到田齐王建末年（前221年秦统一中国）。① 孙敬明先生对齐陶文的分期与其他学者将齐陶文的时间跨度概括为上自春秋晚期，下迄田齐亡国相一致。②

(二) 陶工居民组织的地域设置

前面已从《齐语》和《小匡》的记载得知，齐国的手工业者属于“国”之三乡，即制陶手工业者属于“国”的范畴。下面从陶窑遗址的分布看陶工居民组织的地域设置。

齐国临淄官、私制陶窑址均规划在城外，主要分布在大城东、西、北三面近郊，东西两郊者又均偏于北半部。孙敬明先生曾经撰文对临淄陶窑址的布局如下：

> 官营窑场主要分布在齐都城之西和西北郊。城西，北起娄子村前，南至谭家庙后之窑场东西宽约1.5华里，其时代约为战国中期偏晚。齐城西北角外，在今邵家圈、王青村一带发现制陶遗址。整个邵家圈及其村后到王青村前为大型制陶遗址。根据陶文内容所记邑里的名称与地望，在大城北郊、淄河两岸以及大城东郊之安平城一带均设有官营制陶窑场。
>
> 私营的窑场，有的位于城之东郊。其中位于大城东北隅外的西周傅村与东周傅村之间的窑场规模甚大。此外，城西郊的谢家庄亦曾发现一制陶窑址。③

---

① 孙敬明：《齐国陶文分期刍议》，《古文字研究》（第19辑），第33页。

② 郝导华、郭俊峰、禚柏红：《齐国陶文几个问题的初步探讨》，王志民主编：《齐鲁文化研究》第6辑，济南：山东文艺出版社，2007年，第23页。

③ 孙敬明：《齐陶文比较研究》（续），《管子研究》1994年第4期，第86页；孙敬明：《从陶文看战国时期齐都近郊之制陶手工业》，《古文字研究》（第21辑），北京：中华书局，2001年，第207～209页。

淄河以东的孙板村也有民营陶窑遗址。①

张龙海先生专门撰文介绍了位于城西和城北的三处窑址群，分别是：西周傅庄窑址，位于临淄故城北；谭家庙窑址，位于临淄故城西；王青窑址，位于临淄故城西北。② 此后又撰文介绍了邵家圈窑址、石桥窑址、督府享窑址、长胡同窑址和刘家庄窑址。③

2002 年，山东新泰也发现制陶作坊，④但新泰陶文迄今未发现本书所关注的基层地域性居民组织的材料，故本章对此不予讨论。

既然临淄制陶窑址分布在大城之外，也就是说，在临淄城内不存在制陶的作坊。那么，试问临淄的制陶手工业者劳动的窑场和居住、生活的区域是合二为一，还是劳作在城外，生活在城内？笔者的初步意见是制陶手工业者居住的地方就应该在窑场附近，而不在城内。如此认识，即说明齐陶文所反映的制陶者的居民组织也应该设置在城外而不是在城内。若以临淄城为参照，属于都城外之郊。

三、齐陶文“”和“圐”的释读

齐陶文中“”和“圐”两字的释读存有分歧，而且这种分歧直接影响到对制陶业手工业者居民组织的性质和结构的认识，故而在此对两字的释读予以适当讨论。

(一) 关于“”字的释读⑤

齐陶文地名中习见“某某里”前面有一个“”(《陶录》2.55.1)形的字，诸家释读聚讼纷纭，迄今未能定案。吴大澂在《读古陶文记》释为“鄙”；⑥顾廷

① 孙敬明：《从陶文看战国时期齐都近郊之制陶手工业》，《考古发现与齐史类征》，济南：齐鲁书社，2006，第 41～48 页。孙板村的位置，请参考孙敬明：《从陶文看战国时期齐都近郊之制陶手工业》，《古文字研究》(第 21 辑)，第 225 页。

② 张龙海：《齐国故城陶窑遗址》，《管子学刊》1997 年第 3 期。

③ 张龙海：《山东临淄齐国故城陶窑遗址的调查》，《考古》2006 年第 5 期。

④ 参徐在国：《新出齐陶文图录》。

⑤ 此字构形有多种，本书凡遇有此字，均以截自《玺汇》0196 之形为代表。

⑥ (清) 吴大澂：《读古陶文记》，《吴愙斋尺牍》第 7 册，长沙：商务印书馆，1938 年影印。

龙、金祥恒二位先生释“迁”；[①]周进释“鄙”；[②]李先登先生读为“县”；[③]方濬益疑为“乡”字异文；[④]李零先生疑应隶定为“衢”，读“廛”里之“廛”；[⑤]李学勤先生初释“鄙”，[⑥]后改释“乡”，最后又改释“巷”[⑦]；高明先生释“衢”，认为是乡字异体；[⑧]王恩田先生认为此字原始字形象两人对酒而饮，为会意字，谊同乡里之乡；[⑨]陆德富先生释“聚”；[⑩]赵超、陈剑和董珊三位先生读为“州”。[⑪]

此字若释为“巷”，则目前已知的齐陶文中一巷最多的有十多个里，最少的只有一个里。只是此种解释，于史无征。结合传世文献和出土文字材料中关于齐国地域组织的记载，释“乡”和“州”相对而言有一定的文献根据。下面试作辨析。

此字破读为“州”有一定的合理性。《银雀山汉简(壹)·田法》：“五十家而为里，十里而为州，十乡[州]而为州[乡]。”[⑫]《管子·立政》：“分国以为五乡，乡为之师。分乡以为五州，州为之长。分州以为十里，里为之尉。分里以为十游，游[⑬]为之宗。十家为什，五家为伍，什伍皆有长焉。”这说明战国时期的齐国的确有居民组织“州”的设置。

《管子·小匡》记载管仲令士、农、工和商四个阶层“群萃而州处”，韦昭释

---

① 顾廷龙：《古陶文舂录》，上海：上海古籍出版社，2004年；金祥恒：《陶文编》，台北：艺文印书馆，1964年。

② 顾廷龙：《季木藏陶序》，李零：《新编全本季木藏陶》，北京：中华书局，1998年。

③ 李先登：《天津师院图书馆藏陶文选释》，《天津师院学报》1982年第2期，第92～94页。

④ (清)方濬益：《缀遗斋彝器(款识)考释》，参见《金文文献集成》第14册。

⑤ 李零：《齐、燕、邾、滕陶文的分类与题铭格式》，《管子学刊》1990年第1期，第84页。

⑥ 李学勤：《战国题铭概述》，《文物》1959年第7期，第52页。

⑦ 李学勤：《秦封泥与齐陶文中的“巷”字》，《陕西历史博物馆馆刊》(第8辑)，西安：三秦出版社，2001年，第24～26页；又见氏著《中国古代文明研究》，第190～192页。

⑧ 高明：《从临淄陶文看衢里制陶业》，《古文字研究》(第19辑)，收入《高明论著选集》，第253～254页。

⑨ 王恩田：《齐国地名陶文考》，《考古与文物》1996年第4期，第45页。

⑩ 陆德富：《战国时代官私手工业的经营形态》，复旦大学2011年博士学位论文，第173～179页。

⑪ 赵超：《齐国陶文初探》，中国社会科学院研究生院硕士学位论文，1984年，第31～34页；董珊：《战国题铭与工官制度》，北京大学2002年博士学位论文，第180页。

⑫ 银雀山汉墓竹简整理小组：《银雀山汉墓竹简》(壹)，第146～147页。

⑬ “游”之规模不清楚。李零采用十家之说；参见李零《中国古代居民组织的两大类型及其不同来源——春秋战国时期齐国两大居民组织试析》，收入《待兔轩文存·读史卷》，第149页。金春峰采用五家之说，参见氏著《周官之成书及其反映的文化与时代新考》台北：东大图书股份有限公司，1993年，第27页。

"州"为"聚",故陆德富先生据此将该字释为"聚"。陆先生此说不如释"州"说,因为"州"可以在齐国文献中找到相应的依据。

不过,如此解释,也存在着一些矛盾:一、正如陆德富先生认为齐陶文该字字形与叔夷镈(《集成》285,春秋)铭文"咸有九州"之"州"字形差别太大;二、从战国包山简获得的认识是一些"州"设置在楚国都城或别都附近,若将齐陶文中的该字释为"州",倒是与得自包山楚简的这种认识相吻合,但是临淄城内考古发现的冶铁业、冶铜业、铸钱作坊、制骨器作坊[①]等其他手工业者居住区的居民组织是否也有"州"的设置?比照齐陶文所反映的制陶业者居民组织来看,城内的手工业者也会有同样的居民组织"州"的设置。这种推论是与战国时期楚国"州"的地域设置不在城内的认识相冲突的,故释为"州"也不太妥当。由此看来,释为"乡"是目前比较稳妥的做法,只是在数量上大大超出《国语·齐语》"工商之乡六"韦注所分配的"工"占三乡的数量。目前所能够见到的材料仅是关于齐国都城外的制陶手工业者的,尚不包括其他行业的手工业者,就已经达到了十六个乡。[②] 这种现象应该解释为从春秋到战国自然发展的结果。以下行文,凡遇有此字,径释为"乡",不再一一说明。

(二) 关于"圆"字的释读——兼论地域组织的层级

齐陶文习见""字,字形为从昜从口。有学者认为""(《陶汇》3·301)字当为"昜邑"之合文,[③]这样释读所导致的后果是齐国制陶者的居民组织为、邑、里三级。笔者赞同将此字直接隶定为圆,系地名。相应的,齐陶文中制陶业者的居民组织就变成了两级,即乡和里。

关于"邑",在已刊布之齐陶文中仅见两例,一处为《陶文图录》(简称《陶录》)2.603.3(图4-1),另外一例是《陶文图录》2.646.1(图4-2)。

第一例王恩田先生原释文为"城阳邑(?)",在"邑"后打问号,说明王恩田先生尚不确定此字是否为"邑"字。

---

① 群力:《临淄齐国故城勘探纪要》,第50～51页。
② 见下文统计。
③ 孙敬明:《齐陶新探(附益都藏陶)》,《古文字研究》(第14辑),第222页。

图 4－1　《陶录》2.603.3

图 4－2　《陶录》2.646.1

第二例是一枚陶玺。左上第一字确为“邑”。释文为：“陈窶立事歳安邑亳釜”。此处之“邑”是聚落的通名，安邑是专有地名。因此笔者不赞同齐陶文中的居民地域组织为乡、邑和里三级而主张为乡和里二级。这样的主张也与1992年在当时的临淄区永流乡刘家庄战国遗址中发现的两件齐铜量器铭文“熏宫乡那里”①一致。

所以笔者主张战国时期的齐国没有低于县级的“邑”一级行政区划。齐陶文中陶工的居民组织实行的是乡里二级制。

四、齐陶文所反映的手工业者的居民组织

高明先生编著的《古陶文汇编》第一次最全面著录了包括齐陶文在内的当时已见的陶文，并撰写了《从临淄陶文看鄙里制陶业》，第一次全面清理了齐陶文中的基层地域性居民组织。此后，齐陶文陆续有发现。笔者拟在高明先生工作的基础上，进一步甄别、统计新出齐陶文中的“乡”和“里”，并结合新出现的齐陶文，考察其反映的官营和民营制陶业中的基层地域性居民组织。

（一）齐陶文“乡”“里”数量统计

1. 齐陶文所见“乡”的数量统计

高明先生据自己编著的《古陶文汇编》（简称《陶汇》）于1992年撰写了《从临淄陶文看鄙里制陶业》，第一次全面梳理和统计了齐陶文中的居民组织，其中乡十一个，里五十多个。这十一个乡分别是：

① 魏成敏、朱玉德：《山东临淄新发现的战国齐量》，《考古》1996年第4期，第24页。

(1) 繇(陶①)乡　(《陶汇》3·73)

(2) 楚郭乡　(《陶汇》3·350)

(3) 王卒左乡　(《陶汇》3·497)

(4) 丘齐乡　(《陶汇》3·635)

(5) 左南郭乡　(《陶汇》3·619)

(6) 贮乡　(《陶汇》3·330)

(7) 乡　(《陶汇》3·678)

(8) 郡乡　(《陶汇》3·679)

(9) 卢丘乡　(《陶汇》3·676)

(10) 孟棠乡　(《陶汇》3·428)

(11) 塙间乡　(《陶汇》3·421)

截至徐在国先生编著的《新出齐陶文图录》(2014年底出版,以下简称《新齐陶》)②,又可得若干乡名如下:

(1) 左鄙乡

左鄙乡　(《陶录》2.48.1,2.48.2,2.48.3,2.48.4,2.49.1,2.49.2,2.49.3)

(2) 思乡

思乡□里□石　(《陶录》2.50.4)

(3) 东乡

东乡垂玺　(《陶录》2.702.4)

(4) 贾里乡

贾里乡陶里刀　(《新齐陶》0977)

(5) 清乡

清乡陈梡　(《新齐陶》0982)

贾里乡,从得名来看,似乎是由里发展、升级成为乡的。关于战国时期齐

① 曾宪通:《说繇》,《古文字研究》(第10辑),北京:中华书局,1983年。

② 该书版权页出版日期有两个,另一说为2015年1月。

国的“乡”名，除以上十六个以外，见于其他古文字材料者还有：

(1) 粕枳卿(乡)

粕枳卿(乡)鑿　　（《汇考》第 59 页，《古封泥集成》①4）

(2) 輤乡

輤乡右　　（《玺汇》0916）

(3) 洛乡

洛乡遅(徙)盐金鉨　　（《玺汇》0322）

据上述材料，可得十九个乡。只是最后三个乡是否为制陶手工业者的乡尚不能确定。

尚有三则有关乡的材料备考：

昌櫅陈固南左亭区左□乡尚毕里季踞　　（《新齐陶》0349，量器）

左□乡尚毕里季踞　　（《新齐陶》0386，器形不详）

左□乡尚毕里季踞　　（《新齐陶》0387，器形不详）

其中“左□乡”第三字已残，所以其是否与上所言之“左筥乡”（《陶录》2.48.1）为同一个乡名，尚不能确定。

2. 齐陶文所见“里”的数量统计

高明先生 1992 年撰写的《从临淄陶文看鄙里制陶业》，详细统计了齐陶文中的基层地域性居民组织，其中“里”五十多个，随着新材料的出现其数目又有所增加。新出现的“里”名有以下几个：

(1) 楚郭乡北里

楚郭乡北里□□　　（《新齐陶》0746，豆柄）

楚郭乡北里□□　　（《新齐陶》0747，器形不详）

由此可知，楚郭乡在高明先生统计有六个里的基础上，再增加一个“北里”。此外，正如徐在国先生已将一些“北里某”（《新齐陶》0748—0767）的陶文附在“楚郭乡北里□□”之后，这使得过去无法归属的“北里某”（《陶汇》

---

① 孙慰祖：《古封泥集成》，上海：上海书店出版社，1994 年。

3.659—3.668;《陶录》2.268.1—2.274.1 和 2.274.4—2.278.4)都归属到楚郭乡名下。这比将其归属到“王卒左□□北里五”(《陶录》2.666.4)和“王卒左〓□圖北里□”(《陶汇》3.509)要更加合理一些。

(2) [繇(陶)乡]蔓阳□左里

蔓阳□左里□□陸　　(《陶录》2.261.1)

“蔓阳□左里”应当上属陶乡。如此,陶乡所辖之里便在高明先生统计的基础上[①]增加到十九个。

总之,自高明先生编著《古陶文汇编》以来,陆续发现的齐国陶文中的居民组织乡的数量由高明先生统计的十一个增加到十六个,这是可以肯定的。里的数量基本没有增加,只是通过新材料,使得原来无所归属的两个里名找到了他们各自上属之乡。整体而言,自高明先生的研究工作以来,二十多年过去了,发现的乡和里的数量没有太大的变化。

(二) 临淄制陶业中的地域性居民组织

较早将齐陶文从官营和民营两个角度进行分类研究的是孙敬明先生的《齐陶新探》。[②] 沿着孙先生的这条思路,借助新材料,下面拟考察齐陶文中官营和民营制陶业中地域性居民组织的层级。

1. 官营制陶业中的地域性居民组织

以徐在国先生《新出齐陶文图录》(以下简称《新齐陶》)为例,官营陶器之陶文内容可分为四种形式:[③]

(1) 某乡某里某

昌櫅陈固南左〓亭区左〓□乡尚毕里季踞　　(《新齐陶》0349,量器)

(2) 某立事岁某里〓亭某

---

① 高明:《从临淄陶文看鄐里制陶业》,《高明论著选集》,第 254～257 页。
② 孙敬明:《齐陶新探(附益都藏陶)》,《古文字研究》(第 14 辑)。
③ 孙敬明和李零等对齐陶文的分类和格式进行了很好的探讨。参见孙敬明:《齐陶新探(附益都藏陶)》,《古文字研究》(第 14 辑);李零:《齐、燕、邾、滕陶文的分类与题铭格式》,《管子学刊》1990 年第 1 期。

华门陈棱再[立事歲]左里亭釜　　（《新齐陶》0336，量器）

华门陈棱再[立事歲]左里亭区　　（《新齐陶》0338，量器）

誾门陈□叁立事□里亭□　　（《新齐陶》0341，量器）

（3）某里人某

蒦圆匋里人岳　　（《新齐陶》0369，公豆量器）

蒦圆匋里人岳　　（《新齐陶》0374，公区量器）

蒦圆窑（陶）里人告（造）　　（《集成》4668，战国晚期，旅顺博物馆）

（4）某乡某

□乡陈惝左橁均釜　　（《新齐陶》0353，量器）

总的认识是，齐国官营制陶业主要生产区、釜、豆等量器和其他的东西，其陶文所反映的居民组织为乡里二级。

2. 民营制陶业中的地域性居民组织

下面仍以徐在国先生《新齐陶》为例，选取乡里完整者摘录如下：

丘齐乡桼（漆）雕里得　　（《新齐陶》0572，豆柄）

丘齐平里王厍奭　　（《新齐陶》0575，陶片）

丘齐辛里郗大心　　（《新齐陶》0577，陶罐）

楚郭乡橁里□　　（《新齐陶》0586，豆柄）

楚郭乡或里腊　　（《新齐陶》0655，陶片）

楚郭乡蔺里只（获）　　（《新齐陶》0660，陶片）

楚郭乡关里艹　　（《新齐陶》0665，豆柄）

楚郭乡北里□□　　（《新齐陶》0746，豆柄）

陶乡蒦圆南里□　　（《新齐陶》0768，陶片）

陶乡大匋里怡　　（《新齐陶》0910，陶片）

陶乡东匋里奭　　（《新齐陶》0951，陶片）

陶乡蒦圆南匋里□　　（《新齐陶》0955，陶片）

陶乡中匋里鬼　　（《新齐陶》0956，器形不详）

陶乡东酷里頙　　（《新齐陶》0957，陶片）

左南郭乡辛匋里王　　（《新齐陶》0968，陶片）

黍郡乡戟里王徇贻　　（《新齐陶》0975，陶片）

贾里乡匋里刀　　(《新齐陶》0977，器形不详)

□里乡□里贞　　(《新齐陶》0978，器形不详)

塙间[①]楫里曰臧　　(《新齐陶》0991，豆柄)

塙间豆里人匋者曰垂　　(《新齐陶》1022，器形不详)

孟棠匋里可　　(《新齐陶》1179，陶片)

总之，齐陶文所反映的民营制陶业者的居民组织亦是乡里两级。民营制陶业主要生产日常生活用品，比如豆、罐等。民营制陶业的存在说明战国时期的齐国已经冲破了“工商食官”的藩篱。

3. 陶工居民组织“里”中的族居和杂居状况

从齐陶文中的陶工氏名可以考察临淄陶工族居和杂居状况。下面选取若干来自临淄的齐陶文加以考察(图 4－3)。

图 4－3[②]

(1) 丘齐匋里王(3.630)

(2) 丘齐匋里王(3.631)

---

① 高明主张“塙间”为“塙间乡”之省，参高明：《从临淄陶文看鄙里制陶业》，《高明论著选集》，第260～261页。

② 按，以上陶文拓本剪贴自高明编著《古陶文汇编》，且均出自今临淄。

(3) 丘齐匋里王(3.632)

(4) 丘齐匋里王通(3.633)

(5) 丘齐匋里王(3.637)

(6) 丘齐匋里王(3.638)

(7) 丘齐匋里王頟(3.640)

(8) 丘齐匋里王升(3.641)

上引丘齐[乡]匋里有八名陶工同氏，检索王恩田先生编著的《陶录》和徐在国先生编著的《新齐陶》，丘齐乡匋里仍然没有超过八名王氏陶工匠。基本可以说明“同里者大率同氏”。① 王氏八个陶工应即同一家族，说明同一家族的陶工聚居一里。

(1) 丘齐平里王闻 (《陶汇》3.624)

(2) 丘齐平里王厗爽 (《新齐陶》0575，陶片)

(3) 丘齐辛里王丝 (《陶汇》3.622)

(4) 丘齐辛里王右 (《陶录》2.406.3)

(5) 丘齐辛里王汩兹逨 (《新齐陶》0578，陶片)

(6) 丘齐辛里公孙逨 (《陶汇》3.621)

(7) 丘齐辛里公孙 (《陶汇》3.623)

(8) 丘齐辛里之缶 (《陶录》2.406.1)

(9) 丘齐辛里之胡 (《新齐陶》0580，陶片)

(10) 丘齐辛里郗大心 (《新齐陶》0577，陶罐)

以上十条陶文取自《陶汇》《陶录》和《新齐陶》(图 4－4)，均出自今临淄。结合前面九件陶工为王氏的陶文可见，王氏的制陶工场分布在丘齐乡匋里、平里和辛里，应是同一家族发展演变出的若干制陶工场。此外，丘齐乡辛里分布着王氏(《陶汇》3.622，《陶录》2.406.3，《新齐陶》0578)、公孙氏(《陶汇》3.621，3.623)、之氏(《陶录》2.406.1，《新齐陶》0580)和郗氏(《新齐陶》0577)等族，说明辛里之制陶工处于杂居的状态。

① 李学勤：《战国题铭概述》(上)，《文物》1959 年第 7 期，第 52 页。

《陶汇》3.624

《陶汇》3.621

《陶汇》3.623

《陶汇》3.622

《陶录》2.406.1

《陶录》2.406.3

《新齐陶》0575

《新齐陶》0577

《新齐陶》0578

《新齐陶》0580

图4-4

(三) 临淄陶工来源试探

关于临淄陶工的来源,李学勤和孙敬明二位先生曾有过讨论。受二位先生的启发,试对该问题略作进一步探讨。这种探讨牵涉到一些齐陶文释读顺序的调整。正确与否,笔者亦无把握。下面试将自己的思考提出来,祈望得到专家学者的批评和指正。

1. "城阳"在何地?

带有"城"文字的陶片主要发现于临淄城的东北淄水岸边和山东寿光。[①]

① 刘海宇:《寿光北部盐业遗址发现陶文及其意义》,《东方考古》(第8集),2011年。

李学勤先生在1959年指出:“这种陶器在临淄集中出土,该地当即制陶工场的遗址。由所记生产者籍贯,可知他们有些来自边远都邑,如城阳是故莒国地,孟棠应即孟尝,但大多数还是来自临淄周围鄙里。”①李先生据带有“城阳”二字的齐陶文得出生产带有“城阳”陶器的陶工来自故莒国。这种认识在文献中可以找到根据。《战国策·齐六·貂勃常恶田单》:“燕人兴师而袭齐墟,王走而之城阳之山中。”鲍本:“城阳,兖州国,莒其县也。”学者认为莒国之城阳位于今临淄城西南四百五十余里的鄄城县东南。② 在李学勤先生认识的基础上,进一步思考,在临淄城外生产齐陶的陶工,是从莒国招募而来还是通过战争掠夺而来?目前尚无材料来说明此问题。但从春秋到战国齐与莒之间的战争不断,估计是战争掠夺的可能性较大。不过,孙敬明先生认为齐陶文“城阳”并非莒国故地之城阳,而在齐都临淄以东的今益都县孙板村一带,距临淄城很近。③

2.“豆里固”释读顺序商榷

带有“豆里固”的齐陶文很多,现举两例(图4-5):

《陶录》2.509.1

《陶录》2.511.1

图4-5

以上齐陶文过去均释为“豆里固”,未见学者提出异议。不过,来自里耶秦简的材料可为齐陶文的释读顺序提供新的思路。兹先将里耶秦简8-1459的材料录之如下(图4-6):

---

① 李学勤:《战国题铭概述》(上),《文物》1959年第7期,第52页。按:李学勤释为“鄙”的字,学界有分歧,本书主张释为“乡”。
② 孙敬明:《齐陶新探》,《考古发现与齐史类征》,第9页。
③ 同上注所引文。

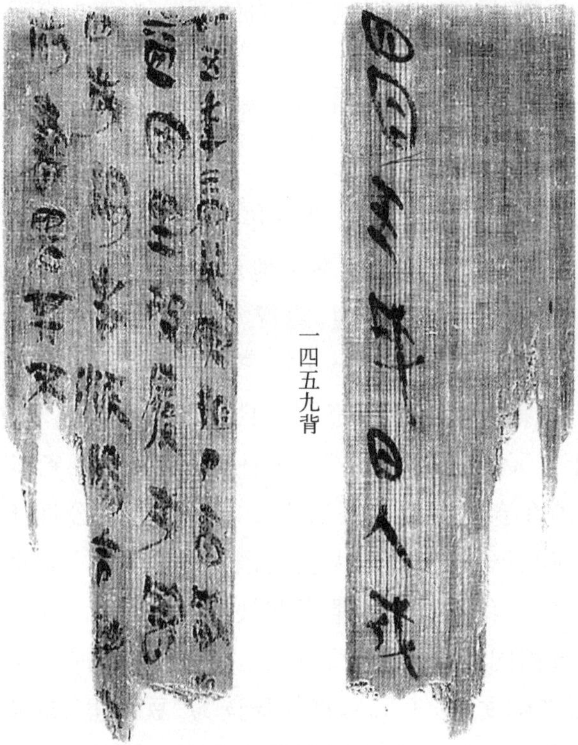

一四五九正　一四五九背

图 4-6　里耶简 8-1459

8-1459 正：

卅五年三月庚寅朔丁酉，贰春☑

益固里故履戍署☑

8-1459 背：

四月壬戌日入戌☑

查《里耶秦简》[①]5-1、5-23、8-209 正、8-445、8-653 正、8-657 正和 8-1459 正，"固"字均呈""形，即"□"内"古"字之形。

《陶汇》3.552

《陶汇》3.554

图 4-7

齐陶文中的"固"字，有两种写法(图 4-7)，

① 湖南省文物考古研究所编著：《里耶秦简》(壹)，北京：文物出版社，2012 年。

一种是"□"内"古"之右侧有一"丰"形构件，另一种是"丰"形构件位于"古"字左侧。

齐陶文中的"固"和里耶秦简中的"固"字形有别，殆经秦统一文字后，东方六国如齐国之""的字形消失。

里耶秦简 8－1459 正面之"卅五年"指嬴政三十五年（前 212）。关于"益"，校释者说："益，县名。《汉书·地理志》属北海郡，治所在今山东寿光市南。固里，里名。故，人名。履，践行。"[①]其说可从。秦代益县属于齐郡。8－1459 简文的大意是嬴政三十五年三月丁酉启陵县贰春乡记录齐郡益县固里人名"故"者抵达戍边之署报到。具体入戍的时间写在简背面，即丁酉之后的第二十五天"四月壬戌日"。再往前追溯，今寿光市在西周时期大致属于纪国，纪国在春秋前期被齐所灭。《左传》鲁庄公四年（前 690）："纪侯不能下齐，以与纪季。夏，纪侯大去其国，违齐难也。"即此后今寿光市属于齐国。根据此简文和居邑在无重大变故的情况下相对稳定的常识，即符合时代相近、地域相同两个因素，那么战国时期齐国的今寿光市也应当有固里。据此回看齐陶文（图 4－5），将其释读为"豆固里"亦未尝不可。若断句的话，应写为："豆，固里。""豆"即陶器之自名，"固里"标明生产豆这种陶器的陶工的籍贯。即制陶手工业者将家乡名称"固里"带到临淄，作为自己新的居住地。

王恩田先生编著的《陶录》均无器形说明，故对《陶录》著录之"豆里固"陶文所在的器形不详。徐在国先生编著的《新齐陶》著录九件"豆里固"陶文（《新齐陶》1062—1070）除了 1062、1064 两件器形不详外，均为"豆"，系量器。据此推测，王恩田先生著录的"豆里固"陶文之器形应该也是量器"豆"。这为主张上所讨论的"豆里固"陶文之"豆"系器之自名提供了一些依据。

3. 秦代陶工来源的启示

探讨临淄陶工之来源似可从情况相对清楚的秦代陶工来源中得到一些启示。目前已发现秦陶文署有陶工来源地的县级行政区划有：皮氏、漆、冀、降（绛）、当阳、废丘、频阳、蒲反（阪）、咸阳、栎阳、临晋、杨、下邽、上邽、高阳、新

① 陈伟主编：《里耶秦简牍校释》（第一卷），第 333 页。

城、栒邑、陕、美阳、蓝田、西、阴平、宜阳、郧阳、汧、戏、莨阳、杜、乌氏、好畤、泥阳、商、安邑等。当阳属于今湖北当阳市;绛、皮氏、安邑在今山西;宜阳在今河南洛阳附近,新城在今河南伊川;泥阳、上邽、西和阴平在今甘肃;乌氏一说在宁夏,一说在甘肃;其他县大多离咸阳相对近一些。[①] 由秦代的情况推测,战国时期的齐国制陶手工业者的来源一定不会局限于临淄及以临淄为中心的周边地区。故上文提出的一部分齐陶文新的释读顺序固然证据尚不坚确,但齐国临淄城周边陶窑的陶工肯定有一部分来自距离齐国临淄更远的一些地区。临淄陶工可能有招募者,[②]有刑徒,还可能有灭亡他国后掠夺的陶工,将其原居住地名带到临淄并铭刻在陶器上。

关于掠夺他国手工业者的现象在《左传》中可以找到一点蛛丝马迹。《左传》定公八年(前502):

> (卫侯)将行,王孙贾曰:“苟卫国有难,工商未尝不为患,使皆行而后可。”

这则材料是说晋国和卫国在鄟泽结盟的盟会上卫侯受到晋国涉佗和成何的侮辱。王孙贾所说的“工商未尝不为患”表明晋国垂涎卫国的工商业者。尽管未形成事实,但据此推测,难道齐国就不垂涎他国的工商业者?若加以否定,这是说不过去的。若加以肯定,又缺乏直接的证据。春秋中晚期齐国灭莱后,赏赐莱的造铁徒四千于叔夷(叔夷镈《集成》285)。故从他国掠夺陶工在齐国的历史上肯定有,只不过今天已看不到这方面的材料了。其实带有“城阳”的陶文正是齐国掠夺莒国陶工的证据。

总之,将里耶秦简中的“益固里”与一部分齐陶文相结合的思路很可能有助于探讨齐陶工的来源。

4. 对“物勒工铭,以考其诚”的反思

“物勒工铭,以考其诚”一语出自《吕氏春秋》。《吕氏春秋·孟冬纪》:“是月也,工师效功,陈祭器,按度程,无或作为淫巧,以荡上心,必功致为上。物勒工名,以考其诚。工有不当,必行其罪,以穷其情。”意思是在孟冬之月对工师进行考核,根据之一是器铭上戳印的工师名字。上所论一部分齐陶

---

① 袁仲一、刘珏编著:《秦陶文新编》(上),北京:文物出版社,2009年。
② 陆德富:《战国时代官私手工业的经营形态》,复旦大学博士学位论文,2011年。

文之所以释读为“豆里固”就是依据了这种制度。如此释读，既有生产者的籍贯又有工师的名字，看起来是相当符合“物勒工铭”制度的。但仔细思考，《吕氏春秋》反映的是秦国的做法，并不等于齐国的手工业也是如此。当然战国时期齐国的制陶业也出现了“物勒工铭”的现象，例如“陶乡东匋里奭”（《新齐陶》0951，陶片）之“奭”即陶工之名。如果一部分齐陶文的释读顺序被重新调整后，可以看出还有戳印生产者的籍贯而无具体工师名字的现象存在，这大大增加了齐陶文的复杂性。这种复杂性可以看作地域的差异，或者时代早晚的差异，或许可以为齐陶文的断代提供一些依据，也可以为探究陶工来源提供一些线索。但愿在今后能够找到更多的证据，以推进齐陶文的研究。

第二节　秦的乡里基层制度

商鞅变法之后，秦国基层地域性居民组织主要实行乡里制，并在新扩张地区加以推广。这是大家早已熟知的，但对乡和里的内部情况却知之不详。新近出土的秦系文字资料极大地改变了这种现状，比如秦代有些邑，表面上称邑，实质上是县级行政区划；再如乡里两个层级的居民组织的职官及其职能的情况远远超出过去的认识。新出材料还提供了一些地域乡、里户数的最原始记录，为认识当时乡、里的规模提供了可靠的材料。[①] 本书研究的基层地域性居民组织的时间范围尽管限定在两周，但秦代延续了秦国的制度，秦代又短祚，未来得及对秦国的基层政治制度进行较大的更革，加之汉初又承秦制，所以本节在论述秦国的基层地域性居民组织时，主要使用了秦代乃至汉代的一些材料。如此处理，一方面是由于来自秦国的直接的史料有限，另一方面是考虑到基层政治制度的发展具有一定的稳定性，这些材料所反映的秦代和汉代的基层政治制度在一定程度上反映了秦国的制度，故而本节有些论述带有对秦国地方政治制度构拟的特征。

---

① 为避免材料堆砌，秦系文字资料中“乡”名和“里”名均作为附录处理。参见本书附录二。

一、秦乡、里之规模

有关秦里的规模,近出里耶秦简提供了具体的材料可资说明。里耶秦简8-157:

卅二年正月戊寅朔甲午,启陵乡夫敢言之:成里典、启陵邮人缺。除士五(伍)成里匄、成,成为典,匄为邮人,谒令、尉以从事。敢言之。(正)

正月戊寅朔丁酉,迁陵丞昌却之启陵:廿七户已有一典,今有(又)除成为典,何律令应?尉已除成、匄为启陵邮人,其以律令。(背)

"卅二年"即嬴政三十二年,公元前215年。8-157正面记载的是启陵乡夫请示要不要授予"成"为成里里典和授予"匄"为邮人。8-157背面文字是迁陵县丞说:成里二十七户居民已有一个里典,今又授"成"为里典,有何律令作凭据?故驳回启陵乡夫的提议,但同意任命成和匄二人为邮人。由此可见二十七户居民构成的聚落按秦代制度只准设立一个里典。这与《岳麓书院藏秦简》的记载相一致:

《尉卒律》曰:里自卅户以上置典、老各一人。不盈卅户以下,便利,令与其旁里共典、老;其不便者,予之典(1373)而勿予老(1405)。①

三十户以上的里设置里典和里老各一人,不足三十户的,若在地域上管理起来比较便利的情况下,由附近三十户以上的里的里典和里老加以管理;若二者相距较远或者别的原因而不便管理,不足三十户的里只能设置一名里典却不得设置里老。三十户应该是一个里的规模的上限。据此还可以推测启陵乡之成里比较偏僻。

里耶秦简还提供了两个里的户数材料,也可据此来推测秦里的大小。里耶秦简8-1236+8-1791:

今见一邑二里:大夫七户,大夫寡二户,大夫子三户,不更五户,□□四户,上造十二户,公士二户,从廿六户。②

① 陈松长主编:《岳麓书院藏秦简》(肆),上海:上海辞书出版社,2015年,第115页。
② 陈伟主编:《里耶秦简牍校释》(第一卷),第297页。

材料中的两个残字根据其前后之“不更”和“上造”来推测应为某种爵称。即残字对户数的统计没有影响。材料中的居民户数一共加起来是六十一。“一邑”当理解为一个自然聚落，与相当于县级的邑无关。[①] “二里”当理解为一个自然聚落邑设置了两个行政“里”。二里共有六十一户居民，一里平均大约三十户。这与上引里耶秦简8－157提供的材料基本上一致。另外据学者研究，里耶秦简中有南阳里，[②]其规模约为24户或21户[③]。由此可推测，秦代一里大致拥有二三十户居民。

在里耶秦简中还有一支简提供了一个里的规模和该里连续六年的户数统计材料。

8－487＋8－2004：

正面：

卅四年八月癸巳朔癸卯，户曹令史☐

尽卅三年见户数牍北(背)移狱具集上□☐

背面第一栏：

廿八年见百九十一户

廿九年见百六十六户

卅年见百五十五户

卅一年见百五十九户

背面第二栏：

卅二年见百六十一户☐

卅三年见百六十三户☐

以上材料中的户数，有学者认为是迁陵县之规模，[④]似不妥，应该是里的规

① 参见尹湾汉简《集簿》“县、邑、侯国三十八：县十八，侯国十八，邑二。”(连云港市博物馆等编：《尹湾汉墓简牍》，北京：中华书局，1997年)

② 有学者认为“南阳”为郡名，参湖南省文物考古研究所：《里耶发掘报告》，长沙：岳麓书社，2007年，第208页。

③ 张荣强：《湖南里耶所出“秦代迁陵县南阳里户版”研究》，《北京师范大学学报》2008年第4期；陈絜：《里耶“户籍简”与战国末期的基层社会》，《历史研究》2009年第5期。

④ 晏昌贵、郭涛：《里耶简牍所见秦迁陵县乡里考》，《简帛》(第10辑)，上海：上海古籍出版社，2015年，第153页。

模,[①]只是目前难以知道此里的名称及其上属之乡名。从以上材料记录在同一简的情况,应当视为同一里从嬴政二十八年(前219)到卅三年(前214)的户数统计数字,且六年内总户数在一百五十五户到一百九十一户之间波动。与前述成里等里的规模在二三十户相比较,该里之规模要大得多。这说明秦代里的规模不一,有时差别很大。

以上是目前所见里耶简一里的规模。秦代实行乡里二级制,即里上属乡。那么一乡有多少个里?一乡的规模有多大?里耶简提供了这方面的材料。里耶秦简8-927:

> 廿七年,迁陵贰春乡积户☐
> 亡者二人。率之,万五千三户而□☐

"廿七年"指秦始皇嬴政二十七年(前220),该年贰春乡共有一万五千零三户。

里耶秦简8-1716:

> 卅五年迁陵贰春乡积户二万一千三百☐。[②]

"卅五年"指秦始皇嬴政卅五年(前212),该年贰春乡有二万一千三百多户。从公元前220年到公元前212年,八年的时间,贰春乡的户数净增加约六千三百户。增长的速度极为惊人。按平均三十户一个里计算,贰春乡大约有七百四十多个里。

迁陵县辖贰春乡、启陵乡、都乡三个乡,均按照贰春乡的规模计算,据此可以推测迁陵县应该有六万多户,一户以最少三人计,迁陵县大约有十八万人。据此所作出的推测与实际基本吻合,里耶秦简8-552:

> 卅二年,迁陵积户五万五千五卅四。[③]

校释者认为简文"卅四"二字前脱"百"字。即嬴政三十二年(前215),迁陵县有五万五千五百三十四户人家。迁陵县共三个乡,每乡平均一万八千五

---

① 张春龙:《里耶秦简所见的户籍和人口管理》,《中国里耶古城·秦简和秦文化国际学术研讨会论文集》,北京:科学出版社,2009年,第189~190页。
② 陈伟主编:《里耶秦简牍校释》(第一卷),第381页。
③ 同上注,第178页。

百一十一户。

鉴于能说明问题的材料比较缺乏和汉承秦制，下面利用出土西汉材料中的乡之规模与秦制进行比较。江陵松柏 1 号墓出土西汉木牍，其中 48 号载："二年西乡户口薄（簿）。户千一百九十六，……凡口四千三百七十三人。"此西乡当是江陵县西乡，年代大约是墓主周偃于汉武帝建元元年（前 140）担任西乡有秩啬夫后的建元二年（前 139）。[①] 拿里耶秦简中的迁陵县贰春乡和汉武帝时期江陵县西乡户口规模相比较，贰春乡的规模无疑是非常大的。这种情况可能是因为当时处于秦帝国边疆的迁陵县的面积广大而导致，[②]或者与各地发配戍边的人蜂拥至此而导致人口密度大有关，秦代一般乡的规模应当比上述迁陵县贰春乡的规模小得多。

二、秦的乡、里官吏及其职能

（一）乡之官吏

《汉书·百官公卿表上》载："十亭一乡，乡有三老、有秩、啬夫、游徼。三老掌教化。啬夫职听讼，收赋税。游徼徼循禁贼盗。"但除"啬夫"外，均不见于出土文献。近出里耶秦简所见的乡级官吏令研究者大开眼界，仅见于《里耶秦简牍校释》（第一卷）[③]者即有：

乡啬夫　（8－157 正[④]、8－770、8－1254）

乡官　（8－198＋8－213＋8－2013）

乡守（8－58、8－205 背、8－651、8－770 正背、8－300、8－769、8－1287、8－142、8－170、8－645、8－651、8－660、8－1824、8－1550、8－1554、8－1554 背、8－2247）

乡佐　（8－39、8－300、8－580、8－2247）[⑤]

---

① 彭浩：《读松柏出土的四枚西汉木牍》，《简帛》（第 4 辑），上海：上海古籍出版社，2009 年。

② 张春龙：《里耶秦简所见的户籍和人口管理》，《中国里耶古城·秦简和秦文化国际学术研讨会论文集》，第 195 页。

③ 陈伟主编：《里耶秦简牍校释》（第一卷）。

④ 笔者此处从张春龙、庞京沙的意见，认为"乡夫"即"乡啬夫"之省。参见《里耶秦简牍校释》（第一卷），第 95 页。

⑤ 睡虎地秦简《法律答问》有"部佐"职官，整理小组释为"乡佐"。这说明秦代乡级职官"乡佐"亦可称"部佐"。参睡虎地秦墓竹简整理小组编：《睡虎地秦墓竹简》，北京：文物出版社，1990 年，第 130 页。

乡司空　(16-5、16-6、16-5背、16-6背)

乡主　(16-9背)

乡史　(8-269、8-342)

津吏　(属启陵乡,8-769)

里耶秦简中乡一级职官“乡啬夫”名称的出现证明了裘锡圭先生以往推定在秦律的时代肯定已经存在“乡啬夫”的看法是正确的。[①] 乡守属于代理乡啬夫之职。[②]

汉承秦制,张家山汉简《二年律令》也记载了与里耶秦简大致相同的乡官体系。如《贼律》:“贼燔城、官府及县官积聚,弃市。贼燔寺舍、民室屋庐舍、积聚,黥为城旦舂。其失火延燔之,罚金四两。责(债)[③](简4)所燔。乡部、官啬夫、吏主者弗得,罚金各二两。(简5)”最后一句大意是若乡部、官啬夫和专司捕贼之吏不能抓到纵火者,各罚金二两。这则材料涉及乡中职官乡部和官啬夫。《具律》:“诸欲告罪人,及有罪先自告而远其县廷者,皆得告所在乡,乡官谨听,书其告,上县道官。廷士吏亦得听告。(简101)”即有欲举告他人犯罪,以及有罪自首者,但是远离县廷,均可告所在乡。乡官认真听取,并书面报告县道官。县廷之士吏也可以接受报告。此材料说明乡官负有接受告发和自首者之责,并须向县廷报告。《钱律》:“盗铸钱及佐者,弃市。同居不告,赎耐。正典、田典、伍人不告,罚金四两。或颇告,皆相除。尉、尉史、乡部、官(简201)啬夫、士吏、部主者弗得,罚金四两。(简202)”其大意是有盗铸和帮助盗铸钱者,其所在居民组织里的正典和田典等不告发,罚金四两。只要有人告发,不必连坐。若尉、尉史、乡部、官啬夫士吏、部主者不能抓捕到盗铸钱的犯罪者,罚金四两。此材料中的乡部和官啬夫属于乡中职官。此材料说明基层居民组织乡之官吏负责举告和抓捕盗铸钱的犯罪者。《田律》:“乡部主邑中道,田主田(简247)道。道有陷败不可行者,罚其啬夫、吏主者黄金各二两。(简248)”此则材料大意是乡部主要负责邑中道路,田典负责田间道路,有塌

① 裘锡圭:《啬夫初探》,中华书局编辑部:《云梦秦简研究》,北京:中华书局,1981年,第229页。

② 陈治国:《里耶秦简之“守”和“守丞”释义及其他》,《中国历史文物》2006年第3期。

③ 按,债通假赀。责(债)属于庄母锡部,赀属于精母支部,支、锡阴入对转,精母属于齿头音,庄母属于正齿音,精庄音近,二者通假无问题。“责所燔”即“赀所燔”。“赀”字在秦简中亦作“訾”。

陷不可通行者，罚乡啬夫和专司其职者黄金各二两。可见乡基层居民组织之官员还得负责所辖乡中的道路养护。

《二年律令》之《秩律》还记载了汉初基层官吏的秩级。《秩律》："乡部一百六十石。(简466)……田、乡部二百石。司空二百五十石。(简468)"不过这些基层官吏是汉初首都长安的基层官吏。汉初首都之外地方的基层官吏秩级目前还不得而知。秦代乡官的秩级目前还不清楚，可能与前引张家山汉简《二年律令·秩律》所记汉初的情况相近。

(二)里之官吏

《韩非子·外储说右下》载："秦襄王病，百姓为之祷；病愈，杀牛塞祷。郎中阎遏、公孙衍出见之，曰：'非社腊之时也，奚自杀牛而祠社？'……王因使人问之，何里为之，訾其里正与伍老屯二甲。"可见里之官吏有里正和伍老。"里正"之称谓后为避嬴政讳，改称"里典"。[①] 秦玺印"安石里典"[②]"颤里典"[③]即其证据。此外，睡虎地秦简《封诊式》有"某里典甲诣里人士五(伍)丙"(简52)和"某里典甲曰：'里人士五(伍)丙经死其室，不智(知)故，来告'"，(简63)亦可为证。里典别名"率敖"，如睡虎地秦简《法律答问》："可(何)谓'率敖'？'率敖'当里典谓殹(也)。"(简198)

睡虎地简《秦律杂抄》有"典、老赎耐"(简32)、"典、老弗告"(简33)；《云梦龙岗秦简》有"租者且出，以律告典、田典，典、田典令黔首皆知之。及▨"(简196号)[④]，"告典"之"典"当释为"里典"[⑤]。里耶秦简8－157正面："卅二年正月戊寅朔甲午，启陵乡夫敢言之：成里典、启陵邮人缺。除士五(伍)成里匄、成，成为典，匄为邮人。谒令、尉以从事。敢言之。"以上秦简中的典为里典，田典为里典之副贰。[⑥] 里中官吏还有"里佐"。里耶秦简16－2：

卅年三月己未，平邑乡泾下佐冒与平邑故乡守士五(伍)虽、中、哀，佐涅，童禺□

① 李学勤：《秦简与〈墨子〉城守各篇》，收入氏著《李学勤集——追溯·考据·古文明》，第296页。
② 韩自强：《安徽阜阳博物馆藏印选介》，《文物》1988年第6期。
③ 《玺汇》3232。
④ 刘信芳、梁柱编著：《云梦龙岗秦简》，北京：科学出版社，1997年，第39页。
⑤ 有学者释"告典"之"典"为"正典"之省。参《云梦龙岗秦简》第39页。
⑥ 陈伟主编：《里耶秦简牍校释》(第一卷)，第437页。

〼。不备十三真钱百九十五负童分钱□卅八。

《湘西里耶秦代简牍选释》作者认为平邑为乡名,“泾下”是里名,泾下佐即泾下里佐;里佐当是里典的助手。①

概括起来,里有“里正”,为避秦嬴政讳,改称里典。里典在秦简中有时简称“典”。“田典”属于里典之副贰。“里佐”当是里典的助手。此外,里中官吏还有“伍老”。

(三) 秦乡、里官吏的职能

睡虎地秦简《秦律十八种·厩苑律》载:

> 以四月、七月、十月、正月肤田牛。卒岁,以正月大课之,最,赐田啬夫壶酉(酒)束脯,为旱(皂)者除一更,赐牛长日三旬;殿者,谇田啬夫,罚冗皂者二月。其以牛田,牛减絜,治(笞)主者寸十。有(又)里课之,最者,赐田典日旬;殿,治(笞)卅。(简13+14)

“有(又)里课之”前边指的是以乡为单位评比,其后边讲的是以里为单位评比。田典即里典之副贰。此即乡和里进行养牛评比,是对乡里官吏在养牛方面的政绩的考核,反映了乡里官吏的职责。

国家对官营畜牧业的考核称为“苑计”。睡虎地秦简《效律》规定:“人户、马牛一以上为大误。”(简60)《法律答问》:“可(何)如为‘大误’? 人户、马牛及者(诸)货材(财)直(值)过六百六十钱为‘大误’,其它为小。”(简209)这就是说,考核时漏掉一个人口与一匹马或一头牛,其错误程度是同等的。张家山汉简《户律》亦记载了乡里基层官吏的职责:

> 自五大夫以下,比地为伍,以辨券为信,居处相察,出入相司(伺)。有为盗贼及亡者,辄谒吏、典。田典更挟里门钥,以时开;(简305)伏闭门,止行及作田者,其献酒及乘置乘传,以节使,救水火,追盗贼,皆得行。不从律,罚金二两。(简306)

自五大夫以下,按照居住相邻的原则编制为伍,各执券以为标志,在一起居住者互相监督,出入时要互相注意对方。发现同伍之人有盗窃和逃亡的,要

---

① 湖南省文物考古研究所、湘西土家族苗族自治州文物处:《湘西里耶秦代简牍选释》,《中国历史文物》2003年第1期,第20页。

马上报告里吏和里典。"田典"掌里门钥匙，类若《管子·立政》之"里尉"，负责辖区治安。此外《户律》还记载基层官吏负责管理户籍：

恒以八月令乡部啬夫、吏、令史相杂案户籍，副臧(藏)其廷。有移徙者，辄移户及年籍、爵细、徙所并封。留弗移，移不并封(简 328)及(结)实，不徙数盈十日，皆罚金四两；数在所，正、典弗告，与同罪。乡部啬夫、吏主及案户者弗得，罚金(简 329)各一两。(简 330)

定在八月，令乡部啬夫、吏、令史，相互配合，案比户籍，副本藏于县廷。有迁徙者，速将移户及年籍、爵细、徙所一起封缄。滞留不迁、封缄不结实、不迁徙满十日者，皆罚金四两。里正、田典知情不告，与之同罪。乡部啬夫、吏主和案比户籍者未将已办迁徙手续而仍滞留者察知，罚金各一两。

前引《韩非子·外储说右下》的故事中显示，里正和伍老还是里中百姓社祀的组织者。

三、县级"邑"辖之"里"

秦简中的"邑"比较复杂，其中一些"邑"并非县级以下一级地域性居民组织。睡虎地秦简《秦律十八种·田律》载：

邑之紤(近)皂及它禁苑者，麛时毋敢将犬以之田。百姓犬入禁苑中而不追兽及捕兽者，勿敢杀；其追兽及捕兽者，杀之。河(呵)禁所杀犬，皆完入公；其它禁苑杀者，食其肉而入皮。 (简 5+6+7)

显然"邑"指自然的居民聚落。

前引里耶秦简 8-1236+8-1791 之"一邑二里"即一个自然的居民聚落设置了两个地域性居民行政组织"里"。

以上两则材料可以说明有些"邑"在秦并非一级居民组织，属于居民聚落的通称。但在战国时期的文献中常见"邑里"相连的表述。例如《管子·揆度》："君终岁行邑里。"《管子·轻重甲》："而邑里布积之。"《列子·杨朱》："奉养之余，先散之宗族；宗族之余，次散之邑里；邑里之余，乃散之一国。""里"是比较清楚的，即基层地域性居民组织，而"邑里"相连之"邑"当如何理解？

《周礼・地官司徒・里宰》"掌比其邑之众寡",郑玄注:"邑,犹里也。"《尔雅・释言》:"里,邑也。"《说文》:"邑,国也。"可见,在汉代"里""邑"和"国"三字是可以互训的。可能大部分基层地域性居民组织"里"呈现出一个邑的聚落形态。而《说文》将"邑"解释成"国",可能与春秋末以来采邑制演变为封君制和封君之邑被称为"国"有关。下面看汉代的材料是否能够为准确定位上举战国时期一些"邑"的层级提供一点启示。《尹湾汉简・集簿》载:

> 县、邑、侯国卌八:县十八,侯国十八,邑二,其廿四有堠(?),都官二。乡百七十,□百六。里二千五百卅四,正二千五百卅二人。亭六百八十八,卒二千九百七十二人。邮卅四,人四百八。如前。

这则材料显示西汉晚期"邑"与"县""侯国"并列。西汉实行郡县和侯国双轨制,这是大家所熟知的。据此,"县、邑、侯国"之"邑"一定是县级行政区划。秦简也有这种情况。例如里耶秦简 12－10 背:

> 鞫之,越人以城邑反。

《战国策・赵一・秦王谓公子他》:"今有城市之邑七十,愿拜内之于王,唯王才之。"以上里耶简中的"城邑"应属《赵一》"城市之邑"之省称,应属于同一个概念。

里耶秦简 16－3:

> 一封诣昆阳邑。

论者认为城邑和昆阳邑应当属于县级行政区划。① 这是很有见地的。不过,还是将"昆阳邑"理解为"城邑"之一比较妥当。这昭示着应该如何看待先秦典籍中"邑里"相连的现象。笔者认为,此现象当中,有些可以理解为"邑"下有"里",且该"邑"属于县级行政区划。这反映了先秦时期地方行政制度的复杂性。这种复杂性在时代为汉初的《张家山汉简》中亦有若干具体的例证。

《张家山汉简・奏谳书》:

---

① 钟炜:《里耶秦简所见县邑考》,《河南科技大学学报》2007 年第 2 期。

七年……(醴阳令)恢居郦邑建成里,属南郡守。 (简69—74)

"恢"为醴阳令之名,其为南郡太守的属官,其籍贯为郦邑建成里。关于"郦邑",《张家山汉简释文》修订本作者注:

郦邑,秦始皇十六年置,在今陕西临潼东北。《史记·高祖纪》载,高祖十年"更命郦邑曰新丰"。①

"郦邑"显然为某一级行政区划,层级至少高于"建成里"。在《张家山汉简·秩律》中,有"新丰"(简443)。在《秩律》中,凡与"新丰"并列者均为县级行政区划名,这说明"新丰"亦为县一级行政区划。根据《史记·高祖本纪》,更命新丰之前的"郦邑"也属于县级行政区划。郦邑作为县级行政区划存在于秦王嬴政十六年(前230)到汉高祖十年(前197)。

再如"万年邑",虽位于栎阳县境内,但属于刘邦父亲太上皇陵的陵邑,行政层级属于县。②

另有《张家山汉简》记录的一些县级行政区划称谓,有时候加"邑"字,也有时候不加"邑"字。例如,《张家山汉简·奏谳书》:"处曰:'守汧邑南门,已嘉平不识日。'"(简101)《张家山汉简·秩律》中有"汧"(简451),"汧"即"汧邑"。《秩律》中与"汧"并列的地名均为县级行政区划,那么"汧"必为县级行政区划。此外,《秩律》中还记有县级行政区划"棩邑"(简451)和"戎邑"(简453)。可见,一部分被称为"某邑"者,虽不加"县"字,但其属于县级行政区划。这种情况在成书于战国时代的传世文献中亦有反映。《吕氏春秋·怀宠》载:

有能以家听者禄之以家,以里听者禄之以里,以乡听者禄之以乡,以邑听者禄之以邑,以国听者禄之以国。

上引来自《怀宠》的材料涉及的居民组织的单位自小至大依次为:家、里、乡、邑和国。"邑"显然高于乡、低于国,位次相当于"县""郡"级别的行政区划,当理解为相当于"县"级行政区划为宜。

---

① 张家山二四七号汉墓竹简整理小组:《张家山汉墓竹简》[二四七号墓](释文修订本),北京:文物出版社,2006年,第98页。

② 周振鹤:《二年律令·秩律的历史地理意义》,中国社会科学院简帛研究中心:《张家山汉简〈二年律令〉研究文集》,桂林:广西师范大学出版社,2007年,第361页。

《史记·高祖本纪》和《汉书·高帝纪》:“高祖,沛丰邑中阳里人也,姓刘氏。”关于“沛”和“丰邑”有不同的说法,参见《汉书》颜师古注,不赘引。《张家山汉简·秩律》有“酆”(简443),注释者认为“即丰,汉高祖,沛之丰邑人,属沛郡”。在《秩律》中与“酆”并列的地名均为县级行政区划,那么“丰邑”也应是县级行政区划。张家山汉简问世后,以往对于“丰邑”认识的分歧应该说可以冰消雪融了。如此说来,睡虎地秦简《法律答问》:“将上不仁邑里者而纵之,可(何)论?当毄(系)作如其所纵,以须其得;有爵,作官府。(简63)”其中之“邑”亦指县级行政区划。

总括言之,战国时期,一直至汉初,有些“邑”属于县级行政区划。一些“邑里”连言之“里”当理解为“县”下之里,这样的“邑”并不是县级行政区划之下、里之上的一级居民组织,而是相当于县级行政区划。即使是商鞅变法之后的整齐划一的秦国,乃至秦代,也还存在这种现象。至于上所言邑辖之里的情况,鉴于材料缺乏,目前的探讨还无法深入其内部。

四、秦封宗邑瓦书“一里廿辑”性质试探

秦封宗邑瓦书1948年出土于陕西鄠县(1964年改为户县),今藏陕西师范大学图书馆。为讨论方便,将秦封宗邑瓦书铭再一次择要引录如下:

> 四年,周天子使卿大夫辰来致文武之酢(胙)。冬十壹月辛酉,大良造庶长游出命曰:“取杜才(在)酆邱到于潏水,以为右庶长歜宗邑。”乃为瓦书,卑(俾)司御不更顝封之,曰:“子子孙孙以为宗邑。”顝以四年冬十壹月癸酉封之。自桑䧢之封以东,北到于桑匽(堰)之(正面)封,一里廿辑。(背面)①

该铭自刊布以来许多学者对其进行了探讨,②但对“一里廿辑”之“廿辑”迄今未有合适的解读。“里”和“辑”之前的“一”和“廿”是数词,这就决定了“里”和“辑”是某种量词。“里”作为量词,可能的解释有三种:长度单位,面积单位和居民组织单位。与“里”的性质相应,“辑”可能的解释亦有三种:长度单位,面积单位和居民组织单位。笔者解决问题的思路是先假定“里”为以上

---

① 郭子直:《战国秦封宗邑瓦书铭文新释》,《古文字研究》(第14辑),第180页。
② 刘杰:《秦封宗邑瓦书铭文研究述补》,《湖南科技大学学报》(社会科学版)2013年第4期。

三种量词单位之一，然后确定“辑”可能是相应什么性质的量词单位。

瓦铭“取杜（即秦武公十一年所置之杜县[①]）在酆邱到于潏水”和“自桑障（郭）之封以东，北到于桑堰之封”已经对所赐之宗邑从宏观的地域到具体的“封”规定了范围和大小，若紧随其后的“一里廿辑”再继续补充说明宗邑的大小，显犯重复的语病。故本书主张“一里廿辑”之“里”和“辑”既非长度单位，亦非面积单位，而是地域性居民组织单位[②]。之所以认定“里”和“辑”为居民组织单位，还有以下两点理由：首先从“邑”的概念来说，“邑”中是有居民的。若无人居住之地是不可以称“邑”的。其次，“邑”一般有一定面积的土地，没有居民在所封宗邑的田中从事耕作，宗邑之主是无法享受宗邑的。由此判定，“一里廿辑”属于所封宗邑附带的居民组织的数量。

既然认定“里”和“辑”均为居民组织单位，那么二者的关系如何？

对于“里”，学界是比较熟悉的。瓦铭之“里”应理解为秦国郡县制之下的“乡里”之“里”。不过，在赏赐给右庶长歜之前该“里”当属国君直辖。那么，在瓦铭的时代秦国“一里”的规模有多大？一里是否可以拥有“廿辑”的居民？

按《周礼·地官·遂人》“五家为邻，五邻为里”，一里二十五户。按《国语·齐语》，国中五十家为一里。在传世文献中“里”的规模尚有其他不同的说法，不再一一征引。但目前尚无直接的证据可以说明秦都咸阳附近的“一里”有居民多少户。前述里耶秦简表明洞庭郡迁陵县一里的规模在二十一户至一百九十一户之间。于此可见，就迁陵县实际情况而言，里的规模有大有小。

研究者一致认为瓦铭“四年”即秦惠文王四年（前 334），而里耶秦简中的“里”的时代若大约均以 8－157 简中的嬴政“三十二年（前 215）”为准，那么这两种材料有以下三点差异：一是时代先后相差大约一百二十年；二是属于不同地域，即里耶秦简之洞庭郡迁陵县“里”的规模与瓦书所载咸阳附近“一里”的规模是否相差无几，是无法回答的问题；三是里耶秦简反映的是郡县制之下

① （汉）司马迁：《史记·秦本纪》，第 182 页。
② 郭子直：《战国秦封宗邑瓦书铭文新释》，第 187 页。

的乡里之里,而瓦书是宗邑之里,二者性质当有所不同。在目前没有更好的材料的情况下,姑以里耶秦简所反映的里的规模为准。而且,据我国历史上各级行政区划的规模向来都是大小不等的情况来看,估计秦都咸阳附近"里"的规模亦有大有小。

关于居民组织单位"辑",前所未见,有学者试读为"聚"。但据朱桂昌先生研究,秦汉时期的"聚"必有集市。[①] 以今日北方之偏僻农村为例,有二十个集市之聚落的居民规模大大超过自里耶秦简获得的认识,而且"聚"(从母侯部,在阴声)与"辑"(从母缉部,在入声)上古音虽声纽相同但韵部相隔太远,故笔者不赞同此种释读意见。笔者倾向于读"辑"为"井"。在上古音中,井属精母耕部,按照已经建立的上古音理论体系,虽然精母与从母俱属齿头音,但二字韵部相隔太远,不过二者还是可以通假的。理由如下:

第一,辑与缉之关系。从上古音来看:辑,从母缉部;缉,清母缉部;[②] 清、从均齿头音,且二字韵部相同,例可通假。相关文献例证,高亨《古字通假会典》列举数条,兹摘引如下:"《大戴礼·保傅》:'则百姓黎民化缉于下矣。'韩元吉校云:'缉一作辑。'《贾子新书·保傅》缉作辑。《国语·晋语八》:'缉训典。'《补音》缉作辑。《韩非子·外储说左上》:'辑以羽翠。'《艺文类聚》八四、《太平御览》七一二引辑作缉。"[③]经笔者核查,以上引文除《太平御览》卷数应在卷七一三[④]外,均无误。二字除了可以通假外,唐代学者还认为"缉与辑同",见《文选》王俭《褚渊碑文》"衣冠未缉"李善注。[⑤] 第二,缉与绩之关系。《说文》:"绩,缉也。"又:"缉,绩也。"缉、绩互训,说明二字同义。此外,二字在一些地区还同音。《诗经·陈风·东门之池》:"东门之池,可以沤麻。"笺云:"于池中柔麻,使可缉绩作衣服。"[⑥]《经典释文》"可缉"下有:

---

① 朱桂昌:《古"聚"考说》,《纪念李埏教授从事学术活动五十周年史学论文集》,昆明:云南大学出版社,1992年;又见氏著《秦汉史考订文集》,昆明:云南大学出版社,2009年。

② 郭锡良编著:《汉字古音手册》(增订本),第108、118页。

③ 高亨著,董治安整理:《古字通假会典》,济南:齐鲁书社,1989年,第701页。

④ (宋)李昉:《太平御览》,北京:中华书局,1960年,第3172页上。

⑤ (清)阮元等撰集:《经籍籑诂》,北京:中华书局,1982年,第2234页上。另见,(梁)萧统编,(唐)李善注:《文选》卷五十八,上海:上海古籍出版社,1986年。

⑥ 阮元校勘《十三经注疏》本《毛诗正义》。

“西州人谓绩为缉。”[①]“西州”指何地？《战国策·韩三·谓郑王》：“昔者，［秦］穆公一胜于韩原而霸西州，晋文公一胜于城濮而定天下。”故“西州”应在以春秋僖公十五年秦晋韩原之战当时的秦国为中心，包括一些周边地区。《后汉书·邓骘传》：“其（永初元年）夏，凉部畔羌摇荡西州，朝廷忧之。于是诏（邓）骘将左右羽林、北军五校士及诸部兵击之，车驾幸平乐观饯送。”此“西州”与《战国策》之“西州”主要地域应大致相同。瓦书出土地户县和瓦书所载之事的发生地秦国杜县一带正好在以上两条材料中的“西州”地域范围之内。从《经典释文》可知，秦地缉、绩二字音同。第三，绩与井之关系。绩属精母锡部，[②]绩、井均精母字，且耕部与锡部属阳入对转关系，说明绩、井二字可以通假。

以上三点可小结为：辑与缉不仅在理论上可以通假且有文献例证，二字还具有“同”之关系；缉与绩不仅可以互训，且在瓦书出土地和瓦书所载之事的发生地读“绩”为“缉”；井与绩声纽相同，韵部阳入对转，从理论上讲是可以通假的。即瓦铭之“辑”是可以读为“井”的。

那么一“辑”之规模有多大的问题，即可转化为一“井”的规模有多大的问题。传世文献于井之规模有两说。《孟子·滕文公上》：“方里而井，井九百亩，其中为公田，八家皆私百亩，同养公田，公事毕，然后敢治私事，所以别野人也。”《韩诗外传》：“古者八家而井田。方里为一井。”以上两则材料之“里”均为长度单位。据此，“廿辑”则有一百六十户。《周礼·地官·小司徒》：“乃经土地而井牧其田野，九夫为井，四井为邑，四邑为丘，四丘为甸，四甸为县，四县为都，以任地事而令贡赋，凡税敛之事。”《周礼·考工记·匠人》：“九夫为井，井间广四尺，深四尺，谓之沟。”结合《史记·商君列传》秦徙都咸阳后“令民父子兄弟同室内息者为禁”，一夫即一户，则“廿辑”凡一百八十户。

需要指出的是，古人对一井有多少夫，还有其他不同的说法，见于《左传》襄公二十五年楚国司马蔿掩“牧隰皋，井衍沃”孔疏所引郑玄和贾逵之

---

① （唐）陆德明：《经典释文》，上海：上海古籍出版社，1985年，第272页。

② 郭锡良编著：《汉字古音手册》（增订本），第112页。

说、《周礼·地官·小司徒》郑注、贾疏和《孟子·滕文公上》孙奭疏。但笔者不取这些说法，理由如下：按二十辑(井)来计算，均在三百六十夫以上。《汉书·食货志上》载战国李悝之言："今一夫挟五口，治田百亩，岁收亩一石半，为粟百五十石，除十一之税十五石，余百三十五石。食，人月一石半，五人终岁为粟九十石，余有四十五石。石三十，为钱千三百五十，除社闾尝新春秋之祠，用钱三百，余千五十。衣，人率用钱三百，五人终岁用千五百，不足四百五十。"又《汉书·食货志上》载晁错上文帝言："今农夫五口之家，其服役者不下二人，其能耕者不过百亩，百亩之收不过百石。"按照古人一方里九百亩计算，减去田中之庐和阡陌、地埂所占面积，比照今天北方偏僻农村的情况，再考虑"夫"赡养之老年人和抚养之未成年人以及当时未有高产农作物玉米和马铃薯，八九百亩是无法养活这么多人口的。这是笔者不取郑玄、贾逵一井超过九夫诸说的理由，也是不将"一里廿辑"之"里"释为长度单位和面积单位的另外一个理由。

"一里廿井"意味着秦惠文王在赏赐给右庶长歜宗邑的同时还附带赏赐了一定数量之居民。前述秦代"里"之规模有大有小且差别很大，而"井"之规模尽管大小略微有别则相对固定，"廿井"确切规定了赏赐给歜一里的实际规模，约在一百六十或一百八十户之间。如此算来，这个里的规模也没有超过前述从里耶秦简获知的最大规模的里。这也是笔者主张释"辑"为"井"的又一个考虑。"里"和"井"应当上下相属。"一里廿辑(井)"之基层地域性居民组织内的居民显然是在宗邑这块土地上进行生产劳作的劳动者。

瓦铭之"辑(井)"似与井田有关。《汉书·食货志上》："及秦孝公用商君，坏井田，开仟伯，急耕战之赏。"又曰："至秦则不然，用商鞅之法，改帝王之制，除井田，民得卖买，富者田连仟伯，贫者亡立锥之地。"这说明商鞅变法与"井田"有关。商鞅被车裂的时间在秦封宗邑瓦书的公元前 334 年之前。秦惠文王即位后，可能经商鞅变法"坏"掉之"井田"仍然残存。瓦铭可以更有力地说明秦国在战国时期是存在井田乃至井田制的。① 同时说明，上引《汉书·食货

① 有学者认为秦国不存在井田制。例如：林剑鸣：《秦史稿》，北京：中国人民大学出版社，2009 年，第 165～166 页。

志上》“坏井田”比“除井田”的说法更接近商鞅变法的实际情况。

据《左传》襄公二十七年齐国大臣崔杼之“宗邑”杜注可知，宗邑为大臣宗庙所在。秦国经商鞅变法，都城从雍迁至咸阳后，无论国君还是大臣在死后一般不再回葬雍地。纵观中国古代历史，均有此种现象。大良造庶长游赏赐右庶长歜宗邑，当含有此意。右庶长歜对宗庙祭祀的祭品应当出自宗邑，即“一里廿辑”劳动者的劳动产品。如此，过去把“井田制”当成纯粹的土地制度来研究可能有失偏颇。

总之，“一里廿辑”之“里”和“辑”为上下相属的地域性居民组织。赏赐给歜大致一百六十户或一百八十户。“辑（井）”还是居民生产的组织单位。该瓦书可有力地证明战国时期秦国官僚的宗邑存在井田乃至井田制。

第三节　三晋的基层地域性居民组织及其职官

关于战国时期三晋基层地域性居民组织的材料非常少见，现将搜集到的相关材料按传世文献、出土文字材料和韩、赵、魏三国的先后顺序略述于下。

《战国策・韩二・韩傀相韩》：

> 轵深井里聂政，……此吾弟轵深井里聂政也。

《史记・刺客列传》亦载聂政为轵深井里人。“轵”系韩国地，这两则材料说明韩国有居民组织“里”的设置。

《战国策・赵二・武灵王平昼闲居》：

> 使者报王。王曰：“吾固闻叔之病也。”即之公叔成家，自请之曰：“夫服者，所以便用也；礼者，所以便事也。是以圣人观其乡而顺宜，因其事而制礼，所以利其民而厚其国也。被发文身，错臂左衽，瓯越之民也。黑齿雕题，鳀冠秫缝，大吴之国也。礼服不同，其便一也。是以乡异而用变，事异而礼易。是故圣人苟可以利其民，不一其用；果可以便其事，不同其礼。儒者一师而礼异，中国同俗而教离，又况山谷之便乎？故去就之变，知者不能一；远近之服，贤圣不能同。穷乡多异，曲学多辨，不知而不疑，异于己而不非者，公于求善也。”

因公子成反对赵武灵王实行“胡服”改革,故赵武灵王亲到公子成家阐述自己胡服改革的理由。据《史记·六国年表》,周赧王八年(前307)赵国“初胡服”,当赵武灵王十九年。但缪文远先生认为《史记》有误,“初胡服”当在周赧王十三年、赵武灵王二十一年(前302)。[①] 其中“圣人观其乡而顺宜”“乡异而用变”和“穷乡多异”都提到“乡”。这个“乡”是否就是居民组织“乡”呢?此“乡”虽然不能等同于居民组织“乡”,但是以“乡”名居民所居之地,显然是从居民组织演化过来的用法。

《庄子·田子方》:

> 田子方侍坐于魏文侯,数称溪工。文侯曰:“溪工,子之师邪?”子方曰:“非也,无择之里人也;称道数当,故无择称之。”

无择是田子方之名,子方为其字,系子贡弟子,[②]魏国人,初事魏文侯,后任齐相国。据“田子方侍坐于魏文侯”可知,当时田子方尚未作齐相国。溪工为田之方里人,即同里之人。魏文侯(前446—前397)为战国初期三家分晋之后的国君,当时都安邑,在今夏县境内。这则材料说明魏国在战国初期有基层地域性居民组织“里”的设置。

《战国策·魏一·西门豹为邺令》载:

> 西门豹为邺令,而辞乎魏文侯。文侯曰:“子往矣,必就子之功,而成子之名。”西门豹曰:“敢问就功成名,亦有术乎?”文侯曰:“有之。夫乡邑老者而先受坐之士,子入而问其贤良之士而师事之,求其好掩人之美而扬人之丑者而参验之。夫物多相类而非也,幽莠之幼也似禾,骊牛之黄也似虎,白骨疑象,武夫类玉,此皆似之而非者也。”

在此段文字中,魏文侯“乡邑”连言之语,说明战国时期的魏国确有“乡”居民组织的设置。

20世纪80年代考古工作者在郑韩故城(今新郑)发现带有“里”字的陶文,其中有如下三片(图4-8):

---

① 缪文远:《战国策新校注》,成都:巴蜀书社,1987年,第655～656页。
② 参见《吕氏春秋·当染》,许维遹撰,梁运华整理:《吕氏春秋集释》,第53页。

图 4-8　郑韩故城陶文[①]

原编号为 37 的陶片属于陶盆，蔡全法先生将“里”下一字释为“久”。原编号为 39 的陶片属于陶盆，“里”下一字不识。原编号为 40 的陶片属于陶罐，“里”下一字残。以上三件陶片，蔡先生均定为战国时代。根据西周金文，“里”字竖画上为圆点的字体较早，演变为横画的字体到西周晚期才出现。换句话说，以上原编号为 37 和 39 陶片上的“里”字保留了较古老的写法。“里某”的陶文有两种解释。第一，“里”字可能为氏名，“里”下一字可能是陶工名。[②] 第二，“里”为基层居民组织称谓，“里”下一字可能为“里”名的称谓。[③]

里耶秦简 8-894：

> 故邯郸韩审里大男子吴骚，为人黄皙色，隋(椭)面，长七尺三寸☐
> 年至今可六十三四岁，行到端，毋它疵瑕，不智(知)衣服、死产、在所☐

从死者吴骚“年至今可六十三四岁”，可知吴骚经历了战国赵国和秦朝两个时期。姑且认为吴骚自小即居于“邯郸韩审里”。“邯郸韩审里”之前加“故”字，疑秦沿袭赵国原来的地名和行政区划，即可能赵国之都邯郸城内有里名韩审里。

图 4-9　《玺汇》0066

战国时期三晋居民组织“里”中，尚设有“司寇”一职，见于一枚官印(图 4-9)：

此印文释为“杋里司寇”。传世战国韩兵器六年襄城令戈[④]和战国二十三年襄城令铜矛(《集成》11565)均有司寇官职，其铭文分别为“六年襄城令韩沽

① 郑韩故城出土的陶文引自蔡全法《近年来新郑“郑韩故城”出土陶文简释》，《中原文物》1986 年第 1 期，第 77 页。
② 同上注所引文。
③ 王琳：《从郑韩故城出土陶文看先秦乡遂制度》，《考古与文物》2003 年第 4 期，第 52 页。
④ 王人聪：《六年襄城令戈考》，《第三届国际中国古文字研讨会论文集》，香港中文大学，1997 年。

司寇反维右库工师邯郸□治疌造长戟”和“廿三年襄城令□名司寇反维右库工师邯郸□治铜造”。显然,这两件战国韩兵器上的“司寇”属于县级职官。其他三晋官印亦见“司寇”职官,①故此印定为三晋比较稳妥,不宜再细分。“枋里”未见属于县级行政区划的记载,属于里名的可能性较大。《史记·赵世家》:“屠岸贾者,始有宠于灵公,及至于景公而贾为司寇。”不过,司寇屠岸贾乃中央官员,枋里司寇属于里中官职。可见,中央和地方有相同之职官称谓,但二者之地位和官阶悬殊。里司寇之具体职能尚不清楚,②大概与司法有关。

居延汉简:

戍卒河东皮氏成都里上造傅咸　　(《居延》2418)

“戍卒”指明其身份,“上造”系爵称。傅咸来自河东郡皮氏县成都里。此地战国时期属于魏地,后为秦国占领。居延汉简的时代属于西汉。从沿袭的角度讲,战国时期的魏国和秦国、秦朝的皮氏县有成都里。

图 4-10
《珍秦斋》19

以下有两枚属于三晋且涉及基层地域组织的官印,但无法确定具体属于韩赵魏哪一国,姑附于后(图 4-10):

此印释文“大事里”。陈光田先生说:“大事,地名。里是地方的基层行政单位。该玺当为晋大事所属‘里’的官署用印。”③由此可知三晋有大事里。

图 4-11
《玺汇》0352

《玺汇》收有一枚三晋的印,其中可见居民组织“里”(图 4-11):

此印文释为“獏蔪畺丘鄍昌里□”。据李家浩先生的意见,“鄍”即“县”字,“畺丘县”是“獏蔪”所辖的县,“昌里”是“畺丘县”所属的里。“獏蔪”“畺丘”二地不详,但从玺印字体来看,应属三晋。④ 据此可知三晋有昌里。

---

① 陈光田:《战国玺印分域研究》,长沙:岳麓书社,2009 年,第 190 页。

② 先秦、秦汉时期“司寇”的含义比较复杂,参见朱腾:《也论先秦时代的司寇》,《法学家》2015 年第 2 期;孙闻博:《秦及汉初的司寇与徒隶》,《中国史研究》2015 年第 3 期。

③ 陈光田:《战国玺印分域研究》,第 203 页。

④ 李家浩:《先秦文字中的“县”》,《著名中年语言学家自选集·李家浩卷》,第 26～27 页。

从以上搜集到的三晋的材料可以看到，三晋地区既有居民组织“乡”的设置，又有居民组织“里”设置，里中设置了职官“司寇”。三晋的“乡”和“里”是什么关系，暂时没有材料可以说明。

小　结

本章要点概括如下：

一、根据《国语·齐语》，齐国为管理手工业者而在“国”中设置了三个乡，并设立“三族”对手工业者的三乡予以管理。手工业者集中居住在“国”中，世代从事某一种手工业，不服兵役，不事农业。齐陶文的时代上起春秋晚期，下迄田齐亡国。临淄城外东、西和北三面近郊均有制陶窑址的分布，这些窑址从国家政治地理的角度看，属于“国”的范畴。不论是官营还是民营制陶业，其基层地域性居民组织均为乡里两级。近出齐陶文又新出现了五个乡，新出材料使“北里”归属到楚郭乡之下，“□左里”(《陶录》2.261.1)归属到陶乡之下。

齐陶文所见基层地域性居民组织属于制陶手工业者的居民组织，其他手工业者虽缺乏材料，推测也会有相应的居民组织存在。

据齐陶文材料得出的居民组织的情况，是否代表整个齐国基层地域性居民组织的情况呢？对此笔者是这样认识的，即齐陶文中制陶手工业者的居民组织与春秋晚期到整个战国时期齐国普通居民的地域组织应该有一些共性，也肯定有一些区别。本书所研究的齐陶文中反映的制陶手工业者的基层地域性居民组织的名称和结构，既不能代表整个齐国手工业的情况(比如考古发现临淄城大城内有其他手工作坊遗址，这些行业的手工业者，判定其应该居住在城内比较合理)，也不能代表整个齐国某一时段的情况，更不能代表整个战国时期的情况，从春秋晚期到战国晚期，本书所关注的齐陶文所记载的基层地域性居民组织肯定有一个历时性的变化。随着对齐陶文断代研究的进一步深入，对齐国制陶业手工业者的基层地域性居民组织会有更加深入的了解和解读。而对于齐国一般居民的基层地域性居民组织还是应该主要以《管子》等文献和材料来求之。

二、秦国在商鞅变法以后主要实行郡县制之下的乡里制，并随着秦的统一步伐,将此制度推向全国。就目前刊布的秦简,乡级官吏的称谓多达八种,有乡啬夫、乡官、乡守、乡佐、乡司空、乡主、乡史、津吏等。里有里典、田典(里正、率敖)、里佐和伍老。乡和里的官吏的职能很丰富,如组织乡、里畜牧养殖的评比,核查户籍,办理居民的迁徙文书。田典负责里门的钥匙。里典和伍老负责组织里中之民举行社祀。关于里的规模,在二十七户到一百九十一户之间。关于乡的规模,以迁陵县贰春乡为例,大约在一万五千零三户到有二万一千三百多户之间。其规模过大,可能与迁陵县位处边境地区有关。战国乃至秦汉的一些"邑"属于县级行政区划,因而战国文献中"邑里"连称之"邑"并非县以下基层地域性居民组织,"邑里"之"里"属于县级行政区划之下的基层地域性居民组织"里"。在商鞅变法前后,秦国首都咸阳附近官僚之宗邑内"里"下有居民生产组织"辑(井)",证明秦国是存在井田乃至井田制的。

三、战国时期三晋(韩、赵、魏)从文献到出土材料均有或隐或显的乡和里的记载,比较独特的是赵国基层地域性居民组织之里中有"司寇"一职。

第五章　战国时期基层地域性居民组织功能的强化(下)

战国时期,为了将人力、物力等资源最大限度地集中于对外战争,在基层地域性居民组织中,列国普遍实行什伍制和户籍制,或者说对以往历史上即已存在的这两种制度予以进一步完善和规范。如此,战国时期基层社会的普通居民不仅被规划于层层叠压、大小相次的居民组织之中,形成组织严密、动员高效的共同体,同时,地方政府为了控制所辖居民的自由迁徙、维护基层社会秩序和便于徭役、赋税等的征派,建立了严格的户籍制度。当然,通过户籍登录和统计制度,也有利于各级政府详尽而准确地了解和研判所辖居民的基本情况,进而选择比较符合实际情况的措施和办法,更加合理地管理和组织民众。战国时期的什伍制和户籍制承担着管理、组织和动员基层社会居民的功能,同时也有利于基层社会秩序的稳定。总之,借助什伍制和户籍制,地方政府的行政功能得以强化。

本章拟利用传世文献和出土材料对战国时期的什伍制和户籍制予以考察,有些属于秦汉时期但能够说明战国时期情况的材料亦加以选择性地利用。《墨子》城守诸篇反映了战国时期基层居民行政组织在守城之战中发挥的军事功能,本章对此亦加以考察。

第一节　战国时期的什伍制

先秦时期的什伍制从什么时代开始出现,学者之间是有分歧的。此分歧主要为学者之间对材料时代的认识不同所致。《逸周书·大聚》:“五户为伍,以首为长;十夫为什,以年为长。”此即将居民予以什伍编制的体现。《大聚》的时代,有断为西周的,[①]有断为春秋早期的,[②]也有学者认为其反映的是战国的情况。[③] 朱凤瀚先生主张《大聚》成文当在春秋以后,但所言情况可能仍有一部分反映了西周的事实。[④] 据《尚书·牧誓》中"千夫长、百夫长"的军事职官称谓推测,当时的西周军队中似应有比"百夫"规模更小的以数字五和十为倍数的"伍"和"什"等军事单位的编制。如果说对《大聚》篇的时代不能取得一致的看法,那么《国语》《左传》和《银雀山汉简》的相关记载无疑反映的是春秋时期的情况。《国语·齐语》载管仲改革规划的居民组织中有"五家为轨,轨为之长",与之相应的军事组织为"五人为伍,轨长帅之"。此即齐国在行政上五家为轨,军事上五人为伍。齐国对基层居民如此编制,从而组成一个农战相结合的基本单位。《左传》襄公三十年(前543)载郑国"子产使都鄙有章,上下有服,田有封洫,庐井有伍"。"庐井有伍"即含有将居民编制为伍的信息。《左传》昭公十八年(前524)郑国都城发生火灾,"城下之人伍列登城"。据《墨子·号令》,此"伍"应即郑都城内之民人为"防灾防敌",按"五人为伍"进行组织。银雀山汉简《孙子兵法·吴问》谈到三晋,四处提到"伍税之",即按伍征税。以上目前能够见到的属于春秋时期的材料只有"伍"而无"什"。战国时期的秦国在献公十年(前375)将全国人口按照五家为一伍的单位予以编制,称为"户籍相伍"。[⑤] 以上材料中的"伍"似应看作战国时期什伍制的萌芽或前身。

《韩非子·和氏》:"商君教秦孝公以连什伍。"《史记·商君列传》:"(商鞅)令民为什伍"。这两则材料显示商鞅变法将居民编为什伍。这两则材料足以说明秦孝公(前361—前338)时期秦国开始实行什伍制。从时代而言,属于战国中期。

战国时期除了秦国实行什伍制外,其他国家亦存在此种制度。下面看看齐国的什伍制。《管子·立政》:

---

① 张怀通:《〈逸周书〉新研》,第181页。
② 黄怀信:《逸周书校补注译》(修订本),第63页。
③ 臧知非:《先秦什伍乡里制度试探》,《人文杂志》1994年第1期。
④ 朱凤瀚:《先秦时代的"里"——关于先秦基层地域组织之发展》,第196页。
⑤ 《史记·秦始皇本纪》,第289页。

> 分国以为五乡，乡为之师。分乡以为五州，州为之长。分州以为十里，里为之尉。分里以为十游，游为之宗。十家为什，五家为伍，什伍皆有长焉。

“分国以为五乡”是齐国在战国时期的情况，[①]则《立政》“十家为什，五家为伍，什伍皆有长”的什和伍反映了战国时期齐国将“国”中居民按什伍编制。只是战国时期齐国何时开始实行什伍制暂时无法落实。

魏国也实行了什伍制。《尉缭子》记梁惠王（前370—前319）与尉缭子的对话，过去曾认为系伪书，因银雀山汉墓出土的《尉缭子》中有相当于今传本的《兵谈》《攻权》《守权》《将理》《原官》《兵令上》《兵令下》篇章[②]，证明今本《尉缭子》不仅不伪，且在战国时期已经存在。《尉缭子·攻权》：

> 兵有去备彻威而胜者，以其有法故也，有器用之早定也。其应敌也周，其总率也极。故五人而伍，十人而什，百人而卒，千人而率，万人而将，已(用)[周]已极。

“五人而伍，十人而什”就是将士兵按照什伍来编制，形成最基本的作战单位。因为《尉缭子》系兵书，侧重军事，故魏国百姓是否亦按照五人为伍、十人为什来编制，目前还不清楚。总之，魏国在军事编制上实行什伍制。

楚国似亦存在什伍制。《鹖冠子·王鈇》：“其制邑理都，使矔习者五家为伍，伍为之长；十伍为里，里置有司。”[③]此材料未讲楚国十人构成什，可能是因为《王鈇》侧重于地域性居民组织而不涉及军事组织。楚国军制是否有“什”的编制尚需要新材料的证明。

前述《逸周书·大聚》关于什伍制的记载，因1987年湖南慈利石板村M36出土的战国中期前段的竹简有今传本《逸周书·大武》，[④]使得《大聚》篇最晚成书于战国中期的可能性大大增加。若《大聚》反映的是战国时期的情况，那么什伍制就不仅仅存在于秦国、齐国和魏国，而是战国时期列国普遍存在的一

---

① 朱凤瀚：《春秋战国时期齐国行政组织与居民状况的变化》，《管子学刊》编辑部：《管子与齐文化》，第456页。

② 李解民：《尉缭子译注·前言》，石家庄：河北人民出版社，1992年，第1～2页。

③ 黄怀信：《鹖冠子汇校集注》，第178～180页。

④ 湖南省文物考古研究所、慈利县文物保护管理研究所：《湖南慈利石板村36号战国墓发掘简报》，《文物》1990年第10期；湖南省文物考古研究所、慈利县文物保护管理研究所：《湖南慈利县石板村战国墓》，《考古学报》1995年第2期；张春龙：《慈利楚简概述》，[美]艾兰、邢文主编：《新出简帛国际学术研讨会文集：新出简帛研究》，北京：文物出版社，2004年。

种基层居民组织制度。

一、什伍制的地域设置和编制时间

什伍制的实行具有地域性。这个问题目前仅能从《管子》获得一些认识。兹再将前引《管子·立政》文字引录如下：

> 分国以为五乡，乡为之师。分乡以为五州，州为之长。分州以为十里，里为之尉。分里以为十游，游为之宗。十家为什，五家为伍，什伍皆有长焉。

这反映齐国的什伍制在"国"中基层地域性居民组织的"里"之下设立。《管子·幼官图》"修乡里之什伍"与《立政》的记载是相一致的。

什伍制随着人口和居民的变动而变动，所以地方政府编制的什伍亦在发展变化之中。为了维护这种制度不致弛坏，这就需要一个编制和核查的时间。《管子·度地》："令曰：常以秋岁末之时，阅其民，案家人比地，定什伍口数，别男女大小。"这则材料说明编定什伍的时间常在"秋岁末"。

二、什伍制的特点

什伍制是为了管理居民，在户籍制度推行的基础上，将军事编制和居民行政编制相结合，并与连坐相结合的一种基层政治制度。

《韩非子·和氏》：

> 商君教秦孝公以连什伍，设告坐之过。

《韩非子·定法》：

> 公孙鞅之治秦也，设告相坐而责其实，连什伍而同其罪，赏厚而信，刑重而必。

《史记·商君列传》载：

> (商鞅)令民为什伍，而相收(牧)①司连坐。不告奸者腰斩，告奸者与斩敌首同赏，匿奸者与降敌同罚。

可见，秦国什伍制的特点是实行连坐。《商君列传》对"连坐"的记载更具

---

① 清人王引之认为"收"当为"牧"。参见(清)王念孙：《读书杂志》，北京：中国书店，1985年，第85页。

体化，即不告奸者腰斩，告奸者赏，匿奸者罚。

睡虎地秦简《秦律杂抄·傅律》：

匿敖童，及占瘩不审，典、老赎耐，●百姓不当老，至老时不用请，敢为酢（诈）伪者，赀二甲；典、老弗告，赀各一甲；伍人，户一盾，皆迁之。（简 32＋33）

这段简文的意思是出现以下现象，即隐匿成童及申报残疾者不实，不应免老而免，应免老而不请，弄虚作假，同伍之人，每户罚一副盾牌，并予以流放。

睡虎地秦简《秦律杂抄》：

战死事不出，论其后。有（又）后察不死，夺后爵，除伍人；不死者归，以为隶臣。（简 37）

这段简文规定在战争中死事不屈，应将爵授予其子。若后来又察觉战死者并未死亡，应夺去其子的爵位，并惩治同伍之人；这种未战死的人归来，要被降为隶臣。

睡虎地秦简《秦律杂抄·敦（屯）表律》：

●军新论攻城，城陷，尚有栖未到战所，告曰战围以折亡，叚（假）者，耐；敦（屯）长、什伍智（知）弗告，赀一甲；稟伍二甲。（简 35＋36）

军队就最近之攻城论功行赏，若有城陷时尚未到达战斗地点，报告说在围城作战中阵亡而弄虚作假者，应处耐刑；屯长、同什伍者知情不报，同什者罚一甲，同伍者罚二甲。

里耶秦简 8－439＋8－519＋8－537：

廿五年九月己丑，将奔命校长周爰书：敦长买、什长嘉皆告曰：徒士五（伍）右里缭可，行到零阳庑溪桥亡，不智（知）□□▨

秦王政廿五年（前 221）九月己丑，奉命应急出战的军队校长周发出的文书说，敦（屯）长[1]和什长报告，右里士伍缭可在零阳庑溪桥死亡。缭可应该是自然减员而非阵亡。这则材料，体现了什长之职责，即联合屯长向校长报告士

① 敦长即屯长。《文选·甘泉赋》“敦骑于中营兮”，注：“敦与屯同”。《商君书·境内》有“五【十】人一屯长，百人一将”。参李零：《〈商君书〉中的土地人口政策与爵制》，收入氏著《待兔轩文存·读史卷》，桂林：广西师范大学出版社，2011 年，第 187～188 页。

卒的死亡情况。

《管子·立政》载：

> 凡过党，其在家属，及于长家；其在长家，及于什伍之长；其在什伍之长，及于游宗；其在游宗，及于里尉；其在里尉，及于州长；其在州长，及于乡师；其在乡师，及于士师。……罚有罪不独及，赏有功不专与。

这段话的大意是：凡责罚与犯罪有牵连的人，问题出在家属的，应连带及于长家；出在长家的，应连带及于什长、伍长；出在什长、伍长的，连带及于游宗；出在游宗的，连带及于里尉；出在里尉的，连带及于州长；出在州长的，连带及于乡师；出在乡师的，也要连带于及于士师。惩罚有罪，不独罚犯罪者自身；赏赐有功，不专给立功者本人。由此可知，什伍之中有人犯罪，什长和伍长要连坐。同理，什伍中有人立功，什长和伍长一同受赏。但事实上连坐是有特例存在的。睡虎地秦简《法律答问》："吏从事于官府，当坐伍人不当？不当。"(简155)即在官府做事的吏，应不应该因同伍之人有罪而连坐？不应当。

楚国亦实行同伍连坐。《鹖冠子·王鈇》载："鹖冠子：……'伍人有勿故不奉上令，有余、不足、居处之状而不辄以告里有司，谓之乱家：其罪伍长以同。'"张之纯曰："勿故，犹无故也。"黄怀信先生按："上，伍长以上。"[①]这则材料的大意是伍人不奉行伍长以上官长命令的，伍长未能迅速将伍人之"有余、不足、居处之状"报告里有司，伍长与同伍违令之人同罪。

上述连坐的情况应该属于民政。军政之什伍亦实行连坐，见于《尉缭子·制伍令》：

> 军中之制，五人为伍，伍相保也；十人为什，什相保也。……伍有干令犯禁者，揭之，免于罪；知而弗揭，全伍有诛。什有干令犯禁者，揭之，免于罪；知而弗揭，全什有诛。

意思是军队伍之内，五人相保，什之内十人相保。同伍之人有干犯禁令者，检举揭发者免于连坐；知情不报，全伍之人都要被诛杀。同什之人有干犯禁令者，检举揭发者免于连坐；知情不报，全什之人都要被诛杀。

---

① 黄怀信：《鹖冠子汇校集注》，第182页。

战国时期士卒均来自民人而非职业兵制，故民政和军政很难截然划分，这体现了什伍制寓兵于农的特征。

三、什和伍的区别

睡虎地秦简的出土使世人对秦的什伍制有了更进一步的认识。据睡虎地秦简，什伍制就是将居民按什伍编制，相邻五家为伍，伍有伍长，伍长在登录户籍时要备注。[①]"什"只是"十人为什"的军事编制而非居民组织，亦非"十家连坐"。平时，五家为伍，五家相保，五家连坐。战时，五人为伍，十人为什，各由伍长和什长统帅。[②]例如，《墨子·备城门》："城上十人一什长。"又《迎敌祠》："五步有五(伍)长，十步有什长，百步有百长。"盖守城方在城上一步置一名兵士。二者均为战时之军事编制情况。

四、编伍的原则和对象

编伍的原则，根据云梦睡虎地秦简，有三点。第一，不同身份的人编入不同的"伍"。《法律答问》："大夫寡，当伍及人不当？不当。"(简 156)即大夫人数少，是否应与其他人合编为伍？不应当。第二，没有正式户籍的家庭、个人无权入"伍"。[③]第三，毗邻原则。《法律答问》："可(何)谓'四邻'？'四邻'即伍人谓殹(也)。"(简 99)即同伍之人为邻居。除了以上三点，《韩非子·制分》："盖里相坐而已。"说明同里之居民编为什伍，不同里之居民不会编在一起构成什伍，故同里之人连坐。

除了普通居民编为什伍之外，商贾亦编为什伍。云梦睡虎地秦简《秦律十八种·金布律》：

> 贾市居列者及官府之吏，毋敢择行钱、布；择行钱、布者，列伍长弗告，吏循之不谨，皆有罪。(简 68)

注释者说："据简文，商贾有什伍的编制，列伍长即商贾伍人之长。"[④]其说

---

① 见于里耶户籍简 K27，K1＋K25＋K50，K42＋K46，K36。

② 罗开玉：《秦国"什伍"、"伍人"考——读云梦秦简札记》，《四川大学学报》1981 年第 2 期。

③ 同上注，第 85 页。

④ 睡虎地秦墓竹简整理小组：《睡虎地秦墓竹简》，第 37 页。

良是。

五、什伍制的社会功能

战国以降,历朝历代战争状态下政府对基层居民的控制均非常严格。这种实践肇端于战国时期,于此可见战国时期的什伍制对中国历史影响之深远。战国时期什伍制的完善和成熟是与战国时期列国争战频繁的社会环境、君主专制、中央集权相适应的。下面拟对战国时期什伍制的社会功能予以总结。

第一,防止逃亡。

《管子·禁藏》:

> 什伍以为行列,……辅之以什,司之以伍。伍无非其人,人无非其里,里无非其家。故奔亡者无所匿,迁徙者无所容。

即将居民编制什伍,使每一个居民都成为伍中之人,每一个居民都在居民组织"里"中。如此,逃亡者无所藏匿,迁徙者无处容身。

第二,维持地方治安。

《管子·立政》:

> 凡出入不时,衣服不中,圈属群徒不顺于常者,闾有司见之,复无时。若在长家子弟、臣妾、属役、宾客,则里尉以谯于游宗,游宗以谯于什伍,什伍以谯于长家,谯敬而勿复。

"谯",《说文》释曰:"娆譊也。诮,古文谯。《周书》曰:'亦未敢诮公。'"因此,《立政》中的"谯"可释为责备和问责。此材料大意是说:"凡出入不时,衣服不中,圈属群徒不顺于常者"属于"长家子弟、臣妾、属役、宾客",里尉问责于其游宗,游宗问责于其什长、伍长,什长、伍长问责于长家,"既谯,能敬而从命,无事可白,是教令行"。[①] 什伍处于"长家之上","长家"则指富室。[②] 在《立政》所记载的各级基层地域性居民组织的体系中,什长、伍长及其所负责的什伍,具

---

① 此系唐代房玄龄之注,见《管子·立政》,景印文渊阁《四库全书》(第729册),台北:商务印书馆,1986年,第21页。

② 朱凤瀚:《先秦时代的"里"——关于先秦基层地域组织之发展》,第207页;朱凤瀚:《商周家族形态研究》(增订本),第565页。

有维护地方治安的功能。

第三，选拔贤能，但“上贤不过等”。

《管子·立政》：

> 凡孝悌、忠信、贤良、儁材，若在长家子弟、臣妾、属役、宾客，则什伍以复于游宗，游宗以复于里尉，里尉以复于州长，州长以计于乡师，乡师以著于士师。……凡上贤不过等，使能不兼官。

什长、伍长要将所辖“长家子弟、臣妾、属役、宾客”中的孝悌、忠信、贤良、儁材逐级上报。但是又规定，对于贤者不得越级上报，对于“能者”不得兼有若干官职。此即什长与伍长有选拔贤能的权力，但又不得越级上报。

第四，防奸细。

《尉缭子·分塞令》：“士无伍者，横门诛之。”即士卒没有编入伍的，在营门一经发现，立诛之。此举旨在防止敌人之奸细渗透以刺探军情。

第五，提高军队的战斗力。

《尉缭子·兵令下》：“什伍相联，及战斗，则卒吏相救，是兵之二胜也。”即士卒实行什伍相互联保，到作战时，士卒将吏之间就会互相救援，这是取胜的第二个条件。

第六，防止逃兵和阵亡者暴死沙场。

《尉缭子·兵令下》：

> 战亡伍人，及伍人战死不得其尸，同伍尽夺其功；得其尸，罪皆赦。

凡战场伍人逃亡，以及伍人中的阵亡者暴尸沙场，要全部取消同伍其他人的军功。如果同伍之人将阵亡者抬回，则赦免同伍之人的全部罪过。

《兵令下》又载：

> 臣以谓卒逃归者，同舍伍人及吏罚入粮为饶。

大意是，臣（尉缭子）以为士卒逃离战场回家者，要罚一同住宿的伍人及其吏缴纳粮食，并当作多余的收入。

第七，便于训练士卒。

《尉缭子·兵教上》：

教举五人，其甲首有赏。弗教，如犯教之罪。罗地者，自揭其伍。伍内互揭之，免其罪。凡伍临陈，若一人有不进死于敌，则教者如犯法者之罪。凡什保什，若亡一人，而九人不尽死于敌，则教者如犯法者之罪。自什已上至于裨将，有不若法者，则教者如犯法者之罪。凡明刑罚，正劝赏，必在乎兵教之法。……伍长教其四人，以板为鼓，以瓦为金，以竿为旗。击鼓而进，低旗则趋，击金而退，麾而左之，麾而右之，金鼓俱击而坐。伍长教成，合之什长。

训练士兵时，将士兵按什伍编制，实行责任到人。按什伍编制，便于训练士卒和检查训练成绩。

第八，伍人具结符信。

《尉缭子·束伍令》：

束伍之令曰：五人为伍，共一符，收于将吏之所。

“符”为同伍之人具结的书状，又称之为“伍符”，由军中将吏保管。这种“伍符”类似今天的保证书，通过伍符来约束士卒，使同伍之人形成一个整体，增强凝聚力和战斗力。

第二节　战国时期的户籍制度

西周时代似乎实行过户籍制度，[①]西周之后的春秋以齐国为主存在的“书社”似说明有政府行政体制下的户籍制存在，但限于材料缺乏，详情无法知悉。进入战国时期，基层地域性居民组织控制所辖居民的一项措施即户籍制度。

一、战国时期的户籍种类

《史记·封禅书》：

高祖十年春，有司请令县常以春［二］月及（时）腊祠社稷以羊豕，民里社各自财以

① 《国语·周语上》仲山父谏止周宣王：“夫古者不料民而知其多少：司民协孤终，司商协民姓，司徒协旅，司寇协奸，牧协职，工协革，场协入，廪协出，是则少多、死生、出入、往来者，皆可知也。……是皆习民数者也，又何料焉？”以《周礼》衡之，司民、司寇属秋官，司徒、牧人、场人、廪人属地官，工无疑地应属冬官，所不见于《周礼》者惟司商。不过，西周实行户籍制度除此晚出之材料外没有更早的证据。

祠。制曰："可。"

此材料反映汉初高祖诏准民之里社自筹资财以祠社稷。汉初如此，战国时期应该也是如此。《汉书·食货志上》："李悝为魏文侯作尽地力之教，……除社闾尝新春秋之祠，用钱三百，余千五十。"此材料反映了战国时期的魏国祭社用钱的情况。"用钱三百"当是置办祭祀用品。《韩非子·外储说右下》提到秦襄王时期秦国里中"自杀牛祠社"，祠社之牛应该是里社居民集资购买的。里社自筹资财自古相沿的方式就是按里中人口或者按户来摊派。那么筹集资财的前提就是将里中居民的户数或者人口情况予以掌握。这就需要进行人口统计。春秋时期之"书社"大概就是如此而来。书社，还是以社为框架统计人口或者户数。进入战国时期，统计里中人口或户数的工作已完全由基层地域性居民组织之职官代表中央政府来实施。本节拟探究战国时期政府行政框架下的户籍制度。下面先将战国时期的户籍类型分述如下。

(一) 傅籍

《汉书·高帝纪》载刘邦在彭城之战败给项羽时，"汉王屯荥阳，萧何发关中老弱未傅者悉诣军"。颜师古注云："傅，著也，言著名籍，给公家徭役也。"所谓傅籍即到了服役的年龄，另行登记造册。睡虎地秦简出土以后，学者对秦国傅籍的年龄有了较为清晰的认识。《编年记》："卌五年，攻大壄(野)王。十二月甲午鸡鸣时，喜产。……今元年，喜傅。"(简 45 壹+8 贰)"卌五年"指秦昭襄王四十五年(前 262)。"喜产"即喜诞生。"今元年"指秦王政元年，整理小组认为喜于秦王政元年时十七岁。[①] "傅"即登录傅籍。这表明秦国十七岁开始傅籍。到了汉代，傅籍的年龄有所提高。《史记·孝景本纪》载景帝前元二年(前 155)令"男子二十而得傅"。《索隐》引荀悦注云："傅，正卒也。"西汉政府后来又将傅籍年龄推迟到二十三岁。《盐铁论·未通》云："今陛下哀怜百姓，宽力役之征，二十三始傅，五十六而免，所以辅耆壮而息老艾也。""今陛下"指汉昭帝。自此以后，二十三傅籍、五十六免老成为定制，东汉亦如此。《后汉书·百官志》注引《汉官仪》："民年二十三为正，一岁以为卫士，一岁为材官骑

---

① 睡虎地秦简整理小组：《睡虎地秦墓竹简》，第 9 页，注释四四、四五。

士，习射、御骑、驰战阵。八月，太守、都尉、令、长、相、丞、尉会都试，课殿最。水家为楼船，亦习战射行船……材官、楼船年五十六老衰，乃得免为民就田。”实际上这只是对于普通百姓如此规定，而对于有爵位者则不然。张家山汉简使学界对于傅籍的初始年龄有了进一步的认识。张家山汉简《二年律令·傅律》：

> 不更以下子年廿岁，大夫以上至五大夫子及小爵不更以下至上造年廿二岁，卿以上子及小爵大夫以上廿四岁，皆傅之。公士(简364)、公卒及士五(伍)、司寇、隐官子皆为士五(伍)。畴官各从其父畴，有学师者学之(简365)。

分为三种情况，二十岁、二十二岁和二十四岁开始傅籍。这种区别是由傅籍者的父亲和本人的爵位高低所决定的。张家山汉简《二年律令》是吕后二年(前186)的产物。汉承秦制，则《二年律令》在很大程度上反映了秦代的情况。

(二) 军籍

《管子·度地》：“常以秋岁末之时，阅其民，案家人比地，定什伍口数，别男女大小。”据“定什伍口数”，战国时期应该有专门的军籍。

(三) 民籍

里耶秦简户籍版所登记的居民的户籍性质即属于民籍，详见本节之三“战国时期的户籍管理”部分。

(四) 匠籍

大量战国时期兵器、陶器上有工匠的氏名，由此推测当时肯定有匠籍。

(五) 客籍

《战国策·楚四·汗明见春申君》：

> 汗明见春申君，……春申君曰：“善。”召门吏为汗先生著客籍，五日一见。

鲍本：“著者，书此语也。正曰：著其名字于宾客之籍。”“著其名字于宾客之籍”，是否要到地方政府备案，还是一种私人行为？目前还不清楚。

《战国策·赵一·赵王封孟尝君以武城》：

赵王封孟尝君以武城。孟尝君择舍人以为武城吏。

此“舍人”即属于客籍。

（六）弟子籍

秦实行以吏为师。吏的弟子有专门的户籍。睡虎地秦简《秦律杂抄》：

当除弟子籍不得，置任不审，皆耐为侯（候）。使其弟子赢律，及治（笞）之，赀一甲；决革，二甲。除弟子律。　　（简6+7）

如果不适当地将弟子除名，或任用、保举弟子不当，均耐为候。役使弟子超出法律规定及加以笞打，应罚一甲；打破皮肤，罚二甲。此材料可说明秦代有“弟子籍”之名目。

《战国策·楚四·楚考烈王无子》：

赵人李园，持其女弟，欲进之楚王，闻其不宜子，恐又无宠。李园求事春申君为舍人。

“女弟”应当属于弟子籍；“求事春申君为舍人”则又变为客籍。

《淮南子·道应训》：

公孙龙曰：与之弟子之籍。

即给予弟子籍的待遇。

（七）官籍

《战国策·赵二·王破原阳》：

子（按：指牛赞）知官府之籍，不知器械之利；……今子以官府之籍，乱寡人之事，非子所知（智）。

官府之籍即官籍。

《史记·蒙恬列传》：

（赵）高既私事公子胡亥，喻之决狱。高有大罪，秦王令蒙毅法治之。毅不敢阿法,当高罪死,除其宦籍。帝以高之敦于事也,赦之,复其官爵。

因赵高犯有大罪,蒙毅定其死罪,除去其宦籍。宦籍当理解为官籍。

(八) 市籍

《史记·平准书》:

贾人有市籍者,及其家属,皆无得籍名田以便农。

《索隐》:"谓贾人有市籍者,不许以名占田也。"贾人有专门的户籍,即市籍。

《汉书·晁错传》:

秦之戍卒不能(耐)其水土,戍者死于边,输者偾于道。秦民见行,如往弃市,因以谪发之,名曰"谪戍"。先发吏有谪及赘壻、贾人,后以尝有市籍者,又后以大父母、父母尝有市籍者,后入闾,取其左。

即拥有市籍者亦在戍边征发之列。

以上材料说明秦代和汉代商人有专门的户籍。贾人不一定有市籍,但拥有市籍者必定是政府允许的商人。推测战国时期亦应该有"市籍"。

(九) 食者籍

睡虎地秦简《秦律十八种·仓律》:

县上食者籍及它费大(太)仓,与计偕。都官以计时雠食者籍。　(简 37)

大意是,县廷要向太仓上报食者籍,即吃公粮之人的籍簿,都官按时校对此籍簿。

睡虎地秦简《秦律十八种·仓律》:

月食者已致禀而公使有传食,及告归尽月不来者,止其后朔食,而以其来日致其食;有秩吏不止。　(简 46)

大意是按月领取口粮的人员,粮食已经发给,而因公出差,由沿途驿站供给饭食,以及休假而到月底仍不归来的,应停发其下月口粮,直到回来的时候再行发给;有秩的吏则不停发。食者籍指的是在官者享受国家免费供应的粮食者的籍簿。相当于20世纪80年代之前国家对非农户者供应粮食。这些人有专门的户籍,此户籍为发放粮食的依据。

（十）宗室籍

《史记·商君列传》:“宗室非有军功,论,不得为属籍。”这说明了商鞅改革的措施之一:即使是宗室贵族而无军功者,不得入宗室籍。此种变化非独秦国如此,赵国亦然。《战国策·赵四·赵太后新用事》载触龙和赵太后的对话揭示了此点:

> 左师公曰:“今三世以前,至于赵之为赵,赵主之子孙侯者,其继有在者乎?”曰:“无有。”曰:“微独赵,诸侯有在者乎?”曰:“老妇不闻也。”

此材料就来自脍炙人口的触龙说太后,明确地反映了时代变化的信息。

《汉书·百官公卿表》有“宗正”一职,掌皇族、宗室谱系和名籍,似可说明宗室贵族建有专门的户籍。包山楚简反映了楚国王室贵族户籍著录的一些比较具体的情况,试作考察。

包山简2、3、4、5和6号构成的一组,简文大意是王太子让剁令彭围登记剁人。年幼未登录剁之典簿的有剁列(连)之少僮盬族国一夫、瘫一夫,二人居于鄞逄区(沤)湶(泉)邑。佹大令恰以为剁令彭围登录剁人中不在典的,新官师瑗、新官令邲、新官娄履犬、新官连嚣郙趞、奔得也接到了剁令彭围登记剁人的文书。疑是剁令彭围登记剁人时要和这些官员打交道。事情发生在鲁昜公以楚师后城郑之岁。

包山简7、8和9号构成的一组,发生在齐客陈豫贺王之岁。楚怀王在蓝郢之游宫召见群臣,大莫嚣屈昜为受王命,令邦人登报户籍。楚庄王之族人名墨者以大莫嚣屈昜为之命纳其臣之弱典[①]——住在郢里的熹之子庚,司马徒将其登录。庚的儿子昭和昭的儿子疕均未在典,拜见时一起进呈。

下面来自睡虎地秦简《法律答问》的材料可能有利于理解包山简7中的

① 包山简第8号“臧王之墨以内其臣之溺典”从董珊释。参董珊:《出土文献所见“以谥为族”的楚王族——附说〈左传〉“诸侯以字为谥因以为族”的读法》,复旦大学出土文献与古文字研究中心:《出土文献与古文字研究》(第2辑),上海:复旦大学出版社,2008年,第112~113页。

"邦人"。

"擅杀、刑、髡其后子,瀫(谳)之。"●可(何)谓"后子"? ●官其男为爵后。及臣邦君长所置为后大(太)子,皆为"后子"。(简 72)

"臣邦君长"应如何理解?云梦秦简整理小组翻译为:

"擅自杀死、刑伤或髡剃其后子的,均应定罪。"什么叫"后子"?经官方认可其子为爵位的继承人,以及臣邦君长立为后嗣的太子,都是"后子"。①

由此可见整理小组亦未对"臣邦君长"予以解释,且个别地方的解释似欠准确。笔者认为睡虎地秦简此条材料应理解为:擅自杀死后子,或对后子施以私刑,或髡剃后子者,要定罪。何谓"后子"?经官方认可其男为爵位的继承人,以及臣服的邦国君长②立为后嗣的大子,皆为"后子"。

对于包山简 7—9 号构成的一组简,应作如下理解:邦人指屈昜为、楚怀王、楚臧(庄)王的族人名叫墨的,熹之子庚,庚之子和孙等一个家族构成的人。称"其臣"是熹针对墨而言的。简 2—5 号构成的一组简,是王太子命剣令彭围来登记剣人。本组简是楚怀王命大莫嚣屈昜为来命邦人。

刘信芳先生在解第一组简中的"剣"时说:

从简文内容看,"剣"非一般地名,该地有职官"剣令"、"剣寝令"(简 166)、"剣寝尹"(简 171),而"寝令"、"寝尹"是管理宗庙的官员。又有"玉府",应是直属楚王室的机构。③

刘先生的看法甚有见地。关于第二组简中之"典",笔者推勘其是楚王室之玉牒,非普通居民的户籍簿。入了谱牒,可能在政治上和在本家族内享有一定的权利,估计达到一定的年龄才能入谱牒。类似后代修家谱一样,非年年登记著录,而是隔若干年登一次。也不是随便一个人都能进入谱牒。正常情况,活着的人要入谱牒,死去的人要入祖坟,在家族墓地又按一定的次序来安排墓穴,并进入祀谱,享受本族后人的祭祀。故不能将其视为名籍制度,或者应理解为楚国普通百姓和王室贵族的户籍管理是不同的。此种情况类若清代皇室

---

① 睡虎地秦墓竹简整理小组:《睡虎地秦墓竹简》,第 110 页。

② 云梦睡虎地秦简《法律答问》另有"臣邦真戎君长"(《睡虎地秦墓竹简》,第 120 页)。准此,本书的理解应该行得通。

③ 刘信芳:《包山楚简解诂》,第 7 页。

由专门机构宗人府来管理，旗人也有相应的机构管理，与普通百姓的户籍管理系统并不相同。

《史记·屈原贾生列传》集解：

《离骚序》曰："三闾之职，掌王族三姓，曰昭、屈、景。序其谱属，率其贤良，以厉国士"。

可见屈原担任的三闾大夫是一种掌管王室三大姓的宗族事务之官。这则材料似乎可以支援笔者对以上包山简的认识。

二、包山简所见对楚国普通居民的户籍管理

从包山简32号"辛巳之日不以所死于其州者之居处名族致命"之"居处名族"，说明楚国基层居民组织的官员建有普通州人住址、身份、名字和氏族情况的户籍登记簿。学者称之为名籍制度。现将包山简中与普通居民户籍相关的材料分析如下。

包山简有以下四组简，其反映的情况应与楚国普通居民的户籍有关：

第一组简由简10和11号缀联而成，大意是：

郏戥（或、国）上连嚣之还（县）窠（集）瘳（廖）族涧（县）一夫，该夫居于郏或（国）之少桃邑。将其登录在[齐客]陈豫[贺王之岁]之典。

第二组简由简12和13号缀联而成，大意是：

在东周之客许缨致胙于葳郢之戢，左尹命漾陵宫（县）大夫核查一下部室人某（梅）瘽之典是否在漾陵参鉨？核查的结果是在。

第三组简由简14—17、17反、16反和15反缀联而成，大意是：

五师宵之司败向楚王状告卲行之大夫盘肭夸无故抓了自己的倌邓氏六人。楚王让左尹来处理。左尹又命新佁让尹丹致典，确认是否此五人系五师宵之人。确认的结果是自己有典，卲行无典，但新佁让尹丹不为自己做主，因此再一次向楚王状告。

第四组简是由简128、126、127、128反构成的"氏等"文书简，该组简反映对"州人"户籍管理的一些情况。本组简的大意是：

中央司法机关的左尹向漾陵县地方官员发出命令，要求调查漾陵县的州里人墬鏽与其父墬年是否同室？调查结果是墬鏽与其父不同室，而与在郢做官的季父墬必

同室。

墬鏞是否与父亲同室是本组简的核心问题。睡虎地秦简《法律答问》有以下两条材料似有助于理解何谓“同室”：

(1) 或自杀，其室人弗言吏，即葬貍(薶)之，问死者有妻、子当收，弗言而葬，当赀一甲。 (简77)

整理小组翻译为：

有人自杀，其家属没有向官吏报告，就把死者埋葬了，经讯问知道死者有妻、子，本应收尸，只是未经报告即行埋葬，应罚一甲。①

(2) 可(何)谓“室人”？……●“室人”者，一室，尽当坐罪人之谓殹(也)。 (简201)

整理小组翻译为：

什么叫“室人”？……“室人”，就是一家，都应因罪人而连坐。②

由以上睡虎地秦简可知，“室人”就是一家人，一人犯罪，家中其他人要连坐。联系上述包山简的第四组简，墬鏞与父是否为一家人可能关系到其在法律中的地位的界定。若是一家人，可能墬年要因墬鏞有官司而受到牵连。情况也可能是墬鏞无端地住在郢但户籍又不在郢而受到调查，即楚中央政府对在郢之人的管控相当严格，也不一定非有什么官司。

墬鏞生父是墬年，却与季父墬必是一家人，这是令人费解的事情。这种情况似只有一种解释：墬鏞过继给了季父，故户籍版显示墬鏞与季父墬必同室。

墬鏞随在郢做官的季父墬必住在郢，墬年的户籍在郢，而墬鏞的户籍不在郢，否则中央司法机关的左尹向漾陵县地方官员发出调查命令就变成难以理解的行为了。该组简似乎说明：楚国在他乡为官者有官籍；过继子嗣不但是两个家庭之间你情我愿的事情，而且在官方的户籍管理上会有相应的反映，即需要变更户籍。这组材料还表明墬鏞的父亲和其季父也不同室，说明在楚国当时的户籍管理制度下兄弟之间要分门定居。墬年有儿子墬鏞，说明已成家，在户籍管理中似已是一户的地位。墬鏞与季父同室，说明季父在户籍管理中

① 睡虎地秦墓竹简整理小组：《睡虎地秦墓竹简》，第111页。
② 同上注，第142页。

也是以一户存在的，且𡎜鏞未达到与季父分门定居的年龄。

以上四组简均是上级命令被查对象出生所在地的地方官员对一些人的户籍和身份进行报告。

以上材料体现出，在楚国，不论是什么身份的人，均有户籍。关于楚国基层户籍管理的官吏，包山简 27 和 32 号的受期者均为州里公，这说明封君邸昜君所领有之州的居民的户籍管理者为州里公。简 128、126、127 和 128 反构成的一组简记载中央命令漾陵县之宣（县）大夫、司败调查州里人𡎜鏞与其父𡎜年同室与否，说明县所辖州里人的户籍由所在县的宣（县）大夫和司败管理。

三、战国时期的户籍管理

下面考察战国时期户籍登录的时间、登录的方式、登录的项目以及户主、户籍的更动和户籍的核查等问题。

（一）户籍登录的时间

关于登录户籍的时间，《管子·乘马》："春曰书比，立夏曰月程，秋曰大稽，与民数得亡。""书比"即登记户籍人口；"月程"即依当月户籍人口数字核实；"大稽"即总稽查，"得"谓生与迁入，"亡"包括死亡、逃亡和迁出。稽核民户与人口的时间，每年春、夏和秋三次。《管子·度地》："常以秋岁末之时，阅其民，案家人比地，定什伍口数，别男女大小。"一般认为《管子》的记载反映的是战国时期的情况，那么来自《乘马》和《度地》的文字说明战国时期至少齐国常以"秋岁末"之时，简阅民数。西汉王朝八月案比民数，张家山汉简可以证明此点。《张家山汉简·户律》：

> 恒以八月令乡部啬夫、吏、令史相杂案户籍，副臧（藏）其廷。　　（简 328）

"恒以八月"之"恒"说明八月案比户籍是一种传统和制度。张家山汉简反映的是汉初的情况。据"汉承秦制"，估计秦代也是如此。

（二）户籍登录的方式

户籍统计和登录的方式大略有三种：自占、代为申报和官吏查核。

睡虎地秦简《编年纪》关于“自占年”的材料，前已引及。此外，汉初高祖时期形成的张家山汉简《户律》：

> 民皆自占年，小未能自占，而毋父母、同产为占者，吏以□比定其年，自占、占子、同产年，不以实三岁以上，皆(简325)耐。产子者恒以户时占其☑(简326)☑罚金四两(简327)。

这段文字的大意是：百姓均需自行申报年龄。幼小未能自行申报者由父母兄弟代为申报，没有父母、同时出生登录年龄者，吏来确定这些人的年龄，究竟如何确定，简残无以推测。自行申报的年龄、父母为子申报的年龄、同时出生者的年龄，与实际相差三岁以上的，皆处申报者耐刑。产子者一般在“户时”，即八月上户口的时间申报年龄，[①]不按时申报者，罚金四两。按汉承秦制，再结合睡虎地秦简《编年纪》，可以确定秦代登录户籍是本人自行申报，本人无力申报的由父母代行。无父母者，才由吏来确定。除了自行申报以外，官吏还要核查。根据前引张家山汉简《户律》材料所说恒以八月由“乡部啬夫、吏、令史相杂案户籍”(简328)，这是官员联合办公予以核查的意思，即并不完全听信于申报者的“自占”。对于弄虚作假者要予以处罚。睡虎地简《秦律杂抄·傅律》：

> 匿敖童，及占瘩不审，典、老赎耐，●百姓不当老，至老时不用请，敢为酢(诈)伪者，赀二甲；典、老弗告。赀各一甲；伍人，户一盾，皆迁之。　　(简32+33)

以上材料包括五种情况：隐匿成童、申报废疾不实，百姓不当免老而免老，应免老而不加以申报，有欺诈行为。这五种情况，里典和三老以及本人和同伍之人均要受到惩处。

(三) 关于户籍登录的两个重要项目

身高和年龄也属于户籍登录的项目，作为征役的依据。《战国策·楚二·楚襄王为太子之时》：“昭常应齐使曰：‘我典主东地，且与死生。悉五尺至六十，三十余万弊甲钝兵，愿承下尘。’”楚国欲征五尺至六十的国民去攻打齐国。五尺为身高最低标准，六十为征役的最高年龄限制。此材料折射出户籍登录

---

① 臧知非：《西汉授田制度与田税征收方式新论——对张家山汉简的初步研究》，《江海学刊》2003年第3期，第146页。

的两个项目：身高和年龄。睡虎地秦简和里耶秦简有许多关于身高和年龄的材料，见下表(表 5－1)：

表 5－1 秦简中记载的居民身高和年龄信息统计表

序号	身 高	年 龄	出 处
1	未盈六尺		睡虎地简《法律答问》(简 67)
2	小未盈六尺		《法律答问》(简 158)
3	小未盈六尺	(女)	《法律答问》(简 166)
4	长七尺一寸		睡虎地简《封诊式》(简 60)
5	长二尺五寸	年五月	里耶秦简 8－550
	长六尺六寸	年卅岁	
6	长可七尺三寸	年可六十四	里耶秦简 8－534
7	长可六尺八寸	年可廿五岁	里耶秦简 8－439＋8－519＋8－537
8	长七尺三寸	年可六十三四岁	里耶秦简 8－894
9	长七尺二寸	年廿八岁	里耶秦简 8－988
10	长可七尺四寸	(年龄残缺)	里耶秦简 8－1853
11		年可七十岁	里耶秦简 8－2098

以上来自秦简的材料绝大多数提到人的身高和年龄。但必须说明的是，这些秦简并非户籍简，反倒是里耶秦简中已被学者认定为户籍版的，却没有年龄和明确的身高记载。现将相对较完整的四份户籍版[①]按原格式栏列表如下(表 5－2)：

表 5－2 里耶简迁陵县都乡南阳里户籍表

简号	第一栏	第二栏	第三栏	第四栏	第五栏
K27	南阳户人荆不更蛮强	妻曰嗛	子小上造□	子小女子驼	臣曰聚 伍长
K1＋K25＋K50	南阳户人荆不更黄得	妻曰嗛	子小上造台 子小上造宁(?) 子小上造定	子小女虖 子小女移 子小女子平	伍长

① 湖南省文物考古研究所编著：《里耶秦简》(壹)。

续　表

简号	第一栏	第二栏	第三栏	第四栏	第五栏
K28+K29	南阳户人荆不更黄□	妻曰负刍	子小上造□	子小女子祠毋室	
K17	南阳户人荆不更黄□ 子不更昌	妻曰不实	子小上造悍 子小上造□	子小女规 子小女移	

"小"表示未成年。还有书"大"字的户籍版,因为简残本书未予征引。"大"字表示已属成年。以上户籍版的登录项目包括:户籍者所在之里名;户主爵位、氏名;妻子的名字;成年之子既不书"大"字也不书"小"字,但注明爵位、名字;未成年的儿子要加"小"字;女子的"大""小"、名字和婚姻状况;是否伍长;臣的名字。

这是第一次见到的最早的户籍版面貌。里耶秦简中多见"小"或"大"字出现在人名、爵位、标志身份的文字或数量值之前,如下表统计(表5-3):

表5-3 《里耶秦简牍校释》第一卷成年和未成年"大""小"统计

类别	出处	统计	示例	备注
大男子	8-223;8-894;8-1437背;8-1586;8-1665;8-1863+8-1866	7例	大男子吴骚(8-894)	
小男子	8-19;8-713;8-1218;8-1222;8-1254;8-1256;8-1972;8-1443+8-1455;8-2027;8-2185	9例	阳里小男子说(8-1972)	8-1972与8-2027当系一人
小上造	8-19;8-1182;8-1688	3例	南里小上造□☐(8-1182)	
小公士	8-19	1例	小公士一户(8-19)	
大隶臣	8-1007;8-1855	2例	大隶臣竖(8-1007)	
小隶臣	8-448+8-1360;8-1153+8-1342;8-1551;8-1580;8-1656;8-1713	6例	小隶臣寿(8-1580)	

续 表

类别	出 处	统计	示 例	备 注
大奴	5－18;8－1287;8－1443＋8－1455;8－1554;8－1604;	5例	新买大奴曰齐(8－1604)	
小奴	5－18;8－1287;8－1554	3例	小奴一人(5－18)	
大女子(大女)	8－19;8－920;8－863＋8－1504;8－1546;8－1070;8－1239＋8－1334;8－1444;8－1554;8－1565;8－2098,8－2140;8－2150;8－2152;8－2215	13例	江陵慎里大女子可思(8－1444)	
小女子	8－437;8－863＋8－1504;8－1546;8－1549;8－1575;8－895;8－1584	6例	阳里小女子胡傷(8－1549)	高里□女子□(8－1982)
小舂	8－144;8－1566	2例	小舂三人(8－1566)	
小城旦	8－144;8－162;8－337;8－1515;8－212＋8－426＋8－1632;8－216＋8－351;8－1566	7例	小城旦干人(8－1515)	
大隶妾	8－1278＋8－1757;8－1759;8－762;8－766;8－1177;8－1839;8－2195	7例	大隶妾援(8－762)	
小妾	8－126;8－444	2例	小妾无蒙(8－126)	
大婢	5－18;8－1443＋8－1455;8－1554	3例	大婢益(8－1443＋8－1455)	
小婢	5－18	1例	小婢一人(5－18)	

还有既不标“大”,也不标“小”,即意味着此人已属壮年。“小”和“大”字其实在一定程度上反映了身高。

关于“大”和“小”的标准,不仅男女有别,且身份不同者亦有别。睡虎地秦简《秦律十八种》:“隶臣、城旦高不盈六尺五寸,隶妾、舂高不盈六尺二寸,皆为小;高五尺二寸,皆作之。”(简 51＋52)此即规定:隶臣、城旦高不足六尺五寸,隶妾、舂高不足六尺二寸,皆为小。虽为"小",但达到五尺二寸者均需要服役。睡虎地秦简《封诊式》:"子小男子某,高六尺五寸。"(简10)即男子六尺五寸仍是小男子。这可以得到前引睡虎地秦简的支持。大概高于六尺五寸即为大男子。秦一尺当今天23.1厘米,[①]六尺五寸约合今150厘米。

年龄开始被要求登录于户籍版,据目前能够见到的材料显示是从秦王政十六年开始。《史记·秦始皇本纪》:"十六年九月,初令男子书年。"睡虎地秦简《编年记》"十六年……自占年"(简23贰)可印证《秦始皇本纪》这则材料。"初令",说明是一项制度创新;这项法令只针对"男子",似与傅籍和徭役有关联;睡虎地秦简整理小组将"自占年"释为自行申报年龄,已得到学界的普遍认同。[②] 由此可知,秦国自秦王政十六年(前231)始推行将年龄信息登录于户籍的制度。里耶秦简中有年籍的说法,里耶秦简16-9正面:

> 廿六年五月辛巳朔庚子,启陵乡应敢言之:都乡守嘉言:渚里□□劾等十七户徙都乡,皆不移年籍,令曰:"移言。"今问之,劾等徙□书告都乡曰:"启陵乡未有枼(牒),毋以智(知)劾等初产至今年数,□□□□,谒令都乡具问劾等年数,敢言之。"

"廿六年"即公元前221年。此材料说明迁徙必须有"年籍",即年龄、籍贯信息。这说明秦代在登录户籍时,确实将年龄作为一项登录内容。登录年龄的现象说明起役和傅籍等主要依据年龄。

(四) 关于户籍中的"户主"问题

以上里耶秦简户籍版的第一个人应是户主,包括简残断而本书未予摘引的户籍版,户主均属已婚男性。但睡虎地秦简提供了战国时期关于魏国并非所有已婚男性都可以作为户主的珍贵材料。《为吏之道》抄录的《魏户律》载:

> 廿五年闰再十二月丙午朔辛亥,……自今以来,叚(假)门逆吕(旅),赘壻后父,勿令为户,勿鼠(予)田宇。三枼(世)之后,欲士(仕)士(仕)之,乃(仍)署其籍曰:故某虑(闾)赘壻某叟之乃(仍)孙。 (简16伍+18伍+19伍+20伍+21伍)

---

① 岳光明、岳隆、杨平:《中国科学技术史·度量衡卷》,北京:科学出版社,2001年,第178页。

② 臧知非对"自占年"提出新的看法:"'自行到官府验视、核对年龄',简言之,就是'自行核对年龄'."参氏著《说"自占年"》,《史林》2011年第1期,第41页。

廿五年为魏安厘王二十五年(前252)。叚(假)门即商贾之家。这则材料的大意是,自今以后,商人开设旅馆者和既是赘婿同时又属于后父者不得立为户主,且不得授予土地和房屋。三代以后,想入仕者,在户籍版上要注明赘婿和其曾祖的身份。[①] "自今以来"说明在公元前252年之前的魏国,这些人是可以定居的。据此材料,至少可以确定一点:既是赘婿又是后父的成年男子是不能成为户主的。

秦国每户一般只允许有一个成年男子,同时也是户主,否则就得另外定居。《史记·商君列传》载秦国商鞅变法中商鞅曾下令:"民有二男以上不分异者,倍其赋。"正义:"民有二男不别为活者,一人出两课。"此令规定成年男子要另立门户,以便政府征收户赋,[②]不管"二男"是父子关系还是兄弟关系。一家一户成为社会的最小细胞。

登记户籍,须有一人作为户主。前引里耶秦简户籍版,第一人即户主,均为男性。兹再举三例:

(1) 东成户人大夫印小臣遬,廿六□☑　　(里耶简8-1765)

(2) 阳里户人大夫刀。卅五年五月己丑朔【癸】☑　　(里耶简8-834+8-1609)

(3) 阳里户人司寇寄☑　　(里耶简8-1946)

印、刀和寄三人属于户主,前二人之爵位为大夫。第三人之官职为司寇。未注明系女性,即表明户主为男性。但女性也可以当户主:

南里户人大女子分。　　(里耶简8-237)

户人即户主。"大"表明其已属成人。这个叫"分"的大女子即户主。

再有:

南里小女子苗卅五年徙为阳里户人大女婴隶　　(里耶简8-863+8-1504)

南里小女子苗卅五年徙为阳里户人大女子婴隶　　(里耶简8-1546)

---

① 关于"假门逆吕",诸家有不同的看法,参见张继海:《睡虎地秦简魏户律的再研究》,《中国史研究》2005年第2期。《商君书·垦令》:"废逆旅则奸伪、躁心、私交、疑农之民不行,逆旅之民无所于食,则必农,农则草必垦矣。"即禁止商人开设旅馆。这是秦国的措施,而魏国则是从政策上加以限制和打击。本书遵从整理小组的意见释"假门"为"贾门"。

② 杨宽:《战国史》,第210页。

里耶简 8－863＋8－1504 仅比 8－1546 简文“大女”后少一“子”字,故二简记载的应该是同一件事情,即南里的未成年女子苗于嬴政三十五年(前 212)迁到阳里,并成为阳里大女子即女户主婴的隶。南里和阳里均未注明属于什么乡,故推测苗从南里迁移到阳里应属于同一乡内迁移。这应该类似于今天户籍管理中的投靠现象。

里耶简 9－43:

高里户人大女子杜衡

里耶简 9－1475:

高里户人大女子䁈☐

以上五则里耶秦简的材料足以证明大女子亦可充当户主。张家山汉简《二年律令・户律》规定“为人妻者不得为户(简 345)”,即已为人妻者不得作户主。估计秦亦如此。但寡妇可以做户主,相关材料目前仅见一条:

南里户人大夫寡茆。　(里耶简 8－1623)

应该是寡妇茆替代其亡夫成为户主。[①] 除了寡妇代户外,还有其他女性可以代为定居。张家山汉简《户律・置后律》:

死毋子男代户,令父若母,毋父母令寡,毋寡令女,毋女令孙,毋孙令耳孙,毋耳孙令大父母,毋大父母令同产(简 379)子代户。同产子代户,必同居数。弃妻子不得与后妻子争后。(简 380)后妻毋子男为后,乃以弃妻子男。(简 381)

这里提到女子代户的方式有若干层次。死者父母代户,寡妇代户,女儿代户。尽管女性可以成为户主,但在目前已见的秦简中,女性做户主的材料和男性做户主的材料相比仍占少数,即大多数情况是男性为户主。

(五) 关于户籍更动

迁徙者要更动户籍。睡虎地秦简《法律答问》:“甲徙居,徙数谒吏,吏环,弗为更籍。”(简 147)《周礼・夏官・环人》:“环四方之故。”贾疏:“《释》曰:‘此

---

① [加] 叶山:《解读里耶秦简——秦代地方行政制度》,《简帛》第 8 辑,上海:上海古籍出版社,2013 年,第 95 页。

则训环为却。’”“吏环”即“吏却”。即甲变更了居住地后，请求吏迁移户籍，而办理户籍的官吏以各种理由搪塞，不予办理。这说明，只有办理了户籍的，才算合法迁移。这些材料反映当时对户籍管理非常严格，政府通过控制户籍，来控制民众的迁徙。

前面提到恒以八月核查和登录户籍，另定居者亦在八月。张家山汉简《二年律令·户律》规定：“民欲别为户者，皆以八月户时，非户时勿许。”(简 345)即只能在八月定居。秦代亦应如此。

(六) 关于户籍注销

居民不仅要登记户籍，还要削籍，即取消户籍。削籍分两种情况，一种是犯罪后削籍，例如睡虎地秦简《秦律杂抄》：

> ●有为故秦人出，削籍，上造以上为鬼薪，公士以下刑为城旦。 (简 5)

“故秦”即《商君书·徕民》“今以故秦事敌，而以新民事本。……令故秦兵，新民给刍食”之“故秦”，指秦国本土居民，与六国之民——“新民”相对。[①]即帮助原秦国范围之人出境，要遭到削去户籍的惩罚，且爵级为上造以上者罚为鬼薪，公士及没有爵位者刑为城旦。这种削籍属于惩罚性的。

另一种情况是人死后也要削籍。《商君书·去强》：“举民众口数，生者著，死者削。”又《商君书·境内》：“四境之内，丈夫女子皆有名于上，【生】[②]者著，死者削。”可见有户籍之人死去后，需要注销户籍。

(七) 户籍档案之保管

户籍之载体即户籍簿。户籍簿掌管存放在何处？

张家山汉简《二年律令·户律》：

> 民宅园户籍、年细籍、田地比籍、田命籍、田租籍，谨副上县廷，皆以箧若匣匮盛，缄闭，以令若丞、(简 331)官啬夫印封(简 332)。

---

① 李学勤：《秦简与〈墨子〉城守各篇》，收入《李学勤集——追溯·考据·古文明》，第 295 页。

② 王时润曰：“崇文本有生字，当据补。”参蒋礼鸿：《商君书锥指》，北京：中华书局，1986 年，第 114 页。

以上材料说明户籍之副本封缄好后上交县廷。包括民宅园户籍、年细籍、田地比籍、田命籍、田租籍。户籍之正本保管在哪里？在乡一级行政机构。前引里耶秦简 16－9 正面的材料是乡一级行政机构上报县廷的文书，能够说明年细籍掌握在乡一级行政机构。

四、户籍制度的功能

建立户籍制度，一方面是为了控制居民的迁徙和流动，另一方面通过户籍制度，了解居民的详细情况，便于征役和征收赋税。通过户籍管理制度，在控制辖区居民的同时，还有利于在战争期间防止间谍的渗透。

第三节　《墨子》城守诸篇所见基层地域性居民组织的军事功能

《墨子》城守诸篇出自战国后期秦国的墨子后学之手，[①]对守城作战中基层地域性居民组织如何动员，如何征用城内外的居民和物资等，均有所阐述。当然，《墨子》城守诸篇绝非对战国时期某一国某一时期的实录，而是对当时列国守城的一般性指导原则和守城作战经验的总结。故本节拟利用《墨子》城守诸篇的材料对战国时期基层地域性居民组织在守城中发挥的军事功能予以论述。

---

① 经过学者们的努力，今存《墨子》城守十一篇的时代和国别已经考定：清代学者苏时学说："盖出于商鞅辈所为。"[(清) 苏时学：《墨子刊误》，上海：中华书局，1928 年]蒙文通说："自《备城门》以下诸篇，备见秦人独有之制，何以谓其不为秦人之书？"(1942 年四川省《图书集刊》第三期第 101 页)岑仲勉说："今考此十一篇内所记官称，如役司马、都司空、次司空、丞、校、亭尉、杲侯、中涓等，参据明董说《七国考》，尚未见于其他六国，城旦之刑亦然，因此，认为这几篇最少一部分是秦人所见，殆已毫无疑问。亦唯如此而后它的文体何以与战国时东方齐鲁、三晋的作风不同，才得到合理解释。"(岑仲勉：《墨子城守各篇简注・再序》，北京：古籍出版社，1958 年，第 8 页)陈直亦认为城守诸篇系战国时期秦人作品。(陈直：《〈墨子・备城门〉等篇与居延汉简》，《中国史研究》1980 年第 1 期)李学勤认为："《墨子》城守诸篇作于秦人之手，应无疑问。……《号令》篇提到'王'，当成于秦称王之后。……秦的称王在惠文君十三年(公元前 325 年)……《城守》各篇或称'公'或称'王'，很可能是惠文王及其以后秦国墨者的著作。篇中屡称禽滑厘，墨学这一支派大约是禽子的徒裔。"(李学勤：《秦简与〈墨子〉城守各篇》，参氏著《李学勤集——追溯・考据・古文明》，第 307～308 页)

一、全民皆兵

《墨子》城守诸篇显示，为了取得守城的胜利，守城者会调动一切可以守城的人员。参与守城者除了士卒和官吏外，还有妇女、老人、儿童、穴师、陶工、“明习橐事者”、巫、医、卜、祝、史、宗人、屠者、酤者、贤大夫、有方技者，等等。上述参与守城者见于下引《墨子》城守诸篇材料。

《备城门》：

守法：五十步丈夫十人、丁女二十人、老小十人计之，五十步四十人。……丈夫千人，丁女子二千人，老小千人，凡四千人而足以应之，此守术之数也。使老小不事者，守于城上不当术者。①

守城之参战人员有“丈夫”“丁女”和“老小”，“丈夫”和“丁女”指成年男女，“老小”指老人和儿童。守城时成年男女和老幼搭配，以五十步为一组，每组四十人，共需四千人，即一百个组。守城人员分工明确，以成年男女为主，而无事之老幼则置于守城上敌人不当攻之处。

《备穴》：

诸作穴者五十人，男女相半。

《号令》：

诸男子有守于城上者，什六弩、四兵。丁女子、老少，人一矛。

《旗帜》：

五尺童子为童旗，女子为姊妹之旗。

《旗帜》：

城中吏、卒、民、男女皆辨异衣章徽，(令男女可知。)

《杂守》：

睨小五尺不可卒者，为署吏，令给事官府若舍。

---

①　本节《墨子》城守诸篇的材料均引自岑仲勉：《墨子城守各篇简注》。

以上材料反映了守城时,男女老少齐上阵。对于身高小于五尺不可作守卒者,则去官署服役。

《备城门》:

适(敌)人为穴而来,我亟使穴师选士,迎而穴之,为之具内弩以应之。

"穴师"即擅长挖地道者。敌人挖地道攻城,我方亟派穴师选拔士卒,迎着敌人地道来的方向挖地道,并在地道内准备弓弩以射杀挖地道攻城的敌人。

《备城门》:

令陶者为薄瓴,大容一斗以上至二斗,即取用,三秘合束坚。

《备穴》:

令陶者为罂,容四十斗以上,固幎之以薄鞈,置井中,使聪耳者伏罂而听之,审知穴之所在,凿穴迎之。

《备穴》:

令陶者为瓦窦,长二尺五寸,……必令明习橐事者勿令离灶口。

"陶者"即陶工。"橐事者"指谙熟冶金中使用的鼓风设备者。破坏敌方挖地道攻城的办法之一就是将烟雾通过守城方挖掘的地道排送到敌方。

《迎敌祠》:

举巫、医、卜有所长,具药宫之,善为舍。(望气舍近守宫。)巫必近公社,必敬神之。巫、卜以请报守,守独智巫、卜望气之请而已;其出入为流言,惊骇恐吏民,谨微察之,断,罪不赦。

《迎敌祠》:

收贤大夫及有方技者若工,弟之。举屠、酤者置厨给事,弟之。

《迎敌祠》:

祝、史乃告于四望山川、社稷,先于戎,乃退。……祝、史舍于社。……祝、史、宗人告社,覆之以甑。

据以上《迎敌祠》的三则材料,可以看出在守城的时候使用了巫、医、卜、祝、史和宗人。贤大夫和有方技者也在举用之列。还举用屠户、酤者，令其从事屠宰和酿酒的工作，这有助于理解《号令》等篇赏赐一些参战人员及其家属“酒肉”的记载。

综上可见，全民参与守城正体现了守城一方基层居民组织的官吏对居民的发动和组织。

二、征用居民物资，实行坚壁清野

守城作战需要从民间征用物资。向城内外居民征用财物，不仅可以使其充分地为“主方”守城所用，还可以避免为攻城之“客方”所用，保证守城者处于优势地位。同时，对于无法转移和搬运的物资，则予以破坏，免资敌方利用其攻城。

(一) 居民物资的征用

《杂守》：“吏各举其步界中财物可以左守备者上。”即诸吏要调查辖区内可以守城的物资，并征发和送达官府。征用民间物资，包括向城内和城外居民征用两个方面。

《备城门》：

> 民室材木、瓦石可以益城之备者，尽上之，不从令者斩。

《号令》：

> 悉举民室材木、瓦若蔺石[①]数，署长短小大，当举不举，吏有罪。

征用民间物资，以备守城之用。来自《号令》篇的材料还说明在征用时将居民财物的特征予以登记，大概是为了便于城解围后将其归还原主。

《号令》：

> 寇在城下，收诸盆、瓮、瓯积之，城下百步一积，积五百。

---

① 按，蔺石被解为雷(礌)石，似可商榷。蔺石即燧石，亦称廉石、火廉石。蔺、廉音近(今山西临汾蒲县即发“临”为普通话“连”音)可通假。廉石系白色长晶石，取火时，左手拿廉石，并用拇指将晒干后揉过的艾压于廉石上，右手持铁片快速敲击放艾的廉石处，艾遂引燃。《墨子》城守诸篇可见蔺石、铁和艾，即暗含此种用途。控制这些物资既可防火，又便于守城方使用。

从城内居民中征收陶盆、瓮和瓴,利用声学原理,侦察敌人挖坑道攻城的方位。

以上是向城内居民征用守城物资。

《杂守》:

外宅粟米、畜产、财物诸可以佐城者,送入城中;事即急,则使积门内。

城外居民的粟米、畜产、财物有助于守城者,送入城中。在紧急情况下,可让这些物资先堆积在城门内。

《号令》:

募民欲财帛粟米以贸易凡器者,以平贾予。邑人知识、昆弟有罪,虽不在县中而欲为赎,若以粟米、钱金、布帛、他财物免出者,令许之。

一是以公平合理的价格征用民间物资,二是可在战时以输粟米、钱金、布帛和其他财物的方式赎回同邑的熟识者、昆弟之有罪者。

向城内外居民征用物资是获得充足守城物资的主要方式。

(二) 坚壁清野

为了夺取守城的胜利,还需要将一些建筑和物资予以破坏。

《号令》:

寇至,度必攻,主人先削城编,唯勿烧。

《号令》:

除城场外,去池百步,墙垣、树木小大俱坏伐,除去之。

《迎敌祠》:

城之外,矢之所逮,坏其墙,无以为客围,三十里之内,薪、蒸、木皆入内,狗、彘、豚、鸡,食其肉,敛其骸以为醢,腹病者以起。

《号令》:

去郭百步,墙垣、树木、大小尽伐除之,外空井尽窒之,无令得汲也,外空室尽发之,木尽伐之。诸可以攻城者尽内城中,令其人各有以记之;事以,各以其记取之。吏为之券，书其枚数。当遂材木不能尽内，既烧之，无令客得而用之。

《杂守》：

寇近，亟收诸离乡金器若铜铁及他可以左守事者。先举县官室居、官府不急者，材之大小、长短及凡数，即急先发。寇薄，发屋，伐木，虽有请谒，勿听。入柴，勿积鱼鳞簪，当队，令易取也。材木不能尽入者燔之，无令寇得用之。积木，各以长短、小大、恶美形相从，城四面外各积其内；诸木大者皆以为关鼻，乃积聚之。

以上均为坚壁清野的办法，即将城外的物资能够搬移到城内的搬走，不能搬迁的一律破坏，以免为攻城之敌所利用。

(三) 守城粮食的征收和节用

在《备城门》中，墨子曰："我城池修，守器具，推粟[①]足，上下相亲，又得四邻诸侯之救，此所以持也。"可见粮食充足是守城的重要因素。重要到什么程度呢？《备城门》下文将"薪食足以支三月以上"作为城可守的十四个条件之一。这是从正面阐述粮食对于守城的重要性，《墨子》其他篇还从反面加以阐述其重要性，如《杂守》将"人众食寡"作为城不可守的五个因素之一。除了阐述粮食对于守城的重要性外，《墨子》城守诸篇对战时如何征粮、如何使用粮食和平时如何备粮均有阐述。

《号令》：

度食不足，令民各自占家五种石斗数，为其期，在薄书，吏与杂訾。期尽匿不占，占不悉，令吏卒微得，皆断；有能捕告，赐什三。收粟米、布帛、钱金，出内畜产，皆为平直其贾，与主人券，书之，事已，皆各以其贾倍偿之；又用其贾贵贱、多少赐爵，欲为吏者许之，其不欲为吏而欲以受赐爵禄，若赎出亲戚、所知罪人者，以令许之。其受构赏者令葆宫见，以与其亲。欲以复佐上者皆倍其爵赏。某县某里某子家食口二人，积粟六百石，某里某子家食口十人，积粟百石。出粟米有期日，过期不出者王公有之，有能

① 孙诒让认为"推粟"乃"樵粟"之误，非也。粟属谷，带壳方能长期贮存，烹饪之前需用石碾加工，将壳去掉。此过程被称为"推粟"，即今山西所谓"推谷"（五台）或"碾米"（临汾）。粟去掉之壳称"糠"，《备穴》作"康"，《说文》作"穅"；粟去掉壳之后称"米"。"推粟"在《备城门》用作名词，指去壳之粟。《左传》襄公十四年："或挽之，或推之。"《汉书・食货志上》："以人挽犁。"用石碾推谷，畜力或人力在碾棍前叫挽，人力若在碾棍后则叫推。故毕沅之"推粟言挽粟"甚确。

得若告之,赏之什三,慎无令民知吾粟米多少。

上引《号令》篇文字讲述在估量守城之粮食不足的情况下如何向居民筹集粮食。居民有隐藏粮食者,被侦知,要治其罪。有能将隐匿者捕而告之的,要将隐匿者粮食的十分之三赏赐与捕告者。征用居民的粟米、布帛、钱物、畜产,皆应出以合理的价格。先给以书面凭证,等打完仗,加倍偿还。还要根据价格的贵贱和所征用粮食的多少而赐爵。有想做官者,令其做官。有不想做官而想得到爵禄者,赏以爵禄。有想借此赎人者,满足其要求。可令受赏者在葆宫与其亲属相见。对城外之县的居民应该出多少粟有一个时间期限和多少的规定,过期限不出者,将其粮食充公。有能举报者,赏之十分之三。还要将守城粮食之多少作为秘密,勿让居民知悉,以免泄露给敌方。

《杂守》:

民献粟米、布帛、金钱、牛马、畜产;皆为直平贾与主券,书之。

居民献粟米、布帛、金钱、牛马、畜产,官府给的价钱要公平合理,并给卖主购买契据。

担心战时粮食不足,需节约使用和预先储备。例如《杂守》:

斗食,终岁三十六石,参食,终岁二十四石,四食,终岁十八石,五食,终岁十四石四斗,六食,终岁十二石。斗食,食五升,参食,食三升小半,四食,食二升半,五食,食二升,六食,食一升大半;日再食。救死之时,日二升者二十日,日三升者三十日,日四升者四十日,如是而民免于九十日之约矣。城中无食,则为大杀。

此段材料义难通晓,当是"管制粮食及节食之法",[1]即战时实行食物配给制。

《杂守》:

取疏:令民家有三年畜蔬食以备湛旱、岁不为。常令边县预种蓄芫、芒、乌象、袾叶,外宅沟井可窴塞,不可,置此其中。

令居民家有三年的蔬食积蓄以备水旱之灾和颗粒不收。令边县种一些毒草,不能填塞的井即投放毒草。这是非战时对居民储备粮食的指导原则。

---

① 岑仲勉:《墨子城守各篇简注》,第146页。

三、实行严刑峻法，维护社会秩序

为了固守城池，需要加强对城中居民的管理，即实行战时统制政策。

（一）在城门和里门设卡，查验过往行人的凭证

《备城门》：

城持出必为明填，令吏民皆知之。从一人百人以上，持出不操填章，从人非其故人及其填章也，千人之将以上止之，勿令得行；行及吏卒从之，皆斩，具以闻于上，此守城之重禁也，大奸之所生也，不可不审也。

即城内居民出城，均需持"路条"。

《旗帜》：

巷术通周道者必为之门，二人守之，非有信符，勿行，不从令者斩。巷道通往大道处设门，派两人守之，没有信符，不得通行。不听令者，斩首。

《号令》：

诸城门若亭谨候视往来行者符；符传疑若无符，皆诣县廷言，请问其所使，其有符传者善舍官府。其有知识、兄弟欲见之，为召，勿令入里巷中，三老、守闾令厉缮夫为荅；若他以事者、微者不得入里中，三老不得入家人。

《号令》：

宿鼓在守大门中，莫（暮），令骑若使者操节闭城者，皆以执毚。昏鼓，鼓十，诸门亭皆闭之。行者断，必系问行故，乃行其罪。晨见，掌大鼓纵行者，诸城门吏各入请钥，开门已，辄复上钥。有符节不用此令。寇至，楼鼓五，有周鼓，杂小鼓乃应之。小鼓五后从军，断。命必足畏，赏必足利，令必行，令出辄人随，省其可行、不行。号，夕有号，失号，断。为守备程而署之曰某程，置署术街，衢阶若门，令往来者皆视而放。

《号令》：

里正与父老皆守宿里门，吏行其部，至里门，正与开门内吏。与行父老之守及穷巷闲无人之处。奸民之所谋为外心，罪车裂。正与父老及吏至部者不得，皆斩；得之，除，又赏之黄金，人二镒。大将使信人行守，长夜五循行，短夜三循行。四面之吏亦皆

自行其守,如大将之行,不从令者斩。

以上《旗帜》和《号令》篇中的材料讲的是里中巡查和防止通敌的办法。

《号令》:

门有吏,主诸门、里,筦闭必须太守之节,谨择吏之忠信者,无害可任事者。

城内居民区"里"有里门的设置,里门要上锁,里门和城门要有吏把守。里门和城门的开闭必须有太守的命令。选择吏当中忠实可信的,担任守门之责。

(二) 保护老弱,抵押人质

《号令》:

城小人众,葆离乡老弱国中及他大城。

《墨子间诂》:"'离乡'谓别乡,不与国邑相附者。"①即指城外之"乡",与"都乡"相对出现。里耶秦简中迁陵县即有都乡,而迁陵县之启陵乡和贰春乡即属于离乡。安徽天长安乐镇纪庄汉简《户口簿》和《算簿》有某县之东乡、都乡、杨池乡、鞠乡、垣雍北乡、垣雍南乡。② "都乡"之外的东乡、杨池乡和鞠乡均属于"离乡"。都乡类若今天一般县城所在的乡,一般称之为城关镇。若所守之城城小人多,则先将城外离乡的老弱疏散于城内和其他大城保护起来。此举大概是为了避免敌人抓获这些行动迟缓的老弱后,以此作为人质来要挟守城者。

《备水》:

先养材士,为异舍食其父母、妻子以为质。

此节养材士,是为了执行破坏敌方堤坝,以水淹敌人的战法。将材士之父母、妻子另外置舍养起来,一方面以示优待,另一方面将其作为人质可防止材士叛变。

《号令》:

---

① (清) 孙诒让撰,孙启治点校:《墨子间诂·备城门》,第 527 页。

② 天长市文物管理所、天长市博物馆:《安徽天长西汉墓发掘简报》,《文物》2006 年第 11 期。另按:释文据胡平生:《新出汉简户口簿籍研究》,《出土文献研究》(第 10 辑),第 253 页。

守城之法，敌去邑百里以上，城将如今尽召五官及百长以富人重室之亲，舍之官府，谨令信人守卫之，谨密为故。

《杂守》：

城守：司马以上父母、昆弟、妻子有质在主所，乃可以坚守。……吏、侍守所者，财足、廉信、父母昆弟妻子有在葆宫中者，乃得为侍史。诸史必有质，乃得任事。

岑仲勉："此言敌寇将到时处置城内官长、绅富的亲属之法。"这主要是为了稳定守城军民的信念，消除军民的恐慌心理。在敌人迫近时，城内富室与官长之亲属容易为了保全性命，携带贵重物品逃离。富室和官长之亲属一逃，极有可能导致守城之军心、民心动摇乃至瓦解，引发恐慌。这对守城来说是不利的因素。通过将其留在城内，保卫起来，从另外一个角度来说就是将其控制起来。城存，则他们的生命和财产安全有保障；城破，则面临一切丧失的可能。将富室与官长的亲属留在城内并保护起来，则会提高守城军民固守城池的士气。比如在征用财物和人员时，假若富室和官长带头，其他普通民众则会顺风响应，守城的胜算就大一些。另一方面，将富室和官长控制起来，可以杜绝他们与城外之敌勾结的可能性，有益于守城。

（三）重视防火

作为城池，防止失火是非常要紧的事。尤其在战时，失火会引发一些混乱和恐慌，还有可能将守城物资和器具焚毁，或者敌人趁机攻城，城破的危险性就增加了。因此《墨子》城守诸篇对于防火措施作了非常具体而严格的规定。

《号令》：

诸灶必为屏，火突高出屋四尺。慎无敢失火，失火者斩，其端失火以为乱事者，车裂。伍人不得，斩；得之，除。救火者无敢讙哗，及离守绝巷救火者斩。其正及父老有守此巷中部吏，皆得救之，部吏亟令人谒之大将，大将使信人将左右救之，部吏失不言者斩。诸女子有死罪及坐失火皆无有所失，逮其以火为乱事者如法。

对造饭之灶加以屏障，即防止失火的措施之一。此外，火突（房顶之烟囱）必须高出房屋四尺，是为了避免从烟囱冒出来的火星引发火灾。失火者斩，故意失火者，处以车裂。同伍之人不能抓获故意纵火者，斩；若同伍之人捕获故意纵火者,免除惩罚。救火者不要呼喊喧哗,离开岗位并滞留在巷中阻碍了救火者也要斩首。里正、父老和失火所在巷之部吏均要组织所辖居民救火,并且部吏派人上报大将,大将派信人率领左右救火。若部吏不上报大将,要斩首。女子犯有死罪及虽失火但没有损失,视其罪行轻重予以惩办。

《迎敌祠》:

> 城之内,薪、蒸(柴)、庐、室,矢之所逮,皆为之涂菌。

将城内靠近城墙、敌人之火箭射程范围的薪、柴、庐、舍涂以泥土,以防敌人发射火箭而引发火灾。《杂守》"涂茅屋若积薪者,厚五寸以上"具体规定了涂泥的厚度。这与《左传》襄公九年宋国都城"涂大屋"防火是一个道理。

《号令》:

> 官府城下吏、卒、民,皆前后、左右、相传保火。火发自燔,燔蔓延燔人,断。

城下吏、卒、民向自己前后、左右口口相传,保存好火种。火自然蔓延,烧伤了人,亦要定罪。

(四)战时要腾开城上和城内道路

《号令》:

> 卒有惊事,中军疾击鼓者三,城上道路、里中巷街皆无得行,行者斩。女子到大军,令行者男子行左,女子行右,无并行。皆就其守,不从令者斩。敌军猝然攻城,中军立刻击鼓三通。听到鼓声,闲杂人等要离开城上道路。

里中街巷,不听令者要斩首。腾出道路,以便防守军队和其他参战人员能够迅速到达指定岗位。如果与守城无关的居民占据城上道路和街道,则不便于负有守城责任者使用,可能导致贻误战机。另一方面,令与守城无关的居民离开街道,也是为了便于防奸。守城人员奔赴岗位报到的时候,男女别行。男女均应赴其守城岗位,否则斩首。

(五)实行连坐互保,防止叛乱

《号令》:

> 诸卒民居城上者各葆其左右，左右有罪而不智也，其次伍有罪。若能身捕罪人若告之吏，皆构之。若非伍而先知他伍之罪，皆倍其构赏。城下里中家人各葆其左右、前后，如城上。

居于城上之士卒和居民要担保其左右。左右有罪而没有察知，要被治罪，同伍之人亦被治罪。若能亲自捕获罪人并上告官吏，有赏。若非同伍而知他伍之罪，赏赐加倍。城下的里中居民前后左右也要像城上一样互相担保。此即士卒和居民守城者要编为伍，同伍互保和连坐。

《号令》：

> 吏卒侍大门中者，曹无过二人。勇敢为前行，伍坐，令各知其左右前后。擅离署，戮。门尉昼三阅之，莫(暮)，鼓击门闭一阅，守时令人参之，上逋者名。餔食皆于署，不得外食。守必谨微察视谒者、执盾、中涓及妇人侍前者志意、颜色、使令、言语之请。及上饮食，必令人尝，皆非请也，击而请故。守有所不悦谒者、执盾、中涓及妇人侍前者，守曰断之。冲之若缚之，不如令及后缚者皆断。必时素诫之。诸门下朝夕立若坐，各令以年少长相次，旦夕就位，先右有功、有能，其余皆以次立。五日官各上喜戏、居处不庄、好侵侮人者一。

这段材料规定对各城门侍从吏人如何审查。

《号令》：

> 城上卒若吏各葆其左右，若欲以城为外谋者，父母、妻子、同产皆断。左右知不捕告，皆与同罪。有能捕告之者，封之以千家之邑；若非其左右及他伍捕告者，封之二千家之邑。城下里中家人皆相葆，若城上之数。

城上守卒要像吏一样互保，若有想以城与外敌合谋者，其父母、妻子、同母所生者皆被惩处。互保之人知情不加以捕获并上告，与犯罪者同罪；有能捕告者，封赏千家之邑。若非左右互保者却能捕告他伍叛乱者，重赏二千家之邑。城下里中居民，立功者受到的赏赐如同城上。

《号令》：

> 伍人逾城归敌，伍人不得，斩；与伯归敌，队吏斩；与吏归敌，队将斩。归敌者父母、妻子、同产皆车裂。先觉之，除。当术需敌，离地，斩；伍人不得，斩；得之，除。

《号令》此节讲的是城被包围以后，对于投敌者如何惩处。

(六) 严刑峻法,维护城内秩序

守城期间为了使城内秩序井然,实行严苛的惩治措施。

《号令》:

> 因城内里为八部,部一吏,吏各从四人,以行冲术及里中。里中父老不与守之事及会计者,分里以为四部,部一长以苛往来,不以时行,行而有他异者以得其奸。吏从卒四人以上有分守者,大将必与为信符,大将使人行守,操信符,信不合及号不相应者,伯长以上辄止之,以闻大将。当止不止及从吏卒纵之,皆斩。诸有罪自死罪以上,皆逮父母、妻子、同产。

即将城内居民区“里”,分成八部,每部设置一吏,每吏有四人随从,巡行本部里中及街道。每里又分四部,每部设置一长,盘查往来行人,尤其是不以时通行和行迹异常者。八部之吏随从士卒四人以上者,守将必与之信符,守将还派人巡查,信符不合与编号不符者,伯长及其以上官职者马上阻止,并报告守将。当制止而不予制止的,斩首。凡犯有死罪者,其父母、妻子、同母所生者亦一并被抓捕。

《号令》:

> 望气者舍必近太守。巫舍必近公社,必敬神之。巫、祝、史与望气者必以善言告民,以请上报守,守独知其请而已。巫与望气者妄为不善言惊恐民,断,弗赦。

安置“望气者”住在太守附近。安置“巫”住在“社”附近,对社神进行祭祀。巫、祝、史和望气者,一定要将有利于守城的言论告诉城中居民。巫与望气者若向守城居民扩散于守城不利的言论,导致军民惊恐不安的,要治其罪并且不得赦免。

《号令》:

> 传令里中者以羽,羽在三老所,家人各令其家中,失令若稽留令者,断。

以羽为符信传令里中,羽保管在三老。传给庶人的命令要送达其家中,未能传到和延迟传令者,要受到处罚。

《号令》:

吏卒民无符节而擅入里巷，官府吏、三老、守闾者失苛(呵)止，皆断。

官吏、士卒、居民无符节而擅入里巷，官府之吏、三老、守闾者不加以呵斥制止的，要受到处罚。

《号令》：

诸盗守器械、财物及相盗者，直一钱以上，皆断。

趁乱盗窃守城器械、财物和帮助他人盗窃者，值一钱以上，均予以惩处。

《号令》：

围城之重禁：敌人卒而至，严令吏民无敢讙嚣、三最、并行、相视坐泣、流涕若视、举手相探、相指、相呼、相麾、相踵、相投、相击、相靡(以身及衣)、讼驳言语、及非令也而视敌动移者，斩。伍人不得，斩；得之，除。

《孙子兵法·行军》："夜呼者，恐也。"敌人围城后，城内吏民"讙嚣"和"相呼"不仅是吏民自身恐慌的表现，还容易影响其他民众，此为厉行禁止之事。

《号令》：

誉客内毁者，断。……誉敌，少以为众，乱以为治，敌攻拙以为巧者，断。

睡虎地秦简《法律答问》有一条与此相类：

"誉适(敌)以恐众心者，翏(戮)。""翏(戮)"者可(何)如？生翏(戮)，翏(戮)之已乃斩之之谓殹(也)。　(简 51)

李学勤先生认为上引《法律答问》"翏"字之前为秦刑法本文，之后是律意的解释。[①] 此《法律答问》之文与上引《号令》之文可谓异曲同工，即赞美敌军，长敌人士气，灭自己威风。此举容易在守城军民中产生恐慌心理。触犯此令者，要被治罪。

《迎敌祠》：

其出入为流言，惊骇恐吏民，谨微察之，断，罪不赦。

造谣惊骇守城之吏民者，应秘密侦察之，予以治罪且不予赦免。

以上材料规定围城中厉行禁止之事以及犯禁者的处罚办法。

---

① 李学勤：《秦简与〈墨子〉城守各篇》，收入《李学勤集——追溯·考据·古文明》，第 297 页。

《号令》：

诸以众强凌弱少及强奸人妇女，以讙哗者，若上城者，衣服他不如令者，皆断。

以众强欺凌弱小、强奸妇女、大声喧哗者以及上城墙当差而不按照命令着衣服者，均要治罪。

《号令》：

诸吏卒民有谋杀伤其将长者，与谋反同罪，有能捕告，赐黄金二十斤，谨罪。非其分职而擅取之，若非其所当治而擅治为之，断。诸吏卒民非其部界而擅入他部界，辄收，以属都司空若候，候以闻守，不收而擅纵之，断。能捕得谋反、卖城、逾城归敌者一人，以令为除死罪二人，城旦四人。反城事父母去者，去者之父母妻子……

谋害或杀伤长官以及不当其所为而为者均要治罪；若违犯守城禁令者能够捕获谋反、出卖守城方和投敌者，则会一定程度地被免除此前因犯令而受到的惩罚。

《号令》：

客卒守主人，及以为守卫，主人亦守客卒。城中戍卒，其邑或以下寇，谨备之，数录其署，同邑者，勿令共所守。与阶门吏为符，符合入，劳；符不合，收，言守。

此即防范措施之一。对戍卒中其乡邑已为敌寇所占者，要谨慎防备。要专门将这些戍卒登记，来自同一邑的戍卒，勿令担任同样的防守任务，将他们分散到不同的防守岗位中，瓦解其势力，防止与敌里应外合发动叛乱，或者引导敌人进攻某一防区，守城将领却不知情。分散开以后，一旦发现异动，同伍之人因实行连坐而得以举报，可以防止酿成大祸，将守城之危险因素降到最低和消灭于萌芽状态。

《号令》：

有司出其所治：则从淫之法，其罪耺。务色谩正，淫嚣不静，当路尼众，舍事后就，踰时不宁，其罪耺。讙嚣駴(骇)众，其罪杀。非上不谏，次主凶言，其罪杀。无敢有乐器、弊骐军中，有则其罪耺。非有司之令，无敢有车驰、人趋，有则其罪耺。无敢散牛马军中，有则其罪耺。饮食不时，其罪耺。无敢歌哭于军中，有则其罪耺。令各执罚尽杀；有司见有罪而不诛，同罚，若或逃之，亦杀。凡将率斗其众失法，杀。凡有司不使士卒、吏民闻誓令，代之服罪。凡戮人于市，死三日徇。

此段类同今日之布告。通过这些规定，维持守城期间城内的秩序。

《号令》：

诸人士外使者来，必令有以执。将出而还。（若行县，）必使信人先戒舍室，乃出迎，闻守，乃入舍。为人下者常伺上之，随而行，松（从）上不随下。（必须□□随。）

《号令》：

守：城外令任，城内守任，令、丞、尉亡得入当，满十人以上，令、丞、尉夺爵各二级；百人以上，令、丞、尉免，以卒戍。诸取当者，必取寇虏，乃听之。

《迎敌祠》：

令昏纬狗、纂马、掔纬。静夜闻鼓声而譟，所以阉客之气也，所以固民之意也，故时譟则民不疾矣。

该规定是说夜间要把狗、马拴好、牵好，防止静夜突闻鼓声，受到惊吓，出现狗吠、马嘶或者到处乱窜的慌乱现象，以扰乱民心和军心。

《号令》：

传言者十步一人，稽留言及乏传者，断。诸可以便事者，亟以疏传言守。吏卒民欲言事者，亟为传言请之，吏稽留不言请者，断。县各上其县中豪杰若谋士、居大夫重厚，口数多少。

关于言论号令的传达，一方面是上情下达，另一方面是下情上达。县之官吏要上报县中豪杰、谋士、大夫及县之人口数，便于统筹安排。

四、抚恤死伤，论功行赏

城解围后，官吏要慰问受伤者，凭吊死难者。对于守城战斗中的立功者，要论功行赏。

《号令》：

吏、卒、民死者辄召其人与次司空葬之，勿令得坐泣。伤甚者令归治病家，善养，予医给药，赐酒日二升，肉二斤，令吏数行间，视病有瘳，辄造上事。诈为自贼伤以辟事者族之。事已，守使吏身行死伤家，临户而悲哀之。

《号令》：

寇去,事已,塞祷,守以令益邑中豪杰力斗诸有功者,必身行死伤者家以吊哀之,身见死事之后。城围罢,主亟发使者往劳,举有功及死伤者数使爵禄,守身尊宠,明白贵之,令其怨结于敌。

《号令》:

其疾斗却敌于术,敌下终不能复上,疾斗者队二人,赐上奉。而胜围,城周里以上,封城将三十里地为关内侯,辅将如令赐上卿,丞及吏比于丞者,赐爵五大夫,官吏、豪杰与计坚守者十人,及城上吏比五官者,皆赐公乘。男子有守者爵,人二级,女子赐钱五千,男女老小先分守者,人赐钱千,复之三岁,无有所与,不租税。此所以劝吏民坚守胜围也。

即城解围后,论功行赏,包括赐爵位,赐钱和免除租税。并借此机会,树立守城居民同仇敌忾的心理。

总之,《墨子》城守诸篇反映了战国时期城内外基层地域性居民组织在守城战争中发挥的军事功能,揭示了战争的胜负不仅取决于军事实力,而且还决定于基层居民组织是否能够将人力和物力充分组织和调动起来,积极参与到战争中来。这种战时体制,加强了基层居民组织的官吏对居民的组织、动员和管理的能力,大大提高了基层居民组织的威信和地位。在战争状态下,基层居民组织内居民之间的相互配合和协作有利于塑造基层居民组织的共同体精神。

小　　结

将本章要点概括如下:

一、战国时期列国对里中居民基本上都采取了什伍编制。什伍编制的含义是里中居民按伍编制,即五家为一伍,每伍有伍长来负责。伍内居民荣辱与共:一人犯罪,同伍之人不予纠举,即与犯罪者一同受罚;一人受赏,同伍之人亦受赏。战争期间,凡服役者,五人为伍,十人为什。伍有伍长,什有什长。什伍制的一个基本特点就是连坐。什伍制的建立,有利于平时或战争期间防止奸慝现象的发生,并且使居民互相监督。战争期间,什与伍形成有战斗力的基本单位,互帮互助。什伍制的编制时间常定在“秋岁末”。什伍制既是行政上的基层居民组织,又是军事组织。行政上五家为伍,并无十家为什。军事上,五人为伍,什人为什。编伍原则,同里之人编为什伍,同伍亦是邻居。不同身份的人编入不同的伍。什伍制同时与户籍制度相辅相成,没有户籍的个人和家庭,不得入“伍”。什伍制所起的作用即防止逃亡,维护地方社会治安;选拔贤能;防止奸细;有利于训练士卒,在战争中互相配合,提高军队的战斗力。

二、战国时期的户籍大致分为十类:民籍、傅籍、军籍、匠籍、客籍、弟子籍、官府之籍、市籍、食者籍、宗室籍。

在楚国,不论是什么身份的人,均有户籍。楚国封国内基层居民户籍管理的官吏有州里公。县行政区划的居民户籍由所在县的宧(县)大夫和司败管理。

登录户籍的时间,大规模的登录一般在每年的八月。户籍登录的方式包括自行申报、代为申报和官吏查核三种。户籍登录的两个重要项目即身高和年龄。身高和年龄在户籍上主要使用“大”和“小”二字来标明,不标明“大”和“小”者,说明该居民已属成人。居民按户来登录户籍,一户只能有一个户主。一般户主为男性家长,但也有女性做户主的现象。秦国一户只允许有一位成丁的男子,这种户籍政策促进了一家一户的家庭作为社会最小的细胞的出现。迁徙者要办理户籍变动手续。出生者要登记户籍,死者要注销户籍。户籍掌握在乡一级机构,同时上报县级行政机构。

三、基层地域性居民组织的官吏在守城战争期间运用行政机制,在组织和动员居民配合军队守城,维持社会秩序,征用民间物资,防止奸慝,吊死问伤,论功行赏等方面,发挥了积极的军事功能。

第六章 《周礼》对两周基层地域性居民组织的反映和沉淀

《周礼》原名《周官》，经秦火后由河间献王刘德所得，属于古文书写，当时已缺《冬官》，便用性质相类之《考工记》补足，献于朝廷，藏之秘府。当时的学者都没有机会看到，直到汉末刘歆掌校秘书，《周官》才为学者所识。[①]《周官》被刘歆改称为《周礼》，《周礼》在汉代重新为世人所知后便与政治结下了不解之缘，即今古文学术问题和政治斗争交织在一起。例如：王莽改制本于《周礼》；北周苏绰助宇文泰改革亦以《周礼》为蓝本；唐代"建官颁典"，"依放（仿）六职"；[②]北宋胡安国和胡宏父子，通过否定《周礼》为周公所制，从而反对王安石据《周礼》所进行的政治改革；[③]晚清康有为撰《新学伪经考》，主张《周礼》系刘歆为王莽改制而伪造，为维新变法大造舆论。而今，经学早已从圣坛跌落，可以平心静气、实事求是地对待《周礼》。

《周礼》在主体上是一部关于先秦时期官制的典籍，其中反映基层地域性居民组织的材料非常丰富。历史上对《周礼》一书的作者、成书的时代及其所反映的地域众说纷纭，导致其作为史料在研究中的使用价值大受局限。有鉴于此，本书前面的章节论述两周基层地域性居民组织时，较少使用《周礼》的相

---

① 见于以下三则材料。《汉书·河间献王传》："献王所得书，皆古文先秦旧书，《周官》《尚书》《礼》《礼记》《孟子》《老子》之属，皆经、传、说、记、七十子之徒所论。"《汉书·景十三王传》："河间献王德以孝景前二年立，修学好古，实事求是。从民得善书，必为好写与之，留其真，加金帛赐以招之。繇是四方道术之人不远千里，或有先祖旧书，多奉以奏献王者，故得书多，与汉朝等。……献王所得书皆古文先秦旧书，《周官》《尚书》《礼》《礼记》《孟子》《老子》之属，皆经传说记，七十子之徒所论。"《经典释文·叙录》："河间献王开献书之路，时有李氏上《周官》五篇，失《冬官》一篇，乃购以千金，不得，取《考工记》以补之。"

② （清）孙诒让撰，王文锦、陈玉霞点校：《周礼正义·略例》，北京：中华书局，1987年，第6页。

③ （宋）胡宏：《皇天大纪论·极论周礼》，《胡宏集》，北京：中华书局，1987年，第259～260页。另见（宋）黎靖德编：《朱子语类》卷八十六，北京：中华书局，1986年，第2204页。

关材料。但《周礼》所述典章制度又非常重要，在研究两周时期基层地域性居民组织时是无法忽略和回避的。那么，究应采取什么办法对待《周礼》呢？顾颉刚先生曾讲到：

> 因为这书不成于一人，也不作于一时，所以其中的制度常有牴牾和不可信的成分。然而其中也必然保存了一部份的古代的真制度（例如不用牛耕、没有铁器等事项），值得我们重视，所以需要细细地分析出来而部份地归到正确的古代史里去。[①]

顾先生的办法是可取的。因此，本章对《周礼》中的基层地域性居民组织拟按照顾先生的思路，即将《周礼・地官》中自西周以来各时代涉及基层地域性居民组织的材料尽可能地剥离出来，以补其他文献和出土材料之不足，或与其他材料相互印证，进一步丰富和充实对先秦时期基层地域性居民组织的认识，以弥补前面章节之研究因受材料限制而产生之不足和空白。

清朝已还，对《周礼》的研究围绕阐释经学而展开，其间掺杂今古文经学的学派纠葛和政治纷扰。清朝以降，虽然今古经文学术流派和门户之争的余波和阴影尚存，但经学时代一去不返，其影响亦渐行渐远。当代学者曾将《周礼》与其他古文献对读，[②]或与金文对读，[③]有的学者还从思想史的角度去研究《周礼》，[④]成就卓著。但是对于《周礼》的一些问题学者间的意见迄今仍未能取得一致。故笔者在此也很难提出一个使大家普遍接受的观点。为方便本章论述的展开，关于《周礼》的一些问题作如下处理：

第一，关于《周礼》基层官制的时代背景。如果《周礼》成书的时代确定了，那么《周礼》中的基层地域性居民组织所反映的时代的下限也就大致可以明确

---

① 顾颉刚：《"周公制礼"的传说和〈周官〉一书的出现》，《文史》1979 年第 6 辑，第 38 页。

② 沈长云、李晶：《春秋官制与〈周礼〉比较研究——〈周礼〉成书年代再探讨》，《历史研究》2004 年第 6 期。

③ 杨筠如：《周代官名略考》，《国立中山大学语言历史学研究所周刊》第二集第 20 期，1928 年；郭沫若：《金文丛考・周官质疑》，《郭沫若全集》（考古编）第五卷，北京：科学出版社，2002 年；斯维至：《西周金文所见职官考》，《中国文化研究汇刊》第七卷，1947 年；徐宗元：《金文中所见官名考》，《福建师范学院学报》1957 年第 2 期；张亚初、刘雨：《西周金文官制研究》。

④ 杨向奎：《周礼内容的分析及其制作时代》，《山东大学学报》1954 年第 4 期；顾颉刚：《"周公制礼"的传说和〈周官〉一书的出现》，《文史》1979 年第 6 辑；彭林《〈周礼〉主体思想与成书年代研究》（增订版）；徐复观：《周官成立之时代及其思想性格》，《中国经学史的基础・周官成立之时代及其思想性格》，北京：九州出版社，2014 年；金春峰：《周官之成书及其反映的文化与时代新考》，1993 年。

了。这是利用《周礼》中的相关材料研究两周基层地域性居民组织之前必须要加以明确的。关于《周礼》形成的时代有各种各样的说法，[①]本书采用顾颉刚先生在《“周公制礼”的传说和〈周官〉一书的出现》一文中所主张的《周礼》出于战国后期的观点。据此，《周礼》中关于基层地域性居民组织材料的时代大致在两周时期的范围内，即其书杂糅了西周，甚至可以追溯到商代，下至战国时期的典章制度。

第二，关于《周礼》基层官制系统的地域背景。顾颉刚和杨向奎先生均主张《周礼》反映了东方齐国的地域背景，根据是《国语》之《齐语》篇和《管子》一书所反映的齐国地方官制与《周礼》多能吻合。

本章在以上认识的基础上，拟分四节探讨《周礼》中的基层地域性居民组织。第一节对比《周礼·地官》国野乡遂各级居民组织，并试探《周礼·地官》中一些基层地域性居民组织的时代特征。考察《周礼·地官》中的乡和州的职官、职能、规模和结构，试图明确《周礼·地官》中的这些制度在东周时期的“素地”。第二节探讨《周礼·地官》中的基层地域性居民组织的社会功能。第三节探究《周礼》中的什伍制和户籍制度。第四节考察《周礼》中的基层官吏的选拔和考绩制度。

第一节 《周礼》基层地域性居民组织的特征及时代

《周礼》将国家版图规划为两个不同的政治地理区域，即国和野。在两个区域内，分别规划了六乡、六遂。在六乡、六遂中又划分为层级相次的若干居民组织。通过如此规划，形成以国为中心的政治地理格局，国君的意志借助各级地域性居民组织深入贯彻到社会基层的普通居民。反过来，基层社会的人力、物力等资源通过各个层级的地域性居民组织上归中央，体现了中央集权的政治制度。

一、《周礼》中的基层地域性居民组织

《周礼》的擘画者根据居民在国家政治生活中的不同地位以及城市与农村

---

① 刘丰：《百年来〈周礼〉研究的回顾》，《湖南科技学院学报》2006 年第 2 期。

之间的差异等因素，将居民组织规划为两大系统，即国与野。国中规划六乡，野中规划六遂。下面试对《周礼》国野两大系统中的基层地域性居民组织予以考察。

（一）《周礼》国野乡遂各级居民组织

《周礼》所载国野乡遂各级基层地域性居民组织的称谓和规模如下：

乡：比（5 家）→闾（25 家）→族（100 家）→党（500 家）→州（2 500 家）→乡（12 500 家）。

遂：邻（5 家）→里（25 家）→酂（100 家）→鄙（500 家）→县（2 500 家）→遂（12 500 家）。

这显示，《周礼》乡与遂之基层地域性居民组织的层级均为六级，且相应层级的规模和相邻层级的进制完全相同，但乡和遂相应层级的基层地域性居民组织的名称则完全不同。郑玄对此现象云：“异其名者，示相变耳。”即乡遂基层地域性居民组织的名称不同是为了将国与野区别开来。此外，《周礼》还将乡遂各级基层地域性居民组织职官的爵级和编制予以标出。具体情况如下表所示（表 6－1）：

表 6－1　《周礼》国野乡遂各级居民组织之职官、爵级和编制统计表①

国				野			
居民组织	职官	爵级	编制	居民组织	职官	爵级	编制
乡	乡老	公	二乡一人	遂	遂人	中大夫	二人
	乡大夫	卿	一人		遂大夫	中大夫	一人
	乡师	下大夫	四人		遂师	下大夫	四人
州	州长	中大夫	一人	县	县正	下大夫	一人
党	党正	下大夫	一人	鄙	鄙师	上士	一人
族	族师	上士	一人	酂	酂长	中士	一人
闾	闾胥	中士	一人	里	里宰	下士	一人
比	比长	下士	一人	邻	邻长		一人

① 本表据《周礼·地官司徒·叙官》的材料简化整理而成。

关于爵级，六乡之州、党、族、闾要比对应六遂之县、鄙、酂、里居民组织职官的爵位高一个爵级。[①] 六乡之比长的爵位属于下士，对应六遂之邻长没有爵位。六乡之乡师与六遂之遂师爵位相同。六乡之乡老和乡大夫比六遂之遂人、遂大夫至少要高两个爵级。可见，六乡比六遂相对应的各级基层地域性居民组织的职官的爵级大多要高一个等级。六乡与六遂大部分基层地域性居民组织职官爵级的差异，从一个侧面反映了以国为政治中心的格局。

关于职官编制，乡老是每两个乡设置一名，而与乡老可能对应的六遂之遂人是每个遂设置两名，其他六乡与六遂相对应的居民组织职官的人数编制则完全相同。在出土的张家山汉简《二年律令》中可以看到与《周礼》类似的职官编制。从《周礼》来看，基层地域性居民组织职官呈现定额编制的思想至晚在战国时期已经产生了。编制职官似乎可以精简机构，避免官员冗滥，提高行政效率，减轻国家财政上的开支和负担。

《周礼》国野乡遂各级基层地域性居民组织的称谓和职官的爵位亦与《汉书·食货志上》对古代基层地域性居民组织的追述有许多相同和部分相异之处。

《汉书·食货志上》：

> 五家为邻，五邻为里，四里为族，五族为党，五党为州，五州为乡。乡，万二千五百户也。邻长位下士，自此以上，稍登一级，至乡而为卿也。

《汉书·食货志上》所载各级基层地域性居民组织由低到高依次是：邻(5家)→里(25家)→族(100家)→党(500家)→州(2 500家)→乡(12 500家)。其基层地域性居民组织之层级和规模与《周礼》六乡、六遂居民组织完全相同。《食货志上》最低两级居民组织的称谓采用了《周礼》“六遂”中最低两级居民组织的称谓：“里”和“邻”。若对应到《周礼》“六乡”中相应层级的居民组织，则是“闾”和“比”，故“闾”和“里”、“比”和“邻”常常可以连称，例如《周礼·天官·小宰》“听闾里以版图”，郑玄注云“听人讼地者，以版图决之”，即闾里若有因地而讼者，小宰以户籍之版和土地之图断之。上引《食货志》其余层级居民组织的

---

① 潘光旦使用“品秩”一词来表述，参见潘光旦：《周官中的人口查计制度——附论：何以司民与刑事同属秋官》，清华大学《社会科学》第5卷，1949年第2期，第6页。本书采用阎步克的观点，参阎步克：《中国古代官阶制度引论》，北京：北京大学出版社，2010年。

称谓与《周礼》"六乡"中其余层级的居民组织的称谓完全一致。

上引《食货志上》中的居民组织与《周礼》乡遂居民组织的情况也存在一些细微的差异。《食货志上》之邻长位居下士，而邻长在《周礼》"六遂"中是唯一没有爵位的居民组织的职官。《食货志上》"邻长"之爵位同于《周礼》"六乡"中之"比长"。《食货志上》乡级职官之爵级为卿，而《周礼》乡级职官之爵级除了卿以外，尚有比卿爵级高的公和比卿爵级低的下大夫，在《周礼》六遂中却没有卿一级职官。《汉书・食货志上》使用"野"和"邑"相对立的概念，而《周礼》使用"野"和"国"相对的称谓，大概《食货志上》之"邑"与《周礼》之"国"相对等。[①]

《汉书・食货志上》对古代基层地域性居民组织的追述与《周礼》中的基层地域性居民组织的异同似可说明《汉书・食货志上》之基层地域性居民组织的记载是对《周礼》中的乡遂基层地域性居民组织规划的整合。

(二)《周礼》寓兵于农、军政合一的制度

《周礼》之国野乡遂制既有前述各级居民组织的设置，又在各级居民组织的基础之上规划了相应的军事编制，体现了寓兵于农、军政合一的指导思想。

《周礼・地官・小司徒》：

> 五人为伍，五伍为两，四两为卒，五卒为旅，五旅为师，五师为军。以起军旅，以作田役，以比追胥，以令贡赋。

这是《周礼》六乡中的军事编制，可简化为：伍(5 人)→两(25 人)→卒(100 人)→旅(500 人)→师(2 500 人)→军(12 500 人)。

《周礼・地官・大司徒》：

> 令五家为比……五比为闾……四闾为族……五族为党……五党为州……五州为乡。

以上材料中六乡的比、闾、族、党、州、乡的居民组织规模正好与《小司徒》六乡中伍、两、卒、旅、师、军的军事组织规模相一致，理论上平均一户出一人服

---

① 孙诒让认为《汉书・食货志上》对古制居民组织的追述并非本于《周礼》："此以遂之邻里易乡之比闾，而以邻长当比长，里胥当闾胥，非此经之制，疑别有所本。"[(清)孙诒让撰，王文锦、陈玉霞点校：《周礼正义》，第 648 页]

兵役,即军事组织是在相应的居民组织的基础上建立起来的。平常六乡的居民组织编制由小到大依次是比、闾、族、党、州、乡,战争时的编制由小到大依次为伍→两→卒→旅→师→军。可见,《周礼》反映的是兵农合一的制度,即平时生产,战时从军。

《周礼》未见对于野中居民服兵役的规定。但是,遂人"简其兵器"、县正"若将用野民师田行役"、酇长"若作其民而用之,则以旗鼓兵革帅而至。若岁时简器,与有司数之"和里宰"掌比其邑之……兵器"又说明了六遂是有武器和军队的。郑注:"遂之军法……如六乡。"贾疏:"郑注遂之军法如六乡者,以其遂内不见出军之法,唯有田制而已,故知遂之军法如六乡。若然,彼此各举一边,互见为义。"按以上二位古代经学家的看法,《周礼》之"野"也有如同"国"中的军事编制,但比照《周礼》国野乡遂对应各层级居民组织职官的爵级的差异和下文将要谈到的国野居民服役和免役年龄的差异,"国"中六乡各层级军事编制单位的职官的爵级也大致要比"野"中六遂军事编制单位的职官的爵级高,六乡的军事战斗力要比六遂强,可能在战争中承担主要作战任务。这可能是以"国"为根本的政治思想在军事上的体现。这种设置就是以"国"控"野"的军事格局。这种格局有利于维护中央集权和君主专制政体的建立,有利于维护国家的稳定。

(三)《周礼》国野乡遂在经济上的差异

《周礼》六乡之居民对于国家没有农业生产上的义务,只负担力役,提供军赋。而居于六遂之野人,主要担负农业生产、提供劳役并缴纳贡赋。

《周礼·地官·大司徒》:

> 凡造都鄙,制其地域而封沟之,以其室数制之。不易之地家百亩,一易之地,家二百亩。再易之地家三百亩。

都鄙分布于野。郑玄注:"都鄙,王子弟、公卿大夫采地。其界曰都;鄙,所居也。"即凡设置都鄙,划定其地域,并且在边界挖沟植树以为标识,安置一定数量的居民。"民寡则徙之入,多则徙之出。"[①]意思是通过控制邑中居民的迁

① (清)沈彤:《周官禄田考·公田数》,(清)阮元编:《清经解》(第2册,第三百一十七卷),第571页。

出、迁入来控制邑之规模。土地分为三类：不易之地，一易之地和再易之地。郑司农云："不易之地，岁种之，地美，故家百亩。一易之地，休一岁乃复种，地薄，故家二百亩。再易之地，休二岁乃复种，故家三百亩。"此即所谓轮耕制，大概与土地之地力有关。以户为单位分配土地，每家不易之地百亩，一易之地二百亩，再易之地三百亩。

除了以家为单位分配土地，还以"夫"为单位将土地分为上中下进行分配。《周礼·地官·遂人》：

> 上地夫一廛，田百亩，莱五十亩，余夫亦如之；中地夫一廛，田百亩，莱百亩，余夫亦如之；下地夫一廛，田百亩，莱二百亩，余夫亦如之。

郑玄注："莱谓休不耕者。""廛"，郑司农云："居也。"或城中或邑中之居皆可称"廛"。授廛、田和莱是以"夫"为单位，"夫"应该是指已经结婚并自立门户的男子。"余夫亦如之"该如何理解？《汉书·食货志上》："农民户人已受田，其家众男为余夫，亦以口受田如比。""余夫"即户主以外达到"丁"年龄的男子，但未分立门户。分立门户后，即成为"夫"而非"余夫"。只授"余夫"田和莱，不授廛。田分为上中下三个等级，亦当与土地之肥沃、贫瘠有关。不管是"夫"还是"余夫"，分得的土地有上中下之别，这个差别通过搭配莱之多少加以弥补和平衡，即授予的是中地和下地，将会得到比授予上地者更多的莱。比如上地一廛者，莱五十亩，而中地一廛者，莱百亩，下地一廛者，莱二百亩。且不管授予之田上中下之别，均为百亩。地与田是统一的，"夫"之居宅就在田中。

居民从政府获得土地，也必须为政府服役。居民每家应役者之多寡又是与分得土地的肥沃和贫瘠相结合的，如《周礼·地官·小司徒》：

> 上地家七人，可任也者家三人；中地家六人，可任也者二家五人；下地家五人，可任也者家二人。

郑玄注"可任"为"谓丁强任力役之事"。"可任也者"即可以为政府服役者。根据《地官·乡大夫》"以岁时登其夫家之众寡，辨其可任者。国中自七尺以及六十，野自六尺以及六十有五，皆征之"，国家应该对"可任也者"有一定的年龄和身高的规定。土地分为上地、中地和下地三个等级，定其等级者也是颁田者，即遂人。《周礼·地官·遂人》载："掌邦之野……辨其野之土，上地、中地、下地，以颁田里。”土地以地力之肥瘠为尺度被划分为上中下三个等级。若拥有上地且家有七人，出三人服役；若拥有中地且家有六人，每两家出五人服役；若拥有下地且家有五人，每家出二人服役。此乃根据拥有土地的好坏和每家人口的多少来确定服役的人数。

《周礼·地官·族师》：

> 五家为比，十家为联；五人为伍，十人为联；四闾为族，八闾为联：使之相保相受，刑法庆赏相及相共，以受邦职，以役国事，以相葬埋。

“以役国事”即以族为单位服役国事，完成国家委派的任务。

《周礼·地官·遂人》：

> 掌邦之野。……以令贡赋，以令师田，以起政役。若起野役，则令各帅其所治之民而至，以遂之大旗致之，其不用命者，诛之。凡国祭祀，共野牲；令野职。凡宾客，令修野道而委积。大丧，帅六遂之役而致之，掌其政令。及葬，帅而属六綍，及窆，陈役。凡事致野役，而师田作野民，帅而至，掌其政治禁令。

凡在野起役，遂中之居民均承担其事。凡国家祭祀，遂人要提供野牲；凡有宾客，要负责整治道路和准备宾客所需要的物资；凡大丧，要承担一些体力劳作。概括而言，野中居民要承担劳役。

对于野中居民从事农业生产，又是有一定组织形式的。《周礼·地官·小司徒》：

> 乃经土地，而井牧其田野。九夫为井，四井为邑，四邑为丘，四丘为甸，四甸为县，四县为都，以任地事，而令贡赋，凡税敛之事。

以井为单位治理田野。九夫一井，三十六夫一邑，一百四十四夫为一丘，五百七十六夫为一甸，二千三百零四夫为一县，九千二百一十六夫为一都。按照这种规划，组织农业生产，纳贡、征赋和征税。

制定贡赋由“载师”负责。《周礼·地官·载师》：

> 掌任土之法，以物地事、授地职，而待其政令。以廛里任国中之地，以场圃任园地，以宅田、士田、贾田任近郊之地，以官田、牛田、赏田、牧田任远郊之地，以公邑之田任甸地，以家邑之田任稍地，以小都之田任县地，以大都之田任畺地。凡任地，国宅无征，园廛二十而一，近郊十一，远郊二十而三，甸、稍、县、都皆无过十二，唯其漆林之征

二十而五。凡宅不毛者，有里布；凡田不耕者，出屋粟；凡民无职事者，出夫家之征。以时征其赋。

郑玄注："任土者，任其力势所能生育，且以制贡赋也。"《载师》将土地划分为八类：国中之地、园地、近郊之地、远郊之地、甸地、稍地、县地和疆地。八类土地有相应的征赋标准：园廛二十分之一，近郊十分之一，远郊二十分之三，甸、稍、县和都不超过十分之二，漆林的征赋标准比较特殊一些，是二十分之五。又，"宅不毛者"，征收"里布"；有田不耕者，出屋粟；民无所事事者，出夫家之征。

遂中由县师负责征收贡赋。《周礼·地官·县师》："掌邦国、都鄙、稍甸、郊里之地域，而辨其夫家、人民、田莱之数……以岁时征野之赋贡。"

二、《周礼》之若干基层地域性居民组织之特征和时代

《周礼》所载的地域性居民组织及其相关的若干制度与传世文献对读，是可以确定他们的大致时代和判断出其时代特征的。

（一）《周礼》杂糅了两周居民组织的制度

目前，没有直接的证据能够证明《周礼》所记载的乡遂制在西周曾经存在过，[①]但在春秋时期有其影子。

其一，《左传》襄公七年载："（鲁）南遗为费宰。叔仲昭伯为隧正，欲善季氏，而求媚于南遗。谓（南）遗：'请城费，吾多与而役。'故季氏城费。"其大意是说：南遗为季孙氏采邑费之宰。本为鲁君命官的隧正叔孙昭伯请南遗在费筑城，并愿多出徒役以助其成。于是季孙氏在费筑城。叔孙昭伯此举是想通过讨好南遗来巴结季孙氏。杜注"隧正"曰："主役徒。"杨伯峻先生注"隧正"曰："当即《周礼》之遂人，其职亦掌徒役。"杨先生又注："其所征调徒役，当即遂（郊外）之居民。"[②]

其二，《左传》襄公九年载宋国都城发生火灾，司城乐喜"令隧正纳郊保，奔

① 一些学者主张西周青铜器史密簋铭文中的"遂"即是乡遂之"遂"。诸家观点参见周宝宏：《近出西周金文集释》，天津：天津古籍出版社，2005年。

② 杨伯峻：《春秋左传注》（修订本），第951页。

火所”。杜注:“隧正,官名也,五县为隧,纳聚郊野保守之民,使随火起往救之。”杨伯峻先生注:“隧正,一遂之长,疑即《周礼》之遂人。”①

杨伯峻先生均使用《周礼》之“遂人”来解《左传》之“隧正”。实际上,也只有借助《周礼》关于乡遂制的记载,才能够明确《左传》中的“隧正”是什么性质的职官。这正体现了《周礼》的价值。据《左传》鲁国和宋国均有“隧正”一职推测,《周礼》的乡遂制当是春秋时代乡遂制的反映。

(二)《周礼》六乡的居民组织以“族”为基础

《周礼·地官·大司徒》载:“四闾为族,使之相葬;五族为党,使之相救。”这里的“族”变成了量词,一族百户。《左传》定公四年子鱼追述周初分鲁殷民六族,分康叔殷民七族,均以族为殷遗居民的单位,这反映了当时血缘亲族聚居的实际情况。《周礼》“四闾为族,使之相葬”,只有在族葬制存在的前提下才可以实现。

《周礼·地官·大司徒》:

> 以本俗六安万民:……二曰族坟墓。

《周礼·春官·墓大夫》:

> 掌凡邦墓之地域,为之图,令国民族葬,而掌其禁令,正其位,掌其度数,使皆有私地域。凡争墓地者,听其狱讼。帅其属而巡墓厉,居其中之室以守之。

以上《周礼》的这些规定是对族葬制存在的时代的反映。关于“族葬”,郑玄注云“各从其亲”。贾公彦疏:

> 《释》曰:经云“族葬”,则据五服之内亲者共为一所而葬,异族即别茔。知族是五服之内者,见《左传》哭诸之例云:“异姓临于外,同姓于宗庙,同宗于祖庙,同族于祢庙。”故知族是服内,是以郑云“各从其亲”也。

贾疏认为五服之内的亲者葬于一处坟茔。实行族葬当是对现实生活中聚族而居的现象的反映,否则以当时单个家庭的经济水平而论是无力实行族葬。故《大司徒》“四闾为族,使之相葬;五族为党,使之相救”、《周礼·地官·乡师》

---

① 杨伯峻:《春秋左传注》(修订本),第962页。

“族共丧器”和《周礼·地官·族师》“以相葬埋”均反映了《周礼》“六乡”之基层地域性居民组织建立在“族”的基础之上。

三、《周礼》之乡、州在东周时期的“素地”

本书前面的章节已经对乡、州基层地域性居民组织在两周时期的产生、发展情况进行了探讨。下面拟在前面探讨的基础上，以《周礼》中的相关材料为主，结合其他文献，对《周礼》之乡、州的职官、职能、规模和内部结构进行考察，以明确《周礼》中的“州”和“乡”之“素地”。所谓“素地”，即指《周礼》中的乡和州是历史上什么时代的乡和州的情况的投影。

(一)《周礼》中乡之职官、职能、规模和结构

《周礼》规划了乡的职官、职能、规模和结构。下面结合其他文献考察《周礼》中的基层地域性居民组织之乡的规划的历史“素地”。

1. 乡之职官

“乡”是春秋时期出现的基层地域性居民组织。

《周礼》中“乡”之职官有“乡老”“乡大夫”“乡师”和“乡士”，前三者各自的爵位是“公”“卿”“下大夫”；据《周礼·秋官·司寇》，“乡士”诸官吏之爵级有上士、中士和下士之别。以上乡级职官各爵级的编制分别为：两个乡一位乡老；每乡乡大夫一人；乡师配备下大夫四人，上士八人，中士十六人，旅下士三十二人；乡士配备上士八人，中士十六人，旅下士三十二人。乡师一职可在《国语·齐语》和《管子》的诸多篇章见到，说明《周礼》之“乡师”并非向壁虚造，应是春秋战国时期齐国官制的投影。

2. 乡级职官的职能

《周礼》中乡级职官有乡大夫、乡师和乡士等，其职能分别如下：

《周礼·地官司徒·乡大夫》对“乡大夫”的职能有具体而详细的规定。概括言之，有以下五个方面：(1) 每年正月，将从大司徒那里接受而来的法规颁之于乡吏，令民学习。(2) 掌乡之民数及其可任者与可免者。(3) 兴乡之贤者、能者。(4) 考核本乡官吏。(5) 遇国君“大询”，帅本乡之民致于朝。

关于“乡长”兴乡之贤能，《国语·齐语》和《管子·小匡》中均有类似记载，

兹不赘引。这说明《周礼》乡大夫兴乡贤能的职责大概是对春秋战国时期齐国制度的反映。

《周礼·地官·乡师》对乡师的职能亦有详细的规定。概而言之有以下职能：掌乡之民数和牛马，辨乡中征役之可任者和可免者；管理应大役之民；遇大祭祀，提供牛牲和茅蒩；遇天子征伐和盟会，提供后勤保障；遇大丧，负责劳役；负责田猎；以木铎徇市，宣征令之常者；巡国及野，代表国君慰问和赈济穷困；考绩六乡官吏；正岁，稽查乡器；遇国家大比，对乡中各级官吏的工作予以考评。与乡大夫比较，明显的一个不同是担当纲纪之整肃。

乡士，负责审理官司和对犯罪者予以惩处。国家举行大型活动，负责在乡中厉行禁令，发现犯禁者，可以即行处死。

以上《周礼》对乡级官吏职能的记载，大大补充了从其他传世文献获得的对乡级职官职能的认识。

3. 乡的规模

《周礼》规定一乡一万二千五百家，《国语·齐语》中的一乡共二千家，《管子·小匡》之一乡也是二千家。尹湾汉简《集簿》记载西汉成帝时期东海郡每乡平均一千五百六十六家。关于以上材料中一乡的户数，《周礼》《齐语》和《小匡》的数字是制度规定。尹湾汉简是实际统计数字，但每乡多少家是通过计算所得的一个平均数。秦代迁陵县贰春乡公元前 220 年有一万五千零三户（里耶简 8－927），公元前 212 年有二万一千三百多户（里耶简 8－1716）。秦代迁陵县贰春乡的规模与上列一乡规模的几个数字相比是相当大的，这应该与里耶秦简透露出来的当时徙民戍边的大背景有一定的关系。从公元前 220 到公元前 212 年，八年的时间增加六千多户，断非自然增长因素所致，应与迁入了大量内地居民有关。《周礼》一乡的规模与《国语》《管子》和西汉末成帝时期的尹湾汉简的乡平均数相比，也相当大，但与秦洞庭郡迁陵县贰春乡的实际规模相比，仍然是小规模或者说是中等规模的乡。这便说明，《周礼》之乡的规模并非不切实际，或者不着边际的理想，将其作为战国时代乡的一般规模是可以信赖的。

4. “乡”下是否有“里”的设置

《周礼》中有“乡”“里”二字并列使用的现象，列举如下：

《周礼·地官·党正》：

一命齿于乡里，再命齿于父族，三命而不齿。[①]

《周礼·地官·遗人》：

乡里之委积，以恤民之艰阨。

《周礼·地官·司谏》：

以考乡里之治，以诏废置，以行赦宥。[②]

以上材料中的乡里连言反映了什么呢？

“乡”在《周礼》中属于六乡系统的一级居民组织，而“里”则属于六遂系统的一级居民组织，尽管二者不属于一个系统，但乡的规模比里大得多，乡的层级比里高。据《周礼·地官司徒》“乡大夫，每乡卿一人”和“里宰，每里下士一人”可知，乡大夫和里宰二者的爵位有云泥之别。故“乡里”连言只能理解为乡下有里。但这种推论，既不符合《周礼》六乡也不符合六遂系统。

（二）《周礼》中的“州”之职官、职能、规模和结构

在包山简出土之前，因为材料缺乏，“州”居民组织不太受学者注目。最早明确记载居民组织“州”的《左传》亦并未提到“州”的职官称谓。州的职官称谓只见于《周礼》之“州长”和《管子》之“州大夫”。包山楚简的问世客观上使研究者重新审视《周礼》及其他文献对州的职官称谓、官阶、职能和州的规模的记载。

① 《荀子·大略篇》：“一命齿于乡，再命齿于族，三命，族人虽七十，不敢先。”

② 为求行文简洁，其他文献有关“乡里”连言的材料附于后：《庄子·达生》：“有孙休者，踵门而诧子扁庆子曰：‘休居乡不见谓不修，临难不见谓不勇；然而田原不遇岁，事君不遇世，宾于乡里，逐于州部，则胡罪乎天哉？休恶遇此命也？’”《荀子·君道篇》：“其居乡里也，容而不乱。”《乐论篇》：“乡里族长之中。”《墨子·尚贤中》：“是以入则不慈孝父母，出则不长弟乡里，居处无节，出入无度，男女无别。”《尚同中》：“以远至乎乡里之长。”又《尚同中》：“其室人未徧知，乡里未徧闻，天子得而赏之。数千万里之外有为不善者，其室人未徧知，乡里未徧闻，天子得而罚之。”《尚同下》：“是故古之圣王之治天下也，千里之外有贤人焉，其乡里之人皆未之均闻见也，圣王得而赏之。千里之内有暴人焉，其乡里未之均闻见也，圣王得而罚之。”《管子·立政》：“行乡里，……重去乡里，乡师之事也。”《幼官》：“修乡闾(里)之什伍。”《重令》：“谨于乡里之行。”《法法》：“上不行君令，下不合于乡里，变更自为，易国之成俗者，命之曰不牧之民。”《小匡》：“长弟闻于乡里者，……不长弟于乡里，……公宜问其乡里，而有考验。”《问第》：“子弟以孝闻于乡里者几何人？”又《问第》：“人之所害于乡里者何物也？”《揆度》：“四其本，则乡里给。”

1. 州的职官称谓

《周礼》将“州”规定为六乡中“乡”之下“党”之上的一级居民组织。下面试结合其他文献，考察《周礼》“州”之职官。

(1) 州长

《周礼·地官司徒》下有“州长”职官，并且在《秋官》中亦可见到“州长”职官的称谓。《秋官·小司寇》：“王南乡(向)，三公及州长、百姓北面，群臣西面。”《秋官·朝士》：“面三槐，三公位焉，州长、众庶在其后。”以上来自《周礼》的材料均提到了州长。据《周礼·地官》，州长的爵位是中大夫，每州设州长一人。《管子·立政》：“分国以为五乡，乡为之师。分乡以为五州，州为之长。”“州为之长”应当就是设置了“州长”。故《周礼》之“州长”反映的应该是战国时期齐国的制度。

(2) 州大夫

《管子》虽无“州长”职官称谓，却有“州大夫”。《管子·问第》：“问州之大夫也，何里之士也?”《管子·度地》：“常以冬少事之时，令甲士以更次益薪，积之水旁，州大夫将之，唯毋后时。”《问第》中“州之大夫”当即《度地》之“州大夫”。结合《周礼》“州长”官阶为“中大夫”的规定，“州大夫”可能是对州长职官的另外一种称谓，即居民组织层级名称“州”与州之长官的爵位“中大夫”的合成。按照这种分析，应该称“州中大夫”，殆省之为“州大夫”。由此可见，“州大夫”非正式称谓;《周礼》为官制典籍，其“州长”之名当属于正式的官制称谓。若此分析不误，则《管子》之“州大夫”即《周礼》之“州长”。可见官吏的称谓可分为职官称谓和官爵称谓两种。

2.《周礼》“州长”之职责

《周礼·地官·州长》：

> 各掌其州之教治政令之法。正月之吉，各属其州之民而读法，以考其德行道艺而劝之，以纠其过恶而戒之。若以岁时祭祀州社，则属其民而读法，亦如之。春秋，以礼会民而射于州序。凡州之大祭祀、大丧，皆莅其事。若国作民而师田行役之事，则帅而致之，掌其戒令与其赏罚。岁终，则会其州之政令。正岁，则读教法如初。三年大比，则大考州里，以赞乡大夫废兴。

由此记载可知：州长正月要向州中之民读法。州有社、序。春秋两季射于州序。三年大比，州长考核“州里”之官吏。

3. “州”之规模

关于“州”的规模，《周礼·地官·大司徒》中一州为二千五百家，《汉书·食货志》中亦追述州为二千五百家，《管子·立政》则记“十里为州”，一州为一千家(?)。①《管子·度地》：“故百家为里，里十为术，术十为州，州十为都，都十为霸国。”一州为一万家。银雀山汉简《田法》：“五十家而为里，十里而为州，十乡[州]而为州[乡]。”②一州为五百家。以上州之规模，各各不同。但有一点，《周礼》之州的规模在诸数字当中并非最大，可能非想象之数字，有现实的或历史的根据。

4.《周礼》中“州”下设“里”

《周礼》中“州”“里”连言的现象见于以下五条材料，凡八例：

《周礼·地官·乡师》：

> 既役，则受州里之役要，以考司空之辟，以逆其役事。……凡四时之田，前期出田法于州里，简其鼓铎、旗物、兵器，修其卒伍。

《周礼·地官·州长》：

> 三年大比，则大考州里，以赞乡大夫废兴。

《周礼·春官·司常》：

> 州里建旟……州里各象其名。

《周礼·秋官·大司寇》：

> 以嘉石平罢民。凡万民之有罪过而未丽于法，而害于州里者，桎梏而坐诸嘉石，役诸司空。……使州里任之，则宥而舍之。

《周礼·秋官·蜡氏》：

> 凡国之大祭祀，令州里除不蠲，禁刑者、任人及凶服者。

---

① 《立政》原文为：“分州以为十里，里为之尉。分里以为十游，游为之宗。十家为什，五家为伍，什伍皆有长焉。”即一游多少家并不清楚。

② 李家浩：《齐国文字中的“遂”》，《著名中年语言学家自选集·李家浩卷》，第45页。

在《周礼》中,"州"属于六乡的居民组织,"里"为"遂"中的一级居民组织,乡中无居民组织"里"的设置。故以上《周礼》中"州里"连言的表述,只能有两种理解:或者可理解为分属六乡之"州"与分属六遂之"里"的层级相当,或者可解读为"州"下有"里"一级居民组织的设置。据《周礼·地官·大司徒》"令五家为比,使之相保;五比为闾,使之相受,四闾为族,使之相葬;五族为党,使之相救;五党为州,使之相赒;五州为乡,使之相宾",可知"州"在"乡"之下、"党"之上。据《周礼·地官·遂人》"五家为邻,五邻为里,四里为酂,五酂为鄙,五鄙为县,五县为遂",可知"里"在"邻"之上、"酂"之下。这说明"州"和"里"虽然分属于六乡和六遂,但层级绝不相同。据《周礼·地官司徒》"州长,每州中大夫一人"和"里宰,每里下士一人",可知"州"之地位明显高于"里"。故"州里"连言只能理解为"州"下有"里"的设置。但是也应该看到,据《周礼》推导出的这种理解却与《周礼》六乡无"里"和六遂无"州"的设置相冲突。《周礼》六乡无"里"的设置又与《左传》的记载不合。根据《左传》,郑国、宋国和齐国的都城内有居民组织"乡"和"里"的设置。那么,究竟该信《周礼》还是该信《左传》呢?据《周礼》得出"州"下有"里"的判断,似能够得到其他文献的支持。[①]《周礼·地官·州长》说"大考州里",若州长不管辖"里"的话,似不会如此规定。可见,《周礼》中"州里"连言确实表明"州"之下有"里"的设置。如果《论语》"虽州里行乎哉"记载的是春秋的情况,那么应该得出春秋时期即已存在"州"下有"里"的现象了。

第二节 《周礼》所见居民组织之制度及其社会功能

《周礼》规划的基层地域性居民组织当中的一些制度,当是西周到战国时

---

① 其他先秦文献及汉经学家注释中"州里"连言的材料附于下:

(1) 虽州里行乎哉?(《论语·卫灵公》《史记·仲尼弟子列传》)(2) 顺州里,定廛宅。(《荀子·王制篇》)(3) 修士之丧动一乡,属朋友;庶人之丧合族党,动州里。(《荀子·礼论篇》)(4) 州里俾无交为。(《逸周书·作雒》)(5) 入州里……州里不鬲……故曰入州里,观习俗,听民之所以化其上者,而治乱之国可知也。(《管子·八观》)(6) 州里称之……于州里莫称。(《管子·大匡》)(7) 以为谷而廪之州里。(《管子·巨乘马》)(8) 谨行州里。(《管子·山国轨》)(9) 齐人有好猎者,旷日持久而不得兽,入则媿其家室,出则媿其知友州里。(《吕氏春秋·贵当》)(10)《左传》昭公八年"石言于晋魏榆",杜注:"魏榆,晋地。服(虔)云:'魏,邑也。榆,州里名。'"

期基层地域性居民组织实际情况的投影和积淀。这些制度主要体现在以下五个方面。[①]

一、祭祀制度

《周礼》中各级基层地域性居民组织的祭祀活动主要见于以下职官：

> 州长：若以岁时祭祀州社，则属其民而读法，……凡州之大祭祀、大丧，皆莅其事。
>
> 党正：春秋祭禜，亦如之（按，即“属民而读邦法”）。国索鬼神而祭祀，则以礼属民而饮酒于序，以正齿位：壹命齿于乡里，再命齿于父族，三命而不齿。凡其党之祭祀……掌其戒禁。

郑玄注“禜”：“谓雩禜，水旱之神。”又注：“国索鬼神而祭祀，谓岁十二月大蜡之时，建亥之月也。……齿于乡里者，以年与众宾相次也。齿于父族者，父族有为宾者，以年与之相次，异姓虽有老者，居于其上。不齿者，席于尊东所谓遵。”

> 族师：春秋祭酺亦如之（按，即“属民而读邦法”）。

郑玄注：“酺者，为人物灾害之神也。”

以上《周礼》“州长”“党正”和“族师”之职能即包括参与社祭等祭祀活动。闾胥：“凡春秋之祭祀，……聚众庶。”即遇有春秋祭祀，由闾胥负责召集里中居民参加。乡师：“闾共祭器。”即遇有祭祀，由里中居民提供祭器。

上述职官之职责表明，基层地域性居民组织的官员利用祭祀场合，组织百姓“读法”，使百姓懂法，进而使百姓守法，以稳定基层社会秩序。对土地神、自然神的宗教崇拜由政府主导，比如“州长”遇有州之大祭祀，要亲临，虽非主持，但亲临即有监督之意；再如“党正”在党之祭祀中掌管戒禁，使得民间宗教祭祀活动抹上一层浓重的政治色彩，旨在使民间宗教祭祀活动在政府的行政轨道上有序运行。年终蜡祭的宴饮场合，按年龄在乡里范围内排序，即使有同族之人，亦按年龄而非按辈分排序，异姓亦按年龄而非按照亲戚之间的亲疏远近来

---

① 本节的撰写部分地参考了朱凤瀚《先秦时代的“里”——关于先秦基层地域组织之发展》，第203～204页。

排序。总之,祭祀的宴享场面,按年龄排序,而非按家族辈分和亲戚关系。这体现了地域性居民组织通过行政手段来冲淡祭祀活动中传统的血缘关系的影响,显示地域性居民组织已经超越和凌驾于血缘组织之上。这也反映了基层社会由过去的家族共同体逐渐向以地域性居民组织为归宿和中心的共同体的发展和演变。

二、服役制度

《周礼》中的基层地域性居民组织之职官要组织百姓为国家服役,主要见于以下职官:

> 乡师:大役,则帅民徒而至,治其政令;既役,则受州里之役要,以考司空之辟,以逆其役事。……大军旅、会同,正治其徒役与其輂辇,戮其犯命者。大丧用役,则帅其民而至,遂治之。及葬,执纛,以与匠师御柩而治役。……凡四时之田,前期,出田法于州里,简其鼓铎、旗物、兵器,修其卒伍。及期,以司徒之大旗,致众庶而陈之,以旗物辨乡邑。

孔疏:"言大役者,谓筑作堤防城郭等大役使其民。乡师则于当乡之内帅民徒而至。……所役之民出于州里,……役要,则役人簿要。"

> 州长:若国作民而师田行役之事,则帅而致之,掌其戒令与其赏罚。
>
> 党正:凡作民而师田行役,则以其法治其政事。
>
> 族师:若作民而师田行役,则合其卒伍,简其兵器,以鼓铎、旗物帅而至,掌其治令、戒禁、刑罚。
>
> 闾胥:各掌其闾之征令。以岁时各数其闾之众寡,辨其施舍。凡春秋之祭祀、役政、丧纪之数,聚众庶;既比,则读法,书其敬敏任恤者。
>
> 郑注曰:"役,田役也。政,若州射、党饮酒也。"
>
> 县正:若将用野民师田、行役、移执事,则帅而至,治其政令。既役,则稽功会事而诛赏。
>
> 鄼长:若作其民而用之,则以旗鼓兵革帅而至。

总括言之,居民负担各种劳役和兵役。服役时以州里为单位,服役者各由所在居民组织的职官领导、管理和惩戒。这反映了地域性居民组织和军事组织融为一体。

三、教化制度

《周礼》所见对居民的教化主要体现在基层地域性居民组织的职官教民读法，以及组织居民参与到各种社交活动的礼仪熏陶当中。此外，还有学校教育。

> 州长：正月之吉，各属其州之民而读法，以考其德行、道艺而劝之，以纠其过恶而戒之。若以岁时祭祀州社，则属其民而读法，亦如之。春秋以礼会民，而射于州序。……正岁，则读教法如初。

州有州序，党有党序，序即学校。学校在古代具有教化功能。对居民实施教化，还通过各级居民组织的职官在不同的祭祀活动和特定的节令教民读邦法来实现。除此以外，就是各种宴享、祭祀活动的礼仪熏陶。前引《周礼》祭祀的材料中均有反映，此不赘引。

四、耦耕制度

《周礼》所见的基层地域性居民组织中还有一项制度，就是组织和督促居民从事农业生产。

> 遂人：以岁时稽其人民，而授之田野，简其兵器，教之稼穑。
>
> 里宰：掌比其邑之众寡与其六畜、兵器，治其政令。以岁时合耦于锄，以治稼穑，趋其耕耨，行其秩叙，以待有司之政令，而征敛其财赋。
>
> 酇长：趋其耕耨，稽其女功。

以上遂人之"教之稼穑"，里宰之"以岁时合耦于锄，以治稼穑，趋其耕耨"和酇长之"趋其耕耨，稽其女功"皆体现了基层居民组织之职官担负着组织和督促所辖居民从事农业生产和纺绩的功能。《周礼》还记载政府为农业生产者提供技术上的帮助和指导。《周礼·地官·草人》：

> 掌土化之法以物地，相其宜而为之种。凡粪种，骍刚用牛，赤缇用羊，坟壤用麋，渴泽用鹿，咸舄用貆，勃壤用狐，埴垆用豕，强檃用蕡，轻爂用犬。

对于"粪种"，历来有不同的解释。郑玄注："凡所以粪种者，皆谓煮取汁也。……郑司农云：'用牛，以牛骨汁渍其种也，谓之粪种。'"即用《草人》所说各种动物之骨煮汁浸泡种子。清代江永认为:“凡粪种,谓粪其地以种禾也。”[①]即在种庄稼时使用诸动物骨灰和“捣过麻油之渣”作肥料。[②] 这反映了“草人”专司农业种植当中何种性质的田地施何种肥料之职,即为农业生产提供技术上的指导。

具体讲到西周到战国时期基层地域性居民组织对农业生产进行组织和督促的还有《汉书·食货志上》的一段追述:

> 在壄(野)曰庐,在邑曰里。……于[是]里有序而乡有庠。序以明教,庠则行礼而视化焉。春令民毕出在壄,冬则毕入于邑。……春,(秋)[将]出民,里胥平旦坐于右塾,邻长坐于(右)[左]塾,毕出然后归,夕亦如之。入者必持薪樵,轻重相分,班白不提挈。冬,民既入,妇人同巷,相从夜绩,女工一月得四十五日。

里有序,乡有庠。庠序承担着乡里的教化功能。里胥和邻长每日早晚坐于里的大门口监督居民的出入。春天,里中居民全部出动,从事农耕。冬天,全部回到邑中,官长督促妇女从事纺绩。这反映了以里为居民共同体的社会生活。

五、恤孤、养老制度

《周礼》还在居民组织当中设计了恤孤和养老的救助体制。《周礼·地官·大司徒》:“以保息六养万民:一曰慈幼,二曰养老。”《周礼·地官·遗人》:“乡里之委积,以恤民之艰阨;门关之委积,以养老孤。”《周礼·地官·司门》:“几出入不物者,正其货贿,凡财物犯禁者举之,以其财养死政之老与其孤。”这体现了《周礼》设计有“恤孤”和“养老”的制度,该制度的物质基础主要有乡里之委积,门关之委积。门关之委积包括没收充公的犯禁财物,还有“出入不物者”被征之“货贿”。《周礼·地官·司关》载:“凡货不出于关者,举其货,罚其人。”即货物不从关门经过,一旦发现要没收其货,还要对人进行处罚。没收和处罚所得用于“恤孤”和“养老”。此外,还有稾人之供给。《周礼·地官·稾人》“若飨耆老、孤子、士庶子,共其食”即属于此。

---

① (清)江永:《周礼疑义举要》,《皇清经解》卷二百四十四,广州:清道光九年(1829)学海堂刻本。

② 今山西五台县有使用压榨炒熟后的麻籽和油菜花籽提取食用油后剩余的麻糁作为底肥施于田的实践。

《周礼》所载"恤孤"和"养老"的制度所反映的时代大致可以定在春秋战国时期。

《左传》哀公二十七年载晋国伐郑，郑国求救于齐：

> 齐师将兴，陈成子属孤子三日朝。设乘车两马，系五邑焉。召颜涿聚之子晋，曰："隰之役，而父死焉，以国之多难，未女恤也。今君命女以是邑也，服车而朝，毋废前劳。"

杜注："隰役在二十三年。"《左传》哀公二十三年："晋荀瑶伐齐……齐师败绩。知伯亲禽颜庚。"杜注："荀瑶，荀跞之孙，智伯襄子。"杜注："颜庚，齐大夫颜涿聚。"颜晋是颜涿聚的儿子，因其父在哀公二十三年与晋国的交战中阵亡而成为孤子。"以国之多难，未女恤也"即因国之多难而未及抚恤。这表明春秋时期的齐国在正常情况下是有恤孤制度的。

《管子·入国》记载了战国时期的恤孤制度：

> 所谓恤孤者，凡国都皆有掌孤。士人死，子孤幼，无父母，所养不能自生者，属之其乡党知识故人。……掌孤数行问之，必知其食饮饥寒。身之膌胜，而哀怜之。此之谓恤孤。

关于"士人"，陶鸿庆云："篇内凡言'士人'，皆当依前作'民'，由唐人避讳，而校者回改未尽耳。"[①]此说可从。由"凡国都皆有掌孤"可知政府从制度上设置了官吏"掌孤"，专司"恤孤"民政，并且与政府之"征"结合，从而形成一种激励机制，即《入国》所谓"养一孤者，一子无征。养二孤者，二子无征。养三孤者，尽家无征"。所谓"征"，即地方政府对每户居民之男子征发的力役和兵役。"恤孤"的对象为百姓死后遗留的孤幼。掌孤还要经常慰问孤幼，了解其日常生活状况，似有借机督察恤孤者是否尽到应尽的责任之意。从"属之其乡党故人"可知，"幼孤"与恤孤者均属同一共同体，但已非宗亲和姻亲关系。这种制度的建立保障了孤幼无人抚养者得以长大成人。这说明社会已发展到无法依赖传统的族体制和投亲靠友的方式解决此种社会问题的境地，于是促使政府发挥主导作用，针对幼孤社会问题创建一种新的制度。此制度的创立也从一

---

① 黎翔凤撰，梁运华整理：《管子校注》，第1037页。

个侧面反映了居民杂居的程度相当高。

"恤孤"和"养老"由谁来负责?《周礼》大司徒之职有"以保息六养万民:一曰慈幼,二曰养老,三曰振穷,四曰恤贫,五曰宽疾",这与前面的《管子·入国》"掌孤"之职责大致相同。

总之,《周礼》所载基层地域性居民组织的一些职官主导民间群体性宗教祭祀活动,组织居民为国家服役,组织居民学法,组织和督促居民从事农业生产,并给予必要的技术指导,对幼孤和老弱社会群体予以抚恤和救助,使居民的日常生活在居民组织的行政轨道上运行,强化了以乡里为中心的居民组织共同体。

第三节 《周礼》之什伍制和户籍制

什伍制和户籍制是战国时期管理基层社会居民相辅相成的两种政治制度。《周礼》对这两种基层政治制度亦有反映,但二者的具体情况有所不同。关于什伍制的情况非常简略,仅仅体现为一些职官将居民按什伍加以编制。关于户籍制的情况则较为详细,在某些方面可弥补现有其他资料记载的不足,从而为深入了解这一制度提供一些帮助。

一、什伍制

《周礼》中与什伍制有关的材料有如下四条:

《周礼·天官·宫正》:

> 掌王宫之戒令、纠禁……会其什伍而教之道义。

郑玄注"会其什伍"曰:"五人为伍,二伍为什。会之者,使之辈作辈学相劝帅,且寄宿卫之令。郑司农云:'道谓先王所以教道民者,艺谓礼乐射御书数。'"贾公彦疏:"《释》曰:'宫正掌宫中卿、大夫、士,亦兼掌子弟。会,谓会合其宫中子弟,使之以五人为伍,二伍为什。必会合之者,欲使之宿卫时语言相体,服容相识,是其辈作也。'""什伍"即所谓的什伍制。据郑注和贾疏,宫正将宫中卿、大夫、士之子弟按照什伍组织起来,教之先王之道和礼乐射御书数,使之担负宫中的宿卫之责。

《周礼·秋官·士师》：

> 掌乡合州、党、族、闾、比之联，与其民人之什伍，使之相安、相受，以比追胥之事，以施刑法庆赏。

即士师负责掌管六乡中各级居民组织的协同配合，并将其“民人”按照什伍编制组织起来。

《周礼·地官·族师》：

> 五家为比，十家为联；五人为伍，十人为联；四闾为族，八闾为联：使之相保相受，刑法庆赏相及相共，以受邦职，以役国事，以相葬埋。

“五人为比，十人为联”虽然从表面上看不到“什伍”二字，但“比”和“联”在规模和作用上与“什伍制”之“伍”和“什”是一致的。贾公彦就曾讲过：“‘五家为比，十家为联，五人为伍，十人为联’者，即士师所掌乡合州党族闾比之联，与其民人之什伍之法也。”[①]这说明贾公彦是把《族师》中的“五家为比，十家为联；五人为伍，十人为联”等同于《士师》之“什伍”制的。贾公彦的这种理解是正确的。贾公彦对“五家为比，十家为联，五人为伍，十人为联”又云：“在家为有五家为比，比长领之，无十家为联相管之法；今云十家为联者，以在军之时有十人为什，本出于在家，故并二比为十家为联，拟入军时相并，故覆云五人为伍，十人为联，明是在军法耳。”[②]而孙诒让对此评判道：“贾谓是在军法，非是。”[③]贾、孙孰是孰非？今天看来，当贾说为是。[④] 贾氏敏锐地看出“十人为联”是军事组织编制，而非居民行政组织编制。

《周礼·夏官司马》：

> 凡制军……五人为伍，伍皆有长。

《夏官司马》虽然没有提到“十人为什”，至少军队中有“伍”的编制单位。

以上《周礼》宫正、士师、族师和《夏官司马》关于什伍制的材料显示，什伍

---

① （清）孙诒让撰，王文锦、陈玉霞点校：《周礼正义》，第 882 页。
② 《周礼·地官·族师》，（清）阮元校勘：《十三经注疏》（3），第 186 页。
③ （清）孙诒让撰，王文锦、陈玉霞点校：《周礼正义》，第 882 页。
④ 罗开玉：《秦国“什伍”、“伍人”考——读云梦秦简札记》，《四川大学学报》1981 年第 2 期。

制设置在“国”中,“野”中是没有的。据此可知什伍制与《周礼》明确规定国中居民可以服兵役似乎有相互对应的关系。此外,《周礼》中提到什伍制的有天官、秋官和地官。天官提到什伍制与王宫之宿卫有一定关系,秋官提到什伍制大概与基层社会的治安有关联,地官提到什伍制与五家为伍的居民行政编制、户籍统计有关。

《周礼·秋官·士师》所谓“掌乡合州、党、族、闾、比之联,与其民人之什伍,使之相安、相受,以比追胥之事”也反映了什伍制具有维护地方治安的功能。《周礼·地官·族师》载:“五人为伍,十人为联;……使之相保相受,刑法庆赏相及相共,以受邦职,以役国事,以相葬埋。”除了维护地方治安,编为什伍之居民若遇有丧事,彼此也得以互助。

《周礼》关于“什伍制”的记载尽管简略,但据此可以了解什伍制在行政与军事编制上的区别。

二、户籍制

《周礼·秋官·司民》载:

> 掌登万民之数,自生齿以上皆书于版。辨其国中与其都鄙及其郊野,异其男女,岁登下其死生。及三年大比,以万民之数诏司寇。司寇及孟冬祀司民之日,献其数于王,王拜受之,登于天府。内史、司会、冢宰贰之,以赞王治。

郑玄注“版”为“今户籍也”。司民负责登记户籍,所有人都要登记,区别“国”“都鄙”及其“郊野”的居民,区别男女,每年新出生的要登记,死去的要注销。郑玄注《地官》小司徒之“大比”为“谓使天下更简阅民数及其财物也”。三年“大比”时,由司民将人口数上报司寇,司寇再进献于王,登于天府,副本存于内史、司会、冢宰处,以赞王治。

《周礼·天官·宫伯》:“掌王宫之士庶子,凡在版者。”郑司农注:“版,名籍也,以版为之。今时乡户籍谓之户版。”

以上两则材料说明《周礼》中有户籍制度存在。

(一)《周礼》中两套登录户籍系统的职官

《周礼》对居民的统计有两套系统,一为地官系统,一为秋官系统,两套系统又主要由秋官系统实施。[①] 本书在下面的论述中为了体现《周礼》职官之间的隶属关系，将其爵级附在所引的材料中；摘引《周礼》的材料时，为避烦琐，凡与本书论述主题不相关的材料尽可能略去。

秋官系统职司户籍登录工作的有以下职官：

小司寇（中大夫）：及大比，登民数，自生齿以上。登于天府；内史、司会、冢宰贰之。……孟冬，祀司民，献民数于王。

乡士（上士）：掌国中，各掌其乡之民数而纠戒之，听其狱讼。

遂士（中士）：掌四郊，各掌其遂之民数，而纠其戒令，听其狱讼。

县士（中士）：掌野，各掌其县之民数，纠其戒令，而听其狱讼。

司民（中士）：前已引录，此不重复。

地官系统负责户籍登录之职官：

大司徒（卿）：掌建邦之土地之图，与其人民之数。……颁职事十有二于邦国都鄙，使以登万民。

遂人（中大夫）：掌邦之野，以土地之图，经田野，造县鄙形体之法。……以岁时稽其人民而授之田野。……以岁时登其夫家之众寡……辨其老幼、废疾与其施舍者，以颁职作事，以令贡赋，以令师田，以起政役。

小司徒（中大夫）：掌建邦之教法，以稽国中及四郊都鄙之夫家九比之数，以辨其贵贱、老幼、废疾。凡征役之施舍，与其祭祀、饮食、丧纪之禁令，乃颁比法于六乡之大夫，使各登其乡之众寡……大比则受邦国之比要，乃会万民之卒伍而用之。……乃均土地，以稽其人民，而周知其数。

乡师（下大夫）：各掌其所治乡之教，而听其治。以国比之法，以时稽其夫家众寡，辨其老幼、贵贱、废疾、马牛之物，辨其可任者与其施舍者。

乡大夫（卿）：以岁时登其夫家之众寡，辨其可任者。国中自七尺以及六十，野自六尺以及六十有五，皆征之。其舍者，国中贵者、贤者、能者、服公事者、老者、疾者皆舍，以岁时入其书。三年则大比，考其德行、道艺，而兴贤者、能者，……乡老及乡大夫、群吏献贤能之书于王，王再拜受之，登于天府，内史贰之。

族师（上士）：帅四闾之吏，以时属民，而校登其族之夫家众寡，辨其贵贱、老幼、

---

① 潘光旦：《周官中的人口查计制度——附论：何以司民与刑事同属秋官》，清华大学《社会科学》第5卷，1949年第2期，第1～30页；又见《潘光旦文集》第10册，北京：北京大学出版社，2000年，第342～368页。

废疾、可任者。

闾胥(中士)：各掌其闾之征令，以岁时各数其闾之众寡，辨其施舍。

载师(上士)：掌任土之法。……凡民无职事者，出夫家之征，以时征其赋。

闾师(中士)：掌国中及四郊之人民、六畜之数，以任其力，以待其政令，以时征其赋。

县师(上士)：掌邦国、都鄙、稍甸、郊里之地域，而辨其夫家人民、田莱之数，及其六畜、车辇之稽。

均人(中士)：掌……均人民、牛马、车辇之力政。凡均力政，以岁上下。丰年，则公旬用三日焉；中年，则公旬用二日焉；无年，则公旬用一日焉。凶札，则无力政，无财赋。……三年大比，则大均。

遂师(下大夫)：以时登其夫家之众寡、六畜、车辇，辨其施舍，与其可任者。

遂大夫(中大夫)：以岁时稽其夫家之众寡，六畜、田野，办(辨)其可任者，与其可施舍者。

鄙师(上士)：以时数其众庶。

酂长(中士)：以时校登其夫家，比其众寡。

里宰(下士)：掌比其邑之众寡，与其六畜、兵器。

居民户籍由以上秋官和地官系统的职官参与登记。

(二)《周礼》户籍庋藏之所

从前引《秋官·司民》的材料可知户籍正本藏于天府，副本藏于内史、司会和冢宰。天府和内史属于春官，司会和冢宰属于天官。司民所记职司户籍庋藏的职官基本可以在《周礼》这些职官下的文字中找到佐证。

司会(中大夫)：掌……凡在书契版图者之贰，……而听其会计，以参互考日成，以月要考月成，以岁会考岁成。

天府(上士)：掌祖庙之守藏与其禁令。……若祭天之司民、司禄，而献民数、谷数，则受而藏之。

内史(中大夫)：执国法及国令之贰，以考政事，以逆会计。

司民虽有“冢宰贰之”，但在天官冢宰下并没有看到这方面的文字，而是在冢宰之下的“大宰”中找到相关文字：

大宰(卿)：岁终，则令百官府各正其治，受其会。

此外天官中的司书也职司户籍庋藏：

司书(上士)：掌……邦中之版。

郑玄注“司民”下之“版”为“今户籍也”。据此，司书掌邦中之版即是掌邦之户籍。

(三)《周礼》户籍登录的范围和项目

下面拟考察户籍登录的范围和项目。户籍登录的范围即什么人要被登录，什么人不被登录。户籍登录的项目，涉及户籍版具体登录人口哪些方面的信息。

户籍登录的范围因负责登记的职官不一，所以登记范围也不相同。秋官司民所录范围最大，自生齿以上皆书于版；此外，司民之下文又有“岁登下其死生”的话。《国语·周语上》仲山父称“司民协孤终”。韦昭注：“协，合也。无父曰孤。终，死也。合其名籍于王也。”“孤”当释为小、幼。《史记·老庄申韩列传》庄周笑谓楚使者曰：“当是之时，虽欲为孤豚，岂可得乎？”索隐注“孤”为“小也，特也”。“特”乃指对牲畜的阉割。对于豚而言，一般在出生之后满月左右被阉割。故可释“孤”为小、幼。“终”指死，故“孤终”可理解为老幼。上引韦注“无父曰孤”当来自《说文》的“无父也”。如此理解亦可，因一般年龄小者失去父亲才称孤儿，若成年后父亡，则不再称孤。[1] 总之，《周礼》秋官之司民和《国语·周语上》之司民职责相合，那么司民登录户籍的范围就无所不包了。地官之小司徒依次所登记的范围比较小，而且受年龄、体格、身份等的限制；所谓“辨其贵贱、老幼、废疾”和“征役之施舍”，就是对登记范围的具体限制；“乡大夫”之下所谓“六尺”“七尺”，“六十”“六十五”，也属于身高和年龄的限制。为了便于国家征役，当然会有身高和年龄的限制。但如此身高和年龄范围以外的人口，是不是也在登记之列，就不得而知了；“遂人”之下先说“稽其人民”，后

① 潘光旦将“孤终”之“孤”释为“生”(潘光旦：《周官中的人口查计制度——附论：何以司民与刑事同属秋官》，清华大学《社会科学》第5卷，1949年第2期)，也是可以的。先秦汉语中的合成词，二字若非近义必属反义。

边又说“登其夫家之众寡”，好像一般人口也属于其登记的对象。如果这种理解不误，则登录之范围就不比“司民”小，否则就比“司民”小得多了。“遂人”之下云“辨其老幼、废疾与其施舍者”，也是对登录范围的限制。《周礼》登录人口尽管在“司民”之内有“异其男女”的规定，但性别不加以限制；关于“夫家”，“夫”指男，“家”指女。地官媒氏“凡男女自成名以上皆书”，范围比较大，可能比“司民”统计的范围还要大，因为“成名”即起名是在婴儿出生后三个月，而“生齿”则在出生后七八个月了。

关于《周礼》中的户籍登录项目，《秋官·司民》提到“国中”“都鄙”“郊野”“男女”“死生”之别。《天官·司书》提到“夫家”，《地官·小司徒》提到“国中”“四郊都鄙”“夫家”“贵贱”“老幼”“废疾”“征役之施舍”等项目。《地官·媒氏》提到“成名”者的年月日、未婚、婚嫁、鳏寡等婚姻状态。《比长》《邻长》提到迁徙。《遂人》提到的“老幼”和“废疾”，《小司徒》《乡师》《乡大夫》《族师》中也有。《乡大夫》提到“国中七尺至六十”，野中“六尺至六十五”。《小司徒》《乡师》和《族师》提到“贵贱”。《乡大夫》提到“贵者、贤者、能者、服公事者、老者、疾者”。《载师》提到“无职事者”。《县师》提到“夫家人民”，夫为男，家为女，贾疏说“人民”是“奴婢”，其说可从。遂人之下，除了“夫家”之外亦有“人民”。

概括起来，户籍登录的项目有以下十一项：第一，国中、都鄙和郊野之分。第二，男女和夫家。第三，成名以上；生齿以上；老幼；七尺至六十；六尺至六十五。第四，娶；嫁；无夫家。第五，任公事；无职事。第六，贤；能。第七，身份——贵贱；人民（奴婢）。第八，出生和死亡。第九，娶判妻入子。第十，迁徙（包含授、旌节、无授无节三种）。第十一，废疾。

据《周礼·地官·乡大夫》“以岁时登其夫家之众寡，辨其可任者。国中自七尺以及六十，野自六尺以及六十有五，皆征之”之“国中自七尺”和“野自六尺”，身高和年龄也属于户籍登录的项目。

（四）《周礼》登录户籍的时间和频数

《周礼》中关于户籍登录的时间和频数也值得探究。“大比”“三岁”“三年”和“三年大比”一样，即每三年进行一次。“岁终”和“岁”一样，司民下说“岁登下其死生”，说明每年登录一次。关于“时”，郑玄注鄙师“以时数其众庶”之

“时”为“四时也”；贾疏乡师“以时稽其夫家众寡”为“四时稽考其夫家、男女、众寡、多少”，即一季一次。“岁时”二字，贾公彦在“鄙师”下说：“凡言岁时者，皆是四时。”

三年一次的登记工作牵涉到的官员，秋官有小司寇和司民，天官有司书，春官有天府，地官有小司徒、乡大夫和均人。

一年一次的登记工作牵涉到的职官，秋官有小司寇和司民。司民“献民数”都是一年一次。天官大宰的司会、司书的岁计和天府的岁藏，都是在一年的冬季。

一季须登记一次的有乡师、遂师、鄙师、酂长，都属于地官。

逐年逐月予以登记上报的则有小司徒、遂人、乡大夫、遂大夫、闾胥，均属于地官。小司徒命六乡以岁时入其数。乡大夫命乡吏“以岁时登其夫家之众寡，……以岁时入其书”。大概越是基层的职官，登录上报的次数就越多。

随时登录而不限时间的则有掌管婚姻的媒氏和管迁徙的比长和邻长。可能，秋官司民、乡士、遂士和县士“登下死生”的工作也是不限时间的。

关于登录户籍的时间，《周礼》郑注和贾疏中对人口登录的时间有所阐述。《周礼·地官·小司徒》：“及三年则大比。”郑注：“大比，谓使天下更简阅民数及其财物也。受邦国之比要，则亦受乡遂矣。郑司农云：‘五家为比，故以比为名。’今时八月案比是也。”贾疏：“汉时八月案比而造籍书。周以三年大比，未知定用何月，故司农以汉法八月况之。”据郑玄注，“大比”之其中一项工作即是简阅民数，郑司农生活的东汉于八月案比民数。

(五)《周礼》户籍登录的功用

下面，本书拟考察《周礼》中的一些职官掌握所辖人口情况的主要目的。

关于《周礼》统计人口的功用，《周礼》本身有一些明确的交代。《秋官·小司寇》：“以制国用……以图国用而进退之。”《司民》：“以赞王治”。《地官·大司徒》：“以佐王安扰邦国。”郑玄注《地官司徒》“以佐王安扰邦国”之“扰”为“亦安也”。这都体现了户籍统计的目的。潘光旦先生将《周礼》统计户籍与人口的功能提到一个相当高的理论高度：

作《周官》的人在当初已经了解人口查计的体用之分。要对人口的数量、性质与内容有一个确切的认识是体。认识之后，从而加以运用，教凡合格的人口分子纳税，当差、服兵役，是用。有了体，才可以进一步的讲用，至少体用是分得清楚的。①

将潘先生的观点浓缩而言，即“明体达用”。所谓“明体”，即通过对户籍人口的登录工作，使得国家层面了解全国人口的本来情况。所谓“达用”，即实际的功用。笔者将《周礼》统计人口的现实功用概括为如下四点。

第一，确定征役与免役者。

统计人口是为了确定征役时的可任者和免役者，见于以下《地官》之职官职能。

族师：以邦比之法，帅四闾之吏，以时属民而校，登其族之夫家众寡，辨其贵贱、老幼、废疾、可任者，及其六畜车辇。

闾胥：以岁时各数其闾之众寡，辨其施舍。

遂师：以时登其夫家之众寡、六畜、车辇，辨其施舍与其可任者。（“辨其施舍与其可任者”即甄别居民中别哪些人可以征役哪些不可以。）

遂大夫：以岁时稽其夫家之众寡、六畜、田野，办(辨)其可任者与其可施舍者。

乡师：以国比之法，以时稽其夫家众寡，辨其老幼、贵贱、废疾、马牛之物，辨其可任者与其施舍者，掌其戒令纠禁，听其狱讼。

乡大夫：以岁时登其夫家之众寡，辨其可任者。国中自七尺以及六十，野自六尺以及六十有五，皆征之。其舍者，国中贵者、贤者、能者、服公事者、老者、疾者，皆舍。

小司徒：掌建邦之教法，以稽国中及四郊都鄙之夫家、九比之数，以辨其贵贱、老幼、废疾，凡征役之施舍与其祭祀、饮食、丧纪之禁令。乃颁比法于六乡之大夫，使各登其乡之众寡、六畜、车辇，辨其物，以岁时入其数，以施政教，行征令。……乃均土地以稽其人民而周知其数。

以上《周礼》所载职官，具有辨别所掌握人口中征役时可任者和可免者的职能。具体哪些人可任，哪些人可免，在乡大夫中作了交代。乡大夫说“国中自七尺以及六十，野自六尺以及六十有五”均为征役的对象，“国中贵者、贤者、能者、复公事者、老者、疾者”均为免征的对象。关于野中免征的对象，《周礼》

① 潘光旦：《周官中的人口查计制度——附论：何以司民与刑事同属秋官》，清华大学《社会科学》第5卷，1949年第2期，第17页。

失载。

第二，确定征赋和入贡。

统计人口以确定向哪些人征收财赋，哪些人应该入贡，见于以下《地官》之职官职能。

> 闾师：掌国中及四郊之人民、六畜之数，以任其力，以待其政令，以时征其赋。
>
> 遂人：掌邦之野。……以岁时稽其人民，而授之田野，简其兵器，教之稼穑。……以岁时登其夫家之众寡及其六畜、车辇，辨其老幼、废疾与其施舍者，以颁职作事，以令贡赋，以令师田，以起政役。

闾师职官中“以时征其赋”和遂人职官中“以令贡赋”即根据所掌握的人口情况进行征赋和令其入贡。

第三，迁徙。

《周礼》记载最基层的比长和邻长负责本比和本邻居民的迁移事宜。

《周礼·地官·比长》：“徙于国中及郊，则从而授之。若徙于他，则为之旌节而行之。若无授无节，则唯圜土内之。”据《周礼·地官·大司徒》“令五家为比，使之相保”，“比”属于国中最基层的居民组织单位。一个比的居民在城内迁徙和迁往郊，比长要随同迁徙者到迁入地向新居地的官员交待。假若迁徙到其他地方，则需要为其办理旌节，即通过城门和关卡的通行证。未持旌节的，被发现后要坐牢。《周礼·地官·大司徒》载：“若国有大故，则致万民于王门，令无节者不行于天下。”贾疏：“大故之时，恐有奸寇，节者用为行道之信，故无节者不行于天下，所以防奸私也。”《大司徒》的此段文字正与比长的记载相合。

《周礼·地官·邻长》：“徙于他邑，则从而授之。”据《周礼·地官·遂人》“五家为邻”，“邻”是野中最基层的居民组织单位。如果邻中有迁徙到其他邑者，邻长要随同一道前往，交给迁入地的官吏。

第四，婚配。

《周礼·地官·媒氏》载：

> 媒氏掌万民之判，凡男女自成名以上皆书年月日名焉。令男三十而娶，女二十而嫁。凡娶判妻入子者，皆书之。……司男女之无夫家者而会之。

郑玄注:"郑司农云:'成名,谓子生三月,父名之。'"即凡男女出生三个月,父亲起了名字后,媒氏均要记录名字、出生年月日。令男子三十娶妻,女子二十出嫁。凡明媒正娶之妻及其媵之侄娣者皆予以记录。媒氏的登记大致包括三类:一是成名以上直至达到结婚年龄而未婚之男女。二是各种婚配形式的男女,相当于今天的婚姻登记。三是"男女之无夫家者",郑注所谓鳏寡,即已婚而丧失配偶的男女。

《周礼》关于户籍制的上述记载为其他文献及出土文字资料所无,尤其是只有《周礼》保存了当时有哪些职官担负统计人口职能的材料(比如,居民迁移,邻长和比长要从而授之)。另外,两套统计人口的系统也是其他材料所没有的,从而丰富了人们对战国时期户籍制的认识。

第四节 《周礼》中基层地域性居民组织官吏的选拔和考绩制度

《周礼》还规定基层居民组织职官兴贤进能的职能,以及对基层地域性居民组织的职官的述职、考绩的要求。这是官僚制之逐渐形成在《周礼》中的反映,一定程度上建构了社会下层进入上层的一个渠道。通过《周礼》一些职官职能的记载,可使对春秋战国时期官僚制度形成过程的认识更加全面和具体。

《周礼》对于基层官吏的选拔、考绩、巡察(《地官·司谏》)以及"致事"(述职),都作出相应的规定,并且设置职官专司其事。例如《周礼·地官·乡大夫》之职能有:

> 三年则大比,考其德行道艺,而兴贤者能者。乡老及乡大夫帅其吏与其众寡,以礼礼宾之。厥明,乡老及乡大夫、群吏献贤能之书于王,王再拜受之,登于天府,内史贰之。退而以乡射之礼五物询众庶:一曰和,二曰容,三曰主皮,四曰和容,五曰兴舞。此谓使民兴贤,出使长之;使民兴能,入使治之。

乡大夫的职能之一,三年大比,确定出贤能。对于选出的贤能,乡老及乡大夫率其吏以及乡民之优异者以乡饮酒礼宾之。翌日,将贤能者的事迹以书面材料的方式献于王,登于天府,录副本于内史。接着,乡老和乡大夫等属吏以乡射礼的五物，即“和”“容”“主皮”“和容”“兴舞”征询乡民对贤能的评价。这就是使乡民所兴之贤，出乡作官，所兴之能，在本乡任职。这一套程序反映了乡大夫负责选拔乡中贤能之职。

《周礼》还记载了一些职官对所属官吏的工作予以考核。对所属官员的考绩，一年举行一次，三年大比一次。《周礼·地官·县师》载：“掌邦国、都鄙、稍甸、郊里之地域……三年大比，则以考群吏而以诏废置。”大意是，县师的职责是掌管外连邦国内连郊里的甸、稍、县和都四等公邑的地域。每逢三年大比，考察所属官员的政绩，而后报告上级，以决定对他们的任免。[①] 即县师负责对所属群吏的考核。

《周礼》中的一些职官在岁终要总结工作，进行汇报，称为岁终致事。《地官·大司徒》：“岁终，则令教官正治而致事。正岁，令于教官曰：‘各共而职，修乃事，以听王命。其有不正，则国有常刑。’”“教官”岁终要致事，相当于后代的述职。通俗地说，就是总结汇报一年的工作。正岁，“其有不正，则国有常刑”，则显然是对不能恪尽职守者予以治罪。《地官·小司徒》：“岁终，则考其属官之治成而诛赏，令群吏正要会而致事。正岁，则帅其属而观教法之象，徇以木铎曰：‘不用法者，国有常刑。’令群吏宪禁令，修法纠职以待邦治。及大比六乡四郊之吏，平教治，正政事，考夫屋及其众寡、六畜、兵器，以待政令。”即小司徒岁终对属官的政绩进行考核，实行诛赏。群吏要致事述职。及大比，小司徒负责考核六乡四郊之吏。

以下出自《周礼·地官》的材料均记载年终致事：

> 党正：岁终，则会其党政，帅其吏而致事。
>
> 族师：岁终，则会政致事。
>
> 鄙师：岁终，则会其鄙之政而致事。
>
> 遂大夫：令为邑者，岁终则会政致事。

除了正常的由乡遂两系统的长官考察属吏的政绩，兴能进贤之外，还有一条渠道，这就是司谏的职能。《地官·司谏》载：

> 掌纠万民之德而劝之朋友，正其行而强之道艺，巡问而观察之，以时书其德行道

---

① 吕友仁：《周礼译注》，郑州：中州古籍出版社，2004年，第169页。

艺，办(辨)其能而可任于国事者。以考乡里之治，以诏废置，以行赦宥。

司谏有辨万民之能而可任国事者的职责，还考察乡里之政，“以诏废置，以行赦宥”，即具有生杀予夺之权。通过“司谏”官职的设置，辟出一条特别渠道以选拔人才。这可能是作为正常的乡老和乡大夫兴能进贤制度的一个补充。

《周礼》记载六乡六遂基层居民组织的一些职官除了承担选贤兴能的职责，还要对所辖官吏的工作进行考核，根据考核予以奖惩。年终致事考核一次，三年大比一次。司谏还负责对乡里之施政进行考察，上报国君，通过访察基层社会，将可任于国事的优异者上报国君。

《周礼》关于乡大夫负责选拔贤能作基层官吏的记载与《国语·齐语》和《管子·小匡》类似，但比《齐语》和《小匡》更加详细和系统化。《周礼》中对基层官吏的选拔、考核和对乡、里地方政权的巡察是其他文献所语焉不详的，这显示了《周礼》在基层地域性居民组织官制研究中不可替代的史料价值。

小 结

本章通过对《周礼》中所见基层地域性居民组织的考察，从以下六个方面加深了对两周基层地域性居民组织的认识。

一、《周礼》作为一部官制文献，在“体国经野”思想的指导下将国家分为国和野两大政治地理区域。国中规划六乡，每乡又分为层级相次的基层地域性居民组织——乡、州、党、族、闾、比。野中规划六遂，每遂又划分为层层相叠的基层地域性居民组织——遂、县、鄙、酂、里、邻。

国、野各层级基层地域性居民组织职官的爵级在《周礼》中有详细的记载，尽管国、野对应的各级基层地域性居民组织的规模相同，但国和野相应各级基层地域性居民组织职官的爵级并不相同，一般国要比野高一级。乡老和乡大夫分别为公和卿级，爵位甚高。这些情况只见于《周礼》。这折射了以“国”为本位的政治思想。

以“国”内各级地域性居民组织为基础设置相应的军事组织，且层层相统，即“国”人服兵役。在“野”居民具有武装力量，虽没有明确说明在野的各级基层地域性居民组织可以组建相应编制的军事力量,但应该是有的。这可能是以“国”为根本的政治思想在军事制度中的体现。这种设置形成以国控野的军事格局。借助《周礼》所见之军制,可以加深对西周军制的认识。

“国”中居民比“野”中居民受到明显的优待。具体表现在征役和免征役方面:“野”中居民开始服役的年龄小于“国”中居民,而“野”中居民终止服役的年龄反比“国”中居民要大。对“国”中居民免征者有具体的规定,而“野”中居民哪些是免征者却没有规定。①

国之乡老和乡大夫负责选贤兴能,遴选范围当然局限于“国”之居民。②这和《齐语》《小匡》中齐国的做法基本一致。

借助《周礼》,明确《左传》“隧正”之性质。通过此冰山一角,说明宋国和鲁国春秋时期有国野制,或者残存有国野制。

二、《周礼》反映了乡、州等基层地域性居民组织和乡下有里、州下有里的设置。

乡的职官有乡正、乡长、乡大夫、乡师、乡良人、乡老、乡士。《周礼》对乡的许多职官的职责有较详尽的记载,拓宽了人们对乡级职官及其职能的认识。《周礼》乡的规模为一万二千五百家,并非构拟的数字,有一定的现实背景。与乡相应的军事编制是军。

《国语·齐语》和《管子·小匡》在国中设置了里,即乡下有里,但并非乡直接辖里。《周礼》之里却设置在野中,乡的行政层级比里高,但里之上并无乡级基层地域性居民组织的规划。《周礼》的这种设置与春秋时期的乡直接辖里不合。商鞅变法以后,秦国基层地域性居民组织实行乡里两级制,从包山楚简来看,“州”是比较特殊的基层地域性居民组织,但在《周礼》中“州”却设置在国中乡之下。以上两点都是《周礼》所载与其他材料不合的地方。

《周礼》州的长官称谓为州长,爵位是中大夫。其他材料中称为州大夫、州加公。《周礼》一州的规模为二千五百家,与其他典籍相比有合有不合,但有真

---

① 《周礼·乡大夫》:“辨其可任者。国中自七尺以及六十,野自六尺以及六十有五,皆征之。其舍者,国中贵者、贤者、能者、复公事者、老者、疾者,皆舍。”未见《周礼》对在野之免征者有何具体规定。

② 在野之“遂人”“遂师”“遂大夫”“县正”“鄙师”等职官中未见兴贤进能的职责。

实的历史背景。州有社、序。州长的职能在《周礼·州长》中有详尽的记载，足以弥补其他典籍之不足。《周礼》中“州里”连言和其他材料中“州里”连言的现象只能理解为州下有里的设置，这已得到出土的战国末期楚国青铜器铭文的印证。

结合《周礼》州长的爵位，《管子》之“州大夫”可能是对“州长”职官的另外一种称谓，即基层地域性居民组织层级名称“州”与州长的爵位“中大夫”相合而成。州长应是正式的称谓。

三、《周礼》规划的基层地域性居民组织当中大致可见五种制度及其社会功能，即祭祀、服役、教化、耦耕和恤孤养老制度。

四、《周礼》中记载了什伍制。通过《周礼·地官·族师》所载“五家为比，十家为联；五家为伍，十人为联”，人们得以正确地理解什伍制，即贾公彦的理解：“十人为联”是军事编制。平时五家为伍相保连坐，共荣同罪。这已得到睡虎地秦简的证实。

五、《周礼》所载的地官和秋官两套统计人口的系统，为其他材料所无。《周礼》记载一些职官登记人口，是为了辨识征役者和免役者，确定征收财赋者和应入贡者。《周礼》还反映了居民迁移时，邻长和比长要从而授之。

六、《周礼》中记载了乡大夫兴贤进能的职责。各级长官要对属吏进行考核。各级居民组织的属官年终要致事，三年要大比。《周礼》还设置司谏向国君举荐万民中的卓异者并对地方政事进行监察。这类职官的设置已带有中央对地方监察的性质。这些制度的出现，一定程度上开辟了社会下层居民进入社会上层的渠道，为世卿世官制向官僚制的转变提供了制度上的保障。

《周礼》也规划了为强化对基层地域性居民组织居民的管理而建立的一些政治制度，以及对基层地域性居民组织官吏的选拔、考核、致事、监察的制度。

结　语

两周时期基层地域性居民组织的产生、发展和演变，在我国古代地方基层行政制度发展的历史长河中居于肇端阶段，奠定了秦朝以降中国古代基层地域性居民组织的基本格局和发展基础，对我国的地方基层行政制度的发展产生了深远影响。

商晚期的甲骨刻辞和金文中的“邑”“州”“奠”“丘”“鄙”“单”和出现时代较晚的传世文献中追记的商晚期的以“里”字结尾的地域概念，迄今未有明确的材料证明其属于地域性居民组织。

西周王朝通过设置地域性居民组织“里”和“邑”，与血缘组织共同承担着对王朝基层社会中的居民实行有效政治管辖的功能。西周晚期设置在周原地区之“里”中已出现层级化的现象。

春秋时期，列国基层地域性居民组织的设置呈现多系统、系统内部层级化和基层地域性居民组织多样化的发展格局。春秋中期以后，在基层地域性居民组织发展的基础上，出现了县、郡。县、郡地方行政制度的发展反过来又促进了基层地域性居民组织的系统化和层级化。

春秋晚期采邑制向封君制演变。进入战国时期，封君制得到极大的发展，郡县制进一步确立。战国时期，在郡县制之下的基层地域性居民组织中普遍建立了什伍制、户籍制等政治制度，使得基层地域性居民组织的行政功能得到强化。在基层地域性居民组织行政功能强化的同时，列国的中央集权得到加强，君主专制逐步形成。

一、本书主要观点归纳

西周时期存在着里和邑两种地域性居民组织。春秋时期又出现乡、州和书社等基层地域性居民组织。战国时期存在乡、里、邑、州、丘、遂等基层地域性居民组织，并在基层地域性居民组织当中建立或完善了什伍制、户籍制等政治制度。本书通过对两周时期基层地域性居民组织的产生、多样化发展和功能强化等方面的考察，从基层地域性居民组织在两周纵向发展演变的角度和战国时期横向比较的角度形成以下几点认识：

两周时期的“里”呈现由低到高，然后跌落到基层地域性居民组织系统底层区间的马鞍形发展轨迹。其最高程当在西周末、春秋初。将康王世的宜侯夨簋铭之“易才宜王人□□又七”后一字，与已刊布的商晚期、西周时期的甲骨刻辞、金文中的“生”字和“里”字字形逐一比对，并结合宜侯夨簋铭文的各种拓本和高清晰数码照片中该字所呈现的样态，分析后得出：以往许多学者将该字隶定为“里”的意见是比较稳妥的。在宜侯夨簋铭文中，“里”既是计算在宜王人的单位量词，亦为在宜王人的地域性居民组织。笔者亦赞同日本学者白川静将召圜器铭之“里”理解为地域性居民组织的意见，毕竟将其理解为距离长度单位在已见西周金文中属于孤证，难能成立。

除了伯晨鼎铭之“里”外，西周金文与传世西周文献中所见的大部分“里”都属于基层地域性居民组织。周初里中居民有殷遗民、周人和“土方”。西周时期在畿内和畿外都有里的设置，成周城内有里的设置，宗周和成周王畿之贵族采邑亦有里的设置，畿外诸侯国亦有里的设置。“里”的职官称“里君”。西周金文中的“里君”和传世西周文献中的“里君”均属集合概念。西周晚期成周“里”中居民称为“里人”。

西周早期和晚期出现周王派大臣省见“里”的职官“里君”的现象。西周晚期在周原地区出现中央职官“里尹”参与主持贵族之间流转若干邑的现象，似反映地方里君上受中央里尹管辖。

西周初和西周晚期“百姓”和“里君”二者排序的不同，似反映了二者地位的变迁，即里和里之职官的地位在西周晚期有所提高。西周晚期的地域性居民组织“里”似已凌驾于血缘组织之上。在两周之际，里的地位达到顶点。

春秋时期的“里”分布在都城内外，在都城以外的城邑亦有设置。都城内的居民实行里居，里有里门。按《国语·齐语》，“里”属于“国”系统较低层级的基层地域性居民组织。春秋鲁国都城内的“司里”负责里居卿大夫之居宅，即使国君亦难以更改。

战国时期楚国的县之下有“里”，齐国临淄大城外的陶工亦实行里居。商鞅变法后，秦国之“里”成为最基层的地域行政性居民组织。秦国的乡里制伴随着秦并吞六国的步伐，得以推广。秦封宗邑瓦书显示在秦都咸阳附近之宗邑内部，“里”下有“辑(井)”一级居民生产组织单位，可与《汉书·食货志》等有关“井田”的记载合观。井田制在秦国应该是存在的。

纵观两周历史，未见周王、国君召见或者赏赐里君的记载，只有《韩非子·外储说右下》记载秦国国君下令惩罚擅自在里社举行祭祷活动的里正。东周时期基层地域性居民组织发展的表现之一即在“里”之上不断设置高一层级的居民组织，以加强对“里”的控制。加强对“里”的控制的过程也就是“里”的地位跌落的过程。春秋时期，里之上出现了乡。随着春秋时期郡县制的出现和发展，“里”的地位从春秋，再到战国，一路下降，到战国晚期跌入基层地域性居民组织的底层区间。

“邑”作为基层地域性居民组织在两周时期经历了从产生到发展，再到消亡的历程。西周时期的地域性居民组织之邑分布于“野”，这种“邑”的规模大概在二十五户左右，其职官称为“邑人”。“邑人”即西周金文中周王命令的作邑者，并成为所作邑的管理者，受赐若干锊作为俸禄。西周时期基层地域性居民组织之“邑”中居住着耕种“邑”周围之田的农人。在西周晚期，周原地区似出现一里辖若干邑的现象。

春秋时期的“邑”比较复杂，有些指诸侯国，有些“某丘”可以称为“某邑”，有些“某州”可称之为“某邑”，有些“某里”可称之为“某邑”。有些邑随着时代的演变发展为县级行政区划。凡称“某邑”为“某州”和“某里”者均可以确定其属于基层地域性居民组织。春秋时期国君赏赐的数字邑和卿大夫采邑内拥有的若干小邑，亦属于基层地域性居民组织。按照《国语·齐语》，邑设置在“鄙”，属于“鄙”系统居民组织的较低层级，一邑三十户。

战国时期，包山楚简所见的一些“邑”属于县级行政区划管辖的基层地域性居民组织，其他的许多“邑”的行政隶属情况极为复杂。里耶秦简显示，在共六十一户的一邑中设置两个行政里，此种“邑”属于聚落概念，不属于基层地域性居民组织的一个行政层级。秦简和文献中“邑里”相连表述中的“邑”和一些

“某邑”属于县级行政区划，与基层地域性居民组织无关。秦国商鞅变法以后，“邑”作为基层地域性居民组织在秦国消失。随着秦统一全国，“邑”作为基层地域性居民组织永久地退出了历史舞台，但作为居民聚落的通称在中国古代一直使用。

“乡”作为基层地域性居民组织在东周经历了产生、发展和基本定型的历程。作为基层地域性居民组织的乡出现于春秋时期。春秋时期宋国和郑国的乡均设置在都城，而在其他政治地理区域未见有乡的设置。乡下有里，以乡统里。出土文字材料未见楚国有乡的设置，但根据传世文献楚国存在乡一级基层地域性居民组织的设置。按照《国语·齐语》，齐之国、鄙两系统均有乡的设置。齐陶文显示，战国时期的齐国仍存在春秋时期就设置的乡级基层地域性居民组织。进入战国时期，三晋亦有乡的设置。商鞅变法以后，秦主要实行郡县制之下的乡里制，并在统一的过程中向全国推广。

特殊的基层地域性居民组织——“州”，在东周经历了从产生到消亡的历程。作为特殊的基层地域性居民组织之“州”，目前可以确定出现于春秋。“州”的设置，反映了对他国人力资源掠夺的实质。有的基层地域性居民组织“州”发展到战国晚期，升级为更高层级的地方行政区划，不再属于基层地域性居民组织。战国时期楚国有许多基层地域性居民组织“州”设在都城和别都附近，也有一些设在距离都城遥远的县。县辖州，州又辖里。州辖之里中居民的身份仍属于州人。有些封君可能领有两个以上的州。到秦统一中国，“州”作为基层地域性居民组织的称谓消失。

春秋时期的书社属于民间带有宗教祭祀色彩的地域性居民组织，虽非行政性的居民组织，但与行政性的基层地域性居民组织有着密切的关系。之所以称之为书社，是因为居民的统计是以具有民间宗教色彩的“社”为主导。一社拥有若干户居民。国君赏赐“书社”意味着国君的赏赐不包括居民所在的基层地域性居民组织的行政机构，即受赏者只是在经济和宗教祭祀方面享有权力，从法理上来讲治民之行政权仍属于国君。进入战国时期，“书社”消失，可能是与行政性的户籍制在基层地域性居民组织中的普遍建立和实行有关。

战国时期对居民户籍的控制，从以社的框架为主导逐渐转向了以基层地域性居民组织的框架为主导。在这个演变过程中，地域性居民组织中居民生活的宗教性逐渐被稀释，与社的关系渐行渐远。这个演变过程，实质上也是基层地域性居民组织对传统上属于社的部分功能逐渐攘夺的一个过程。此外，行政性户籍制度的建立与什伍制的建立和完善相辅相成，与徭役、兵役和赋税等的征发相结合。基层地域性居民组织通过被赋予这些新的功能，其行政功能日益得到强化。这有利于国家最大限度地控制和集中人力、物力，对内有利于稳定地方的社会秩序，对外则步入兼并战争的轨道，有利于避免亡国或者赢得统一的主导权。

战国时期基层地域性居民组织出现繁化和简化两种相反的趋势，对战国时期的历史走向产生了较大的影响。楚国大概因全盘接受新占领地区和国家的地方行政制度，使得其基层地域性居民组织在设置上趋于繁化，即存在州、里、邑、丘和遂等基层地域性居民组织，且其前缀的性质极为复杂。秦国通过商鞅变法，不仅在秦国本土使基层地域性居民组织的设置趋于整齐和简化，即主要实行“乡”“里”两级制，而且在新占领地区强力推行，即摧毁新占领地区原有的基层行政建制，按照秦国的制度进行重塑。这可能是为什么秦能够担负起统一中国的历史任务的因素之一。秦、楚在基层地域性居民组织发展方向上的差异也可能是我国南北方居民心理细腻和粗犷的分野在制度上的折射和体现。

《周礼》所记载的基层地域性居民组织的情况，可以对两周时期基层地方行政制度的复原起到补充和互证的作用。《周礼》所载国野乡遂各层级居民组织职官的爵级和编制十分详细，足可补充其他材料记载之缺失。《周礼》中地官和秋官两套统计人口的系统，为其他材料所无，可作为战国时期的户籍制度的补充。《周礼》设置“司谏”来记录万民中的卓异者并对地方政事进行巡察，这是对正常的行政制度可能出现的不足的一种补救措施，也反映了中央对基层地方行政予以正常管辖程序之外的监察制度在战国时期已经创立。《周礼》只在“国”中六乡各级基层地域性居民组织的基础上设置了相应的军事编制，《齐语》亦只在“国”内各级居民组织的基础上设置相应的军事编制，二者在精神实质上是一致的。《周礼》中所见“乡”下有“里”“州”下有“里”的设置和“里”“乡”“州”等基层地域性居民组织的职官和规模并非凭空构拟，有东周时期的现实背景。《周礼》为强化管理基层地域性居民组织的居民而建立的一些政治制度,诸如户籍制和什伍制,可与战国时期的户籍制和什伍制相互印证。对于国家政治地理区域,《周礼》分为国和野,《国语·齐语》分为国和鄙,《汉书·食货志》分为野和邑,可以互相印证,充分说明先秦时期国野制的存在,即根据不同的政治地理区域,设置不同的基层地域性居民组织对其居民予以管理。这大致反映了城市和乡村既对立又统一的实际情况。通过本书的研究可以肯定,国野制在西周时期是存在的,但是否像《周礼》所载那么规整和严密,则可以讨论。

《周礼》中所见基层地域性居民组织大致属于两周时期基层地域性居民组织的实际状况的投影和浓缩,即《周礼》所见基层地域性居民组织的情况是将两周各个时期列国的制度加以汇总和整合的产物。从具体国家来说,大致齐国制度的投影较多,从时代上来讲,东周时期列国制度的积淀较为厚重。

二、对相关问题的进一步思考

在撰写本书的过程中,常常有一些困惑和不安煎熬着内心世界。现将这些困惑的一部分写出来,作为今后继续努力的方向。

西周晚期的"里"下是否有"邑",现有材料作为证据显然有些单薄。西周时期的"里"和"邑"究竟是什么关系尚需今后作进一步探讨。宜侯夨簋"厥宅邑卅又五"的地域分布尚需要进一步研究,往大里说,这涉及对分封制的认识。召圜器铭中的"事(使)赏毕土方五十里"之"里",就目前的材料而言,确为基层地域性居民组织之"里",但是"毕土方"三字该如何解读,仍然需要更多的证据。

成王在位时期,是否已在宗周王畿广泛设置了基层地域性居民组织"里"呢?因为现在能够见到的反映宗周和今周原地区的"里"的金文材料(主要是九年卫鼎、十二年大簋铭文)以及《诗经》中的西周篇章《韩奕》和《六月》分属于西周中期和晚期,以金文衡之,如果《诗经·周颂·噫嘻》所记确是历史的真实写照,那么《噫嘻》的写成时代最早应当定在西周中期。这是需要继续思考的问题。

对整个先秦时期基层居民组织邑的宏观把握不够。首先，西周金文中的“五邑走马”“五邑佃人”和“扁”(《左传》为“偏”)，本书即未予讨论。这主要是材料的缺乏导致不能对其准确把握。其次，客观上反映春秋时期社会情况的文献如《春秋》《左传》《国语》等多非春秋时期的直接材料，故对春秋时期的“邑”的研究不好展开。而出土古文字材料中关于春秋时期“邑”的材料又极为零散而不系统，有些连具体的地理位置，甚至哪一国都很难确定。这些都导致研究难度较大。从主观上来说，笔者对以上传世文献和古文字材料中显性的“邑”，应该说基本上都关注到了，但对隐性的“邑”的情况还钻研得不够，即对典籍研读不够，对古文字材料把握不够。故希望今后在本书研究的基础上，将所有关于“邑”的材料，从甲骨刻辞到金文，再到传世文献和出土的战国秦汉简帛材料，全面搜集，以期对先秦时期的基层地域性居民组织“邑”内部的研究更加深入、全面和细致。

在本书研究的基础上，在对有关先秦时期的手工业者的资料钻研后，再对整个先秦时期的“州”予以宏观考察，可能会对东周时期的“州”的性质有一个更好地把握。现有一个猜想：州人大多为战争掠夺的手工业者，很有可能擅长制造兵器，战国时期的墨家可能与州人有密切关系。随着战国时期列国政府对武器制造业控制的加强和生产标准化的推行，怀揣专门技艺的手工业者的自由丧失，墨家于是消失。州人被集中居住安置，是为了便于监管。秦代以降，再未设置基层地域性居民组织“州”，其原因何在？这都是需要今后继续思考的问题。

关于包山楚简，希望相关研究机构能够提供红外线扫描版，为李守奎、朱晓雪等从书体(笔痕鉴定)角度对其进行研究的学者提供更好的条件，从而为本书一些新认识的正确与否提供新的证据，并进而展开包山简作为一种官方档案的形成过程的研究。

《周礼》作为五经之一，历来难读，虽有粗浅领会，但尚需深钻细研，至少应将《十三经注疏》中的《周礼注疏》和复旦大学汪少华先生新近校点的孙诒让《周礼正义》(2015 年中华书局版)认真加以研读，以求更加深入地把握《周礼·地官》所见到的基层地域性居民组织的时代、政治地理区域及其所发挥的社会功能。

学界已有赵世超、于凯（据国家图书馆收藏的学位论文）和谢能宗（2019年6月已通过答辩）三位先生专门以先秦的“国野制”为研究对象撰写的博士学位论文，有的已出版（如赵世超先生的论文）。故本书对基层地域性居民组织在政治地理分布上的区别和联系关注不够，俟他日再行补苴。

参考文献

一、基本典籍

（汉）班固：《汉书》，北京：中华书局，1962年。

（清）陈奂：《诗经毛氏传疏》，北京：中国书店，1984年。

（汉）董仲舒：《春秋繁露》，上海：上海古籍出版社，1989年。

（唐）杜佑：《通典》，北京：中华书局，1988年。

（晋）杜预：《春秋经传集解》，上海：上海古籍出版社，1988年。

（清）段玉裁：《说文解字注》，上海：上海古籍出版社，1988年。

范祥雍：《古本竹书纪年辑校订补》，上海：上海古籍出版社，2011年。

（南朝宋）范晔：《后汉书》，北京：中华书局，1965年。

（清）方玉润撰，李先耕点校：《诗经原始》，北京：中华书局，1986年。

（梁）顾野王：《大广益会玉篇》，北京：中华书局，1987年。

（清）顾栋高辑，吴树平、李解民点校：《春秋大事表》，北京：中华书局，1993年。

（清）顾炎武著，（清）黄汝成集释：《日知录集释》（外七种），上海：上海古籍出版社，1985年。

（清）郭庆藩撰，王孝鱼点校：《庄子集释》，北京：中华书局，2012年。

国学整理社编：《诸子集成》，上海：国学整理社，1935年。

（汉）韩婴撰，许维遹校释：《韩诗外传集释》，北京：中华书局，1980年。

（清）洪亮吉撰，李解民点校：《春秋左传诂》，北京：中华书局，1987年。

（宋）胡宏：《胡宏集》，北京：中华书局，1987年。

黄怀信：《鹖冠子汇校集注》，北京：中华书局，2004年。

黄怀信：《逸周书校补注译》（修订本），西安：三秦出版社，2006年。

黄怀信、张懋镕、田旭东撰，黄怀信修订，李学勤审定：《逸周书汇校集注》，上海：上海古籍出版社，2007年。

蒋礼鸿：《商君书锥指》，北京：中华书局，1986年。

（清）焦循撰，沈文倬点校：《孟子正义》，北京：中华书局，1987年。

黎翔凤撰，梁运华整理：《管子校注》，北京：中华书局，2004年。

（宋）李昉：《太平御览》，北京：中华书局，1960年。

（北魏）郦道元著，陈桥驿校证：《水经注校证》，北京：中华书局，2007年。

（清）梁玉绳：《史记志疑》，北京：中华书局，1985年。

刘文典撰，冯逸、乔华点校：《淮南鸿烈集解》，北京：中华书局，1989年。

（清）刘文淇：《春秋左氏传旧注疏证》，北京：科学出版社，1959年。

（汉）刘熙撰，（清）毕沅疏证，（清）王先谦补：《释名疏证补》，北京：中华书局，2008年。

（汉）刘向编撰，（东晋）顾恺之画图：《古列女传》，上海：商务印书馆，1936年。

（汉）刘向集录：《战国策》，上海：上海古籍出版社，1985年。

（汉）刘向：《说苑》，景印文渊阁《四库全书》（第696册），台北：商务印书馆，1986年。

［日］泷川资言著，［日］水泽利忠校补：《史记会注考证》（附校补），上海：上海古籍出版社，1986年。

（唐）陆德明：《经典释文》，上海：上海古籍出版社，1985年。

（清）马瑞辰撰，陈金生点校：《毛诗传笺通释》，北京：中华书局，1989年。

（清）阮元编：《清经解》，上海：上海书店，1988年。

（清）阮元校勘：《十三经注疏》（嘉庆刻本），台北：艺文印书馆，2011年。

王利器：《盐铁论校注》（定本），北京：中华书局，1992年。

（清）阮元等撰集：《经籍籑诂》，北京：中华书局，1982年。

（汉）司马迁：《史记》，北京：中华书局，1982年。

（汉）宋衷注，（清）秦嘉谟等辑：《世本八种》，北京：中华书局，2008年。

（清）苏时学：《墨子刊误》，上海：中华书局，1928年。

（清）孙星衍：《尚书今古文注疏》，北京：中华书局，1986年。

（清）孙星衍、（清）黄以周校：《晏子春秋》，上海：上海古籍出版社，1989年。

（清）孙诒让撰，孙启治点校：《墨子间诂》，北京：中华书局，2009年。

（清）孙诒让撰，王文锦、陈玉霞点校：《周礼正义》，北京：中华书局，1987年。

（清）孙诒让著，汪少华整理：《周礼正义》，北京：中华书局，2015年。

（汉）王充：《论衡》，上海：上海人民出版社，1974年。

（清）王念孙：《读书杂志》，北京：中华书局，1991年。

（清）王念孙：《广雅疏证》，北京：中华书局，2004年。

（清）王先谦撰，吴格点校：《诗三家义集疏》，北京，中华书局，1987年。

（清）王先谦撰，沈啸寰、王星贤点校：《荀子集解》，北京：中华书局，1988年。

（清）王先谦编：《清经解续编》，南京：凤凰出版社，2005年。

（清）王先慎撰，锺哲点校：《韩非子集解》，北京：中华书局，1998年。

（战国）文子著，李定生、徐慧君校释：《文子校释》，上海：上海古籍出版社，2004年。

吴静安：《春秋左氏传旧注疏证续》，长春：东北师范大学出版社，2005年。

吴毓江撰，孙启治点校：《墨子校注》，北京：中华书局，2006年。

（梁）萧统编，（唐）李善注：《文选》，上海：上海古籍出版社，1986年。

（梁）萧绎撰，许逸民校笺：《金楼子校笺》，北京：中华书局，2011年。

徐元诰撰，王树民、沈长云点校：《国语集解》，北京：中华书局，2002年。

（汉）许慎撰，（宋）徐铉等校定：《说文解字》，北京：中华书局影印，1963年。

许维遹撰，梁运华整理：《吕氏春秋集释》，北京：中华书局，2009年。

《续修四库全书》编委会编：《续修四库全书》，上海：上海古籍出版社，2002年。

杨伯峻：《春秋左传注》（修订本），北京：中华书局，1990年。

（北魏）杨衒之撰，范祥雍校注：《洛阳伽蓝记校注》，上海：上海古籍出版社,2011 年。

景印文渊阁《四库全书》,台北：商务印书馆,1986 年。

(清) 俞樾:《春在堂全书》,南京：凤凰出版社,2010 年。

(南宋) 郑樵:《通志》,北京：中华书局,1987 年。

(清) 朱骏声:《说文通训定声》,北京：中华书局,1984 年。

(宋) 朱熹:《诗集传》,北京：中华书局,2011 年。

(宋) 朱熹:《四书章句集注》,北京：中华书局,2012 年。

(清) 朱右曾:《逸周书校释》,上海：商务印书馆,1937 年。

[日] 竹添光鸿:《左氏会笺》,成都：巴蜀书社,2008 年。

二、工具书和出土古文字资料

曹锦炎、沈建华编著:《甲骨文校释总集》,上海：上海辞书出版社,2006 年。

陈松长编著:《香港中文大学文物馆藏简牍》,香港：香港中文大学文物馆,2001 年。

陈松长主编:《岳麓书院藏秦简》(肆),上海：上海辞书出版社,2015 年。

陈伟等著:《楚地出土战国简册[十四种]》,北京：经济科学出版社,2009 年。

陈伟主编:《里耶秦简牍校释》(第一卷),武汉：武汉大学出版社,2012 年。

董作宾:《殷虚文字乙编》,台北：中研院历史语言研究所,1953 年。

甘肃文物考古研究所:《天水放马滩秦简》,北京：中华书局,2009 年。

高亨著,董治安整理:《古字通假会典》,济南：齐鲁书社,1989 年。

高明编著:《古陶文汇编》,北京：中华书局,1990 年。

高明、葛英会编著:《古陶文字征》,北京：中华书局,1991 年。

故宫博物院编:《故宫青铜器》,北京：紫禁城出版社,1999 年。

故宫博物院编:《故宫青铜器馆》,北京：故宫出版社,2012 年。

郭沫若主编,中国社会科学院历史研究所编:《甲骨文合集》,北京：中华书局,1978—1983 年。

郭锡良编著：《汉字古音手册》(增订本)，北京：商务印书馆，2011 年。

国家计量总局主编：《中国古代度量衡图集》，北京：文物出版社，1984 年。

河北省文物研究所、定州汉墓竹简整理小组编：《定州汉墓竹简：论语》，北京：文物出版社，1997 年。

河南省文物考古研究所编著：《新蔡葛陵楚墓》，郑州：大象出版社，2003 年。

胡厚宣编集：《甲骨续存》(下编)，上海：群联出版社，1955 年。

胡厚宣辑，王宏、胡振宇整理：《甲骨续存补编》，天津：天津古籍出版社，1996 年。

湖北省荆沙铁路考古队编：《包山楚简》，北京：文物出版社，1991 年。

湖北省文物考古研究所、随州市考古队：《随州孔家坡汉墓简牍》，北京：文物出版社，2006 年。

湖南省文物考古研究所编著：《里耶秦简》(壹)，北京：文物出版社，2012 年。

金祥恒：《陶文编》，台北：艺文印书馆，1964 年。

荆门市博物馆：《郭店楚墓竹简》，北京：文物出版社，1998 年。

［法］雷焕章：《法国所藏甲骨录》，台北：光启出版社，1985 年。

［日］李成市、［韩］尹龙九、［韩］金庆浩著，刘思孟译：《平壤贞柏洞 364 号墓出土竹简〈论语〉》，中国文化遗产研究院编：《出土文献研究》(第 10 辑)，北京：中华书局，2011 年。

李学勤、齐文心、［美］艾兰编著：《英国所藏甲骨集》，北京：中华书局，1992 年。

连云港市博物馆等编：《尹湾汉墓简牍》，北京：中华书局，1997 年。

刘庆柱、段志洪、冯时主编：《金文文献集成》，北京：线装书局，2005 年。

刘体智：《小校经阁金文拓本》，北京：中华书局，2016 年。

刘　雨、卢岩：《近出殷周金文集录》，北京：中华书局，2002 年。

刘　雨、严志斌：《近出殷周金文集录二编》，北京：中华书局，2010 年。

罗福颐主编：《古玺汇编》，北京：文物出版社，1981 年。

罗振玉、罗福颐：《殷虚书契五种》，北京：中华书局，2015年。

马承源主编：《上海博物馆藏战国楚竹书（一）》，上海：上海古籍出版社，2001年。

马承源主编：《上海博物馆藏战国楚竹书（二）》，上海：上海古籍出版社，2002年。

马承源主编：《上海博物馆藏战国楚竹书（三）》，上海：上海古籍出版社，2003年。

马承源主编：《上海博物馆藏战国楚竹书（四）》，上海：上海古籍出版社，2004年。

马承源主编：《上海博物馆藏战国楚竹书（五）》，上海：上海古籍出版社，2005年。

马承源主编：《上海博物馆藏战国楚竹书（六）》，上海：上海古籍出版社，2007年。

马承源主编：《上海博物馆藏战国楚竹书（七）》，上海：上海古籍出版社，2008年。

马承源主编：《上海博物馆藏战国楚竹书（八）》，上海：上海古籍出版社，2011年。

马承源主编：《上海博物馆藏战国楚竹书（九）》，上海：上海古籍出版社，2012年。

南京博物院、南京市文物保管委员会、江苏省文物管理委员会、江苏省博物馆合编：《江苏省出土文物选集》，北京：文物出版社，1963年。

彭邦炯、谢济、马季凡编纂：《甲骨文合集补编》，北京：语文出版社，1999年。

清华大学出土文献研究与保护中心编，李学勤主编：《清华大学藏战国竹简》（壹），上海：中西书局，2010年。

清华大学出土文献研究与保护中心编，李学勤主编：《清华大学藏战国竹简》（贰），上海：中西书局，2011年。

清华大学出土文献研究与保护中心编，李学勤主编：《清华大学藏战国竹简》（叁），上海：中西书局，2012年。

清华大学出土文献研究与保护中心编,李学勤主编:《清华大学藏战国竹简》(肆),上海:中西书局,2013年。

容　庚:《金文编》(第四版),北京:中华书局,1985年。

上海博物馆商周青铜器铭文选编写组:《商周青铜器铭文选》,北京:文物出版社,1986年。

睡虎地秦墓竹简整理小组:《睡虎地秦墓竹简》,北京:文物出版社,1990年。

宋镇豪主编:《百年甲骨学论著目》,北京:语文出版社,1999年。

宋镇豪、段志洪主编:《甲骨文献集成》,成都:四川大学出版社,2001年。

孙慰祖:《古封泥集成》,上海:上海书店出版社,1994年。

孙稚雏编:《金文著录简目》,北京:中华书局,1981年。

孙稚雏编:《青铜器论文索引》,北京:中华书局,1986年。

唐存才编著:《步黟堂藏战国陶文遗珍》,上海:上海书画出版社,2013年。

王恩田编著:《陶文图录》,济南:齐鲁书社,2006年。

王恩田编著:《陶文字典》,济南:齐鲁书社,2007年。

王辉编著:《古文字通假字典》,北京:中华书局,2008年。

吴九龙:《银雀山汉简释文》,北京:文物出版社,1985年。

吴幼潜:《封泥汇编》,上海:上海古籍书店,1984年。

吴镇烽:《金文人名汇编》(修订本),北京:中华书局,2006年。

吴镇烽:《商周青铜器铭文暨图像集成》,上海:上海古籍出版社,2012年。

五省出土重要文物展览筹备委员会编:《陕西、江苏、热河、安徽、山西五省出土重要文物展览图录》,北京:文物出版社,1958年。

萧春源编:《珍秦斋藏印(战国篇)》,澳门:弘兴柯氏印刷有限公司,2001年。

谢桂华、李均明、朱国炤:《居延汉简释文合校》,北京:文物出版社,1987年。

徐谷甫、王延林:《古陶字汇》,上海:上海书店,1994年。

徐在国编著:《新出齐陶文图录》,北京:学苑出版社,2014/2015年。

徐中舒主编:《甲骨文字典》,成都:四川辞书出版社,2006年。

杨伯峻、徐提编:《春秋左传词典》,北京:中华书局,1985年。

杨郁彦:《甲骨文合集分组分类总表》,台北:艺文印书馆,2005年。

姚孝遂主编:《殷墟甲骨刻辞摹释总集》,北京:中华书局,1988年。

姚孝遂主编:《殷墟甲骨刻辞类纂》,北京:中华书局,1989年。

银雀山汉墓竹简整理小组:《银雀山汉墓竹简》(壹),北京:文物出版社,1985年。

于省吾:《商周金文录遗》,北京:中华书局,1993年。

袁仲一编著:《秦代陶文》,西安:三秦出版社,1987年。

袁仲一、刘钰编著:《秦陶文新编》,北京:文物出版社,2009年。

岳光明、岳隆、杨平:《中国科学技术史·度量衡卷》,北京:科学出版社,2001年。

张家山二四七号汉墓竹简整理小组编著:《张家山汉墓竹简》[二四七号墓],北京:文物出版社,2001年。

张家山二四七号汉墓竹简整理小组:《张家山汉墓竹简》[二四七号墓](释文修订本),北京:文物出版社,2006年。

张懋镕、张仲立编著:《青铜器论文索引(1983—2001)》,香港:香港明石文化国际出版有限公司,2005年。

张懋镕主编:《青铜器论文索引(2002—2006)》,北京:线装书局,2008年。

张亚初:《殷周金文集成引得》,北京:中华书局,2001年。

张政烺批注,朱凤瀚等整理:《张政烺批注〈两周金文辞大系考释〉》,北京:中华书局,2011年。

中国社会科学院考古研究所编:《居延汉简》(甲乙编),北京:中华书局,1980年。

中国社会科学院考古研究所编:《小屯南地甲骨》,北京:中华书局,1983年。

中国社会科学院考古研究所编:《殷周金文集成释文》,香港:香港中文大学中国文化研究所出版社，2001年。

中国社会科学院考古研究所编：《殷墟花园庄东地甲骨》，昆明：云南人民出版社，2003年。

中国社会科学院考古研究所编著：《中国考古学》（两周卷），北京：中国社会科学出版社，2004年。

中国社会科学院考古研究所编：《殷周金文集成》（修订增补本），北京：中华书局，2007年。

周进集藏，周绍良整理，李零分类考释：《新编全本季木藏陶》，北京：中华书局，1998年。

周晓陆、路东之编著：《秦封泥集》，西安：三秦出版社，2000年。

周晓陆主编：《二十世纪出土玺印集成》，北京：中华书局，2010年。

三、考古发掘报告

傅永魁：《洛阳东郊西周墓发掘简报》，《考古》1959年第4期。

郭宝钧、林寿晋：《一九五二年秋季洛阳东郊发掘报告》，《考古学报》1955年第9册。

河南省文化局文物工作队第二队：《洛阳的两个西周墓》，《考古通讯》1956年第1期。

湖北省博物馆、荆州地区博物馆、江陵县文物工作组：《湖北江陵拍马山楚墓发掘简报》，《考古》1973年第3期。

湖南省文物考古研究所、慈利县文物保护管理研究所：《湖南慈利石板村36号战国墓发掘简报》，《文物》1990年第10期。

湖南省文物考古研究所、慈利县文物保护管理研究所：《湖南慈利县石板村战国墓》，《考古学报》1995年第2期。

湖南省文物考古研究所：《湖南龙山里耶战国——秦汉古城一号井发掘简报》，《文物》2003年第1期。

湖南省文物考古研究所：《里耶发掘报告》，长沙：岳麓书社，2007年。

洛阳市文物工作队：《1975—1979年洛阳北窑西周铸铜遗址的发掘》，《考古》1983年第5期。

洛阳市文物工作队:《洛阳东关五座西周墓的清理》,《中原文物》1984年第3期。

洛阳市文物工作队:《洛阳市东郊发现的两座西周墓》,《文物》1992年第3期。

洛阳市文物工作队:《洛阳北窑西周墓》,北京:文物出版社,1999年。

洛阳市第二文物工作队:《洛阳五女冢西周早期墓葬发掘简报》,《文物》2000年第10期。

洛阳市文物工作队:《洛阳东车站两周墓发掘简报》,《文物》2003年第12期。

洛阳市文物工作队:《洛阳市启明西路西周墓发掘简报》,《考古与文物》(增刊,先秦考古),2004年。

洛阳市文物工作队:《洛阳市唐城花园C3M417西周墓发掘简报》,《文物》2004年第7期。

洛阳市文物工作队:《洛阳瀍河东岸西周墓的发掘》,《文物》2006年第3期。

洛阳市文物工作队:《河南洛阳市唐城花园西周墓葬的清理》,《考古》2007年第2期。

洛阳市文物工作队:《洛阳涧河东岸西周晚期墓》,《文物》2007年第9期。

洛阳市文物工作队:《洛阳老城北大街西周墓》,《文物》2010年第8期。

南京博物院:《江苏铜山丘湾古遗址的发掘》,《考古》1973年第2期。

群力:《临淄齐国故城勘探纪要》,《文物》1972年第5期。

山东省文物管理处:《山东临淄齐故城试掘简报》,《考古》1961年第6期。

始皇陵秦俑坑考古发掘队:《秦始皇陵西侧赵背户村秦刑徒墓》,《文物》1982年第3期。

舒城县文物管理所:《舒城县秦家桥战国墓清理简报》,《文物研究》(第6辑),合肥:黄山书社,1990年。

天长市文物管理所、天长市博物馆:《安徽天长西汉墓发掘简报》,《文物》2006年第11期。

雍城考古队吴镇烽、尚志儒:《陕西凤翔高庄秦墓地发掘简报》,《考古与文物》1981年第1期。

张剑、蔡运章：《洛阳东郊13号西周墓的发掘》，《文物》1998年第10期。

中国科学院考古研究所山东发掘队：《山东平阴县朱家桥殷代遗址》，《考古》1961年第2期。

中国社会科学院考古研究所安阳工作队：《1969—1977年殷墟西区墓葬发掘报告》，《考古学报》1979年第1期。

中国社会科学院考古研究所安阳工作队：《安阳殷墟西区一七一三号墓的发掘》，《考古》1986年第8期。

四、专著与研究文集

B

［日］白川静著，温天河、蔡哲茂译：《金文的世界——殷周社会史》，台北：联经出版事业公司，1989年。

白寿彝总主编：《中国通史》(第三卷上古时代上)，上海：上海人民出版社，1994年。

邴尚白：《葛陵楚简研究》，台北：台湾大学出版中心，2009年。

C

蔡鸿江：《晋系青铜器研究》，新北市：花木兰文化出版社，2011年。

岑仲勉：《两周社会制度问题》，上海：新知识出版社，1956年。

岑仲勉：《墨子城守各篇简注》，北京：古籍出版社，1958年。

晁福林：《先秦社会形态研究》，北京：北京师范大学出版社，2003年。

陈朝云：《商代聚落体系及其社会功能研究》，北京：科学出版社，2006年。

陈光田：《战国玺印分域研究》，长沙：岳麓书社，2009年。

陈　絜：《商周姓氏制度研究》，北京：商务印书馆，2007年。

陈梦家：《殷虚卜辞综述》，北京：中华书局，1988年。

陈梦家：《西周铜器断代》，北京：中华书局，2004年。

陈　槃：《春秋大事表列国爵姓及存灭表撰异》，台北：中研院历史语言研究所专刊之五十二，1997年。

陈世辉、汤余惠：《古文字学概要》，福州：福建人民出版社，2011年。

陈松长等：《秦代官制考论》，上海：中西书局，2018年。

陈　伟：《包山楚简初探》，武汉：武汉大学出版社，1996年。

程俊英：《诗经译注》，上海：上海古籍出版社，2004年。

崔恒升：《安徽出土金文订补》，合肥：黄山书社，1998年。

D

丁　进：《周礼考论——周礼与中国文学》，上海：上海人民出版社，2008年。

董作宾：《甲骨文断代研究例》，台北：中研院历史语言研究所，1965年。

杜正胜：《编户齐民——传统政治社会结构之形成》，台北：联经出版事业公司，1990年。

杜正胜：《古代社会与国家》，台北：允晨文化实业股份有限公司，2005年。

F

傅嘉仪：《秦封泥汇考》，上海：上海书店，2007年。

G

顾颉刚：《史林杂识》（初编），北京，中华书局，1963年。

顾颉刚：《浪口村随笔》，沈阳：辽宁教育出版社，1998年。

郭沫若：《中国古代社会研究》，上海：上海联合书局，1930年。

郭沫若：《两周金文辞大系》，东京：文求堂书店，1932年。

郭沫若：《两周金文辞大系考释》，东京：文求堂书店，1935年。

郭沫若：《两周金文辞大系图录考释》，北京：科学出版社，1957年。

郭沫若：《郭沫若全集》，北京：科学出版社，2002年。

H

［美］H.摩尔根著，杨东莼、张栗原、冯汉骥译：《古代社会》，北京：商务印书馆，1971年。

何　浩：《楚灭国研究》，武汉：武汉出版社，1989年。

侯外庐：《中国古代社会史论》，石家庄：河北教育出版社，2003年。

侯外庐、赵纪斌、杜国庠：《中国思想通史》（第一卷），北京：人民出版社，

1957年。

侯志义:《采邑考》,西安:西北大学出版社,1989年。

后晓荣:《秦代政区地理》,北京:社会科学文献出版社,2009年。

胡厚宣:《甲骨学商史论丛初集》(外一种),石家庄:河北教育出版社,2002年。

胡家聪:《管子新探》,北京:中国社会科学出版社,2003年。

黄盛璋:《历史地理与考古论丛》,济南:齐鲁书社,1982年。

黄天树:《殷墟王卜辞的分类与断代》,台北:文津出版社,1991年。

J

江士杰:《里甲制度考略》,重庆:商务印书馆,1943年。

金春峰:《周官之成书及其反映的文化与时代新考》,台北:东大图书股份有限公司,1993年。

金景芳:《中国奴隶社会的几个问题》,北京:中华书局,1962年。

金景芳:《论井田制度》,济南:齐鲁书社,1982年。

金景芳:《中国奴隶社会史》,上海:上海人民出版社,1983年。

L

李峰著,徐峰译,汤惠生校:《西周的灭亡——中国早期国家的地理和政治危机》,上海:上海古籍出版社,2007年。

李峰著,吴敏娜、胡晓军、许景昭、侯昱文译:《西周的政体——中国早期的官僚制度和国家》,北京:生活·读书·新知三联书店,2010年。

李解民:《尉缭子译注》,石家庄:河北人民出版社,1992年。

李　零:《待兔轩文存·读史卷》,桂林:广西师范大学出版社,2011年。

李玄伯:《中国古代社会新研》,上海:开明书店,1948年。

李学勤:《殷代地理简论》,北京:科学出版社,1959年。

李学勤:《青铜器与古代史》,台北:联经出版事业股份有限公司,2005年。

林剑鸣:《秦史稿》,北京:中国人民大学出版社,2009年。

刘彬徽、刘长武:《楚系金文汇编》,武汉:湖北教育出版社,2009年。

刘信芳:《包山楚简解诂》,台北:艺文印书馆,2003年。

吕金成:《夕惕藏陶》,济南:山东画报出版社,2014年。

吕文郁:《周代的采邑制度》(增订版),北京:社会科学文献出版社,2006年。

吕友仁:《周礼译注》,郑州:中州古籍出版社,2004年。

罗志渊:《中国地方行政制度》,南京:独立出版社,1943年。

M

马承源:《中国青铜器研究》,上海:上海古籍出版社,2002年。

P

潘光旦:《潘光旦文集》,北京:北京大学出版社,2000年。

彭　林:《〈周礼〉主体思想与成书年代研究》(增订版),北京:中国人民大学出版社,2009年。

Q

裘锡圭:《文字学概要》,北京:商务印书馆,1988年。

裘锡圭:《裘锡圭学术文集》,上海:复旦大学出版社,2012年。

R

任　伟:《西周封国考疑》,北京:社会科学文献出版社,2004年。

容　庚:《容庚学术著作全集》,北京:中华书局,2011年。

S

商承祚:《商承祚文集》,广州:中山大学出版社,2004年。

宋镇豪:《商代社会生活与礼俗》,北京:中国社会科学出版社,2010年。

T

唐　兰:《殷虚文字记》,北京:中华书局,1981年。

唐　兰:《古文字学导论》,济南:齐鲁书社,1981年。

唐　兰:《西周青铜器铭文分代史征》,北京:中华书局,1986年。

唐　兰:《唐兰先生金文论集》,北京:紫禁城出版社,1995年。

唐　兰:《中国文字学》,上海:上海古籍出版社,2005年。

田昌五、臧知非:《周秦社会结构》,西安:西北大学出版社,1996年。

仝晰纲:《中国古代乡里制度研究》,济南:山东人民出版社,1999年。

童书业:《春秋左传研究》,北京:中华书局,2006年。

W

王贵民：《商周制度考信》，台北：明文书局，1989年。

王世民、陈公柔、张长寿：《西周青铜器分期断代研究》，北京：文物出版社，1999年。

王　伟：《秦玺印封泥职官地理研究》，北京：中国社会科学出版社，2014年。

王学理：《咸阳帝都记》，西安：三秦出版社，1999年。

王玉哲：《中华远古史》，上海：上海人民出版社，2003年。

王震中：《商代都邑》，北京：中国社会科学出版社，2010年。

［日］尾形勇著，张鹤泉译：《中国古代的"家"与"国家"》，北京：中华书局，2010年。

魏建震：《先秦社祀研究》，北京：人民出版社，2008年。

《文史知识》编辑部：《经书浅谈》，北京：中华书局，1984年。

闻钧天：《中国保甲制度》，上海：商务印书馆，1936年。

（清）吴大澂：《吴愙斋尺牍》，长沙：商务印书馆，1938年。

吴闿生：《吉金文录》，香港：万有图书公司，1968年。

吴良宝：《战国楚简地名辑证》，武汉：武汉大学出版社，2010年。

吴荣曾：《先秦两汉史研究》，北京：中华书局，1995年。

吴振武：《〈古玺文编〉校订》，北京：人民美术出版社，2011年。

X

谢维扬：《周代家庭形态》，哈尔滨：黑龙江人民出版社，2005年。

徐复观：《中国经学史的基础·周官成立之时代及其思想性格》，北京：九州出版社，2014年。

徐少华：《周代南土历史地理与文化》，武汉：武汉大学出版社，1994年。

徐少华：《荆楚历史地理与考古探研》，北京：商务印书馆，2010年。

徐喜辰：《井田制度研究》，北京：人民出版社，1984年。

徐中舒：《先秦史论稿》，成都：巴蜀书社，1992年。

徐中舒：《徐中舒历史论文选辑》，北京：中华书局，1998年。

许倬云：《中国古代社会史论——春秋战国时期的社会流动》，桂林：广西师范大学出版社,2006 年。

许倬云:《西周史》(增补二版),北京:生活·读书·新知三联书店,2012 年。

许子滨:《〈春秋〉〈左传〉礼制研究》,上海:上海古籍出版社,2012 年。

Y

阎步克:《中国古代官阶制度引论》,北京:北京大学出版社,2010 年。

晏昌贵:《巫鬼与淫祀——楚简所见方术宗教考》,武汉:武汉大学出版社,2010 年。

杨　宽:《古史新探》,北京:中华书局,1965 年。

杨　宽:《西周史》,上海:上海人民出版社,2003 年。

杨　宽:《战国史》,上海:上海人民出版社,2003 年。

杨树达:《积微居金文说》(增订本),北京:中华书局,1997 年。

杨树达:《杨树达文集·积微翁回忆录》,上海:上海古籍出版社,2006 年。

杨树达:《积微居金文说》(增订本),长沙:湖南教育出版社,2007 年。

杨向奎:《中国古代社会与古代思想研究》(上册),上海:上海人民出版社,1962 年。

[日]伊藤道治:《中国古代王朝的形成》,东京:创文社,1975 年。

[日]伊藤道治著,江蓝生译:《中国古代王朝的形成——以出土资料为主的殷周史研究》,北京:中华书局,2002 年。

于省吾:《甲骨文字诂林》,北京:中华书局,1996 年。

于省吾:《于省吾著作集·甲骨文字释林》,北京:中华书局,2009 年。

俞伟超:《中国古代公社组织的考察——论先秦两汉的"单—僤—弹"》,北京:文物出版社,1988 年。

Z

张怀通:《〈逸周书〉新研》,北京:中华书局,2013 年。

张亚初、刘　雨:《西周金文官制研究》,北京:中华书局,1986 年。

张政烺:《张政烺文集·甲骨金文与商周史研究》,北京:中华书局,2012 年。

章太炎：《春秋左传读》，《章太炎全集》（二），上海：上海人民出版社，1982年。

赵伯雄：《周代国家形态》，长沙：湖南教育出版社，1990年。

赵光贤：《周代社会辨析》，北京：人民出版社，1980年。

赵世超：《周代国野关系研究》，台北：文津出版社，1993年。

赵秀玲：《中国乡里制度》，北京：社会科学文献出版社，1998年。

中国社科院考古研究所编：《考古学参考资料》（5），北京：文物出版社，1982年。

周宝宏：《近出西周金文集释》，天津：天津古籍出版社，2005年。

周宝宏：《西周青铜重器铭文集释》，天津：天津古籍出版社，2007年。

周祖谟：《周祖谟语言文史论集》，北京：学苑出版社，2004年。

朱凤瀚、徐勇编著：《先秦史研究概要》，天津：天津教育出版社，1996年。

朱凤瀚：《商周家族形态研究》（增订本），天津：天津古籍出版社，2004年。

朱凤瀚：《中国青铜器综论》，上海：上海古籍出版社，2009年。

朱凤瀚主编：《新出金文与西周历史》，上海：上海古籍出版社，2011年。

朱红林：《张家山汉简〈二年律令〉集释》，北京：社会科学文献出版社，2005年。

朱晓雪：《包山楚简综述》，福州：福建人民出版社，2013年。

庄新兴：《战国玺印分域编》，上海：上海书店，2001年。

庄新兴：《战国玺印》，上海：上海书画出版社，2003年。

邹芙都：《楚系铭文综合研究》，成都：巴蜀书社，2007年。

五、研究论文

B

白　钢：《博观约取辞旨质实——评〈中国乡里制度〉》，《社会科学管理与评论》1999年第1期。

C

蔡全法：《近年来新郑“郑韩故城”出土陶文简释》，《中原文物》1986年第

1期。

蔡运章、张应桥:《季姬方尊铭文及其重要价值》,《文物》2003年第9期。

曹定云:《古文“夏”字再考——兼论夏失、宜侯矢、乍册夨为一人》,北京大学考古文博学院编:《考古学研究(五)——庆祝邹衡先生七十五寿辰暨从事考古研究五十年论文集》,北京:科学出版社,2003年。

曹锦炎:《关于〈宜侯夨簋〉铭文的几点看法》,《东南文化》1990年第5期。

岑仲勉:《“宜侯夨簋”铭试释》,《西周社会制度问题》,上海:新知识出版社,1956年。

晁福林:《“骏发尔私”新解》,《社会科学战线》编辑部:《中国古代史论丛》(1981年第3辑),福州:福建人民出版社,1982年。

晁福林:《周代社会结构与“乡遂制度说”》,收入《中国人文社会科学博士硕士文库——历史卷》,杭州:浙江教育出版社,1998年。

陈邦福:《夨簋考释》,《文物参考资料》1955年第5期。

陈朝云:《商代聚落模式及其所体现的政治经济景观》,《史学集刊》2004年第3期。

陈 絜:《试论殷墟聚落居民的族系问题》,《南开学报》(哲学社会科学版)2002年第6期。

陈 絜:《血族组织地缘化与地缘组织血族化——关于周代基层组织与基层社会的几点看法》,《社会科学战线》2009年第1期。

陈 絜:《里耶“户籍简”与战国末期的基层社会》,《历史研究》2009年第5期。

陈 絜:《包山简“州加公”、“州里公”身份述论》,刘泽华、罗宗强主编:《中国思想与社会研究》(第2辑),北京:中国社会科学出版社,2009年。

陈 絜:《谈谈新蔡葛陵楚墓竹简中的“丘”》,四川大学历史文化学院编:《国际学术研讨会论文集:纪念徐中舒先生诞辰110周年》,成都:巴蜀书社,2010年。

陈 絜:《再论包山楚简“州”的性质与归属》,南开大学历史学院、北京大学历史系、中国社科院历史所编:《中国古代社会高层论坛文集:纪念郑天挺先生诞辰一百一十周年》,北京:中华书局,2011年。

陈　絜:《试论葛陵楚简“丘”的性质与规模》,常建华主编:《中国社会历史评论》(第十二卷),天津:天津古籍出版社,2011年。

陈　絜:《周代农村基层聚落初探——以西周金文资料为中心的考察》,朱凤瀚主编:《新出金文与西周历史》,上海:上海古籍出版社,2011年。

陈　絜:《西周金文“佃人”身份考》,《华夏考古》2012年第1期。

陈　絜:《竹简所见楚国居民里居形态初探》,《徐州工程学院学报》(社会科学版)2013年第2期。

陈　絜、赵庆淼:《“泰山田猎区”与商末东土地理》,《历史研究》2015年第5期。

陈　絜、刘　洋:《宜侯吴簋与宜地地望》,《中原文物》2018年第3期。

陈连庆:《〈周礼〉成书年代的新探索》,收入《中国古代史研究——陈连庆教授学术论文集》(下),长春:吉林文史出版社,1991年。

陈连庆:《〈周礼〉一书的思想渊源》,收入《中国古代史研究——陈连庆教授学术论文集》(下),长春:吉林文史出版社,1991年。

陈连庆:《试论〈曶鼎〉铭文中的几个问题》,收入《中国古代史研究——陈连庆教授学术论文集》(下),长春:吉林文史出版社,1991年。

陈连庆:《〈兮甲盘〉考释》,收入《中国古代史研究——陈连庆教授学术论文集》(下),长春:吉林文史出版社,1991年。

陈梦家:《令彝新释》,《考古》1936年第1期。

陈梦家:《西周文中的殷人身分》,《历史研究》1954年第6期。

陈梦家:《宜侯夨簋和它的意义》,《文物参考资料》1955年第5期。

陈梦家:《西周铜器断代(一)》,《考古学报》1955年第9册。

陈全方、尚志儒:《史密簋铭文的几个问题》,《考古与文物》1993年第3期。

陈松长:《湖南新出战国楚玺考略(四则)》,香港中文大学中国语言及文学系编辑:《第四届国际中国古文字学研讨会论文集》,香港,2003年。

陈桐生:《〈诗经·商颂〉研究的百年巨变》,《文史知识》1999年第3期。

陈　伟:《包山楚简所见邑、里、州的初步研究》,《武汉大学学报》1995年第1期。

陈　伟：《包山竹简所见楚国的县、郡与封邑》，收入《长江文化论集》，武汉：湖北教育出版社，1995 年。

陈　伟：《包山竹简所见楚国的宛郡》，《武汉大学学报》1998 年第 6 期。

陈颖飞：《楚悼王初期的大战与楚封君——〈清华简〉系年札记之一》，《文史知识》2012 年第 5 期。

陈颖飞：《清华简毕公高、毕桓与西周毕氏》，《中国国家博物馆馆刊》2012 年第 6 期。

陈颖飞：《楚国封君制的形成与初期面貌新探》，清华大学出土文献研究与保护中心编：《出土文献》(第 3 辑)，上海：中西书局，2012 年。

陈　直：《江苏镇江新出土矢簋释文并说明》，《西北大学学报》1957 年第 1 期。

陈　直：《〈墨子 · 备城门〉等篇与居延汉简》，《中国史研究》1980 年第 1 期。

D

董楚平：《宜侯夨簋"虞"、"宜"考释》，《江海学刊》1987 年第 3 期。

董巧霞：《先秦时期的基层组织——乡》，《历史教学》2008 年第 8 期。

董巧霞：《先秦丘制考略》，《中国历史地理论丛》2009 年第 1 期。

董　珊：《出土文献所见"以谥为族"的楚王族——附说〈左传〉"诸侯以字为谥因以为族"的读法》，复旦大学出土文献与古文字研究中心：《出土文献与古文字研究》(第 2 辑)，上海：复旦大学出版社，2008 年。

董　珊：《山西绛县横水 M2 出土肃卣铭文初探》，《文物》2014 年第 1 期。

杜　勇：《商朝政区蠡测》，《2004 年安阳殷商文明国际学术研讨会论文集》，北京：社会科学文献出版社，2004 年。

杜正胜：《卜辞所见的城邦形态》，吴荣曾主编：《尽心集——张政烺先生八十庆寿论文集》，北京：中国社会科学出版社，1996 年。

F

方述鑫：《〈史密簋〉铭文中的齐师、族徒、遂人——兼论西周时代乡遂制度与兵制的关系》，《四川大学学报》1998 年第 1 期。

冯　时：《春秋齐侯盂与黝镈铭文对读》，四川联合大学历史系编：《徐中舒先生百年诞辰纪念文集》，成都：巴蜀书社，1998年。

［德］弗·恩格斯：《家庭、私有制和国家的起源》，《马克思恩格斯选集》，北京：人民出版社，1966年。

傅天佑：《兵器铭文中的"冶"非"工师"说》，《江汉考古》1984年第1期。

傅振伦：《西周邢侯簋铭》，《文物春秋》1997年第1期。

G

高光晶：《"骏发尔私"新解》，《湖南师范大学社会科学学报》1998年第4期。

高　敏：《试论尹湾汉墓出土〈东海郡属县乡吏员定簿〉的史料价值——读尹湾汉简札记之一》，《郑州大学学报》1997年第2期。

高　明：《从临淄陶文看鄙里制陶业》，《古文字研究》（第19辑），北京：中华书局，1992年；又见氏著：《高明论著选集》，北京：科学出版社，2001年。

葛英会：《殷墟墓地的区与组》，《考古学文化论集》（2），北京：文物出版社，1989年。

葛志毅：《〈周官〉与西周制度》，《学习与探索》2002年第6期。

宫长为：《西周官制研究的回顾与展望》，《史学月刊》1995年第5期。

顾颉刚：《春秋时代的县》，《顾颉刚全集·顾颉刚古史论文集》（第五卷），北京：中华书局，2011年。

顾颉刚：《"周公制礼"的传说和〈周官〉一书的出现》，《文史》1979年第6辑。

顾久幸：《楚国地方基层行政机构探讨》，《江汉论坛》1993年第7期。

顾孟武：《从宜侯夨簋论周初吴的战略地位》，《学术月刊》1992年第6期。

郭沫若：《夨簋铭考释》，《考古学报》1956年第1期。

郭沫若：《读了"关于周颂噫嘻篇的解释"》，《光明日报》1956年8月12日。

郭沫若：《长安县张家坡铜器群铭文汇释》，《考古学报》1962年第1期。

郭子直：《战国秦封宗邑瓦书铭文新释》，《古文字研究》（第14辑），北京：中华书局，1986年。

H

韩建业：《殷墟西区墓地分析》，《考古》1997年第1期。

韩连琪：《春秋战国时代的郡县制及其演变》，《文史哲》1986年第5期。

韩自强：《安徽阜阳博物馆藏印选介》，《文物》1988年第6期。

郝导华、郭俊峰、禚柏红：《齐国陶文几个问题的初步探讨》，《齐鲁文化研究》(第6辑)，济南：山东文艺出版社，2007年。

郝士宏：《“睘”应读为“县”》，《文物》2006年第11期。

何幼琦：《〈宜侯夨簋〉的年代问题》，收入《西周年代学论丛》，武汉：湖北人民出版社，1989年。

洪　飏、李薇薇：《金文中的“履”字及其演变发展》，《渤海大学学报》(哲学社会科学版)2002年第1期。

胡厚宣：《殷代农作施肥说》，《历史研究》1955年第1期。

胡厚宣：《殷代农作施肥说补证》，《文物》1963年第5期。

胡厚宣：《再论殷代农作施肥问题》，《社会科学战线》1981年第1期。

胡厚宣：《殷代的史为武官说》，载《全国商史学术讨论会论文集》，《殷都学刊》增刊，1985年。

胡厚宣：《甲骨文土方为夏民族考》，日知主编：《古代城邦史研究》，北京：人民出版社，1989年。

胡寄窗：《试论〈管子·轻重篇〉的成书年代问题》，《中国经济问题》1981年第4、5期。

胡进驻：《夨国、虞国与吴国史迹略考》，《华夏考古》2003年第3期。

胡平生：《新出汉简户口簿籍研究》，《出土文献研究》(第10辑)，北京：中华书局，2011年。

胡顺利：《对〈宜侯夨簋考释〉一文的看法》，《江汉考古》1982年第2期。

胡新生：《西周春秋时期的国野制与部族国家形态》，《文史哲》1985年第3期。

胡毓寰：《从“诗经”噫嘻篇的一些词义说到西周社会性质》，《学术月刊》1957年第10期。

湖南省文物考古研究所、湘西土家族苗族自治州文物处：《湘西里耶秦代简牍选释》，《中国历史文物》2003年第1期。

黄盛璋：《铜器铭文宜、虞、夨的地望及其与吴国的关系》，《考古学报》

1983 年第 3 期。

黄盛璋:《多友鼎的历史与地理问题》,《考古与文物》编辑部:《考古与文物丛刊》第二号《古文字论集》,1983 年。

黄盛璋:《包山楚简中若干重要制度发复与争论未决诸关键词解难、决疑》,《湖南考古辑刊》第 6 集,《求是》增刊,1994 年。

J

贾连敏:《新蔡葛陵楚简中的祭祷文书》,《华夏考古》2004 年第 3 期。

金景芳:《由周的彻法谈到"作州兵"、"作丘甲"等问题》,《吉林大学社会科学学报》1962 年第 1 期。

L

黎明钊:《里耶秦简:户籍档案的探讨》,《中国史研究》2009 年第 2 期。

李伯谦:《吴文化及其渊源初探》,《考古与文物》1982 年第 3 期。

李家浩:《先秦文字中的"县"》,收入《著名中年语言学家自选集·李家浩卷》,合肥:安徽教育出版社,2002 年。

李家浩:《齐国文字中的"遂"》,收入《著名中年语言学家自选集·李家浩卷》,合肥:安徽教育出版社,2002 年。

李家浩:《季姬方尊铭文补释》,收入《黄盛璋先生八秩华诞纪念文集》,深圳:中国文化教育出版社,2005 年。

李家浩:《谈清华战国竹简〈楚居〉的"夷宅"及其他——兼谈包山楚简的"琣人"等》,《出土文献》(第 2 辑),上海:中西书局,2011 年。

李　晶:《从"都"的性质看周礼与齐国的关系》,刘泽华、罗宗强主编:《中国思想与社会研究》(第 2 辑),北京:中国社会科学出版社,2009 年。

李　零:《中国古代居民组织的两大类型及其不同来源——春秋战国时期齐国居民组织试析》,《文史》1987 年第 28 辑。

李　零:《齐、燕、邾、滕陶文的分类与题铭格式——新编全本〈季木藏陶〉介绍》,《管子学刊》1990 年第 1 期。

李　零:《包山楚简研究(文书类)》,南开大学历史系先秦史研究室编:《王玉哲先生八十寿辰纪念文集》,天津:南开大学出版社,1994 年。

李　零:《西周金文中的职官系统》,吴荣曾主编:《尽心集——张政烺先生八十庆寿论文集》,北京:中国社会科学出版社,1996年。

李　零:《西周金文中的土地制度》,收入氏著《待兔轩文存·读史卷》,桂林:广西师范大学出版社,2011年。

李启良:《陕西安康市出土西周史密簋》,《考古与文物》1989年第3期。

李守奎:《释包山楚简中的"彭"》,武汉大学简帛研究中心:《简帛》(第1辑),上海:上海古籍出版社,2006年。

李守奎:《包山楚简120—123号简补释》,复旦大学出土文献与古文字研究中心:《出土文献与传世典籍的诠释》,上海:上海古籍出版社,2010年。

李守奎:《清华简〈系年〉"莫嚣昜为"考论》,《中原文化研究》2014年第2期。

李修松:《周代里社初论》,《安徽师大学报》1986年第1期。

李修松:《立社与分封》,《安徽大学学报》1992年第2期。

李秀亮、张秋芳:《〈俎侯夨簋〉:"易在俎王人□又七生"考释平义》,《石家庄学院学报》2010年第5期。

李学勤:《评陈梦家〈殷虚卜辞综述〉》,《考古学报》1957年第3期。

李学勤:《战国题铭概述》,《文物》1959年第7、8、9期。

李学勤:《论史墙盘及其意义》,《考古学报》1978年第2期。

李学勤:《西周中期青铜器的重要标尺——周原庄白、强家两处青铜器窖藏的综合研究》,《中国历史博物馆馆刊》1979年第1期。

李学勤:《从新出青铜器看长江下游文化的发展》,《文物》1980年第8期。

李学勤:《山东陶文的发现和著录》,《齐鲁学刊》1982年第5期。

李学勤:《马王堆帛书与鹖冠子》,《江汉考古》1983年第2期。

李学勤:《论仲爯父簋与申国》,《中原文物》1984年第4期。

李学勤:《睡虎地秦简〈日书〉与秦楚社会》,《江汉考古》1985年第4期;又见氏著《李雪勤集——追溯·考据·古文明》,哈尔滨:黑龙江教育出版社,1989年。

李学勤:《宜侯夨簋与吴国》,《文物》1985年第7期。

李学勤:《〈齐语〉与〈小匡〉》,《清华大学学报》1986年第2期;又见《管子学刊》1987年第1期;又收入氏著《李学勤集——追溯·考据·古文明》,哈尔滨：黑龙江教育出版社，1989年。

李学勤：《论西周金文中的六师、八师》，《华夏考古》1987年第2期。

李学勤：《秦简与〈墨子〉城守各篇》，收入氏著《李学勤集——追溯·考据·古文明》，哈尔滨：黑龙江教育出版社，1989年。

李学勤：《丰富多采的吴文化》，《文史知识》1990年第11期。

李学勤：《史密簋铭所记西周重要史实考》，《中国社会科学院研究生院学报》1991年第2期。

李学勤：《包山楚简中的土地买卖》，《中国文物报》1992年3月22日。

李学勤：《燕齐陶文丛论》，《上海博物馆集刊》（第5辑），上海：上海古籍出版社，1992年。

李学勤：《宜侯夨簋的人与地》，《传统文化研究》（第2辑），1993年。

李学勤：《宜侯夨簋的人与地》，收入《走出疑古时代》，沈阳：辽宁大学出版社，1994年。

李学勤：《论田齐陈固陶区》，《学习与探索》1995年第5期。

李学勤：《从金文看〈周礼〉》，《寻根》1996年第2期。

李学勤：《令方尊、方彝与成周的历史地位》，洛阳市文物工作队编：《洛阳考古四十年——一九九二年洛阳考古学术研讨会论文集》，北京：科学出版社，1996年。

李学勤：《包山楚简中的土地买卖》，收入氏著《缀古集》，上海：上海古籍出版社，1998年。

李学勤：《秦封泥与齐陶文中的“巷”字》，《陕西历史博物馆馆刊》（第8辑），西安：三秦出版社，2001年；又收入《中国古代文明研究》，上海：华东师范大学出版社，2005年。

李学勤：《季姬方尊研究》，《中国史研究》2003年第4期。

李学勤：《论包山楚简鲁阳公城郑》，《清华大学学报》2004年第3期。

李学勤：《释“出入”和“逆造”——金文释例之一》，苏州市传统文化研究会编：《传统文化研究》（第16辑），北京：群言出版社，2008年。

李学勤：《读〈周礼正义·天官〉笔记》，《文物中的古文明》，北京：商务印书馆，2008年。

李学勤：《尝麦——周初法律制度的重要文献》，收入《李学勤说先秦》，上海：上海科学技术文献出版社，2009年。

李学勤：《〈尝麦〉篇研究》，收入《古文献丛论》，北京：中国人民大学出版社，2010年。

李学勤：《绛县横水二号墓卣铭释读》，《晋阳学刊》2014年第4期。

李学勤：《论一篇记述西周土地转让的金文》，《故宫博物院院刊》2015年第5期。

李仲操：《史密簋铭文补释》，《西北大学学报》1990年第1期。

李仲操：《再论史密簋所记作战地点——兼与王辉同志商榷》，《人文杂志》1992年第2期。

连劭名：《殷墟卜辞中的戍和奠》，《殷都学刊》1997年第1期。

梁园东：《关于〈诗经〉"噫嘻"篇的解释问题——周代史料解释问题之一》，姚奠中、梁归智选编：《梁园东史学论集》，太原：山西人民出版社，1991年。

林　沄：《"百姓"古义新解——兼论中国早期国家的社会基础》，《吉林大学社会科学学报》2005年第4期。

林　沄：《季姬方尊铭文试释》，中国考古学会、沈阳市文物考古研究所编：《庆祝宿白先生九十华诞文集》，北京：科学出版社，2012年；

刘海宇：《寿光北部盐业遗址发现陶文及其意义》，《东方考古》(第8集)，2011年。

刘建国：《宜侯夨簋与吴国关系新探》，《东南文化》1988年第2期。

刘　杰：《秦封宗邑瓦书铭文研究述补》，《湖南科技大学学报》(社会科学版)2013年第4期。

刘兰明、王景曙：《一觉三千年，醒来惊世人——国宝级文物宜侯夨簋出土60周年特别报导之一》，《镇江日报》2014年6月16日。

刘盼遂：《观堂学书记》，房鑫亮，胡逢祥主编：《王国维全集》(第二十卷)，杭州：浙江教育出版社，2009年。

刘启益：《西周夨国铜器的新发现与有关的历史地理问题》，《考古与文物》1982年第2期。

刘庆柱：《新获汉长安城遗址出土封泥研究》，《石璋如先生百年寿诞纪念文集——考古·历史·文化》，台北：南天书局，2002 年。

刘　瑞：《1997—2002 年间西安相家巷出土秦封泥研究综述》，《秦文化论丛》（第 10 辑），西安：陕西人民出版社，2003 年。

刘　雨：《近出殷周金文综述》，《故宫博物院院刊》2002 年第 3 期。

刘宗汉：《金文贮字研究中的三个问题》，《古文字研究》（第 15 辑），北京：中华书局，1986 年。

卢连成、尹盛平：《古夨国遗址、墓地调查记》，《文物》1982 年第 2 期。

鲁　鑫：《包山楚简州、里问题研究缀述》，《中原文物》2008 年第 2 期。

鲁　鑫：《新发现的几则有关楚县的战国文字资料》，武汉大学简帛研究中心简帛网，2013 年 9 月 18 日。

陆九皋：《从夨簋铭文谈太伯仲雍奔吴》，《吴文化研究论文集》，广州：中山大学出版社，1988 年。

吕全义：《申俘彭仲爽和春秋初楚灭申、治申方略》，《天水师范学院学报》2014 年第 6 期。

罗开玉：《秦国"什伍"、"伍人"考——读云梦秦简札记》，《四川大学学报》1981 年第 2 期。

罗运环：《论包山简中的楚国州制》，《江汉考古》1991 年第 3 期。

罗运环：《释包山楚简䆁敔宧三字及相关制度》，《简帛研究》（二〇〇二、二〇〇三），桂林：广西师范大学出版社，2005 年。

罗运环：《宧字考辨》，《出土文献与楚史研究》，北京：商务印书馆，2011 年。

M

马　楠：《清华简第一册补释》，《中国史研究》2011 年第 1 期。

马　宁：《〈中国乡里制度〉评述》，《农业考古》2012 年第 3 期。

马　怡：《秦人傅籍标准试探》，《中国史研究》1995 年第 4 期。

N

宁镇疆：《周代"籍礼"补议——兼说商代无"籍田"及"籍礼"》，《中国史研究》2016 年第 1 期。

P

潘光旦：《周官中的人口查计制度——附论：何以司民与刑事同属秋官》，清华大学《社会科学》第5卷，1949年第2期。

彭邦炯：《卜辞“作邑”蠡测》，胡厚宣主编：《甲骨探史录》，北京：生活·读书·新知三联书店，1982年。

彭裕商：《宜侯夨簋与吴文化》，《炎黄文化研究》1995年第2期(增订本)。

[韩]朴倖柱：《战国楚的地方统治体制——关于“‘县邑’支配体制”的试论之一部分》，《简帛研究》(二〇〇二、二〇〇三)，桂林：广西师范大学出版社，2005年。

Q

戚桂宴：《董家村西周卫器断代》，《山西大学学报(哲学社会科学版)》1980年第3期。

齐思和：《西周时代之政治思想》，《中国史探研》，石家庄：河北教育出版社，2000年。

齐秀生：《〈周礼〉在官制研究中的史料价值》，《孔子研究》2005年第1期。

憩 之：《关于周颂噫嘻篇的解释》，《光明日报》1956年7月22日。

裘锡圭：《战国文字中的“市”》，《考古学报》1980年第3期。

裘锡圭：《关于商代的宗族组织与贵族和平民两个阶级的初步研究》，《文史》1983年第17辑。

裘锡圭：《西周铜器铭文中的“履”》，王宇信主编：《甲骨文与殷商史——纪念胡厚宣先生八十寿辰专辑》(第3辑)，上海：上海古籍出版社，1991年。

裘锡圭：《关于晋侯铜器铭文的几个问题》，《传统文化与现代化》1994年第2期。

裘锡圭：《从几件周代铜器铭文看宗法制度下的所有制》，吴荣曾主编：《尽心集——张政烺先生八十庆寿论文集》，北京：中国社会科学出版社，1996年。

曲英杰：《〈春秋〉经传有关齐都临淄城的记述》，《管子学刊》1996年第2期。

R

冉光荣：《“乡”、“里”初探》，《民族论丛》1984年第2期。

S

单育辰:《包山简案例研究两则》,《吉林大学社会科学学报》2012 年第1期。

商艳涛:《西周金文中的族军》,《考古与文物》2009 年第 3 期。

沈长云:《谈铜器铭文中的“夭王”及相关历史问题》,《考古与文物》1989年第6期。

沈长云:《〈俎侯夨簋〉铭文与相关历史问题的重新考察》,《人文杂志》1993 年第 4 期。

沈长云:《由史密簋铭文论及西周时期的华夷之辨》,《河北师院学报》1994 年第 3 期。

沈长云:《新出叔夭方鼎铭文中的夭字的释读问题》,《晋侯墓地出土青铜器国际学术研讨会论文集》,上海:上海书画出版社,2002 年。

沈长云、李　晶:《春秋官制与〈周礼〉比较研究——〈周礼〉成书年代再探讨》,《历史研究》2004 年第 6 期。

沈长云、李秀亮:《西周时期“里”的性质》,《历史研究》2011 年第 4 期。

施昌成、刘康利:《有关史密簋出土地问题》,《文物天地》1990 年第 1 期。

时　兵:《释殷墟卜辞中的“臬”字——兼论“羑里”》,《考古》2011 年第6期。

史建群:《〈周礼〉乡遂组织探源》,《郑州大学学报》1986 年第 2 期。

[日] 松井嘉德:《西周郑(奠)考》,载《日本中青年学者论中国史·上古秦汉卷》,上海:上海古籍出版社,1995 年。

[日] 松丸道雄著,曹玮译:《西周时代的重量单位》,曹玮:《周原遗址与西周铜器研究》,北京:科学出版社,2004 年。

宋公文:《春秋前期楚北上中原灭国考》,《江汉论坛》1982 年第 l 期。

宋镇豪:《商代的王畿、四土与四至》,《南方文物》1994 年 1 期。

宋镇豪:《商代邑制所反映的社会性质》,《中国史研究》1994 年第 4 期。

孙德润、毛富玉:《秦都咸阳出土陶文释读小议》,《考古与文物》1981 年第1期。

孙敬明:《齐陶新探(附益都藏陶)》,《古文字研究》(第 14 辑),北京:中华书局,1986年。

孙敬明:《齐国陶文分期刍议》,《古文字研究》(第19辑),北京:中华书局,1992年。

孙敬明:《齐陶文比较研究》,《管子学刊》1994年第3期。

孙敬明:《齐陶文比较研究》(续),《管子学刊》1994年第4期。

孙敬明:《从陶文看战国时期齐都近郊之制陶手业》,《古文字研究》(第21辑),北京:中华书局,2001年。

孙敬明:《齐陶新探》,《考古发现与齐史类征》,济南:齐鲁书社,2006年。

孙闻博:《秦及汉初的司寇与徒隶》,《中国史研究》2015年第3期。

T

谭戒甫:《周初夨器铭文综合研究》,《武汉大学人文科学学报》1956年第1期。

谭黎明:《论春秋战国时期楚国地方政权组织》,《社会科学战线》2012年第1期。

唐嘉弘:《殷商"作邑"及其源流》,《先秦史新探》,开封:河南大学出版社,1988年。

唐　兰:《宜侯夨簋考释》,《考古学报》1956年第2期。

唐　兰:《西周铜器断代中的"康宫"问题》,《考古学报》1962年第1期。

唐　兰:《陕西省岐山县董家村新出西周重要铜器铭辞的译文和注释》,《文物》1976年第5期。

唐　兰:《用青铜器铭文来研究西周史——综论宝鸡市近年发现的一批青铜器的重要历史价值》,《文物》1976年第6期。

唐　兰:《略论西周微史家族窖藏铜器群的重要意义——陕西扶风新出墙盘铭文解释》,《文物》1978年第3期。

[日]藤田胜久:《包山楚简所见战国楚县与封邑》,《中国出土资料研究》第3号,1999年3月。

田　率:《宜侯夨簋铭文相关史地国族问题补论》,《古代文明》2019年第1期。

涂白奎:《〈季姬方尊〉铭文释读补正》,《考古与文物》2006年第4期。

W

王恩田:《齐国地名陶文考》,《考古与文物》1996 年第 4 期。

王贵民:《就甲骨文所见试说商代王室田庄》,《中国史研究》1980 年第 3 期。

王贵民:《商朝官制及其历史特点》,《历史研究》1986 年第 4 期。

王　晖:《季姬尊铭与西周兵民基层组织初探》,《人文杂志》2014 年第 9 期。

王　辉:《史密簋释文考地》,《人文杂志》1991 年第 4 期。

王　健:《史密簋铭文与齐国的方伯地位》,《郑州大学学报》(哲学社会科学版)2002 年第 2 期。

王　健:《从宜侯夨簋看西周王土的诸侯国化》,《陕西历史博物馆馆刊》(第 11 辑),西安:三秦出版社,2004 年。

王雷生:《由史密簋铭看姜姓莱、曩族的东迁》,《考古与文物》1997 年第 6 期。

王　琳:《从郑韩故城出土陶文看先秦乡遂制度》,《考古与文物》2003 年第 4 期。

王人聪:《六年襄城令戈考》,《第三届国际中国古文字研讨会论文集》,香港中文大学,1997 年。

王慎行:《吕服余盘铭考释及其相关问题》,《文物》1986 年第 4 期。

王　伟:《20 世纪以来的秦玺印封泥研究述评》,复旦大学出土文献与古文字研究中心网站,2009 年 7 月 23 日。

王卫平:《半个世纪以来围绕"俎侯夨簋"的论争》,《文博》2001 年第 5 期。

王永波:《宜侯夨簋及其相关的历史问题》,《中原文物》1999 年第 4 期。

王玉哲:《殷商疆域史中的一个重要问题——"点"和"面"的概念》,《郑州大学学报》1982 年第 2 期。

王玉哲:《西周金文中的"贮"和土地关系》,《南开学报》(哲学社会科学版)1983 年第 3 期。

王毓铨:《汉代"亭"与"乡""里"不同性质不同行政系统说——"十里一亭……十亭一乡辨正"》,《历史研究》1954 年第 2 期。

王震中:《论商代复合制国家结构》,《中国史研究》2012 年第 3 期。

王　准:《包山楚简所见楚国“里”的社会生活》,《中国社会经济史研究》2011 年第 2 期。

王　准:《包山楚简所见里中职官研究》,《历史教学》2011 年第 6 期。

王　准:《包山楚简所见楚邑新探》,《中国史研究》2013 年第 1 期。

王子今:《春秋战国社会结构的再认识——评田昌五臧知非著〈周秦社会结构研究〉》,《学术界》1997 年第 1 期。

王子扬:《甲骨文所谓的“内”当释作“丙”》,《甲骨文与殷商史》(新 3 辑),上海:上海古籍出版社,2013 年。

韦心滢:《季姬方尊再探》,《中原文物》2010 年第 3 期。

魏成敏、朱玉德:《山东临淄新发现的战国齐量》,《考古》1996 年第 4 期。

吴海燕:《“丘”非“乡”而为“里”辨》,《史学月刊》2003 年第 6 期。

吴良宝:《战国文字所见三晋置县辑考》,《中国史研究》2002 年第 4 期。

吴良宝:《试说包山简中的“彭”地》,《简帛》(第 3 辑),上海:上海古籍出版社,2008 年。

吴奈夫:《春秋吴都研究的若干问题》,《苏州大学学报》1992 年第 4 期。

吴其昌:《夨彝考释》,《燕京学报》1931 年第 9 期。

吴其昌:《王观堂先生尚书讲授记》,房鑫亮,胡逢祥主编:《王国维全集》(第二十卷),杭州:浙江教育出版社,2009 年。

吴镇烽:《史密簋铭文考释》,《考古与文物》1989 年第 3 期。

吴镇烽:《陕西历史博物馆馆藏封泥考》(上),《考古与文物》1996 年第 4 期。

吴镇烽:《陕西历史博物馆馆藏封泥考》(下),《考古与文物》1996 年第 6 期。

吴梓林:《秦都咸阳遗址新发现的陶文》,《文物》1964 年第 7 期。

X

肖良琼:《商代的都邑邦鄙》,胡厚宣主编:《全国商史学术讨论会论文集》,《殷都学刊》增刊,1985 年。

谢元震:《〈宜侯簋〉考辨》,《东南文化》1993 年第 4 期。

徐连城：《甲骨文中所见殷代的地域组织》，《山东大学学报》1957 年第 2 期。

徐少华：《关于春秋楚县的几个问题》，《江汉论坛》1990 年第 2 期。

徐少华：《上博简〈申公臣灵王〉及〈平王与王子木〉两篇疏正》，《古文字研究》(第 27 辑)，北京：中华书局，2008 年。

徐少华：《楚竹书〈申公臣灵王〉与〈平王与王子木〉两篇补论》，《江汉考古》2009 年第 4 期。

徐少华：《论近年来出土的几件春秋有铭邓器》，收入氏著《荆楚历史地理与考古探研》，北京：商务印书馆，2010 年。

徐少华：《上博楚简所载申公、城公考析》，收入氏著《荆楚历史地理与考古探研》，北京：商务印书馆，2010 年。

徐喜辰：《试论西周时期的"国""野"区别》，《吉林师大学报》1978 年第 2 期。

徐喜辰：《论国野、乡里与郡县的出现》，《社会科学战线》1987 年第 3 期。

徐在国：《谈楚文字中的"兜"》，《中原文化研究》2017 年第 5 期。

徐中舒：《试论周代田制及其社会性质——并批判胡适井田辨观点和方法的错误》，《四川大学学报》1955 年第 2 期。

徐中舒：《论西周是封建制社会——兼论殷代社会性质》，《历史研究》1957 年第 5 期。

徐中舒：《论商于中、楚黔中和唐宋以后的洞——对中国古代村社共同体的初步研究》，《四川大学学报》(哲学社会科学版)1978 年第 1 期。

徐宗元：《金文中所见官名考》，《福建师范学院学报》1957 年第 2 期。

许　征：《宜侯夨簋铭文补释——兼释"迁"字》，《现代语文》2009 年第 1 期。

禤建聪：《洹子孟姜壶"人民聚邑僅宴"考》，《中国国家博物馆馆刊》2014 年第 11 期。

Y

严志斌：《季姬方尊补释》，《中国历史文物》2005 年第 6 期。

晏昌贵、郭　涛：《里耶简牍所见秦迁陵县乡里考》，《简帛》(第 10 辑)，上海：上海古籍出版社，2015 年。

杨际平:《汉代内郡的吏员构成与乡、亭、里关系——东海郡尹湾汉简研究》,《厦门大学学报》1998 年第 4 期。

杨　宽:《论西周金文中“六𠂤”“八𠂤”和乡遂制度的关系》,《考古》1964 年第 8 期。

杨　宽:《春秋时代楚国县制的性质问题》,《中国史研究》1981 年第 4 期。

杨升南:《殷墟甲骨文中的邑和族》,《人文杂志》1992 年第 1 期。

杨文山:《西周青铜器“邢侯簋”通释》,《邢台师范高专学报》2002 年第 1 期。

杨向奎:《周礼内容的分析及其制作年代》,《山东大学学报》1954 年第 4 期。

杨向奎:《宜侯夨簋释文商榷》,《文史哲》1987 年第 6 期。

姚小鸥、王克家:《〈论语·宪问〉篇“骈邑三百”解》,《北方论丛》2008 年第 5 期。

[加]叶　山:《解读里耶秦简——秦代地方行政制度》,《简帛》(第 8 辑),上海:上海古籍出版社,2013 年。

于　薇:《西周封国徙封的文献举证——以宜侯夨簋铭文等四篇文献为中心》,《中国历史地理论丛》2003 年第 1 期。

于　薇:《从王室与苏氏之争看西周王朝的王畿问题》,《社会科学辑刊》2008 年第 2 期。

于省吾:《略论西周金文中的“六𠂤”和“八𠂤”及其屯田制》,《考古》1964 年第 3 期。

于省吾:《关于〈论西周金文中“六𠂤”“八𠂤”和乡遂制度的关系〉一文的意见》,《考古》1965 年第 3 期。

于省吾:《释中国》,《中华学术论文集》,北京:中华书局,1981 年。

于振波:《走马楼吴简所见户与里的规模》,《江汉考古》2009 年第 1 期。

余淼淼:《季姬方尊“”字补释》,华东师范大学语言文字工作委员会编:《中国文字研究》(第 18 辑),2013 年。

余清良:《中国乡里制度研究的路径——读〈中国乡里制度〉》,《史学月刊》2002 年第 8 期。

俞伟超:《汉代的亭、市陶文》,《文物》1963 年第 2 期。

袁金平:《利用清华简〈系年〉校正〈国语〉韦注一例》,《社会科学战线》2011 年第 12 期。

袁志洪:《宜侯夨簋与班簋的相关考述——附论“太伯奔吴”》,《无锡文博》1999 年第 4 期。

袁仲一:《秦代的市、亭陶文》,《考古与文物》1980 年 1 期。

袁仲一:《秦代中央官署制陶业的陶文》,《考古与文物》1980 年第 3 期。

袁仲一:《秦民营制陶作坊的陶文》,《考古与文物》1981 年第 1 期。

Z

臧守虎:《“羑里”正诂》,《文献》1999 年第 4 期。

臧知非:《先秦什伍乡里制度试探》,《人文杂志》1994 年第 1 期。

臧知非:《齐国行政制度考源——兼谈〈国语·齐语〉的相关问题》,《文史哲》1995 年第 4 期。

臧知非:《西汉授田制度与田税征收方式新论——对张家山汉简的初步研究》,《江海学刊》2003 年第 3 期。

曾宪通:《说繇》,《古文字研究》(第 10 辑),北京:中华书局,1983 年。

[日] 增渊龙夫:《说春秋时代的县》,收入《日本学者研究中国史论著选译》(三),北京:中华书局,1993 年。

詹鄞鑫:《近取诸身·远取诸物——长度单位探源》,《华东师范大学学报》1994 年第 6 期。

詹子庆:《〈周礼〉和古史研究》,《长春师范大学学报》1985 年第 3 期。

张春龙:《慈利楚简概述》,[美] 艾兰、邢文主编:《新出简帛国际学术研讨会文集:新出简帛研究》,北京:文物出版社,2004 年。

张春龙:《里耶秦简所见的户籍和人口管理》,《中国里耶古城·秦简和秦文化国际学术研讨会论文集》,北京:科学出版社,2009 年。

张　丹:《〈左传〉及楚简所见彭氏家族人物考》,《社会科学论坛》2011 年第 8 期。

张光裕:《读新见西周㸒簋铭文札迻》,《古文字研究》(第 25 辑),北京:中华书局,2004 年。

张怀通:《先秦时期的基层组织——丘》,《天津师大学报》2000 年第 1 期。

张继海:《睡虎地秦简魏户律的再研究》,《中国史研究》2005年第2期。

张　剑:《从建国以来出土的青铜器看西周时期的洛阳居民》,中国古都学会编:《中国古都研究》,杭州:浙江人民出版社,1985年。

张　剑:《〈诗经〉"终三十里"究竟是多少》,《学术研究》1994年第5期。

张　剑:《洛阳两周考古概述》,《洛阳考古四十年》,北京:科学出版社,1996年。

张懋镕:《史密簋发现始末》,《文物天地》1989年第5期。

张懋镕、赵　荣、邹东涛:《安康出土的史密簋及其意义》,《文物》1989年第7期。

张懋镕:《史密簋与西周乡遂制度——附论"周礼在齐"》,《文物》1991年第1期。

张　敏:《宜侯夨簋轶事》,《东南文化》2000年第4期。

张荣明:《〈周礼〉国野、乡遂组织模式探原》,《史学月刊》1998年第3期。

张亚初:《西周铭文所见某生考》,《考古与文物》1983年第5期。

张永山:《史密簋铭与周史研究》,吴荣曾主编:《尽心集——张政烺先生八十庆寿论文集》,北京:中国社会科学出版社,1996年。

张玉勤:《晋作州兵探析》,《山西师大学报》(社会科学版)1985年第1期。

张政烺:《卜辞裒田及其相关诸问题》,《考古学报》1973年第1期。

张政烺:《试释周初青铜器铭文中的易卦》,《考古学报》1980年第4期。

张政烺:《周厉王胡簋释文》,《古文字研究》(第3辑),北京:中华书局,1980年。

赵平安:《战国文字中的"宛"及其相关问题研究》,香港中文大学中国语言及文学系编辑:《第四届国际中国古文字学研讨会论文集》,香港,2003年。

赵世超:《西周政治关系、地缘关系与血缘关系并存现象剖析》,《河南大学学报》1988年第4期。

赵世超、李　曦:《论战国时期地域关系的发展》,《陕西师大学报》(哲学社会科学版)1990年第1期。

赵秀玲:《中国乡里制度研究及展望》,《历史研究》1998年第4期。

郑　超:《战国秦汉陶文研究概述》,《古文字研究》(第14辑),北京:中华书局,1986 年。

郑若葵:《殷墟"大邑商"族邑布局初探》,《中原文物》1995 年第 3 期。

郑　威:《吴起变法前后楚国封君领地构成的变化》,《历史研究》2012 年第 1 期。

郑　威:《"夏州"小考——兼谈包山楚简"路"的性质》,《江汉考古》2014 年第 4 期。

周晓陆、路东之:《新蔡故城战国封泥的初步考察》,《文物》2005 年第 1 期。

周振鹤:《二年律令·秩律的历史地理意义》,中国社会科学院简帛研究中心:《张家山汉简〈二年律令〉研究文集》,桂林:广西师范大学出版社,2007 年。

朱德熙:《说"屯(纯)、镇、衠"》,《朱德熙文集》(第五卷),北京:北京大学出版社,2010 年。

朱凤瀚:《商周青铜器铭文中的复合氏名》,《南开学报》(哲学社会科学版)1983 年第 3 期。

朱凤瀚:《关于春秋鲁三桓分公室的几个问题》,《历史教学》1984 年第 1 期。

朱凤瀚:《先秦时代的"里"——关于先秦基层地域组织之发展》,中国先秦史学会秘书处编:《先秦史研究》,昆明:云南民族出版社,1987 年。

朱凤瀚:《春秋战国时期齐国行政组织与居民状况的变化》,《管子学刊》编辑部:《管子与齐文化》,北京:北京经济学院出版社,1990 年。

朱凤瀚:《商周时代社会结构的变迁》,冯尔康主编:《中国社会结构的演变》,郑州:河南人民出版社,1994 年。

朱凤瀚:《夏、商、西周时代——早期国家阶段》,姜义华主编:《中国通史教程》,上海:复旦大学出版社,2005 年。

朱凤瀚:《武丁时期商王国北部与西北部之边患与政治地理——再读有关边患的武丁大版牛胛骨卜辞》,收入《中国国家博物馆馆藏文物研究丛书·甲骨卷》,上海:上海古籍出版社,2007 年。

朱凤瀚:《西周金文中的"取徵"与相关诸问题》,陈昭容主编:《古文字与古代史》(第 1 辑),台北:中研院历史语言研究所,2007 年。

朱凤瀚：《读张政烺批注〈两周金文辞大系考释〉》，收入张政烺批注，朱凤瀚等整理：《张政烺批注〈两周金文辞大系考释〉》(下)，北京：中华书局，2011 年。

朱凤瀚：《由殷墟出土北方式青铜器看商人与北方族群的联系》，《考古学报》2013 年第 1 期。

朱凤瀚：《关于西周金文日历的新资料》，《故宫博物院院刊》2014 年第 6 期。

朱凤瀚：《殷墟卜辞中"侯"的身份补证——兼论"侯"、"伯"之异同》，陈昭容主编：《古文字与古代史》(第 4 辑)，台北：中研院历史语言研究所，2015 年。

朱桂昌：《古"聚"考说》，《纪念李埏教授从事学术活动五十周年史学论文集》，昆明：云南大学出版社，1992 年。

朱桂昌：《古"聚"考说》，《秦汉史考订文集》，昆明：云南大学出版社，2009 年。

朱红林：《纪南松柏汉墓 35 号木牍研究》，《吉林师范大学学报》(人文社会科学版)2012 年第 3 期。

朱绍侯：《关于〈史记·商君列传〉中两条律文句读商榷》，《中原文化研究》2013 年第 1 期。

朱 腾：《也论先秦时代的司寇》，《法学家》2015 年第 2 期。

祝中熹：《乡遂制度与周代社会性质》，《青海师大学报》1983 年第 3 期。

六、外文论著

[日] 白川静：《金文通释》，神户：白鹤美术馆，1964—1984 年。

[澳] BARNARD，Noel. A Recently Excavated Inscribed Bronze of Western Chou Date. *Monumenta Serica 17*. 1958.

[日] 贝冢茂树：《中国古代的社会制度》，《贝冢茂树著作集》第二卷，东京：中央公论社，1977 年。

[美] Edward L. Shaughnessy, Sources of Western Zhou History: Inscribed Bronze Vessels. Berkeley: *University of California Press*, 1991.

［美］Edward L. Shaughnessy, The Cambridge History of Ancient China: From the origins of Civilization to 221 B.C. New York: *Cambridge University Press*, 1999.

［美］Jim Doherty: How the West Won US, National Wildlife, *the December-January 1976 -1977 issue*.

七、博士后出站报告

董　珊:《战国题铭与工官制度研究——附论新见铜器和简帛》,北京大学考古文博学院,2004 年。

八、博士学位论文

董巧霞:《〈周礼〉所见地方行政组织考察》,东北师范大学,2009 年。

韩　巍:《西周金文世族研究》,北京大学,2007 年。

胡　慕:《秦代政区研究》,复旦大学,2009 年。

李秀亮:《先秦乡里制度研究》,河北师范大学,2012 年。

林　森:《西周基层地域组织研究》,吉林大学,2015 年。

鲁　鑫:《东周郡县制度研究》,南开大学,2008 年。

陆德富:《战国时代官私手工业的经营形态》,复旦大学,2011 年。

施谢捷:《古玺汇考》,安徽大学,2006 年。

谭步云:《先秦楚语词汇研究》,中山大学,1998 年。

于　凯:《西周国野制度研究》,华东师范大学,2001 年。

袁国华:《包山楚简研究》,香港中文大学,1994 年。

朱　晨:《秦封泥文字研究》,安徽大学,2011 年。

九、硕士学位论文

刘　伟:《齐国陶文的研究》,山东大学,2008 年。

日　高:《包山楚简所反映的楚县和楚郡》,北京大学,1998 年。

卫松涛:《新泰出土陶文及相关问题研究》,山东大学,2006 年。

熊贤品:《〈包山楚简〉所见战国晚期楚国社会制度研究》,河南大学,

2011 年。

颜世铉:《包山楚简地名研究》,台湾大学,1997 年。

张宝允:《齐国“编户齐民”和基层社会组织研究》,陕西师范大学,2011 年。

郑　超:《齐国陶文初探》,中国社会科学院研究生院,1984 年。

郑智豪:《西周史官制度研究》,河北师范大学,2013 年。

十、会议论文

董　珊:《季姬方尊补释》,《周秦文明学术研讨会论文集》,2003 年 10 月,宝鸡。

王明阁:《从卜辞中“邑”的记载看商代社会基层组织》,中国先秦史学会成立大会暨第一次年会论文,1982 年 5 月,成都。

袁金平:《季姬方尊铭“晦”字及相关问题考论》,《中国文字学会第六届学术年会论文集》,2011 年 7 月,张家口。

张怀通:《肃卣之“邑”与〈尝麦〉年代》,山西师范大学“第二届晋学与区域文化国际学术研讨会暨荀学与诸子学论坛”会议论文,2015 年 10 月,临汾。

附录一：本书引用古文字材料著录简称

《二编》——《近出殷周金文集录二编》
《法》——《法国所藏甲骨录》
《分域研究》——《战国玺印分域研究》
《故宫》——《故宫青铜器》
《合》——《甲骨文合集》
《后编》——《殷虚书契后编》
《汇考》——《古玺汇考》
《集成》——《殷周金文集成》(修订增补本)
《近出》——《近出殷周金文集录》
《居延》——《居延汉简释文合校》
《类纂》——《殷墟甲骨刻辞类纂》
《录遗》——《商周金文录遗》
《铭图》——《商周青铜器铭文暨图像集成》
《前编》——《殷虚书契前编》
《陶汇》——《古陶文汇编》
《陶录》——《陶文图录》
《通鉴》——《金文通鉴》(系吴镇烽先生开发的软件)
《五省》——《陕西、江苏、热河、安徽、山西五省出土重要文物展览图录》
《玺订》——《〈古玺文编〉校订》
《玺汇》——《古玺汇编》
《小校》——《小校经阁金文拓本》

《新齐陶》——《新出齐陶文图录》
《续存》——《甲骨续存》(下编)
《乙》——《殷虚文字乙编》
《英》——《英国所藏甲骨集》
《珍秦斋》——《珍秦斋藏印(战国篇)》

附录二：秦系文字资料中的乡和里[①]

一、秦玺印、封泥、竹简所见乡的资料及其分类

1.“××乡印”

安国乡印、安平乡印、安阳乡印、白水乡印、长平乡印、朝阳乡印、池阳乡印、东间乡印、阜陵乡印、广陵乡印、广文乡印、句莫乡印、勮里乡印、累丘乡印、利居乡印、栎阳乡印、鄰乡候印、马池乡印、南成乡印、南阳乡印、平望乡印、尚父乡印、西昌乡印、西平乡印、新息乡印、信安乡印、延乡候印、阳夏乡印、宜春乡印、宜野乡印、益利乡印、郁狼乡印、臧舅乡印、溃郭乡印。

2.“××乡”

安乡、安乡、北乡、昌乡、成乡、池乡、定乡、东乡、东乡、都乡、端乡、棼乡、高乡、广乡、郝乡、画乡、建乡、街乡、良乡、路乡、吕乡、南乡、平乡、祁乡、上东阳乡、台乡、武乡、西乡、溪乡、犹乡、右乡、昭乡、正乡、轵乡、中乡、左乡、鄘乡。

3.“×乡之印”

安乡之印、拔乡之印、北乡之印、都乡之印、请乡之印、西乡之印、休乡之印、犹乡之印、右乡之印。

4. 咸阳右乡、南乡丧吏

5. 郜卿(乡)、新昌卿(乡)印

6. 里耶秦简中的乡名

迁陵县贰春乡(8－49、8－578、8－580、8－1515)、启陵乡(8－39、8－58、8－223、8－250)、都乡(8－6、8－1479、8－2379、8－2491)，南乡(8－2259)，夷乡(8－2282背)，众阳(8－1555)，盈夷乡(8－1565)。

---

① 本附录材料参考了王伟《秦玺印封泥职官地理研究》一书的部分研究成果，特此致谢。

二、秦玺印、封泥和竹简所见"里"的资料及其分类

1. 秦玺印封泥所见里名

安石里、颤里、池上里印(上博 P71)、船里、关里、营里、南池里、彭里(《齐鲁古印攈》P15)、伤平里(玺印集林》P38)、咸郦里、襄里(澂秋馆印存 P13)、新昌里。

2. 秦陶文所见里名

郦里、蒲里、商里、直里、右里、东里、泾里、郳(完)里、卜里、戎里、高里、禾里、广里、芗里、鬮里、反里、𨻶里、白里、甘里、訚里、臣里、故仓里、沙里、当里、芮里、阳安里、重成里、安处里、新安(里)、武都里、下处里。

3. 据残缺陶文推断所得里名

上厘里、中里、宜里[①]。

4. 非咸阳出土的秦陶文中的里名

柜里、䢼里、楚里[②]。

5. 王学理先生补充的里名

咸里、旨里、市阳里、少原里、成阳里、巨阳里、壮邑里、如邑里、陈里、利里、平泆里、桓里、于里、牛里、夤里、重里。[③]

6. 甘肃天水放马滩木板地图中的里名

杨里、贞里。

7. 里耶秦简所见里名

上里(8－2203)下里(8－1807、16－6、16－6 背)、渚里(16－9)、成里(启陵乡：5－6 背、8－157、8－713、8－1027、8－1254、8－1542、8－1813、16－9 背)、高里(启陵乡：8－75＋8－166＋8－485、8－341、8－431、8－651、8－712、8－899、8－985、8－1222、8－1410、8－1443＋8－1455、8－1537、8－1554、8－1982)、阳里(迁陵县：8－78、8－126、8－920、8－269、8－850、8－863＋8－1504、8－980、8－1191、8－1356、8－1477、8－1546、8－1549、8－1946、8－1972、8－2127、8－2233)、南里(8－661、8－863＋8－1504、8－1182、8－1546、8－

---

① 据残缺陶文推断而得，参袁仲一、刘钰：《秦陶文新编》，第 333 页。

② 非咸阳出土，参袁仲一、刘钰：《秦陶文新编》，第 333 页。

③ 王学理：《咸阳帝都记》，第 293～301 页。

1623、8－1888、8－2476）、巫里（8－34）、外里（8－430）、右里（8－439＋8－519＋8－537）、繁阳（8－466）、沼里（8－538）、平邑（8－657）、中陵（8－764）、中里（8－781＋8－1102、8－1000、8－1574＋8－1787）、江里（8－807）、宗里（8－871）、韩审里（8－894）、阳处（8－896）、南就（8－1014、8－1083）、蒙里（8－1024）、戏里（8－1094）、新里（8－1206）、郈陵（8－1275）平阳（旬阳属，8－1306）、东就（8－1328）、慎里（江陵属 8－1444）、武昌（梓潼县属，8－1445）、固里（益县属，8－1459）、成都（8－988、8－1469、8－2276）、西中（8－1517）、咸阴（8－1545）都里（8－1555）、安成（8－1563）、宜利（8－1563 背）、完里（8－1574＋8－1787）、松涂（8－1574＋8－1787）、东成（8－1765、8－1825）、华里（8－2014）、益（8－2113）、裘里（8－2296）、小黄（6－10）、西里（8－60＋8－656＋8－665＋8－748）、寨秦（8－63 背）、长親（8－71）、桑唐（8－140）、柘（8－143）宕（8－429）、当利（8－1089）、泾下（16－2）阳成（16－5 背）、文召（8－4）、寿陵（8－197 背）、爵里（8－330）。

里耶秦简中的阳陵县下辖之乡里名（无法进一步确定，但可肯定有一部分不是乡名）：宜居（9－1）、下里（9－3、9－5）、孝里（9－4）、褆阳（9－6）、逆都（9－8）、仁阳（9－2、9－9）、叔（戚）作（9－10）、溪里（9－11）。[①]

8. 睡虎地秦墓漆器刻画烙印文字中的里

路里、雇里、安里、钱里、左里。

三、秦代墓志瓦文中的乡里名

1979 年 12 月，秦始皇陵西侧赵背户村村民平整土地时发现秦刑徒墓地，墓地出土的残瓦中发现墓志瓦文，瓦文内容系修陵工人的籍贯[②]。其中有乡里方面的材料四条：

(1) 用里

博昌居此（赀）用里不更余　　　　（《秦代陶文》拓片 484）

---

① 阳陵县还有一处属于县辖居民组织，但漫漶不清，未知与上所列某一地名相同还是相异。以上地名，有学者释为乡里名（湖南省文物考古研究所、湘西土家族苗族自治州文物处：《湘西里耶秦代简牍选释》，《中国历史文物》2003 年第 1 期）。根据迁陵县只有三乡的情况，阳陵县所辖之乡大致也是三个，故上列八个阳陵县辖之地名应当有里名而非全属乡名。

② 始皇陵秦俑坑考古发掘队：《秦始皇陵西侧赵背户村秦刑徒墓》，《文物》1982 年第 3 期。

(2) 便里

阑(兰)陵居赀便里不更牙　　(《秦代陶文》拓片 491)

(3) 东间

东武东间居赀不更瞗(睢)　　(《秦代陶文》拓片 481)

(4) 北游

平阴居赀北游公士滕　　(《秦代陶文》拓片 488)

“用里”属于齐故地博昌县,“便里”属于楚故地兰陵。用里和便里可定为里名。东间属于东武县,东武县在秦朝属于琅玡郡[①],不过,东间目前无法确定是乡名还是里名。北游属于平阴,在今河南孟津以东[②],也不能确定是乡名还是里名。从以上几条材料可见,秦始皇修筑陵墓时曾征伐了崤山以东地区的刑徒。

四、秦墓出土陶器上的刻辞[③]

1977 年陕西省凤翔县高庄发掘了一批秦墓,墓葬出土的陶缶等器物上有许多件都有刻辞或朱书的文字[④]:

(1) □里□□缶,容十斗(M21:17 号陶缶肩部铭文,系朱书)。

(2) “上官”“里”(M6:2 号缶肩部铭文,系烧后刻写,未填朱。在“上官”二字的两旁各刻一井字形符号。在一井字形符号的下面有笔画较细的刻文,但字迹模糊,仅能看到“里”“容十斗”四字。“容”字仅存上部字头;“里”字位于“容十斗”之下)。

(3) 雝(雍)祟里(M37:1 号瓮肩部刻文。此瓮系瓮棺葬具)。

另外,文献所见有渭河以南之乡和里附于此:渭河以南有长安乡、阴乡、建章乡,[⑤]阴乡下辖樗里。

① 始皇陵秦俑坑考古发掘队:《秦始皇陵西侧赵背户村秦刑徒墓》,《文物》1982 年第 3 期。

② 同上注。

③ 袁仲一:《秦代陶文》,西安:三秦出版社,1987 年,第 72～73 页。

④ 雍城考古队吴镇烽、尚志儒:《陕西凤翔高庄秦墓地发掘简报》,《考古与文物》1981 年第 1 期。

⑤ 王学理:《咸阳帝都记》,第 301～303 页。

后　　记

拙著是在2016年取得北京大学历史学博士学位的论文基础上修改而成。

首先感谢博导朱凤瀚先生！先生温润如玉，对我恩重如山。虽然现在不在先生身边了，但先生的教诲常在耳边萦回，先生的神态常在脑际浮现。唯有以先生为榜样，反复咀嚼、体会和实践先生的教导，才是对先生的最好回馈。

感谢参加我博士论文开题、预答辩和正式答辩的张帆、何晋、陈苏镇、陈絜、刘源、韩巍、罗新慧和何景成等老师以及五位匿名外审专家提出的宝贵意见。感谢李学勤、黄天树、孙玉文、冯蒸、李守奎、刘绪、董珊、孙华、徐天进和雷兴山诸位先生，从以上诸位先生的课堂或讲座汲取了许多养分。感谢就职于中国社科院的吕耀东教授和首都师大的崔金柱博士，二位对我在日文资料的利用上帮助甚大。感谢班主任李维和历史系彭小瑜二位先生的勉励和关怀！

感谢我的硕导巴新生先生！先生对我耳提面命甚勤，因而从先生处获益良多。此外，先生建议和鼓励我去文学院旁听了若干与研究领域相关的课程，比如马重奇老师的音韵学，张尚文老师的文献学，林志强老师的文字学，连老师的训诂学，还有一位记不起姓名的老师的版本目录学。这些课程的研习为我此后在艰深的先秦史研究领域的耕耘拓宽了思考和解决问题的视野。

感谢四川大学的徐亮工、彭邦本二位先生对我的肯定和鼓励！感谢华侨大学的朱晓雪博士为我无私提供了香港中文大学袁国华先生的博士学位论文复印件。感谢同门任伟、杨文胜、张怀通、张经、鲁鑫、赵燕娇、耿超、吴伟华、魏芃、李春利、郑子良、龚军（香港）、钱益汇、韦心滢（台湾）、陆青松、李蜜、王治国、钟春晖（澳门）、胡宁、杨博、石安瑞（捷克）、张海、亓民帅、谢能宗、杨坤、中国社科院的刘丽老师、北京印刷学院的崔存明教授、陕西师范大学的王伟老师、中国国家博物馆的田率博士和清华大学的邓少平博士，其中一些向我提供了必要的电子资料，为本书的撰写省了不少力。尤其需要提到：师妹郭晨晖博士在预答辩和正式答辩时忙前忙后；哈佛大学的傅希明(美国)博士帮助翻译了博士学位论文的英文摘要；师兄李裕杓(韩国)博士主动教我创建“导航窗格”。

感谢福建师大校友黄文川博士对我在京生活的照顾！感谢福建师大的同门张海涛、陈鹏等博士的热情帮助！

感谢一起读博走过来的郗冬、朱丙栋、吴帅和田跃新四位博士的鼓励和扶持！感谢学弟刘晨博士在毕业前夕的关照！

感谢2003年“非典”期间故去的北京师范大学刘宗绪教授。刘先生是我第一次近距离接触的专家型学者，使我领略到大家风范，使我当年没有“下海”而仍执着于高中历史教学。感谢现供职于中国政法大学的杨玉圣教授在北师大本科函授班对我的影响，使我下定决心自学英语。感谢2002年在南京晓庄学院附属中学有幸遇到的前青海师大校长张广志教授。张先生乃先秦史名家，先生的赐教对我后来选择先秦史作为研究方向具有重要影响。

感谢初中语文兼班主任老师王银堂和数学老师王二平。二位老师常将我单独喊到他俩的办公室，一边拍我的肩膀，一边连声说：“今年没走弓了！”[①]这使我受宠若惊，勇往直前，实现了求学的最重要的第一步。感谢初中化学老师杨爱光的教诲，使我得以拨正航向，专心向学，并在我当了高中老师后不断地提醒我要注重提高自身素质。感谢湾子初中的同窗郎鹏飞、孙进秀和罗金生等，是他们先读大学给我心理上带来的落差，刺激了早在读小学时由康焕莲老师播下的一粒上大学的种子开始发芽。

感谢我国的社会主义制度。因为读中师不交学费还有够吃饭的津贴，包括后来参加工作后两度赴省教院脱产学习也不交学费还带全薪。若无此种保障，对于出身贫寒农家的我是不可能接受这样的教育的。

在此还要特别感谢五台槐荫高中已故校长张志槐。张校长常独自一人或

① 坦率地讲，当时只知道两位老师是在鼓励自己，却并不知道此话是什么意思。直到后来在福建师大拜读徐中舒先生的大作《井田制度探原》中关于“疆”字的解释(《徐中舒历史论文选辑》下，北京：中华书局，1998年，第720页)时，始对二十多年前两位老师的话犹如触电般恍然大悟，今天才有能力将此话转写成书面语！

与其他校领导一起“突袭”或不打招呼听我讲课。这种经历使我的心理素质得到了较好的锻炼，也促使我更加认真工作，不敢有丝毫懈怠。

感谢民办学校南北十年生活的磨炼，否则难有顽强的意志取得博士学位。特别感谢在京读书期间结识的温县籍赵堡太极拳师崔彦星的帮助，使我极大地提升了睡眠质量，博士学位论文的主体部分便是在此时完成。

在此还不能不提另外一个人对我的影响。小时候脑子里的规矩甚少，到处乱跑，常去公社的供销社李主任家里玩，见其吃过晚饭后将小炕桌擦干净，放在地上靠门光线亮的地方，戴上老花镜，两手捧着古旧之书，神情安详地坐着小板凳当门阅读。该主任后被提拔为地区供销社主任。在当时那种闭塞的环境下，在我幼小的心灵中，总觉得李主任能被委以重任与其平时爱读书有关。幼时刻在脑中的上述场景总是不时地撞击着我的心灵。

祖籍系鄢陵县义女村。直系先祖吕文义于元至正四年(1344)随其兄弟举人吕文秀(字甫壤)赴五台作知州(金贞祐二年五台县升为州，称台州，元仍之)。适逢大旱，地裂禾死。吕文秀登上今县城西南八里的紫萝山顶骀台庙，自焚祷骀台神而降甘霖。后人感戴其恩，在山顶为其塑像。家庙在今县城之南的沟南村。《五台新志》在“吕文秀”下有小字：“河南杞县人，后占台籍。”[①] 读中师时有一年过春节，父亲曾在家中悬挂画有七世列祖的“云布”，其中有两名秀才，其名字用娟秀的柳体书写，有别于其他名字的字体。我的父母都不识字，父亲会擀毡子，弹毛技艺堪称精湛。因有手艺，再加起早贪黑，才养活全家而不至于讨吃要饭。双亲生前对我很宽容，对我的选择一概尊重并尽量支持。读硕翌年，父亲去世；读博翌年，母亲去世。为了求学，未能陪双亲走完最后一程，而替我膝下尽孝的是我的兄弟和姐姐。若无他们尽心尽力照顾，我是难以专心读书拿学位的。

我出生和成长的村子虽是太行山的一个非常偏僻的小山村，但在20世纪七八十年代，属于公社乃至后来的乡政府所在地。小时候村中及其附近驻有操着南腔北调的解放军，比较热闹，这包括每星期有一晚能够沾光看电影，尤其是在正式影片放映之前的新闻纪录片——毛主席在古香古色的书房会见外

① 徐继畬纂修：《五台新志·名宦》(光绪十年刻本)，南京：凤凰出版社，2005年，第94页。

宾。小学和初中同学有外地来我公社任职的干部子女和亲戚，学校老师也大多是外地的。村子距河北省很近，位于五台、阜平、平山和灵寿接壤之地，有许多“侉”亲戚常在我家经停。在这种环境下，我总是对外部的异质的东西感到既新鲜又兴奋，遂萌生了去外面看世界的想法。这时候国家开始从初中招收师范生，毕业后便是正式老师，于是走中考这条路去了忻州市读书。毕业后派遣证上本来写的是回本乡工作，当消息灵通的同学告诉我这个消息后，便托人改派到邻乡，还有后来在省会太原读教育学院（绝大部分中师同学在忻州教院就读），乃至后来在本县的最西边当高中老师和去全国许多省市的民办学校教书，总有开阔视野的心理在驱使着自己的脚步。有些是误打误撞，比如第一次去省教院进修，是因为忻州教院的中文指标没了，省教院的历史指标没人要。当年若不要省教院的指标，那就只好等下一年了。所以，进入“历史”纯属偶然。年龄稍大一些以后才明确意识到通过求学开阔视野无非两途：走出去和请进来。这点认识也是下面将要列举的在我的人生当中若干较重要的选择的内在驱动：在第一、二次省教院毕业后选择北师大函授历史本科（在忻州师范）和“历史教育研究生课程班”（在省教院），在福州和北京攻读硕博，修习英语和日语。正是通过求学、读书、工作和游历，自己的视野逐渐打开，也一步一步从小学老师登上大学讲台。

感谢上海古籍出版社的吴长青、贾利民、姚明辉先生为本书的出版付出的辛勤劳动！

谨以此书献给以上所有要感谢的人和我的岳父母及家人！

学术研究犹如冰冻三尺，非一日之寒。企盼学界真诚的批评和指正！

2020 年 3 月 10 日于晋中榆次大学城